Braut- und Ehebriefe aus der
bremischen Familie Gildemeister 1815–1839

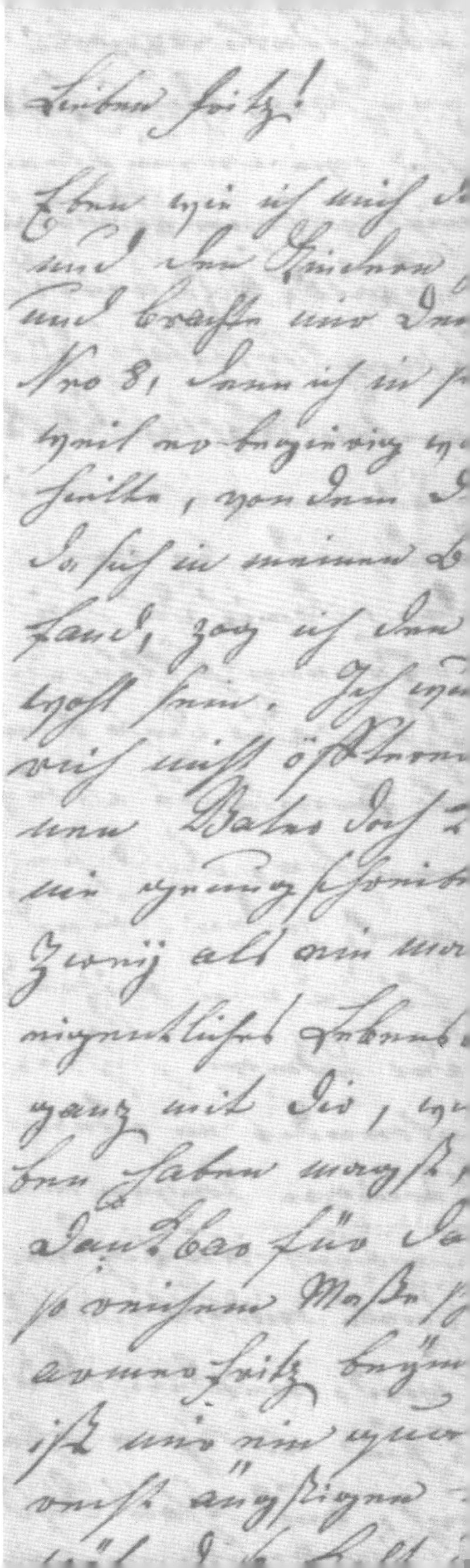
Lieber Fritz!

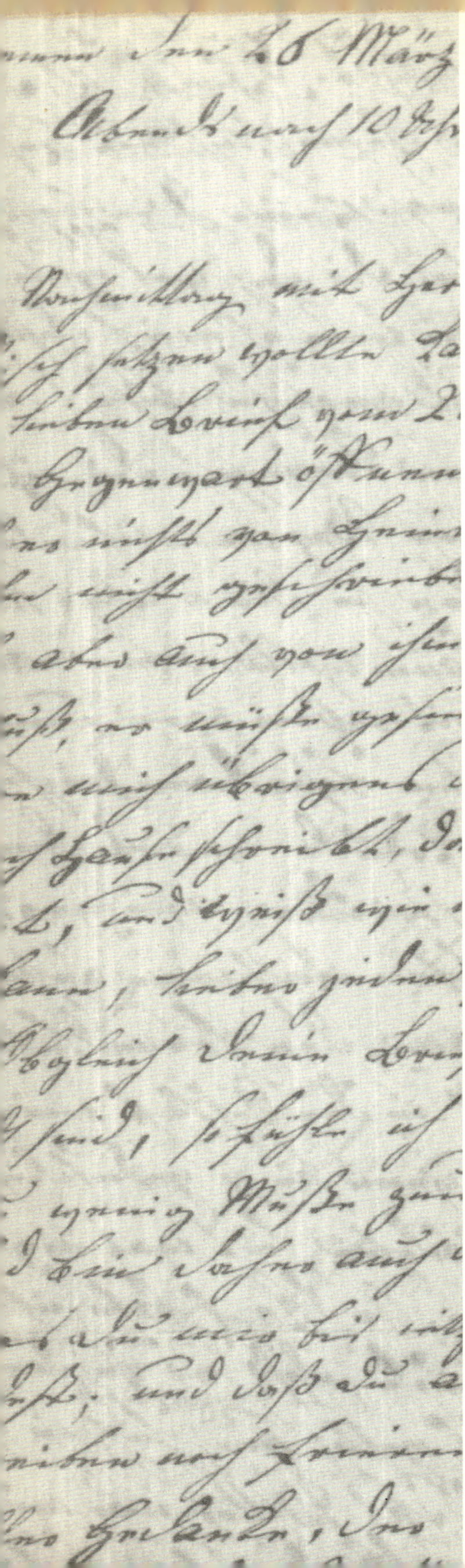

Elisabeth Klatte (Hg.)

»Du bist in jedem Brief mir neu!«

Braut- und Ehebriefe aus der bremischen Familie Gildemeister 1815–1839

EDITION TEMMEN

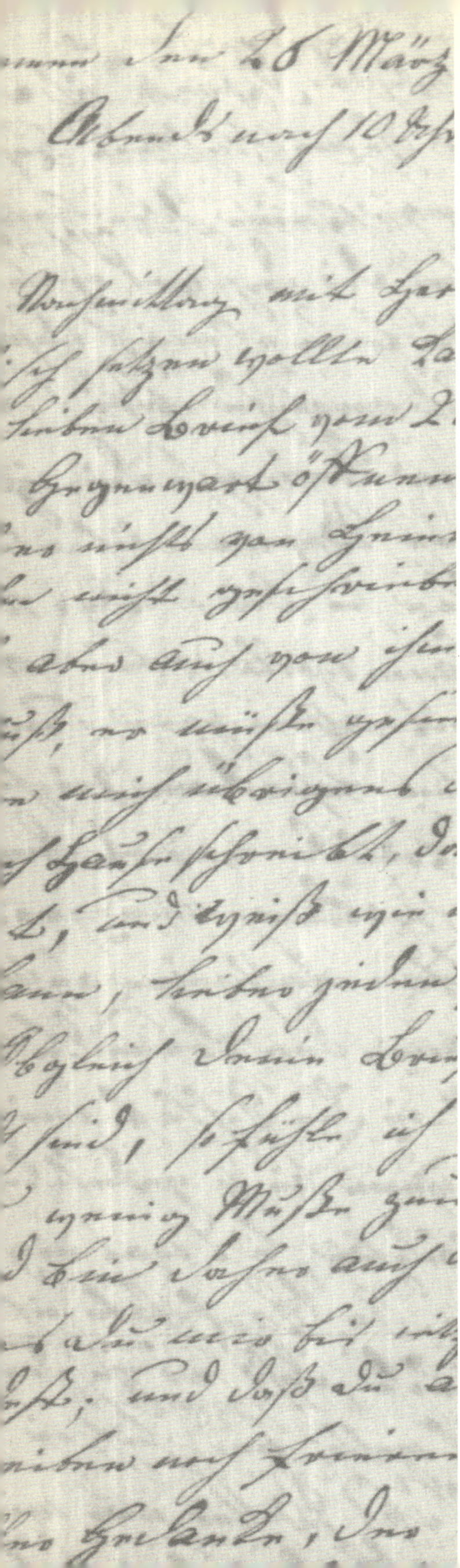

Hohenlohestraße 21 – 28209 Bremen
Telefon 0421-348430 Telefax 0421-348094
info@edition-temmen.de
www.edition-temmen.de

Herstellung Edition Temmen

ISBN 3-86108-688-3

Inhalt

Anhang

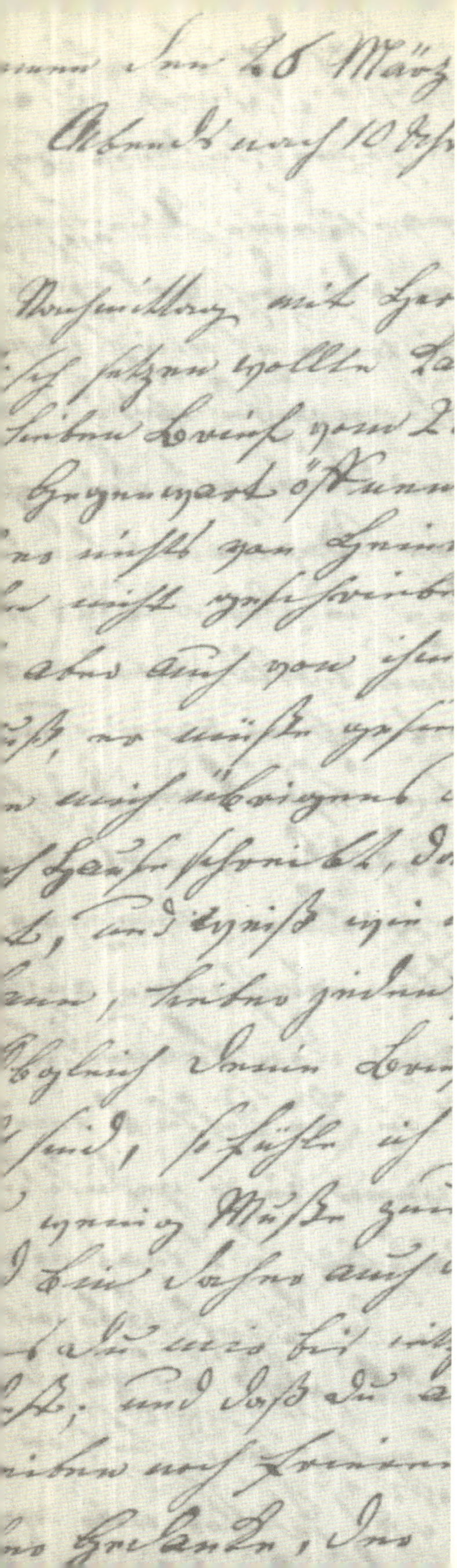

»Deine Briefe sind mein eigentliches Lebensbrodt«

Mit den Braut- und Ehebriefen des Bremer Juristen und Senators Johann Carl Friedrich (genannt Fritz) Gildemeister, seiner Frau Marie Christine und ihrer Schwester Verena Tibetha (genannt Betty), die er zwei Jahre nach Christines Tod heiratete, hat Elisabeth Klatte weit über Bremen hinaus bedeutende Zeugnisse zur Sozial- und Kulturgeschichte des frühen 19. Jahrhunderts erschlossen. In ihrer im Jahre 2000 veröffentlichten Arbeit über den Briefwechsel zwischen Simon Heinrich Gondela, auch er Bremer Jurist und Senator, und der Schriftstellerin Therese Huber hat sie die Biographie der nahezu vergessenen Autorin Charlotte Thiesen zu rekonstruieren vermocht.[1] Nun legt sie die in der Bremer Staats- und Universitätsbibliothek verwahrten Briefe der Gildemeister-Familie aus den Jahren 1815 bis 1839 vor, die bürgerliche Lebenswelten und Lebensweisen des frühen 19. Jahrhunderts veranschaulichen und verlebendigen.

Die Einsicht Johann Wolfgang Goethes, Bettys Lieblingsdichter, erweist sich als gültig: »Das Vorzüglichste, was wir durch Mittheilung älterer Briefe gewinnen, ist: uns in einen früheren, vorübergegangenen, nicht wiederkehrenden Zustand unmittelbar versetzt zu sehen. Hier ist nicht Relation noch Erzählung, nicht schon durchgedachter und durchgemeinter Vortrag; wir gewinnen eine klare Anschauung jener Gegenwart, wir lassen auf uns einwirken wie von Person zu Person«.[2] Briefe, so Goethe, seien deshalb »so viel wert, weil sie das Unmittelbare des Daseins aufbewahren«.[3]

Die Briefe sind für Bremerinnen und Bremer von besonderem Reiz, nicht nur, weil Christine Gildemeister ihnen bescheinigte, sie seien »im Durchschnitt herrliche Menschen mit denen es sich gar trefflich leben läßt«. Sie finden in der Korrespondenz vertraute Namen, Institutionen und Örtlichkeiten. Den Nicht-Bremern bringen die Briefe den Mikrokosmos der Freien Hansestadt an der Weser nahe. Der Sozial- und Kulturgeschichte bieten die Dokumente einen wertvollen Quellenbestand, der die in den letzten Jahren so regen Forschungen zur »Bürgerkultur«[4], zum »bürgerlichen Wer-

1 Elisabeth Klatte: Die Bremer Schriftstellerin Charlotte Thiesen. Ein Portrait nach Briefen von Simon H. Gondela und Therese Huber aus den Jahren 1819 bis 1827. Bremen 2000. (= Schriftenreihe des Arbeitskreises Historische Frauenforschung/Geschlechtergeschichte an der Universität Bremen, 1).

2 Johann Wolfgang Goethe: Sprüche in Prosa. Sämtliche Maximen und Reflexionen. Hg. von Harald Fricke. Frankfurt am Main 1993. (= Ders.: Sämtliche Werke. Briefe, Tagebücher und Gespräche, 1. Abt.: Sämtliche Werke, 13; Bibliothek deutscher Klassiker, 102), S. 371.

3 Ders.: Aus meinem Leben. Dichtung und Wahrheit. Zürich 1948. (= Ders.: Gedenkausgabe der Werke, Briefe und Gespräche. Hg. von Ernst Beutler, 10), Vorbemerkung Goethes zu Bettina Brentano: Aristeia der Mutter, S. 855-862, hier: S. 855.

4 Dieter Hein, Andreas Schulz (Hg.): Bürgerkultur im 19. Jahrhundert. Bildung, Kunst und Lebenswelt. München 1996.

tehimmel«[5], zur Geschichte von Frauen und Männern im Bürgertum[6], zur »zarten Leidenschaft« und zur »Macht des Herzens«[7] bereichern und von neuem anregen kann. Ohne die Frauen, ohne ihre Erfahrungen und Vorstellungen einzubeziehen, läßt sich moderne Stadt- und Bürgertumsforschung nicht betreiben, das Netzwerk von »Senatoren, Freunden und Familie«[8], die vielfältigen Übergänge und Zwischenformen von privater und öffentlicher Sphäre, die Facetten des Umgangs und der Geselligkeit gehören in jedem Fall dazu. »Sanfte Männlichkeit und selbständige Weiblichkeit«, mit dieser Wendung von Friedrich Schlegel hat Anne-Charlott Trepp ihre große Monographie über »Frauen und Männer im Hamburger Bürgertum 1770 - 1840« überschrieben. Ihre Ergebnisse und Thesen finden in den Gildemeister-Briefen manche Bestätigung. Über Freundschaft und Liebe, Emotionen und Gefühle, das Verhältnis der Eheleute zueinander, zu ihren Kindern, zu Verwandten und Freunden wird der Leser ebenso unterrichtet wie über den Alltag, die Einstellung zu den »Domestiken« und Hilfsbedürftigen, die Gesellschaften und Vereine, das kulturelle Leben, die Lektüre, über politische und kirchliche Fragen, über Religiosität und Welt-Anschauung, die Wahrnehmung der Jahreszeiten, der Natur, »der goldenen Freyheit« der sommerlichen Aufenthalte im ländlichen Horn oder Oberneuland vor der Stadt.

Wie Aufklärung und Empfindsamkeit, Klassik und Romantik die Menschen in ganz eigener Weise prägten, wird deutlich - im September 1827 las Betty morgens Johann Gottfried Herders »Briefe über das Studium der Theologie«, abends den »Pirat« von Walter Scott, »des Morgens besucht mich Herder, dieser edle, reine und humane Geist und des Abends kommt Walter Scott«. Die Literaturgeschichte der Lesenden ist nicht minder spannend als die der Schreibenden. Auch die Wertschätzung, die »sehr freyer, republicanischer Geist« und England als »Land der Freyheit« bei Frauen und Männern erfuhren, ist unverkennbar. Reizvoll sind auch die Verbindungen zwischen Bremen und Zürich, die sich in den Briefen spiegeln. Christines und Bettys Vater Johann Jacob Stolz wirkte als reformierter Theologe in Zürich und Bremen. Umfangreiche »Notizen aus meinem Leben«, die er hinterlassen hat, besitzt das Staatsarchiv der Freien und Hansestadt Bremen. Mögen auch sie einen kundigen Editor finden!

5 Manfred Hettling, Stefan-Ludwig Hoffmann (Hg.): Der bürgerliche Wertehimmel. Innenansichten des 19. Jahrhunderts. Göttingen 2000. (= Sammlung Vandenhoeck).

6 Anne-Charlott Trepp: Sanfte Männlichkeit und selbständige Weiblichkeit. Frauen und Männer im Hamburger Bürgertum 1770 - 1840. Göttingen 1996. (= Veröffentlichungen des Max-Planck-Instituts für Geschichte, 123); Rebekka Habermas: Frauen und Männer des Bürgertums. Eine Familiengeschichte (1750 - 1850). Göttingen 2000. (= Bürgertum, 14), am Beispiel der Nürnberger Familie Merkel.

7 Peter Gay: Die zarte Leidenschaft. Liebe im bürgerlichen Zeitalter. München 1987; ders.: Die Macht des Herzens. Das 19. Jahrhundert und die Erforschung des Ich. München 1997.

8 So der Titel des Forschungsprojekts von Nicola Wurthmann (Bremen) zur »Politischen Kultur und Verflechtung im frei- und hansestädtischen Bürgertum 1800 - 1848«. Grundlegend bislang Andreas Schulz: Vormundschaft und Protektion. Eliten und Bürger in Bremen 1750-1880. München 2002. (= Stadt und Bürgertum, 13).

Im Staatsarchiv ist nach jahrzehntelanger Auslagerung in Moskau bzw. Potsdam der Nachlaß des Bremer Staatsmanns Johann Smidt wieder nutzbar. Smidt erscheint im Briefwechsel nicht nur als Politiker, sondern auch als Privatmann - als Heiratsvermittler und als fürsorglicher Freund des Hauses.

Die Gildemeister-Korrespondenz bestätigt eindrucksvoll, daß das 18. und das frühe 19. Jahrhundert »die große Zeit des Briefs«[9] waren, sie belegt die »Vielseitigkeit des Briefes - seine Funktion als Informationsvermittlung und Selbstverständigung gleichermaßen«[10], vor allem zeigt sie, welch elementare Bedeutung dem Briefwechsel in Zeiten des Getrenntseins der Ehepartner zukam. Christine und Betty Gildemeister treten mit diesem Buch in den Kreis der großen Briefschreiberinnen, zu Meta Moller-Klopstock, Eva König-Lessing und Luise Mejer-Boie. Wie deren Briefe sind die ihrigen Zeugnisse der Menschlichkeit, die auch heute noch anrühren und bewegen, ob Christine schreibt, »daß es am Ende doch der Mensch ist, der sich allenthalben sein Paradies schafft«, oder Betty erklärt: »Es giebt doch hier auf Erden nichts so herrliches als eine so glückliche Ehe wie die unsrige, sie ist der Vorhof des Himmels«. Für Christine, Betty und Fritz Gildemeister waren Briefe »Lebens- und Liebeszeichen«, »eigentliches Lebensbrodt«. Daran können sich nun die Leserinnen und Leser erfreuen, »das Unmittelbare des Daseins« erkennen und aufnehmen.

Franklin Kopitzsch

9 Johannes Anderegg: Schreibe mir oft! Das Medium Brief von 1750 bis 1830. Göttingen 2001, S. 11

10 Habermas (wie Anm. 6), S. 26.

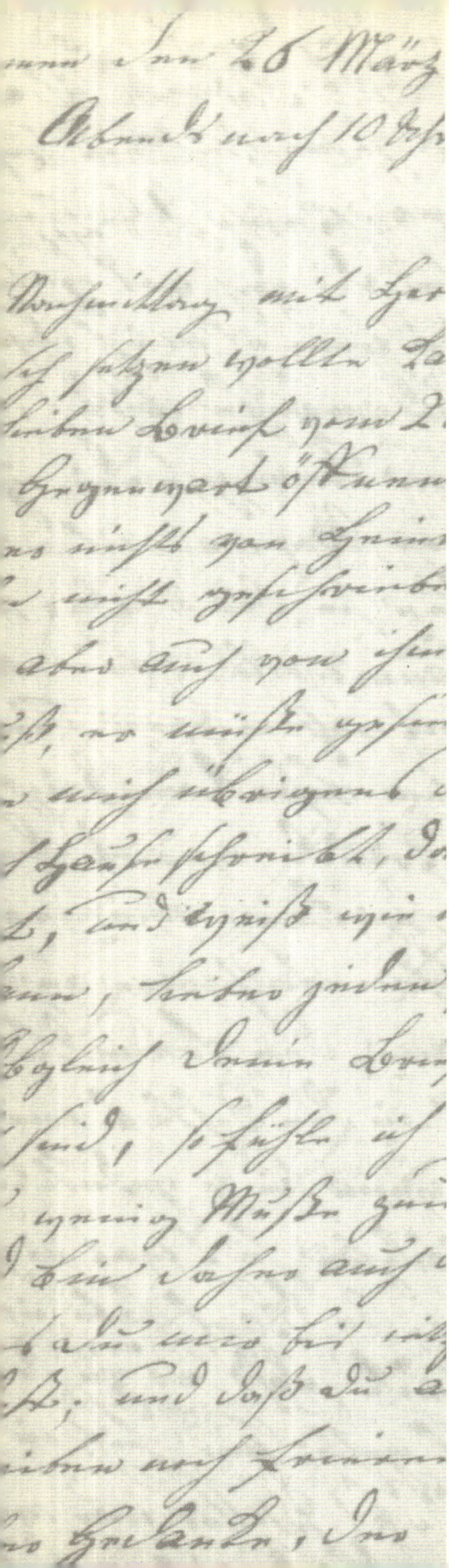
…en den 26 März
Abends nach 10 Uhr

Einleitung

» – ich empfange Dich noch mit der gleichen bräutlichen Liebe wie vor 19 Jahren.« So schreibt 1839 Betty Gildemeister an ihren Ehemann Fritz.

Sie machte keine leeren Versprechungen – dem herbeigesehnten »Herzen und Küssen im trauten Kämmerlein« folgte 1840 die Geburt ihres zehnten Kindes. Ihres letzten, denn sie starb schon am 25.10.1841.

Betty war nicht der »Erstling der Empfindungen« von Fritz Gildemeister gewesen. Er hatte 1816 Christine Stolz, Bettys Schwester, geheiratet, sie jedoch 1817 nach der Geburt ihrer Tochter Christine durch den Tod verloren.

Gildemeisters Freund, der spätere Bürgermeister Johann Smidt, der ein engagierter Heiratsvermittler war, hatte bei der Anbahnung dieser Ehe eine wesentliche Rolle gespielt.

Gildemeisters persönliche Bekanntschaft mit Christine war auf einen zufälligen, kurzen Besuch beschränkt gewesen, den er und Smidt bei der Familie des ehemals in Bremen tätigen Pastors Johann Jacob Stolz in Zürich im Jahre 1814 gemacht hatten. Das eigentliche Kennenlernen jedoch erfolgte durch einen intensiven Austausch von Briefen. In ihnen wird deutlich, wie sich die Gefühle der beiden füreinander entwickelten. Bei Christine bestand zunächst nur das Vertrauen auf Urteil und Rat ihres väterlichen Freundes Johann Smidt, doch dann erweckten Gildemeisters erste Briefe Achtung und Sympathie, die rasch in die Überzeugung übergingen, daß zwei seelenverwandte Wesen durch die »himmlische Vorsehung« zu einander geführt worden seien.

Fritz Gildemeister nahm sich zwei Jahre lang Zeit, in sich die Vorstellung reifen zu lassen, in Christine die ersehnte Lebensgefährtin gefunden zu haben – eine Vorstellung, die ihm im Laufe des Briefwechsels zur Gewißheit wurde.

Mit erstaunlicher Offenheit bekennen die beiden ihre Gedanken über Liebe und Ehe und öffnen ihr innerstes Wesen dem Partner, zu dem »Gott sie so wunderbar geleitet hat«. So ist es auch nachzuvollziehen, wenn Gildemeister schreibt: » – wir stehen einander gewiß näher als tausend Brautleute, bey denen ein langjähriger persönlicher Umgang vorherging«. Seine intensive Auseinandersetzung mit dem Thema Liebe diente nicht nur dem Erkennen und Verstehen seines Gegenübers, sondern auch seiner selbst und seiner Beziehung zur Umwelt.

Neben der Schilderung seines privaten Lebens und der Zukunftsplanung berichtet Gildemeister über Bremens politische Situation unmittelbar nach den Befreiungskriegen, über die Neuordnung der Ratswahlen und die mit ihnen verbundenen Intrigen, über die Finanzaffäre Bürgermeister Grönings. Da der Kontakt zwischen Bremen und der Familie Stolz seit deren 1811 erfolgten Übersiedlung nach Zürich bestehen geblieben war, konnte Gildemeister von Christines Interesse an den Vorgängen in ihrer Heimatstadt ausgehen. Vor allem aber war es ihm wichtig, » – wenn in freyen Staaten die Frauen von dem Öffentlichen nicht ganz unberührt bleiben«.

Nach Christines frühem Tode schaltete sich Johann Smidt in die Planung einer zweiten Ehe ein und arrangierte die Trauung Gildemeisters mit Christines jüngerer Schwester Betty in seinem Hause in Frankfurt. 1819 zog Betty in das von Gildemeister 1816 erworbene Haus am Liebfrauenkirchhof ein, wurde zweite Mutter der kleinen Christine und schenkte in der 22jährigen Ehe zehn weiteren Kindern das Leben.

Gildemeisters politische Aufgaben machten mehrfach längere Auslandsaufenthalte notwendig. Die Briefe, die Betty ihm während dieser Reisen schickte, sind nahezu vollständig erhalten geblieben, und so können wir die kleinen und großen Ereignisse in ihrem Leben als »Strohwitwe«, die sie in so herzerfrischend unbekümmerter und lebendiger Weise schildert, verfolgen. Die wachsende Kinderschar, jedes Kind mit seinen sich entwickelnden charakteristischen Eigenschaften, wird beschrieben. Dabei fällt uns besonders der »träge, indolente, seinen jüngeren Geschwistern geistig unterlegene« Otto auf, der später als Philologe, Schriftsteller und Politiker zu Bremens bedeutendsten Persönlichkeiten zählen sollte.

Über die familiären Themen hinaus erfährt man vom geselligen Leben, den verschiedenen Teilnehmerkreisen, die sich jeweils in den Sonntags-, Montags- oder Donnerstagsgesellschaften treffen, über Literatur, Religion, Theater und Konzerte diskutieren oder sich bei Spielen, Scharaden, Singen und Erzählen zu lockerer Unterhaltung zusammensetzen.

Dem Vater in Zürich, der von 1784–1811 Prediger an der Bremer Martinikirche gewesen war, wird ausführlich über das kirchliche Leben und über die aktuellen Ereignisse in den verschiedenen Gemeinden berichtet, die Pastoren werden bezüglich ihrer geistigen, geistlichen und rhetorischen Qualitäten kritisch beurteilt.

Mit besonderer Liebe erzählt Betty vom sommerlichen Landleben in Oberneuland. Schon im Frühjahr begann die Suche nach einem preisgünstigen, für die vielköpfige Familie noch ausreichenden Quartier auf einem Bauernhof. Zwar existierte seit 1820 eine Fahrverbindung zwischen Bremen und Oberneuland, doch häufig wurde der etwa 10 km lange Weg zu Fuß zurückgelegt, teils aus Kostengründen, vor allem aber aus Freude an der Bewegung in der ländlichen Umgebung. Die Stille der Natur wurde auch zur inneren Einkehr gesucht, wobei man sich mit Sorgfalt und Nachdenklichkeit in Werke von Klopstock, Herder und Shakespeare vertiefte, sich an Predigten von Menken und Ewald erbaute und aus ihnen Lebensweisheiten und Weltsichten gewann. Sie fanden in den Briefen ihren Niederschlag, der uns im Hinblick auf das jugendliche Alter der Schreiberin überrascht.

Betty äußert in einem Brief Bedenken, ob es ihrem Mann wohl Recht sei, daß sie »ungeübte Schreiberin« mit ihrem »elenden groben Geschreibsel« ihm »an und für sich so geringfügige Dinge« berichte und »so ins Kleine« gehe. Für uns sind diese »Kleinigkeiten« Mosaiksteine, die uns ein lebendiges Bild der Familie Gildemeister und ihres Umfeldes geben.

Wenn man Bettys Berichte gelesen hat, fragt man sich, woher die Frau die physische und psychische Kraft nahm, dieses Pensum an Arbeit und Verantwortung zu tragen, vor allem in den langen Zeiten der Abwesenheit ihres Mannes. Wie war es ihr möglich, mit solch liebevoller Anteilnahme, ohne je eine Spur von Neid oder Mißgunst zu empfinden, aus der Ferne die Reisen und Erlebnisse ihres Mannes zu begleiten?

Es war gewiß nicht nur die Prägung durch das von ihrer Zeit erwartete Bild der unermüdlich und selbstlos sorgenden Hausfrau und Mutter.

Bettys und Fritz' Eheschließung war durch Vernunftsgründe vorgezeichnet. In ihre Entscheidung füreinander legten sie jedoch das Versprechen, diese Verbindung mit Liebe zu füllen, mit einer Liebe, die die Basis für unbegrenztes Vertrauen und Treue sein würde. Sie gingen ihren Weg im ständigen Bemühen, den anderen glücklich zu machen. Sie gingen ihn in der Überzeugung, daß jeder ihrer Schritte von Gottes Weisheit und Güte gelenkt sei.

Der hier vorgelegte Briefwechsel aus der Familie Gildemeister wird in der Bremer Staats- und Universitätsbibliothek verwahrt. Er enthält die - wahrscheinlich vollständigen - Briefe von Johann Carl Friedrich (Fritz) Gildemeister an seine Braut Marie Christine Stolz aus den Jahren 1815/16 und - nur einzelne - an seine zweite Frau Verena Tibetha (Betty), geb. Stolz.

An ihn gerichtete Briefe von Christine sind - bis auf einen - offenbar verloren, jedoch liegen ihre Briefe an ihren Vater Johann Jacob Stolz vor. Den Hauptanteil bilden die Briefe Bettys an ihren Ehemann Fritz Gildemeister, die im Zeitraum 1819-1839 geschrieben wurden.

Ein Briefkonvolut aus der nächsten Generation der Familie Gildemeister - Briefe des nach Nordamerika ausgewanderten Sohns August - wartet noch auf seine Bearbeitung.

Orthographie und Zeichensetzung der Originale wurden nur in Einzelfällen, zugunsten besserer Verständlichkeit, behutsam korrigiert.

Elisabeth Klatte

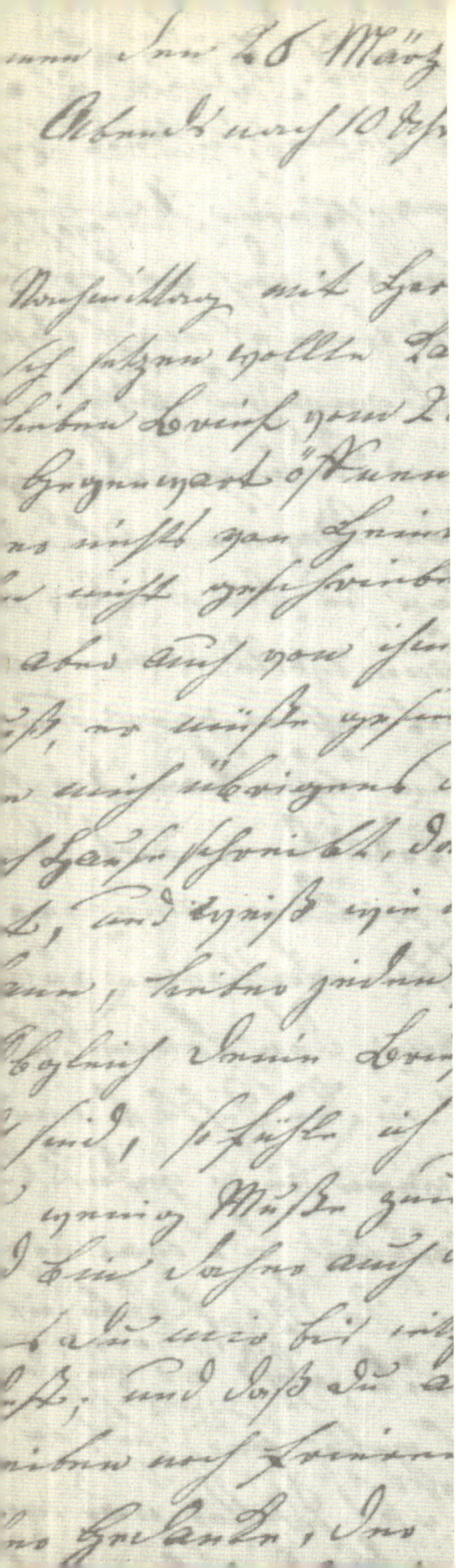
den 26 März
Abends nach 10 Uhr

Die Familien Gildemeister und Stolz

Das Stammhaus der Familie Gildemeister, am Markt Nr. 19 und 20

Die Familie Gildemeister

Ende des 17. Jahrhunderts ließ sich der Tuchhändler Johann Gildemeister aus Rheda in Westfalen in Bremen nieder. Er brachte es rasch zu einem beachtlichen Vermögen und kaufte die Häuser am Markt 19 und 20, von denen Nr. 20 bis 1837 in Familienbesitz war. Zahlreiche Nachkommen blieben dem Kaufmannsberuf treu, hatten daneben aber auch weitgespannte Interessen und Begabungen, die sie in den Dienst ihrer Vaterstadt stellten. Im 18. und 19. Jahrhundert waren aus jeder Generation »Aelterleute« als gewählte Repräsentanten der Kaufmannschaft vertreten. 1761 wurde erstmals ein Mitglied der Familie zum Senator gewählt.

Der Urenkel des Einwanderers, Johann Gildemeister (1753–1837), hatte nach dem frühen Tod seines Vaters als 23jähriger die Tuchhandlung übernehmen müssen und führte sie nach kriegsbedingter schwieriger Wirtschaftslage zu einem neuen Aufstieg. Sein eigentliches Interesse galt jedoch den Naturwissenschaften, und im Selbststudium baute er seine Begabung für Mathematik, Physik und Astronomie zu einem profunden Fachwissen aus. Nach seiner Wahl zum Senator fiel ihm daher das Aufgabengebiet des Deich- und Wasserbaus zu, auf dem er Bedeutendes leistete. Zusammen mit Bürgermeister Christian Abraham Heineken nahm er 1790–1798 die ersten trigonometrischen Landvermessungen und kartographischen Darstellungen des Bremer Gebietes vor.

Sein Bruder Johann Friedrich (1750–1812), der Vater unseres Briefschreibers, war der erste Akademiker der Familie. Er war zunächst Professor der Rechte an der Universität Duisburg. 1776 heiratete er Amalie Kotzebue und nahm in Bremen das Amt eines Syndicus der Aelterleute an.

Eine Aufnahme in den Senat war ihm verwehrt, da die Wahl einer Lutheranerin zur Ehefrau ihn für ein solches Amt disqualifiziert hatte. Auch sein Vater, ein überzeugter Reformierter, hatte sich strikt gegen die Verbindung seines Sohnes mit einer »Bekennerin des Irrglaubens« ausgesprochen, so daß die Heirat erst nach seinem Tode erfolgen konnte. Trotz gleichzeitig geführter Advokatur reichte das Einkommen für die rasch wachsende Familie nicht aus. Seine energische, lebenstüchtige, dabei aber überaus geistvolle und kunstsinnige Frau, die im Umfeld Goethes in Weimar aufgewachsen war, nahm zusätzlich zu ihren neun Kindern noch junge Mädchen, vorwiegend aus Ostfriesland, auf und unterrichtete sie in ihrer »Pensionsschule«. Johann Friedrich arbeitete neben seinen Amtsgeschäften und seiner Advokatur als Wissenschaftler auf dem Gebiet der Geschichte und des Bremischen Rechts. Nach seinem Tode 1812 entschloss sich Amalie Gildemeister, zu ihrer Mutter nach Weimar zurückzukehren, da das Leben dort »wohlfeiler« sei. Da keinerlei Rücklagen vorhanden waren, nahm sie wieder Pensionärinnen auf, darunter Josephe, außereheliche Tochter des Grafen Stolberg, die später den Anlass zu Hauffs »Phantasien im Bremer Ratskeller« gab.

Unser Briefschreiber, Johann Carl Friedrich »Fritz« Gildemeister war der älteste der neun Kinder aus der Ehe zwischen Dr. jur. Johann Friedrich Gildemeister und seiner Frau Amalie, geb. Kotzebue. Er wurde in Duisburg geboren und starb 1849 in Bremen im

Alter von 70 Jahren. Wie sein Vater wählte er die juristische Laufbahn, studierte in Jena und promovierte 1803. Während eines Besuches bei seiner Großmutter, der Legationsräthin Kotzebue in Weimar, lernte er Goethe kennen, der sich lebhaft für ihn interessierte. Gildemeister wies nämlich eine Sehanomalie auf, die Blau-Blindheit, für die Goethe die Bezeichnung »Acyanoblepsie« wählte und die er in seiner Farbenlehre beschrieb. Gildemeister diente ihm auch später mehrfach als Untersuchungsobjekt.

1803 ließ Gildemeister sich in Bremen als Advokat nieder. In den Freiheitskriegen nahm er 1813/14 als Sekretär von Johann Smidt an den Verhandlungen teil, in denen Smidt bei den verbündeten Monarchen von Preußen, Österreich und Russland um die Unabhängigkeit der drei Hansestädte kämpfte. Diese Aufgabe führte sie nach Frankfurt, Paris und Basel, von wo aus sie einen Abstecher nach Zürich zum Besuch ihres Freundes, Pastor Johann Jacob Stolz machten. Hier entschied sich Gildemeisters privates Glück – er lernte Christine und Betty Stolz kennen.

Als zwei Jahre später seine Wahl zum Senator in Aussicht stand, sah er zur Gründung eines Hausstandes die sichere, wenn auch bescheidene finanzielle Basis, die ihm bisher als vermögenslosem Advokaten, Notar und »beeidigtem Translateur« gefehlt hatte. Den entscheidenden Grund für den Wechsel in die Politik bekennt er seinem zukünftigen Schwiegervater Johann Jacob Stolz: »Die Advocatur an und für sich ist gar meine Sache nicht. Unsere öffentlichen Angelegenheiten, wo sich für Kopf und Herz ein großer Thätigkeitskreis eröffnet hat, ziehen mich weit mehr.« Gildemeister konnte auf die Fürsprache seines Freundes Johann Smidt rechnen und wagte 1816 die Brautwerbung um Christine. Vater Stolz gab mit Erleichterung sein Einverständnis, nicht nur, weil er von den menschlichen und charakterlichen Qualitäten des Bewerbers überzeugt war, sondern weil er sich um die Versorgung seiner drei schon über 20jährigen, mit nur bescheidener Mitgift ausgestatteten Töchter allmählich Gedanken machen musste.

Auch Christine nahm den Antrag an. Sie vertraute auf das Urteil Johann Smidts und hatte bei der flüchtigen Begegnung zwei Jahre zuvor von Gildemeister den Eindruck »eines treuen, biederen Freundes« gehabt, vor dem man »Achtung empfinden« müsse. In den sechs Monaten zwischen Brautwerbung und Hochzeit schreibt Gildemeister 56 Briefe an seine Braut. In ihnen können wir die Entwicklung ihrer Gefühle füreinander verfolgen. Gildemeister hatte es eigentlich nicht für möglich gehalten, »daß der bloß schriftliche Gedankenwechsel ein so inniges Verhältnis herbeyführen könne, wie es doch nun wirklich zwischen uns beiden glücklichen Menschen vorhanden ist«.

Über das junge Eheglück erfahren wir aus den Briefen Christines an ihren Vater: »Den lieben Gildemeister lerne ich immer mehr schätzen und darum auch inniger lieben. Täglich erkenne ich, daß meine Verbindung mit ihm ein Werk Gottes ist.«

Das Glück währte nicht lange. Nach einem Jahr, 1817, starb Christine im Wochenbett.

Zwei Jahre später bat Gildemeister Christines jüngere Schwester Betty, die er als ein »vor jugendlicher Lebenslust fast überschäumendes« Mädchen in Erinnerung hatte, seine Frau und seiner kleinen Tochter Christine eine Mutter zu werden. Sie sagte mit Freuden zu, denn sie schätzte und verehrte ihren 15 Jahre älteren Schwager.

Dr. Johann Friedrich Gildemeister (1750–1812)

Als Gildemeister sich 1818 mit dem Gedanken an diese zweite Ehe beschäftigte, schilderte er Johann Smidt seine finanzielle Situation: 1816 hatte er für den Erwerb seines Hauses, die Einrichtung des Hausstandes und die Kosten bei der Wahl zum Senator bei seiner Mutter und seinem Schwager Klugkist einen Kredit aufnehmen müssen, den er »trotz strengster Oeconomie« noch nicht hatte tilgen können. Er bewarb sich um eine zusätzliche Tätigkeit am Appellationsgericht und erhielt daraufhin das Amt eines Direktors des Criminalgerichts, das ihm weitere Einnahmen brachte.

In seinem Antrag an Betty schreibt er, daß er zwar kein Vermögen besäße, aber »bey Sparsamkeit und Genügsamkeit ein hinreichendes Einkommen«. Betty aber ist etwas anderes wesentlicher: »– ich preise mich glücklich, daß mein Geschick mich in eine Familie führt, die so würdige Glieder in sich schließt«.

Fritz und Betty gehörten dem gehobenen Bürgertum an, ihr Lebenszuschnitt war jedoch durch die bei der wachsenden Kinderschar begrenzten äußeren Bedingungen recht einfach. Die Geselligkeit im Freundeskreis verlief ohne großen Aufwand – man traf sich »bey Thee und Butterbrodt«. Auch die christlich-calvinistische Einstellung trug zur Bescheidenheit in ihren Ansprüchen bei. Wohl wurden Theater und Konzerte besucht, im Sommer kleinere Ausflüge und Picknicks veranstaltet, jedoch war stets Sparsamkeit angesagt. Betty ging aus Kostengründen oftmals kilometerlange Wege zu Fuß, statt eine Mietkutsche zu nehmen, von einer Fahrt nach Hannover, um ihren Mann von einer Reise abzuholen, konnte sie nur träumen. Sogar das Briefporto wird häufig als zu hohe Ausgabe beklagt. Beim plötzlichen Besuch ihres Bruders mit vier kleinen Kindern musste Betty schreiben: »– was unser Haushalt jetzt kostet, dazu langt unser Beutel lange nicht.«

In ihrem privaten Kreise waren – wie in Bremen üblich – Akademiker und Kaufleute vertreten, die durch ein Netz von verwandtschaftlichen oder freundschaftlichen Beziehungen miteinander verbunden waren. Es überwogen dabei die juristischen und theologischen Akademiker, während zum kaufmännischen Zweig der Familie Gildemeister offenbar wenig Kontakt bestand, obwohl in dem von Fritz' Onkel Johann bewohnten Stammhaus am Markt acht Vettern und Kusinen aufgewachsen waren. In den Briefen finden sie jedenfalls kaum Erwähnung. Engste Beziehungen bestanden zu Fritz' älterer Schwester Luise und ihrem Mann, dem Senator Dr. jur. Hieronymus Klugkist. Als Kunstliebhaber hatten sie einen wesentlichen Anteil am bremischen Kulturleben. Klugkist gehörte zu den Gründern des Kunstvereins, dem er seine bedeutende Sammlung von Gemälden und Graphiken stiftete. Sie war der Grundstock zu unserer heutigen Kunsthalle.

Zu Fritz' und Bettys Zeit war in Bremen der Bekenntnisstreit zwischen Reformierten und Lutheranern in den Hintergrund getreten. Sogar die aus reformiertem Pastorenhaus stammende Betty besuchte gelegentlich den Gottesdienst im lutherischen Dom. Im sozialen Leben, in den traditionellen »Gesellschaften« scheint eine gewisse Trennung der Mitglieder je nach verschiedener Glaubensrichtung bestehen geblieben zu sein. Es fällt auf, daß lediglich in der »Montagsgesellschaft«, in der »ein freier, republicanischer Geist herrscht«, auch Lutheraner – Focke, Olbers, Wilhelm Christian Müller – vertreten waren. Den übrigen Gesellschaften gehörten offenbar ausschließlich Reformierte an, obwohl Bremens Bevölkerung zu der Zeit zu über 50 % lutherisch war.

Senator Johann Carl Friedrich »Fritz« Gildemeister (1779–1849)

Christine und Betty waren eng in das protestantische christliche Gedankengut eingebunden. Fritz Gildemeister war sich auch sicher: »Ohne Religion ist unser ganzes Daseyn leer und gehaltlos«, aber er vertrat eher einen von der Aufklärung geprägten Standpunkt: »alle religiösen und dogmatischen Lehrsätze, die mit der Humanität im Widerspruch stehen sind falsch und zum Theil abscheulich« (Eilers, S. 402).

In der Erziehung der Kinder scheint die Religion keine beherrschende Rolle gespielt zu haben, denn in Bettys ausführlichen Schilderungen des täglichen Lebens werden Tischgebete, Bibellektüre oder Kindergottesdienste nicht erwähnt. Man richtete sich eher nach Pestalozzis Gedankengut, wonach die Erziehung in der Beobachtung und Förderung natürlicher Anlagen und einer Steuerung der sittlichen Entwicklung bestehen solle.

Vom Verhältnis zwischen »Herrschaften« und »Domestiken« bekommen wir ein von den üblichen Vorstellungen abweichendes Bild. Die langjährig im Hause tätigen Catharine und Justine werden immer wieder dankbar als »unbezahlbarer Schatz« erwähnt. Sie nahmen - zumindest bei Gildemeisters Abwesenheit - am familiären Mittagstisch teil. Von »Herrn Doctor« wurden sie stets mit Grüßen und Mitbringseln von seinen Reisen bedacht. Betty führte nicht nur die Aufsicht über die beiden Dienstmädchen, sondern nahm selber an der täglichen Hausarbeit, am Kochen und der Versorgung der Kinder teil.

In den Briefen wird immer wieder deutlich, daß die Kinder Bettys und Fritz' ganzes Glück waren: »die interessante Christine, der ehrenfeste, dabey doch so drollige Karl, die weibliche, sinnige Verena, der schalkhafte, gute Otto, der gewandte, anschmiegsame August und der freundliche, gemüthvolle Hermann.« Sie fanden in der großen Familie Geborgenheit und unerschöpfliche Liebe.

Vom Vater wurde auch Strenge erwartet, während die impulsive, zärtliche Mutter sich der Gefahr des Verziehens zwar bewusst war, ihr jedoch so oft nicht widerstehen konnte. So urteilte dann auch Sophie, Bettys kritiklustige, scharfzüngige Schwägerin, daß die Gildemeisterischen Kinder »äußerst verwöhnt« seien und darauf achteten, »ob auch alles vom besten und Kostbarsten ist«. »Betty ist eine Thörin, welche sie mit unerhörten Anforderungen erzieht und denen leider nie in späteren Jahren genügt werden kann, da sie kein Vermögen haben.« Man kann sich jedoch nicht vorstellen, daß der Kinderreichtum und die beengten Wohnverhältnisse ein Ausufern der Wünsche und Freiheiten zuließen. Sophie war jedoch entsetzt: »Hier nebenan bei Gildemeisters lebt und webt alles, jede Ecke, jedes Winkelchen ist besetzt. Zehn Kinder - Gott behüte einen doch dafür!«

In Gildemeisters Senatorentätigkeit lag der Schwerpunkt zunächst auf Vermittlungen beim Dauerstreit zwischen Bremen und dem Herzogtum Oldenburg um die Hoheitsrechte auf der Weser, später auf dem Gebiet der internationalen Handelsbeziehungen. Dank seiner ausgezeichneten Sprachkenntnisse, seines Verhandlungsgeschicks und seines gewandten Auftretens war er hierin besonders erfolgreich. Er war Mitgestalter neuer, liberalerer Senatswahlgesetze und erwartete für Deutschland in allen Bundesstaaten Verfassungen, die den Wünschen, Bedürfnissen und Lebensverhältnissen des Volkes angemessen sein würden. Er begrüßte den in Preußen eingesetzten Staatsrat, der »nichts zur Sanction an den König gelangen lassen werde, was mit den Rechten des Volkes in Widerspruch stehe« (Eilers, S. 401). Den fortschreitenden liberal-demokratischen Bestrebungen des Vormärz konnte er jedoch,

Verena Tibetha »Betty« Gildemeister, geb. Stolz (1795–1841)

wie sein Freund Bürgermeister Johann Smidt, nicht mehr folgen und nahm für die bremische Politik die konservative Position der Senatorischen Übermacht ein.

Der Zeitgenosse Eilers hielt Gildemeister für den geistreichsten und bedeutendsten unter den Senatoren, feingebildet und für alles Gute aufgeschlossen. Selbst unter den Berliner Ministerialräten sei kein gelehrterer und scharfsinnigerer Jurist und kein einsichtigerer Staatsmann zu finden.

Seine Gewandtheit auf dem nationalen und internationalen Parkett verband er mit Aufrichtigkeit und Offenheit. Er selber beklagt sein »Ungeschick im Verfassen von officiellen Höflichkeitsschreiben«, bei denen stets ein »elendes, frostiges Ding« herauskäme. In einem Brief an seinen Freund Johann Smidt kritisiert er selber die Heftigkeit seines Charakters, die ihn »nicht immer gleich das rechte Maaß und Ziel« erkennen ließe. Von Bippen beschreibt Gildemeister als einen »Mann von klarem Urteil, von vielseitiger Bildung, mit fremden Sprachen und Literatur vertraut«.

Seine Reisen als Bremischer Gesandter führten ihn nach Berlin, Frankreich, England, Brasilien und Athen. Die damit verbundenen schweren Abschiede von der Heimat in Ungewissheit der Wiederkehr wurden auch vom Freundeskreis mitempfunden. »Es ist doch für Dich und mich ein rechter Trost«, schreibt Betty, »daß wir so bewährte Freunde haben, die sich meiner während Deiner Abwesenheit so liebend annehmen, wofür ich Gott danke.« Hermann Castendyk schrieb am 12.01.1827 an Wilhelm Hauff: »Gildemeister geht als Gesandter für Bremen nach Brasilien und nimmt Heinrich Smidt als Secretarius mit. Scheiden und meiden tut weh, namentlich für Gildemeister, welcher seine Frau mit sechs kleinen Kindern zurückließ; Doch ist das Gefühl, etwas Bedeutendes für den Staat wirken zu können, besonders da er auch für Würtemberg, Baiern und Hessen-Darmstadt Creditiren und Instructionen bekommen hat, so überwiegend, daß das Schwere der Trennung durchaus nicht drückend hervortritt.« Und so mischt sich in Bettys Briefen zwischen Sorge um das Wohlergehen ihres Mannes und den Schmerz des Alleinseins auch der Stolz auf ihn, ihr »lumen mundi«.

Fünf der elf Kinder waren unter zwölf Jahren, als Betty am 25.10.1841 an »Rheuma« starb. Aus dem Briefwechsel der älteren Kinder geht hervor, daß ohne die Mutter alles drunter und drüber ginge, und die Kleinen unter der Obhut der Tante Judith und der treuen Catharina ohne ausreichende Erziehung wild aufwüchsen. Erst als die inzwischen verwitwete älteste Tochter Christine in das Elternhaus zurückkehrte, besserten sich die häuslichen Verhältnisse. Der gewohnte Frohsinn kehrte jedoch nicht in die Familie zurück, denn Fritz Gildemeister war durch den Tod seiner Betty ein gebrochener Mann, der das Lachen verlernt hatte.

Seine verbliebene Kraft setzte er bis zu seinem Tode am 24.09.1849 für die Belange seiner Vaterstadt ein.

Die Familie Gildemeister[1]

Die Familie G. ist im 16. Jahrh. in Rheda/Westf. nachweisbar, in Bremen seit mindestens 1680 ansässig.

Dr. jur., Senator Johann Carl Friedrich G. 13.12.1779-24.09.1849 + Marie Christine Adelheid Stolz 27.09.1791-23.06.1817

Marie
Christine
Amalie
12.06.1817
-13.07.1906

Dr. jur., Senator Johann Carl Friedrich G. 13.12.1779-24.09.1849 + Verena Tibetha Stolz 10.07.1795-25.10.1841

Carl 11.10.1820 -08.02.1869 Architekt in New York und Bremen	**Verena** Amalia 12.12.1821 -30.10.1837	Otto 13.3.1823 -26.8.1902, Philologe	August 29.10.1824 -8.11.1887 Kaufmann in New York	Hermann 20.6.1826 -2.11.1859 Dr. med. Militärarzt Java	**Elise** Viktorine Auguste 5.7.1829 -19.5.1909	Elise Caroline **Adelheid** 6.5.1831 -30.12.1908	Hermanna **Margaretha** Elisabeth 14.7.1835 -2.8.1938 (!)	**Christian** Friedrich 12.10.1837 -17.4.1885 »Privatgelehrter« in Hamburg	**Maria** Christina Verena 12.4.1840 -10.11.1914

1 Aus: »Gildemeister, Graue Mappe III« in der »Maus« - Gesellschaft für Familienforschung e.V. - Am Staatsarchiv 1, 28203 Bremen.

Johann Jacob Stolz

Die Familie Stolz

Johann Jacob Stolz wurde am 31.12.1753 in Basadingen bei Zürich als Sohn eines Schusters geboren. Nach dessen frühem Tode konnte die Mutter nur unter Mühen ihrem jüngsten Sohn ein Theologiestudium ermöglichen. Stolz bekam 1774 in Weinfelden seine erste Anstellung und heiratete 1777 Verena Güttinger.

Zwischen den calvinistischen Städten Zürich und Bremen bestanden enge geistig-geistliche Beziehungen, die 1784 zu Stolz' Berufung an die Bremer St. Martinikirche führten.

Stolz' theologischer Werdegang war durch die Zeit des Umbruchs geprägt: sein Lehrer und Freund, der auch in Bremen hoch geschätzte Johann Caspar Lavater, vertrat eine gefühlsbetonte, von Vorahnungen, Traumdeutungen und Wunderheilungen begleitete Frömmigkeit. Im Zeitalter der Aufklärung wurde sie allmählich durch eine mehr rationale Theologie verdrängt. Auch Stolz ging auf Distanz zu Lavater und folgte zunehmend der kritischen, vernunftbetonten Seite seines Wesens. Er war Mitarbeiter an der Bremer Kirchenagende von 1791 und am Bremischen Gesangbuch, die im Sinne der Aufklärung erneuert wurden. Konstant blieb jedoch sein unerschütterlicher Glaube an die lenkende, vorausschauende Liebe Gottes zu seinen Geschöpfen - ein Vertrauen, das auch in seinen Töchtern Christine und Betty fest verankert war und sich in ihren Briefen widerspiegelt.

Stolz wandte sich mit Weltoffenheit und profundem Wissen auch der politischen Situation in Europa, Amerika und Vorderasien zu. Er wetterte gegen unfähige, korrupte und sittenlose Herrscherhöfe und forderte grundlegende Reformen, die von oben ausgehen müßten, da andernfalls eine Revolution von unten kommen würde. Die Bremer Verfassung hielt er zwar für verbesserungswürdig, jedoch insgesamt für äußerst fortschrittlich und liberal. Er dankte der Vorsehung, daß er in Bremen seine Meinung frei äußern dürfe. Sein Kampf für Judenemanzipation und sein Kontakt mit Moses Mendelssohn stießen zwar überwiegend auf Ablehnung, zogen aber keine Einschränkung seiner Amtsausübung oder seiner schriftstellerischen Tätigkeit nach sich.

Im Laufe der Jahre fanden seine Predigten keinen rechten Anklang mehr bei den Bremern, so daß er 1811 sein Amt niederlegte. Als offizielle Version dieses Schrittes wurden Schwierigkeiten mit der französischen Besatzung angegeben. Er kehrte nach Zürich zurück, nahm kein Predigeramt mehr an, sondern widmete sich seinen umfangreichen wissenschaftlich-theologischen Werken. Die wirtschaftliche Lage der Familie war dadurch offenbar nur unzureichend gesichert, denn Stolz klagte wiederholt über die hohen Portokosten und konnte seine Reise nach Frankfurt zur Hochzeit seiner Tochter Betty angeblich nur mit Hilfe eines Pfandleihers finanzieren.

Seine Frau Verena war 1807 in Bremen gestorben, und er heiratete 1811 in Zürich die Witwe des Landschaftsmalers und Kupferstechers Ludwig Heß, Barbara Heß-Wegmann, die den in unseren Briefen mehrfach erwähnten Sohn Jacques mit in die Ehe brachte.

Stolz' erster Ehe entstammten neun Kinder, von denen sechs in Bremen geboren wurden. 1811 gingen die drei noch unverheirateten Töchter Judith, Christine und Betty mit dem Vater nach Zürich zurück, betrachteten Bremen aber stets als ihre eigentliche Heimat.

Über Verena Stolz erfahren wir einiges durch die Biographie ihres Enkels Otto Gildemeister sowie aus den Briefen Lavaters an Stolz und an seine Bremer Verehrerin und Vertraute Meta v. Post. In ihrer äußeren Erscheinung sei Verena Stolz ein ausgeprägt südländischer Typ gewesen, an eine römische Matrone erinnernd. Gräfin Agnes von Stolberg beschrieb sie 1786 als »muntere, angenehme« Frau, die jedoch von Heimweh erfüllt sei. Stolz berichtete seinem Freund Lavater über ihre Schwäche, Kränklichkeit und fortdauernde »Trübsinnigkeit«, die auch durch Landaufenthalte und Magnetismustherapie nicht gebessert werden konnte. Neun Schwangerschaften, die Aufgaben als Predigerfrau, die Ehe mit dem umtriebigen, rastlosen Stolz brachten sie 1798 in einen totalen Erschöpfungszustand. Sie gab ihre kleinen Kinder in die Obhut von Freundinnen und flüchtete mit »umwölkter Seele« für einige Monate in ihre Schweizer Heimat. Es ist anzunehmen, daß sie sich dort zu dem von ihr schwärmerisch verehrten Lavater begab, in der Hoffnung, bei ihm durch Gebet, Traumdeutungen und magnetische Therapieverfahren Heilung zu finden.

Vor ihrer Heirat hatte Verena in Zürich als Dienstmädchen gearbeitet. Stolz schätzte an ihr Herzensbildung und Wissensdurst. Sie erweiterte stetig ihre Kenntnisse, so daß sie zu einer geistvollen, anregenden Partnerin und scharfsinnigen Kritikerin seiner seelsorgerischen und wissenschaftlichen Arbeit wurde.

Von den neun Kindern des Ehepaars Stolz bekommen wir in den uns vorliegenden Briefen zunächst von der Tochter Christine, die die erste Frau von Fritz Gildemeister wurde, einen Eindruck: gefühlvoll, anschmiegsam, mit sanfter Stimme und »schönen, blauen Augen«, ein Bild »der stillen Tugend und Milde«, schon zu ihren Lebzeiten ein »lieber Engel«. Vor ihrer Verbindung mit Fritz Gildemeister hatte sie sich ohne Wissen des Vaters mit einem Freund aus Bremer Kindertagen, Georg Wilhelm Schröder, »versprochen«. Er war Sohn des früh verstorbenen Kaufmanns Gottfried Joachim Schröder und versuchte 1812 in Schweden als Geschäftsmann ein zur Familiengründung ausreichendes Auskommen zu finden. Seine Werbung um Christine stieß beim Vater zunächst auf Ablehnung, da er seine Tochter nicht in ein fremdes Land ziehen lassen wollte. Ein weiterer Grund dürfte das lutherische Bekenntnis der Familie Schröder gewesen sein, zu der der reformierte Pastor Stolz zwar ein freundlich-nachbarschaftliches, jedoch distanziertes Verhältnis gehabt hatte. Eine Entscheidung über die Heirat wurde ihm abgenommen: Georg Wilhelm Schröder ertrank 1813 bei einem Schiffsuntergang auf einer Geschäftsreise von Rügenwalde nach Carlscrona.

Noch im gleichen Jahre warb ein junger Schweizer Theologe, der dringend eine Ehefrau für seine kürzlich übernommene Pfarrei suchte, um Christine. Trotz aller Vorstellungen des Vaters, dem zweifellos die für die gesamte Familie günstige Partie sehr zusagte, lehnte die noch in tiefer Trauer befangene Christine ab. Ende 1815 vertraute sie dem Urteil des befreundeten, einfühlsam als Brautwerber fungierenden Johann Smidt und willigte in eine Kontaktaufnahme mit Fritz Gildemeister ein. Die 1816 geschlossene Ehe endete 1817 mit Christines Tod im Wochenbett.

Die St. Martini-Kirche in Bremen (1845)

Die Tochter Betty, die nach dem Tode ihrer Schwester Christine die zweite Frau von Fritz Gildemeister wurde, ähnelte in ihrer äußeren Erscheinung der Mutter, hatte aber von deren körperlicher und psychischer Labilität offenbar nichts geerbt, denn aus ihren Briefen sprechen zupackende Lebenstüchtigkeit, Temperament, Warmherzigkeit und Daseinsfreude. Ihre Stiefmutter Barbara Stolz beschreibt sie in einem Brief an Johann Smidt, der sich 1819 wieder als Heiratsvermittler eingeschaltet hatte, als ein geistreiches Mädchen, das zwar der Schwester Christine an körperlicher Schönheit unterlegen sei, jedoch Fritz Gildemeister auf Dauer mehr befriedigen würde als es Christine gekonnt hätte. Betty habe zwar einen »eigenen Kopf«, ließe sich aber durch Vernunftsgründe und Liebe »am Seidenfädchen führen«.

Die Begabung, alles Erlebte anschaulich und temperamentvoll darzustellen, hatte ihr zweifellos der Vater mitgegeben, der als mitreißender Prediger geschildert wird und sich in seinen Tagebüchern als fesselnder, humorvoller Erzähler erweist. Trotz aller Belastungen durch den vielköpfigen Haushalt, die zehn Schwangerschaften und die gesellschaftlichen Verpflichtungen war Betty über Politik und Weltereignisse informiert, nahm teil am kulturellen Leben Bremens und las zusammen mit Fritz oder ihren Freundinnen klassische und moderne Schriftsteller. Ihren Fehlern gegenüber war sie nicht blind, sie beklagte ihre »üble Laune, Heftigkeit und Grillen«, »Dämonen«, die sie mit Gottes Hilfe vertreiben wollte. Über allem stand aber die Gewißheit, daß hinter der unerschöpflichen Liebe zwischen ihr und ihrem »Freund und Geliebten« Fritz das planende Walten Gottes stehe. »Liebe und Religion«, so empfand sie, »sind zwey innig verbundene Schwestern«.

Ihr Bruder Hermann Stolz spielte in der Familie Gildemeister eine wichtige Rolle. Seine kaufmännische Tätigkeit führte ihn häufig ins Ausland, seinen Lebensmittelpunkt hatte er jedoch bis zu seiner späten Verheiratung in der Familie Gildemeister, an deren Kindern er mit großer Liebe hing. Er schätzte Geselligkeit und hatte einen bis ans Skurrile grenzenden Humor, wird als rauhbeinig, aber gutmütig, brav, aber etwas verrückt, von Betty sehr nachsichtig als »höchst komischer Mensch« mit »drolliger Laune« geschildert. Während ihres häufigen Daseins als »Strohwitwe« fand Betty in ihm stets einen verläßlichen Ratgeber und Helfer.

Die Harmonie der Familien Gildemeister und Stolz wurde jedoch durch Mitglieder gestört, die nicht enden wollende Probleme und Sorgen bereiteten.

Der älteste Bruder, Jacob Stolz, 1779 in Zürich geboren, bereitete schon in seiner Kindheit seinem Vater Kummer durch Unehrlichkeit und »nicht zu duldende Unarten«, die auch durch »ernstliche Vorstellungen und Züchtigungen« nicht auszutreiben waren. Nach der Schulzeit in Bremen und einem Studium der Theologie in Jena wurde er Lehrer in Kempten und Ulm. 1811 klagte sein Vater dem vertrauten Freund Johann Smidt, Jacob sei ein Wüstling, ein Taugenichts und Faulenzer, vor dessen Einfluß er die jüngeren Brüder möglichst schützen möge. Eine Anstellung als Gymnasialprofessor in Bremen legte Jacob 1814 nieder, arbeitete als Übersetzer und als Redakteur an der Bremer Zeitung. 1816 verdiente er nach Ansicht seines Vaters Zwangsarbeit, die Verbannung nach Amerika oder den Tod auf dem Schlachtfeld, damit er wenigstens dem Vaterland noch etwas nütze. Jacob verließ 1817 Bremen, da er seinen dortigen Freunden, seinem Bruder Hermann und seinem Schwager Gildemeister »nur zur Last« war. Es war nicht nur eine Flucht vor seinen Gläubigern, die ihn zu diesem Schritt zwang, sondern auch eine folgenschwere Affäre mit einer »Madame Lazard«, deren »Bastarde« er »im Elend verkommen ließ«. Die aus Südfrankreich stammende verheiratete Jüdin Estrelle Lassard war - laut Bremer Adreßbuch von 1818-1820 - in einem Modegeschäft in der Langenstraße tätig.

In dieser schwierigen Situation schaffte Johann Smidt ein diplomatisches Meisterstück, indem er Jacob eine Anstellung als Sekretär bei dem überwiegend in Paris lebenden Prinzen Paul von Württemberg vermittelte, der ebenfalls einen lockeren, schuldenreichen Lebensstil pflegte. Wie allseits befürchtet, gelang es Jacob nicht, sich in Paris eine dauerhafte Existenz aufzubauen, so daß er mit Hilfe Gildemeisters, der sich ständig um ihn bemüht hatte, 1848 nach Bremen zurückkehrte. Er blieb unverheiratet und schlug sich bis zu seinem Tode 1856 als »Privatgelehrter« und Übersetzer (unter anderem von Frau von Staels »d'Allemagne«) kümmerlich durch.

In Judith Stolz tritt uns ein Familienmitglied entgegen, das bei näherer Betrachtung als eine tragische Figur anzusehen ist. Sie stand im Schatten ihrer beiden Schwestern - der schönen, sanften Christine, die schon bald im zweifachen Sinne des Wortes »verklärt« wurde, und der nach Aussagen von Fritz »vor jugendlicher Lebenslust überschäumenden« Betty. Wenn auch in Gildemeisters Briefen an Christine stets von ihren »beiden lieben Schwestern« die Rede ist, so kann man doch nicht übersehen, daß er von den beiden Betty bevorzugte, was folgerichtig zu ihrer Wahl als seine zweite Frau führte. Judith, die nach Christines Tod mit einigen Hoffnungen »auf eine ihren Wünschen entsprechende Entwicklung« nach Bremen gekommen war, wurde übergangen und kehrte sofort nach Fritz' und Bettys Hochzeit nach Zürich zurück. Ihre Verbitterung führte zu Spannungen mit ihrer Stiefmutter und ihren Geschwistern. Nachdem 1821 der Vater verstorben war, wurde Judiths Zukunft zwischen Fritz Gildemeister, der Stiefmutter und Johann Smidt diskutiert. Das Angebot der Stiefmutter, auf ihr eigenes Erbteil zu verzichten, falls Fritz und Betty Judith in ihrem Hause aufnähmen, wurde abgelehnt, da Judith sich nicht einfügen würde, und man keine Chancen sah, sie in Bremen rasch zu verheiraten. Auch Smidts Vorschlag, sich nach einer passenden Stellung als Gesellschafterin umzusehen, verlief im Sande. Als unzufriedene, streitsüchtige alte Jungfer wurde sie hin- und hergeschoben, nur dort willkommen, wo gerade Hilfe nötig war - aber von keinem geliebt.

Der zweitälteste Sohn der Familie Stolz, Friedrich Salomon, war als 15jähriger in eine kaufmännische Lehre nach Emden gegeben worden. Er begegnet uns im Briefwechsel als »Fritz in Norden«, der in ständiger Verbindung mit der Familie Gildemeister stand.

Der 1783 geborene Peter Johann Helfrich hatte in Bremen eine kaufmännische Laufbahn bei der Firma Kapff eingeschlagen. Er war von schwächlicher Gesundheit und litt an einer Hautflechte, die mehrfache Kuren in Bad Eilsen notwendig machte. Trotz guten Gehalts waren daher seine finanziellen Verhältnisse eingeschränkt, so daß sein Vater gelegentlich aushelfen mußte. Sein Versuch, sich 1812 in Antwerpen eine Existenz aufzubauen, erwies sich durch die politischen und wirtschaftlichen Verhältnisse der Franzosenzeit als schwierig und kostete ihn weitere Kraft. Einem »Nervenfieber«, das er sich auf einer Geschäftsreise durch Ostfriesland zugezogen hatte, konnte er keinen ausreichende Widerstand mehr entgegensetzen, so daß er am 6.6.1814 bei seinem Bruder Fritz in Norden starb. Die Kosten für Schulden, Krankheit und Beerdigung seines Sohnes rissen eine weitere Lücke in die Ersparnisse des Vaters Johann Jacob Stolz.

Die Tochter Margarethe Elisabeth starb als 21jährige an einem Tumor.

Auch Christian August, der jüngste Sohn, machte in Bremen eine kaufmännische Lehre und wurde 1813 zum Ehrengardisten des Kaisers ausgehoben. Im Anschluß an seine Militärzeit ging er 1814 nach Zürich, um sich dort als Kaufmann niederzulassen - sehr zum Mißfallen des Vaters, der am Arbeitswillen seines Sohnes zweifelte und fürchtete, für seinen Lebensunterhalt aufkommen zu müssen. So stattete er ihn nur mit neuer Kleidung und einer geringen Geldsumme aus und schickte ihn nach Bremen zurück. 1815 wurde Christian als Kaufmann in Kuba ansässig. Er heiratete dort Isabel Sarah Bethel, die er 1839 durch einen plötzlichen Tod verlor. Völlig verzweifelt und ratlos brachte er seine vier kleinen Töchter in die Obhut seiner Verwandten nach Bremen, wo sich schon zwei ältere Söhne zur Ausbildung befanden.

Die Geschichte der Familie Stolz zeigt einen durch Pastor Johann Jacob Stolz erlangten Aufstieg aus niederen sozialen Verhältnissen zu hoher geistiger, sozialer und schriftstellerischer Kultur. Dieser Aufstieg wurde in der folgenden Generation nicht fortgesetzt. Der dazu vielleicht fähige älteste Sohn Jacob scheiterte an seinen charakterlichen Schwächen; die übrigen vier Söhne waren in kaufmännischen Berufen tätig, offenbar ohne sich dabei auszuzeichnen oder daneben geistige oder wissenschaftliche Interessen zu entwickeln. Es ist anzunehmen, daß nicht nur die bedrängten finanziellen Verhältnisse in dem kinderreichen Pastorenhaus, sondern wohl auch das Erbe der physisch und psychisch schwächlichen Mutter ein weiteres Fortkommen verhinderte.

Den Töchtern wurde entsprechend ihrer Zeit, ihrem sozialen Stand und ihrem Umfeld die Rolle als Frau und Mutter zugewiesen. Ein Beruf, eine Stellung im öffentlichen Leben war ihnen verwehrt. In ihren Briefen wird jedoch deutlich, daß sie ihre Frauenrolle nicht bloß als Selbstverständlichkeit akzeptierten, sondern darin ihr von Gott gesandtes Lebensglück sahen, ihre »eigentliche Bestimmung«, die sie mit Freude und Befriedigung erfüllte. Je mehr wir Christine und Betty kennenlernen, umso mehr wird uns klar, daß ihr Gesichtskreis weit über das Alltagsleben hinausreichte. Durch ihr Elternhaus war ihnen eine breite Basis an Wissen, Bildung und psychischer Kraft mitgegeben worden. Eine Basis, auf der sie ihre weitere Entwicklung aufbauten, und die noch in den nachfolgenden Generationen wirksam werden sollte.

Die Familie Stolz[2]

Johann Jacob Stolz 31.12.1753–12.03.1821 + Verena Güttinger 1751–1807

Johann Jacob 3.5.1779 -17.3.1856	Friedrich Salomon (genannt Fritz) 3.9.1780 -11.12.1837	Johann Peter Helfrich 20.5.1783 -6.6.1814	Hermann Otto Wilhelm 4.2.1785 -10.1.1872	Margarethe Elisabeth 30.5.1786 -15.9.1807	Christian August 28.6.1788 -7.4.1849	Judith 16.12.1789 -23.11.1872	Marie Christine 27.9.1791 -23.6.1817	Verena Tibetha (genannt Betty) 10.7.1795 -25.10.1841

Johann Jacob Stolz 31.12.1753–12.03.1821 + Barbara, geb. Wegmann, verwitwete Heß 1764–1829

Die Ehe blieb kinderlos.

[2] aus: »Stolz, Graue Mappe«, in der »Maus« – Gesellschaft für Familienforschung e.V. – Am Staatsarchiv 1, 28203 Bremen.

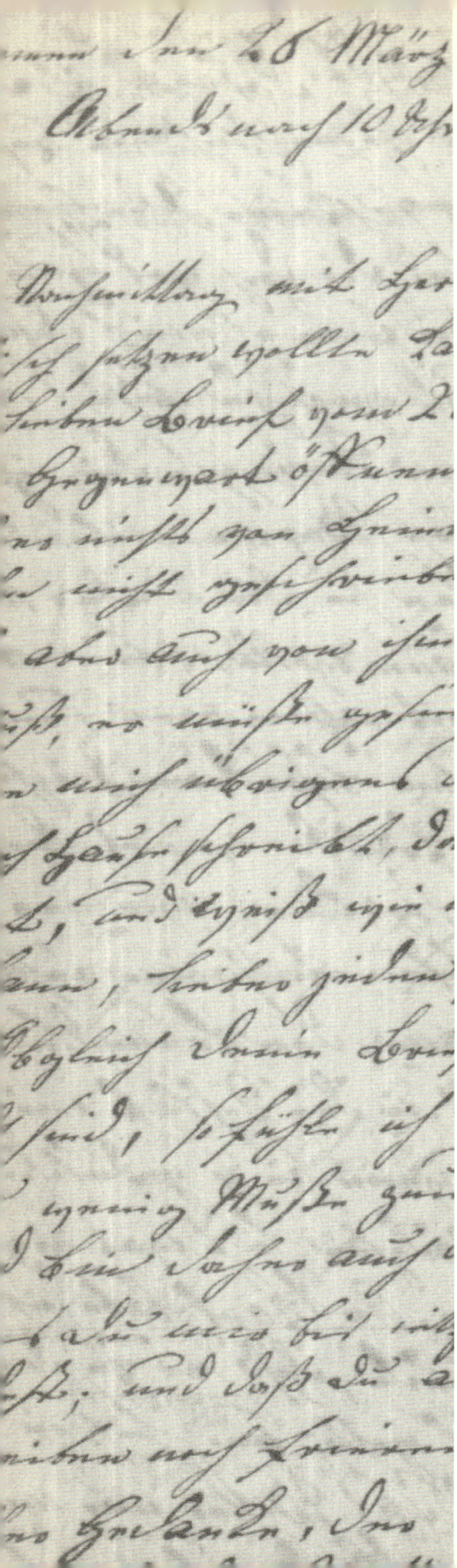
den 26 März
Abends nach 10 Uhr

Briefe 1815–1817

Hermannn Stolz an seine Schwester Christine Stolz[1]

Bremen October 29.1815

An Schwester Stinchen.
Mit Dir meine liebe Stine, habe ich nun noch ein Wort allein zu sprechen. Deine Verzeihung hoffe ich zu erhalten, daß mehrere Deiner lieben Briefe die mir so wohlgethan - bis ietzt nicht beantwortet sind. Laß es Dir so wohl gehen, wie ich es Dir wünsche!

Nun willst Du aber auch erfahren, was ich Dir allein anzuvertrauen habe. Wäge die Worte nicht, wenn es viell. etwas unbehülflich geschieht. Laß Dir erzählen, daß ich heute vor acht Tagen, an einem Sontag mit einem meiner Bekannten nach dem Horn[2] ging und unterwegs mit Senator Smidt[3] zusammentraf, an den ich mich anschloß - mein Bekannter eilte voraus - u. ihn gern nach unserm Prövenhof[4] (von dem Du einige Kunde erhalten haben wirst) begleitete, wo wir Dr. Nonnen[5] u. Frau, Dr. v. Post[6] u. Frau, Dr. Eb. Noltenius[7] u. Frau, Hanne Smidt[8] u. Jette Bekenn[9] antrafen u. einen geselligen Caffee einnahmen. Ich blieb gern, wenn gleich ich mit mehreren meiner Bekannten anders wo zusammentreffen wollte. Daß Senator Smidt an Vater[10] sowie an uns immer herzlichen Antheil genommen, weißt Du. Er hat ein ehrendes Vertrauen gegen mich, was Du aus der Frage die er unter der Bedingung an mich richtete daß kein Dritter sie erfahre, was ich durch Handschlag ihm betheuerte - abnehmen kannst. Er fragte nämlich: ob Du noch unversagt, unversprochen seyst. Ich konnte hierauf natürlich nicht genügend antworten. Auf seine Äußerung wie er dieses nur erfahren könne, entgegnete ich, daß dieses mir als Bruder am Besten anstünde,

1 Stolz, Marie Christine Adelheid (1791-1817). Heiratete 1816 Johann Carl Friedrich (Fritz) Gildemeister (1779-1849).
2 Dorf nordöstlich von Bremen.
3 Johann Smidt (1773-1857), seit 1800 Senator, wurde 1821 Bürgermeister. Wohnhaft Pelzerstr. 5
4 Ein zur Grundherrschaft des Rembertistifts gehörender Bauernhof. Er war in der Vorstadt Pagentorn gelegen, die wegen ihres Land- und Gartenbaus die Altstadtbremer zu abwechslungsreichen Spaziergängen lockte. Nach den Befreiungskriegen mieteten Mitglieder der »Sonntagsgesellschaft« (die Familien Noltenius, Smidt, Thulesius, Castendyk u. a.) gemeinsam für die Sommerzeit den Hof, um ihre Freizeit dort zu verbringen.
5 Dr. jur. Simon Hermann Nonnen (1777-1847), seit 1803 Senator, wurde 1822 Bürgermeister. Heiratete 1802 Anna »Nanny« Lampe (1781-1825), 1828 deren Schwester HERMANNA Gesa Catharina Lampe (1788-1865). Wohnhaft Catharinensr. 3.
6 Dr. jur. Albert Hermann v. Post (1777-1850), wurde 1808 Senator. Heiratete 1802 Adelheid Nonnen (1778-1852). Wohnhaft Sögestr. 41. Oder: (weniger wahrscheinlich): Dr. jur. Heinrich Gerhard v. Post (1754-1825), Archivar. Heiratete 1785 Gebecka Schöne (1762-1821). Wohnhaft Buchtstr. 16
7 Dr. jur. Johann EBERHARD Noltenius (1777-1845), Sekretär am Bremer Kriminalgericht. Heiratete in erster Ehe Wilhelmine Holler (1792-1816), nach deren Tod 1819 Catharine MARIE v. Lingen (1790-1858). Wohnhaft Catharinenstr. 23.
8 JOHANNE Sophie Wilhelmine Smidt (1798-1819) älteste Tochter von Johann Smidt.
9 Anna Sophie HENRIETTE Bekenn (1798-1817), Tochter von Pastor Georg Ludwig Bekenn.
10 Pastor Johann Jacob Stolz (1753-1821). Wohnhaft in Zürich.

und Du wirst bekennen müßen, daß dies sehr natürlich sey. Gieb mir also, liebe Stine hierüber eine bestimmte u. womöglich umgehende Antwort. Daß keinem Unwürdigen diese Frage am Herzen liege, darfst Du unserem Freunde Smidt zutrauen, übrigens habe ich selbst seynen Nahmen noch nicht erfahren können. Es soll ein Mann seyn den wir alle kennen, der eine Frau ernähren, u. den Vater gern Sohn nennen würde. Er soll Dir vor Deiner Abreise v. Bremen schon gut gewesen seyn, die Verhältniße haben ihm aber bis jetzt den Mund gebunden. Dies ist ein Zug, der sehr zu seinem Vortheil spricht. - Ach liebes Mädchen, welche Aussicht öffnet sich mir! Es wird eine neue Möglichkeit Deiner Hierkunft gezeigt -! Gern mögte ich Dir noch etwas Näheres dieserhalb sagen - aber ich weiß kein Wort mehr, denn Smidt sagte diese Frage müßte er erst beantwortet haben - das Andere sollte sich dann schon finden. Da hast Du nun das Geheimniß, das vermuthlich nur 4 Inhaber haben wird. Gehe bey Dir zu Rathe u. gieb mir eine baldige Nachricht.

Dein Dich herzlich liebender Bruder Hermann[11].

Du mußt auch noch als Fürsprecherin bey d. Schwestern[12] auftreten daß die beikommenden nicht früher beigelegt sind.

Rhede Gestendorf, December 6 1815

Schon am 27. Nov. empfing ich Deinen Brief vom 12.

Da Smidt schon nach Frankfurt abreist, unterließ ich es nicht ihn gleich nach dem Erhalt Deines Briefes zu benachrichtigen, und wahrscheinlich wirst Du auch schon Nachricht von ihm erhalten haben! Ich kenne den Nahmen des Mannes auch noch nicht, meine gute Schwester, der Dir nun wohl kund gemacht, zweifle aber keineswegs daß er ein braver Mann sey, dem Du gerne Deine Hand geben werdest, und so darf ich mich denn auch wohl zum voraus des Dir zu Theil werdenden Glücks freuen, das ich vom Himmel für Dich erflehe. Unser braver Smidt würde sonst mit einem so wichtigen Antrag nicht herantreten, zumal er Deine früheren Verhältniße auch kennt. Sollten aber demohngeachtet Hinderniße dieserhalber eintreten, so darfst Du hinsichtlich der Verschwiegenheit unbesorgt seyn. Um nichts zu versäumen, habe ich Smidt wörtlich mitgetheilt wie Du Dich hierüber geäußert. Weil Smidts und meine Abreise zusammentrafen, so war es nothwendig, daß noch eine vierte Person um dieses Geheimniß wiße, die wir in Smidts Schwester, der Frau Dr. Castendyk[13], eine Frau die ich wahrhaft verehre, nicht beßer wählen konnten. Du kennst sie ja auch einigermaßen, und es wird Dir auch recht seyn. Außer uns Vieren theilt aber auch Niemand das Geheimnis.

11 HERMANN Otto Wilhelm Stolz (1785-1872), Kaufmann in Bremen, später in Detmold, heiratete Susanne Scholz (1800-1876) aus Laibach.

12 Judith Stolz (1789-1872). Wohnhaft in Zürich. Verena Tibetha (»Betty«) Stolz (1795-1841). Wohnhaft in Zürich. Wurde 1819 die zweite Frau Gildemeisters.

13 Gesche Catharina (»Trinchen«) Castendyk, geb Smidt (1775-1827), Schwester Johann Smidts, Witwe des 1801 verstorbenen Senators Dr. jur. Gerhard Castendyk (1769-1801). Wohnhaft Domsheide 3. Sie wird als »aufgeschlossen für alles Edle und Gute« geschildert und stand wegen der »stillen Tiefe ihres Geistes und Gemüths« in hohem Ansehen. Im praktischen Leben sei sie jedoch erstaunlich unbeholfen und unentschlossen gewesen. (Eilers, S. 377).

Johann Smidt an Christine Stolz

Frankfurt d. Dec. 1815

Seit 14 Tagen, liebstes Stinchen, bin ich hier mit meiner Frau[14] und allen Kindern[15] in Frankfurt. Gleich nach meiner Ankunft erhielt ich einen Brief von Ihrem Bruder Hermann aus Bremen, in welchem er mir mittheilt, was Sie ihm auf die bewußte Anfrage erwiedert. Ich meldete dies sogleich meinem Freunde nach Bremen, und erhielt nun gestern von ihm die Einlage mit der Bitte, dieselbe sofort an Sie zu befördern, wenn ich nicht etwa besorgte, daß Ihnen dies dortiger Verhältnisse halber unangenehm seyn könnte, in welchem Fall er mich ersuchte, Ihnen zu schreiben und Ihnen seinen Namen zu nennen. - Da ich mir denke, daß es Ihnen ohne Vergleich lieber seyn müße, wenn Sie meinen Freund direct zu Sich reden hören, so nehme ich keinen Anstand Ihnen den Brief zu schicken, und will Ihnen auch den Namen nicht nennen, damit Sie ihn nach vorgängiger Sammlung und in selbstgewählter einsamer Stunde erfahren können - Bloß wie ich Ihr zartes und leicht bewegliches Gemüth kenne, hielt ich es für Schuldigkeit, durch Hinzufügung dieser Zeilen die Überraschung einigermaßen zu mildern. Auch schreibe ich, da Sie es wollen, Ihrem Herrn Vater nichts ohne ein Wort über die Sache bis ich von Ihnen höre, daß Ihnen solches nicht zuwider sey. Dies Stillschweigen gegen meinen alten trefflichen Freund in einer ihn so interessirenden Angelegenheit wird mir übrigens noch peinlicher seyn, als es mir in diesem Augenblick schon ist, wenn ich nicht an der einen Seite seine Grundsätze über die erwachsenen Kindern schuldige Achtung ihrer Selbstständigkeit hinreichend kennte, und zum anderen zugleich vollkommen überzeugt wäre, daß die Verbindung wozu dieser Briefwechsel Gelegenheit geben könnte - falls ein Entschluß darüber bey Ihnen zur Reife käme - ihm gewiß nicht zuwider, sondern im Gegentheil sehr angenehm seyn würde.

Wenn Sie den Namen meines Freundes gelesen haben, so werden Sie Sich auch der Zeit und der Umstände erinnern, unter denen Sie ihn zuletzt sahen. - Ich kann Ihnen bezeugen, daß seitdem Ihr Bild nicht aus seiner Seele gewichen ist, und daß er sich nach dem Augenblick sehnte, wo seine äußere Lage es ihm erlaube, wieder auf eine ernste Weise sich Ihnen zu nähern. - Dieser Zeitpunct ist jetzt gekommen. Er ist schon jetzt durch seine Arbeit im Stande eine Frau zu versorgen - und hat dabey alle Aussicht auf eine baldige noch angenehmere und vortheilhafter begründete Sicherheit der äußeren Existenz - besser wie er selbst es weiß und sagen kann, kann ich es Ihnen nemlich sagen, daß es mit der größten Wahrscheinlichkeit zu erwarten ist, mein Freund dürfte noch binnen Jahresfrist in den Senat gewählt werden. Durch ein neues Gesetz soll nemlich die Bürgerschaft in Bremen einen größeren Antheil an der Rathswahl erhalten, wodurch es zugleich möglich geworden ist, daß mein Freund gewählt werden kann, obgleich er einen Onkel

14 Johanne WILHELMINE (»Mine«, »Minchen«) geb. Rohde (1777-1848), seit 1798 mit Johann Smidt verheiratet.

15 Derzeit sechs.

im Senat[16] hat - und die Achtung in der er bey uns steht ist so groß und so allgemein, daß der gedachte Erfolg schwerlich ausbleiben kann. - Die ehelichen Bande sind zu zart und in ihrer Folge zu wichtig, ich selbst fühle mich in diesem Verhältniße zu hoch beglückt, als daß ich jemals es mir verzeihen könnte in dieser Hinsicht jemand einen leichtsinnigen Rath ertheilt oder Überredungskünste angewendet zu haben. - Damit Sie indeß nicht aus dem Mangel näherer Äußerungen meiner Ansicht über diese Sache schließen möchten, ich hätte irgendein Bedenken dabey, so will ich Ihnen ganz aufrichtig sagen, daß ich auf den Fall daß Sie meine Tochter wären, und mir geständen, Sie könnten zwar nicht mit entschiedener persönlicher Zuneigung, aber doch mit Glauben und Vertrauen, und ohne bestimmte Abneigung in ein solches Verhältniß mit meinem Freunde treten, ich Ihnen keinesweges abrathen, sondern meine Einwilligung gern ertheilen und einem glücklichen Loose für Sie zutrauensvoll entgegensehen würde.

Herzliche Grüße von meiner Frau - auch an Ihre Schwestern und Regula[17] - Ich würde diesen Brief an letztere couvertieren, wenn sie mich nicht auf einen Brief den ich vor etwa 3 Monaten an sie schrieb, ohne alle Antwort gelaßen hätte, warum ich besorgen muß, daß sie nicht mehr in Zürich sey. Leben Sie sehr wohl liebste Christine, antworten Sie mir bald und legen Sie wenn Ihnen danach zu Sinne ist, ein paar Worte für meinen Freund bey. Meine Adreße ist im Solmser Hofe in Frankfurt am Mayn.

Herzl. Ihr Smidt

Fritz Gildemeister an Christine Stolz

Geschrieben zu Bremen am 4ten December 1815 abgesandt den 5ten Dec. 1815

Theure Freundin

Endlich habe ich durch Smidt die Gewißheit, daß wenigstens kein äußerliches Hinderniß mich bestimmen kann, die innigsten Wünsche meines Herzens auf immer in die Brust zu schließen. Darum will ich denn auch keinen Augenblick mehr säumen sie Ihnen darzulegen und Sie grade und ohne Umschweife zu fragen ob ich hoffen darf Sie einst meine Gattin zu nennen. Daß ich in der persönlichsten aller Angelegenheiten und wo es so recht eigentlich gilt, sich ganz selbst zu geben, mich der todten Schriftzüge bedienen muß, das glauben Sie mir, empfinde ich selbst auf das tiefste, aber misdeuten werden Sie es nicht, meine liebe, liebe Freundin, daß ich auch so noch mir das Recht nicht wollte rauben laßen, Ihnen unmittelbar, nicht durch einen Dritten, zuerst zu entdecken, wie werth Sie mir sind. Unter den gegebenen Verhältnissen, die jede zartere Annäherung, jede allmälige Verständigung geradezu ausschließen, werden Sie in dieser unvorbereiteten

16 Johann Gildemeister (1753-1837), Kaufmann.

17 Tochter des von 1793-1805 an der Bremer Ansgarii-Kirche tätig gewesenen Schweizer Pastors Johann Caspar Haefeli (1754-1811). Freundin von Christine und Betty Stolz. Wohnhaft in Zürich.

Erklärung, zu der mich, ich fühle es wol, nichts außer mir selbst berechtigt, jenes hingebende unbedingte Vertrauen nicht verkennen, ohne das mir ein ähnlicher Schritt völlig unmöglich gewesen wäre.

Als ich vor zwey Jahren[18] einige glückliche Stunden unter den Ihrigen verlebte, berührte mich sogleich Ihre Erscheinung, deren Bild noch von früherer Zeit, wiewohl schwach, in meiner Seele lebte, auf das erfreulichste. Der Anblick eines stillen abgeschlossenen Familienlebens hatte für mich, den die gährende, alle Gemüthskräfte auf das höchste anregende Zeit in ihren Wirbeln mit sich fortriß, einen eigenthümlichen, von mir nie zuvor empfundenen Reiz. Sie selbst, theuerste Freundin, erschienen mir als Theil dieses Ganzen das mich so lebendig ansprach; ich durfte daher der Stimme, die sich in meinem Innern gleich anfangs für Sie regte, nicht unbedingt trauen. Wie aber späterhin unter den wechselnden Freuden und Bedrängnissen des Augenblicks, unter den großen Ereignissen, d. sich vor meinen Blicken entfalteten und dann nach der Rückkehr in die Heimath, wo abermals ein neues Leben für mich begann, - wie, wärend alle andern Erinnerungen jener Tage allmälig in den Hintergrund traten, ***Ihr*** Bild mir immer gleich lebendig blieb, da konnte ich mich über die Natur jenes Eindrucks nicht länger täuschen, da ward es mir klar, daß ich in Ihnen gefunden, wonach sich mein Herz so lange sehnte. Ich bin kein Schwärmer, aber leugnen will ich es nicht, eben in dem anscheinend Zufälligen und planlosen, das mich in Ihre Nähe führte, glaube ich eine höhere Leitung zu erkennen. Und den Wink eines nähmlich sorgenden Schicksals. - Sollte dieser erhebende Glaube nur ein Traum gewesen seyn? Sie allein können mir die Antwort geben.

Sie werden mir, geliebte Freundin, die Kürze meines Aufenthalts in Ihrer Nähe und die Unmöglichkeit einer sogenannten genauen Bekanntschaft nicht als Einwurf entgegensetzen. Eben dieser dauernde Eindruck nach einem so vorübergehenden Zusammentreffen ist mehr als die längste Bekanntschaft mir Bürge - ich spreche es mit der innigsten Überzeugung - daß ich recht thue indem ich Ihnen meine Hand biete und Ihr Daseyn an das meine zu feßeln wünsche. Ihr eigener Sinn wird Ihnen am besten sagen, ob ich irre. Prüfen Sie, faßen Sie meinen Antrag mit heiterm Blick - und auch mit ein wenig Glauben an mich - in das Auge; und dann entscheiden Sie, ob ich zu Ihnen kommen, ob ich Ihrem Vater[19] meinen Wunsch eröffnen darf.

Der wärmsten Aufnahme unter den Meinigen, unter denen sie eine Mutter[20] finden werden, dürfen sie gewiß seyn.

O daß meine Lippen Ihnen den Gruß bringen könnten, den Ihr bester Freund Ihnen mit diesem Blatt sendet.

Gildemeister

18 In der Zeit der Befreiungskriege begleitete Gildemeister Johann Smidt als Sekretär zu Verhandlungen mit den verbündeten Alliierten - Preußen, Österreich und Rußland - nach Frankfurt. Dort wurde den Hansestädten vom Preußischen König die Unabhängigkeit zugesichert. Um das gleiche auch von Österreich und Rußland zu erreichen, folgten Smidt und Gildemeister ihnen über Karlsruhe, Freiburg, Basel und Langres nach Paris. Von Basel aus besuchten sie die Familie Stolz in Zürich.

19 Johann Jacob Stolz.

20 Caroline AMALIE Gildemeister, geb. Kotzebue (1759-1844).

Christine Stolz an Johann Smidt

Zürich den 20sten Dezember 1815

An Hrn Senator Smidt in Frankfurt

Lieber Freund!

Erst heute, seitdem 5 Tage vergangen sind, daß ich Ihre so unaussprechlich freundschaftlichen Zeilen empfing, bin ich in der Stimmung, wo ich mich Ihnen am liebsten nahen möchte und mit Ihnen reden, wovon Ihr Brief ausschließlich handelt. Ich weiß Sie haben es am liebsten, wenn ich recht offen zu Ihnen rede, so wie sich eine gute Tochter ihrem Vater nahet, wenn ihr Herz in einer solchen Stimmung ist, wo es einer Stütze bedarf, wo es gern beruhigt und ermuntert würde. Ja, so kann und darf ich zu Ihnen kommen! Oh, dieser Glaube ist mir etwas schönes und werthes in diesem Augenblick, wo ich so zu sagen (für meinen Theil wenigstens) meinem Schicksal, meiner künftigen Bestimmung eine so entschiedene Wendung gebe; und eben darum dankt Ihnen mein Herz innig für alles was Sie thaten um meinen Entschluß zu erleichtern, meinem Ideengang dadurch eine solche Richtung gaben, daß ich ***schnell***, wie ich es mir früher kaum als möglich dachte, wußte, wie ich mich Ihnen, lieber Freund, nahen sollte, wie mit Ihnen reden um nicht mißverstanden oder unrichtig beurtheilt zu werden.

Glücklicherweise kam Ihr Brief in meine Hände, da ich mit meinen geliebten Schwestern, mit denen ich alles theile, allein im Zimmer war; ich erkannte an der Aufschrift sogleich Ihre Hand und da fing das leicht bewegliche Herz stark an zu klopfen, weil ich ja denken konnte, wie wichtig der Inhalt für mich seyn werde. Erst flüchtig und dann langsam und bedachtsam las ich diese Zeilen, die es mir so deutlich und bestimmt sagten, daß der Augenblick da sey, der mich meiner eigentlichen Bestimmung entgegenführen wollte. Ehe ich den einliegenden Brief nur recht angesehen hatte, schloß ich schon nach dem was Sie mir sagten richtig, wer nehmlich der Mann sey, welcher den Wunsch in seinem Herzen trägt, mich einst die Seinige zu nennen. Ich vergegenwärtigte da gleich meinem Geiste die Zeit, wo Er mich und ich Ihn zuletzt sah; aus früherer Zeit konnte ich mich nicht besinnen mit Ihm gesprochen zu haben. – Also vor zwey Jahren als die wichtigen Zeitereigniße Sie in unser Haus führten, war es, als Ihr Freund mächtig und wunderbar von meinem Anblick berührt wurde, wo Er anfing, sich für mich lebendiger zu intereßieren. So deutlich ich mir alles was sich damals zutrug vergegenwärtigen konnte, so gut ich noch weiß daß mein ganzes inneres Wesen von heißer Wehmut über den Tod meines Freundes[21] damals erfüllt war, so weiß ich doch nicht, daß ich mit Gildemeister auch nur einen Moment in einer nicht so gar fremden Beziehung, ihm sozusagen gegenüberstand, wo man sich auch ein wenig näher kennen lernt. – Ich beurtheilte und sah Ihn mit dem unbefangensten Blicke an, und da weiß ich und denke auch nun noch

21 Georg WILHELM Schröder, Kaufmann, 1783 in Bremen geboren, 1813 in der Ostsee ertrunken.

so, daß ich einen sehr verständigen unterrichteten jungen Mann in Ihm erkannte, der dabey auch Gefühl hat, welches mir seine Erzählung von Finks und Bergers[22] schrecklicher Ermordung bewieß, die ich mit unendlichem Interesse anhörte; Regula, Judith und Betty vernamen sie auch –

Sie werden es begreifen, daß nach diesen Gefühlen zu urtheilen, ich zu mir selbst sagen mußte: wie ist es möglich, daß Doctor Gildemeister sich in dich verliebt hat? Wie kann ich ihm genügen, ich welche an Geistesbildung so tief unter Ihm stehe, in keiner Beziehung eine wißenschaftliche Ausbildung genoß? Oh, Sie glauben es nicht wie wenig Werth ich in diesem Augenblick auf mein Selbst legte, wie ich fast dachte, der liebe Freund Smidt sey wohl etwas verblendet, habe es nicht recht erwogen, ob Christine diesen Mann ganz durch ihren Besitz beglücken könne. – So war ich gestimmt, mein Freund, nachdem ich Ihren Brief gelesen und seinen Inhalt ernstlich erwog. Ach! ich wußte nicht wohin mich wenden mit meinen Zweifeln und Besorgnißen, wenn die Stunde erscheinen würde, wo ich mich stark genug fühlte um Gildemeister selbst reden zu hören. – Judith und Betty, welche auch betroffen waren, wie ich ihnen sagte, daß Gildemeister der Mann sey, deßen Wunsch es sey mich zu besitzen, munterten mich doch bald nachher auf und sagten ich solle nur Muth faßen und den zweyten Brief lesen! Ich that es, folgte ihrem gutgemeinten Rath und da freut es mich, daß ich Ihnen sagen kann, daß die Art und Weise wie sich Gildemeister mir nahet, die ernste und doch so tief empfundene Sprache, wenn schon einen wehmüthigen doch keineswegs unangenehmen Eindruck auf mich machte; es war mir als hörte ich einen treuen biederen Freund reden der die tiefsten und geheimsten Wünsche seines Herzens einem Ihm nahe verwandten Wesen laut werden läßt. Sie haben wahr vermutet, lieber Freund, daß es doch beßer ist und war, wenn G. direct sich an mich wendete, wenn ich von Ihm selbst erfuhr was seine Wünsche und Hoffnungen seyen!

Wehmuthsvoll mußten diese Zeilen mich stimmen, wenn ich der Vergangenheit eingedenk war, die mir meine liebsten süßesten Wünsche so schrecklich vereitelte, wenn ich der Liebe gedachte, welche ich für meinen theuren entschlafenen Freund empfand, welche so innig, treu und warm war, der, wenn ich so sagen darf, mir nur ***nie fremd*** gewesen war! – Doch wie kann ich Gottes weise und gütige Lenkung der Schicksale miskennen, wenn ich lese wie warm und treu der Mann zu mir spricht, mit dem es mir scheinen will als werde ich noch einmal einst mit Ihm vereinigt werden. Kann ich nicht schon jetzt einen Freund in Ihm erkennen, der mich mit Nachsicht beurtheilen wird, deßen Liebe und Freundlichkeit für mich tiefe Wurzeln gefaßt hat, der nur mit dem Gedanken umgeht mir mein Daseyn zu verschönen? Mit einem Worte, ich gedachte nach Durchlesung seines Briefes mit mehr Glauben und Vertrauen an Ihn, an mich selbst auch; wenn ich schon nicht ganz die Idee aus meinem Innern verbannen kann: Gildemeister könne

22 Am 5.4.1813 ließ der französische General Vandamme die Oldenburger Kriegskommissare v. Finkh und v. Berger wegen angeblichen Hochverrats auf dem Waller Feld bei Bremen erschießen. Fritz Gildemeister war Augenzeuge der Verhandlung im »militärischen Spezialgerichtshof«, der in Bremen errichtet worden war und veröffentlichte 1814 einen Bericht darüber.

doch nicht den Genuß im nahen Umgange mit mir finden, den Er bey so vielen andern Mädchen aus Bremen finden könnte und würde. – Darum bitte ich Sie, lieber Smidt, vergegenwärtigen Sie sich diejenige noch einmal recht lebendig in ihrer ganzen Persönlichkeit, welche diese Zeilen an Sie schreibt, bedenken Sie wie einfach die Erziehung war, welche mein trefflicher Vater seinen Töchtern gab und geben konnte, wie verschieden sie von der ist, welche unseren Freundinnen und Altersgenoßinnen ertheilt wurde, ehe Sie, ehe Gildemeister sich an Vater wenden! Tief und ernst bin ich von der Wichtigkeit der ehelichen Bande überzeugt, ich fühle es wahr wie und wodurch man den Mann beglücken, sein Leben erheitern und verschönen kann und soll, eben darum ist mein Herz auch nun so zaghaft, fürchtet es könne nun nicht mehr so rein beglücken wie ehemals in einer Zeit da ich lachend und freudig der Zukunft entgegenging – Bedenken Sie auch selbst bey der Achtung, die ich für G. empfinde, doch noch nicht von Zuneigung von meiner Seite die Rede seyn kann, wie das von Schmerz erkaltete oder vielmehr verödete Herz sich wieder erwarmen muß um in dieser Beziehung einen Mann durch Liebe zu beglücken! – Die Mittheilung von Gildemeisters äußerer oder oeconomischen Lage welche Sie mir machten, freut mich, obgleich ich nur bey dem stehen blieb, wo Sie sagen: ihr Freund sey durch seine Arbeiten im Stande eine Frau zu ernähren. Das war mir genug zur Beruhigung da Sie es mit mir finden werden wie drückend Nahrungssorgen sind, und wenn ich schon keinen Werth auf Reichthum setze, doch ganz das Glück zu schätzen weiß, wenn man in einer unabhängigen Lage ist. G's Aussicht für eine noch angenehmere und sorgenfreyere Existenz that mir in der Beziehung wohl, weil mir dabey die allgemeine Achtung welche Er in Bremen genießt so deutlich und klar wurde. Heimlich und behaglich mußte ich lächeln wenn ich mir die Freude unseres guten Vaters vergegenwärtigte, welche Er, wenn ich mit Gildemeister verbunden werde, bey dieser Veränderung seines Wirkungskreises empfinden würde! –

Das was ich bisher sagte, lieber Smidt! wird Sie selbst auf meinen Entschluß leiten. Daß Sie nehmlich nach ernster Erwägung ob ich auch einigermaßen im Stande seyn werde, G. zu beglücken, sich an Vater mit dem Anliegen Ihres Freundes zu wenden, oder Er selbst wie Sie es wünschen. Wenn ich Herz und Vernunft frage so wüßte ich keinen triftigen Grund der mich dazu berechtigte diesen Antrag von mir zu wenden, und das um so mehr da ich es täglich tiefer empfinde wie glücklich Vater seyn würde, wenn Er eine von seinen Töchtern versorgt sähe. Die Trennung von Vater und den Schwestern wird mir unaussprechlich schwer werden; ein mächtiger Beruhigungspunct macht mir da aber auch das Schwere leicht, nehmlich der, daß ich dadurch bey den guten Schwestern die süße Hoffnung belebe, der Himmel werde auch sie einmal wieder nach Bremen führen welches doch nun einmal unsere Heimath ist, und welche sie und ich mit ihnen nicht vergeßen können! – Nun will ich noch einmal versuchen Ihrem und meinem Freund einige Zeilen zu schreiben. Wenn Sie glauben meine Zweifel und Skrupel zu widerlegen so schicken Sie ihm das Geschriebene, mit der Bitte Nachsicht zu haben mit der Christine. Eine Antwort wünsche ich nicht früher zu haben, bis Vater von dieser Sache benachrichtigt ist; mir selbst ist es peinlich lieber Smidt daß ich früher die Sache weiß und wißen mußte wie Er; aber dieses konnte der Verhältniße wegen worin wir hier im elterlichen Hause stehen nicht gut angehen! ***So*** sind mir viele Unannehmlichkeiten erspart, welche erfolgt wären, wenn wir die Sache nicht so eingeleitet hätten. Der innigste Wunsch meines Herzens ist, daß mein Gesagtes Ihnen genügend vorkommen möge, und daß Sie auch aus dieser unvollkommenen Erzählung oder Mittheilung einigermaßen mein Sinnen und Denken entziffern können. So sind wir noch nicht zusammengekommen, nicht wahr? - Regula grüßt Sie und Ihre Frau herzlich! Sie hat vor 3 Monaten Ihren Brief empfangen und denselben den nächsten Posttag beantwortet, und denselben in einen den sie an Metta B.[23] schrieb eingeschloßen. Untröstlich ist die liebe Seele über das Nichtankommen ihres Briefes; wir mußten wirklich alles anwenden sie zu beruhigen, da sie selbst ja ganz unschuldig dabey zum Vorschein kommt. Judith und Betty grüßen Sie und Minchen mit mir aufs herzlichste! Die guten Schwestern sind froh in Ansehung meiner und hoffen von der Zukunft Glück und Zufriedenheit! Leben Sie wohl lieber Freund; ich schließe mit dem wärmsten Dank für Ihre Freundschaft, welche sich in den vor mir liegenden Zeilen so wahr und innig ausspricht. Christine Stolz.

Christine Stolz an Fritz Gildemeister

Zürich den 20. Dec. 1815

Theurer Freund. Unser gemeinschaftlicher Freund Smidt muntert mich dazu auf, Ihren lieben Brief wenn auch nur mit wenigen Zeilen zu beantworten. Mit Wehmuth ergreife ich meine Feder, weil ich mich schwach fühle die Worte der innigsten Freundschaft und Anhänglichkeit zu erwiedern, welche Sie in den an mich gerichteten Zeilen aussprechen. Doch ich weiss es, Sie werden es begreifen, mich nicht verkennen wenn ich heute noch nicht so wie Sie davon rede, sondern nur von dem Eindruck, den Ihre Zeilen auf mich machten. Wenn mein Herz schon frey ist, so wissen Sie es doch, dass ich in dem Frühlinge meines Lebens ein Wesen fand und erkannte, an dem mein Herz mit unaussprechlicher Liebe hing. In der Verbindung mit diesem Geliebten sah ich, weil ich glücklich in Liebe war, einem reichen schönen Leben entgegen, noch von keiner eigentlichen Sorge gedrückt. Ich fühlte sie wenigstens nicht bis, nachdem ich zwey und ein halbes Jahr im Vollgenuss des Glückes lebte, das Schicksal mich auf einmal aus dem Himmel voller Seligkeit riss, mir das Theuerste, das Liebste raubte. Ich habe unzählige Stunden trüben Trennungsschmerz und eine qualvolle Sehnsucht und ein tiefes Heimweh empfunden, bis die alles lindernde und mildernde Zeit meinen Schmerz besänftigte, mein Glaube an Gottes weise Lenkung der menschlichen Schicksale mich erhob und den festen Entschluss in mir erweckte, Liebe zu geben, denen, welche sich mit Freundlichkeit und Liebe mir nahen, und sie zu erwerben, um Freude und Dank um mich her zu verbreiten. In dieser Stimmung traf mich Ihr Brief, mein Freund, und so wurde ich denn unaussprechlich gerührt durch die ernste und gefühlvolle Sprache, welche Sie an mich richten, die es mir klar machen

23 Wohl Metta Bekenn, geb. Rohde (1780-1867), zweite Frau von Pastor Georg Ludwig Bekenn (1756-1834).

soll, dass Ihre Wünsche und Hoffnungen nicht schwach aufsteigende Empfindungen sind, sondern sich wahr und klar vor Ihrem Seelenauge entfalten. Ja, meine Stimmung war schon ganz anders, freundlicher, wohlwollender gegen Sie, als vor dem Lesen Ihres lieben theuren Briefes, nur eine gewisse Aengstlichkeit, ein zaghaftes Wesen konnte ich mir nicht aus mir verbannen welches wirklich daraus entsprang, weil ich mir immer dachte, es mir zurufen musste: »Wie wenig kennt mich Gildemeister und vielleicht wohl gar falsch, denn wie verschieden sind wir an Geistesbildung, wie einfach war überhaupt meine Erziehung, garnicht so, wie sie heut zu Tag das weibliche Geschlecht genießt.« Sie müssten mich näher kennen lernen, wenn Sie glauben könnten, das soeben Gesagte sey eine Ziererey, ja wohl gar eine Eitelkeit. Nein, das ist es gewiss nicht, sondern eine sich mir aufdrängende Aengstlichkeit, die ich bis jetzt noch nicht habe verbannen können. Smidt wird mich vielleicht darüber beruhigen. Wäre ich von Ihrem Werth weniger lebhaft überzeugt, so würde ich vielleicht nicht so unter diesem Gefühle leiden, aber eben darum sollte man glauben, würde ich mit mehr Glauben zu Ihnen kommen, in dem freudigen Bewusstseyn durch den täglichen Umgang mit Ihnen weiter zu kommen, zu lernen, was ich nicht weiss und kann, und so wäre dann ja mein Wunsch, den ich so oft im Stillen hegte, wenn ich über meine Unwissenheit seufztte, in Erfüllung gegangen. Ja, mein Freund, wenn Sie noch immer die gleichen Gefühle der Liebe für mich empfinden, wenn Sie wahrhaft davon überzeugt sind, ich werde und könne Sie beglücken – dann kommen Sie, um meinem Vater Ihre Wünsche zu eröffnen – die Ehe ist ein freundliches aber auch ein ernstes Bündniss. Glauben Sie, ich will immer mehr an mir arbeiten, damit ich zu seiner Zeit mich Ihnen mit Herzlichkeit nahen kann. Jetzt, schlägt mein Herz noch bang, wenn ich an den Augenblick denke, der mich meinem lieben Freunde in die Arme führen wird. Hoffentlich wird es besser werden. Nicht wahr, Sie hoffen es auch? Die lieben Ihrigen kenne ich alle sehr wenig und sie mich auch nicht. Um Nachsicht und Liebe bitte ich. O wie wohl werde ich mich fühlen, wenn mein Herz in den Armen einer liebevollen Mutter wieder erwarmen wird. Seien Sie recht gegrüßt von Ihrer Christine Stolz

Johann Smidt an Christine Stolz

Frankfurt den 2. Januar 1816

Ihren Brief liebste Christine habe ich am 24'Decbr. richtig erhalten, und die Einlage am nemlichen Tage mit der eine Stunde nach Empfang Ihres Briefes abgehenden Post weiter befördert. – In diesem Augenblick erhalte ich einen Brief von G. vom 28' worin er mir voll frohen Jubels meldet, daß derselbe so eben richtig angekommen und daß er mir mit der nächsten Post einen Brief an Ihren Vater zu weiterer Beförderung schicken werde. Da die Post nach Zürich sogleich von hier abgeht, so kann ich nichts weiter thun als dieses Ihnen in aller Eile zu melden, welches ich nicht unterlaßen zu dürfen glaubte, da Sie dadurch doch eine halbe Woche früher aus der Ungewißheit über das Schicksal Ihres Briefes gerißen werden.

Daß mir Ihr Brief und das mir in demselben bezeugte Vertrauen die allerherzlichste Freude gemacht, brauche ich Ihnen nicht erst zu sagen - Ich zweifle nicht im mindesten daran, diese Sache werde zu einem so glücklichen Ende gedeihen, daß wir uns ihres Anfangs noch oft gemeinschaftlich mit kindlicher Freude erinnern werden.

Sowie G's Brief ankommt, werde ich bey Uebersendung deßelben Ihrem Vater ausführlich schreiben. Ihren Schwestern meiner und meiner Frau freundschaftlichste Grüße, sowie von dieser auch Ihnen.

Gz d. Ihrige S.

Fritz Gildemeister an Johann Jacob Stolz

Bremen d. 29. Dec. 1815

Als mich ein günstiges Geschick vor zwey Jahren in Ihre Nähe führte, lernte ich Ihre Tochter Christine kennen, schätzen und ich darf hinzu setzen - lieben. Meine anfangs dunklen Gefühle entwickelten sich allmählig zu dem klaren Bewußtseyn, in ihr die Lebensgefährtin gefunden zu haben, deren Besitz mich beglücken, meinem Daseyn erst seine wahre Bedeutung geben würde. Empfangen Sie daher dieses freudige Geständnis mit der Bitte, die Wahl meines Herzens durch Ihre Billigung zu bestätigen, durch Ihren väterlichen Seegen zu kräftigen. Daß ich aus Ihren Händen das höchste Gut des Lebens begehre, daß es mein fester männlicher Entschluß ist, Ihrer Tochter Wohl aus allen meinen Kräften zu begründen, bedarf, denke ich, keiner Betheuerung. Stünde dieser Entschluß minder deutlich vor meiner Seele, ich würde die Bewerbung um ein so herrliches Mädchen, deßen Hand ich erst mit der Zeit verdienen kann, für sündlich halten; ja sie selbst würde sich gewiß einem Bund versagen, der ohne diesen Glauben nichts ist.

Was sonst noch zwischen Ihnen und mir bey dieser Gelegenheit zur Sprache kommen sollte, ich verschweige es in der Voraussetzung, daß unser gemeinsamer Freund Smidt, der diesen Brief mit einigen Zeilen begleiten will, es überflüßig gemacht haben wird.

Nur das Eine noch, wenn Sie mich der Aufnahme in Ihre Familie nicht ganz unwerth achten, setzen sie mich ***recht bald*** in den Stand, Ihre geliebte Tochter als Braut, Sie als einen zweyten Vater zu umarmen.

Mit der innigsten Verehrung
Ihr ergebenster Gildemeister.

Johann Smidt an Johann Jacob Stolz (Abschrift)

Wenn diese Zeilen bey Ihnen eingehen, mein hochverehrter Freund, so dürften es ungefähr zwey Jahre seyn, wie ich Sie in Zürich halb und halb überraschte, und zugleich meinen Freund G. bey Ihnen einführte. Heute komme ich wieder mit Ihm zu Ihnen. Zwar nicht zum

Anschauen in leibhafter Gestalt, aber dennoch persönlicher auftretend, wie das erstemal. Zünden Sie eine Pfeife an, und laßen Sie sich erzählen, was ich Ihnen lange schon würde gesagt haben, wenn ich gedurft hätte.

Wie ich mich vor zwey Jahren in Basel zu der kleinen Excursion nach Zürich entschloß, forderte ich G. auf mich zu begleiten, und fügte scherzhaft hinzu: Sie werden bey Dr. Stolz drey liebenswürdige Mädchen sehen, und es wäre immer möglich, daß Sie ihr Herz dort ließen. Wie ich das Wort von der Zunge hatte, dachte ich nicht weiter daran, und auch in Z. fiel es mir nicht bey, daß ich solches (als Wahrsager) gesprochen haben könne, wie es jetzt am Tage ist. Schon während des Aufenthalts in Paris, und während der kurzen Zeit die ich im Sommer 1814 bis zu meiner Abreise nach Wien[24] in Bremen zu brachte, sprach G. oft mit mir davon, daß Er sich sehr danach sehne, ein häusliches Leben beginnen zu können, und des ledigen Standes müde sey, sich indeß zum Grundsatz gemacht habe nicht eher einen ernstlichen Schritt dazu zu thun, bis Er von seiner Praxis eine Frau zu ernähren im Stande sey. Gleich nachdem ich Anfangs August d. J. von Wien nach Bremen zurück kam, sagte er mir wie wir einmal allein waren, er könne jetzt ernstlich darauf denken zu heyrathen, und sinne darauf ein Bild häuslichen Glücks zu realisieren daß er schon lange im Herzen trage. Bey näherem freundschaftlichen Gespräch gestand er mir dann vertraulich: Ihre Christine habe einen unauslöschlichen Eindruck auf ihn gemacht, und der Gedanke an sie sey von dem eines glücklichen ehelichen Verhältnißes unzertrennlich bey ihm geworden.

Nun erst fiel es mir wieder bey, wie oft er während unserer Reise des kurzen Aufenthalts in der Schweiz gedachte, wie er sich darnach zurücksehnte, nachdem wir in Troyes sollten retiriren müßen und in Vesoul drey langweilige Wochen verlebten, wie er von Christines Trauer um ihren verlorenen Geliebten oft mit gerührter Theilnahme gesprochen, wie er mir mehrmals gesagt, er werde die erste Muße von Geschäften zu einer Schweizerreise benutzen, er habe sich auf allen unsern Kreuz und Querzügen nirgends so angezogen gefühlt, wie dort. Ich hatte damals nichts als Politik im Kopfe und nur die Erhebung des deutschen Volkes gegen das schmachvolle Joch der Franzosen im Herzen. – Auch in dieser Hinsicht war mir in der Schweiz vor allem fröhlich zu Sinne gewesen, es waren dort die ersten energischen Beschlüße gefaßt, und der mir vertraulich gewordene Plan geradezu nach Paris zu marschieren, mit Ernst begonnen. Alles gieng rasch vorwärts und die Zukunft schwebte[24a], die wie aus einer Zauberlaterne immer glänzender einander folgend, hervorgiengen, vor meinen Augen. Gildemeisters Stimmung hatte ich daher nur im Spiegel der meinigen beschaut, und daher nicht deutlich erkannt, was mir jetzt klar vor Augen stand.

Die Lage unserer constitutionellen Verhandlungen, bey denen G. eine sehr bedeutende Rolle spielte, und die neue Redaction der Bremer Zeitung, die ich mit ihm verabredet hatte, und noch vor meiner Abreise nach Frankfurt ins Werk richten mußte, verhinderten daß G. vor der Hand auf eine Reise in die Schweiz denken konnte – auch versicherte er keines weiteren Anschauens zur Faßung seines Entschlußes zu bedürfen. Nur wollte Er ehe Er einen Antrag versuche, gern die Gewißheit haben, daß Christines

24 Zur Teilnahme am Wiener Kongreß.
24a Auch im Original nicht ganz verständlich.

Hand noch frey sey, und sich wenigstens von der Wahrscheinlichkeit überzeugen, daß seine Persönlichkeit wenigstens keinen widrigen Eindruck auf sie gemacht habe, und daß sie nicht erst beschloßen unverheirathet zu bleiben.

Dazu sollte ich ihm nun verhelfen, und so daß die Sache geheimbliebe, falls unerfreuliche Nachrichten deshalb eingingen. Die Aufgabe war sehr schwierig, besonders da ich Ihnen nicht gerne direct darüber schreiben wollte, um Ihnen keine unangenehme Stimmung zu verursachen falls Christine sich vielleicht Ihrem Wunsche zuwieder in ihrer Trauer zu einem Gelübte bestimmt haben sollte, deßen noch stärkere Aussprechung eine solche Anfrage veranlaßen konnte.

Jene Aufgabe ist indeß glücklich gelöst, wir wißen daß Christines Hand frey ist, daß kein Gelübte sie bindet, daß G. bey seinem kurzen Aufenthalte in Zürich keinen solchen Eindruck auf sie gemacht hat, welcher seine Wünsche und Hoffnungen niederschlagen müßte. Wie ich das nach mehreren vergeblichen Versuchen endlich in Erfahrung gebracht, dem bitte ich nicht näher nachzuforschen, und sich mit der Versicherung ihres Freundes zu begnügen, daß es in jeder Hinsicht mit der nemlichen Delicateße und Umsicht geschehen sey, welche es Ihnen Dank wißen und von Ihnen erwarten würde, falls die Umstände Sie jemals in ein gleiches Verhältniß zu einer seiner Töchter verwicklen sollten. – Nur so viel kann ich Ihnen sagen, daß ich ohne Ihres Sohnes Hermanns Hülfe schwerlich dazu gelangt wäre, und daß dieser angenehme Hoffnungen auf das künftige Wohl seiner geliebten Schwester mit aufs Meer genommen.

Gildemeisters Frage und Bitte haben Sie nun in Ihren Händen, und er fordert mich auf, dieselbe bey Ihnen zu unterstützen – Ich würde das indeß auf keine Weise thun, wenn es nicht meiner vollen Ueberzeugung gemäß wäre es thun zu dürfen. Mein vertrauliches Verhältniß zu G. existiert seit zwey Jahren, unsere Freundschaft ist älter und inniger, auch habe ich Christine zu lieb, und bin des ehelichen Glückes selbst in zu reichlichem Maaße theilhaftig geworden, als daß ich mir in dieser Hinsicht irgend ein leichtsinniges Wort verzeihen könnte. Ich glaube mich daher von aller Versuchung frey Ihnen etwas anderes als die reine Wahrheit zu sagen.

G. ist einer der rechtlichsten und sollidesten Männer die mir je vorgekommen sind. Der Wahrheit immer die Ehre zu geben, ist ein vorherrschender Zug seines ganzen Characters, der mir bisweilen selbst als Eigensinn erschienen ist, den ich aber in der Folge immer als eigenen im Gemüthe tief begründeten Sinn habe anerkennen und respectieren müßen. Er hat einen ausgezeichneten Verstand mit vieler Klarheit in jeder Darstellung verbunden, und besitzt ungemeine Kenntniße in vielen Fächern des Wißens. Er arbeitet nicht so viel und nicht so schnell wie ich, aber alles geht dagegen sofort weit gediegener und vollendeter aus Ihm hervor. Er hat einen vesten Willen, und verliert in seinen Bestrebungen das Ideal nie aus den Augen. Er ist heiteren Sinnes, trägt das Leben nicht schwer, und ist ein fröhlicher Gesellschafter, obgleich eine ernste Ansicht der Dinge immer das Uebergewicht bey ihm behält.

Sein Ruf ist durchaus untadelich, und er steht in Bremen sowohl bey dem Publico überhaupt als bey dem Senat und der Bürgerschaft besonders in einer ganz ausgezeichneten Achtung. Auf die Verhandlungen der Letzteren, hat er jetzt einen ganz entschiedenen Einfluß, das selbst mitunter das Collegium Seniorum[25] in der Minorität stellt. Keine Deputation von Wichtigkeit wird von der Bürgerschaft ernannt, von der er nicht

Mitglied wäre, und dem Senate ist es jedesmal eine Freude, wenn er zu einem solchen Geschäft gewählt wird.

Er gilt für einen unserer besten Advocaten, und die Advocatis allein würde ihn schon ernähren, wenn er sich ihr ganz widmen wollte. Seit dem 1ten Oct hat er einen Theil seiner Zeit der Redaction der Bremer Zeitung gewidmet, welche ihm jährlich 100 Thaler einträgt. Wir behalten ihn vor allen andern gern zum Redacteur, aber sonstige Arbeiten und Aussichten werden ihn bald veranlaßen dieses Geschäft einem andern zu überlaßen.

(Schluß fehlt)

Fritz Gildemeister an Christine Stolz

Bremen d. 1. Januar 1816

Alles, meine theure, innig geliebte Christine, drängt mich heute, bey einem Jahreswechsel der mir noch nie so bedeutend und so freudeverkündend erschien, zu einer brieflichen Unterhaltung mit meiner Freundin, die ich, wenn diese Zeilen in ihren Händen sind, hoffentlich schon als Braut werde begrüßen dürfen. - Ihre Antwort erhielt ich vorigen Dienstag Morgen mit einem ganzen Paket anderer Sachen von Smidt; ein flüchtiger Blick in seinen Brief, der mit einem warmen Glückwunsche anhub, gab mir den Muth den Ihrigen zu öffnen, zu lesen und wieder zu lesen. Meine Stimmung darf ich Ihnen nicht schildern, ich habe heiße Thränen der Freude und der tiefsten Rührung geweint und dann habe ich wieder laut gejubelt; und so geht es mir noch jetzt, so oft ich in Stunden der Ruhe, ungestört von den widerlichen Geschäften des Tages, Ihren Brief zur Hand nehme und mir das ganze Maaß meines unverdienten Glücks zu vergegenwärtigen suche. Wie so ganz erkenne ich in diesen Zeilen, und bis in das Kleinste, das theure Bild wieder, das mir ewig vorschwebte; jedes Wort hat mich angesprochen; nichts, ja gar nichts möchte ich anders haben. Ihre früheren Lebensverhältnisse kannte ich; sie waren vielleicht mit schuld, daß ich Ihre Trauer ahnend, Ihnen in jenen Stunden meiner flüchtigen Bekanntschaft nicht näher trat und selbst nachher eine lange Zeit meine Gefühle unterdrückte. Als ich mich Ihnen entdeckte, konnte ich also noch nicht auf Liebe rechnen, wie sie mein Herz allerdings sehnsüchtig fordert, aber diese freundschaftliche zarte Hingebung, diese zutrauensvolle Annäherung, sie sind wenigstens der Liebe nahe verwandt und mir ein sicheres Unterpfand, daß sie auch mir werden wird; - daß ich selbst durch das schwache Organ eines Briefes zu Ihrem Herzen reden konnte und begriffen wurde, es ist mir ein Beweis für das was ich immer geglaubt habe, daß wir einander angehören und daß es nicht blinder Zufall war, was mich vor zwey Jahren in Ihre Nähe führte. So wird denn auch jenes innigere tiefere Verständnis, das wol am Ende mit der wahren Liebe eins ist, sich im persönlichen Umgange, - zweifeln Sie nicht daran geliebtes Mädchen - leicht und schnell ausbilden.

25 Die als Aelterleute bezeichneten Sprecher der Kaufmannschaft. 1849 ging diese Funktion auf die gewählten Mitglieder der 1848 gegründeten Handelskammer über.

Als ich Ihnen zum erstenmal schrieb, dachte ich mir zum Theil die Bedenklichkeiten und Einwürfe, die etwa eine Mädchenseele wie die Ihre aus übergroßer Ängstlichkeit und Gewissenhaftigkeit meinen Wünschen entgegensetzen möchte, was Sie mir da aber von Ihrer geistigen Ausbildung und deren Mangelhaftigkeit sagen, ich habe es doch, wiewohl innig bewegt, ein wenig belächeln müßen. Auch Smidt hat sich durch alles was Sie ihm über den Punkt geschrieben haben, nicht abhalten laßen, mir Ihren lieben Brief so wie er ihn empfangen hatte zuzusenden und er hat wol daran gethan; denn jedes Zögern um so nichtiger Gründe willen hätte ich ihm nimmer verziehen. – Im Ernst, liebe Christine, wie war es möglich sich mit solchen Skrupeln zu quälen und Ihren eigenen Werth so ganz zu verkennen? – Ob Sie das besitzen, was man sehr häufig unter weiblicher Bildung versteht, davon weiß ich nichts und habe mich auch keinen Augenblick darum gekümmert, wiewohl ich gar nicht zweifle, daß Sie auch in dieser Beziehung sich selbst unterschätzen. – Was ich aber ganz gewiß weiß, ist daß ich mir ein Mädchen gewonnen habe, deßen Herz und Geist mit Allem was einen Mann wahrhaft beglückt, auf das herrlichste ausgestattet ist. Glauben Sie mir, liebe Christine, die Männer und zwar solche die von der größten Achtung für Ihr Geschlecht durchdrungen sind, legen auf manche Dinge wenig Werth, um derentwillen viele Frauen sich gewaltig abmühen. Der geistige Reichthum der Frauen ist kein angelernter und die Erziehung hat ihre ganze Aufgabe erfüllt, wenn sie nur die Hindernisse seiner Entwicklung aus dem Wege räumte. Der Anbau desjenigen Feldes von Kenntnissen wodurch d. Gattin einen Berührungspunct mehr mit dem Mann erhält, mag immerhin der Ehe aufbehalten bleiben. Hat doch selbst meine Mutter, die ein sehr gebildetes Mädchen gewesen seyn muß als mein verewigter Vater sie kennen lernte, mir oft gestanden, wie sehr der tägliche Umgang mit ihm ihren Ideenkreis erweitert habe. Auch ich werde von dieser Seite unendlich gewinnen, mit dem Besitz eines geliebten weiblichen Wesens geht mir eine neue Welt von Gedanken und Gefühlen auf.

Meiner Schwester Klugkist[26] und ihrem Mann habe ich gleich denselben Tag als ich Ihren Brief erhielt, mein Glück angekündigt. Beide waren auf das höchste erfreut und sogleich ward eine Flasche alten Rheinweins auf das Wohl der lieben Christine geleert. Meiner Mutter, die nichts von meinen Wünschen ahnden konnte, habe ich gestern geschrieben und ihre Zustimmung und Segen zu der Verbindung begehrt. O! wie glücklich wird sie die Nachricht machen! Auch meine in Cassel verheirathete Schwester[27] und ihren Mann – beide treffliche Menschen werden Sie auf unserer Reise nach Bremen kennen lernen – habe ich in das wonnige Geheimniß gezogen.

Ihrem verehrten Vater schrieb ich den Tag nach Empfang Ihres Briefes; ich würde mir seine Einwilligung selbst geholt und mich sogleich auf den Weg gemacht haben, wenn nicht Smidts abrathende Gründe mir bey etwas ruhiger Ueberlegung überwiegend geschienen hätten. Von meinen Aussichten auf eine Stelle im Senat hat Ihnen, glaube ich, unser gemeinsamer Freund etwas gesagt. Nun kann sich die Vorfrage, von der alles abhängt, mit

26 LUISE Auguste Gildemeister (1784–1837), die älteste Schwester Gildemeisters, heiratete 1805 Dr. jur. Hieronymus Klugkist (1778–1851), der 1815 in den Senat berufen wurde. Wohnhaft Wachtstr. 32.

27 Friederike Henriette AMALIE (1782–1841), in kinderloser Ehe mit Dr. jur. Friedrich Carl Emilius Ferdinand Fulda (1778–1820) verheiratet, zog 1820 zu ihrer Mutter nach Weimar zurück.

jeder Woche entscheiden und es könnte nachtheilig werden, wenn ich dann grade nicht hier wäre. Denn wenn gleich der, welchem Christine ihrer Hand würdigt, viel zu stolz ist, sich um irgend eine Stelle - außer der in ihrem Herzen - zu ***bewerben***, so mag ich doch einem Verhältniße von dem ich mir im Ganzen viel Gutes verspreche, nicht aus dem Wege zu gehen scheinen. Gott gebe eine baldige Entscheidung; denn so lange ich hier gefeßelt bin und nicht zu Ihnen kann, quält mich eine Unruhe, die mich bey einiger Dauer überwältigen würde. Ihre beiden trefflichen Schwestern sind mir auf das innigste gegrüßt. Sagen Sie ihnen, daß sie in allen Verhältnissen des Lebens auf mich rechnen können. - Ihrem Vater und übrigen Angehörigen empfehlen Sie Ihren liebenden Freund G.

Meine Schwester wünscht Ihnen, liebe Christine, und Ihren Schwestern angelegentlichst empfohlen zu seyn.

Fritz Gildemeister an Christine Stolz

Bremen d. 18. Januar 1816

Vor einigen Stunden, meine geliebte Braut, erhielt ich Ihres Vaters - nun auch des meinigen - Billigung unserer Verbindung, noch verschönert durch die herzlichen liebevollen Zeilen, die Sie beygefügt hatten. Zu meiner vollen Freude fehlte nichts als eine Antwort meiner Mutter, von der ich ohne alle Nachricht geblieben war. Dieses Ausbleiben war mir um so unangenehmer als es mich gewißermaßen, des Anstandes halber, nöthigte, über das wovon mir das Herz überfließen wollte, fortwährend ein tiefes Schweigen zu beobachten; doch ging ich gleich zu Hn. Bürgermeister Lampe[28] weil ich wußte, welchen warmen Antheil er und seine Tochter an Ihnen nehmen. Er nahm, wie Sie denken können, die Nachricht sehr freundschaftlich auf. Als ich zu Hause kam, wurde ich denn auch mit einem Briefe von meiner Mutter und meiner dritten Schwester[29] Elise beglückt. Beide drücken die freudigste Theilnahme aus. - Meiner Mutter habe ich den Vorschlag gemacht, mich nach Zürich zu begleiten; da meine liebe Christine mir keinen Korb gegeben hat, so erwarte ich auch keinen von der eigenen Mutter. Auch Ihnen, denke ich, muß es wohlthun, beym Verlaßen des Väterlichen Hauses sogleich eine Mutter wiederzufinden. - Meiner alten 80 jährigen Großmutter[30], der Legationsräthin Kotzebue in Weimar, einer Frau von lebendigem und jugendlichem Geiste, schreiben Sie wol einige Zeilen zu gelegener Stunde, auch meinen drey erwachsenen Schwestern - Doctorin Klugkist, Aßeßorin Fulda in Cassel und Elise Gildemeister in Weimar; meine jüngste Schwester[31] Sophie, 13 Jahre alt, ein sehr gescheutes Mädchen wird sich einiger Zeilen von der neuen Schwester auch herzlich freuen.

28 Heinrich Lampe, Dr. jur. (1746-1817), wurde 1781 Senator, 1803 Bürgermeister. Heiratete 1772 Catharina Cuyper (1754-1784), nach deren Tod Hermanna Dwerhagen (1755-1789).

29 ELISE Friederike Gildemeister (1789-1833), blieb unverheiratet.

30 Anna Christiane Kotzebue (1736-1828), Witwe des Legationsrats Carl Christian Kotzebue.

31 SOPHIE Amalie Gildemeister (1803-1890), blieb unverheiratet.

N. S. Ihrem Bruder Jacob[32] theilte ich so eben d. frohe Botschaft mit. Er war auf das innigste bewegt und erfreut. Entschuldigen Sie mich bey unserem Vater, daß ich ihm heute noch nicht danke; grüßen Sie die Schwestern und empfangen Sie, leider nur in Gedanken, den Brautkuß von Ihrem G.

Fritz Gildemeister an Johann Jacob Stolz

Bremen d. 21. Jan. 1816

Nehmen Sie meinen innigen kindlichen Dank, lieber Vater, nicht nur für den Inhalt Ihres Briefes selbst sondern auch dafür, daß ich Ihrem freudig ausgesprochenen Ja nicht länger als nun einmal bey der unglücklichen Entfernung durchaus nöthig war, entgegenzuharren brauchte. Wie sehr ich eine Verbindung, die nun auch durch die herzlichste Zustimmung meiner Mutter geheiligt ist, zu beschleunigen wünsche, können Sie denken. Nur sehr gebieterische Verhältniße, von denen Ihnen unser Freund Smidt geschrieben haben wird, halten mich in diesem Augenblick in Bremen zurück, es ist indeß möglich und wahrscheinlich daß diese sehr bald beseitigt seyn werden; um nun alsdann keinen weiteren Zögerungen unterworfen zu seyn, werde ich mich hier mit dem ehesten proclamieren und d. erforderlichen Dimissorialen urtheilen laßen, dazu aber bedarf ich des Geburtsscheins meiner Braut, den Sie mir also wol bald überschicken. Doch - Sie sehen, wie zerstreut ich bin; indem ich das vorhergehende schrieb, dachte ich nicht daran, daß ich ihn mir hier nur aus dem St. Martini-Kirchenbuch darf ausziehen laßen. - Daß Sie mein Alter nicht ganz errathen haben, hat mir doch einige Freude gemacht; ich bin den 13ten December 1779 geboren, habe allso meine vollen 36 Jahre. Doch versichere ich Sie, daß ich, wenn gleich durch das practische Leben ziemlich bearbeitet, doch in der Hauptsache noch denke und empfinde wie in meinem 25sten.

Ihr Sie innig verehrender Sohn Gildemeister.

Fritz Gildemeister an Christine Stolz

Bremen d. 21. Jan. 1816

Seit Donnerstag Morgen, meine traute Christine, wo ich schnell hintereinander Briefe aus Zürich und aus Weimar erhielt, habe ich äußerst glückliche Tage verlebt, so glücklich als ich sie jetzt noch in der Entfernung von meiner künftigen Lebensgefährtin verleben

32 Johann JACOB Stolz (1779-1856), zu der Zeit als Professor am Bremer Gymnasium Illustre tätig. Wohnhaft Buchtstr. 58.

kann. Die frohe Botschaft, die ich nun nicht länger zurückzuhalten brauchte, erscholl schnell von Mund zu Mund und hat, wie ich vielfach erfahren habe, in vielen Cirkeln eine freudige Überraschung verbreitet, wie sie wohl nicht leicht einem Bräutigam geworden ist. Bei den vielen Beweisen einer mehr als blos conventionellen Theilnahme die sich mir von vielen Seiten kund gab, ist es mir recht lebendig geworden, einmal wie unendlich viele Freunde Sie und Ihr Vater und Ihre verewigte Mutter[33] hier in Bremen haben und dann, wie wohlwollend man auch gegen mich gesinnt ist, indem man Ihren Bräutigam seines neuen Platzes nicht ganz unwerth hält. - Wenn es wahr ist, daß entfernten Geliebten bey ausgebrachten Gesundheiten die Ohren klingen, so müßen sie Ihnen in diesen Tagen recht oft geklungen haben, vorgestern Abend bey Gröning[34] und dann bey Witte[35], meinem liebsten hiesigen Freunde, deßen Frau (geborene Meta Walte) mit unbeschreiblicher Liebe an Ihrem Vater hängt, und gestern bey Ihrem Bruder dem Professor; wo in Gesellschaft Ihres jüngsten Bruders[36], der morgen nach Südamerica abreist, von Noltenius[37], Tulesius[38] und Blendermann[39] der lieben Züricher bey manchem Glase edlen Punsches gedacht wurde. Am Donnerstag Abend war ich in Noltenius Hause in dem Ihnen bekannten Cirkel der Sonntagsgesellschaft. Als ich in das Zimmer trat, glaubte ich in den Mienen der Frauen so etwas zu entdecken - als wollten sie sagen: verstelle dich wie du willst, wir wissen doch wie es mit dir steht. Aus wenigen Äußerungen der Friederike Noltenius merkte ich bald, daß sie etwas ahndeten und halb und halb auf der Spur waren, aber es kam doch nicht zum Ausbruch, weil ich nun einmal der lieben Verwandten halber, die so etwas sehr übel nehmen, die Sache den Abend nicht wollte laut werden laßen. - Eine einzige Frau - überhaupt haben nur Frauen diesen Tact - ließ schon im Jahr 1814 Worte gegen mich fallen, die einen tiefen und richtigen Blick in mein Inneres verriethen. Gestern gestand sie mir, wie einzelne zufällige Äußerungen, denen ich selbst nicht mehr erinnere und wo es doch mehr im Ausdruck und Ton als in den Worten selbst gelegen haben muß, ihr das Verständniß eröffnet hätten. Eine unendliche Freude

33 Verena Stolz, geb. Güttinger (1751-1807).

34 Heinrich Gröning, Dr. jur. (1774-1839), wurde 1809 Ratssyndicus, 1817 Erster Syndicus, 1809-1811 Abgesandter Bremens in Paris. 1821 Bürgermeister. Heiratete in erster Ehe eine v. Bardeleben, in zweiter Ehe 1809 HENRIETTE (Jette) Luise Retberg (1789-1868). Wohnhaft Neustadts-Deich 34.

35 Carl Witte, (1784-1854), Kaufmann. Wurde 1835 Senator. In kinderloser Ehe mit Margarethe (»Medchen«), geb. Walte verheiratet. Wohnhaft Langenstr. 131.

36 Christian August Stolz (1788-1849), Kaufmann.

37 Dr. jur. Johann DANIEL Noltenius (1779-1852), Syndicus, Scholarch, seit 1809 Senator, wurde 1839 Bürgermeister. Verheiratet mit Caroline FRIEDERIKE, geb. Rohde (1778-1859), einer Schwester von Wilhelmine Smidt. Wohnhaft Sögestr. 37.

38 Dr. med. Conrad Heinrich Thulesius (1771-1846), Arzt und Naturwissenschaftler, Lehrer am Pädagogium und an der Gelehrtenschule. Verheiratet mit METTA Elisabeth, geb. Noltenius (1772-1837), Schwester von Daniel Noltenius. Wohnhaft Außer dem Heerdenthor, Brake 12.

39 Jakob Blendermann (1783-1862), Reformpädagoge, Pestalozzischüler, leitete eine Erziehungs- und Pensionsanstalt für Knaben, Gartenstr. 6, ab 1817 Knochenhauerstr. 46. »Ein höchst liebenswürdiger Mensch von feinem sittlichen und aesthetischem Sinn, großer Pflichttreue und ausgezeichnetem Lehrtalent (Eilers, S. 402).

hat mir vorgestern Henriette Lampe[40] bereitet. Kaum hat sie von ihrem Vater erfahren, in welcher nahen Beziehung Sie zu mir stehen, als sie mit Ihrem Schattenriß zu meiner Schwester kommt um es mir, bis ich das liebe Original in meinen Armen halte, zu laßen. Diese Zartheit hat mich unendlich gerührt, um so mehr da sie meiner Bitte damit zuvoreilte. Gestern sah ich auch das getuschte Bild von Ihnen im Besitz der Mutter Ihres entschlafenen Freundes[41]. Es genügt mir nicht ganz, hat aber auch viel gutes. Doch was sind alle Bilder gegen das in meinem Innern lebende, gegen das mir deutlich vor Augen stehende, dem ich den freundlichsten aller Morgengrüße zusende. G.

Judith und Betty küßen Sie von meinetwegen - Hören Sie, von ***meinetwegen***. G.

Ich empfehle Ihnen, liebe Christine, die am Mittwoch von Zürich abgehende Post; sie bringt mir die Briefe den 8ten Tag.

Fritz Gildemeister an Christine Stolz

Bremen den 28ten Januar 1816

»Heute bin ich dein und du mein« diese Worte, mit denen Ihr herrlicher wahrhaft erquickender Brief schloß, sie tönen unauffällig in meinem Innern wieder und sie mögen daher als freundlicher Morgengruß an der Spitze meiner Antwort stehen. Ja, meine unaussprechlich geliebte Christine, erst jetzt, seit vorigen Donnerstag Morgen, wo ich Ihre Zeilen erhielt, fühle ich es ganz und lebendig, daß Sie nun wirklich ***mein*** sind, wie ich schon lange und ungetheilt nur ***Ihnen*** angehörte. Wie beseligend auch Ihre Erwiderung auf meine erste Annäherung war, welch einen Himmel sie mich ahnden ließ; dennoch, welcher Unterschied zwischen damals und jetzt? zwischen dem banglichen, noch großentheils einer trüben Vergangenheit angehörenden Gefühle, das sich damals auch in dem süßesten, was Sie dem Freunde sagen konnten, unwillkürlich hervordrängte und dem heitern hingebenden Sinn. Der sich in Ihrem letzten Briefe so herrlich und wahr ausspricht! Warlich, glauben Sie mir, jene frühern Erinnerungen werde ich nie aus Ihrer zarten Seele zu bannen suchen; es wäre vergeblich und, in so fern mir der innere Einklang Ihres Gemüths etwas gilt, durchaus kein Gewinn. Wohl aber wünsche ich, daß die frühesten heiligen Regungen eines jugendlich unbefangenen Sinnes sich in der warmen liebebedürftigen Seele meiner Christine mit dem Gefühle für den, der diese Zeilen nicht ohne Thränen niederschreibt, innig zu einem lebendigen Ganzen verschmelzen mögen; und daß sie das werden, daß ich das trefflichste Mädchen als liebende Braut zum Altar führen werde, das eben ist es, was mir Ihr jüngster Brief zwar absichtslos aber desto überzeugender in jedem seiner goldenen Worte verbirgt. Ueberhaupt ist es mir nicht ohne

40 HENRIETTE Adelheid Lampe (1789-1860), Tochter von Bürgermeister Heinrich Lampe aus seiner ersten Ehe, Halbschwester von Dr. jur. Heinrich Lampe.

41 Margarethe Christine Schröder, Witwe des Kaufmanns Gottfried Joachim Schröder (1746-1809), Langenstr. 110.

Bedeutung, daß meine Briefe, der schwache Abdruck meines eigentlichen Wesens, Ihr Herz schon so lebendig berühren konnten. Freilich kamen sie unmittelbar ***vom*** Herzen; aber schwerlich würden sie darum auch wieder ***zum*** Herzen gegangen seyn, wäre dieses Herz nicht ein ***verwandtes***. Doch ich verliere mich in spitzfindigen Träumereyen, die sich einem geliebten Mädchen gegenüber nicht schicken. Eins aber muß ich Ihnen auch noch sagen: ich sehe es gern, daß meine Christine gut von mir denkt und ich glaube es auch ein wenig zu verdienen; nur aber bilde sie sich keinen gar zu hohen Begriff von ihrem Freund, oder wenn sie sich deßen nun gar nicht erwehrn kann, so laße sie sich es wenigstens nicht gegen ihn merken. Seit ich Sie öffentlich vor der Welt als meine Geliebte, als meine Braut nennen darf, fühle ich mich so erhaben und so stolz, daß es leicht das gerechte Maß überschreiten könnte, wenn meinem Selbstgefühl aus so geliebter Hand noch mehr Nahrung gereicht würde. Wahrscheinlich rührt jene übertrieben vortheilhafte Meinung, die sich in jeder Ihrer Zeilen ausspricht, von Smidt her, der mich wirklich, wie ich oft gefühlt habe, überschätzt. Ich möchte um alles in der Welt nicht, daß der persönliche Eindruck, wenn ich wieder bey Ihnen seyn werde, hinter dem so entstandenen Bilde zurückbliebe, darum will ich Ihnen, zum ersten Mal in meinem Leben, Ihnen ein paar Worte über meine Person sagen, die Sie überzeugen werden, daß ich recht wohl weiß, was gutes an mir ist. – In so fern schaffende Phantasie und sichtender ordnender Verstand einander in männlichem Geiste gegenüberzustehen pflegen, ist mir durchaus der letzte das vorherrschende Element. Zum Dichter, zum schaffenden Künstler bin ich nicht geboren, und jedes stümperhafte Bestreben ohne einen Beruf für eine Entweihung achtend, habe ich mich stets beschränkt, fremde Erzeugnisse der Art nachzuempfinden, wozu es mir von Kindheit an nicht an regem Sinne fehlte. Das andere Element ist durch eine sorgfältige Erziehung und mehr noch durch den steten Umgang mit meinem verewigten Vater[42], deßen Verstand und feines Urtheil wirklich einen nicht gemeinen Grad erreicht hatte, leidlich ausgebildet. Dieser Verstand war bey meinem Vater mit einem unter kühler Hülle verborgenem sehr warmem Gefühl und mit einem Wahrheitssinn und feinem sittlichen Tact verbunden, wie ich sie seitdem bey Geschäftsmännern, besonders bey solchen, die gleich ihm in bedeutenden öffentlichen Verhältnissen lebten, höchst selten gefunden habe. Hiervon, ich sage es meiner geliebten Christine mit freudigem Stolz, ist auch auf mich ein guter Theil vererbt und der stete Umgang mit Ihnen wird diesen Theil meiner selbst mehr und mehr läutern. Diese Verbindung eines nicht ungebildeten Verstandes mit einem Sinn für das Wahre und Rechte muß es auch seyn, was mir, seit ich im Jahre 1814 von Paris nach Bremen zurückkehrte und ich nun an den Arbeiten für die Verjüngung unseres kleinen Freystaats lebhaften Antheil nahm, einen völlig ungesuchten und oft für mich überraschenden Einfluß auf meine Mitbürger verschafft hat. Den jugendlichen Sinn für das Ideale, der sich im Getriebe der Welt nur zu leicht verliert oder wenigstens nicht Kraft genug behält, sich dem Körperlichen gegenüber im Handeln selbst geltend zu machen, diesen Sinn habe ich mir rein und ungeschwächt erhalten; dieser ist es, was mich von dem großen Haufen sondert und den edlern Naturen beygesellt; dieses ist es,

42 Dr. jur. Johann Friedrich Gildemeister (1750–1812).

was mich vielleicht in Zukunft der Liebe meiner Christine werth macht. Nicht wahr, es ist vermeßen, so zu reden? Aber sagen Sie selbst, wie durfte ich um Sie werben, wenn nicht wenigstens dieses Gefühl in mir wohnte? Im übrigen bin ich ein Mensch wie alle Andern und nicht ohne Regungen der Erbsünde, die nur zu oft daran erinnern, daß im Menschen zwey Naturen streiten. Ich werde Ihnen davon nichts verrathen, da Sie es leider früh genug erfahren werden. – Da habe ich Ihnen nun eine ganze Seite voll geschrieben über mich und meine Persönlichkeit, und doch wie dürftig gegen das, was Ihnen nur unser persönliches Beisammenseyn gewähren kann. Ein treues Bild von einem guten Zeichner wäre schon beßer, wenn es nur um Auffrischung alter Erinnerungen zu thun wäre. Da das aber nicht ist, so sende ich Ihnen lieber keins, es würde mehr schaden als nützen. – Ein ganz anderes ist es mit ***Ihrem*** Bilde; es ist seit meinem Besuch in Zürich nicht mehr aus meiner Seele gewichen und so gewährt mir also jeder Schattenriß, jede noch so unvollkommene Zeichnung mir eine angenehm sinnliche Anregung. In dieser Beziehung war mir das Bild, das mir Henriette Lampe gab, sehr lieb. Madame Schröder hat mir ebenfalls bis wir das Original haben, Ihr Bild in schwarzer Kreide gegeben. Es ist sehr unvollkommen, wird mir aber doch von Tag zu Tag lieber.

Ihrem Bruder Jacob habe ich Ihren Brief gegeben, er wollte mir heute einige Zeilen für Sie mitgeben; allein es scheint nichts daraus zu werden. Christian sprach ich gestern im Concert, er hatte Ihren frühern Brief, deßen Sie gegen mich erwähnen nicht erhalten. Von meiner Schwester lege ich ein Briefchen bey, das Ihnen gewiß recht viel Liebes und Gutes sagen wird. Ihrer Stiefmutter[43] hätte ich gerne heute ein paar Worte geschrieben, aber es gebrach mir durchaus an Zeit; sagen Sie ihr doch recht viel verbindliches von mir. Künftigen Posttag schreibe ich Ihnen wieder, da ich noch zu vieles auf dem Herzen habe, wofür es mir heute an Zeit gebricht; dann lege ich sicher einige Zeilen für die Mutter bey. – Das hiesige Publicum, durch die Nachricht von unserer Verbindung aufgeregt, verheirathet nun auch Judith an Hr. Eggers[44], vor einigen Tagen ward er deshalb sogar im Museum[44a] mit Glückwünschen bestürmt. Sie können denken wie sehr ich zu wißen wünsche, ob das Gerücht irgend einen Grund hat. – Mit einem warmen Kuße sendet dieses Blatt Ihr vielgetreuer G.

Wenn Sie wißen wollen, wo der glücklichste aller Sterblichen wohnt, Sie finden ihn in Bremen an der Wachtstraße No. 25 (bey Herrn Doctor Walte[45]) – Recht warme Grüße an Vater und Schwestern, und meine beste Empfehlung an Herrn Bruder Jacques. G.

43 Barbara Stolz, geb. Wegmann (1764–1829), Witwe des Landschaftsmalers und Kupferstechers Ludwig Heß, Zürich. Heiratete 1811 Johann Jacob Stolz.

44 Bezieht sich wohl auf den ältesten der drei Brüder Eggers: Daniel (1781–1828), Kaufmann; Heinrich (1791–1853), Weinkaufmann, heiratete 1828 Anna AUGUSTE Katharina Barkhausen (1800–1876). Gustav WILHELM (1798–1856), Kaufmann, heiratete 1829 Emma Karolina Garlichs (1809–1850).

44a Siehe Fußnote 196.

45 Dr. jur. Franz Ernst Walte (1783–1856), Advocat und Notar. Verheiratet seit 1810 mit Regina Agnes, geb. Iken (1785–1818).

Fritz Gildemeister an Christine Stolz

Bremen d. 29. Jan.1816

Diesen Augenblick, meine liebe Christine, rette ich mich aus dem Obergericht auf mein einsames Zimmer, um ein wenig mit meiner süßen Freundin zu plaudern. Ohnehin weilt mein Geist unaufhörlich bey Ihnen und jede Beschäftigung, die mich nöthigt, die Gedanken augenblicklich von Ihnen wegzuziehen, ist mir schon darum im höchsten Grade peinlich, weil ich mir dann wahrhafte Gewalt anthun muß. Mit der gesellschaftlichen Unterhaltung, insofern nicht dabey von Ihnen die Rede ist, geht es nicht beßer und ich bin herzlich froh, wenn ich nur wieder ungestört meinen lieben Träumen nachhängen kann. Was mir nun vollends die große Gesellschaft ganz verleidet, ist die Dummdreistigkeit so mancher ganz flachen, gar keiner wahren Liebe fähigen Menschen, die mich mit Fragen über meine Abreise bestürmen und es gar nicht begreifen können, daß ich nicht schon längst unterwegs bin, - so wie das lästige Bedauern anderer, die wirklich etwas bey ihren Worten denken. Wohl haben Sie recht, liebe Christine, wenn Sie unsere Trennung als eine ***Prüfung*** ansehen; aber nicht eine kleine, wie Sie es nennen, sondern eine recht große ist es, zu der ich meines ganzen Vorrathes von Geduld bedarf. So lange noch eine unselige Schüchternheit und eine Verkettung von kleinen Umständen mich zurückhielten, Ihnen meine Wünsche zu entdecken, so lange ich noch nicht wußte, wie gütig und liebevoll Sie meiner schüchternen Annäherung begegnen würden, so lange war es gewißermaßen eine Wohlthat für mich, von Ihnen entfernt zu seyn. Nun aber ist ja alles ganz anders; ich weiß, Sie sind mein und harren dem Freunde mit liebendem Herz entgegen; ich weiß daß nur unser persönliches Beisammenseyn den heiligen Bund wahrhaft besiegeln, mir ganz in vollem Sinn des Wortes mein bräutliches Mädchen erwerben kann und dennoch - nein es ist zu viel, ich wünsche gewiß von ganzer Seele, daß meine Aussichten sich bald verwirklichen, nicht aus Ehrgeiz, sondern weil mir mein gegenwärtiger Geschäftskreis unmöglich zusagen kann und weil ich überzeugt bin, daß ich in jenem öffentlichen Verhältniße beßer und freudiger in das Ganze eingreifen kann; doch aber wünsche ich noch lebhafter daß diese quälende Ungewißheit einmal enden möge; und wie auch immer die Loose fallen, ich werde zufrieden seyn, wenn ich nur weiß wie ich daran bin und aller störenden Nebenrücksichten entübrigt, in die Arme meiner einzig Geliebten eilen kann.

Den 30ten Jan.

Ich finde den Wunsch sehr natürlich, etwas näheres über Ihres Freundes Leben und Treiben wißen zu wollen, damit Sie ihn doch ein wenig mit Ihren Gedanken verfolgen können. Wie genußreich es seyn müßte, wenn wir zuweilen so einen Blick einer zum andern hinüber werfen könnte, das habe ich recht gefühlt bey Ihrer Erzählung von der Art, wie auch Sie den 28sten December mit der lieben Freundin gefeiert haben, die von dem Augenblick an auch die meinige geworden ist. Noch genußreicher aber müßte es gewesen seyn, wenn ich an dem Abende der über mein Glück entschied, unsichtbar hätte zugegen seyn können in dem kleinen traulichen Kreise, wo der Vater Ihnen meine Bewerbung mittheilte und Sie ihm nun freudig erröthend gestanden, es bedürfe Ihres Jawortes nicht mehr. Ich hatte mir wol ungefähr am 9ten gedacht: nun ist dein Brief in des Vaters Händen; nun redet er vielleicht ein ernstes väterliches Wort mit der lieben Christine; zugleich aber drückte es mich doch auch, wenn ich mir Sie dabey in einer unseres vorhergehenden Briefwechsels halber mehr oder minder peinliche Lage dachte; und nun löset sich alles auf eine so heitere gemüthvolle Weise. O! was hätte ich nicht darum gegeben, ein stiller Zuschauer dieser Familienscene seyn zu können. Doppelt peinigend würde mir jene gefürchtete Verlegenheit gewesen seyn, wenn ich in der ersten Annäherung von meiner Seite und in der Art wie Sie mir entgegenkamen, irgend etwas tadelnswerthes hätte sehen können. Aber noch immer begreife ich nicht, wie es irgend anders seyn kann. Wäre ich in Zürich anwesend gewesen, so würde nicht nur mein Herz, sondern auch mein Pflichtgefühl mich bestimmt haben, ***Ihnen*** vor allem andern mein Inneres zu erschließen, Ihnen von Mund zu Mund zu sagen, wie Sie und nur Sie in meiner Seele leben. Jetzt mußte ich es also wol schriftlich thun. In einer Angelegenheit, die so ganz persönlich zwischen uns ist, würde ich jeden anderen Weg als den eingeschlagenen geradezu unmöglich, für eine rohe Entweihung des Heiligsten gehalten haben - Wie glücklich, liebe Christine, daß unser trefflicher Vater in diese Sinnesweise, die, wie ich von Smidt höre, in Zürich eben keinen Beifall finden soll, so schön umgehen konnte.- Doch ich merke, daß ich von dem, was ich Ihnen, da ich heute die Feder ergriff, sagen wollte, ganz abgekommen bin und doch möchte ich den heutigen Brief nicht schließen, ohne Ihnen wenigstens Einiges mitzutheilen, was dahin gehört. Daß ich bey Doctor Walte an der Wachtstraße wohne, habe ich Ihnen schon früher gesagt, nicht aber, daß ich zu meinem Wirth in einem recht angenehmen wünschenswerthen Verhältnis stehe. Wenn wir gleich in keiner innigen Beziehung stehen, so bin ich von ihm und seiner Frau, die Sie vermuthlich als Regina Iken gekannt haben, sehr wol gelitten; sie ziehen mich gern zu ihren engeren Zirkeln und ich fühle mich wohl darin. Die Frau besonders ist mir als Gattin und Hausmutter von ächt Bremischer Art sehr schätzbar; über meine Verbindung mit Ihnen, der ich ihr am Freitag vor acht Tagen, als ich mich zur förmlichen Notification bey den Verwandten anschickte, entdeckte, hat sie mir ihre Freude auf die rührendste Weise zu erkennen gegeben. - Gewiß ist es nicht wenig gesagt, wenn ich Ihnen versichere, daß in den 16 Monaten, die ich nun hier wohne, auch nie das leiseste Missverständnis zwischen mir und meinen Wirthen gewesen ist. - Damit Sie sich nun ganz in meine nächste Umgebung hineindenken können, müßen Sie wißen, daß meine Wohnung grade am Vereinigungspunct des Marktes und der Wachtstraße liegt und daß ich von meinem großen und geräumigen Zimmer aus (im zweyten Stock) den ganzen Markt und sein Getreibe tief unter mir erblicke. - Wenn ich gleich bey Walte wohne, so bin ich doch eigentlich zu Hause bey meiner Schwester Klugkist, bey der ich seit meiner Rückkehr aus Frankreich ganz als Familienglied lebe. Sie ist glückliche Gattin und glückliche Mutter von fünf blühenden Kindern, die alle mit der innigsten Liebe an mir hängen. Klugkist selbst gehört zu den ungewöhnlich ausgebildeten Menschen und ist mir in jeder Beziehung sehr werth, ich eße Mittags (gegen zwey) und Abends (zehn Uhr) bey ihnen. Im Sommer ist meine Schwester mit den jüngeren Kindern auf dem Landgute zum Horn[46], deßen Sie sich noch wohl erinnern. Die beiden verwichenen Sommer ging ich gewöhnlich Sonnabends mit meinem Schwager hinaus und blieb bis Montag Morgens. - Nun soll meine Christine auch wißen, wie ihr Freund gewöhnlich den Tag zubringt. Um halb acht etwa (wir sind hier im Hause nicht sehr matutin[47]) schlägt er die Augen auf, gedenkt seiner holden Braut und träumt dann noch so ein halbes Stündchen - von ihr. Nachdem er sich angekleidet und den Kaffee gemacht, zieht er das wohlverwahrte Bild der Christine heran, erlabt sich an ihrem Anblick, zündet dann eine Cigarre an und setzt sich nun, nachdem alles also gemüthlich vorbereitet worden, zu Ihren Briefen, deren letzter jeden Morgen so lange gelesen wird, bis ihn ein neues Blatt aus Zürich ablöst. - Nachdem nun so der Tag eingeweiht worden, geht es zur Arbeit, deren größerer Theil, wie Sie wißen werden, bisher in der Zeitungsredaction[48] bestand, die ich seit October Smidt zu gefallen übernehmen mußte und wobey mich in den letzten beiden Monaten Ihr Bruder Jacob redlich unterstützt hat. Monat Februar trete ich aber ganz von diesem Geschäft zurück, wozu in der That kein liebender und beglückter Bräutigam zu brauchen ist. Nachmittags gehe ich wol, wenn die Witterung nicht zu schlimm ist, ein Stündchen zu Harves auf dem Eisenrathsdeiche[49], wo sich oft eine ganz angenehme Gesellschaft zusammenfindet. (In der letzten Französischen Zeit war es der Versammlungsort der Franzosenfeinde - Wir werden auch noch manchmal hingehen). Mit dem Dunkelwerden geht es wieder an die Arbeit; namentlich sind die Stunden von 5 bis 8 diejenigen, wo Sie mich in irgend einer bürgerlichen Deputation und in heftigen Debatten gegen den Factionsgeist denken mögen. - Jetzt noch ein paar Worte über meine gesellschaftlichen Cirkel, die an gewisse Tage geknüpften. Einen um den andern Donnerstag habe ich eine geschlossene Gesellschaft mit Dr. Georg Iken[50] (er hat kürzlich Clarissa Wilmans geheirathet), Witte, Reidemeister[51], Dr. Schumacher[52], Dr. Diedr. Meier[53] (der Mann von Annchen Gröning.), Albert Gröning[54], Dr. Fritz Heineken[55] (den Sie kennen)

46 Im Bremer Adreßbuch von 1816 wird das »Landgut in Horn von Seel. Herrn Bgm. Dr. Daniel Klugkist Erben« aufgeführt. Die heutige Borgward-Villa.

47 Im Sinne von: frühzeitig aufstehen.

48 Redaktion der 1815 erneut gegründeten Bremer Zeitung.

49 Ein ca. 300 m langer Abschnitt des Weserdeichs, etwa dem heutigen Osterdeich zwischen Sielwall und Lübeckerstraße entsprechend.

50 Dr. jur. Johann Georg Iken: (1786-1850), Sekretär am Unter-, Civil- und Landesgericht, wurde 1825 Senator. Heiratete 1815 Clarissa Wilmans (1790-1873). Wohnhaft Unser Lieben Frauen Kirchhof 3.

51 Georg August Reidemeister (1779-1869), Weinhändler. Heiratete 1810 Dorothea Henriette Witte (1786-1850).

52 Dr. jur. Isaac Albert Hermann Schumacher (1780-1853), wurde 1816 Senator, 1847 Bürgermeister. Heiratete 1807 die künstlerisch begabte Margarethe Oelrichs (1782-1823), die sich 1805/1806 in Dresden in der Malerei fortgebildet hatte. Zweite Ehe mit Auguste Friederike Heineken (1797-1827).

53 Dr. jur. Diedrich Meier (1787-1857) Richter, wurde 1816 Senator, 1845 Bürgermeister. Seit 1812 verheiratet mit Anna (Annchen) Gebecka, geb. Gröning (1786-1860).

54 Dr. jur. Albert Georg Benjamin Gröning (1784-1843). Verheiratet in erster Ehe mit Ilsabetha (Betty), geb. Tidemann, in zweiter Ehe mit Dorothea Elisabeth, geb. Scharf.

55 Dr. jur. Friedrich Wilhelm Heineken (1787-1848), Advocat. Wurde 1818 Senatssyndicus, 1822 Senator. Heiratete 1816 Anna THEODORE Oelrichs (1797-1865). Wohnhaft Sandstr. 3.

und Wienholt[56]. Außer den Frauen pflegen auch Fräulein Eelking[57], Sophie und Henriette Oelrichs[58] u. a. mitzukommen. Uebermorgen kommen wir zusammen und da es das erstemal ist, daß ich in diesem mir sehr werthen Kreise als Bräutigam erscheine, so werden Sie dann gewiß die Gläser recht klingen hören. - Ein anderer, ganz verschiedener Cirkel, als deßen Mitglied ich betrachtet werde, kommt freitags zusammen; er besteht aus Pavenstedts[59], Grönings[60] (der Syndicus), Klugkists[61] (nemlich beide Familien dieses Namens), Dr. Focke[62], Sengstacks[63] (die Frau kennen Sie als Sängerin), Hartlaubs[64] und Consul Sengstack[65]. Die Männer nehmen indeß nur alle 14 Tage Theil, weil gewöhnlich ein Freitag um den anderen Bürgerconvent ist. Vorigen Donnerstag waren wir statt des Freitags beysammen und spielten Schreibespiel, wobey denn fast alle Scherze, zum theil recht anmuthige, sich um die holde Braut am Zürcher See und um den Meister der Gilde drehten, der in zierlichen Versen bald als Seladon[66], bald als Siegwart[67] und dann wieder als verliebter und närrisch gewordener Roland[68] besungen ward. Ich hätte Ihnen gern einige Blätter gesandt, wenn es nicht gegen die Grundsätze der Gesellschaft wäre. - Außer diesen ge-

56 Johann Gottfried Wienholt (1783-1835), Kaufmann, Aeltermann. Heiratete 1821 Anna Susanna Henriette Wichelhausen. Wohnhaft Knochenhauerstr. 7.

57 Meta, Tochter von Syndicus Dr. jur. Frh. v. Eelking (1748-1806) und Almata, geb. Dwerhagen. Sie blieb unverheiratet und ging 1817 als Hofdame zur Fürstin Bentinck-Steinfurt.

58 SOPHIA Amalia Oelrichs (1790-1817) heiratet 1816 ihren Vetter Jasper Henrich Oelrichs; HENRIETTE Oelrichs (1785-1825) blieb unverheiratet.

59 Dr. jur. Johann Pavenstedt (1777-1860), wurde 1816 Senator. Heiratete 1804 Catharina Engel Retberg (1783-1821), in zweiter Ehe 1826 Henriette (»Jette«) Gabain (1792-1853).

60 Heinrich Gröning (1774-1839), Dr. jur., Syndicus, heiratete 1809 Henriette »Jette« Luise Retberg (1789-1868).

61 1. Dr. jur. Hieronymus Klugkist (1778-1851), Jurist am Obergericht, seit 1816 Senator mit Schwerpunkten auf Unterrichtswesen und kirchlichen Angelegenheiten. Kunstkenner und -sammler, Mitbegründer des Kunstvereins. Heiratete 1805 Luise Gildemeister (1784-1837). 2. Johann Augustin Klugkist, (1779-1827), Kaufmann, verheiratet mit Johanne Christine Henriette, geb. Schultze (1784-1857).

62 Dr. jur. Christian Focke (1774-1852), Advocat und Notar, später Postdirektor, seit 1804 verheiratet mit Dorothea (»Doris«) Olbers (1786-1818), Tochter des Arztes und Astronomen Wilhelm Olbers. Wohnhaft Papenstr. 23.

63 Christiane Sengstack (1783-1867), geb. Grund, stammte aus einer in Hamburg ansässigen Musikerfamilie, trat schon als Kind als Pianistin und Sängerin auf. 1802 heiratete sie den Kaufmann und Seifenfabrikanten Georg Friedrich Sengstack (1779-1855). Trotz ihrer 16 Kinder spielte sie im Bremer Musikleben über Jahrzehnte hinweg eine bedeutende Rolle.

64 Johann Christoph Hartlaub (-1827), Kaufmann, verheiratet mit Hannchen, geb. Buch. Wohnhaft Im Werder 11.

65 Consul Heinrich Sengstack (1777-1861), Kaufmann, Kaiserlich Oesterreichischer Consul. Obernstr. 9. Bruder von Georg Friedrich Sengstack.

66 »Schmachtender Liebhaber«. Nach dem Schäferroman »Astrée« von Honoré d'Urfé (1568-1625).

67 Bezieht sich auf Johann Martin Millers äußerst erfolgreichen sentimentalen Roman »Siegwart, eine Klostergeschichte«, Leipzig 1776, Nachdruck Stuttgart 1971.

68 Dürfte sich auf das Epos »Der verliebte Roland« von Matteo Maria Bojardo (1434-1494) beziehen. Das Thema des »verliebten« Roland wurde später von Ariost im Epos »Der rasende Roland« wieder aufgegriffen.

schlossenen Cirkeln bin ich viel in der Retbergschen Familie[69], wie auch in den eleganten Cirkeln von Consul Kulenkamp[70], Doctorin Breuls[71] u. s. w. Ueber diese und tausend andere Dinge mündlich ein mehreres. - Jetzt noch, bevor es mir gänzlich an Platz gebricht, eins was mir sehr am Herzen liegt, - Bereiten Sie doch den Vater möglichst auf eine ***baldige*** Verbindung vor. Er hat deshalb an Smidt geschrieben und sich ganz sonderbar vernehmen laßen, als könne ich wol bis in den Spätsommer warten. Daraus wird nichts. Ich komme einmal wie der Dieb in der Nacht, und will er mir dann mein Liebchen nicht herausgeben, so giebt es eine förmliche ***Entführung***. Lebe wohl, mein liebes, liebes Mädchen. Wie verlangt es mich, einen recht warmen Kuß auf Deine Lippen zu drücken! Sag mir doch, Liebe, bangt Dich noch immer vor dem Kommen des Freundes? G.

Fritz Gildemeister an Christine Stolz

Bremen d. 4. Febr. 1816

Seit Ihrem Briefe vom 14ten bis 17ten v. M., den ich am 25ten erhielt, schmachte ich vergebens nach einigen Zeilen von der Hand meiner Christine. Mit der festesten Zuversicht hatte ich wenigstens heute auf ein paar Worte des Trostes und der Erquickung für den fernen Freund gerechnet. So oft ich etwas die Treppe herauf kommen höre, denke ich es ist der Briefträger. Endlich erscheint er wirklich mit einem Briefe von Smidt vom 31. Dec. - Ich breche ihn auf und finde nichts von meinem lieben Mädchen darin und muß mich nun wieder so bis künftigen Donnerstag hinschleppen. - Ich will Ihnen keine Vorwürfe machen; denn ich Unglücklich-Glücklicher weiß ja nicht, was Sie alles für Hinderniße haben könnten oder ob nicht, was ich noch am liebsten glaube, Briefe von Ihnen verloren sind. Aber beschwören muß ich Sie, meine liebe, liebe Christine, mit dem Einzigen, was mir für die drückendste Entbehrung einen schwachen Ersatz gewähren kann gegen den Freund doch nicht zu sehr zu kargen. Denken Sie sich doch nur ein wenig in meine Lage. Nachdem ich eine innige tiefgewurzelte

69 Johann Abraham Retberg (1744-1813), Kaufmann, und seine Frau Catharina Pauline Margarethe, geb. Bierbaum (1757-1803), hatten vier Töchter: Catharina (1780-1852), verheiratet mit Kaufmann Christoph Albers (1776-1828), Wilhelmine (1781-1858), verheiratet mit Dr. med. Johann Abraham Albers (1772-1821), Engel (1783-1821), verheiratet mit Dr. jur. Johann Pavenstedt (1777-1860), Henriette (1789-1868), verheiratet mit Dr. jur. Heinrich Gröning (1774-1839). Hinrich Johann Abraham Retberg (1747-1811), Kaufmann, heiratete 1808 Ilsabetha v. Post (1755-1828) und kam in den Besitz des Landguts Ichon in Oberneuland, das später an den Schwiegersohn Dr. jur. Gerhard Caesar überging.

70 Consul Arnold Kulenkamp (1770-1826) Kaufmann, Königlich Dänischer Consul, verheiratet mit Charlotte Amalie, geb. Platzmann (1777-1862). Wohnhaft Schüsselkorb 11.

71 Wohl Metta Breuls, geb. Dwerhagen, Witwe des verstorbenen Bürgermeisters Jacob Breuls (1749-1803). Wohnhaft Catharinenst. 13, zusammen mit G. Hanewinkel (ihre Schwester Gesa Hanewinkel, geb. Dwerhagen?).

Neigung fast zwey Jahre in meiner Brust verschlossen, wird mir endlich die namenlose Seligkeit, ihr freyen Raum geben und mir mein Paradies nach Lust ausmalen zu dürfen. Von diesem Augenblicke an ***kann*** ich mich gar nicht mehr anders als in Beziehung zu meiner Christine, als eins mit ihr, denken. Wenn ich gleich eigentlich nicht sagen kann, meine Liebe zu Ihnen sey von dem Moment der beseligenden Gewißheit an inniger, stärker geworden - denn ich wüßte nicht, wie das möglich wäre - so konnte ich doch dieses Gefühl, daß wir fortan Eins sind, erst jetzt entstehen, dieses mit jedem Tag wachsende Gefühl ist es ja eben, was mich die Entfernung von Ihnen, die ich ehemals ohne weiteres ertragen mußte, so höchst peinlich empfinden läßt; sie läßt mich im eigentlichen Sinne des Wortes nicht zu mir selbst kommen. Briefe, recht viele Briefe von dem geliebten Mädchen sind das einzige, was diesen Schmerz innerer Zerrissenheit noch einigermaßen lindert. - Nicht wahr, meine gute liebe Christine, Sie laßen mich nicht vergeblich bitten. -

Mit den hiesigen öffentlichen Angelegenheiten, die mich armen Menschen hier festgebannt halten, geht es noch immer den Schneckengang; am vorigen Freitag wurde ein neuer Vorschlag des Senats wegen der künftigen Wahlen von der Bürgerschaft an eine vorbereitende Deputation verwiesen; wahrscheinlich kommt nun die Sache den 16ten wieder vor und hoffentlich so, daß alsdann entweder die Wähler in das Reine kommen oder daß die Sache abgebrochen wird. Wie es auch kommen mag, ich fang' an, völlig gleichgültig dagegen zu werden, in so fern es mich persönlich betrifft; nur ein Ende dieser Ungewißheit, das ist das einzige was ich wünsche; dann wird auch der Augenblick, wo ich meine theure Braut in die Arme schließe, wo wir den ewigen Bund mit Hand und Mund besiegeln, nicht mehr fern seyn. - Gegen Smidt habe ich vor einigen Tagen die Idee fallen laßen, ob wir nicht auf jeden Fall uns einmal auf halbem Wege zwischen Zürich und Bremen, das heißt, in Frankfurt sehen könnten; Sie, liebe Christine, müßten dann mit dem Vater hinkommen. Zu einer Reise von 50 Meilen, Tag und Nacht durchgefahren, würde ich mich auf jeden Fall ohne irgend einen Nachtheil abmüßigen können; nach Zürich hingegen darf ich schon nicht gehen so lange ich Bremen einigermaßen im Auge behalten muß. - Ueberlegen Sie doch den Vorschlag einmal mit dem guten Vater, den ich ebenfalls recht bald persönlich sprechen möchte, wäre es auch nur, um seine Ansicht über die Zeit unserer Verbindung, die er nach einer Aeußerung gegen Smidt gern bis in den Spätsommer (!!) verschoben sähe, mit den Waffen der Rede zu bekämpfen. Mein Herz sagte dazu entschieden ***Nein*** und auch Sie, liebe Christine, werden eine unnütze Verlängerung eines so peinigenden Mittelzustandes, wie ein Brautstand in der Entfernung von künftigen Gatten ist, weder sich noch mir wünschen. - Auch die äußeren Verhältniße würden einen solchen Aufschub nicht erlauben, wenn ich z. B. in den Rath gewählt würde, wo ich dann nicht nach Belieben über meine Zeit schalten könnte. - Um meinerseits den ersten Augenblick benutzen zu können, will ich mich hier in den nächsten Tagen proclamieren laßen. Zu den nöthigsten häuslichen Anschaffungen, von denen ich nichts verstehe, schafft meine Schwester Rath - O wie gerne hätte ich diese kleine Sorge der lieben Braut überlaßen.

Vor einigen Tagen war ich in unserer Ihnen bereits geschilderten Donnerstagsgesellschaft; die Frauen laßen sie herzlich grüßen und freuen sich des neuen Mitgliedes.

Leben Sie wohl, liebe böse Freundin; wäre ich bey Ihnen, so würde der wärmste Kuß auf Deinen Wangen glühen. G.

Ueber die Verwirrung am Ende mit dem ***Sie*** und ***Du*** ein andermal mehr, jetzt drängt der Abgang der Post. Grüße, tausend Grüße an die Schwestern, Vater u. s. w.

Fritz Gildemeister an Christine Stolz

Bremen d. 7. Febr. 1816

Es ist nahe an Mitternacht; meine Gedanken weilen ungestört bey der Geliebten meines Herzens; ich bin in diesem Augenblicke ganz bey Ihnen und wer weiß, ob diese Nähe sich Ihnen nicht vielleicht grade jetzt im ersten Traume offenbart. – Sie sehen, liebe Christine, was Liebe und Sehnsucht aus einem sonst ganz vernünftigen Menschen machen können. Ich mit meiner ruhigen und verständigen Denkweise befinde mich gleichwol, ohne es selbst zu ahnden, plötzlich auf dem besten Wege zu den ausschweifendsten Träumereyen der sogenannten Schwärmer und Mystiker; ein Glück, daß ich es noch bey Zeiten immer merke, und abbreche; denn in dem was ich so eben andeutete, liegt etwas, deßen Entwicklung sehr, sehr weit führen dürfte. Narrheit, sagt man, steckt an; darum ist es doppelt Pflicht für mich, sie zu meiden; eigentlich sollte ich deshalb auch jene schriftliche Spur eines Anfluges von Schwärmerey wieder vertilgen; sie mag indeß bleiben, damit Sie sehen, wie Ihr armer Freund sich vergeblich abmüth, die hundert Meilen, die nun einmal einem gähnenden Schlund gleich zwischen Bremen und Zürich liegen, in eine Spanne zusammenzuziehen.

Indem ich mich selbst und meine Träume also verdamme, sollen Sie aber nicht glauben, ich fühle nicht, was es heißt, geistig nahe, geistig beysammen seyn. O die Stunden der Weihe, wo es mir vergönnt ist, mich ganz in die Nähe meiner lieben Christine zu versetzen, wie ich Ihre süßen Worte fast zu hören glaube, und den sanften Druck Ihrer Rechten empfinde, diese Stunden sind mir mehr, als alles was mir die sogenannte körperliche Wirklichkeit zu geben vermag. Zu einem eigentlich geistigen Beysammenseyn würde freylich gehören, daß die Gedanken sich grade gleichzeitig ungefähr in derselben Richtung begegneten; auch das ist, wenngleich selten, doch immer denkbar, besonders wenn Beide etwa grade in der Wahl einer ausgezeichneten, ihre Gemüthsstimmung ansprechende Lectüre zusammentreffen. Ohne nun eben zu glauben, daß auch unsere Gedanken sich in diesem Sinne schon begegnet seyn sollten, will ich Ihnen doch erzählen, auf welche lebendige Weise mich noch vor einigen Abenden eine Stelle in einem Roman berührte, über die mein Auge vielleicht sonst halb gedankenlos weggeglitten wäre. Es ist die Rede von dem Zusammentreffen zweyer Liebender in dem alten ehrwürdigen Dom zu Köln, ihr Verhältnis wird ihnen hier erst ganz klar; der Vater des Mädchens hat es lange geahndet, ist danach aber tief ergriffen »Aloys (der Name des Vaters) »Aloys« so heißt es dann weiter »legte in großer Erschütterung die Hand des bebenden Mädchens in die seine und beide Hände fest zusammendrückend sagte er: ***zeigt einander den Weg, und vergeßt es nicht, das Ziel bleibt dennoch jenseit, wenn auch hier manchmal der Himmel schon wie Eure Heimath niedersieht***«. So wie ich die Stelle gelesen hatte, schossen mir heiße Thränen in die Augen. Ich war im Geiste mit meiner innig geliebten Braut in der Dorfkirche, wo wir die Ringe wechseln werden, und der Vater war es, der bey der Trauung seinen Kindern jene herrlichen Worte sagte, die mir wie aus der Seele geschrieben sind. O, wie viel hätte ich darum gegeben, daß es in meiner Macht gestanden hätte, Ihnen in dem Augenblick mittheilen zu können, was so ganz mein innerstes Wesen ergriff und mich so ganz zu Ihnen hinüberzauberte - Ja, mein theures, einziges Mädchen, wir wollen uns einander den Weg zeigen, und es nicht vergeßen, daß bey Allem erfreulichen, was uns die Zukunft hinieden bereitet, dennoch das eigentliche Ziel jenseit bleibt! - Nun, gute Nacht, meine süße Braut; jetzt will ich mich zu Bett legen und sehen ob ich schlafen und so viel als wachend von Ihnen träume. Morgen früh erwarte ich ganz gewiß einen Brief von Ihnen, nach deßen Empfang ich dann noch wol einige Zeilen beyfüge.

Den 8ten Febr.

Die Frankfurter Post ist angekommen; aber wieder bringt sie nichts aus Zürich. Nun sind es grade 14 Tage, seit mich Ihr letzter Brief beglückte. Daß Sie dem Freunde, der nur in dem Gedanken an Sie lebt und athmet, in der ganzen langen Zeit keine Sylbe geschrieben haben sollten, kann und will ich nicht denken; es müßen also nothwendig Briefe verloren gegangen oder liegen geblieben seyn. Das letztere will ich, so abscheulich es auch ist, doch noch als das mildere festhalten und die Hoffnung nicht aufgeben, vielleicht Sonnabend oder Sonntag etwas zu erhalten.

Ihre Anfrage, liebe Christine, in Bezug auf meine Mutter habe ich nicht beantwortet, weil ich wußte, daß diese Ihnen schon selbst geschrieben hatte, wie konnte auch nur der Zweifel in Ihre Seele kommen, ob meiner Mutter ein Blatt von ihrer lieben Schwiegertochter willkommen sein werde. Daß ich ihr den Vorschlag gemacht hatte, mich nach Zürich zu begleiten, wißen Sie, es scheint aber nicht, daß etwas daraus werden wird. Mein Onkel Kotzebue[72], der jetzt als Russischer General-Consul in Königsberg lebt, kommt mit seiner Familie im Juni nach Weimar und ich begreife, daß meine Mutter, die ihren Bruder, an dem sie sehr hängt, in vielen Jahren nicht gesehen hat, dann nicht wol abwesend seyn kann. Diese Zusammenkunft war schon seit vorigem Sommer ein Lieb-

72 August v. Kotzebue (1761-1819). War zunächst Advokat in Weimar, danach in russischem Staatsdienst, lebte als Theaterdirektor in Petersburg, als Hoftheaterdichter in Wien, verfaßte eine Vielzahl von Dramen, Romanen und Gedichten. Gab die Goethe- und romantikerfeindliche Zeitschrift »Der Freimütige« heraus, sowie das »Literarische Wochenblatt«, in dem er die liberalen Ideen und die nationale Begeisterung der deutschen Jugend verspottete. 1817 war er als russischer Kulturattaché und politischer Beobachter in Deutschland, wurde als Spion angesehen und 1819 von dem Studenten Karl Ludwig Sand ermordet. In weiten Kreisen des liberalen Bürgertums wurde diese Tat zwar scharf verurteilt, Sands Motive jedoch als ein Eintreten für eine bessere, eine freiheitliche Gesellschaftsordnung begrüßt. Trotz der engen Verwandtschaft mit Kotzebue äußert sich Gildemeister: »Die That ist abscheulich und wird schlimme Folgen haben; aber der Ermordete hat kein besseres Los verdient.« (Eilers, S. 401).

lingsplan der Geschwister und mein Onkel hat nicht ohne Mühe endlich den nöthigen Urlaub dazu erwirkt. Ich werde also nun sehen ob meine Kasseler Schwester sich müßigen kann; denn gar zu gerne hätte ich doch bey unserer Trauung einen der Meinigen gegenwärtig und auch Ihnen, denke ich, müßte es lieb seyn, schon in Zürich einigermaßen mit den Angehörigen Ihres künftigen Gatten bekannt zu werden.

Daß ich Sie, indem ich Sie als junge Gattin heimführe, von den guten Schwestern trennen soll, das hat mir von dem Augenblicke an, wo ich meines Glückes gewiß war, recht schwer auf der Seele gelegen. ***Mir*** würde es die größte Freude seyn, wenn ich Judith und Betty mitnehmen könnte; aber wird der Vater erlauben, daß ich ihm miteinander alle drey Töchter entführe? und wiederum, wollte ich eins der beiden lieben Mädchen mitnehmen, welche sollte es seyn und was würde die einsame Zurückbleibende dazu sagen? Ueberlegen Sie doch einmal bey sich, ob und wie das Ding zu machen ist; vielleicht daß Sie, die Sie die Verhältniße genau kennen, irgend ein Mittel finden, alle miteinander streitenden Interessen auszugleichen.

Vorigen Sonntag war ich bey Dr. Nonnen in der Ihnen bekannten Sonntagsgesellschaft; es wurde manches Glas auf das Wohl der lieben Christine geleert und das Herdersche »Gieb mir die Blumen, gieb mir den Kranz« als Ihr Lieblingslied gesungen. – Diesem Cirkel gehören Sie wol von Rechts wegen an und man scheint auch vorauszusetzen, daß wir als ordentliche Mitglieder eintreten. – Ohne mich vorher mit Ihnen über unsere künftige gesellige Einrichtung besprochen zu haben, mag ich nun freilich nichts darin vornehmen; doch denke ich, dieser Cirkel sowohl als mein Donnerstag, der mir wirklich recht lieb ist, wird uns beiden noch manchen geselligen Genuß verschaffen. In dem Freytag, von dem ich Ihnen neulich schrieb und wo man mit der Aufnahme ziemlich schwierig ist, haben die Frauen neulich einstimmig Sie für ein geborenes Mitglied erklärt. Damit sollen Ihnen aber keinesweges die Hände gebunden seyn. Auch die geselligen Freuden wollen mit einer gewißen Nüchternheit genoßen seyn.

Ueber das ***Sie*** und ***Du*** versprach ich Ihnen im vorigen Briefe noch eine Erklärung. Hier nur das Wenige: unaufhörlich drängt es mich, das lästige fremde ***Sie*** wegzuwerfen, wenn ich zu meiner lieben Christine rede, und doch fühle ich wieder, daß das trauliche ***Du*** der ersten persönlichen Zusammenkunft vorbehalten bleiben muß

Schluß fehlt.

Am 11. Februar, als Christine mir ein Veilchen sandte.

Am Fenster glänzen schauerlich
Kristallisch-kalte Blumen.
Dein Brieflein spendet wonniglich
Des Frühlings milde Blumen –
Das ist der Minne Frühling
Wenn scharfer Nord die Flur durchwühlt
Nach altem Winterbrauche
Was ists das mir die Wang' umspielt
Mit würzig-duft'gen Hauche? –

Es ist der Liebsten Athem.
Du selbst, Geliebte hast Dich mir
Im zarten Bild verkündet.
Drum sey, wenn um die Schläfe Dir
Der Myrthenkranz sich windet,
Das Veilchen nicht vergessen.

Fritz Gildemeister an Christine Stolz

Bremen d. 13. Februar 1816

Für langes peinliches Harren und wiederholt getäuschte Erwartungen wurde ich endlich vorigen Sonntag überschwenglich belohnt durch meiner lieben Christine wundersüßes Brieflein vom 28ten bis 31ten Januar. Und als ich es entfaltete, wie überraschte mich da freudig das bescheidene Veilchen, das mir die Huld der Geliebten spendete. Ich fühlte da lebendiger, inniger Ihre Nähe; der Hauch der mir entgegen duftete war mir wie ein Kuß von den Lippen der trauten Braut und in dem Ganzen offenbarte sich mir gleich eine so sinnvolle zarte Beziehung, daß ich die Freude darüber nicht auszudrücken vermag. Ich dachte mir das Veilchen nicht blos als Sinnbild des Frühlings, der in meinem Herzen aufgegangen seit mir Christine gewogen ist; Sie selbst und Ihre ganze Persönlichkeit sah ich in dem Blümchen angedeutet und das um so reizender als ich mir sagen mußte: daran hat Christine gewiß nicht gedacht, daß sie dir ihr Bild sendet. - Obgleich wie ich Ihnen schon neulich schrieb, durchaus nicht zum Dichter geboren, habe ich mich doch nicht enthalten können, so einiges von dem was ich beym Erblicken des lieben Geschenks empfand, in Versen niederzuschreiben, die ich Ihnen hier übersende. Ihr dichterischer Werth ist so unbedeutend daß ich wirklich anstand, ob ich sie Ihnen wol mittheilen dürfe; aber das Meinige gehört nun einmal auch Ihnen und zudem kommt es ja unter uns mehr auf die Empfindung selbst an, als auf die Form in der sie sich darstellt. -Daß Sie das Blümchen so ganz ohne begleitenden Commentar sandten, war recht zart; doch leugne ich nicht, gerne hätte ich gewußt, ob es unter den pflegenden Händen meines lieben Mädchens und in ***ihrem*** Zimmer so schön erblüht ist.

Um doch das liebliche Geschenk in etwas zu erwiedern, lege ich auf die Gefahr von Ihnen für meine Eitelkeit ausgelacht zu werden, einen Schopf meiner Haare bey. Mein hauptsächlicher Beweggrund ist indeß, ich leugne es nicht, eine Art Eigennutz; denn natürlich erwarte ich mit umgehender Post ein Löckchen von dem Haupt meiner Geliebten. Es ist doch gar zu süß, von dem entfernten Gegenstande seiner Gedanken und Gefühle wenigstens etwas Körperliches zu besitzen, etwas das einst im gewöhnlichen irdischen Sinne des Worts, einen Theil der Geliebten bildete und sogar den edelsten und schönsten Theil ihres holden Leibes zierte.

Ich muß hier leider abbrechen, ohne den Brief, der für die heutige Post bestimmt war, vollenden zu können. Ein andermal mehr.

d. 15. Febr.

Heute wollte ich mich hinsetzen, mit der lieben Braut mich einmal recht nach Herzenslust zu unterhalten, als die abscheuliche Finanzdeputation, die mich schon vorgestern von Ihnen abgezogen hatte, mich abermals wegrief. Glücklicherweise hatte ich unmittelbar vorher noch Ihren süßen Brief vom 4ten bis 7ten d. erhalten, der mir abermals, wie alles was von Ihrer theuren Hand kommt, ein wahrer Wonnenbecher war. Von meiner Mutter sind heute ebenfalls Briefe eingelaufen und mit ihnen der an meine jüngste Schwester Sophie, die, was ich Ihnen ganz zu sagen vergeßen hatte, seit vorigem Sommer wieder in Bremen und zwar in Pension bey Oelrichs[73] (den Töchtern des verstorbenen Richters) ist, wo trefflich für Geist und Herz gesorgt wird. Ich hatte voriges Frühjahr Mutter mit den beiden jüngsten Schwestern[74] zu einer Zusammenkunft in Kassel veranlaßt. Von da nahm ich Mutter und Sophie mit nach Bremen, während Elise in Kassel blieb. Mutter brachte dann bis in den Herbst bey meiner Schwester zum Horn zu, da ich sie dann bis Kassel zurückbegleitete. Sophie ließ sie hier, weil für ihre Erziehung hier weit beßer gesorgt ist als in Weimar. Sie selbst, meine Mutter, wird unstreitig auch dereinst nach Bremen zurückkehren; nur Kindespflicht gegen ihre 80 jährige Mutter feßelt sie noch an Weimar. -

Noch vergaß ich Ihnen zu schreiben, daß mein ältester Bruder[75] Carl (28 Jahre alt) vor einigen Monaten von Bordeaux nach Rio de Janeiro gegangen ist und vielleicht in Brasilien den Brüdern Herrmann[76] und Christian[77] begegnet. Er ist ein sehr tüchtiger Mensch, nur etwas melancholischer Gemüthsart, ganz das Gegentheil meines jüngsten Bruders Heinrich[78] (23 Jahre), eines lebensfrohen, aber dabey äußerst rechtlichen und arbeitsamen Jungen, der den Krieg gegen die Franzosen im J. 1813 und 14 mitmachte, dann seine unterbrochenen oeconomischen Studien in und bey Berlin fortsetzte und jetzt Verwalter auf einem Gute bey Dantzig ist, wo er aber nicht bleiben wird.

Nun lebe wohl, theuerste, innigstgeliebte Christine. Bey meinem Vornamen höre ich mich gern von Dir nennen; aber das verwünschte ***Sie*** paßt nicht dazu. Findest Du es nicht auch so? und wenn Du es so findest, wollen wir es nicht hinausschieben. - Daß ich den lieben Schwestern heute wieder nicht schreiben kann, ist mir höchst verdrießlich; aber ich muß schließen, wenn der Brief noch fort soll.

Einen heißen Kuß von Deinem ewig treuen G.

73 Dr. jur. Georg Oelrichs, Senator (1754-1809), heiratete 1781 Anna Margareta Wilkens (1760-1792), 1793 Frederike Dorothee v. Post (1766-1849). Wohnhaft Osterthorswall 99. Vermutlich haben dort die beiden unverheirateten Töchter Anna Gesina Gebetha (1783-) und Henriette (1785-1825) »Höhere Töchter« in Pension genommen.

74 Elise und Sophie Gildemeister.

75 Carl August Gildemeister (1788-1869), Kaufmann, Aeltermann, heiratete 1831 Marie Sophie Elisabeth Focke (1799-1874).

76 Hermann Stolz.

77 Christian Stolz.

78 Heinrich Gildemeister (1794-1891), Landwirt, wurde später Professor an der Landwirtschaftsschule Eldena (Pommern), wanderte 1848 mit seiner Familie in die USA aus.

N.S. Ich sende den Brief durch Smidts Hände, damit er ganz portofrey[79] zu Ihnen gelangen kann. Auf gleiche Weise können Sie es einrichten, daß ich hier das ganze Porto für Ihre Briefe bezahle, die mir nicht oft genug kommen können. Dem Vater hingegen dürfte es leicht zu viel werden.

Fritz Gildemeister an Betty Stolz

Bremen d. 18. Febr. 1816

Nicht wahr, liebe Betty[80], als ich vor zwey Jahren in Ihrem Hause eine so gastfreye herzliche Aufnahme fand, da hätten Sie es wol nicht geahndet, daß ich zum Dank für so viel Gutes Ihnen einst noch die geliebte Schwester entführen würde? Damals erschien ich Ihnen gewiß ein Kind höchst unschuldiger Art und sonder Tücke; auch kann ich Ihnen, liebe Betty, betheuern daß ich wirklich, so lange ich unter Ihren Augen war, noch nichts arges dachte; aber als wir wieder im Wagen saßen und Freund Smidt an meiner Seite in des Morpheus Arme sank und die Eindrücke der eben durchlebten Tage mir mit größerer Klarheit und Bestimmtheit vor die Seele traten, als es früher die Gegenwart selbst gestattete, da fuhr mir wol so wie ein Blitz der Wunsch durch den Sinn »wäre doch Christine deine Gattin«. Solche Blitze kehrten in immer kürzeren Zwischenräumen wieder, endlich hat denn einmal einer gezündet, sehen Sie, liebe Betty, so sind wir ein Brautpaar, und ich denke, ein sehr glückliches Brautpaar geworden und ich bey weitem so schuldig nicht als ich auf den ersten Blick scheinen dürfte...

Doch wozu noch des Geredes und losen Plauderns. Bürgt mir doch Ihre Theilnahme an unserem Glück, wovon mir Christine viel geschrieben hat, dafür, daß Sie mir die Entführung der lieben Schwester, die nun einmal nicht zu vermeiden ist, aufrichtig vergeben und mich freudig zu ihrem Bruder an- und aufgenommen haben. Nicht auszudrücken vermag ich Ihnen, liebe Schwester, wie ich mich freue, neben der geliebten Braut auch die muntere, von jugendlicher Lebenslust fast überschäumende Betty umarmen zu dürfen. Wenn Sie mich der Christine nicht verrathen wollen, so will ich Ihnen sogar ganz leise ins Ohr raunen, daß ich mich, als ich in Zürich war, zwar hauptsächlich in die Christine, aber doch auch ein ganz klein wenig in die liebe Betty verliebt habe. Aber das ist nun vorbey und am besten, wir reden nicht weiter davon.

Ihre schwesterliche Hülfe möchte ich gerne bey einer Sache in Anspruch nehmen, die ich ohne Ihren Beystand gar nicht ausführen kann. Ich möchte gerne Christine ein

79 Von Bremen aus konnte man Briefe nur bis Frankfurt frankieren, den Rest mußte der Empfänger zahlen. Um seinen zukünftigen Schwiegervater nicht zu belasten, ließ sich Gildemeister von seinem Freund Johann Smidt das Porto für die Strecke Frankfurt-Zürich auslegen.

80 Verena Tibetha Stolz (1795-1841), Christines jüngste Schwester, die 1819 zweite Ehefrau Gildemeisters wurde.

deutsches Nationalkleid[81], wie sie jetzt hier bey den festlichsten Gelegenheiten getragen werden und worin ich sie vor allen Dingen gerne bey der Trauung sähe, mitbringen. Hier werden diese Kleider, deren Anfertigung nicht ohne Kunst ist, sehr gut und geschmackvoll gearbeitet und ich möchte das für Christine bestimmte auch aus anderen Gründen nicht gerne außerhalb Bremen machen laßen. Dann gehen Sie doch mit Judith ernstlich zu rathe, wie Sie mir, ohne daß die liebe Braut die Absicht merkt, ihr körperliches Maaß, verständlich nicht blos für die Phantasie des Liebhabers sondern auch für den rechnenden Verstand des Schneiders verschaffen und zwar so bald als irgend möglich.

Einen zweyten Auftrag ertheile ich Ihnen gemeinschaftlich mit Judith: der Geliebten meine Küße zu überbringen. Wer von Ihnen sich dieses Auftrags am besten entledigt hat, werde ich seiner Zeit erfahren und es zu vergelten wißen.

Nun lebe wohl, liebe Betty

Ihr G.

Fritz Gildemeister an Christine Stolz

Zürich [Bremen, sic!] d 18. Februar.

Heute, liebe theure Christine, habe ich einmal die Ordnung des Briefschreibens umgekehrt und Judith und Betty der Braut vorgehen lassen. Schon lange hatte ich mir Vorwürfe gemacht, daß ich den guten Schwestern nicht schon früher ein paar freundliche Worte, die sie in so reichem Maaße um uns verdienen, zugesandt. Aber immer wurde mir, wenn ich einmal angefangen hatte, mich mit Ihnen zu unterhalten, die Zeit zu kurz und so mußte ich also, um nicht länger zurückzubleiben, die Sache einmal am entgegengesetzten Ende anfassen. Nun bleibt mir freylich heute nur so wenig Zeit für die Liebste, aber des Zweckes halber müssen wir das diesmal schon verschmerzen.

Vorigen Donnerstag, glaube ich, meldete ich noch den Empfang Ihres lieben Briefes vom 4ten bis 7ten Febr. Aber noch nicht gedankt habe ich der Freundin für die unaussprechliche Freude die mir diese Zeilen gemacht haben; könnte ich sie mit einem Kuße lohnen, Christine würde einen recht langen heißen Kuß, wie ihn die innigste Liebe giebt, auf ihren Lippen fühlen. Ja meine liebe Christine, jeder Ihrer Briefe, jede Zeile von Ihrer Hand, ist mir wahrer Lebensbalsam; ich fühle es, wie sich Ihre ganze Seele offen und wahr darin ausspricht und empfinde dann doppelt die Geistesnähe der Geliebten. Ein eigenes Archiv habe ich für Ihre Briefe errichtet, und ein ganz eigener Genuß ist es mir, dann und wann

81 Nach den Befreiungskriegen regten national Gesinnte, allen voran Ernst Moritz Arndt, die Einführung einer »deutschen Nationalmode« an, die das »Würdige und Menschliche, nicht das Leichtfertige, Äffische« hervorkehren sollte. Auch in Bremen fand diese Idee zunächst Anklang. Trinchen Castendyk berichtet 1811 an ihren Bruder Johann Smidt, daß bei den Feierlichkeiten zur Senatswahl die meisten Frauen in Nationaltracht erschienen (StAB 7,20-225,1 11.1815). Die Bewegung hatte jedoch keinen dauerhaften Erfolg, sie wurde rasch durch die neueste französische Mode verdrängt.

einen Blick in einen der früheren zu werfen, und zu sehen, wie Sie in allen, von der ersten herzlichen Erwiederung meiner Annäherung an, immer als dieselbe und doch wieder in Beziehung auf mich wie unendlich verschieden erscheinen. Schon Ihr erster Brief freylich ließ mich in dem freudigen Glauben, mit dem Sie sich mir hingaben, den Keim der innigsten Gegenliebe erblicken und ich konnte ja denken, ein so edles reines Mädchen wie Christine werde ohne ein ahnendes Gefühl der Art gewiß nicht ihre Hand vergeben. Aber daß sich Ihre Empfindungen für mich, den fernen Freund, so schnell und entscheidend entwickeln würden, daß ich mir, bevor mir einmal vergönnt ist, Sie an mein Herz zu drücken, mit der vollen Zuversicht eines beseligenden Glaubens zurufen kann: Christine ist dein, ganz dein, in Freud und Leid, für diesseits und jenseits - das, meine theure Freundin, kommt mir oft wie ein Wunder vor; wie denn überhaupt nun die Liebe, die wahre, höhere gewiß etwas recht geheimnisvolles ist. Mir, ich kann es wol sagen, ist, seit ich weiß was ich an Ihnen habe, eine neue Welt von Gefühlen aufgegangen, die mit dem, was ich früher empfand, bevor diese beseligende Gewißheit in meinem Innern wurzelte, kaum zu vergleichen ist. - Mündlich erzähle ich Ihnen einmal einiges von meinen früheren Herzensgeheimnissen; Sie werden dann sehen, und sich gewiß mit mir darob erfreuen, daß ich zwar bis zu meinem 34ten Jahr, wo ich Sie kennen lernte, nicht eben unempfindlich gegen weibliche Vorzüge gewesen bin, gleichwol aber alles das mit der Liebe die uns jetzt verbindet, nicht den entferntesten Vergleich aushält. Mit dem Augenblick, wo ich Sie kennen lernte, beginnt eine neue Epoche meines Lebens in welcher der 28te December den ersten heiteren Abschnitt bildete. Der Tag ist mir ewig unvergeßlich und Ihr Vorschlag, daß er uns in Zukunft ein heiliges Familienfest seyn möge, war mir aus der Seele geschrieben.

Einige in dem letzten Brief zerstreute Notizen über die Eintheilung der Zeit bey Ihnen, z. B. daß Sie Sonnabends bey der Freundin sind (der Sie ja recht viel Liebes von Ihrem Fritz sagen müssen), daß Sie Nachmittags um 4 Uhr Ihren Thee trinken u. dgl. waren mir höchst willkommen. Gestern Abend war ich, wie gewöhnlich Sonnabends in meiner Schachgesellschaft; aber ich versichere Sie, alle Augenblicke war der Geist abwesend vom Schachbrett und bey der lieben Christine und der Frau Vögelin.

Die Zeitung habe ich seit dem 1ten d. ganz aufgegeben; ich hatte sie eigentlich nur Smidt zu Gefallen bis Ende December übernommen. Seit der Mitte November bekam ich an unserem Bruder Jacob[82] einen treuen Gehilfen, und ohne ihn wäre auch in der letzten Zeit das ganze Institut zu Grunde gegangen; denn eine Zeitung zu redigieren ist nichts für einen glücklichen Bräutigam, der statt der Friedens- und Freundschaftsbündnisse fremder Potentaten nur das eine Bündniß im Kopfe hat, das er selbst mit dem geliebten Mädchen abgeschlossen. - Jetzt ist ein Dr. Bercht[83] aus dem Preußischen Redacteur; unter und ne-

82 Jacob Stolz.

83 Gotthold Friedrich August Bercht (im Bremer Adressbuch »Bergt«) (1790-1861), Redakteur der Bremer Zeitung, die sich unter seiner Leitung zum führenden national-liberalen Blatt in Norddeutschland entwickelte. 1819 mußte er sein Amt niederlegen, da er gegen einige preußische Beamte gerichtete Artikel gedruckt hatte, die ihn als Vertreter demagogischer Ansichten verdächtig machten. Er wohnte 1817 Knochenhauerstr. 17, 1818-1819 im Gildemeisterschen Haus Unser Lieben Frauen Kirchhof 5.

ben ihm arbeitet Jacob; beide harmonieren bis jetzt vollkommen und ich hoffe wirklich Gutes von diesem Verhältnis.

Nun auch noch einiges von Haushaltungssachen. Meine Schwester[84] hat schon einige Haupteinkäufe an Betten, Drell zu Tischtüchern und sonstigen Geräthschaften gemacht. Gestern hat sie auch eine Magd mit Namen ***Engel*** gemiethet. Wegen unserer Wohnung mag ich nichts bescheiden, so lange meine künftigen Verhältnisse unbestimmt sind. Künftigen Donnerstag ein mehreres davon. - Zum Schluß einen freundlichen Kuß für Dich, Geliebte, und herzliche Grüße an Vater, Mutter und Bruder. Dein G.

Beherzige doch, was ich vor einigen Tagen über das Du und Sie schrieb.

Fritz Gildemeister an Christine Stolz

Bremen den 22. Febr. 1816

in der ersten Morgenstunde

Indem ich mich in mitternächtlicher Stille an den Schreibtisch setze, und mein Geist ungestört bey der Geliebten weilt, sende ich Ihnen eine recht freundliche gute Nacht. Zwar würde mein Gruß, wenn er schnell wie die Gedanken den Raum durcheilen könnte, meine liebe Christine nun wol schon in süßem Schlummer treffen; aber auch so denke ich, bin ich ihr vielleicht im Traume nahe und werde auch von ihr eben in diesem Augenblicke begrüßt. Der Glaube an die Möglichkeit einer solchen Wechselbeziehung ist beseligend, und doppelt beseligend, wenn man, wie ich, seine Tage fern von der Herzensfreundin verträumen muß. Wie lange dieser peinigende Zustand nun noch dauern mag, weiß der Himmel; doch hoffe ich, daß wenigstens die äußern Verhältnisse, die bisher eine Trennung geboten, bald aufhören, und daß ich dann im Stande seyn werde, in Ansehung des Zeitpunkts, wo ich die innig geliebte Braut an mein Herz drücken kann einen bestimmten Entschluß zu fassen. Morgen ist nemlich Bürgerconvent und dann wird die Frage wegen der Rathswahlen vermuthlich entschieden, so daß ich hoffentlich sehr bald weiß, wie ich in Ansehung meines künftigen Wirkungskreises daran bin. Wenn ich bedenke, wie manchen Tag ich voriges Jahr in Angst und Sorge durchlebt habe, bis ich nun erst einmal durch Smidts Vermittlung erfuhr, daß ich wenigstens keine bestehenden Verhältnisse verletze, wenn ich Ihnen meine Wünsche entdeckte. - Wenn ich weiter bedenke, wie sich mir vom 5ten December bis zum 28ten jede Minute zur Stunde und jede Stunde zum Tage ausdehnte, und wie mein Herz das alles dennoch überstanden hat, so daß ich jetzt, da ich jubelnd ausrufen kann »das liebste Mädchen, das Mädchen, das im ersten Augenblick mein Inneres ergriffen hat wie kein weibliches Wesen je zuvor - dieses liebe, liebe Mädchen ist nun mein« schon etwas ruhiger und getroster der Zeit entgegensehe, die uns noch von einander trennt. Nicht wahr meine gute Christine, auch

84 Luise Klugkist.

Sie fühlen es, diese Trennung, wie schmerzlich an sich selbst, ist doch als augenblickliches vorübergehendes Uebel schon leidlicher, seit wir uns wirklich verstanden haben und einer des Anderen in der vollsten herrlichsten Bedeutung des Wortes ***gewiß sind***? - Doch, es schlägt Ein Uhr; die Geister kehren in ihre stillen Behausungen zurück, so mag denn auch mein Geist, auf einige Stunden von der Geliebten scheidend, zur Ruhe gehen. Früh beym Erwachen bist Du, liebe Christine, mein erster Gedanke und doppelt sehnsüchtig harre ich dem Morgen entgegen, da er mir wol wieder ein Brieflein von Dir bringt; - Nochmals, also, gute Nacht, mein erkornes Mädchen. - Könnte ich Dir doch in diesem Augenblicke einen Kuß auf die Lippen drücken!!!

Morgens 10 Uhr

Wie reich, wie überschwenglich, meine traute Christine, ist die Hoffnung in Erfüllung gegangen mit der ich mich schlafen legte. Noch im Bette lag ich und ließ meine Gedanken frey walten, als der Turn- und Taxische Briefträger, mir in diesem Augenblick ein wahrer Götterbote, zu mir eintrat und mir einen Brief mit den bekannten theuren Schriftzügen überreichte. Glaube aber nicht, daß ich ihn gleich öffnete; das hätte ich für Entheiligung gehalten. Vielmehr kleidete ich mich geschwind an, machte meinen Kaffee, zündete eine feine ächte Havannah-Cigarre an, die bey solchen festlichen Gelegenheiten nicht fehlen darf, und weidete mich dann recht gemüthlich und nach Herzenslust an allen dem lieben und erquicklichen, was mir Dein Herz in freyer, zwangloser Ergießung spendet. Wie beseligend sprach mich gleich in den ersten Zeilen das liebe trauliche ***Du*** an und das förmlich ausgesprochene Verbannungsurtheil über das widrige ***Sie***. Ich weiß nicht, ob mein früherer Brief, in welchem ich darauf hindeutete, damals schon in Deinen Händen war; aber gewiß ist es, daß Du meinem sehnlichsten Wunsche überraschend entgegengekommen bist. Früher glaubte ich, das Du und Du müßte bis zu unserem persönlichen Beysammenseyn ausgesetzt bleiben; das war aber ein Irrthum der nur daher rührt, weil ich es gar nicht für möglich hielt, daß der blos schriftliche Gedankenwechsel ein so inniges Verständnis herbeyführen könne, wie es doch nun wirklich zwischen uns beiden glücklichen Menschen vorhanden ist. Hätte blos ***mein*** Gefühl den Maasstab abgeben dürfen, so hätte jene lästige conventionelle Scheidewand schon lange fallen müssen und wirklich ging ja auch schon früher die Rede oft mir unwillkürlich zu traulichen Formen über, nur glaubte ich freylich bey der ganzen Art wie sich unser Verhältnis gemacht hat, daß die endliche Verbannung des Sie nicht von mir sondern von Deinem Gefühl ausgehen müsse. Daß Du mich auch hierin errathen, ist mir ein abermaliger Beweis, wie sehr jetzt Sinn und Herz bey uns wirklich Eins sind. Die ersten Zeilen Deines lieben Briefes waren mir ein Morgengruß, wie ich noch keinen zuvor empfing.

Gestern, liebe Christine, hatte ich einen Brief von Mutter, die für den Ausdruck ihrer Freude darüber, daß mir, den sie in Gedanken für das eheliche Leben schon verloren glaubte, nun doch noch ein so herrliches Wesen zu Theil geworden, noch immer keine Worte finden kann. Sie läßt mich jetzt hoffen, daß sie mich doch noch nach Zürich zur lieben Braut begleiten kann, wenn ich die Reise nur so einrichte, daß sie wieder in Weimar ist, wenn ihr Bruder aus Königsberg[85], den sie seit 13 Jahren nicht gesehen hat, hinkommt. Nun hat Onkel zwar noch nichts bestimmtes über den Tag seiner Ankunft geschrieben; allein da er am 8ten Juli den 80sten Geburtstag meiner Großmutter dort feiern will und sich ***höchstens*** drey Wochen in Weimar aufhalten kann, so fügt sich alles recht gut, wenn wir gegen Ende Juni in Weimar sind. Schon vor dem Empfang Deines Briefes hatte ich mir es so gedacht, das nächste Pfingstfest, diese alte Feier des wiedergekehrten Frühlings, müßte ich als Dein glücklicher Gatte begrüßen; dann blieben wir noch etwas in Zürich und wären so gegen Ende Juni in Weimar, wo wir dann zusammen den Geburtstag der Großmutter begingen und dann dem lieben Bremen zueilten. Fulda's, denke ich, würden sich zu diesem einzigen Familienfeste einfinden und selbst Klugkist hat einen Gedanken der Art noch gar nicht aufgegeben. Nun denke Dir, Liebe, einmal recht lebhaft die Wonne eines solchen Zusammentreffens und sage mir, ob sich für den Eintritt in unser neues Verhältniß wol ein heiterer Eingang ersinnen läßt. Ich hätte dabey zugleich den Vortheil, mein holdes Weib nicht nur dem Oheim vorzustellen, der Dir, wie auch immer ein Theil des Publicums über ihn urtheilen mag, gewiß recht liebenswürdig erscheinen wird, sondern Dich auch mit einem meiner liebsten academischen Freunde, der jetzt in Weimar lebt, und seiner ehrsamen Hausfrau bekannt zu machen. Früher ging mir wol der Gedanke durch den Kopf, wenn die Jahreszeit es verstatte, mit Dir und den guten Schwestern nach der Hochzeit eine kleine Schweizerreise zu machen, ein Gedanke der mich um so freundlicher anlächelt, als ich wußte, daß Du noch wenig von der Schweiz gesehen hast und das Ganze sich gar lieblich ausmalen ließ. Nun aber scheint mir doch, da sich nun einmal beide Pläne gar nicht vereinigen lassen, derjenige welcher auf das Zusammentreffen in Weimar berechnet ist, der vorzüglichere, weil derselbe nicht nur die Gegenwart der Mutter bey unserer Trauung möglich macht, sondern Dich unter Verhältnissen wie sie wol nie wiederkehren dürften, in die Mitte Deiner neuen Familie führt. – Bitte schreib mir doch umgehend, wie Du die Sache ansiehst, denn ich möchte gern alles so einrichten wie es Deinen Gefühlen am meisten zusagt. – Mutter sagt mir auch, es würde ihr ein erhebender Gedanke seyn, wenn wir am 26ten April, dem Jahrestag ihrer Trauung mit meinem sel. Vater verbunden würden; ich fühle auch wol, wie schön, wie beziehungsreich das wäre, da die Ehe meiner Eltern eine der glücklichsten war, die ich je gesehen habe; aber alles wol überlegt, scheint es mir unausführbar; wenigstens würde dann schon die Geburtstagsfeier in Weimar aufgegeben werden müßen, weil ich, die Dinge mögen sich nun gestalten wie sie wollen, meiner Geschäfte halber nicht nach Belieben den ganzen Sommer abwesend seyn kann. – Sollte ich noch in den Senat gewählt werden, so wäre das ein neuer und völlig entscheidender Grund, Vater bey dem halb und halb bewilligten fest zu halten, weil ich wahrscheinlich gleich in den sitzenden[86] kommen würde und ohne eine gänzliche Störung aller collegialen Verhältnisse nicht wol späterhin würde abkommen können, nachdem ich schon in einen gewißen Geschäftskreis eingetreten wäre. Gehe ich hingegen gleich anfangs weg, so ist das ein anderes; man behilft sich dann ohne mich, wie man es bisher ohne mich

85 August v. Kotzebue.
86 Die aus der Gesamtheit des Senats jeweils amtierenden Ratsherren.

gethan und ich trete dann erst mit der Rückkehr nach Bremen in volle Thätigkeit. Dem Vater, den Du mir ja recht herzlich grüßen mußt, wollte ich heute recht ausführlich über dieses und manches andere schreiben; aber die Zeit ist mir wieder zu kurz geworden und ich muß es also wol auf das nächste mal versparen; hoffentlich kann ich dann auch schon befriedigendere Nachrichten geben. – Die fatale Ungewißheit hat mich bisher auch noch abgehalten eine Wohnung zu miethen, weil ich, jenachdem ich in meinen gegenwärtigen Verhältnissen bleibe oder in andere komme, ganz verschiedene Einrichtung machen muß. Auf jeden Fall denke ich anfangs eine Etage zu nehmen, deren es hier jetzt recht hübsche giebt; vielleicht auch, daß ich Smidts Gartenhaus[87] nehme, das er mir angeboten hat.

Deine Bedenklichkeiten, liebe Christine wegen einer Zusammenkunft in Frankfurt, waren mir nicht unerwartet und ich finde sie auch ganz natürlich. Die Idee ging mir aber durch den Kopf und ich dachte, ihre Mittheilung an die Geliebte schade auf keinen Fall, da man doch nicht wissen könne, welche Früchte sie trage. Auch jetzt gebe ich die Hoffnung gar nicht auf daß Du, wenn auch nicht mit dem Vater, doch vielleicht in einer anderen passenden Begleitung dahin kommen kannst. Sobald ich von Dir einen Wink darüber erhalte, mache ich mich auf. In der Zwischenzeit noch einmal nach Zürich und wieder zurück zu reisen ist leider unmöglich, obgleich es unvergleichlich wäre. Smidt hat die Idee des Rendezvous lebhaft ergriffen.

Doch ich vergaß beinah, daß unsere Unterhaltung an Zeit und Papier geknüpft ist, Lebe denn wol, Du Süße, nimm in Gedanken einen recht langen Kuß und sey des Geliebten eingedenk! G.

Vergiß auch nicht, die guten Schwestern, die Freundin Vögelin und die andern alle herzlich zu grüßen.

Fritz Gildemeister an Johann Jacob Stolz

Bremen d. 25. Febr. 1816

Ihren freundschaftlichen Brief vom 31ten Jan., mein theurer Vater, hätte ich früher beantwortet, wenn ich Ihnen gar hätte etwas befriedigendes über unsere öffentlichen Angelegenheiten hätte schreiben wollen. Die heitre Laune, die aus Ihren Zeilen spricht, that mir wohl, selbst die kleine Neckerey wegen des Aufschubs meiner Verbindung mit Christine nicht abgerechnet, denn daß Sie in dem Puncte nicht gar so unerbittlich seyn werden, dafür bürgt mir schon der gutmüthige etwas scherzende Thon in dem Sie von der Sache reden.

Auf dem letzten Convent (vorgestern) hat sich denn nun die Bürgerschaft in Betreff der Zahl von 6 Stimmen bey künftigen Rathswahlen dem Senat conformiert, so daß

87 Smidt ließ sich 1806 außerhalb der Stadt, an der neu angelegten Contrescarpe ein Gartenhaus bauen. Außer einem großen Nutz- und Blumengarten gab es auch einen Kuh- und Hühnerstall.

nun das neue Wahlrecht definitiv angenommen ist. Da die Bürgerschaft früherhin über die möglichen Nachtheile der Neuerung äußerte, so hatte der Rath im vorletzten Convent provisorische Beschränkung auf eine gewiße Zahl Jahre vorzuschlagen, die auch mir sehr zweckmäßig schien. Als aber die Sache vorgestern wieder zur Sprache kam und nun zuerst die Frage: ob man den ursprünglichen Antrag des Raths per se annehmen wolle zur Umfrage gebracht ward, erklärten sich 33 Stimmen dafür und 31 dagegen. Dieser Erfolg hing also von Einer Stimme ab – mit der Annahme des Wahlstatuts hat zugleich die Bürgerschaft den Rath ersucht, daßselbe nach den verschiedentlich beliebten Abänderungen nunmehr als ein Ganzes redigieren zu laßen und so der Bürgerschaft auf dem nächsten den Verfaßungsangelegenheiten gewidmeten Convente mitzutheilen. Durch diesen Zusatz, der von mir herrührte, sind nun wol die bevorstehenden Wahlen noch etwas aufgehalten, da der Rath es nicht für schicklich hielt, dazu zu schreiten, bevor diese Mittheilung erfolgt seyn wird. Indeß ist die Sache zu wichtig und ich darf wol sagen, zu heilig, als daß man sich eine solche kleine Zögerung von etwa 14 Tagen (denn bis dahin kann alles in Ordnung sein, wenn man nur will) sollte verdrießen laßen. – Nun noch ein Wort über die muthmaßliche Einwirkung jenes Schlußes auf mein künftiges Schicksal, worüber Ihnen Smidt geschrieben hat. Zwey Stellen im Senat sind jetzt erledigt und eine dritte dürfte es sehr bald durch Gondelas[88] Abdankung werden, der sich, wenn auch in keinem formellen, doch in materiellen Concurs befindet. Die allgemeine Meinung im Publicum nennt zu diesen Plätzen Dr. Pavenstedt, den jüngeren Schumacher und mich; und da wir alle drey bisher ausgehalten waren[89], so glaubten sogar sehr viele in der Bürgerschaft, der ganze Vorschlag wegen der Wahlen sey blos Folge des Wunsches, uns drey im Rath zu haben, da es unter den nicht ausgehaltenen Individuen wirklich sehr an tüchtigen Männern fehlt. Doctor Focke und Iken sind die einzigen auf die sich dann reflektieren ließe, und diese werden auch gewiß mit in Vorschlag kommen. Die übrigen hiesigen Rechtsgelehrten sind zum Theil ganz ausgehalten, zum Theil noch zu unerfahren und des öffentlichen Vertrauens ermangelnd, zum Theil aber völlig untüchtig. – Was nun mich speciell betrifft, so wird das meiste von der Mischung der Karten abhängen. Das Collegium Seniorum hält mich, wiewohl durchaus verkehrt, für seinen Gegner und zwar für seinen Hauptgegner in der Bürgerschaft und einige unter diesen haben wol gar mitunter geäußert, die in der Bürgerschaft rege Opposition werde sich schon geben, wenn ich und einige andere nur erst entfernt seyen. Sollten nun diese zu meiner Wahl mitwirken, so geschieht es nur um mich los zu werden. – Andere in der Bürgerschaft hingegen, die mir und denen welche den gleichen politischen Ideen

88 Gondela: G. Simon Henrich (1765–1832), Dr. jur., wurde 1792 Senator, 1810–1813 Vizepräsident des Ziviltribunals, 1813 Präsident der provisorischen Bremischen Regierungskommission. Er war ein enger Freund Johann Smidts und spielte eine bedeutende Rolle im Bremer Kulturleben, insbesondere im Theaterwesen. Sein Engagement auf diesem Gebiet endete jedoch in seinem finanziellen Ruin, sodaß er 1816 zur Aufgabe seines Amtes gezwungen war.

89 Bezeichnet offenbar die Aspiranten, die nicht zum Senator gewählt werden konnten, solange ein naher Angehöriger einen Sitz im Senat einnahm. Zur Änderung dieser Wahlstatuten trug Gildemeister entscheidend bei.

zugethan sind, von Herzen wohlwollen, werden vielleicht gegen meine Wahl wirken, damit ich bis zur Beendigung der Verfaßungsangelegenheiten in der Bürgerschaft bleibe. – Auch im Rath sind, wie ich wol vernommen habe, einige jugendliche Herren der Meinung, man müßte die Wahlen bis dahin ganz aufschieben, weil die genannten Candidaten dann desto eifriger ihren Einfluß in der Bürgerschaft zum Vortheil des Senats verwenden würden. Diese Ansicht, die indeß wol nur in einzelnen Köpfen existiert, ist natürlich höchst abgeschmackt, kann aber doch immer einigen Einfluß haben. Ich für meinen Theil laße die Sache gehen wie sie gehen will; jede Art von directer oder indirecter Bewerbung ist meiner Sinnesart völlig zuwider; die Vorsehung wird es am besten mit mir machen. Übrigens leugne ich nicht, daß ich es lebhaft wünsche, eine der Wahlen möge auf mich fallen. Die Advocatur an und für sich ist gar meine Sache nicht. Unsere öffentlichen Angelegenheiten, wo sich für Kopf und Herz ein großer Thätigkeitskreis eröffnet hat, ziehen mich weit mehr an, ich würde ihnen aber, wenn ich Advocat bleiben sollte, in Zukunft ganz entsagen müßen, weil sie dem geldbringenden Geschäft, auf das ich nun einmal angewiesen bin, da ich kein Vermögen besitze, zu viel Zeit rauben.

Alles wohl erwogen, so ist es allerdings wahrscheinlich, daß die nächste Wahl auf mich fällt. In diesem Falle aber, lieber Vater, würde es mir gradezu unmöglich fallen, den Augenblick meiner Verbindung mit der lieben Christine bis in den Sommer hinein zu verschieben. Unmittelbar nach dem Eintritt in das Collegium würde ich mich allenfalls ohne Störung des Geschäftsganges auf einige Monate entfernen können. Bin ich aber erst einige Monate darin gewesen, so knüpfen sich, da ich zum jetzigen Rath gehören würde, tausend Geschäftsverhältnisse an, deren längere Unterbrechung dem Publicum und dem Senat selbst sehr fühlbar werden dürften. Auch würde ich bey einer Sommerreise nach Zürich der unendlichen Freude entbehren müßen, meine Mutter mitzubringen, da sie gegen Ende Juni meinen Oheim Kotzebue aus Königsberg in Weimar erwartet. Wenn Sie mir dagegen die liebe Tochter nur etwas früher, etwa gegen Pfingsten, antrauen wollen, so können die jungen Gatten noch einige Wochen beym Vater bleiben, bis sie die Mutter nach Weimar zurückbegleiten. Von dem Familienfeste in Weimar habe ich neulich Christine geschrieben.

Herzliche Empfehlungen an Ihre Frau Gemahlin und Herrn Sohn
von Ihrem Gildemeister

Schreiben Sie mir doch, ob Sie das hiesige Bürgerrecht für sich und Ihre Kinder conserviert haben. –

Fritz Gildemeister an Christine Stolz

Bremen d. 25ten Febr. 1816

Heute, meine liebe Christine, mußt Du Dich schon mit einem ganz kleinen Briefchen begnügen; eigentlich glaubte ich gar nicht, daß ich dazu kommen würde, Dir zu schreiben, da ganz nothwendige Epistel an Smidt, an Mutter und an den Vater in Zürich mir alle Zeit zu rauben schienen, um mit meinem trauten Mädchen ein ordentliches, vernünftiges Wort reden zu können. Nun darf's ich doch, es ist beßer etwas als gar nichts, und obgleich Du recht wol weißt, wie Du mit mir daran bist und was ich für Dich empfinde, so wirst Du es doch gewiß gern hören, wenn ich Dir es heute wiederhole, daß ich Dich liebe, daß ich Dich im Geist mit der innigsten Zärtlichkeit umfaße und daß ich jeden Abend mit erneuertem Dank gegen Gott die Augen schließe, daß er mich Dich finden ließ, und was das wichtigste ist, daß er, auf eine fast wunderbare Weise, den Glauben an mich in Deine Seele pflanzte, der es Dir möglich machte, mir schon damals als ich Dir noch so fern stand, ein freudiges Ja zuzuwinken.

Ueber den vorgestrigen glücklichen Ausgang der Conventsdebatten[90] wegen der Rathswahlen laß Dir von Vater erzählen, ich habe ihm heute ausführlich darüber geschrieben. Hoffentlich wird nun meine künftige Bestimmung bald entschieden seyn. – Du fragst, ob ich Deine Briefe lieber Sonntags ***oder*** Donnerstags habe; – eine ganz verzweifelte Frage an einen Liebenden. Ich kann nicht anders als nach Art der Kinder, denen die Wahl zwischen mehreren süßen Backwerken gelaßen wird, nach beiden greifen und antworte Sonntags ***und*** Donnerstags. Muß freylich durchaus gewählt seyn, so leugne ich nicht, daß ich Sonntags Deine herzinnigen Briefe mit mehr Ruhe genießen kann als an den Wochentagen. Doch aber denke ich du wirst den fernen Freund so oft erquicken, als es Dir irgend möglich ist; wenn auch nur durch ein paar Zeilen. Damit aber diese Vervielfältigung unseres Briefwechsels weder Deinem noch des Vaters Geldbeutel zur Last falle, wiederhole ich meine Bitte, die Briefe unfrankiert an Smidt zu senden, mit dem ich mich berechne. – Fühlst Du nichts – einem Kuße ähnliches? – Er kömmt von Deinem Geliebten G.

Die Bekannten Grüße vergiß nicht.

Um Pfingsten schließe ich Dich als Gattin in meine Arme!

Fritz Gildemeister an Christine Stolz

Bremen d. 23 Februar 1816

Heute Morgen, meine liebe Christine, überraschte mich Dein Brief vom 15ten d. sehr angenehm, da der Mittwoch mir bisher noch nichts von Dir gebracht hat und ich schon gewißermaßen gewohnt war, alle meine Hoffnung auf den Donnerstag zu verlegen. Ich mache übrigens bey der Gelegenheit die Erfahrung, daß die Mittwochspost in Zürich den Liebenden weit gewogener ist als die Sonntagspost; jene bringt mir Deine Briefe nach

90 Der Convent war eine ca. 400 Mitglieder zählende Bürgerversammlung, der das Collegium Seniorum, Gelehrte, Bauherren (ehrenamtliche Verwalter der Kirchen) und andere verdiente und vermögende, vom Rat berufene Bürger angehörten. Der Bürgerconvent wurde 1848 durch das Wahlrecht abgelöst

acht vollen Tagen, diese hingegen erst nach zehn, zuweilen gar nach eilf Tagen. Umgekehrt habe ich die hier des Donnerstags abgehende Bremer Post aus gleichem Grunde besonders lieb gewonnen; von der sonntäglichen bilde ich mir dasselbe ein, ob mit Recht weiß ich nicht. – Das Unbefriedigende einer schriftlichen Unterhaltung, vollends in so weiter Entfernung, daß zwischen Hin-und Herschreiben fast drey Wochen vergehen, ist mir bey Deinem heutigen lieben Briefe wieder mehr fühlbar geworden. Gegen das Ende bekämpfst Du, und zwar mit siegreichen Waffen, eine Äußerung die ich früher einmal wegen des ***Du*** hingeworfen, in einem Tone, als ob es recht ernstlich darauf ankäme, mich zu bekehren, da doch meine späteren Briefe, die nun hoffentlich in Deinen Händen sind, Dich überzeugt haben müssen, daß wir ganz einerley sind und daß ich eben nichts sehnlicher wünsche als jene Fesseln einer steifen conventionellen Redeform der Geliebten gegenüber abstreifen zu dürfen. Jene frühere Äußerung gehört einer Zeit an, wo ich Glücklicher ja noch gar nicht wußte, welchen reichen Schatz von Liebe und Innigkeit ich schon damals in der trauten Braut gewonnen hatte. Als ich um Dich warb, lebte ich freylich mit der zuversichtlichen Hoffnung, Du werdest mich einst verstehen, werdest es fühlen, daß meine Empfindung für Dich warm und in meinem eigenthümlichen Wesen, in meiner Art zu denken und zu fühlen, in meinem Begreifen von der Würde der Frauen tief begründet ist; aber wie konnte ich ohne Eitelkeit auch nur von fern ahnden, daß der Zeitpunct der unsere Herzen wahrhaft vereinigt, für diesseits und jenseits so nahe sey! Wie konnte ich es damals hoffen, Du werdest dem Bräutigam nicht mehr mit einer gemischten Empfindung von Wohlwollen und Bangen sondern mit voller und freudiger Liebe entgegenharren! Sag mir doch, Du liebes herziges Mädchen, wie konnte ich das damals, und wenn ich es ***nicht*** konnte, wie durfte ich da, ohne Dein Zartgefühl zu verletzen, in Formen zu Dir reden, die nun einmal, wenigstens nach meinen Ansichten gegen feinfühlige Frauen nur unter der Voraussetzung des innigsten Verstehens, des vollkommensten wechselseitigen Erkennens zulässig sind! – So wie Deine Briefe mich mehr und mehr überzeugten, daß ich geliebt bin, so fühlte ich auch, das Sie sey nicht mehr an seinem Platze unter uns; wenn ich mich indeß in Augenblicken der tiefsten Rührung, wo dem Gefühle die Worte gebrachen, davon entfernte, so geschah es fast unwillkürlich und immer hielt ich mich nicht befugt, die hergebrachte Weise ohne Deine Billigung zu verlaßen. Daß Du nun darin meinem lebhaftesten Wunsche zuvorgekommen bist, das, liebe Christine, werde ich Dir nie vergessen; das ist das freundlichste Geschenk, mit dem Du holde, unvergleichliche mir aus so weiter Ferne entgegenkommen konntest. – Wie schnell man sich an das Naturgemäße gewöhnt, bin ich wieder bey dieser Gelegenheit innegeworden; wie wenig Tage sind verflossen, seit Du den Freund so traulich begrüßt und schon ist es mir, als ***könnte*** es zwischen uns gar nicht anders seyn. Uebrigens bin ich auch darin mit Dir einer Meinung, daß das Du, mit welchem mich einst Deine süßen Lippen bewillkommnen, doch noch ganz anders als dieses geschriebene seyn wird! – O wann wird sie endlich, endlich seyn, diese Zukunft voll reiner Seligkeit, für die nicht blos meine Worte, sondern auch meine Begriffe zu arm sind? In solcher innigen Beziehung stand ich nie vorher zu einem weiblichen Wesen; alle früheren waren nur Ahnungen und Träume eines Herzens, das der Liebe bedarf und nun willst Du, die Du mir vor allen theuer bist, mir ihren Himmel öffnen! Möge er auch Dir, durch mich im höchstem Maaße zu theil werden! – Daß mir übrigens der Zeitraum, der uns noch trennt zuweilen eine wahre

Ewigkeit scheint, will ich nicht leugnen, wenn es gleich verständigen Leuten fast kindisch vorkommen mag. Doch tröste ich mich, wenn ich in Deinem vorletzten Briefe lese, nach drey Monaten würde ich mich wol zur Brautfahrt anschicken und nun bedenke, um wie viel Du Dich verrechnet hast und welch bedeutender Theil der damals vor uns liegenden Zeit nun schon hinter uns ist. Morgen ist der Februar zu Ende und in einem Vierteljahr schicke ich mich nicht erst zur Reise an, sondern Christine und Fritz sind dann, wenn ich nicht an einen Unstern glauben soll, glückliche Gatten. Du selbst hast mir einmal von Pfingsten gesagt und dabey muß es nun auch bleiben; an Vater habe ich in diesem Sinn geschrieben, an Mutter gleichfalls, und Du, wenn Du mich nur ein wenig lieb hast, mußt nun auch dafür sorgen, daß man sich in euerm Hause mit der Idee gehörig vertraut macht und das Ganze als eine ausgemachte Sache ansehen lernt. Daß ich einige Wochen vorher bey der geliebten Braut seyn werde, versteht sich von selbst, und daß ich diese schöne Zeit des Zusammenlebens im Brautstande so sehr wie irgend möglich durch frühes Kommen verlängere, wirst Du mir auch zutrauen. Bedenkst Du nun, daß ich auf der Hinreise doch wol einen Tag in Kassel und einen bey Smidt verweilen muß, wie auch daß meine Mutter bey einer so langen ermüdenden Reise einige Erholung zu gönnen ist, so wirst Du Deine Rechnung schon etwas anders stellen. Zwar will ich noch nichts bestimmtes über meine Abreise sagen; aber acht Wochen scheint mir so ungefähr der ***äußerste*** Termin; hierauf rechne ich; jeden Tag früher sehe ich als ein besonderes Geschenk des Himmels an. – Nun will ich Dir noch sagen, wie ich es anfange, um mir dieses lange Warten einigermaßen erträglich zu machen; ich theile den ganzen Zeitraum in möglichst kleine Abschnitte. Wollte ich nach Monaten rechnen, ich stürbe vor Ungeduld; nach Wochen geht schon beßer, noch beßer aber nach Tagen und wenn wir erst ein wenig weiter sind, nach Stunden. Lächle nur nicht, liebe Christine; ich habe es wirklich so gemacht, um mir die Zeit zwischen dem 5ten December und dem Tag, wo ich einiger maßen zu erfahren hoffte, wie Du meine Bewerbung aufgenommen, abzukürzen; ich hatte nemlich auf 24 Tage gerechnet, welches 576 Stunden macht; und so oft daher die Klock voll schlug, sagte ich zu mir selbst, nun Gottlob, wieder eine weniger von den 576 Stunden. Jetzt kannst Du denken, wie doppelt und dreyfach erfreut ich war, als ich ganze 24 Stunden früher mit der Nachricht von der Ankunft meines Briefes zugleich die Gewißheit meines Glückes erhielt.

Wie es in der Bürgerschaft mit den Rathswahlen gegangen ist, weißt Du von Vater; der erste bedeutende Schritt wäre also nun geschehen und Dein Freund nicht mehr durch Verwandschaftsverhältnisse unbedingt von dem Genuße der edelsten bürgerlichen Rechte ausgeschlossen. Das Weitere wollen wir ruhig einer gütigen und weisen Vorsehung überlaßen, deren Gnade ich ja eben jetzt erst in der Verbindung mit Dir lebendig empfinde. – Mit den Wahlen selbst kann es sich wol noch vier Wochen verziehen, weil d. Bürgerschaft, indem sie auf dem letzten Convent zu den bis dahin noch unentschiedenen Puncten ihre Zustimmung gab, zugleich d. Mittheilung des vollständigen Gesetzes, wie es nun in Zukunft lauten wird, wünschte. So lebhaft mich danach verlangt, daß diese Wahlen bald erfolgen, so schien mir doch die Sache selbst zu wichtig, um sie irgend zu übereilen und ich selbst habe daher den aufschiebenden Zusatz, an den kein Mensch dachte, zur Sprache gebracht. Bey den Wahlen selbst dürften sich vielleicht drey ganz verschiedenartige Besterbürger begegnen und zum Theil durchkreuzen; einmal derer, d. wirklich nach ihrer Ueberzeugung vom

Staatswohl handeln, dann derer im Senat, die es ihren Parteyabsichten für zuträglich halten, daß ich und einige Andere noch eine Zeitlang in der Bürgerschaft bleiben; und drittens derer in der Bürgerschaft (unter den Aelterleuten) die uns gern los seyn möchten, weil sie glauben, dann werde die Regierung wieder ausschließend an sie fallen. Außerdem kommen noch einige untergeordnete Interessen in Betracht, derer ich nicht einmal erwähnen will. Ohne prophetische Gabe läßt sich unter so verwickelten Verhältnissen nichts vorhersehen; doch theilt die öffentliche Meinung mir allerdings einen der erledigten Plätze zu.

d. 29. Febr. 1 Uhr Mittags

Vor ein paar Stunden, liebe Christine, habe ich mit Louise ein Haus an der Sandstraße, dicht neben Bürgermeister Heineken[91] besehen, das der jetzige Miether wenn er es nicht braucht, mir bis Michaelis überlaßen will. Es ist klein, aber doch nach Louisens Urtheil für uns einstweilen groß genug und da die Nachfrage nach Miethäusern hier jetzt sehr groß ist, so werde ich es vermuthlich nehmen, wenn der Eigenthümer, Zimmermeister Poppe[92], sich entschließt, mir es nöthigenfalls bis Ostern zu laßen. Ein solches eigenes Häuschen ziehe ich doch einer Etage vor, wo es oft an Küchen gebricht. Zwar könnten wir uns, wie hier jetzt manche jungen Eheleute thun, von einem Koch speisen laßen; aber ich möchte Dich gern gleich als ***Hausfrau*** bey mir einführen, wo doch d. Aufsicht über Küche und Keller nicht fehlen darf. Dir selbst, liebe Christine, möchte ich diese kleinen häuslichen Sorgen, die doch gewiß auch ihre schönen Seiten haben, nicht gern entziehen. Die Hauptsache aber ist, daß mir dieses Zusammenleben im engen Häuschen grade auch anfangs weit gemüthlicher vorkommt als wenn wir uns gleich unter fremden Leuten herumtreiben müßten. Damit Deine Phantasie sich den Schauplatz unserer häuslichen Freuden desto leichter ausmahlen möge, lege ich Dir einen rohen Grundriß bey, wozu mir aber freylich nur mein Gedächtnis d. Materialien liefert.- Schon früher bot mir, wie ich Dir glaube gesagt zu haben, Smidt sein Gartenhaus an; ich kann aber keinen Gebrauch davon machen, weil ich wegen meiner Geschäfte durchaus in der Altstadt wohnen muß. Jetzt noch länger bis zu den Rathswahlen zu warten, schien mir durchaus nicht thunlich, weil ich nachher leicht hätte in Verlegenheit kommen können.

Grüße die Eltern und den H. Bruder, vor allem aber die guten Schwestern, deren Liebe mich innig rührt, Deine Freundin Vögeli und Regula Häfeli.

Einen Kuß brauche ich Dir kaum zu senden; jeder meiner Gedanken an Dich liebes süßes Mädchen ist gewissermaßen ein Kuß von Deinem G.

N.S. Christian ist noch hier, aber im Begriff abzureisen.

91 Dr. jur. Christian Abraham Heineken (1752-1818), seit 1778 Senator, seit 1792 Bürgermeister. Nahm zusammen mit Fritz' Onkel Johann Gildemeister (1753-1837) die ersten Bremer Landesvermessungen und Kartographien vor. In erster Ehe mit Margarete, geb. Schoene (1756-1787) verheiratet, seit 1789 mit Rebecka Margarethe, geb. v. Post (1752-1830).

92 Im Bremer Adressbuch finden sich: Arend Poppe., Zimmermeister, Werder 63, Simon Albrecht Poppe., Maurermeister, Buchtstr. 63 und Johann Georg Poppe, Städt. Bau- und Zimmermeister, Herrlichkeit 16.

Fritz Gildemeister an Christine Stolz

Bremen d. 3. März 1816

Bey meinem Erwachen diesen Morgen (das heißt um halb acht Uhr) war mein erster Gedanke: heute beginnt wieder Christines Woche und so dachte ich mir denn recht lebhaft, wie Du liebes herrliches Mädchen eben jetzt mit der Bereitung des Kaffee und des Frühstücks beschäftigt seyn würdest; wobey denn der Geist sich unwillkürlich in die nächste reizende Zukunft verirrte, wo die Morgenstunde die traute Gattin zu ähnlichen Sorgen wecken wird. Vor allen Dingen sprach mich aber der Gedanke sehr freundlich an: Nun sind, seit Christine dir schrieb, daß grade tags zuvor ihre Woche angefangen habe, schon wieder drey Wochen verfloßen. Ist die Reihe noch zweymal an Dir gewesen, so darfst Du hoffentlich schon denken: jetzt ist der Freund bereits auf der Brautfahrt begriffen und jede Minute, jeder Umschwung des Rades bringt ihn der innig geliebten Braut, der heiß ersehnten Lebensgefährtin näher. So sehr mich die Wahrnehmung, wie der Faden der Zeit sich doch am Ende abspinnt, tröstet - es ist ja das Einzige, woran getrennt Liebende sich halten können - so ungern gebe ich doch d. Hoffnung einer früheren Zusammenkunft, d. sich mein Geist schon auf das reizendste ausgemalt hatte, auf. Daß der Ausführung von Deiner Seite Hindernisse im Wege stehn, begreife ich und ehre sie; aber die Gründe, welche Dich und mich über diese Hinderniße trösten sollen, ich kann sie unmöglich gelten laßen, wenn sie gleich sehr schwer zu bekämpfen sind, da Du mir grade das, was mir auf Erden am theuersten ist - Deine Empfindung für mich unaussprechlich Glücklichen - als Brustwehr entgegenstellst. Mein Gefühl sagt mir: Du hast Unrecht, wenn ich gleich begreife, daß grade über diesen Punct unsere Ansichten am ersten verschieden seyn können. Auch mir kam wol früher der Gedanke d. Freude des augenblicklichen Beysammenseyns werde durch das Bittere der folgenden Trennung mehr als aufgewogen; seit ich aber wärend meiner Universitätsjahre empfunden habe, wie mich ein Besuch meiner Mutter in Jena und dann einer von beiden Eltern in Göttingen stärkte und erquickte und wie späterhin, als meine Familie und meine academischen Freunde sich mehr und mehr zerstreuten, jedes neue Wiedersehen mir wohlthat, seitdem sehe ich die Sache ganz anders an. Vor allen Dingen habe ich, um mir die Freude nicht zu verbittern, mich gewöhnt, das Ganze mehr als ein Kommen und Gehen zu betrachten, wie es ja auch bey Freunden, die an demselben Orte wohnen, sehr oft statt findet, ohne daß wir es dann uns jedesmal vergegenwärtigen, wie das nun vielleicht das letzte Mal war, daß wir den Scheidenden sahen. - Nun ist es freylich wahr das Scheiden von der süßen Braut nach wenigen glücklichen Tagen würde freylich ganz andere Gefühle in meiner Brust aufregen; aber das ändert nichts in meinen Ansichten und Wünschen Dich sehen, Dich an mein klopfendes Herz drücken, Dich mit meinen Küßen bedecken und Dir von Mund zu Mund und Auge zu Auge sagen, wie Du mein Alles bist, das, liebe Christine, ist mir nun einmal ***Bedürfnis***. Deine Argumente sind nicht auf den wahrhaft Dürstenden berechnet; er kennt nur Ein wahres Argument, das der Unmöglichkeit und dieses wie gesagt, verschließt auch mir den Mund zu weiteren Klagen. Sollte sich aber ein Weg zur Ausführung zeigen, dann, meine geliebte Christine, mußt Du mir versprechen, ihn wo möglich zu benutzen, nicht wahr, das versprichst Du mir? - Glaube mir, ich würde weit ruhiger, weit weniger ungeduldig seyn, wenn unser Verhältnis nicht bloß einseitig sondern wechselseitig einer persönlichen Bekanntschaft entsprossen wäre. Die Art, wie ich mich Dir genähert; wie ich Dir mein Inneres erschlossen, war nicht meine Wahl, sondern das Werk gebieterischer Umstände; wäre es meinen früheren Träumen nach gegangen, so käme ich nach Zürich, suchte, wozu es ja in der beseligenden Nähe der Geliebten so viele Wege gibt - suchte in Deiner Brust eine Ahndung meiner Gefühle zu wecken und ergriff den Augenblick der Weise, um Dir das süße Geheimniß, das dann wol nur ein halbes gewesen wäre, zu offenbaren. Sieh, liebe Christine, wenns so gekommen wäre, dann würde ich jetzt ruhig seyn und mich in jede Entbehrung des Augenblicks leicht finden. Jetzt, da es nicht so ist, wirst Du dem fernen Freund seine Ungeduld nicht verargen. Sie würde noch unendlich peinlicher seyn, gewährten Deine theuren Briefe mir nicht alles im vollsten Maße, was mein liebender Sinn unter den gegebenen Verhältnißen nur irgend hoffen konnte. - In Deinem letzten Brief hat mich neben vielem Anderen auch besonders angezogen, wie ich Dir vom 10ten auf den 11ten Januar im Morgentraum erschienen, wie Du bey meinem ersten Kuße gezittert, dann aber Dich in meiner Nähe wohl gefühlt. Dies war grade die Nacht nachdem Vater mir seine Einwilligung geschrieben und Du mich mit ein paar herzlichen Zeilen zum ersten Mal als Braut begrüßt hattest und es wäre sonach mit ein wenig Phantasie gar nicht schwer, hier irgend eine übernatürliche Beziehung auszuklügeln. Wenn ich mich aber auch nur an die nackte Wirklichkeit halte, so macht es mir Freude, daß Du mein Traumbild so herzlich und liebend aufgenommen, wenn ich gleich, - lache nur nicht über den kindischen Gedanken - eine Anwandlung von Neid gegen dieses mein zweytes Ich nicht habe unterdrücken können. - Bey Gelegenheit der Träume fällt mir ein, daß Du mir etwas über Schwärmerey, Mysticismus und Fouqué[93] schriebst. Erstere Beide gebe ich Dir preis, wenigstens mag ich meine Unterhaltung mit der Geliebten meines Herzens nicht mit philosophischen und theosophischen Erörterungen stören; aber wegen des Fouqué muß ich Dich doch (wenn Du in Bremen friedlich leben und Dir und dem Gatten unzählige Händel ersparen willst) ernstlich zur Vorsicht ermahnen. Er ist der Liebling der Bremischen Frauen und Mädchen und seit er vorigen Sommer grade in einer höchst bedeutenden Zeit hier war, im eigentlichen Sinn des Wortes ihr Abgott; doch mündlich einmal mehr von ihm.

Denke Dir, meine Liebe, mit dem Hause, wovon Dir mein letzter Brief Kunde giebt, ist es nichts. Schon hatte ich Hr. Secretair Meier[94] (der es für seinen Schwiegersohn gemiethet und da dieser es nachher nicht beziehen konnte, an Hr. Bödeker wieder vermiethet hatte) angezeigt, daß ich geneigt sey in seine Miethe zu treten und nur wegen des späteren Gebrauchs einen kleinen von seiner eigenen Billigkeit abhängenden Nachlaß im Preise erwarte, schon hatte ich mich mit dem Eigner, Baumeister Poppe wegen der

93 Friedrich Heinrich Karl Fouqué (1777-1843), Schriftsteller der Romantik, schrieb zahlreiche Dramen, Romane und Novellen, die insbesondere von Frauen aller sozialen Schichten gelesen wurden. Er besuchte 1814/15 Bremen, wo er begeistert gefeiert wurde.

94 Wohl Dr. jur. Hermann Heinrich Meier (1762-1837), Obergerichtssecretair, Sandstr. 6, seit 1788 verheiratet mit Margareta Tibeta, geb. Löning.

ferneren Miethe bis Ostern 1817 verständigt, als mir Secretair Meier sagte, der jetzige Bewohner habe sich soeben besonnen und wolle nun das Haus behalten. Diese getäuschte Erwartung ist mir jetzt doppelt unangenehm, da mir gestern Bruder Christian sagt, daß Du das Haus von der Zeit her, wo Doctor Bicker[95] darin wohnte, recht wohl kennst. Wirklich ist es recht artig und hätte für uns sehr wohl gepaßt. - Daß Smidt mir sein Gartenhaus angeboten, habe ich Dir, wenn ich nicht irre, geschrieben; und auch die dabey eintretenden Bedenklichkeiten. Auch war seine Meinung eigentlich nur, mir bis Ostern auszuhelfen. Von da an will er es jetzt auf ein Jahr vermiethen, wofür er, wie ich höre, 400 Th. verlangt, was mir denn doch etwas zu viel wäre. - Sobald wir einmal zusammen hier sind, liebe Christine, wollen wir alles Ernstes daran denken uns ein artiges Haus zu kaufen; ein solches eigenes Besitzthum, besonders wenn man es mit einem geliebten Wesen theilt, hat doch etwas höchst behagliches. Denkst Du nicht auch so?

Noch, glaube ich, schrieb ich Dir nicht, daß ich seit vierzehn Tagen meinen Wein aus einem Glase trinke, das vermuthlich auch Deine Lippen schon berührt hat und den Nachtisch von einem Teller eße, der Dir nicht fremd ist. Beide Besitzthümer, ein Theil des ehemaligen Stolzischen Mobiliars habe ich heute vor vierzehn Tagen in der Sonntagsgesellschaft bey Noltenius erobert und sogleich im Triumph mit zu Haus genommen. Heute Abend bin ich in derselben Gesellschaft, die ich auch früher schon dann und wann besuchte, und zu der man mich jetzt als Christines Bräutigam regelmäßig einladet, bey Pastor Bekenn[96]. Die ganze Gesellschaft scheint stillschweigend vorauszusetzen, daß wir in Zukunft Mitglieder derselben seyn werden. Da sie Dir gewiß von Alters her lieb ist und mir auch in jeder Hinsicht zusagt, so denke ich, wir entsprechen dieser Voraussetzung. - Einen inniger Kuß, Du Geliebte meiner Seele und recht herzliche Grüße an Vater, Mutter, die Schwestern der Freundin Susette u. s. w. von Deinem G.

Fritz Gildemeister an Christine Stolz

Bremen d. 6. März 1816

am 70ten Tag meines neuen Lebens

Dante beschrieb im 13ten Jahrhundert seine Liebe unter dem Titel vita nuova /neues Leben. Du, liebe Christine hast mir erst den tiefen Sinn dieser Worte, die ich auf meine Weise zu verstehen wähnte, offenbart. Wirklich ist es mir in vielen Beziehungen, als wenn von dem Augenblicke, da Du holde, unvergleichliche mir Dein beseligendes ***Ja*** zusandtest, erst mein eigentliches Leben begonnen hätte. Sollte ich mein Daseyn in Epochen theilen, so wüßte ich nur zwey: die lange düstere Nacht, die ich ohne Dich verträumt habe und den wonnigen Tag, dessen Morgenroth mir aufgegangen, seit ich wenigstens in Gedanken Dich

95 Dr. med. Georg Bicker, 1816 wohnhaft Heerdenthors-Wallstr. 47.

96 Georg Ludwig Bekenn (1756-1834), seit 1805 Pastor an der Rembertikirche. Heiratete 1791 Margarethe Rump (1770-1806), 1808 Metta Gertrud Rohde (1780-1867).

umarmen, Dich an mein klopfendes Herz drücken, Deinen Mund mit meinen Küßen besiegeln darf. Auch mein früheres Daseyn war nicht ohne lachende Träume, aber es waren doch nur Träume und nächtliches Dunkel ihr Ende. Nur die süßen Träume, die seit dem Januar 1814 mein Gemüth unter tausend verschiedenen Gestalten beschäftigten, nehme ich aus, da alles, was seitdem mein ahnendes Herz bewegt und mich bald mit Lust, bald mit Trauer erfüllte, je nachdem ich hoffte oder fürchtete, da alles dieses nun durch Dich, durch Deine reine zutrauensvolle Hingebung so gar herrlich in Erfüllung gegangen. So oft ich das Alles und d. Geschichte unserer Liebe überdenke, ergreift mich mit erneuter Stärke das Gefühl dessen, was ich Dir schuldig bin und ich werde nicht müde, Dir zuzurufen: beste, theuerste Christine, es ist mein fester, heiliger Wille, Dir alles zu seyn, was in meinen Kräften steht, und in so fern das Bewußtseyn, einem andern Wesen ganz und ungetheilt anzugehören, ein beseligendes ist, kannst Du Dich ganz diesem Gefühl hingeben; Du, geliebte Christine bist fortan meinem Daseyn innigst verschwistert, Du bist eins mit mir und eben darum weil es so ***ist***, wird es auch ***bleiben***.

Doch, indem ich mich abmühe Dir begreiflich zu machen, was Du im Grunde ja schon weißt, vergeße ich beinah, daß es Mitternacht vorbey ist und daß ich abbrechen muß, wenn mich mein aufgeregtes Gefühl nicht um allen Schlaf bringen soll. Ohnehin bin ich körperlich mehr als gewöhnlich aufgeregt durch eine Flasche Champagner, d. ich heute Abend mit Klugkist und Louise auf den glücklichen Verkauf ihres Hauses[97] an der Wachtstraße angestossen habe. Darum gute Nacht, Du meine holde minnigliche Braut; ich träume etwas süßes von Dir und erzähle Dir dann morgen, wie mich heute Dein lieber Brief erfreut hat.

Den 7ten März

Als ich gestern schloß, meinte ich Deinen Brief vom 24ten, den ich früh morgens nach einer eilftägigen Reise empfangen hatte: wie konnte ich damals die unaussprechlich süße Überraschung ahnden, die Du mir inzwischen durch Deine Zeilen vom 25ten bis 28ten bereitet hattest; die mir heute wurde als ich kaum aufgestanden war. So reich war ich noch nie beschenkt und kaum wüßte ich, daß mich irgend etwas von Dir, mein innig geliebtes Mädchen, so durchwärmt hätte, als diese Zeilen, in denen Dein ganzes Wesen mir unendlich nahe tritt, in denen es mir wieder so recht klar wird, daß Du mir ganz durch und durch angehörst und daß die gütige Vorsehung mir auf eine höchst wundervolle Weise das Beste gewährt hat, wonach ein männliches Herz sich sehnen mag, die reine jungfräuliche Liebe eines in sich vollendeten weiblichen Wesens. Glaube ja nicht, liebe Christine, wie Dein vorletzter Brief anzudeuten scheint, ich wolle Dir ungebührlich Weihrauch streuen oder ich überschreite vielleicht ohne es zu wollen das Maaß gerechter Würdigung. Dem möchte so seyn, wenn von diesem oder jenem ***besonderen*** Vorzuge, den Dir der Geliebte beylegt, die Rede wäre; das fällt mir aber Dir gegenüber gar nicht ein und ich würde wirklich verlegen seyn, wenn ich an Dir dieses oder jenes,

97 Klugkists wohnten bisher in der Wachtstr. 32 und zogen dann an den Ansgarithorswall 52.

was mich besonders angezogen hätte, hervorheben sollte. Reine Weiblichkeit, wo und unter welchen sonstigen Bedingungen sie auch immer erscheinen mag, ist etwas in sich abgeschlossenes und eben darum vollendetes. Allenthalben, wo ich sie erkannt oder zu erkennen glaubte, hat sie mich von jeher auf das innigste bewegt. Nie aber hat sie ***mich*** so deutlich und bestimmt angesprochen als grade in ***Dir***; sie ist es, was ich in Dir liebe und weshalb ich Dich unbedingt ***verehre*** und was mich, als ich Dich nur wenige Augenblicke gesehen und gehört hatte, so wundervoll berührte. Wenn ich Dir nun sage daß ich so empfinde, so liegt darin nichts phantastisches und übertriebenes, trotz der kleinen Unvollkommenheiten und Schwächen, die, wenn ich gleich keine gesehen habe, auch meiner lieben Braut nicht fehlen werden, da sie nun einmal eine nothwendige Bedingung der menschlichen Natur sind. Wärst Du Holde nicht so überaus unbefangen, so müßte unsere bisherige Correspondenz Dir schon verrathen haben, wie wenig es Deines Geliebten Sache ist, Frauen Artigkeiten zu sagen; denn wie hätte ich sonst schon so manchen Bogen vollschreiben können, ohne mit einer Sylbe anzudeuten, daß ich mir nicht blos eine gar liebe, herzige, sondern auch eine ***schöne*** Braut gewonnen habe. Du wirst sicher nicht glauben, Dein Freund sey gleichgültig gegen die Schönheit der Gestalt oder er habe sie eben in Dir übersehen; aber es ist mir eben nie eingefallen, mit Dir davon zu reden und auch jetzt wäre ich nicht darauf gekommen wenn das Vorhergehende es nicht grade herbeygeführt hätte. – Fast wäre ich doch vor einigen Tagen in den Verdacht gekommen, als hätte ich mir die liebe Christine gar nicht so recht, wie es einem Verliebten gebührt, in das Auge gefaßt. Es kam nemlich in der Sonntagsgesellschaft bey Pastor Bekenn, ich weiß selbst nicht mehr wie, die Rede auf Deine Augen; ich meinte sie seyen braun, mußte mich aber zu meiner namenlosen Beschämung von Bruder Jacob wiedersprochen sehn, der sie für blau erklärte. Ich führte dagegen Dein lichtbraunes Haar an, aber er blieb dabey, sie seyen blau, so daß mir, da doch der Bräutigam so etwas ex professo wissen muß, nichts übrig bleibt, als Dich förmlich um ein amtliches Attestat zu ersuchen. Es mag übrigens sehr wol seyn, daß der Bruder recht hat; denn wenn ich Dir gleich, Du liebes süßes Mädchen, recht tief in das Auge gesehn habe, so kann mir doch wol die Farbe entgangen seyn, da ich es vorzüglich mit dem Ausdruck zu thun hatte, der davon wenig abhängt.[98]

Recht freudig hat mich die Stelle Deines letzten Briefes berührt, wo Du mir erzählst, wie Deine Freundinnen Dich seit Du mir angehörst, verändert finden, wie das Leben Dich nun wieder heiter anlacht und wie Du Gütige das als mein Werk ansiehst. Du glaubst nicht, wie der Gedanke, ein so herrliches Daseyn wie das Deine dem Leben wiedergewonnen, dem Glauben an eine heitre Zukunft wieder geöffnet zu haben, meine Brust schwellt, und auch Dir, liebe Christine, wird es eine frohe Empfindung erwecken, wenn ich Dir sage, daß Du Dir um den fernen Freund ein ähnliches Verdienst erworben hast. Meine nächsten Freunde haben mir wiederholt gesagt, wie sie mich, seit ich Dein Bräutigam bin froher, freyer und jugendlicher finden und was ich sehr bestimmt

98 Auch bei Konzentration auf die Farbe der Augen hätte Fritz sie nicht mit Sicherheit erkennen können, da er ein »Acyanobleps« war, d. h. er konnte wegen einer Sehanomalie die Farbe Blau nicht identifizieren.

empfinde, ist, daß mein männliches Selbstgefühl erst durch d. Gewißheit Deines Besitzes seine rechte Begründung gewonnen hat. Auch in der Gesellschaft, besonders jungen Mädchen gegenüber, kann ich nun ungleich fester auftreten, da mein Verhältnis klar und entschieden ist. Von frühern Zeiten her wirst Du Dich noch wol erinnern, mit welchen Anstrengungen das hiesige Publicum die junge heirathsfähige Welt belauscht und wie die unbedeutendsten Kleinigkeiten oft genügen, einen in das Gerede zu bringen. Das bringt dann einen Zwang in die geselligen Beziehungen, der um so drückender ist, als die jüngern unverheiratheten Männer sich zugleich um der Mädchen selbst willen zu hüten haben, auch nur von fern Wünsche und Hoffnungen aufzuregen, die sie weder befriedigen wollen noch können. Auch mir ist es oft so gegangen und in jeder Gesellschaft, wo etwa Mädchen waren, mit denen mir nähere Verbindung nach allgemeinen Rücksichten passend scheinen konnte, machte sich von beiden Seiten dieses Gefühl des Zwanges geltend.

Deine Haarlocke (Du weißt doch, daß ihr Besitz mir Deine Seele unwiderruflich zu eigen giebt) habe ich mit Innigkeit an Mund und Herz gedrückt. Ich will sie in eine Tuchnadel fassen und nur noch mit Louise überlegen, wie das zu machen, ohne daß ich das theure Unterpfand der Möglichkeit der Vertauschung preis gebe.

Deinen Auftrag an Christel[99] werde ich gewißenhaft ausrichten, den Brief von Betty aber schicke ich selbst an Fritz in Norden[100]. Ich Unglücklicher habe ihm noch immer nicht geschrieben; vielleicht verzeiht er mir diese schändliche Faulheit um der Einlage willen. - Mutter und Großmutter haben mich gestern mit Briefen beschenkt; davon so wie von manchem Andern das nächste mal. Zum Schluß nur noch einen recht innigen Kuß von Deinem G.

Das Reseda duftet noch.-

Grüße mir Deine holde Freundin Susette, so wie die Schwestern und alle anderen.

Fritz Gildemeister an Christine Stolz

Bremen, d. 10. März 1816

Ob ich gleich heute keinen recht ruhigen Augenblick zur schriftlichen Unterhaltung mit meiner lieben Christine finden konnte, so mag ich doch die Post nicht abgehen lassen ohne ihr ein paar Zeilen mitzugeben, die Dich als Beweis daß ich lebe, daß ich gesund bin und daß ich nur Dein gedenke, freundlich ansprechen werden. Diese letzten Tage sind mir vorzüglich unruhig und geräuschig vergangen. Freitag hatten wir einen Bürgerconvent, der sich bis in die Nacht gegen zwey Uhr hinzog und von dem ich höchst ermattet heimkehrte. Dergleichen Staatsaktionen bringen zugleich eine gewiße

99 Christian Stolz.

100 Christines Bruder FRIEDRICH Salomon Stolz (1780-1837) lebte als Kaufmann in Norden, heiratete 1813 Maria ADELHEID Ungewitter, Tochter des Pastors Ungewitter in Scheeßel.

Störung in das ganze übrige Geschäftsleben und sind mir jetzt doppelt zuwieder, als sie nicht selten alle Gemüthskräfte in Anspruch nehmen und so nothgedrungen die Gedanken von der liebenden Geliebten, das heißt von mir selbst abziehen. Auf diesem Convent habe ich eine Erfahrung gemacht, die, obgleich von einer Seite genommen, ihr unangenehmes hat, mich doch eigentlich innerlich erfreut. Ich würde sonst eben gegen niemand davon reden; Dir aber meiner liebsten Freundin, der treuen Theilnehmerin von Allem was mir fortan nun immer frohes oder unerfreuliches begegnen mag, Dir, liebe Christine, darf ich so etwas schon mittheilen. Die Sache ist mit wenig Worten diese: Bürgermeister Gröning[101] trat in dem Augenblicke als Bremen Französisch werden sollte, mit einer Forderung an die Stadt von etwa 400,000 Franken für frühere geheime Verwendungen bey seiner diplomatischen Mission in Paris auf, von denen er früher nie ein Wort gesagt hatte. Man ging indeß auf sein Verlangen nicht ein, daß ihm diese Summe noch vor Ablieferung der Kassen an Frankreich ausgezahlt werden möge. Als Bremen wieder frey geworden war, regte er seinen Anspruch, der, wie Du Dir denken kannst, im Publicum zu den seltsamsten Bemerkungen Anlaß giebt, von neuem auf und zwar so dringend, daß der Senat vorgestern der Bürgerschaft einige Worte darüber sagen mußte und zur Ernennung einer gemeinschaftlichen Deputation, um diese delicate Sache zu untersuchen, aufforderte. Da man im Collegium Seniorum schon einige Tage früher wußte, daß ein solcher Antrag kommen werde, so berieth man zuvor auf welche Personen wohl die Wahl der Bürgerschaft zu dieser Deputation zu lenken sey, wobey man denn auch mich ausersah. Wirklich wurde ich auch vorgestern gewählt. Nun kannst Du freilich denken, daß eine Commission von so kitzlicher Natur mir unter meinen gegenwärtigen Verhältnissen, da der alte Gröning und sein Anhang im Senat sehr viel vermögen, und bey meinen sonstigen freundschaftlichen Beziehungen zum Syndicus Gröning, nicht eben erwünscht seyn kann. Auf der andern Seite aber spricht sich darin, daß man mich trotz dieser stadtkundigen persönlichen Verhältniße zu solch einer Geschichte wählt, die öffentliche Meinung so ehrenvoll für mich aus, daß es mich innig gefreut hat. Ein doppelt ehrenvolles Zeugniß aber ist es darum, weil das Ganze eben vom Collegium Seniorum ausgegangen ist, welches sonst im Publicum wol die Meinung zu verbreiten sucht, als seyen die Beweggründe meiner Handlungen im öffentlichen Leben nicht rein patriotisch, sondern gemischter Natur. – Zwar ist in solchen Dingen das eigene Bewußtseyn die Hauptsache; aber die öffentliche Anerkennung deßen, was wir sind, bleibt dabey doch immer ein wahres und unschätzbares Gut, nicht blos wegen des unmittelbaren Vortheils für uns selbst, sondern auch weil sie, vorzüglich in Republiken, das eigentliche Element für den Mann ist, der gerne im öffentlichen Leben etwas tüchtiges vollbringen möchte. – Freilich ist es möglich, daß eben der Auftrag, den mir das Zutrauen meiner Mitbürger zugewandt hat, mir im Senat Feindschaften erweckt und es ist sogar möglich, daß diese wieder auf meine persönlichen Verhältnisse nachtheilig zurückwirken. Aber ich versichere Dich, das Leben würde mir (selbst mit Deiner Liebe die

101 Dr. jur. Georg Gröning (1745-1825), wurde 1781 Senator, war mehrfach als Abgeordneter Bremens in politischer Mission in Paris, wurde 1814 Bürgermeister. Verheiratet mit Gebekka, geb. Köhne (1747-1811).

mir über alles geht und mir gewiß noch manches Bittere versüßen wird) eine unerträgliche Bürde scheinen, wenn ich meine Handlungsweise solchen Rücksichten unterordnen sollte. Ueberhaupt denke ich, das ***mögliche*** ist darum noch nicht das ***wahrscheinliche***, im Rath selbst viele der Bedeutenden den Gröningschen Ansprüchen nichts weniger als hold und was die Bürgerschaft betrifft, so darf ich diese Deputationswahl als ein glückliches Vorzeichen ansehen. Die Senatswahlen finden vermuthlich in 14 Tagen statt; Smidt hatte neulich sich schon bestimmt in den Kopf gesetzt, sie müßte gewesen seyn und in der Voraussetzung, daß ich gewählt sey, mich in einem sehr launigen Briefe als Collegen begrüßt. Ich habe recht darüber lachen müßen. - Doch nun genug und übergenug von diesen Dingen, die Dich nur in so fern anziehen können, als sie Dich mit den Umgebungen Deines künftigen Gatten und mit den Bedingungen seines Wirkens mehr und mehr bekannt machen. Sind wir erst einmal zusammen in Bremen, so wirst Du Dir schon dann und wann eine Unterhaltung über solche Gegenstände gefallen laßen müßen; auch habe ich es gern, wenn in freyen Staaten die Frauen von dem Öffentlichen nicht ganz unberührt bleiben.

Schon neulich, liebe Christine, hatte ich mir vorgenommen, Dir in Bezug auf Deinen letzten Brief zu sagen, wie lieb es mir wäre, wenn Du Dein musicalisches Talent nicht ganz vernachläßigen wolltest. Ich habe Dich, als ich vor zwey Jahren bey Euch war, mit den Schwestern singen hören und meine sehr wol, daß Deine Stimme zu den ausgezeichnet angenehmen gehört. Hier in Bremen hat sich seit etwa einem Jahr unter Anleitung eines sehr bedeutenden theoretischen und practischen Tonkünstlers, des Domorganisten Riem[102], den ich auch als trefflichen Menschen hoch schätze, eine Singacademie gebildet, an welcher Du auch vielleicht theilnehmen würdest, nachdem vorab die mechanischen Schwierigkeiten des Notenlesens, der Tonleiter u. s. w. beseitigt wären. Alle unsere guten Sänger und Sängerinnen sind Mitglieder dieser Vereinigung, deren Einfluß auf den Zustand der Vocalmusik in Bremen schon jetzt sehr sichtbar ist. - Ich für mein Theil bin leider in musicalischer Hinsicht vollkommen roh. Mein sel. Vater, deßen Urtheil in dieser Hinsicht wol nicht ganz geläutert war, achtete zwar die Kunst selbst, hielt aber ihre Erlernung und Ausübung für unverträglich mit den Anforderungen des Geschäftslebens, worin ihn das Beyspiel meiner Mutter bestärkte, die alle musicalische Fertigkeit eingebüßt hat, seit sie Gattin und Mutter war. So ist es denn gekommen, daß die musicalischen Anlagen, obgleich sie unleugbar vorhanden waren, bey uns älteren Geschwistern, besonders bey mir, völlig vernachlässigt sind. Meine beiden ältesten Schwestern haben zwar Singen gelernt (Amalie Alt); aber sehr bedeutend ist es nicht. Sophie, auf deren Erziehung denn schon die älteren Geschwister mit einwirkten, ist die einzige von uns, mit deren musicalischer Ausbildung recht ernstlich und gründlich verfahren wird. Da sie viel Talent zeigte, so vermochten wir es doch über die

102 Wilhelm Friedrich Riem (1779-1857), wurde 1814 Domorganist in Bremen, Gründer der »Singacademie«, Leiter der Privatkonzerte und des Städtischen Orchesters, Verfasser zahlreicher Kompositionen. Er prägte über 40 Jahre lang das Bremer Musikleben.

Mutter, daß sie ihr schon in Weimar recht guten Unterricht auf dem Pianoforte geben ließ. Jetzt bildet sie sich unter Riem vollends aus und da sie schon jetzt als ein Mädchen von zwölf Jahren schwierige Compositionen mit großer Fertigkeit und Präcision vorträgt, so dürfen wir etwas sehr ausgezeichnetes von ihr erwarten. – Ein sehr merkwürdiges musicalisches Genie in unserer Familie ist mein Schwager Klugkist: durch Vernachlässigung in seiner ersten Erziehung mit dem mechanischen so wenig vertraut, daß es ihm schwer fallen würde, das Leichteste vom Blatt zu spielen, ist er gleichwol der feinste Kenner nicht blos des Theoretischen der Musik überhaupt, der Grundsätze der Composition und des Generalbasses, sondern auch der Eigenheiten jedes einzelnen Instruments. Obgleich er, wie gesagt, nichts vom Blatt spielt, so phantasiert er doch sehr geistvoll auf dem Piano und beherrscht überhaupt das Reich der Töne.

Hermanna Segelken[103] hat vorgestern ihren Mann verloren; der Verlust ist sehr schmerzlich, obgleich nicht unerwartet, auch war Hermanna wol, glaube ich, mit dem Gedanken vertraut. Unendlich wird Henriette[104] den Verlust empfinden; sie hing an ihrem Schwager mit ganzer Seele und er war in der Familie der einzige, der auf ihr Gemüth zu wirken und manche aus einem krankhaften Zustand hervorgehende Ansichten und Bestrebungen auf die rechte Mitte zurückzuführen wußte.

Deine schöne braune Locke trage ich jetzt zierlich geflochten in einer Nadel an der Brust. So ist sie dem Herzen nahe; aber doch bey weitem nicht so nahe, wie Du selbst, Du einzige Süße, die Du so recht im Mittelpuncte meines Herzens thronst und von da aus durch mein ganzes Wesen Leben und Wärme verbreitest.

Schreib mir doch umgehend, was sich wol zu Geschenken für Deine Mutter und für Bruder Jacques eignet. Frau Doris Focke meinte gestern, ein Kästchen mit ganz feinem Thee würde der erstern Freude machen. Für die Schwestern finde ich schon etwas artiges; – ob für Dich auch etwas abfällt, ich weiß es nicht. Louise und Klugkist grüßen Dich herzlich; ich aber umarme Dich und freue mich Deines Besitzes.

Ewig Dein G.

Bruder Christian ist vor einigen Tagen abgereist. Grüße die Schwestern u. s. w.

103 Hermanna Gesa Catharina Segelken., geb. Lampe (1788-1865), heiratete 1813 Dr. Gerhard Segelken (1775-1816), Pastor an der Kirche Unser Lieben Frauen. 1828 heiratete sie ihren ebenfalls verwitweten Schwager Dr. jur. Simon Hermann Nonnen (1777-1847). Sie war eine enge Freundin von Christine Stolz gewesen, daher schlug Johann Smidt 1819 dem verwitweten Gildemeister diesen »Engel an Zartheit und Liebenswürdigkeit« als zweite Ehefrau vor. (StAB 7,20-567, 25.2.1819). Gildemeister entschied sich jedoch für Christines Schwester Betty.

104 Henriette Adelheid Lampe (1789-1860), Schwester Hermannas, Freundin von Judith Stolz.

Christine Stolz an Margarethe Schröder

Zürich den 19ten März 1816

An Jungfrau Metchen Schröder[105], bei Hermann Runge, Langenstr. Bremen

Daran, mein liebes Metchen! daß Du meine letzten Zeilen vom 4ten Feb. richtig empfangen hast kann ich nicht zweifeln; es thut mir leid daß ich nicht die entgegengesetzte Gewißheit im Herzen tragen darf, weil ich mir dann leicht Dein langes, mir höchst peinliches Stillschweigen einigermaßen zu erklären wüßte; denn unendlich gerne entschuldigte ich Dich meine Liebe, weil mein Herz es sich nicht denken mag daß Kälte und Gleichgültigkeit für mein Glück, meine Wohlfahrt hervorbringen konnte. Viele Wochen, ja sogar einige Monathe sah ich jedem Posttag der mir Briefe aus Bremen bringen konnte mit doppelter Sehnsucht entgegen indem ich immer hoffte endlich werde er mir doch auch einmal liebende Zeilen herzinniger Theilnahme von mein gutes Metchen bringen - bis heute war mein Sehnen und Hoffen vergebens! Ich bin im innersten des Herzens betrübt darüber, und wußte mich wahrlich nicht anders zu erheitern als dadurch daß ich den Entschluß faßte mich an Dich, meine Liebe zu wenden, Dich zu fragen ***wie*** und ***warum*** es kam daß Du meine gewiß so treu und gut gemeinten Zeilen nicht beantwortest. Nicht wahr, meine Liebe, Du bist mir gut geblieben auch da wo es mir oft scheinen wollte als habest Du mich, meine Liebe und Freundschaft welche mich vest an Dich kettet, vergeßen, als könne sich mein Herz nicht so Deiner Theilnahme erfreuen wie ich es sehnlichst wünschte und hoffte! Sieh! ich mag mir das Gegentheil nicht einmal als Wahrscheinlichkeit oder Möglichkeit denken, und darum könntest Du mich nun auch durch nichts in dem Grade erfreuen und erquicken als wenn Du Dich in der ersten ruhigen Stunde niedersetztest und mir ganz offen sagtest wie ich eigentlich so dran bin, ob ich Dir in Wahrheit zürnen oder Dich entschuldigen könne. Ich benutze gerne die ruhige Sonntagsstunde zur schriftlichen Unterhaltung mit Dir; denn bald wird ein störender Gast bey uns erscheinen der mir wol nicht viel Ruhe zum Schreiben übrig laßen wird. Denke Dir der Himmelfahrtstag vereint mich auch persönlich mit meinem theuren Freunde, ich lebe dann in seiner freundlichen unendlich liebevollen Nähe noch einige Wochen hier in Zürich, und dann eile ich dem lieben Bremen als glückliche Gattin eines ausgezeichnet edlen und liebenswürdigen Mannes; wir werden aber wol eine ziemliche Weile unterwegens seyn da wir unsere liebe Mutter, welche meinen lieben Gildemeister nach Zürich begleitet wieder nach Weimar bringen, wo wieder eine Freude unser wartet; wir feyern dann den 80sten Geburtstag unserer würdigen Großmutter, denen dann noch die große Freude wird ihren Sohn, den bekannten Schriftsteller Kotzebue, der nun in Königsberg lebt, und den sie 13 Jahre nicht sah, mit seiner Frau und zwey Töchtern bey sich zu sehen. Du siehst aus dem wenig Gesagten daß mir an der Schwelle meines neuen Standes

105 Margarethe Schröder (1791-) Christine Stolz' Jugendfreundin, Schwester von Christines verstorbenem »Geliebten« Georg Wilhelm Schröder.

mancher hohe Genuß zu Theil wird. Dankbar will ich alles genießen und nie vergeßen wie gut und weise die gütige Vorsicht auch in den bittersten Erfahrungen uns Sterbliche hienieden führt. – Seit 4 Monathen bin ich nun schon die Braut meines Geliebten, mit inniger Freude gebe ich Dir die Versicherung daß ich immer heiterer und glücklicher meiner künftigen Bestimmung entgegensehe; daß in der zarten innigen Liebe welche G. für mich empfindet mein Herz alles das erkannt und begriffen hat was mich auch nur immer beglücken kann. Du glaubst nicht wie gut treu und milde er mir auch während der Zeit daß wir körperlich getrennt waren seine Liebe entgegenlachte, wie wahr und klar er mir sein ganzes Wesen mit all den mannigfachen Empfindungen enthüllte, und wie beseligend ich das immer empfand wie ***sein*** Sinnen und Denken mit dem meinigen durchaus übereinstimmt, so daß nun die innigste Herzenseinheit unsere enge zarte Verbindung sichern wird. Und was meinem Herzen unbeschreiblich erquickend ist, daß der liebe Freund mit zarter inniger Theilnahme mein inniges Verhältniß mit Wilhelm, deßen Liebe ewig und immer in meinem Herzen ruhen wird, und wo das Andenken an all das Selige was ich einst mit und durch ihn genoß durch nichts geschwächt werden kann, eher ja sogar mir meinen Schmerz über seinen Verlust nachempfindet. Du wirst es begreifen wenn ich Dir sage daß ich auch während der Zeit daß ich Gildemeister so nahe angehöre viel und oft an den lieben entschlafenen Freund erinnert wurde; aber immer waren meine Gedanken an ihn freundlich und tröstlich; weil es mir immer so war als empfände ich seine rein geistige Theilnahme über das süße Glück was mir durch G. ward und welches Ersatz giebt für namenlose Entbehrungen welche mein Herz seit seinem traurigen Hinschied erduldete. Ja, wenn es wahr ist daß unsre lieben Gestorbenen von unsern Schicksalen hienieden unterrichtet sind, dann wird auch der selige Geist meines Wilhelms sich meines Glückes freuen, und Segen und Wonne auf unsere Verbindung herab strömen laßen. Sieh' mein gutes Metchen um der Liebe willen welche mich einst und noch jetzt mit Wilhelm verbindet, ist es meinem Herzen schmerzlich daß ich so lange ***von Dir*** kein Wort der Liebe vernahm, weil eine laute Stimme im Innern mir sagt: ich habe es nicht um Dich verdient. Darum wundere Dich auch nicht wenn ich meine Bitte noch einmal wiederhole: mir doch ja so bald wie möglich zu schreiben, denn sieh, tief würde es mich betrüben wenn ich Zürich verlaßen müßte ohne von Dir ein Brieflein erhalten zu haben. Wenn nicht besonderes dazwischen kommt so wird Vater uns wahrscheinlich am 5ten oder 6ten Juny trauen. Nicht wahr, mein liebes Metchen, Du bist mir dann nah im Geiste, und Deine Liebe für mich wird Segen und Glück für mich vom Himmel erflehen. Ich muß scheiden meine Gute. Grüße Mutter in Liebe von mir und wer sonst sich meiner in Liebe erinnert. Wenn Du Lenchen Rösing sehen solltest, so entschuldige mich doch daß ich ihren lieben Brief nicht beantwortet habe, und bringe ihr die freundlichsten Grüße.

Lebewohl mein liebes Metchen, Deine treue Freundin Christine.

Fritz Gildemeister an Christine Stolz

Bremen d. 15. März 1816

Deinen Brief vom 3ten, meine liebe Christine, empfing ich vorgestern in dem Augenblick als ich im Begriff stand, nach Liebfrauenkirche zu gehen und einen Prediger wählen[106] zu helfen. Ich steckte also das liebe Papier für einen ruhigen Augenblick in die Tasche und öffnete es erst nachdem ich wieder zu Hause gekommen (Geibel in Lübeck[107] ist gewählt, was Du wol an Vater sagen kannst) und einige laufende Geschäfte, die meiner grade warteten, abgemacht hatte. Du siehst, ich verfahre mit dem Genießen deßen, was mir Deine Liebe reicht, so systematisch als möglich und lege meiner Ungeduld stundenlang Feßeln an, als daß ich mir die unbeschreibliche Freude an Deinem herrlichen Briefe durch die Geschäfte des Tages verbittern sollte. Damit wurde es dann freylich spät und ich behielt nun keine Zeit mehr, alles das unendlich süße und liebevolle, wofür ich Dich so gern an mein Herz gedrückt und viel tausendmal geküßt hätte, mit ein paar freundlichen Worten zu erwiedern. Recht unangenehm war es mir gewiß, daß es so kam. Denn nun wirst Du, da ich Dir bisher wöchentlich einige mal schrieb, Einmal vergebens einem Briefe vom fernen Geliebten entgegensehen; an dem Tage, wo er hätte ankommen müßen und nun nicht ankommt, werde ich Deiner, mein innig geliebtes Mädchen, mit einiger Pein gedenken. Aber warlich, es ließ sich nicht ändern und Du mußt mir wirklich die unangenehmen Augenblicke verzeihen, die ich Dir wieder Willen durch meine Säumniß bereite. - Obgleich mir für Dich, mit der ich mich gern nach Herzenslust und ohne ewig an den Abgang der Post gemahnt zu werden, unterhalte, keine Zeit mehr blieb, so konnte ich doch nicht umhin, das Freudigste aus Deinem Briefe, daß Vater und selbst die Stiefmutter über die Zeit unserer Trauung mit mir einverstanden sind, gleich am Donnerstag mit ein paar Worten an Mutter zu melden, damit sie sich bey Zeiten zur Reise anschicken kann. - So wäre doch also nun meiner heißen Sehnsucht wenigstens ein bestimmtes Ziel gesetzt und ein Ziel das sich doch noch allenfalls absehen läßt. Du weißt noch wol, wie Du mich vor einiger Zeit mit dem Gedanken trösten wolltest, in drey Monaten etwa werde ich mich zur Abreise anschicken. Nun, mein liebes Mädchen, davon geht denn doch jetzt schon ein ganz bedeutendes ab; die Hälfte des März ist zurückgelegt und die letzen Tage des künftigen Monats finden mich bestimmt nicht mehr in Bremen. Der Frühling naht mit Riesenschritten und jedes linde Lüftchen, das mich kosend umspielt, flüstert mir zu, daß auch meine Rosenzeit nicht mehr fern ist. Ach, meine liebe, liebe Christine, der Gedanke, daß ich Dich nun bald an meine bebenden Lippen drücken und Dich im vollsten Sinne des Wortes ***mein*** nennen werde, daß uns in wenigen Monden uns das heiligste unauflöslichste Band für Zeit und Ewigkeit umschlingen wird, dieser Gedanke füllt meine ganze Seele, seit ich weiß daß Du mir gut bist. Aber mit doppeltem und dreyfachen Entzücken, das darf ich Dir wol sagen, sehe ich diesem

106 Es stand der Nachfolger von Pastor Segelken zu Wahl.

107 Johannes Geibel, reformierter Theologe (1776-1853). Er vertrat gegen den Rationalismus seiner Zeit eine »Erweckungsfrömmigkeit«.

Augenblicke nun entgegen, da meine Liebe in Deiner reinen Seele die gleiche Liebe entzündet hat und jede Deiner Zeilen mir das süße Geheimniß verräth, daß meinem Sehnen ein gleiches Sehnen begegnet, daß auch Deine Gedanken gern und freudig bey dem Bilde unseres künftigen innigen Beysammenseyns weilen, daß Du Dich ***gern*** als Gattin Deines überschwenglich glücklichen Geliebten denkst. Je lebhafter ich es bey jedem Deiner Worte empfinde, welche innige schwesterliche Liebe Dich mit Judith und Betty verbindet, um so tiefer fühle ich auch, was es heißt, die ganze bräutliche Liebe eines solchen Mädchens gewonnen zu haben. Manche Deiner Äußerungen in dieser Hinsicht haben mich in ihrer rührenden Wahrheit so tief ergriffen, daß ich Dir gleich hätte an die Brust sinken und mein namenloses Entzücken an Deinem Herzen ausweinen mögen. Wohl fühle ich in solchen Augenblicken das ganze Gewicht der Pflichten, die mir Deine Liebe auflegt; aber ich fühle dann auch, wie eben diese Liebe jede Kraft in mir steigert, jedes Wollen in mir läutert und geistigt. – Mit einer Wonne, für die es keinen Ausdruck giebt, vernehme ich von Dir, liebe Christine und ebenso von den Schwestern, wie nicht nur Dein Geist, sondern auch Dein Körper sich wohl fühlt in dem Element der Liebe, das Dich umfängt und wie mir die holde Braut schöner und jugendlicher als je entgegenblüht. Gewiß, Du süße, ich hätte Dir noch den Gram von den Wangen weggeküßt und an meinem klopfenden Herzen hättest Du wol wieder zu neuem Leben erwärmen sollen; aber der Gedanke, daß schon der ***ferne*** Freund Dich so durch seine Liebe beseligt, und daß es mir schon jetzt vergönnt worden, erfreulich auf das Daseyn derjenigen einzuwirken, welche mir nun schon seit Jahren auf Erden die liebste ist, – dieser Gedanke lächelt mich doch noch unendlich freudiger an. Mit ganz besonderer Freude aber lese ich in Deinen letzten Briefen die immer wiederkehrende Versicherung, daß es eben ***meine*** Liebe ist, was Dich beseligt, daß ich Dir also nicht blos werth bin, weil ich Dich liebe, sondern weil Du in mir ein nahe verwandtes Wesen erkannt hast. Ich kann Dir nicht beschreiben, wie stolz Du mich durch solche Äußerungen machst; nur drängt sich mir denn doch zuweilen eine Besorgniß auf; die ich Dir schon früher einmal mittheilte und auf die ich ungern aber nothgedrungen noch einmal zurück komme. Deine Liebe und Deine Achtung, das weißt Du, liebes, süßes Mädchen, sind mir die theuersten Güter und ich sehe es gern, wenn Du Dich selbst durch meine Wahl ***geehrt*** fühlst; nur aber muß ich Dich recht inständig bitten, bewache Deine Gefühle, wenn sie vielleicht dann und wann zu sehr in das Reich der Ideen hinüberschweifen wollen. Oft habe ich es gesehen, wie es euch Weibern gewissermaßen Bedürfnis ist, den Mann, dem ihr eure Liebe zugewandt, ja selbst dem, an welchen euch anfänglich nur conventionelle Bande fesselten, mit dem ganzen Reichthum eures eigenen Gemüths auszustatten. Ich habe gesehen, daß wahrhaft edle hohe Frauen auf solche Weise ganz unerklärbare Fehlgriffe begingen und ganz gemeinen Naturen in der Idee eine Bedeutung gaben, von der sie selbst nie eine Ahndung hatten. Wenn ich nun auch in Ansehung meiner eben keinen Mißgriff dieser Art fürchte, so muß ich Dir doch recht ernsthaft an das Herz legen, wie mißlich bey unserem Verhältnisse überhaupt schon jedes Ueberschreiten des rechten Maaßes werden kann. Wäre ich bey Dir, und Du sähest und hörtest mich täglich, so könnte ich mir es schon gefallen laßen, wenn mein Mädchen selbst etwas mehr auf mich hielte als ich eigentlich verdiene. Jetzt aber müßte es mir, so paradox das auch klingt, eigentlich lieber seyn, wenn das Bild von mir, das in Deinem Herzen lebt, dem Original wenigstens etwas nachstände damit meine Christine, wenn ich sie nun wirklich, wie sie leibt und lebt, an mein Herz drücke doch noch etwas an dem Freunde zu lieben fände, was sie vorher nicht kannte. Die Liebe, die ich zu Dir im Herzen trage, magst Du Dir nach Gefallen ausmalen und vergegenwärtigen, wie Du willst; Du wirst dennoch die Wirklichkeit nicht erreichen; diese Liebe ist meine Stärke und sie ist es, die mir ein Recht an Dich giebt; im übrigen aber wirst Du am besten thun, Dir recht häufig vorzusagen: der Gildemeister ist wol im Grunde eine ehrliche Haut und von der Natur leidlich ausgestattet; aber ich werde ihm noch manche Untugenden ablehren und ihn zu manchem Tüchtigen anhalten müßen, damit er meiner würdig erscheine. - Wirklich, liebe Christine, ist es so mit mir: so z. B. bin ich im Grunde träge und unlustig zu Arbeiten, die meinem Geschmack nicht ganz zusagen, dagegen dem Vergnügen so ergeben, daß ich meine eigentlichen Arbeiten leicht aufschiebe, wenn sie mit irgend etwas Angenehmen in Collision gerathen. Was mich in dieser Sinnesweise sehr bestärkt hat, ist meine bisherige äußere Lage, die so unabhängig war, als besäße ich Vermögen, denn was ich brauchte, verdiente ich ohne besondere Anstrengung, und da ich im Grunde weit weniger verzehrte als ich erwarb, so wurde der Ueberschuß nicht geachtet und fand auf mannigfache Weise wieder einen Abfluß. Das muß nun auch anders werden. Bleibe ich in meinen bisherigen Geschäftsverhältnissen, so muß ich ordentlich arbeiten um zu erwerben, wovon ich eigentlich bisher keinen Begriff hatte; indeß wird mir dann die Arbeit süß werden; denn ich weiß daß ich durch sie für Deine Existenz sorgenfreyer und behaglicher mache; werde ich hingegen in den Senat gewählt, so erhalte ich zwar nicht sehr reichliche, aber feste Einnahmen. In diesem Falle, liebe Christine, wirst Du es schon leichter mit mir haben; denn meine Lebensweise ist einfach und wird es noch mehr werden wenn ich meine eigentliche Freude nicht mehr außer dem Hause zu suchen habe. Gewiß, liebe Christine, ich fühle es lebhaft, wie so manches ganz anders und beßer an mir werden wird, wenn Du mir erst als liebende Gattin zur Seite stehst. - Nun, gute Nacht, mein liebes süßes Mädchen; ich gehe nun zu Bett, überlaße mich aber noch nicht dem Schlaf, sondern lese noch einmal Deinen lieben Brief über, den ich so recht mit langen Zügen genießen will. Doch warum sage ich Dir das auch und verrathe Dir gleich wieder eine meiner Unarten, daß ich nemlich gern des Abends im Bett lese, was bekanntlich in einem ordentlichen Haushalt auf keine Weise zu dulden ist. - Nochmals, gute Nacht, mein holdes Lieb.

Den 17ten März

Gestern Abend warst Du mir einmal wieder vorzugsweise recht nahe im Geiste. Ein gewißer Herr Kaufmann aus Dresden[108] ließ sich im Convent mit einem neu erfundenen Instrument hören, das er Harmonichord nennt, und das, wenn es gleich an die Harmonica vielfach erinnert, doch in den tiefen Tönen eine Fülle und Kraft entwickelt, die

108 Johann Gottfried Kaufmann (1752-1818) und sein Sohn Friedrich (1785-1866) waren Erfinder mechanischer Musikinstrumente, u. a. des Harmonichords.

ihresgleichen nicht hat. Wenn so diese tiefen bebenden Töne erst wie aus einer fernen Welt leise herüber klangen, dann näher und immer näher schritten, und den Saal mit gewaltigen Schwingungen durchdröhnten und zuletzt sterbend verhallten; dann, liebe Christine, ging mir das Herz auf und ich war bey Dir und Deiner Freundin, die ja auch die meinige seyn will. – Oh, wie gern hätte ich einen dieser mächtigen und doch unaussprechlich zarten Töne zu Dir hinübergezaubert, vielleicht hätten sie in Deiner Brust die gleiche oder ähnliche Empfindung aufgeregt. – Du siehst, liebe Christine, wie sich bey mir, seit ich es weiß, daß Du mein bist, alles, mein Denken und Sinnen und Empfinden nur auf diesen einen Punct concentriert, wie selbst die Kunst mit ihrer reichen Sprache mir nichts mehr ist als ein Organ für das was mein Inneres bewegt. Der eigentliche Kunstgenuß mag dabey einbüßen; es sey darum; Deine Liebe ist mir mehr denn Kunst und Wissenschaft.

Dank doch den lieben Schwestern auf das innigste für ihren herzlichen, recht aus voller Seele geschriebenen Brief, der mir jede von ihnen ihre ganzen Eigenthümlichkeiten vergegenwärtigte. Du glaubst nicht, beste Christine, wie lieb ich schon jetzt die Mädchen habe und wie ich wünsche, daß es mir einmal vergönnt seyn möge, ihnen durch die That zu beweisen, daß Du ihnen einen Bruder gegeben hast, auf den sie bauen können, wie auf ihre leiblichen Brüder. Es ist gewiß ein recht schönes Verhältniß, das zwischen Geschwistern und Geschwistern, vielleicht das schönste nächst dem unter Gatten. Ich selbst empfinde das an mir und den Meinigen in reichstem Maaße; in unserer Kindheit zankten wir uns wol und grollten zuweilen recht ordentlich mit einander; besonders aber war ich den beiden auf mich folgenden Schwestern ein gefürchteter Despot. Als wir verständiger wurden, behaupteten denn doch die natürlichen Gefühle ihre Rechte und ich darf wol sagen, daß jetzt keine größere Eintracht möglich ist, als unter uns Geschwistern.

Von Deinem jüngsten Bruder, der leider so schnell fort mußte, daß ich ihm nicht einmal Lebewohl sagen konnte, erhielt ich gestern noch einen Brief von Bord der Harmonie; ich habe ihm noch einige Zeilen für meinen Bruder Carl zugesandt, der früher in Helgoland, in England, dann für ein Englisches Haus in Hamburg und Paris war und jetzt für ein Deutsches Haus in Bordeaux reist, für welches er vor einigen Jahren in Nordamerica war und nun in Brasilien ist, von wo er vermuthlich nach Buenos Ayres geht. Herrmann hat er höchst wahrscheinlich getroffen, aber schwerlich den Schwager in ihm geahndet. Denn wenngleich Herrmann im vorigen Jahre durch Smidt so weit in das Geheimniß gezogen war, daß er Bremen mit der Hoffnung verließ, Dich bey seiner Rückkehr in der Vaterstadt verheirathet zu finden, so war ihm doch mein Name nicht gesagt und errathen hat er ihn schwerlich. – Christians Briefe aus America in das elterliches Haus hat ja Dein Vater, wie ich höre, in den Zürcher Beiträgen abdrucken laßen. Bey der Gelegenheit fällt mir ein Auftrag an ihn vom Agenten Grovermann[109] ein, den ich fast vergeßen hätte. Er verspricht nemlich für jene Zeitschrift Beyträge von seiner Tochter

109 Bartholomäus Grovermann, Kaufmann, Churfürstlich Hessischer Agent (1741–1819), verheiratet mit Anna Louise, geb. v. Lengerke, Osterthorsstr. 27. Unter der gleichen Adresse wird eine Wwe Dwerhagen, J. A. aufgeführt, wohl die aus Südamerika zurückgekehrte Tochter.

Dwerhagen, einer gebildeten Frau, die gerade auch aus Südamerica zurückgekommen ist, mitzutheilen. Ueber unsere Verbindung hat er mir in den gewißermaßen diplomatischen Formen seine Freude zu erkennen gegeben. Wer mir aber neulich noch ganz besonders warm seinen Antheil bezeugte und mich bat, Dir das zu schreiben, das sind der Senator Vollmers[110] und Herr Tiele[111]; letzterer sagte mir, er wolle mir nichts wünschen als daß es mir mit der Predigertochter so wohl ergehen möge wie ihm. Gewiß ein gutes Wort; denn er lebt mit seiner Frau höchst glücklich.

Das einliegende Brieflein von der ältesten Tochter[112] meiner Schwester (sie ist im zehnten Jahr) wird Dir gewiß Freude machen, sie ist ein kleines gescheutes Ding und hat den Oheim sehr lieb. Neulich schnitt sie einmal zwey Herzen aus gelben und grünem Papier und als Louise sie nach der Bedeutung fragte, antwortete sie ganz keck: das eine Herz ist ein glühendes und das ist Fritz, das andere ein blühendes und das ist Christine.

Die Pfirsichblüthen, Maiglöckchen und Sirenen (eine Anspielung auf Dich lose Zauberin) sind aus dem Wintergarten meiner lieben Freundin Catharine Albers[113], geb. Retberg, die Deiner Ankunft mit wahrem Verlangen entgegensieht. Diese Blüthen mögen Dir wenigsten sagen, daß wir, wenn wir gleich mit dem schönen Zürich nicht wetteifern können, doch auch nicht so ganz stiefmütterlich behandelt sind, und daß es am Ende doch der Mensch ist, der sich allenthalben sein Paradies schafft.

Lebwohl, lebwohl, Du mein edles Kleinod, das mich die gütige Vorsehung in der Fülle ihrer Gnade finden ließ. Einen innigen Kuß von ***Deinem*** G.

Vater, Mutter, Bruder, Judith und Betty, Susette und Regula Häfeli grüße herzlich von mir.

Fritz Gildemeister an Christine Stolz

Bremen d. 20. März 1816

Künftigen Sonntag, meine liebe Christine, werden unsere Namen zum ersten male an geweihter Stelle zusammen öffentlich genannt. Für mein Leben gern wäre ich dann, wenn es sich nur schickte, in der Kirche, um einmal zu hören, wie es sich ausnimmt, wenn der Prediger nun als Brautpaar abliest: den Herrn Doctor Johann Karl Friedrich Gildemeister und die Jungfrau Marie Christine Adelheit Stolz, und ob die fromme Gemeinde hübsch beyfällig dazu nickt. Ich denke ja; ob aber nicht vielleicht Mancher und

110 Johann Vollmers (1753-1818), Kaufmann, verheiratet mit Metta, geb. Grommé (1768-1805), Langenstr. 8.

111 Bernhard Tiele (1769-1834), Kaufmann, Linnenhandlung, Wachtstr. 11, wurde 1819 Senator. Seit 1797 mit Anna Friederike (1776-), Tochter von Pastor Tiling, Martinikirche, verheiratet.

112 Auguste Klugkist (1806-1891).

113 Anna Catharine Elisabeth Albers, geb. Retberg (1780-1852), verheiratet seit 1801 mit Johann Christoph Albers (1776-1828), Kaufmann, Langenstr. 54.

Mancher, der sich das holde Mädchen auch wol zur Braut gewünscht hätte, mit einem verstolenen ***Ach!*** accompagniert, das will ich dahin gestellt seyn laßen, mache mir auch nicht viel daraus, da ich in diesem Puncte kein Mitleid kenne. Schlimm wäre es freylich, wenn irgendein Bösewicht sich einfallen ließe, heimlich Einsage zu thun. Aber was will es helfen, daß ich mich darüber zum voraus ängstige. Diese Prüfung muß nun einmal bestanden seyn, bevor wir eingehen können in die Herrlichkeit eines völlig unbestrittenen Brautstandes; und gebe der Himmel daß uns nie ernstere Prüfungen treffen; für mich wenigstens will ich allenfalls einstehen, daß niemand kommt und mich Dir streitig macht, und mit Dir wird es ja auch wol gut gehen, und käme auch so ein Mephistopheles, was hülfe es ihm, denn sieh, liebes Mädchen, Du bist doch nun einmal mein und nie und nimmer laße ich von Dir. – Der Vater wird sich nicht wenig wundern, wenn Du ihm das obige mittheilst. Schon vor längerer Zeit, als ich ihm wegen Deines Geburtsscheins schrieb, deßen ich zur Erfüllung der hiesigen Förmlichkeiten zu bedürfen glaubte, antwortete er mir ganz listig, mit einem solchen Schein könne er dienen, aber ich solle ihn nicht eher haben als bis es Zeit sey mit der Abkündigung, die er, um das liebe Töchterlein nur immer bey sich zu behalten, wol weiß Gott wie lange verzögert gesehen hätte. Er hat aber eins vergeßen, der gute Vater, daß ich als Rechtsgelehrter dem Gesetz im Grunde gar nicht unterthan bin, weil es uns nie an Mitteln fehlt deßen Fesseln abzustreifen. Deinen Geburtsschein habe ich leicht aus dem Kirchenbuche ergänzt und daraus gelernt, daß ich eilf Jahr, neun Monden und vierzehn Tage alt war, als mir eine liebe Braut geboren ward. Ich war damals in den sogenannten Flegeljahren und lebte ziemlich unbekümmert in den Tag hinein; aber wißen möchte ich doch wol, ob mein kindliches Gemüth nicht irgend eine Ahndung durchlebte, als diejenige, die einst meine Freude, mein Trost und mein theuerstes Kleinod werden sollte, zuerst das Sonnenlicht erblickte. Ich muß es glauben, liebe Christine, denn ausreden laße ich mir nun einmal den heitern Gedanken nicht, daß wir von Anbeginn so recht eigentlich für einander bestimmt gewesen sind. Merkwürdig ist es wenigstens, wie Du schon früher, in einer Zeit, aus der Du Dich meiner schwerlich erinnerst, einen recht erfreulichen Eindruck auf mich machtest. Es mögen nun wol eilf bis zwölf Jahre her seyn, als Du einmal in einer Gesellschaft bey Bürgermeister Lampe am Tisch neben mir saßest. Du warst damals noch fast Kind, wenigstens in einem Alter in dem man außer den Lafontainischen[114] Romanen noch eben keine Männerherzen erobert, und ich will auch nicht sagen, daß Du mit mir eine Ausnahme gemacht hättest; aber gewiß wäre mir das Andenken an jene paar Stunden nicht so treu geblieben, wenn Du mir nichts als Tischnachbarin gewesen wärest. – Doch wieder auf das vorige Kapitel zurückzukommen – der Geburtsschein war, wie gesagt leicht herbeygeschafft. Alles übrige aber, namentlich die Einwilligung der beiderseitigen Eltern und daß auch Du, liebes Mädchen, mich wirklich haben wolltest hat man mir auf mein ehrliches Gesicht geglaubt. Mit meinem eigenen Geburtsschein sah es am schlimmsten aus; vor drey Jahren als ich mich aus dem weiland großen Reiche wegstehlen wollte, ließ ich mir vorsichtshalber aus Duisburg[115]

114 Gemeint sind wohl die »empfindsamen Familienromane« von August Heinrich Lafontaine (1758–1831).

115 Gildemeisters Geburtsort.

ein solches Ding kommen, das ich denn auf meinen Kreuz- und Querzügen, ohne es anzusehen, mitnahm. Jetzt zum erstenmale werfe ich einen Blick hinein und sehe zu meinem Entsetzen, daß das vermaledeyte Blatt mich grade um zehn Monate älter macht als ich bin. Für einen sechs und dreißiger ist so etwas keine Kleinigkeit und vollends für einen, der eben im Begriff ist, sich ein liebes junges Weib zu holen. Den albernen Schein konnte ich nun einmal nicht brauchen; zum Glück war er auch entbehrlich; doch habe ich gleich um einen andern geschrieben, damit ich mich bey Dir legitimieren kann. - Sollte nun der Vater meinen eigenmächtigen Maßnahmen zürnen, so sage ihm doch, er könne denselben jetzt nicht mehr Einhalt thun, weil die Frist dazu abläuft, ehe ein Brief von ihm Bremen erreichen könne. Dann wird er sich gewiß beruhigen und meine Ungeduld verzeihen. Jetzt aber muß ich von Dir ein Weilchen scheiden, Du, meine Liebste, meine Einzige, - denn es ist sehr spät; morgen beim Erwachen begrüßt mich gewiß ein recht langer Brief, der mich für das böse Streicherl fast entschädigt.

Den 21. März

Denke Dir nur, liebe Christine, als ich Dir gestern Abend schrieb, war ich, ohne es selbst zu wissen schon im Besitz Deines jüngsten Briefes vom 13. d. M. die Magd hatte ihn in meiner Abwesenheit empfangen und da sie wie gewöhnlich mit dem übrigen Gesinde schon zu Bett ist, wenn ich zu Hause komme, aus übergroßer Sorgfalt in den Schrank geschloßen. Heute Morgen, nachdem ich schon lange auf war, kam sie dann damit an, grade als ob eine Stunde früher oder später dabey nichts verschlüge. Du kannst denken, daß ich sie tüchtig ausschimpfte und mir dergleichen Willkürlichkeiten für die Zukunft verbeten habe. Noch hatte ich diesen Brief nicht geöffnet, als mich der Briefträger mit einem zweyten vom 9ten März überraschte, der also beinah fünf Tage länger als der andere unterwegs gewesen war. Ich konnte sie nun beide, wenn erst nur sehr flüchtig, der Zeitfolge nach lesen, weshalb ich auch heute eigentlich auf nichts antworten kann. Den ganzen Vormittag bin ich mit allerley Geschäften, Deputationen und unangenehmen Besuchen, die mich selbst wärend ich mich so gern traulich mit Dir unterhalten möchte belästigen, ordentlich gehetzt. Den eigentlichen Genuß derselben verspare ich mir auf den Abend, wenn ich zu Bett gehe; vielleicht hätte ich überhaupt, wenn ich nur so philosophischer Resignation fähig wäre, beßer gethan, sie bis dahin ganz zurückzulegen. Denn als ich einmal einen Blick hineingeworfen und die Sprache der innigsten Liebe vernommen hatte, war es um meinen armen Kopf geschehen und ich konnte nun in der Deputation, wie viel Mühe ich mir auch gab, meine Gedanken nicht mehr von Dir, mein geliebtes Mädchen, abziehen.

Morgen ist nun derjenige Bürgerconvent, in welchem das neue Wahlstatut der Bürgerschaft als Ganzes vorgelegt wird. Da es bereits in dieser Form einer die öffentlichen Angelegenheiten vorbereitenden Deputation, deren Mitglied ich bin, mitgetheilt und von ihr gebilligt ist, so leidet es keinen Zweifel daß auch dieser Punct morgen in Ordnung kommt. Demzufolge wird künftige Woche zur Wahl geschritten werden und vielleicht ist schon die Sache entschieden, bevor dieser Brief meine geliebte Christine erreicht. Dem Vater, dem ich nächsten Sonntag antworte, sage doch, er habe das Wahlstatut misverstanden, wenn er von mir die Namen der zwölf und vier aus der Bürgerschaft wissen wolle. Diese werden zu jeder Wahl besonders, und zwar um Kabalen zu verhüten, unmittelbar vor dem Wahlact selbst, durch geheime Stimmgebung erkoren und dann ausgeloset.

Klugkist und Louise laßen Dich auf das herzlichste grüßen; letztere beneidet Dich um das ***überstandene*** Streichelfest[116], das ihr noch bevorsteht. Danke der Mutter für ihren freundlichen Brief und erhalte mein Andenken bey den lieben Deinen, die ja auch die meinen sind.

Lebwohl, Du Gute; mit steigendem Entzücken denke ich der Annäherung des Augenblicks, wo Dir Blick, Händedruck und Kuß sagen werden, wie Du mein Alles bist, wie ich nur in Dir lebe.

G.

Fritz Gildemeister an Christine Stolz

Bremen d. 24. März 1816

Deine letzten Briefe, meine liebe Christine, überzeugen mich so lebendig davon, daß die meinigen Dir nicht blos im gewöhnlichen Sinn des Wortes lieb sind, sondern daß sie nun schon wirklich zu Deinem Lebenselement gehören, daß mich vorgestern der Gedanke recht ordentlich peinigte: »Heute rechnet das liebe Mädchen vergeblich auf einige Zeilen von dir und du bist es, der die bittere Enttäuschung verschuldet hat«. Ich war recht froh als ich ungefähr denken konnte, die Zeit des Harrens sey nun vorbey und Du werdest Dich schon darein gefunden haben, bis Dienstag nichts vom fernen Freunde zu hören. So etwas soll und darf übrigens, so weit es von mir abhängt, nicht wieder geschehen; aber freylich muß ich mein liebes Mädchen recht sehr bitten, sich auch ein wenig in meine Lage zu setzen, die der schriftlichen Unterhaltung mit der, welche mir auf Erden die liebste ist, nicht eben viel Raum gewährt. Selten bin ich ununterbrochen ruhig an meinem Schreibtisch; einen großen Theil des Tages außer Hauses und in den Stunden, wo ich auf meinem Zimmer bin, mit Besuchen, Beantwortung von Geschäftsbilletten und ähnlichen Dingen belästigt. Die einzigen Stunden, die mich so recht zur trauten Unterhaltung mit meiner süßen Christine einladen, sind die abendlichen oder vielleicht die nächtlichen und ich glaube gewiß daß alle Ergießung eines vollen Herzens meine Briefe, die Dich lebendig und nahe berührt, die Dir unsere geistige Verwandtschaft offenbart und Dein Inneres mit frohen Ahndungen durchlebt haben, – ich glaube daß alle solche Ergießungen jenen Stunden der Weihe ihr Entstehen verdanken. Nur aus ihnen, liebe Christine, setze Dir das Bild Deines Geliebten zusammen; was ich Dir am Tage, besonders vormittags schrieb, mag wol deutlich genug das Gepräge eines unruhigen und zerrissenen Geschäftslebens an sich tragen.

116 Es ist anzunehmen, daß es sich – analog zum »Waschfest« – um eine scherzhafte, euphemisierende Bezeichnung für den ebenso arbeitsaufwendigen Bügel- und Mangeltag handelt.

Weißt du auch, welche Stelle, welche Äußerung in Deinem letzten Brief mich am innigsten bewegt und entzückt hat? Es ist die, wo Du Süße, Du einzige mir sagst: wie die Hoffnung ***ganz mein Eigenthum*** zu werden, Dich glücklich macht. In den wenigen einfachen Worten hast Du Alles was die Liebe heiliges und Geheimnisvolles in sich schließt, zart und ächt weiblich angedeutet. Ja, mein theures unaussprechlich geliebtes Mädchen, Du wirst ganz ***mein eigen*** werden, Du ***bist*** es ja im Grunde schon jetzt, wenn gleich noch kein Kuß, noch keine äußere körperliche Handlung den Bund der Herzen besiegelt hat; denn nicht zu fürchten hast Du, daß der welchen Du Dein ganzes Daseyn hingiebst, sein Eigenthum als Barbar misbrauchen werde. Eben das ist das herrliche der Liebe, daß sie ***gegenseitig*** jeden zum Herrn und auch wieder zum Eigenthum des Andern macht, und wenn sie gleich in euch Frauen sich vorzugsweise gern in dieser letzten demüthigen Form offenbart, so ist die Sache darum doch im Grunde dieselbe. An mir selbst empfinde ich es nur zu bestimmt: Du bist meine Herrin und ich bin Dein Eigenthum wie Du nur immer das meine seyn kannst. Dieses Verhältniß ist, wo es einmal fest begründet war, keinen Bedingungen der Zeit u. s. w. unterworfen und eben darum hast du ganz recht, wenn Du unser Band ein ***unauflösliches*** nennst.

Aber sag mir nur, liebe gute Christine, wie war es Dir möglich, in demselben Brief, der so unendlich viel erquickendes für mein Herz enthält, all mein Sehnen bis zum Himmelfahrtstage zu verschieben, an welchem Du, wie Du grausam mir ganz kalt zu verstehen giebst, mich erwartest. Hast Du denn, ehe Du solche Worte niederschriebst, nicht einmal in den Kalender gesehen und bemerkt, daß ich solchergestalt noch zwey volle Monden nach einem Kuße von Deinen süßen Lippen schmachten soll? Doch ich glaube gern, Du liebe Seele, daß Du blos höheren Anordnungen zufolge so sprichst. Denn auch Vater und Frau Mutter setzen in ihren Briefen voraus, ich werde mit Ende (!!) Mays kommen. Sollten die Schwierigkeiten gegen ein früheres Kommen blos in der häuslichen Einrichtung bey euch liegen, so ließen die sich ja wol beseitigen. Denn wenn gleich der Gedanke, mit der lieben Braut schon einige Wochen vor unserer Trauung unter Einem Dach zu leben, mich höchst freundlich anspricht, so möchte ich doch ***darum*** nicht gern meine Ankunft verschieben, wenn die sonstigen Verhältniße, wie ich freylich noch nicht mit Bestimmtheit sagen kann, meine Verfrühung gestatten sollten. Die Schwestern werden freylich, je näher die Zeit rückt, die uns als glückliche Gatten in die liebe Heimath führt, des Trostes mehr und mehr bedürfen, dann sage ihnen doch, daß ich, wenn ich erst bey Euch bin, meinen ganzen Einfluß als Schwiegersohn aufbieten werde, um den Vater zur Verwirklichung seines Reiseplans zu bewegen. Daß Judith und Betty dann an seiner Seite die Vaterstadt und alles was sie in ihren Herzen theuer in sich schließt, zu begrüßen und einmal zusehen werden, ob die Schwester Christine ihren Fritz dann noch eben so liebt, wie jetzt, – das versteht sich ganz von selbst.

Die erste der beiden Rathswahlen ist nun bestimmt künftigen Sonnabend. Wenn Du diesen Brief empfängst, kannst Du vollkommen ruhig meinethalben seyn. Denn der Tag, an welchem meine Lage natürlich höchst peinlich seyn muß, ist dann vorbey.

Ich scheide bis Donnerstag von der Geliebten, der ich in Gedanken einen langen, langen Kuß auf Lippen und Wangen drücke. Ewig Dein G.

Vergiß nur niemals Judith und Betty u. s. w. zu grüßen.

Minchen Meyer[117], geb. v. Langerke, die ich soeben spreche, empfiehlt sich Deinem Andenken. Sie wird in der Mitte May die Reise nach Amerika antreten.

Fritz Gildemeister an Christine Stolz

Bremen d. 27. März Abends 11 Uhr

Soeben, meine liebe Christine, komme ich aus dem Retbergschen Familientage zu Hause und so benutze ich denn die Augenblicke vor dem Schlafengehen, die ersten die mir heute zur Unterhaltung mit meinem süßen Mädchen zu Gebote stehen, um Dir für Deinen Brief vom 16ten mit welchem ich heute beseligt wurde, recht innig und warm zu danken und Dich, so weit das im Geiste geschehen kann, an mein liebendes Herz zu drücken. Wie lebendig ich nun auch von Deiner Liebe, die mir ja das Höchste auf Erden ist, überzeugt bin, wie tief ich es nun schon seit Monden empfinde, daß ich in Deinem Besitze alles erreicht habe, was mir nur je eine jugendliche Phantasie vorgezaubert, dennoch bist Du mir in jedem Deiner Briefe neu, dennoch finde ich in jedem irgend eine dem Innersten Deines Wesens entsproßene Wendung, die Dich mir unendlich nahe bringt und mein ganzes Wesens verklärt. Wenn es überhaupt einen Zauber wie übersinnliche Einwirkung der Geister giebt, so liegt er warlich in Dir, Du Süße und in Deiner Liebe und in Deiner Persönlichkeit, die, seit ich Dich so recht kenne, der Inhalt aller meiner Gedanken ist. Daß dabey die Sehnsucht nach meinem lieben zweyten Ich mit jedem Tage wächst, wirst Du, die Du die gleichen Gefühle mit mir theilst, wol begreifen; oft, liebe Christine, kommt es mir aber doch wirklich vor, als sey die Geduldsprobe auch gar zu arg. Denke Dir nur; morgen wird es ein Vierteljahr, seit Du mir erlaubtest bey dem Vater um Dich zu werben, und noch soll ich mich, Gott weiß, wie lange abquälen, bis ich in Deine Arme eile und das höchste Glück, das mir in Deiner Person so unendlich freundlich entgegenwinkt, theilhaftig werden darf.

Ueber die Farbe meiner Augen gebe ich Dir, wie Du es gebietest, umgehend Bescheid. Du hast es richtig errathen, sie sind braun und zwar von recht entschiedenem Braun. Daß Du Dich deßen erinnerst, hat meinem Herzen wohlgethan und ich habe mir selbst als ich gleich bey kälterer Ueberlegung recht wohl das Gegentheil weiß, vorgesagt: »Du mußt doch der lieben Christine, als sie noch nicht ahndete, daß sie den künftigen Gatten bey sich beherberge, nicht so durchaus gleichgültig geschienen haben; denn sonst wüßte sie ja wohl schwerlich von diesen Augen zu erzählen und nun gar von ihrer Farbe, die doch selbst dem Scharfblick des Geliebten bey ihr entgangen ist«. Daß ich ein ***blau***äugiges Mädchen liebe, ist mir insofern lieb, als die Dichtersprache nun einmal bey Mädchen keine andere Farbe duldet. (den Schwestern mußt Du nichts davon sagen, falls sie etwa, wie ich nicht weiß, mit braunen Augen ausgestattet seyn sollten). Bey männ-

117 Wilhelmine Henriette v. Lengerke (1787–1826) heiratete Theodor Georg Heinrich Meyer aus Meinerzhagen, der Kaufmann in New York wurde. Ihre Schwester Johanne Catharine heiratete Georg August Meyer aus Meinerzhagen (Bruder von Theodor?), ebenfalls Kaufmann in New York.

lichen Augen wird schon allenfalls die braune Farbe gestattet und ich denke, Dir, wenn ich erst einmal bey Dir bin, unwiderleglich zu beweisen, daß auch braune Augen die Sprache der Liebe zu reden vermögen, so wie Du finden wirst, daß sich Dein Himmelblau in den braunen Augen des Geliebten recht schön und rein spiegelt. – Daß ich für meine Unaufmerksamkeit in Ansehung des liebsten Augenpaares, das mir einst, seinen eigenen Zauber nicht ahndend, das Innerste des Gemüths bewegte, eine recht tüchtige Züchtigung verdient habe, bekenne ich reumüthig; gern will ich mir auch jede Buße, die mir die strenge Richterin auflegt, gefallen laßen, nur laß Dir ja nicht einfallen, mir an den Küßen, die mir fest zugedacht waren, etwa einen oder einen halben kürzen zu wollen; denn das Recht Dich, Geliebte, wenn ich nur erst einmal bey Dir bin, so recht zu herzen und zu küßen, dieses Recht ist ein heiliges unverletzliches, das ich mir auf keinen Fall verkümmern laße.

Von Mutter habe ich heute auch ein paar Zeilen; früherhin, wenn sie an meinem Junggesellenstande ein Aergerniß nahm, pflegte sie mir wol zu sagen, ich werde es am Ende durch mein Zaudern und Schwanken dahin bringen, daß mich gar kein einigermaßen liebenswürdiges Mädchen mehr haben wolle und dann werde ich am Ende wol gar eine alte Haushälterin oder etwas ähnliches zum Traualtar führen. Da habe ich ihr denn nun triumphierend gezeigt, wie unwahr sie diesmal prophezeyt hat, da mir nicht blos ein liebenswürdiges Mädchen, sondern auch grade ***das*** Mädchen zu Theil geworden ist, das mir von allen, die mein Auge je erblickt hat, am meisten gefällt. Mutter hat denn nun auch freudig beschämt eingestanden, daß dieses mal der Herr Sohn Recht hat. – Sieh, liebe Christine, früherhin habe ich oft geträumt, wenn ich meine schönsten Jahre ohne den Genuß eines Glücks hinschwinden sah, für das mein Herz in höchstem Grade empfänglich war. Jetzt erkenne ich freudetrunken die Wege einer gütigen Vorsehung, die mich ***Dir*** aufbehielt, die mich zum Werkzeug ausersah, in die Brust des liebsten Mädchens den entflohenen Frieden zurückzuführen. – Nun gute Nacht, Du Holde; ich denke Dich jetzt in den Armen eines erquickenden Schlummers und drücke einen leisen Kuß auf die Augenlieder, die einen Himmel voll Seligkeit bergen.

Den 28ten Morgens

Ich durchlaufe noch einmal flüchtig die gestrigen Zeilen und erstaune selbst, wie ich fast vier Seiten voll schreiben konnte von meiner innigen Liebe zu Dir und ähnliche Herzenssachen, die Du alle schon längst weißt, und darüber ganz und gar vergaß, Dir etwas mitzutheilen, wovon Du noch nichts weißt, und was Dich gleichwol auch nahe genug berührt. Ich habe nehmlich gestern von Herrn Engelbert Wilhelmi[118] das Haus auf U. L. Fr. Kirchhof, welches ehemals der Actuarius Wichelhausen[119] mit seinen vier

118 Engelbert Wilhelmi (1774–1837), Kaufmann, Weinhandlung, Aeltermann, verheiratet mit Sophie Marie Catharine Beate, geb. v. Schwanewedel (1775–1844), Schüsselkorb 1.

119 Dr. jur. Wilhelm Ernst Wichelhausen (1769–1823), 1793 Professor am Gymnasium illustre, 1811 Maire von Bremen, 1813 Postdirector der Stadt Bremen. Seit 1793 verheiratet mit Catharina Maria, geb. de Hase (1771–1857). Wohnhaft Pelzerstr. 50.

Liebfrauenkirche 1827

schönen Töchtern bewohnte, für 7000 Rth. erb- und eigenthümlich erkauft. Das Haus selbst, von welchem ich Dir nächstens eine genaue Beschreibung sende, ist sehr fest und dauerhaft gebaut und hat sich unter Hrn. Wichelhausens Händen, der es zu demselben Preise annahm und noch 3000 Rth. darin verbaute, wesentlich verschönert. Die Lage ist für mich als Geschäftsmann, ich mag nun in meinen jetzigen Verhältnissen bleiben oder nicht, ganz vortrefflich und auch in anderer Beziehung angenehm, da der Kirchhof nicht mehr zum Begräbnisplatz dient, alle Leichensteine weggeräumt und durch ein zierliches Pflaster ersetzt werden und die ehemalige enge und schmutzige Verbindung mit dem Domshof zu einer breiten fahrbaren Straße in diesem Augenblick erweitert wird. Zwar hätten wir beiden glücklichen Menschen wol für den Anfang mit einem kleinen Hause uns behelfen können, aber ein solches würde ich doch nicht gerne gekauft haben und da die Miethen in diesem Augenblick unverhältnismäßig hoch sind, so wäre die Ersparniß auf keinen Fall groß gewesen. Jetzt bin ich, wenn ich Zinsen, Grundsteuer und Unterhaltungskosten zusammenrechne, sicher, nie mehr als 350 Rth. zu verwohnen und dafür habe ich ein bequemes und geräumiges Haus, in dem es meiner lieben Christine gewiß recht gefallen wird. Das geräumige ist mir besonders angenehm, weil ich doch nun Vater und Schwestern, wenn sie künftigen Sommer zu uns kommen, bey mir beherbergen kann, was uns z. B. in dem Hause in der Sandstraße platterdings unmöglich gewesen wäre. Auch das Wohnen nahe an der Kirche ist sehr angenehm, wenn ein Prediger nach unserm Sinn dahin gewählt werden sollte. Geibel in Lübeck hat die Stelle ausgeschlagen und man denkt jetzt an Passavant[120] in Detmold oder Bückeburg, wenn ich nicht irre. - Gern hätte ich ein Haus bey St. Martini genommen, weil ich mir dachte, es müße Dich freuen wieder da zu wohnen, wo Du die heitere Kindheit verlebtest. Aber die Häuser bey Martini[121] sind eigentlich nur für den Kaufmann und für unser Bedürfniß hätte ich dort gewiß nichts so gutes gefunden, wie unser jetziges Haus, das ich überdies, wie alle Welt sagt, sehr wohlfeil[122] erstanden habe. (Das Klugkistsche Haus nach welchem Du Dich erkundigst, hat ein Sohn des Lichtgießers Lampe[123] hinterm Schütting gekauft, um darin einen Eisenhandel zu treiben)

Uebermorgen, liebe Seele, ist die erste Rathswahl, Sonnabend über acht Tage die zweyte. Die erste wird, wie ich glaube, Schumacher treffen, der sich sehr dringend bewirbt und im Rath viele Freunde haben soll.

Vom Bruder in Norden erhielt ich gestern einen sehr lieben herzlichen Brief mit der Einlage für Betty, die Du nebst den übrigen innig von mir zu grüßen hast. Einen langen, heißen, süßen Kuß von Deinem G.

120 Carl Wilhelm Passavant (1779-1846), wurde ein außerordentlich erfolgreicher Pastor an der Liebfrauenkirche, unter dem das lau gewordene Gemeindeleben wieder aufblühte.

121 Das an der Weser gelegene Martiniviertel mit seinem Anlege- und Umschlagplatz an der »Schlachte« bot Kaufleuten die günstigste Lage.

122 Später zeigte sich, daß der Preis für den vermögenslosen Gildemeister so hoch gewesen war, daß er Jahre benötigte, die aufgenommenen Kredite abzuzahlen.

123 Christoph Lampe, Küper, Lichte, Seifenfabrik, Hutfilterstr. 39.

Fritz Gildemeister an Christine Stolz

Bremen d.31. März 1816

Die rothe Oblate, mein gutes Mädchen, die in einem gewißen Falle die Reise nach Zürich machen sollte, liegt noch ungenutzt in meinem Pulte. Die gestrige Rathswahl, die erste nach dem neuen Gesetz vorgenommene, hat Dr. Pavenstedt getroffen, der früherhin so wie ich ausgehalten war. Zum erstenmale seit Du, liebe Christine, mir angehörst, war es mir gestern lieb, daß Du nicht hier warst und so von manchen Eindrücken, deren ihr Frauen euch weniger als wir erwehren könnt, wenigstens nicht unmittelbar berührt wurdest. Die Bürgerschaft war auf gestern morgen um 9 Uhr zum Wahlconvent eingeladen und man rechnete, mit der Auswahl von zwölf Wahlbürgern, der Auslosung von einem aus diesen und einer gleichen Anzahl aus dem Senat werde es etwa bis höchstens Ein Uhr dauern, sodaß, wenn man zwey Stunden für das Geschäft der Acht und eine halbe für die letzte eigentliche Wahl im Senat zugebe, das Ganze zwischen drey und vier Uhr entschieden seyn müßte. Statt deßen dauerte der erste Act in der Bürgerschaft bis gegen sechs Uhr Abends. Um acht Uhr - ich war eben bey meiner Schwester - erfuhr ich, daß ich unter den drey Vorgeschlagenen sey. Ich lief also, um doch für jeden Fall vorbereitet zu seyn, nach Hause, warf mich schnell in Galla und ging dann herunter zu der Doctorin Walte, um den Ausgang abzuwarten, den ich denn auch schnell genug erfuhr. Daß es etwas recht peinliches hat, einen ganzen langen Tag so in gespannter Erwartung hinzubringen, begreifst Du wohl; aber versichern kann ich Dich doch, daß es mir damit ungleich beßer erging als ich anfangs selbst glaubte. Den ganzen Vormittag brachte ich mit Arbeiten hin, was nun freylich nach Tische schon nicht ging, weil ich mich einigermaßen bereit halten mußte; aber auch da behielt ich durchaus meine gewöhnliche heitere Faßung, was wol vielleicht vor einem halben Jahre nicht so gewesen wäre. Denn erst seit ich Deiner Liebe gewiß bin, seit ich es weiß, daß es noch ein Wesen auf Erden giebt, dem ich unbedingt angehöre, fühle ich mit lebendiger Stärke, daß unser eigentliches Glück nicht von äußern Zufälligkeiten abhängt, sondern in unsern Herzen ruht. - Nur wie ich hörte, ich sey unter den dreyen und ich nun jeden Augenblick einer Nachricht entgegensehen konnte, die über meine äußere Existenz entschied, - nur da begann das Blut in schnelleren Pulsen durch die Adern zu strömen, doch war es schnell vorbey, so daß ich die Nachricht von Pavenstedts Wahl mit der vollkommensten Heiterkeit vernahm, während die Doctorin Walte, was mich innig rührte und beinah wieder aus der Faßung brachte, in einen heftigen Thränenstrom ausbrach. So war es mir denn auch möglich, daß ich sogleich, ohne meinen Empfindungen Zwang anzuthun, zu Pavenstedt gehen und ihm, der mir als Freund und trefflicher Mensch gleich werth ist, von ganzer Seele Glück wünschen konnte. Mit Pavenstedt waren der junge Schumacher und ich vorgeschlagen und es mußte mich schon in mancher Beziehung freuen, daß der erstere, der über den Punct der Bewerbungen eben so denkt wie ich, über Schumacher gesiegt hat, der es weder an unmittelbaren Zudringlichkeiten noch an sonstigen entfernteren Mitteln hat fehlen laßen (ich brauche Dir nur zu sagen, daß Bürgermeister Heineken für ihn ist) -

Nächsten Sonnabend ist die zweyte Wahl, wo jene Partey nun wohl vollends, da es das erstemal mislungen ist, alle Mienen wird spielen laßen. Mag sie immerhin: ich sehe dem Ausgang ruhig entgegen, freue mich aber doch, daß Du nicht hier bist; denn wenn ich denke, wie schon die Doctorin Walte ergriffen war, die mir ja im Grunde fremd ist, wie würde sich da erst ***Dein*** armes Herz abgequält haben.

Gestern hatte ich einen Brief von Smidt und mit ihm den Deinigen vom 20ten, der mich einmal wieder so recht tief empfinden läßt, welche Fülle der Glückseligkeit mir durch Deine Liebe, durch das ***Gemüthliche***, das sich in jedem Deiner Worte ausspricht, zu Theil geworden ist. Besonders dankt es Dir mein Herz, daß Du mich nicht blos zum Theilnehmer und Vertrauten Deiner frohen Empfindungen machst, sondern auch deßen was Dir den Sinn wehmuthsvoll bewegt. Einen Theil des Schmerzes den ihr bey der Nachricht von Segelkens Todt empfandet, hätte ich euch vielleicht ersparen können, wenn ich Dich zeitig vorbereitet hätte. Denn unseres Freundes Zustand war schon seit vorigen Herbst der Art, daß sich an Beßerwerden nicht denken ließ; es war die entschiedenste Schwindsucht, die noch kein Arzt geheilt hat. Daß ich Dir nichts davon schrieb, rührt wohl theils daher, daß ich glaubte Du wüßtest das so gut wie ich, theils auch daher, weil so oft ich mich mit Dir unterhalte, meine Gedanken immer nur bey dem Einen weilen, was meine ganze Seele einnimmt. Hermanna trägt ihr Schicksal mit der christlichen Ergebung, die man bey einem so gediegenen christlichen Charakter wol erwarten konnte. Dieses frühe Zerreißen des schönsten Verhältnißes, das es auf Erden giebt, ist allerdings, wie Du sagst, etwas erschütterndes; aber alle Trennungsschmerzen sind doch gewiß nichts gegen das beseligende Gefühl zweyer Seelen, die einander ganz erkannt haben und nun für Zeit und Ewigkeit Eins sind. Ohne diese Ueberzeugung, die in mir und gewiß auch in Dir, meine liebe Christine, auf das festeste begründet ist, wäre es etwas wahrhaft entsetzliches um die Liebe, durch die wir unser ganzes eigentliches Daseyn - ich meine unsere geistige Existenz - an das Zufällige eines fremden Lebens knüpften. Ohne diese Ueberzeugung würde ich für Dich und mich zittern, so oft ich daran denke, wie so ganz und gar wir einander angehören, da es doch nun einmal für unsere Lebensdauer hinieden keine Bürgschaft giebt.

Mit welchen Empfindungen, liebe Christine ist Dir wohl der heutige Tag erschienen, der Tag an dem Du die Schreckenspost vom entschlafenen Freunde vernahmst? Ich denke, das Bild des fernen Geliebten, der Dich nun bald als traute Gattin an sein sehnendes Herz drücken wird, hat doch wohl diesesmal den Schmerz zu stiller Wehmut herabgestimmt; oh, wie gern, Du meine Einzige, wäre ich jetzt bey Dir, und ließe mir erzählen, wie es Dir nun eigentlich ums Herz ist, und dankte Dir für einen heißen Kuß, wie ich ihn Dir jetzt im Geist sende.

Dein G.

Fritz Gildemeister an Christine Stolz

Bremen d. 4ten April 1816

Gestern, mein liebes, süßes Mädchen, hast Du mich einmal wieder recht recht reich beschenkt; denn am Morgen erhielt ich Deinen Brief vom 23ten v. M. und die Abendstunde brachte mir Deine erquicklichen Zeilen vom 27ten mit duftendem Reseda, die mich die Nähe meiner holden Braut einmal wieder so recht durch und durch empfinden ließen. Das ist nun freylich im Grunde der Fall mit Allem was mir Deine Huld spendet, aber doch ergreift es mich das einmal vorzüglich vor dem Andern, was theils an der Stimmung, in der Du das schreibst, theils an der in welcher ich das Geschriebene empfange, liegen mag. Das eben ist das Traurige bey aller brieflichen Unterhaltung (auch wenn man noch so sehr seinen Ausdruck beherrscht und das Empfinden noch so rein wiederzugeben vermag), daß der Reiz augenblicklicher Wechselwirkung, wie ihn das Gespräch in hohem Grade gewährt, dabey völlig eingebüßt wird. Wenn Du mir in Deinen Briefen sagst, wie Dich dieses oder jenes von mir besonders angesprochen, Deinem Munde ein Lächeln oder Deinem Auge eine Thräne entlockt, so freut mich das wol; aber ganz anders würde es mich doch berühren, wenn nicht zwischen Rede und Gegenrede jedesmal eine Kluft von drey Wochen läge. Darum freue Dich mit mir, Du liebe Seele, daß die Zeit der harten Prüfung nun bald überstanden ist und daß der herrliche Tag nicht mehr so ganz fern ist, wo ich Dich, Du Einzige, innig Geliebte, an mein schlagendes Herz drücken werde, wo auch Du, die Du mir, als ich es noch kaum hoffen durfte, mit Innigkeit und Vertrauen entgegen tratest, den Reichthum meiner Liebe lebendig und kräftig empfinden wirst. Ja, meine liebe Christine, Dein kindlicher Glaube an eine allgütige Vorsehung, deren Gnade Du ja auch darin erblickst, daß sie uns einander finden und erkennen ließ, soll gewiß an mir nicht zu Schanden werden. Ich habe immer von den Pflichten des Mannes, dem sich ein liebendes Mädchen ganz zu eigen giebt, die höchste Meinung gehabt; doppelt heilig sind sie mir, seit die Liebste auf Erden sich meine Braut nennt - Du Holde versprachst mir vor einiger Zeit, Du wolltest dem Glücklichen Bräutigam bey seiner Ankunft entgegeneilen und ihn gewißermaßen im Triumph in das freundliche Zürich einführen. Ich kann Dir nicht beschreiben, wie mich der Gedanke entzückt hat und wie viele Küße ich dafür geben möchte, wenn ich Armer nur könnte. Früher dachte ich mir es oft als höchst unbehaglich, wenn ich nach der Ankunft in Zürich mich vielleicht erst durch eine Reihe untheilnehmender Gesichter zu der Geliebten durchschlagen und sie am Ende vielleicht in einer kalten herzlosen Umgebung, wie es eben der Zufall fügt, wiedersehen würde. Ich wollte Dir schon einmal darüber schreiben und Dich bitten, es doch so einzurichten, daß wir den festlichen Augenblick des Wiedersehens wo möglich ohne ***alle*** Zeugen und doch wenigstens ohne störende Zuschauer genießen können. Durch das Entgegenkommen nun, wobey Du ja Deine Begleitung auswählen kannst, ist nun schon das Unangenehme abgeschrieben und das Andere wird Dein Scharfsinn schon leicht einrichten. Du verstehst mich recht, liebe Christine, alle die Guten, die sich unserer Verbindung so herzlich freuten, möchte ich auch so bald als möglich zu Zeugen unseres Glücks machen; nur für den ersten Kuß der Liebe, den ich meinem Mädchen auf die bebenden Lippen drücke, möchte ich keine Zeugen als Gott und unsere verklärten Eltern, die dann segnend auf uns herabschauen werden.

Im Betreff der Rückreise, die ich über Ulm und Nürnberg nehmen wollte, macht mir Smidt so dringende und liebevolle Vorstellungen, daß ich mich am Ende, wenn es Dir recht ist, doch wol zu einem kleinen Umwege über Frankfurt entschließe, von wo es denn über Fulda durch ein sehr blühendes Land nach Weimar geht. Ich glaube, Smidt die Freude, Dich schon in Frankfurt als meine Gattin zu begrüßen, schuldig zu seyn. Die Vorsehung hat ihn zum Werkzeug unserer Beglückung ausersehen und wenn er gleich anfangs nicht ahndete, welche herrliche Früchte die Reise nach Zürich tragen werde, so hat er doch von dem Augenblicke an, da ich mich ihm entdeckte (es war im vorigen Sommer bald nach seiner Rückkehr von Wien) die Idee unserer Verbindung mit großer Lebendigkeit verfolgt und wer weiß, ob meine Christine mir ohne den lieben Freund, der es gewiß an Lobpreisungen nicht hat fehlen laßen, jemals oder doch so schnell ihr freudiges Ja zugewinkt hätte.

Von dem Conclusum unseres Senats, wovon ich Dir neulich schrieb, lege ich die versprochene Abschrift bey. Diese Confirmation des Bürgerrechts, die immer ein paar hundert Thaler werth ist, hast Du ganz und gar mir zu danken. Für die Schwestern hätte ich, wo ich wünschte, wol ein gleiches erlangt, wenn ich auch alle drey heirathen könnte. Da das nun aber nicht angeht, so wirst Du den Schwestern schon bedeuten, sie möchten nur an Deinem Beyspiele abnehmen, welchen Weg ein entfremdetes Bremer Kind einschlagen müßte, um hier wieder in Gnaden aufgenommen zu werden.

Christian ist vorlängst in See gegangen; Wind und Wetter waren ihm so ausgezeichnet günstig, daß er nach dem Urtheil der Sachverständigen schon lange auf dem großen Ocean schweben muß.

Leb wohl, Du Traute, auch wenn Du bey mir wärst, würd' ich Dich heute nur im Geist küßen; denn ich habe mir von der letzten Rathsherren - Aufführung einen heftigen Katharr geholt, der mich nicht verlaßen will; doch in Gedanken Kuß auf Kuß von Deinem - G.

Was macht der Vater, Susette, Regula und die guten Schwestern? Sind sie noch immer fleißig bey der Aussteuer?

Fritz Gildemeister an Christine Stolz

Bremen d. 6ten April 1816 Abends 6 Uhr

Vor ein paar Stunden, meine geliebte Christine, ist denn nun auch die zweyte erledigte Stelle im Senat besetzt. Die Wahl hat den jungen Doctor Schumacher getroffen. Du kannst denken, und würdest, wenn Du alle Umstände und Verhältnisse kenntest, es noch lebendiger fühlen, welche Mühe es mir kosten mag, mich bey solchem Ausgang aller bittern Empfindungen zu erwehren. Wirklich war ich heute vor der Entscheidung noch ungleich heiterer und unbefangener als vor acht Tagen; wenn aber damals die Gewißheit meiner Seele ihre völlige Ruhe wiedergab, so ist es heute umgekehrt; ich fühle mir die Brust wie zusammengepreßt und freue mich, daß ich in dieser Stimmung, die allerdings wol nicht die rechte ist, zu Dir flüchten kann, die Du doch eigentlich mein Alles, Alles bist, gegen Deinen Besitz mir die übrigen Dinge im Grunde als Kleinigkeiten erscheinen. Nicht die fehlgeschlagene Hoffnung an sich ist es, was mich kränkt, wol aber die damit verbundenen bitteren Erfahrungen, die mir, wenn mein Pflichtgefühl nicht stärker wäre, am Ende alles öffentliche Leben verleiden könnten. Anfangs wollte ich Dir meine Stimmung verbergen, um Dir so viel wie möglich jedes unangenehme Gefühl zu ersparen; dann aber schien es mir doch wieder, ich müßte Dir, der Geliebten meines Herzens, die Bewegungen meines Innern unverholen entdecken, selbst dann entdecken, wenn sich in ihnen vielleicht eine kleine Schwäche offenbaren sollte. Ist doch ohne diese unbedingte Theilnahme an Allem erfreulichen und niederschlagenden das schöne und heilige Vorrecht der Liebe! Uebrigens, mein geliebtes Mädchen, sollst Du Dir die Sache nicht mehr zu Herzen nehmen als sie es verdient; mein Auge blieb trocken dabey und so muß es auch das Deinige. Wenn Du dieses Blatt in Händen hältst, dann kannst Du gewiß seyn, Dein Freund ist wieder ganz der alte; ja schon jetzt, wärend ich Dir schreibe und es mir vergegenwärtige, wie Du süßes Mädchen wol in diesem Augenblick mit der Freundin vom fernen Geliebten plauderst, fühle ich mich wieder heiter und beruhigt. Eine gewiße Bitterkeit, die leicht nach solchen Erfahrungen zurückbleibt, wird ja auch wol der Ueberzeugung weichen, daß man die Menschen nehmen muß wie sie sind, und dem Gedanken, daß es doch beßer ist, die Menschen fragen warum ich wohl ***nicht*** gewählt bin, als wenn sie im umgekehrten Fall die entgegengesetzte Frage thäten. – Eine dritte Vacanz im Senat ist wohl nicht sehr entfernt, da Gondela allem Anschein nach resignieren muß. Doch ist es die Frage, ob man nicht jetzt, da der Hauptwunsch eines Theils im Rath befriedigt ist, die Sache zu verschieben sucht, bis einmal wieder irgend ein Begünstigter zu versorgen ist. Ich für meinen Theil werde mich um nichts weiter kümmern; der Glaube, man könne mich blos der Sache halber und ohne Nebenrücksichten in den Senat ziehen, ist hin; doch werde ich es immer mit warmem Dank gegen die Vorsehung erkennen, wenn sie mir einen Platz anweist, wo ich vielleicht mehr als jetzt meiner Neigung gemäß wirken kann und dabey ein festeres Auskommen gewinne. – Zu den höchst peinlichen Zugaben bey der ganzen Geschichte gehört auch noch die Beobachtung gewißer Höflichkeitsformen, die doch nun einmal nicht verletzt werden dürfen. So mußte ich gleich nach der Wahl zu Schumacher gehen und ihm glückwünschen, wobey denn allerley rührende und erbauliche Aeußerungen vorfielen; in diesem Augenblicke muß ich wieder hin zu der großen steifen Abendgesellschaft und endlich übermorgen zur Aufführung, womit denn die Geschichte vorbey ist. Ihr Frauen seyd doch glücklich, daß dergleichen peinliche Verhältnisse, wo man alle seine Gefühle gewaltsam zurückdrängen muß, bey Euch weit seltener sind.

d. 7ten April, Morgens.

Heute erwartete ich mit einiger Sicherheit einen Brief von Dir, aber leider vergebens. In meiner gegenwärtigen Stimmung hätte mir jedes Wort der Liebe und treuen Anhänglichkeit von Dir, Du Einzige, doppelt wohl gethan. Ich schiebe das Ausbleiben auf die Unregelmäßigkeit des Postlaufs, wovon ich schon manche Probe habe. Um Dich dann urtheilen zu laßen, setze ich hier einige Notizen darüber zur Nachricht her. Deinen Brief vom 20ten Dec. (Mittwoch) erhielt ich den 28ten, v. 10ten Jan. (Mittw.) den 18ten, v. 31. Jan. (Mittw.) den 11ten Febr. - Vom 14ten Febr. (Mittw.) den 22ten - vom 18ten Febr. (Sonnab.) den 6ten März. Vom 28ten (Mittw.) den 7ten März - Vom 3ten März (Sonntag) den 14ten. - vom 13ten (Mittw.) den 20ten. - Vom 16ten (Sonnabend) den 27ten. - Vom 26ten (Mittw.), Einlage in einen Brief von Smidt, den 30ten - vom 9ten März (Sonnabd) den 21ten. - Vom 23ten März (Sonnabd) den 3ten April - vom 27ten März (Mittw.) den 3ten April. - Es ergiebt sich daraus, daß ich mit der Mittwochspost am schnellsten, nehmlich in 8 und zuweilen sogar in 7 Tagen Nachrichten von der Geliebten habe; am schläfrigsten dagegen scheint des Sonnabends Post zu gehen. Das beste bey einem so verdrießlichen Zustand ist, daß wir gottlob nun bald kein Papier und Dinte und Federn, keine Post und Postillone mehr brauchen um unsere Gefühle einander laut werden zu laßen, und einander gegenseitig durch Liebe zu beseligen.

Dein letzter Brief enthält eine Namensverwechselung, über die ich Dich doch aufklären muß. Trinchen Albers, die ich Dir als meine recht liebe warme Freundin schilderte, ist nicht die Doctorin[124], die Du vor einigen Jahren in Zürich sahest, sondern ihre Schwester, Frau des Kaufmanns Christoph Albers. Die erstere ist auch wol eine recht brave Frau, mit einem äußerst practischen Verstande ausgestattet (der indeß in der schlechten Kindererziehung sehr vermißt wird) und dabey höchst belesen; sie will mir wohl und ihr Mann, ein höchst origineller Mensch, ist mein Freund. Aber mit der Schwester, die Du hier kennen lernst, darf sie, wenigstens nach meinem Urtheile, auf keine Weise verglichen werden. Diese gehört zu den trefflichsten feinfühlendsten weiblichen Wesen, die ich kenne, nur freylich nicht ganz frey von einer gewißen religiösen Schwärmerey, die ich ihr indeß bey der Leere ihres ehelichen Verhältnißes gern verzeihe. - Wenn Du nicht eifersüchtig werden willst, so sage ich Dir auch, daß wir in dem Retbergschen Familiencircel wol einmal miteinander geneckt wurden und daß ich dort scherzweise als Trinchens Flamme (nach dem Französisch ma flamme) gelte. - Aber wie gesagt, Du sollst nicht eifersüchtig werden. Niemand hat sich inniger als Trinchen über meine Verbindung mit Dir gefreut und wenn Du erst einmal hier bist, dann wirst Du es selbst sehen, daß jene Flamme dem Heiligthum unserer Liebe keine Gefahr droht. Oh, könnte Dir jetzt ein Kuß von mir sagen, wie ich Dich liebe! Ewig Dein G.

124 Maria Wilhelmine Albers, geb. Retberg (1781-1858), heiratete 1799 Dr. med. Johann Abraham Albers, (1772-1821), praktischer Arzt, Stadtphysicus, Wissenschaftler.

Fritz Gildemeister an Christine Stolz

Bremen d. 10ten April 1816 Abends gegen 12 Uhr

Unmöglich, liebe Christine, kann ich mich zur Ruhe legen, ohne Dir noch zuvor einen recht warmen Dank zu senden für die beiden Briefe vom 31ten März und 3ten April, mit dem Du mich heute erfreut hast. Recht wohl that meinem Herzen Dein Bestreben, den Vorwurf der Kälte und Grausamkeit von Dir abzulehnen, mit dem ich mich neulich in einer Anwandlung von Ungeduld über die Verzögerung unseres Beysammenseyns an Dir versündigt hatte. Ich sage, dieses ***Bestreben*** that mir wohl und die ***Art*** wie Du mich zurechtweisest, wo mir wieder jede Sylbe die zarteste Liebe verräth. Die Rechtfertigung ***an sich selbst*** war ziemlich überflüßig; denn nie war es mir eingefallen, ***Dich***, mein süßes Mädchen, anzuklagen. Ich kenne Dich, als hätte ich Jahre lang mit Dir gelebt; ich bin Deiner ***gewiß*** wie meiner selbst und ich ***glaube*** an Dich und Deine Liebe, wie ich an meine eigene höhere geistige Natur glaube. Noch ist es mir, so oft ich über die ganze Geschichte mich in Gedanken verliere, ein Räthsel, ***wie*** ich eigentlich Deine volle Gegenliebe gewonnen habe, aber so viel ist gewiß, ich baute mit großer Zuversicht darauf, als ich Dir zuerst meine Liebe entdeckte und einmal über das andere sagte ich mir: »Gelänge es Dir doch nur, Christines Vertrauen zu dir zu wecken, gewiß wird sie dich dann noch einmal recht lieb gewinnen« Als ich nun Deinen ersten Brief erhielt, da wurde dieser Glaube fester und fester; wie mir aber zu Muthe wurde, als ich meine süßesten Hoffnungen in Erfüllung gehen sah, als ich lebendig fühlte, wie Dein Herz sich den gleichen Empfindungen erschloßen hatte, das, mein gutes Mädchen, vermag keine Feder zu beschreiben. Aber glücklich, überschwenglich glücklich bin ich in dieser Gewißheit, und Du kannst fest überzeugt seyn, daß nichts in der Welt im Stande ist, sie mir zu rauben oder auch nur wankend zu machen. Bey solchen Gesinnungen, das siehst Du wohl ein, konnte es mir nicht in den Sinn kommen, ***Dir*** in vollem Ernst wegen der unangenehmen Zögerung Vorwürfe zu machen. Wie wäre wohl Liebe ohne Sehnsucht möglich? Wie könntest Du mich also wahrhaft lieben und nicht zugleich mit allen Kräften der Seele den Augenblick unserer Vereinigung herbeywünschen? Ich begriff daher sehr wohl, daß Du unschuldig an der Sache warst und ganz recht hast Du, wenn Du sagst, daß wir uns dem ***Unabänderlichen*** fügen müßen. In gewißer Beziehung ist es mir sogar lieb, daß mich Dein Verbot mich nun noch etwas länger, als ich früher glaubte, an Bremen feßelt; denn es kann sehr wohl seyn, daß man nun noch, zum Theil aus Rücksicht für mich (was Du aber niemandem sagen mußt) Gondelas Resignation so beschleunigt, daß noch vor meiner Abreise gewählt werden kann; sollte das nicht möglich seyn, so wird man ihn vermuthlich, nach einigen mir gegebenen Winken, bis nach meiner Zurückkunft hinzuhalten suchen; doch wäre mir, da die Sache selbst nun einmal unvermeidlich ist, das erstere lieber, weil ich dann, wofern die Wahl mich träfe, meine jetzigen Geschäftssachen völlig in das Reine bringen und mit völliger Gewißheit über mein künftiges bürgerliches Verhältniß der lieben Braut entgegeneilen könnte. Diesen Vortheil würde ich einbüßen, wenn ich, wie es meine Idee war, gleich nach Ostern fortginge. – Aus der

Bremer Zeitung wirst Du den Tod des alten Senator Berk[125] erfahren haben; dieser hat aber auf mich keinen Einfluß, da nach dem Wahlstatut statt seiner wieder ein Kaufmann gewählt werden muß. Daß dagegen die nächste Wahl eines Gelehrten keinen andern als mich treffen dürfte, ist mir doch, wenn ich das Ding ruhig überlege, sehr wahrscheinlich. Im Publicum scheint man gar an keine entgegengesetzte Möglichkeit zu denken und selbst von der Partey im Senat, welche das letzte mal gegen mich war, dürften doch wol die meisten diesmal für mich stimmen; denn ihre leidenschaftlichen Anstrengungen für Schumacher beruhten wol zum Theil auf der Furcht, er möchte zum drittenmale vielleicht gar nicht wieder auf die Wahl können, was hingegen bey mir gar nicht zu fürchten ist, da die öffentliche Meinung sich deutlich genug darüber ausgesprochen hat. Doch genug von diesen langweiligen Geschichten, auf die ich leider schon so oft habe zurückkommen müßen, weil sie nun einmal in unser künftiges äußeres Verhältnis so entscheidend eingreifen.

Wenn Du den Schwestern meinen herzlichen Gruß bringst, so befehle ich Dir zugleich, der ***Kleinen*** einen Kuß von wegen des Bruders zu geben für die ebenso erfreuliche als scharfsinnige Bemerkung, daß die Christine in den Gildemeister durch und durch verliebt sey. Billig sollte Betty ihre Beobachtungen über die Gemüths- und körperlichen Zustände der lieben Braut täglich aufzeichnen und mir treulich mittheilen; was ich ihr denn schon dereinst in Zürich reichlich lohnen wollte. – Gewiß umfaßt es alles, was ein männliches Herz nur wünschen kann, wenn das Mädchen seiner Wahl ihm sagt: ich ***liebe dich*** und dennoch hat es mich ergötzt, zu vernehmen, daß Du holdes süßes Mädchen, mich nicht blos ***liebst***, sondern auch ein wenig ***verliebt*** in mich bist. Das letztere ist eben nicht ***mehr*** als das erstere (im Gegentheil deutet es nicht so auf das rein Geistige der Liebe) aber es liegt in dem Worte ein Etwas von ganz unnennbarem Reize und so recht dazu gemacht, unsere männliche Eitelkeit zu kitzeln. Sieh, liebe Christine, wenn Du mir zuflüsterst: ich liebe dich, so möchte ich Dich an mein klopfendes Herz drücken und vor Seligkeit vergehen; die ***Verliebte*** dagegen fordert mich zu Scherz und Kuß, zu Kuß und Scherz auf und weckt jede Fiber in mir zum Jubel. Da ich Dich, meine Süße, nicht nur über die Maßen liebe, sondern dazu unglaublich verliebt bin, so erwarte ich von Dir die gleiche Behandlung und habe mir fürwahr schon recht lebhaft ausgemalt, wie unsere Küße und Umarmungen, wenn ich erst einmal bey Dir bin, bald die Liebenden bald die Verliebten verrathen werden. Nicht wahr, liebe Christine, wir wollen beide Nüanzen Eines und desselben Gefühls mit einander verbinden, wie es klugen und ehrsamen Brautleuten geziemt?

Nun aber, gute Nacht, Du herzgeliebtes Mädchen; einen heißen Kuß vom Geliebten und mit ihm ein paar Veilchen, die wir vorigen Sonntag für Dich beym Prövenhof zum Horn, (Du kennst ja diesen Vereinigungspunct der Sonntagsgesellschaft von Alters her) gepflückt haben.

125 Hermann Berck (1740–1816), Kaufmann, seit 1782 Senator, wohnhaft Martinistr. 44.

d.11ten April Morgens

Noch immer bin ich Dir eine genaue Beschreibung unseres Hauses schuldig, auf die Du gewiß recht gespannt bist, da ja doch nun einmal eine gute Wohnung zu den ersten äußeren Bedingungen einer angenehmen Existenz gehört. Das Ganze besteht aus dem ursprünglichen Hause, einem Anbau und einem Hinterhaus, wovon das erstere ein Erdgeschoß, eine erste Etage (hier zu Lande nennt man das zweyte Etage) und eine halbe Etage nebst Boden und Keller hat. Bey dem Anbau, der einen eigenen Boden hat, fehlt diese halbe Etage; er ist um so viel niedriger als das Hauptgebäude. Das Hinterhaus endlich hat an der Erde einen eingemauerten steinernen Waschkessel und oben eine wüste Kammer, die jetzt zum Trocknen von Wäsche gebraucht wird. Auf dem Hofplatz steht ein Brunnen. Von der Küche aus geht über denselben der Wasserlauf, der die Flüßigkeiten und Unreinigkeiten, ohne daß sie mit unserm Hause in Berührung kommen, hinter den Nachbars-Häusern wegführt. Das ganze Gebäude ist höchst solide in Brandmauern aufgeführt und von Hrn. Wilhelmi ganz modern aufgebaut. Die Vorderseite liegt nach Süden mit einer kleinen Wendung gegen Westen; doch fängt die gegenüberstehende Kirche einen Theil des uns eigentlich zukommenden Sonnenlichts auf. - Um Dir nun das Ganze noch mehr zu versinnlichen, lege ich einen aus dem Gedächtniß entworfenen Grundriß bey, und theile Dir zugleich meine Gedanken über unsere häusliche Einrichtung mit, wie ich sie mit Louise ersonnen habe. Sollte Dir etwas darin nicht recht seyn, so würde ich Dich bitten, deshalb mit Louise in Correspondenz zu treten, die überhaupt alles thun wird, um Deine Wünsche zu befriedigen. Im Erdgeschoß bliebe die Vorstube links zum Entree, die rechts aber fürs erste noch frey, etwa im Winter für die Domestiken. Die Hinterstube nähme ich zum Studierzimmer. Das Zimmer neben dem Saal im ersten Stock hatte ich für Dich, liebe Christine, zum Wohnzimmer ausersehn, in der Kammer dahinter, welche nach dem Hofe hinaussieht, sollten unsere Kleiderschränke u. dgl. stehen. Im zweyten Stock wollte ich die Kammer ***a*** mit einem Ofen versehen und abputzen laßen. Dann gäbe sie für uns eine ganz vortreffliche Schlafkammer ab. Denn sie ist geräumig, luftig und hat die Sonne, vereinigt mithin alle Bedingungen einer guten Schlafkammer. ***Bequemer*** wäre freilich die unmittelbar an das Wohnzimmer stoßende Kammer gewesen, aber sie hat keinen jener wesentlichen Vorzüge - Die Domestiken schlafen im Hause unter der Treppe[126]. - Von den Zimmern und Kammern, die wir übrig behalten, ließe sich wol etwas vermiethen. Smidt schlägt mir einen Accord vor, wonach ich ihm einige Zimmer im Winter und er mir einige in seinem Gartenhause während des Sommers einräumt. Nicht wahr, liebe Christine, das läßt

Fortsetzung fehlt.

126 In alten Bremer Häusern war häufig vom zwischen zwei Stockwerken gelegenen Treppenabsatz ein Teil abgetrennt, der als Schlafstelle diente oder als »Böthehäuschen« zum Heizen der Stubenöfen.

Fritz Gildemeister an Christine Stolz

Bremen d. 14. April 1816

Heute beym Erwachen, meine liebe, liebe Christine, geleiteten mich die Gedanken schnell zu einer stillen Wohnung und da ich wußte, daß Deine Woche begonnen hatte, so sah ich Dich im Geiste mit den Vorbereitungen zum Frühstück beschäftigt und sagte mir zugleich mit großer Behaglichkeit: nun trifft die Reihe dein liebes Bräutchen nur noch einmal; wenn sie dann abermals der Ordnung nach an sie kommen würde, dann ist ein störender Gast erschienen, der der Christine keine Ruhe läßt und es nicht duldet, daß sie sich mit irgend etwas außer ihm beschäftigt. Von dem Augenblick an, da ich bey euch bin, - das sage ich Dir vorher und Du magst es immerhin weitersagen - von dem Augenblick an übernehme ich das Regiment in euerm Hause und da sollst Du liebes süßes Mädchen denn vor allem inne werden, daß es sich unter meinem Scepter gut leben läßt. Den Schwestern bin ich zwar auch von Herzen gewogen, aber Dir, der Hochbegünstigsten, der süßen Herrin aller meiner Gedanken und Gefühle, müßen sie denn doch nachstehen und ich denke, sie werden sich diese Unterordnung gern gefallen laßen und die glückliche Braut freudig der kleinen Sorgen und Mühen überheben, die der festliche Einzug des Bräutigams nothwendig nach sich zieht. Fulda, der sich doch wieder leidlich wohl fühlt, schreibt mir gestern, Mutter werde nun ehestens in Kaßel eintreffen, um noch einige Wochen bis zu meiner Ankunft dort zu verweilen. Das ist mir sehr lieb, weil ich nun nicht so ängstlich in Hinsicht unseres Zusammentreffens an den Tag gebunden bin; was mich nicht wenig geniert haben würde, da ich unter den gegenwärtigen Umständen Tag und Stunde der Abreise unmöglich einige Wochen vorher bestimmen kann. Nach einigen mir zugekommenen Winken ist es wahrscheinlich, daß Gondela aus dem Rath tritt, sobald nur eine kleine Pension für ihn ausgemittelt ist; der Bürgerconvent, auf welchem die Sache in das Reine kommen muß, dürfte allem Anschein nach den 3ten May seyn; wenn nun also Gondela an einem der nächst folgenden Tage abträte, so könnte ich die Wahl abwarten, ohne daß dadurch etwas in unserm Plane gestört würde. Zwar ist es mir höchst peinlich, so bis zum letzten Augenblick hingehalten zu werden; doch ist es mir von ganz unendlichem Werth, ***vor*** der Reise entschieden zu wißen, wie ich daran bin. Theils ist dann mein Gemüth freyer, theils wird mir, wenn ich doch nun einmal Senator werden soll, wie es höchst wahrscheinlich ist, unendlich viel vergebliche Mühe und Arbeit erspart, wenn ich meine Advocaturgeschäfte, statt sie einem Collegen blos einstweilen zu übertragen, gleich ganz aufgeben kann. Zwar haben wol Einige im Rath geäußert, es wäre doch ganz allerliebst, wenn Du hier an der Festlichkeit der Aufführung theil nehmen könntest und ich verkenne das auch ganz und gar nicht; mir würde es ebenfalls unendliche Freude machen, Dich dann als Gattin zu Seite zu haben. Aber jene andern Rücksichten sind dennoch überwiegend und zudem hat sich auch die Frau des neuen Senators durch mancherley lästiges Ceremoniel durchzuquälen, das ich der lieben Christine, zumal in den ersten Wochen unseres Hierseyns, gern ersparen möchte. Dazu kommt endlich, daß der Ausgang einer solchen Wahl doch immer, selbst bey dem höchsten Grade der Wahrscheinlichkeit, ungewiß ist und daß Dein leicht bewegtes

Gemüth alles was ich dabey fühlen muß, gewiß doppelt stark nachempfinden würde. Darum, liebe Christine, laß uns vor allen Dingen wünschen, daß die Sache nun bald, recht bald entschieden werde.

Das Fest in Weimar dürfte wol einzig in seiner Art werden und ich kann Dir nicht sagen, wie ich mich über das glückliche Zusammentreffen von Umständen freue, das Dir gleich an der Schwelle Deines neuen Standes eine solche Feier bereitet. Denke Dir nur, Klugkist und Louise werden, wenn es sich nur irgend einrichten läßt, auch nach Weimar kommen und der achtzigjährigen Großmutter ein Paar Urenkel zuführen; aus Königsberg kommt der Oheim mit seiner Frau und zwey Töchtern hin und Fulda schreibt mir gestern auch, er werde mit Amalie nicht fehlen. Zugleich setzt er voraus, von Weimar werde die ganze fröhliche Caravane sich nach Kaßel bewegen, wo denn der Jubel von neuem beginnen würde. Nicht wahr, liebe Christine, wenn unsere Herzen noch äußerer Anregungen bedürfen, um zur höchsten Wonne gestimmt zu werden, hier wäre Stoff die Fülle. Aber sie bedürfen ihrer nicht, ich wenigstens kenne nichts über den einen Gedanken hinaus an den hohen Tag der Dich, mein süßes Leben, Dich Erwählte meines Herzens, mir Glückseligen ganz zu eigen geben wird. Oft schon habe ich mich selbst über dem Gedanken brütend überrascht; je mehr ich mich darin vertiefe, desto minder kann es mein Geist faßen, daß Du liebes angebetetes Mädchen, das ich noch vor wenig Monden schüchtern und ungekannt aus weiter ferne verehrte, nun bald als liebende Gattin an meine Brust sinken, Dein Daseyn dem meinigen auf das innigste vermählen wirst. Nicht wahr, Geliebteste, auch Dein Herz hebt sich freudig, wenn Du der nahen Zukunft gedenkst und der heißen Küße, die ich Dir leider jetzt nur noch im Geiste senden kann. Auch jetzt schon bist Du für Zeit und Ewigkeit mein, und ich Dein G.

Fritz Gildemeister an Christine Stolz

Bremen d. 17ten April 1816

Tausend warme Küße, Du liebes theures Mädchen, für all das herzliche und erquickende was mir die heutige Post von Dir gebracht hat. Ganze acht Tage hatte ich nun wieder nichts von meiner guten Christine gesehen und wenn ich gleich recht wohl weiß, daß es nicht an Dir sondern an den verwünschten Posteinrichtungen liegt; wenn ich gleich der beseligenden Ueberzeugung lebe, daß es Dir ***Bedürfnis*** ist, so oft als nur immer möglich dem fernen Geliebten Deine Empfindungen entgegenzubringen, ihm einen Vorgeschmack deßen zu geben, was ihm einst der volle Besitz eines so reich begabten weiblichen Wesens gewähren wird, so kannst Du es mir nicht verdenken, wenn ich die Zwischenräume von acht zu acht Tagen oft recht schmerzlich empfinde. In dem Urtheile über den Werth Deiner schriftlichen Ergießungen gegen mich bist Du, liebe Christine, nun einmal wieder, wie immer, höchst ungerecht gegen Dich selbst. Dem Heiligthum der Liebe und der Fülle von Empfindungen, wie nur diese stärkste und zugleich sanfteste der Leidenschaften sie erzeugt, genügen freylich keine äußern Zeichen, nicht einmal das lebendige Wort, wie viel weniger denn die matte in sich selbst todte und bedeutungsleere Schrift. Zu ihren seligsten Offenbarungen verschmäht sie so rohe körperliche Werkzeuge; ein Händedruck; ein Blick, eine Thräne, ein Kuß – ich meine so ein rechter Kuß als wahres Sinnbild der innigsten Vereinigung zweyer Wesen – leisten da freylich unendlich mehr als die beredteste Zunge und die gewandteste Feder. Und dennoch, liebe Christine, wie unaussprechlich arm wäre ich, doppelt und dreyfach beklagenswerth wäre unsere Trennung, wenn meine liebe Christine nicht neben so manchem Andern, was mich an ihr erfreut und entzückt, zugleich die Gabe verliehen wäre, ihren Empfindungen ein körperliches Kleid zu geben und in ihren brieflichen Unterhaltungen die Fülle ihrer schönen weiblichen Natur ahnden zu laßen. ***Jeder*** Deiner Briefe (auch der erste, in dem Dein liebender Sinn sich Dir selbst unbewußt so rein und edel aussprach) hat mich auf das innigste ergriffen in ***jedem*** fand ich einen Nachhall des Unnennbaren, was einst, als ich Dich sah und hörte, mein innerstes Wesen so lebendig berührte; in jedem fühle ich die Geistesnähe meines angebeteten Mädchens. Ja was das wichtigste ist, in Deinen Briefen konnte ich Schritt vor Schritt die Entwickelung Deiner Gefühle verfolgen; sie waren mir ein treuer Spiegel Deines zarten, leicht bewegten Gemüths. Vom ersten, wenn gleich etwas schüchternen und bänglichen, doch herzlichen und ***vertrauensvollen*** Entgegenkommen zeigten sie mir die ganze Stufenfolge Deiner Empfindungen bis sie mich in raschen, nie geahndeten Sprüngen zu der Gewißheit führten, daß auch Dein Herz sich der innigsten Liebe ganz und gar erschloßen habe. Diese theuren unvergleichlichen Briefe werden auch dann, wenn kein Raum und keine Zeit uns mehr trennen, als treues Bild eines bedeutenden Abschnittes in der Entwickelungsgeschichte des Wesens, das fortan nur Eines mit mir ist, für mich einen bleibenden Werth behalten. – Also noch einmal, liebe Christine, schilt mir ja nicht auf das was Du im Briefschreiben vermagst, Dein Freund verdankt ihm die höchsten Genüße, deren er bis jetzt theilhaftig geworden ist und die er um keinen Preis der Welt entbehren möchte. – Der Vorzug, den Du mir in der Fähigkeit, meinen Empfindungen Wort zu leihen, einräumst, hat mich auf das Freudigste überrascht, nicht daß ich ihn in der That zu verdienen glaube; denn niemand weiß beßer als ich, wie weit ich Dir darin, bey aller Sprachrichtigkeit und bey allen kleinen Nebenvorzügen der Form, worin wir Männer freylich wol mehr Uebung haben als ihr Frauen, nachstehe; aber Dein Urtheil würde mir, wenn ich es nicht schon sonst wüßte, die wonnige Ueberzeugung gewähren, daß ich die rechte Sprache für Dein Herz getroffen, daß mein Ideengang, meine Denk- und Empfindungsweise Deinem Innern zusagt, daß Du auch in dem Wenigen, was die Feder zu geben vermöchte, ein nahe verwandtes Wesen erkannt, das Deiner Liebe nicht unwerth sey.

Vor allen Dingen endlich wollen wir nicht vergeßen, wie dieser ununterbrochene Briefwechsel uns einander ***näher*** gebracht und das ***Fremde***, welches anfangs zwischen uns lag, so ganz und gar verbannt hat, daß unser persönliches Zusammentreffen uns in gewißer Beziehung nur als Fortsetzung eines alten traulich bekannten Verhältnißes erscheinen wird. Dein Bild war zwar lebendig in meiner Seele, als ich Dir zuerst meine Wünsche entdeckte; aber immer warst Du mir doch eine Fremde, wenn gleich eine innig geliebte und verehrte; noch ungleich fremder aber mußte ich ***Dir*** erscheinen und ich kann es Dir auf keine Weise verargen, wenn Dich damals vor dem Augenblicke, wo ich wieder in Deiner Nähe erscheinen würde, ordentlich ein wenig gegraut hat. Schreibe, Christine, das ist doch nun ein für alle mal vorbey. Wir stehen uns jetzt einander gewiß näher, als tausend Brautleute, bey denen ein langjähriger persönlicher Umgang vorherging; wir wißen, was einer dem andern gilt und worauf er mit Zuversicht bauen kann. Der Augenblick, wo ich Deinen süßen Lippen den ersten Kuß aufdrücke, wird mir ein heiliger seyn und ich fühle sehr bestimmt, daß mit ihm gewissermaßen ein neues Daseyn für mich beginnt. Aber nicht als ein Gnadengeschenk, wie ich mir es früher dachte, werde ich ihn von der ***wohlwollenden Freundin*** erwarten, nein, als mein volles Recht werde ich ihn mit Zuversicht fordern von der ***liebenden Geliebten***. Auch Dir, nicht wahr mein liebes Mädchen, auch Dir wird es so seyn, auch Du wirst es lebendig und beseligend fühlen, wie die Liebe im Fordern und Gewähren keine Grenzen kennt.

Nun aber, gute Nacht, mein süßes Leben; der Schlaf will auch sein Recht haben; ich gönne es ihm, wenn er mir nur das Bild des geliebten Mädchens in freundlichen Träumen vor die Seele führt.

d. 18ten April

Gut ist es, liebe Christine, daß ich Dir gestern die Abendstunden widmen konnte; denn sonst hätte ich wohl gar einmal einen Posttag müßen übergehen laßen, da es mir jetzt am Vormittage durchaus an Ruhe zu so traulicher Unterhaltung gebricht. Das eine wollte ich Dir aber doch noch, bevor ich schließe, sagen. Wenn nicht Gondelas Resignation einen unvermeidlichen Aufschub (wiewohl höchstens nur von einigen Tagen) nothwendig macht, so verlaße ich Bremen den 12ten Mai, bin den 14ten in Caßel, wo ich einen Tag bleibe und treffe den 17ten in Frankfurt ein; dort würde ich einen Tag bleiben und dann nach fünf Tagen in Deinen Armen seyn. Den ersten Brief also, den Du mir nach dem 1ten Mai schreibst, schicke doch nach Caßel, den zweyten nach Frankfurt. An beiden Orten will ich Sorge tragen, daß man sie mir hierher sende, falls meine Abreise sich verzögern sollte. Ohne diese Vorsicht würden mich Deine Briefe leicht verfehlen.

Nimm den innigsten Kuß von ***Deinem*** G.

Grüße die lieben Schwestern u. s. w. - Vaters Aufträge an Hase und Kießelbach[127] sollen ausgeführt werden.

Vor einigen Tagen hatte ich einen Brief von meinem jüngsten Bruder Heinrich voll der herzlichsten Aeußerungen über unsere Verbindung. Er wolle gegen Ende des vorigen Monats Peert bey Stolpe in der Gegend von Danzig verlaßen und eine Verwalterstelle zu Rosengarten bey Frankfurt an der Oder antreten, die ihm der Staatsrath Thaer[128] verschafft, der überhaupt sehr freundschaftlich an ihm handelt. Heinrich schreibt mir er glaube Dich zwar nicht zu kennen, aber Dein Vater sey einer der Menschen die er am meisten achte und so müßte ihn auch schon in dieser Beziehung die Verbindung unserer beiden Familien auf das Höchste erfreuen. - Grüße alle die Lieben in Zürich, die ebenso denken und fühlen; und reiche mir Deinen Mund, daß ich ihn küße und Honig von den süßen Lippen sauge.

127 Dr. theol. Nicolaus Kießelbach (1762-1816), seit 1797 Pastor an St. Stephani.

128 Albrecht Thaer (1752-1828), Landwirt, Naturwissenschaftler, Professor der Landwirtschaft in Berlin, Gründer der Königlichen Akademie des Landbaus in Möglin.

Fritz Gildemeister an Christine Stolz

Bremen d. 20ten April 1816

Die trauten Abendstunden, die ich so gerne vorzugsweise meiner geliebten Christine widme, raubt mir heute ein Ball bey Diedrich Kulenkamp[129], von dem ich mich gerne früher wegschleiche, wenn es sich nur schicken wollte. Um also den Abend doch nicht ganz und gar einzubüßen, benutze ich das Viertelstündchen, das mir noch bis zum Ankleiden bleibt, um Dir, mein süßes Mädchen, wenigstens einen flüchtigen Gruß zuzusenden und Dir zu sagen, was Du freylich im Grunde schon weißt, daß Du die Herrin meiner Gedanken, der Mittelpunct aller meiner Gefühle und das Ziel meiner heißesten Wünsche bist. In diesem Augenblick, es ist jetzt sieben Uhr, sitzest Du Gute gewiß bey der Freundin und da wird denn gewiß manches Wort gewechselt, das ich um mein Leben gern einmal als unsichtbarer Gast belauschen möchte. Auch von der nahen Zukunft wird da die Rede seyn, und von der schönen, schönen Zeit, wo ich ganz Deine erquickende beseligende Gegenwart genieße, wo Hand und Auge und Mund mir sagen werden, daß ich von dem besten Mädchen geliebt bin. Diese holde Blüthezeit tritt auch mir, so oft ich mich mit Dir aus weiter Ferne unterhalte, mit frischen reizenden Farben vor die Seele und ich darf mich also dem holden Glauben überlaßen, daß sich in diesem Augenblicke unsere Gedanken begegnen, daß wir uns geistig so nahe sind, als es unter den gegebenen Bedingungen nur immer möglich ist.

Den 21ten April um 12 ½ Uhr Mittags

Endlich, liebe Christine, sind die Arbeiten für das Obergericht beseitigt und ich behalte nun noch einige Augenblicke um mit Dir, der Liebsten, zu plaudern, und Dir vor allen Dingen für den gar wonniglichen Brief vom 16ten zu danken, den Du für mich an Amalie gesandt hast. Gestern Abend als Louise mich zu Kulenkamps abholte, reichte sie mir im Wagen einen aus Versehen bey ihr abgegebenen Brief von Amalie. Sie hatte ihn in Gedanken erbrochen und die Einlage erkannt. Du magst Dir also vorstellen, ob ich nicht lieber gleich wieder umgekehrt wäre. Das wollte nun aber doch nicht gehen, ich steckte daher die Briefe mit möglichst guter Miene in die Tasche und hatte den Heroismus, sie, so lange die Gesellschaft währte, nicht anzusehen, obgleich die Hand mehrere male unwillkürlich, selbst wärend des Tanzes, nach der Tasche fuhr, die so Köstliches verbarg. Ich hätte mich zwar mal in ein Nebenzimmer stehlen können; aber der Genuß wäre doch unvollkommen gewesen und es schien mir eine selbst Entweihung, die süße Spende Deiner Liebe auch nur irgend mit dem lärmenden Getreibe der großen und schönen Welt in Berührung zu bringen. Um halb drey Uhr Morgens endlich kam ich zu Hause und nun war es das erste, daß ich mir es bequem machte, eine

129 Diedrich Kulenkamp (1773-1833), Kaufmann, verheiratet mit Heloise (Luise) Theobaldine, geb. Olbers, Papenstr. 5.

Cigarre anzündete und mich dem Genuße, den Du Süße mir bereitet, mich so recht nach Herzenslust hingab. Sieh, liebe Christine, bey manchen Stellen Deines Briefes, die es mich so recht lebendig empfinden ließen, daß Du ***glücklich*** bist durch meine Liebe, daß alle andern Gefühle, die Deine Brust bewegen, ihr entweder gänzlich untergeordnet sind, oder mit ihr im reinsten Einklange stehen, - bey manchen dieser Stellen habe ich heiße Thränen vergoßen und Dich im Geiste auf das innigste an mein Herz gedrückt. Immer noch ist es mir unbegreiflich, wie und wodurch mir eigentlich Deine Gegenliebe zu Theil geworden. Daß die rücksichtlose Liebe eines rechtlichen Mannes dem Herzen eines unverdorbenen Mädchens einen gewißen Grad von Wohlwollen abnöthigen muß und daß dieses am ***Ende*** wol in wahre Liebe übergeht, das finde ich natürlich. Aber etwas ganz anderes ist es mit Dir und mir und mit dem namenlosen Gefühle, das Dein Daseyn mit dem meinigen ganz und gar verschwistert. Aber ich will auch nicht mehr über das ***Wie*** grübeln, sondern mich ohne weiteres der herrlichen Wirklichkeit freuen. Am erhebendsten ist mir der Glaube, daß Du Unvergleichliche mir von Anbeginn bestimmt warst und daß die gütige Vorsehung selbst den Funken in Deine Brust gesenkt hat, der mich nun wärmt und erleuchtet. ***Du bist mein*** und ***ich bin Dein***, das weiß ich und diese Gewißheit ist fortan die Grundlage unseres Daseyns. Uebrigens bin ich auch weit entfernt, Deine Liebe zu mir, wiewohl ich sie als die höchste Himmelsgabe warnehme, gradezu als unverdient anzusehen. Du hast einen tiefen Blick in mein Inneres gethan; Du weißt nun, daß ***Dein*** Glück, ***Deine*** Wohlfahrt mein einziger Gedanke ist und darum ***mußt*** Du mich lieben, darum bin ich auch Deines Besitzes so sicher, daß ich z. B. gar nicht begreife, wie neben der Liebe auch noch die Eifersucht einen Platz in derselben Brust finden kann.

Nun, liebes Mädchen, vor dem Scheiden einen recht innigen Kuß vom dem, welcher Dein war und ist und seyn wird. G.

Vaters Neugier in Betreff der Wahlmänner kann ich in diesem Augenblick nicht befriedigen, weil ich die Namen nicht mehr weiß. Ich will sie aber zu erfahren suchen. Auf dem letzten Wahlconvent wäre ich beinah unter die 12 gekommen; ich mußte deshalb mit Aeltermann v. Kapff würfeln.

Der künftigen Hausfrau bin ich die Nachricht schuldig, daß ich vorgestern die große Hinterstube und die Vorstube rechts an Dr. Albert Gröning vermiethet habe. Er zahlt mir für das Local ohne Meubeln 100 Th. jährlich, die sehr wol mitzunehmen sind, da wir die beiden Zimmer vollkommen entbehren können. Zu meinem Arbeitszimmer denke ich das über jener Hinterstube befindliche zu nehmen, das grade dieselbe Größe hat. Dabey habe ich noch den Vortheil, daß ich der lieben Christine umso näher komme. Da wir nun ganz oben wohnen werden, so können wir uns die kleine Unannehmlichkeit des vielen Gelaufs, der freylich mit einem solchen Bureau verbunden ist, schon gefallen laßen. Dafür haben wir den großen Vortheil, daß wir von fünf Uhr Nachmittags an ganz allein im Hause sind. Denn Gröning läßt niemanden darin schlafen.

Die Schwestern, Vater, Mutter, Bruder, Regula und Susette grüße recht freundlich von mir.

Dein G.

Fritz Gildemeister an Christine Stolz

Bremen d. 24ten April 1816

Täglich und stündlich, Du Süße Unvergleichliche bin ich bey Dir, fühle ich das unaussprechlich beseligende Deiner Liebe und sende die heißesten Danksagungen zum himmlischen Vater, der mir das köstlichste gewährt, was dem Mann nur irgend zu Theil werden kann - das Gefühl, von einem edlen Mädchen wahrhaft geliebt zu seyn, mit einem solchen Wesen, wie verschieden es auch in tausend Beziehungen von uns seyn mag, doch in dem Einen, was eigentlich den Menschen zu Gottes Ebenbilde stempelt, durchaus Eins zu seyn. Dieses Gefühl, Du geliebtes Mädchen, belebt mich täglich und stündlich; aber immer mit erneuter Stärke durchströmt es mir die Brust, wenn ich Dich in Deinen Briefen reden höre, wenn Deine unbeschreiblich süßen Worte mich für Augenblicke die weite Entfernung vergeßen laßen, die uns, wenn auch nicht geistig, doch körperlich trennt. Darum ist mir denn auch unter allen Wochentagen der Mittwoch der liebste, der mir gewöhnlich zweifach Kunde giebt von dem Sinnen und Empfinden des theuersten Mädchens. Auch heute ward mir dieser doppelte Genuß durch Deine Briefe vom 14ten und 17ten, aus Deinem letzten mir gar Dein Kuß in lieblichem Reseda entgegenduftete. Uebrigens, liebe Christine ist das mit dem Reseda nur ein Bild und zwar ein schwaches. Bey Öffnen des Blattes hauchte die Blume mir den lieblichsten Wohlgeruch entgegen; es war als hätte nur das Siegel den flüchtigen Geist gefeßelt, damit er die Botschaft der lieben Freundin ordentlich ausrichte; denn einen Augenblick nachher, als ich nochmals süßen Duft aus der Blume schlürfen wollte, war es nichts mehr. Ganz anders, liebe Christine, wird es seyn, wenn ich erst einmal von den süßesten Lippen einen langen innigen Kuß sauge, wenn ich Dich, Geliebteste, an mein schlagendes Herz drücken werde. Ich weiß es, ein Kuß von Dir muß dem Ueberglücklichen dem ihn Deine Liebe spendet, lange, lange durch alle Fibern nachbeben. Und diese selige Zeit, der wir nun schon seit Monden entgegenschmachten, sie ist ja nun auch nicht mehr fern. Wenn dieses Blatt in Deinen Händen ist, dann, liebe Christine, schicke ich mich schon mit Macht zur fröhlichen Brautfahrt an. Die äußern Verhältniße sind jetzt, obgleich im Wesentlichen unverändert, doch so daß sie auf die Zeit meiner Abreise keinen Einfluß haben. Diese werde ich also so einrichten, daß ich auf ***jeden Fall*** am Himmelfahrtstage mein Mädchen in die Arme schließe. Ich würde also etwa am 11ten Bremen verlaßen; doch kann es, wenn meine Geschäfte, die sich natürlich in diesen letzten Tagen sehr häufen werden, es irgend gestatten, wol seyn, daß ich noch einige Tage früher reise, um allenfalls unterwegs in Caßel und Frankfurt etwas zugeben zu können. Auf meine Ankunft darf es, wie sehr ich mich auch dem Augenblick entgegensehne, keinen Einfluß haben, damit unsere Einrichtungen wegen des ersten Zusammentreffens nicht gestört werden. Dein Plan, mir ganz allein nach Eglisau[130] entgegenzukommen, hat mich dermaßen entzückt, daß Du nun durchaus nicht wieder

130 Eglisau am Rhein, etwa 30 Kilometer von Zürich gelegenes Städtchen.

zurücktreten kannst - hörst Du, liebe Christine, Du kannst und darfst nicht; der Name Eglisau hat mir heute den ganzen Tag in den Ohren geklungen; es war mir, als sey ich Dir nun schon um eine Tagesreise näher gerückt. Nun höre aber auch, wie ich, der Oertlichkeit völlig unkundig, mir das Ganze ausgesonnen habe, damit der erste heilige Moment des Wiedersehens so sey, wie meine geschäftige Phantasie ihn sich ausmalt. Hast Du oder der Vater eine Bekannte in Eglisau, so erwartest Du mich bey ihr ganz allein. So wie ich ankomme, verlaße ich Mutter, die von nichts wißen muß, unter irgend einem Vorwande und eile zu Dir. Sind dann diese ersten Augenblicke vorüber, wo die Herzen sich durch die Gegenwart jedes, auch des theilnehmendsten Zeugen beengt fühlen würden, dann, liebe Christine, führe ich Dich triumphierend zur Mutter; sie wird mir über der Freude schon die kleine Ueberraschung verzeihen und wir drey glücklichen Menschen feiern dann das erste Fest, das Dich gewißermaßen zum Gliede ***meiner*** Familie macht. Bitte, liebe Christine, schreibe mir doch umgehend nach Kaßel Deine Gedanken darüber und wenn das Ganze irgend ausführbar ist, so vergiß auch nicht, mir das Haus oder den Garten, wo meine Augen Dich schauen sollen, mir möglichst genau zu bezeichnen; denn Liebe und Sehnsucht können mich doch ohne diese Vorsicht leicht in die Irre führen. Solltest Du mir aber weder nach Kaßel noch nach Frankfurt etwas befriedigendes darüber sagen können, so würde ich Dich bitten, mir eine Adreße in Schaffhausen aufzugeben, wo ich dann noch am Vorabend des seligsten Tages ein Brieflein von der Geliebten mit den nöthigen Anweisungen in Empfang nehmen könnte. - In Klothen würdest Du dann mit mir, nun schon als die Meinige, zu den andern Lieben aus Zürich stoßen, wo ich dann gleich sehen werde, ob Du Anlage zur Eifersucht hast. Denn das Recht, auch den Schwestern einen Kuß auf die Wangen zu drücken, laße ich mir nicht nehmen, was Du auch immer für Einwendungen dagegen haben magst. - Nun aber, gute Nacht, Du Einzige heiß geliebte; ich darf nicht länger schreiben, wenn ich mich nicht um allen Schlaf bringen will. In diesem Augenblick hast Du ja noch keine Ahndung davon, daß Dein Bräutigam Dir einen Kuß zusendet, so innig und warm er ihn nur immer im Geiste zu geben vermag.

Den 25ten April

Betty Gleim[131] hat sich auf ihrer Rückreise nach Elberfeld einen Tag in Frankfurt aufgehalten, wo sie, wie Smidt mir schreibt, nicht genug von Deiner ***Schönheit*** zu erzählen gewußt habe. Willst Du wol glauben, liebe Christine, daß mir das ordentlich Freude gemacht hat? - Daß Du schön bist, brauche ich freylich von keinem Dritten zu hören; ich hatte Gott sey Dank gesunde Augen als ich in Zürich war; und mir bist Du auf jeden Fall die schönste auf Erden. Und dennoch that es mir wohl das von einer Fremden zu hören. Seit Du selbst Dich mir gegeben hast, betrachte ich Deine Schönheit - ich kann

131 Betty Gleim (1781-1827), Bremer Pädagogin und Schriftstellerin, Kämpferin für Mädchenbildung und qualifizierte Frauenberufe, Verfasserin des »Bremischen Kochbuchs«, Gründerin einer Lehranstalt für Mädchen und einer lithographischen Anstalt.

mich deßen nicht wehren, - so ein wenig als mein Eigenthum, als etwas mich persönlich angehendes, und so ist mir denn die öffentliche Anerkennung auch dieses Vorzuges meiner lieben Braut nicht gleichgültig. Zudem fand ich in dem Urtheil der Gleim die freudige Bestätigung deßen was Du selbst und die Schwestern mir früher über Deine blühende Gesundheit geschrieben hatten. - Vielleicht, liebe Christine, findest Du Dich in Deiner Idee vom Geliebten gestört durch den Werth, den er auf äußere körperliche Vorzüge zu legen scheint und schiltst es wol gar als unweise, daß ich einem Mädchen gegenüber so offen und unverhohlen von deßen Schönheit rede. Doch glaube ich, kannst Du dabey ganz ruhig seyn. Auf das Zufällige und Vergängliche lege ich gewiß keinen größeren Werth als es verdient; aber wo sich zarter Frauensinn in edler jugendlicher Form offenbart, da fordert er unsere Huldigung; ich brachte sie Dir im stillen als ich Dich in Zürich sah; warum sollte ich sie denn nun nicht der geliebten Braut offen und gradezu entgegenbringen? Daß Dich dergleichen eitel machen sollte, fürchte ich auch nicht, aber angenehm muß Dich der Gedanke berühren, daß der Geliebte sich Deiner Schönheit inniglich freut, der Stunde mit unbeschreiblichem Verlangen entgegensieht, wo er in Deinem herrlichen klaren Auge jede noch so leise Regung Deines liebenden Gemüths lesen wird.

Aber schon zwingen mich Geschäfte des Tages, von der süßen Braut wiederum für einige Tage zu scheiden; Morgen haben wir Bürgerconvent, der allem Anschein nach bis sehr spät in die Nacht dauern wird. Uebermorgen aber gewinne ich wol einige Augenblicke für die Liebste, da ich mich dann noch über manches mit ihr unterhalten werde, wozu es heute zu spät wird. Im Geiste aber bin ich immer bey Dir und wo Dich Frühlingslüfte sanft umwehen, da magst Du nur denken, es ist ein Kuß, den der Geliebte sendet.

Ewig, ewig Dein G.

Allen unseren Lieben in Zürich bringe meine herzlichsten Grüße. Die Schwestern magst Du immerhin vorbereiten auf die Art wie ich von ihnen empfangen zu werden erwarte, damit sie dann nicht etwa zur Unzeit die Spröden spielen.

Solltet ihr es nicht schon etwa von Norden her wißen, so kann ich euch die angenehme Nachricht mittheilen, daß Hermann am 24ten Jan. glücklich in Brasilien (in Bahia de todos los Santos - Allerheiligenbay) angekommen ist. Von Carl hoffe ich bald etwas zu hören. Wenn er hört, wie glücklich Du mich machen willst, so kommt er sicher, wenn er wieder in Europa ist, einmal zu uns.

Von Mutter erwarte ich jeden Augenblick die Nachricht, daß sie in Kaßel angekommen ist, wo ich sie treffen werde.

Nochmals ein Kuß von Deinem G.

Fritz Gildemeister an Christine Stolz

Bremen d. 28. April 1816

Schon das Format dieses Briefes und die größere Schrift verrathen Dir heute, meine liebe Christine, daß die Augenblicke der Unterhaltung mit meiner süßen Freundin mir dieses mal nur sparsam zugemessen sind. Ich bin nehmlich bey meinen Arbeiten gewohnt ziemlich groß zu schreiben und nehme daher auch in einem Briefe, wo ich es sonst gern vermeide, zu derselben Weise meine Zuflucht, wenn es darauf ankommt möglichst geschwind zu schreiben. Vorgestern hatten wir einen sehr langen Bürgerconvent bis in die Nacht hinein und gestern füllte mir den ganzen Abend eine abscheuliche aber sehr dringende juristische Arbeit aus; die ich erst jetzt beendigt habe. Du entschuldigst mich also gewiß, wenn diese Zeilen das Gepräge der Eile und Unordnung an sich tragen. Wäre es mir nicht zum unbedingten Bedürfnis geworden, wenigstens ein paarmal wöchentlich Dir ein trautes Wort zu senden, und wüßte ich nicht, daß Du alles was von meiner Hand kommt, auch das unbedeutendste, mit einem Herzen voll Liebe aufnimmst, so hätte ich lieber heute gar nicht geschrieben. Glücklicherweise bin ich über solche Bedenklichkeiten hinaus, ich weiß es, daß Du mein Denken und Empfinden begreifst und daß ich ***dazu*** keiner Worte mehr bedarf um den beseeligenden Glauben an meine namenlose Liebe in meines Mädchens Brust lebendig zu erhalten. Dennoch aber muß ich es Dir immer und immer wieder sagen: Du hast mein Herz, meine Liebe - mit einem Wort Du hast ***mich selbst*** ganz und gar; Du bist Eins mit mir. Wenn ich einmal in Deiner freundlichen Nähe lebe, dann hoffe ich, sollst Du es erquickend fühlen, daß Gildemeister zu lieben weiß, daß er da, wo er einmal liebt, auch ganz und ungetheilt liebt, daß er es empfindet, welchen unvergleichbaren Schatz er an einem Mädchen gewonnen hat, deßen innere Gediegenheit ihm mit dem ersten Augenblick des Anschauens klar wurde. - Wenn ich fast anderthalb Jahre, nachdem ich Dich gesehen hatte, zauderte, bis ich Smidt das erste Wort über meine Liebe sagte, warlich es waren keine Bedenklichkeiten der gewöhnlichen Art, die mich so lange zurückhielten, sondern blos die Furcht, Deine Empfindungsweise, die ich mir vollkommen entziffern konnte, rauh und unzart zu berühren. Oh wie danke ich jetzt Gott, daß meine Liebe stärker war als diese Bedenklichkeiten, daß ich es endlich wagte, die geheimsten und heiligsten Wünsche des Herzens meiner lieben Freundin schriftlich zu entdecken und daß die liebe Freundin mich so schnell verstand!

Was Du mir über Deine letzte Abendmahlsfeier und zwar im Hinblick auf unsere nächste Zukunft schreibst, hat mich innigst gerührt: Mein eigenes Gemüth ist, wenn ich gleich, was ich Dir schon früher hätte gestehen sollen, den äußern Gottesdienst bisher mehr als billig vernachlässigte, durchaus empfänglich für religiöse Eindrücke und auf das innigste bin ich davon durchdrungen, daß ohne sie im Grunde unser ganzes Daseyn leer und gehaltlos ist. Wie unsere beiden Herzen in irdischer Liebe eins sind, so, meine theure Christine, werden wir auch, das fühle ich lebendig, in dieser höchsten Beziehung Eins seyn. Daß sich das religiöse Gefühl zum Theil anders im Mann und wieder anders im Weibe gestaltet, ist freylich wahr; aber so geht es im Grunde mit ***allen*** unseren Empfindungen; doch eben in dieser Ungleichheit, in dieser gegenseitigen Ergänzung ruht die wahre höhere Einheit. Auch Du, liebe Christine, wirst noch recht oft inne werden, daß ich in tausend Dingen ganz anders bin als Du, aber nicht wahr, Du wirst mich darum nicht minder lieben?

Von Mutter haben wir gestern Briefe, die uns vermuten laßen, daß sie heute oder morgen in Caßel ankommt. Die Nachrichten von Fulda werden immer günstiger; auch er sieht dem Familienfest in Weimar heiter entgegen. Nächsten Donnerstag sende ich Dir die von Vater verlangte Bescheinigung und wünsche, daß er dann sogleich die Proclamation besorgen möge. Grüße ihn und die Schwestern so wie alle anderen. Einen Kuß und zwar einen recht langen innigen, sende ich nur Dir, meine Geliebte, mein Alles. G.

Von Bremen, denke ich, erhältst Du nun noch drey Briefe von mir und dann keinen mehr. Nicht wahr, die lange ersehnte Stunde rückt doch endlich näher und wir können nun schon allenfalls die vereitelte Zusammenkunft in Frankfurt verschmerzen.

Ich vergaß Dir zu sagen, warum ich die Briefe jetzt zum Theil durch Smidts Hände gehen laße. – Vater klagt gegen mich über das theure Briefporto; er sieht die Sache natürlich nicht mit den Augen eines Liebenden an und ich kann mir denken, daß ihm meine häufigen Briefe schon manchen stillen Seufzer abgepreßt haben. Das ist mir drückend und darum habe ich auf ein Mittel gesonnen, Dir meine Briefe ganz frey zukommen zu laßen, was von hier aus unmittelbar nicht angeht.

Die Post läßt mir grade noch Zeit genug, um Dir zu sagen, daß der Senat durch einen förmlichen Beschluß Dir, liebe Christine, das hiesige altstädtische Bürgerrecht[132] mit Handlungsfreyheit confermirt hat und Du mir jetzt vollkommen ebenbürtig bist. Sag das doch an Vater und frage ihn, ob dieses Conclusum für unsere Proclamation in Zürich genügt.

Grüße alle Unsrigen und noch einen Kuß von Deinem G.

Fritz Gildemeister an Christine Stolz

Bremen d. 1. May 1816 Abends 9 Uhr

Der ewige Friede ist bekanntlich in der Politik ein Hirngespinst; leider werde ich nun aber auch inne, daß er es in den Verhältnissen des Einzelnen zu einander nicht minder ist. Heute früh erwartete ich gewohntermaßen von Dir, Du liebes, böses Mädchen, ein Brieflein, – und ich denke ich war zu dieser Erwartung berechtigt – aber ich harrte umsonst. Ich tröstete mich indeß mit der Hoffnung auf die stille Abendstunde, die mir wol ebenfalls etwas Liebes von Zürich zu bringen pflegt, und überließ mich, gestärkt durch diese Aussicht, mit frischem Muthe den mannigfachen Geschäften des Tages.

132 Bis 1820 bestand ein Altstadt-, Neustadt- und Vorstadtbürgerrecht. Die Kosten des Erwerbs waren unterschiedlich. Darüber hinaus gab es das altstädtische Bürgerrecht mit »Handlungsfreiheit«, mit dem der Zustrom auswärtiger, besonders der wenig erwünschten Kaufleute lutherischen Glaubens, gesteuert werden konnte.

Nun aber ist der Abend da; seit viertehalb Stunden sitze ich auf meinem Zimmer und suche mir die Grillen zu vertreiben durch - Lesung einer dicken Proceßacte, und horche jedem Tritt den ich auf der Treppe höre, und immer vergebens. Endlich reißt mir der Geduldsfaden, ich werfe die verwünschte Acte weg und setzte mich an den Schreibtisch um der bösen, bösen Christine eine förmliche ***Kriegserklärung*** zu senden. Zwar habe ich noch immer die leise Hoffnung, daß die Post sich verspätet hat und die Morgenstunde mir vielleicht etwas von der lieben Feindin bringt; auch regt sich in meinem Innern ein gewißes Etwas, das mir sagt: Christine ist unschuldig, wenn gleich der Schein gegen sie zeugt. Aber dennoch bleibt es bey der Kriegserklärung, wobey ich am Ende auf jeden Fall der gewinnende Theil seyn dürfte. Findet sich nehmlich nur ein Schatten von Schuld an Deiner Seite, so mache ich nur auf eine Bedingung Frieden mit Dir: Du ergiebst Dich mir auf Discretion, mit dem unbeschränkten Rechte, nach Gefallen Küße zu fordern und zu geben. Kannst Du Dich hingegen, was ich doch im Grunde erwarte, ganz vollkommen rechtfertigen, so giebt es eine Versöhnung, die dann wieder mit Küßen sonder Zahl besiegelt werden muß. Im Geiste sehe ich, wie Du Lose der Drohung lachst, aber wahrhaftig, liebe Christine, die Sache ist sehr ernsthaft. Nur noch wenige Wochen und ich bin leibhaftig bey Dir und beweise Dir mit der That, d. h. mit Küßen, daß ich der Mann nicht bin, der eine Beleidigung vergißt und seine Drohungen unerfüllt läßt. In dem Augenblicke, wo ich das niederschreibe, wird der Wunsch so recht lebendig in mir, daß Du doch gleich zur Stelle wärst und ich Dich sogleich meine Nähe könnte empfinden laßen. Da das nun aber nicht seyn kann, so will ich mir nur einstweilen solche Gedanken aus dem Sinne schlagen und so thun, als ob alles unter uns beym Alten wäre.

Doch was schwatze ich auch für Zeug; bey Alten ist und bleibt es ja immerdar, wenn mich auch einmal das Ausbleiben Deiner Briefe ein wenig böse macht. Ich bin zwar zur Stunde Dein Feind, weil ich nun einmal die Kriegserklärung nicht mit Ehren zurücknehmen kann, aber warlich ein sehr versöhnlicher und selbst großmüthiger. Im Grunde bist und bleibst Du doch meine Liebste, meine Einzige, mein Trost und meine Freude; wenn alles Andere in und außer mir wechselt, so ist dieses - ich fühle es auf das bestimmteste - das Feste und Dauernde in meinem Daseyn und ich mag es anfangen wie ich will: immer ist das der Anfang und das Ende jeglicher Gedankenreihe, daß wir auf ewig einander angehören.

d. 2. Mai Morgens

Meine Ahndung von gestern hat mich nicht irr geleitet, ich bin im Besitz Deiner Briefe vom 21ten und 24ten v. M. und durch beide ***sehr*** glücklich. O Du liebes herrliches Mädchen, warum muß ich immer noch hier sitzen und die Gedanken mit Gewalt an dieses Bremen feßeln, wärend hundert Meilen von mir - ein unbedeutender Raum für zwey verwandte Herzen - die lieblichste Braut meiner harrt? Warum kann ich nicht sogleich hinüber fliegen zu Dir und Dich an mein Herz drücken und Dir so recht aus voller Seele danken für all das unendlich Liebe und Gute, was Du mir abermals gespendet. Fast, möchte ich sagen, liebe Christine, Du thust des Guten zu viel; Du überhebst mich über mich selbst und nährst Ansprüche in mir, die Du am Ende selbst übertrieben finden dürftest. Und doch wieder auf der anderen Seite möchte ich keins der goldenen Schmeichelworte mißen, die mir die Liebste in so reichem Maße zusendet. - Von selbst versteht sich, daß der obige Fehdebrief zurückgenommen ist; Du bist völlig unschuldig, da Dein Brief vom 21ten in Frankfurt einige Tage liegen geblieben war. Die Versöhnungsküße, von denen ich oben redete, erlaße ich Dir nicht; da ich sie in diesem Augenblick noch nicht von Deinen süßen Lippen rauben kann, so werde ich sie heute über drey Wochen und so ferner jeden Tag mit Zinsen und Zinseszinsen einfordern.

Für Vater lege ich die zum Behuf unserer Proclamation in Zürich verlangte Bescheinigung bey, mit welcher die Dortigen ja wohl zufrieden seyn werden. In der Beilage zu Deinem heutigen Brief schreibt mir Vater zwar, das Document solle ***ohne Siegel*** seyn, aber ich habe vergeblich darüber hin und her gesonnen, was dran das Siegel ***schaden*** kann. Ich hatte das Document einmal, um ein übriges zu thun und recht sicher zu gehen, unter dem großen Stadtsiegel bestellt und den präsidierenden Herrn Bürgermeister um seine eigenhändige Unterschrift ersucht. Eben hatte ich den Brief, als ich es solchergestalt ausgefertigt erhielt. Wollte ich es nun in einer andern Form umschreiben laßen, so würde ich nur Zeit verlieren und überdem würden die Behörden glauben, ich wolle sie zum besten haben, da ich keinen Grund für die Aenderung anzuführen wüßte. - Die Vorschrift wegen des ***Formats*** der Bescheinigung ist zufällig befolgt. Vermutlich hatte sie Vater des Briefportos wegen beygefügt. - Nochmals bitte ich Dich, meine liebe Christine, alles anzuwenden und anwenden zu laßen, damit die Züricher Herren wegen der Proclamation keine unnützen Weitläufigkeiten machen. Den Schein, daß hier in Bremen alle Förmlichkeiten erfüllt sind und der Trauung nichts im Wege steht, bringe ich selbst mit.

Heute haben wir in U. L. Fr. Hrn Passavant in Detmold zum ersten Prediger und zugleich zum Primarius, den bisherigen Gehülfsprediger Capelle[133] aber zum zweyten Prediger gewählt. Grüße die Deinigen im weitesten Sinne des Wortes von demjenigen, welcher Dich im Geiste innigst küßt, da ihm das Beßere noch nicht vergönnt ist.

Doctor Albers bittet, Herrn Profeßor Römer sagen zu laßen, die für ihn aus England angekommenen Sachen seyen bereits vorschriftsmäßig über Frankfurt an ihn abgegangen.

Addio, dolce del anima mia.

133 Ernst Friedrich Conrad Capelle (1790-1847), war von 1815-1847 Pastor an der Liebfrauenkirche. Verheiratet mit Henriette Florentine, geb. Droste.

Fritz Gildemeister an Christine Stolz

Bremen den 4ten Mai 1816 Abends 11 ½ Uhr

Auf Morgen ziemlich früh ist eine Landpartie nach Oberneuland verabredet und ich glaube kaum daß ich vorher noch Zeit zum Schreiben behalte. Nun fürchte ich zwar, daß aus der ganzen Geschichte nichts wird, da wir seit einigen Tagen das abscheulichste Regenwetter von der Welt haben; um mich aber doch auf keinen Fall der Gefahr auszusetzen, die morgende Post ohne einige Zeilen für die Liebste abgehen zu laßen, sende ich Dir noch vor Schlafengehen einige Küße so heiß und innig, als Du sie Dir nur immer von Deinem Geliebten denken magst.

Als ich Dir zuletzt schrieb, da, meine gute Christine, war ich wirklich etwas böse auf Dich wegen des Ausbleibens Deiner Briefe. Nun ich aber die Deinigen vom 21ten und 24ten habe, fühle ich doppelt mein Unrecht, wenn ich lese wenn Du bey einem ähnlichen Anlaß auch gar nicht einmal auf den Gedanken kamst, mir deshalb auch nur im Scherz, einen Vorwurf zu machen. Ueberhaupt, mein liebes, mein unaussprechlich theures Mädchen, haben grade diese beiden Briefe mir Dein ganzes Wesen und alles was mich einst in Deiner unmittelbaren Nähe entzückte, so lebendig vor die Seele gerufen, daß ich mich kaum eines ähnlichen Eindrucks von Deinen schriftlichen Mittheilungen zu erinnern wüßte. Aber freylich ist das am Ende auch wol eine Selbsttäuschung, etwa so wie man bey jeder neuen Wiederkehr des Frühlings über den Reiz des gegenwärtigen leicht alle früheren vergißt und sich einbildet, eben der letzte sey doch auch wol der schönste von allen. Ja, meine süße Christine, ***alle*** Deine Briefe sind zu meinem Herzen gegangen, ***alle*** haben sie mich beseligt, wie nie etwas zuvor; aber doch finde ich in den letzten so manche Andeutungen, die ***so*** wie aus den tiefsten Tiefen des Herzens hervorquellen konnten und mich fast ***so*** berühren, als hielte ich mein Mädchen selbst in den Armen und als sagte mir Auge und Mund, daß ich geliebt bin. Früher beschlich mich noch wol dann und wann ein Zagen, eine gewiße Aengstlichkeit, ob nicht meine persönliche Gegenwart einen Theil des Eindrucks wieder vernichten möchte, den ich abwesend auf Dein reines der Liebe bedürfendes Herz gemacht habe. Diese Ängstlichkeit ist jetzt, und zwar vorzüglich durch Deine letzten Briefe durchaus von mir gewichen. Ich empfinde es auf das Deutlichste, daß Du in mir nicht etwa irgend ein erhofftes Ideal liebst, das denn natürlich der nackten Wirklichkeit gegenüber kläglich zerrinnen muß, sondern daß Du mich selbst und mein eigenstes Wesen auch aus der Ferne erkannt hast und daß dieses mein ***selbst*** es ist, was Dein Geist liebend umfängt und mehr und mehr beglücken wird. Eben weil Du in meinem ***Wesen*** ein verwandtes empfunden hast, fürchte ich auch durchaus nicht mehr, daß diese oder jene Eigenschaft, die für sich genommen eben nicht gemacht, Dein Herz zu gewinnen, Deine Liebe zu mir auch nur im mindesten schwächen könnte. Du, theures, theuerstes Mädchen, bist unwiederruflich mein, bist mit unauflöslichen Ketten an mich gefeßelt und ich denke, wenn ich nun in Deiner Nähe bin, so wirst Du es freudig inne werden, daß Du und Dein Herz mir wie ein altes völlig unbestreitbares Besitzthum sind. Glaube nur ja nicht, liebe Christine, daß der Hochmuth solche Worte aus mir redet; ich weiß sehr gut, daß ein Glück wie das meinige zu den ausgezeichneten Begünstigungen des Himmels gehört und nicht eigentlich ***verdient*** werden kann; aber ich weiß auch, daß ich Eigenschaften besitze, die meine Christine allerdings beglücken können.

Künftigen Donnerstag, dabey bleibt es, wird die Wallfahrt zur Geliebten angetreten; wärend ich dieses schreibe, ist der Sonntag angebrochen und ich kann mir schon mit frohem Sinn zurufen: nach dieser Woche geht es fort und der süßen Freundin immer näher, bis ich sie selbst in den Armen halte und ein einziger Kuß ihr unendlich viel mehr sagt, als was irgend die Feder auszudrücken vermag. Bis zum Donnerstag werden mir die Stunden unter einem Gedränge von Geschäften, Anordnungen und Besuchen dahinfliehen. Doch getrost, meine Seele, diese paar Tage sind bald vorüber, und dann sitze ich im Wagen und laße mich gemüthlich, ungestört in den süßesten Träumen dem lieblichen Zürich zuführen.

Nun gute Nacht, mein süßes Leben,- »mein angebetetes Mädchen« denn das bist Du nun einmal, wenn Du gleich in Deinem letzten Brief diese Huldigung zurückweisest. Einen langen, langen Kuß von Deinem G.

Herzliche Grüße an Vater, Mutter, Bruder und vor allen an die lieben guten Schwestern. Diesen kannst Du allenfalls von meinetwegen einen Kuß auf die Wangen drücken.

Fritz Gildemeister an Christine Stolz

Bremen d. 8ten May 1816

Die Zeit des endlosen Harrens, meine liebe, süße Christine, ist nun ihrem Ziele ganz nahe. Heute erhielt ich Deine beiden unaussprechlich zarten liebenden Briefe vom 28ten April und 1ten May und weinte meine heißen Freudenthränen bey dem Gedanken, daß es die ***letzten*** waren, die ich in Bremen von Dir erhielt. Meine Abreise, die anfangs auf Morgen festgelegt war, mußte ich doch am Ende bis übermorgen verschieben, weil ich einsah, daß ich mit aller Anstrengung nicht alles was sich bey einem Geschäftsmann in solchen Augenblicken zusammendrängt, würde beseitigen können, wenn ich nicht unaufhörlich am Schreibpult sitzen oder ein paar Nächte zur Hülfe nehmen wollte. Beides ist für mich durchaus unleidlich und mit meiner Constitution unverträglich. Ich habe daher lieber einen Tag zugegeben, den ich nun an dem Aufenthalt in Kaßel und Frankfurt wieder kürze, weil es einmal unwiderruflich bey mir beschloßen ist, daß ich am Himmelfahrtstage die welche mir die Liebste auf Erden in meine Arme schließe und mit der holden Braut frohlockend in das freundliche Zürich einziehe.

Du hast keinen Begriff davon, liebe Christine, wie ich in diesen letzten Tagen mit Besuchen und Bestellungen aller Art geplagt bin. Doch gestehe ich Dir gern, daß diese Plage mir im Grunde Freude macht als nothwendige Vorbereitung zu der schönsten und genußreichsten Reise meines Lebens, - das Schlimmste ist nur, daß ich noch manche sehr ernste Arbeit zu beseitigen habe, die unter so geräuschvoller Umgebung nicht recht gedeihen will. Um mir daher einige Ruhe zu verschaffen, habe ich fast alle Leute bey dem

Glauben gelaßen, daß ich Morgen wirklich abreise und nur wenige Ausnahmen in das Geheimnis eingeweiht. Dein Bräutigam, liebe Christine, ist also morgen gewißermaßen incognito in Bremen.

Ganz herrlich ist es, daß ich jetzt Deinen Briefen ***entgegenreise*** und nun schon in Kaßel bedeutend jüngere Nachrichten von Dir bekomme. Dadurch wird es mir so recht sinnlich klar, daß der Raum der uns noch trennt, nun bald mit jedem Tage und mit jeder Stunde kleiner und kleiner wird, bis – aber ich rede lieber gar nicht von dem einzig herrlichen Augenblick, der doch in der Wirklichkeit noch ganz anders seyn wird, als sich ihn die Phantasie bildet.

Heute war ich bey Bürgermeister Lampe im Familientage; ich denke, sie hatten mich wol vorzüglich eingeladen, um mich Glücklichen noch einmal als Bräutigam zu sehen und nebenbey auch, weil mein Anblick in Deinen Freundinnen, die sich alle auf das innigste nach Dir sehnen, vermöge einer sehr natürlichen Ideenverbindung manches frohe Gefühl aufregen muß. – Schade, daß Minchen Meyer Dich nicht mehr sieht; sie wird in diesen Tage nach der Brake gehen, um sich einzuschiffen.

Heute, liebe Christine, habe ich auch von den beiden Bildern Abschied genommen, die mir nun fast vier Monate hindurch manchen heitern Augenblick geschaffen haben, wenn sie gleich mit dem Bilde das ich seit zwey Jahren und länger im Herzen trage, keinen Vergleich aushalten. Ich habe mich gern von ihnen getrennt, denn, Gott sey Dank, ich bedarf ihrer nicht mehr und werde bald nicht mehr begreifen können, wie ich sie nur ansehen mochte. Die Gewißheit, daß hundert Meilen von mir ein treues, liebevolles Herz für mich schlägt, ein Herz wie nur je uns das Daseyn eines Mannes beglückt, diese Gewißheit, die Deine wundersüßen, in ihrer Art vielleicht einzigen Briefe in mir erzeugt und belebt haben, stimmt mich jetzt vor allen Dingen, da ich im Begriff stehe, Dir mit dem Herzen auch die Hand zu reichen, zu dem heißesten Dank gegen Gott, der mich so wunderbar leitete. Wenn wir erst einmal als Gatten beysammen leben, dann, mein liebes, mein unaussprechlich geliebtes Mädchen, wirst Du erst lebendig empfinden, daß ich einen hohen Begriff hege von den Pflichten meines neuen Standes, daß es mir ein frohes, aber auch heiliges Geschäft seyn wird, nach meinen Kräften zur wahren Begründung Deines Wohles beyzutragen.

Ich sage Dir aus Bremen zum letztenmale Lebewohl, denn ich will mich nun zu Bette legen, und Morgen komme ich doch nicht zum Schreiben. Darum nochmals Lebewohl und einen innigen Kuß von Deinem G.

Die liebevolle Theilnahme der Schwestern und der Freundin rührt mich, so genau Du mir davon erzählst; wie verlangt mich, ihnen allen persönlich zu danken. Grüße sie und alle die Deinigen, vorzüglich Vater.

Ich glaube Dir schon von der letzten Rathswahl geschrieben zu haben, die Aeltermann Löning[134] traf. Habe ich es unterlaßen, so geschah es aus Vergeßenheit, oder weil ich mir einbildete, Vater bekäme mit jedem Posttage die Bremer Zeitung.

134 Albert Löning (1767–1849), Kaufmann, Leinenhändler, seit 1807 Aeltermann, 1811 französischer Municipialrat. Wurde 1816 Senator. Seit 1805 Besitzer eines Landgutes in Oberneuland. Unverheiratet.

Fritz Gildemeister an Christine Stolz

Kaßel d. 14ten Mai 1816

Recht nahe möchte ich Dir seyn in dem Augenblick, wo Du diesen Brief erbrichst und schon die Aufschrift Dir sagt, daß Dein Geliebter nun schon fast ein Drittel seiner Brautfahrt zurückgelegt hat. Nicht wahr, mein liebes, süßes Mädchen, die Freude wird doch ein wenig Deine Wange färben, wenn Du nun mit Gewißheit erfährst, der sehnlich erwartete Freund sey wirklich unterwegs, es sey ihm gelungen sich von allem was ihn doch möglicherweise noch unerwartet in Bremen zurückhalten konnte, loszumachen und der Auserwählten seines Herzens zuzueilen.

Am Donnerstag konnte ich, wie Du schon weißt, nicht fortkommen, desto freudiger war meine Empfindung als ich nun alle meine Sachen geordnet hatte und so mit leichtem Herzen am Freytag Morgen in den Wagen steigen konnte. Bis Hannover begleitete mich der Profeßor Salfeld[135] aus Göttingen, ein sehr gebildeter junger Gelehrter deßen lebendige Unterhaltung mir indeß jetzt minder willkommen war, als sie unter andern Umständen gewesen wäre, weil sie mit meiner ganzen Gemüthsstimmung nicht harmonierte und die Gedanken auf eine höchst unbehagliche Weise von der Geliebten abzog. Hinter Hannover war ich denn alleine im Wagen, mit Dir und mit meiner Liebe und Du kannst Dir denken, wie ich mir die letzte Vergangenheit zurückrief, wie ich all das unendlich Zarte und Liebevolle, was mir Deine Briefe zugeführt, und die ganze wundervolle Geschichte unserer Herzenseinigung nochmals mit der tiefsten Rührung überdachte, und wie ich denn in der nächsten Zukunft, in deren Schooße für mich das höchste Glück ruht, nach Herzenslust herumschwärmte. Dann dachte ich mir wieder, was macht Dein Mädchen wol in diesem Augenblick; gewiß sitzt sie im traulichen Gespräch bey ihrer Susette und gedenkt des Freundes den sie schon auf der Reise vermuthet. Ich war nehmlich am Sonnabend Nachmittag von Hannover nach Elze gefahren und wußte Dich also in jener Zeit bey der Freundin. Daß mit jenem Tage Deine Woche vorbey sey, kam mir ebenfalls in den Sinn und ich konnte mir vorstellen, wie der Gedanke »***dieses*** Verhältniß kehrt nun für dich nicht wieder« und was sich alles dem anreihen mußte, Deinen zarten Sinn berühren mochte, – Eine eigentliche ***Beschreibung*** meiner Reise hierher wirst Du nicht erwarten; sie möchte etwa ganz kurz so lauten: ***außen*** Sturm und Schloßen, zuweilen sogar etwas Schneegestöber; ***innen*** Wärme und Sonnenschein und ein heiteres gemüthliches Frühlingsleben. Die Geschichte meiner Reise wird am Ende nichts anderes seyn als eine Geschichte der Empfindungen, wie die Außenwelt sie nach und nach in mir anregte. Als ich z. B. den zweyten Abend noch in der Dämmerung fuhr und der Vollmond mir so erquicklich in den Wagen leuchtete; wenn des Mondes Scheibe sich zum zweyten füllt, dann ist auch dir die Fülle des Glückes geworden, dann drückst du

135 Jacob Christoph Friedrich Saalfeld (1785–1834), Historiker, Philosoph. Er hatte gute Beziehungen zu Bremen, insbesondere zur Familie des Astronomen Wilhelm Olbers, mit dessen Sohn Dr. jur. Georg (1790–1861) er eng befreundet war. Er schrieb 1810 »Essai sur l'importance commerciale et politique des trois villes libres Anséatiques Lubec, Hambourg et Bremen«.

das liebste Mädchen schon als traute Gattin an das sehnende Herz. Als ich die Höhe erstiegen hatte und den Gipfel des alten Brockens im Schnee glänzen sah, da dachte ich, wie er grünen und blühen wird, wenn ich nach ein paar Monden an Deiner Seite in das nördliche Deutschland hinabsteige. Als der Lutterberg erstiegen war, und ich nun die Heßischen Berge bis in die blaue Ferne verfolgen konnte, da wurde das Gefühl in mir lebendig »nun bist du im mittleren Deutschland, und der Süden, wo die Liebste deiner harrt, ist nun auch nicht mehr so gar fern. Kaßel endlich, wo ich gestern Nachmittag gegen sechs Uhr eintraf, erschien mir jetzt doppelt lachend, da ich dort wieder, wie Du mir versprochen, einige liebende Zeilen von Dir finden sollte und die Mutter nebst Amalie und Fulda traf. Sieh, liebe Christine, so ging es auf dem ganzen Wege und es fehlt nicht viel, so könnte ich fast von jedem Punct der Reise Dir etwas ähnliches erzählen; doch ich verschone Dich damit, da Du selbst Dich schon in meine Stimmung versetzen wirst. In Nordheim mußte ich noch eine alte Haushälterin aus Magdeburg, die wegen ihres Weiterkommens sehr verlegen war, mit in den Wagen nehmen, was mir denn sehr verdrießlich war.

Fulda habe ich beßer gefunden als ich glaubte; Mutter traf ich ***überaus*** wohl und ich zweifle nicht daß die Freude über die liebe Tochter an diesem Wohlseyn den besten Theil hat. Morgen bleiben wir noch hier und dann geht es weiter nach Frankfurt pp. Deine beiden hierher adreßierten Briefe sind in meinen Händen. Der letzte war freylich kurz; aber dennoch danke ich ihn Dir in Gedanken mit den heißesten Küßen. Du liebes, süßes einziges Mädchen, siehst also dem Kommen des Bräutigams mit steigender Ungeduld entgegen; Du bist also so recht durchdrungen von dem Gefühl, daß seine Verbindung Dir Segen bringen wird? Oh meine liebe Christine, gieb Dich ganz diesem beseligenden Glauben hin, er wird Dich gewiß nicht täuschen. Ewig Dein G.

Mutter, Amalie und Fulda grüßen auf das herzlichste. - Tausend Grüße den Deinen ***Allen***.

Fritz Gildemeister an Christine Stolz

Frankfurt d. 18ten Mai 1816

So wäre ich nun wirklich meinem geliebten Mädchen um beinah fünfzig Meilen näher als ich noch vor acht Tagen war und das was ich noch vor mir sehe bis zum erwünschten Ziele, liegt doch schon in den Grenzen einer gewöhnlichen, wenn gleich etwas bedeutenden Reise. Ich kann Dir nicht sagen, wie schon das Gefühl: du bist nun in Frankfurt und weiter von Bremen als von dem Orte, wo Dein Mädchen weilt, mich freudig durchbebt: es ist mir ein schwacher Vorgeschmack deßen, was ich empfinden werde, wenn nun erst kein Raum und keine Zeit mehr die liebenden Herzen trennen, wenn ich die innigst geliebte Braut erst an das treue Herz drücken werde.

Gestern Abend kam ich hier mit Mutter wohlbehalten an und trat bey Smidt ab. Wir hatten herrliches Reisewetter, aber leider manche Unannehmlichkeit mit meinem

Reisewagen, an dem ich gleich einige Meilen von Caßel bedeutende Reparaturen mußte vornehmen laßen. Um die dadurch verlorene Zeit wieder einzuholen, und nicht in Frankfurt vergebens auf mich warten zu laßen, mußte ich mich schon entschließen, die Nacht durchzureisen. Um für den Verfolg der Reise ähnlichen Verdrießlichkeiten vorzubauen, laße ich hier die Räder von Grund aus ausbeßern, was mich wol bis morgen Mittag hier fest halten wird. Das soll indeß, soweit es von mir abhängt, in unsern anfänglichen Plan keine Störung bringen, und ich erwarte Dich sehr in Eglisau am 23ten d. - hörst Du, Liebe, ganz sicher. Doch sollst Du Dich, wenn ich etwa nur wenige Stunden oder einen halben Tag später als Du erwartest, eintreffen, Dich nicht ängstigen und quälen; Du kennst ja das Reisen aus Erfahrung und weißt daß man, besonders wenn es weit geht, nicht immer allen zufälligen Zögerungen vorbauen kann.

Dieser Brief, mein süßes liebes Mädchen, ist nun wol der letzte, den Du von mir erhältst, er wird, nach meiner Rechnung am 22ten, also am Vorabend des herrlichsten Tages in Deinen Händen seyn. Somit nehme ich denn also ***schriftlich*** Abschied von Dir und küße Dich zum letzten Male ***im Geiste***, da ich in wenigen Tagen mein liebes schönes Mädchen in diesen meinen Armen halte und ihr mit den heißesten Küßen meine Wonne, meinen namenlosen Dank entgegenbringen werde.

Smidt, der Dir nebst Frau und Tochter die herzlichsten Grüße sendet, sitzt neben mir, um mich zu einem Besuche mitzunehmen. Ich schließe daher mit dem freudigsten Lebewohl und füge nur noch, wie es sich von selbst versteht, meinen Gruß von Mutter bey und die Bitte, mich allen den Deinigen gebührend zu empfehlen, besonders den Schwestern.

Ewig, wie heute Dein G.

Sage doch Vater, aus Mangel an Zeit könne ich ihm heute nicht schreiben, er dürfe indeß in Hinsicht der größten Besorgniße ganz ruhig seyn. G.

Fritz Gildemeister an Johann Smidt

Zürich d. 30ten Mai 1816

Seit dem Empfang Ihres Briefes vom 25ten mache ich mir recht ernsthaft Vorwürfe darüber, daß ich Ihnen bey meiner Ankunft nicht, wie versprochen, geschrieben habe. Es war indeß nicht Vergessenheit sondern Prämeditation, weil meine Zeilen auf keine Weise vor dem 29ten in Ihren Händen seyn konnten, wo ich Sie bestimmt auf dem Weg hierher glaubte. So sehr ich nun auch jetzt noch überzeugt bin, daß Sie unterwegs sind und vielleicht heute oder morgen ankommen werden, so schreibe ich Ihnen dennoch für den entgegengesetzten möglichen Fall, um wenigstens das Maaß meiner Schuld nicht zu vergrößern. Denken Sie nur, lieber Freund, unsere Hochzeit ist jetzt auf den 6ten Juni gesetzt; der Aufschub bis zum 11ten war blos eine Grille des Alten. Doch müßen Sie sich, wenn diese Zeilen Sie etwa noch in Frankfurt treffen, sich ja nicht von der Reise hierher abhalten laßen; denn wenn Sie Christine und mich auch nicht mehr im seligen Brautstande sehen sollten, so haben die Honigmonden der Ehe doch gewiß auch ihren Werth und ich kann es Ihnen zum voraus versprechen, Sie werden an uns beiden Ihre Freude haben und sich auf das innigste des Werkes freuen, das ja auch Sie mit zu Stande bringen halfen. – Von Ihrer Prophezeyung, lieber Freund, die mich übrigens auch nicht rührt, ist doch auch gar nichts eingetroffen; im Gegentheil ist uns beiden, Christine und mir, der ganze Umfang von Seligkeit die einer im andern finden sollte, erst im persönlichen Beysammenseyn so recht sonnenklar geworden. Darum nochmals, kommen Sie mit Frau und Tochter und genießen Sie mit uns des wonnigen Junius am schönen Zürichsee.

Heute wie immer Ihr Gildemeister.

N.S. Sie mögen nun kommen oder nicht, so vergeßen Sie doch ja nicht, mich von dort aus mit Geld zu versehen; ich bin so ziemlich auf dem Trockenen.

Von Christine, Mutter u. s. w. die herzlichsten Grüße. Alle sehen Ihrer Ankunft mit Frau und Tochter voll Verlangen entgegen.

Fritz Gildemeister an Johann Jacob Stolz

Liebenstein den 30ten Juli 1816

Aus Weimar werden Sie, lieber Vater, zweymal Nachrichten von Ihrer Christine erhalten haben, deren letzte wohl schon der weiteren Reise hierher als bevorstehend erwähnt haben wird. Wirklich verließen wir auch Weimar am 18ten Mittags und kamen des folgenden Tages in diesem überaus reizenden Badeorte an, wohin uns meine Mutter, der Oheim Kotzebue mit Familie und Fulda's schon vorausgeeilt waren, Klugkisten aber um 24 Stunden später folgten. Gerne hätte Ihnen Christine von hieraus einige Zeilen gesandt, wenn nicht ein ziemlich heftiges Rheuma, das sie seit einigen Tagen an das Bett feßelt, einen Strich durch die Rechnung machte. Um jedoch unsere Lieben in Zürich nicht vergeblich auf Nachrichten von uns warten zu laßen, habe ich mich nun lieber gleich an den Schreibtisch gesetzt. Ein Blättchen von Christinens Hand wäre Ihnen freylich noch willkommener gewesen; aber auch mir haben Sie sich ja so ganz und gar als liebender Vater erwiesen, daß Ihnen diese Züge von der Hand des Sohnes gewiß Freude machen werden. Die Unpäßlichkeit der geliebten Gattin, die sich anfangs mit Kopfweh, Schmerzen in den Hüften u. s. w. ankündigte, hat sie leider um einen großen Theil der Annehmlichkeiten gebracht, die wir uns von dem gemeinsamen Familiengenuße einer Gegend versprochen hatten, die wol zu den schönsten in Deutschland gerechnet werden darf. Kotzebues sind heute nach Königsberg zurückgereist und da sie über Weimar gehen, so ist Mutter mit ihnen gefahren um dort ihren Bruder noch einige Tage genießen zu können. Auch Klugkisten haben sich heute auf den Weg nach Bremen gemacht, wir wären gern in ihrer Gesellschaft geblieben; allein da die Witterung über alle Beschreibung schlecht, ich möchte fast sagen winterlich ist, so haben wir es vorgezogen hier noch ein paar Tage auszuhalten, und Christines völlige Beßerung abzuwarten. Will das Glück uns wohl, so treffen wir Klugkists noch mal in Kaßel; doch dürften wir schwerlich mit ihnen zugleich in Bremen eintreffen, da ich es für meine Pflicht halte, die liebe junge Frau auf der ferneren Reise möglichst zu schonen. So lebhaft Sie, bester Vater, gewiß mit uns wünschen werden, daß wir nur erst in der ersehnten Heimath eingetroffen seyn möchten, so billigen Sie doch gewiß die Gründe, die mich bestimmen nicht zu sehr zu eilen und werden nicht ungeduldig, wenn vielleicht erst nach vierzehn Tagen ein Brief von Christine aus unserm Besitzthum in Bremen datiert, anlangt.

Die Herzogin von Meiningen[136], die mit ihrem Sohn, dem minderjährigen Herzoge und den Prinzessinnen auf dem Schloße Altenstein, eine halbe Stunde von hier, den Sommer zubringt, ist häufig in Liebenstein und macht sich das Wohlseyn der Badegäste recht eigentlich zum Geschäft. Gegen meinen Oheim insbesondere ist sie ausnehmend artig gewesen und auch uns hat sie, vermuthlich als Glieder seiner Familie, ihrer wohlwollenden Aufmerksamkeit gewürdigt. Ein paar Einladungen zum Thee bey der Fürstin hat Christine mit republicanischem Stolze zurückgewiesen, weil sie sich nicht wohl fühlte und keine Beruf hatte, sich der Durchlauchten halber zu geniren. Ich habe ihre Beweggründe durchaus gebilligt. - Seit vorgestern hat der alte Thümmel[137] aus Gotha der Brunnengesellschaft einen erfreulichen Zuwachs gegeben. Es wird Sie nicht überraschen, wenn ich Ihnen sage, daß der Mann, welcher in seinem 54ten Jahre die Reise in das südliche Frankreich schreiben konnte, auch jetzt noch als acht und siebziger sich in dem regen Leben des Badeorts wohlfühlt. - Er ist noch durch und durch Lebemann und hat, wie seine Bekannten versichern, vor dem Scheiden von dieser schönen Welt, woran der etwas hinfällige Körper doch ja zuweilen mahnt, eine gewaltige Furcht.

In einsamen Augenblicken gedenke ich noch oft mit einigem Behagen der gemüthlichen Stunden, die wir Abends nach Tisch bey einem Pfirsich und einem Glase Kirschwaßer angenehm verplauderten. Diese Sitzungen denke ich, werden wir künftigen Sommer in unserer Vorstube am Liebfrauen Kirchhofe fortsetzen, nicht wahr, lieber Vater, Sie sagen ***ja*** und die guten Schwestern Judith und Betty laßen sich auch wohl bewegen, es noch einmal mit dem Bruder, der es freylich zuweilen etwas arg mit ihnen machte, zu versuchen. Vielleicht, daß bis dahin das Ehejoch ihn schon etwas zahmer gemacht hat. Sie so wie Mutter und Bruder sind hiermit von mir und Christine, die alles was ich schreibe von Wort zu Wort billigt, auf das innigste gegrüßt. Dem Bruder Jacques läßt sich der Profeßor Heyse[138], der hier das Bad braucht, freundschaftlichst empfehlen.

Leben Sie wohl, bester Vater, bald hören Sie mehr von uns.

Ihr Gildemeister.

136 Luise Eleonore (1763-1837), Witwe von Herzog Georg I (1761-1803), leitete bis 1821 für ihren unmündigen Sohn Bernhard Erich Freund (1800-1882) die Regierungsgeschäfte.

137 Moritz August Thümmel (1738-1817), Schriftsteller, schrieb nach dem Vorbild zeitgenössischer französischer Erzählungen überschwängliche, teils locker-erotische, teils derbe Poesie und Prosa.

138 Nicht geklärt.

Christine an Johann Jacob Stolz

Bremen den 28 August 1816

Wenn schon mit zitternder Hand, so kann ich doch nicht anders als meine ***Lieben alle***, mit der freudigen Nachricht bekannt machen daß mein theurer Gildemeister heute zum Rathsherrn erwählt worden ist – Ich weiß wie warm der Antheil von Vater, Mutter, Schwestern und Bruder seyn wird, darum säumte ich auch nicht länger; freylich ist mein ganzes Wesen so ergriffen daß Ihr Lieben mit diesen wenigen Zeilen vorlieb nehmen müßt.

Gottlob bin ich nun wieder gesund, und genieße in dem lieben Bremen, unter den lieben herrlichen Menschen, in meinem Hause der Freuden Fülle, bald schreibe ich ausführlich; jetzt ist es mir aber noch nicht möglich. Oh! wie viel habe ich mitzutheilen; und nur freudiges.

Die Besuche welche gerade jetzt gemacht werden, und die von diesem Abend werden in dem Hause von Onkel Pavenstedt[139] auf dem Wall angenommen, die Aufführung Morgen wird auch von dort aus seyn. Ich bin ruhig im Kreise der liebsten Freundinnen in meinem Hause. Da ich noch etwas angegriffen bin (oder es vielmehr seyn soll) so bin ich allen Ceremonien entledigt. Doch ich muß enden da meine Hand so zittert daß ich kaum die Feder halten kann. Dieses Zittern ist aber kein krankes Gefühl, die Freude bringt es hervor.

Lebtwohl Ihr Lieben, ***Alle***

Christine Gildemeister

Gildemeister hat keine Ahndung davon daß ich nach Zürich schreibe sonst würde er mir gewiß die innigsten Grüße auftragen.

Christine Gildemeister an ihre Eltern

Bremen den 7ten Sept. 1816

Liebe Eltern!

Kaum kann ich es mir denken daß ich schon 14 Tage an dem Ort meiner Bestimmung bin, und heute zum ersten Mal die Feder in Ruhe ergriffen habe um von Gildemeister und mir auch einmal selbst Nachricht zu geben, und doch ist es so! Heute sage ich es Ihnen nun aber so gerne, den freudigen Glauben im Herzen tragend, es werde Ihnen, und Allen die mich in Liebe im Herzen tragen eine Freude bereiten wenn Sie erfahren, von mir selbst es vernehmen daß ich am 24ten August, Abends 7 Uhr freudig und heiter an der Seite meines theuren Gildemeisters, die liebe Geburtsstadt, unser Haus, welches zu unserm Empfange gar lieblich eingerichtet war, betrat; den Tag vor unserer Ankunft war meine Seele trübe gestimmt, weil ich unaufhörlich mich mit dem Gedanken beschäftigte und ihn auch gegen

139 Johann Eberhard Pavenstedt (1749–1823), Kaufmann, Aeltermann, war verheiratet mit Fritz Gildemeisters Tante, Sarah Friederike G. (1755–1796).

Gildemeister aussprach: wie Manches hat sich in den 5 Jahren wo du Bremen nicht sahst zugetragen! Sie werden es begreifen, geliebte Eltern, daß dieses Sinnen und Denken manche trübe und wehmuthsvolle Erinnerungen in meinem Herzen von Neuem aufregte, mir manches vor die Seele stellte was Trauer und ernstes Nachdenken zur Folge hatte. – Wie gut und erquicklich war, und mußte es in meinem Herzen seyn daß ich auch in dieser Stimmung mit Zutrauen, meinem lieben Freunde nahen konnte; daß er mich verstand und begriff; dann aber auch wieder sanft und kräftig zu ermuthigen zu erheben wußte. Wundersam heiter und ruhig erwachte ich in Hoya den folgenden Morgen und mit dem klaren Herzen gegen Gott denke ich nun wieder daran daß diese ungetrübte Heiterkeit mich den ganzen Tag wo ich wahrlich körperlich und geistig der Stärke bedurfte nicht verließ. In oder vielmehr hinter [Textlücke] erblickte ich zuerst die Thürme von Bremen. G. zeigte sie mir, ich dachte nicht daß mir schon ***da*** die Freude werden sollte diese liebe; nun wieder befreite Stadt zu begrüßen! Sonderbar ist es daß ich ganz lebendig von dem Gefühl, dem herrlichen Bewußtseyn ergriffen wurde: liebende Herzen werden nun bald in deine Arme, an dein Herz sinken, die alte Liebe und Treue wird nun bald von allen Seiten dich erquicken! Es werden die alten Freunde seyn welche dich begrüßen! Gildemeister teilte mit mir dieses reine Entzücken welches ich über das eben gesagte empfand. Auch er kehrte freudig zurück in den Kreis von Freunden und Verwandten. Als wir in Brinkum waren konnte ich es kaum glauben; und wie ich nun immer näher dem Ziele der langen Reise rückte. Da nun von Bremen nach Brinkum schon in der Franzosenzeit eine Chaussee gemacht wurde so waren wir in sehr schneller Zeit auf bremischem Gebiet, und eh ich mich versah fuhren wir in B. ein – In unserm Hause fanden wir Niemand als die liebe treffliche Schwester Luise Klugkist. Mannigfache Gefühle bestürmten mein ganzes Wesen bey dem Gedanken: nun bist du in diesem Hause; hier sollst du wirken als Frau meines geliebten G.; doch wenn auch ernste Gedanken mit frohen wechselten, so konnte ich im Ganzen nur heiter gestimmt seyn. Ich war es, und bin es auch nun, theure Eltern, denn wo sich das Auge hinwendet wird mir Freude und Entzücken! Als ich mich nun ein wenig erholt hatte, mein Geist sich durch Thränen der Freude und des Dankes gekräftigt fühlte, traten meine liebsten Freundinnen, die Schwestern Lampe[140] ins Zimmer – Sie, lieber Vater, werden es mir ganz nachempfinden, da Sie diese theuren Wesen kennen, mit welcher herzinniglichen Liebe sie mich begrüßten, an ihr Herz drückten. Auch Hermanna, die schwer Geprüfte, und seit dem Tode ihres Gatten unendlich Entbehrende, äußerte mir Freude durch Worte, Mienen und Gebehrden. Metchen Schröder kam auch, die liebe Seele begrüßte mich mit Wehmuth, ach! Wie war es anders möglich. – Aber auch Freude und wahres Entzücken über mein Glück, über die herrliche Wendung meines Schicksals sprach sie gegen mich aus, und so war denn ihr Erscheinen nicht störend, mir im Gegenteil höchst erquicklich. F. Noltenius[141] kam auch nach, und

140 Anna Lampe (1781–1825), heiratete 1808 Dr. jur Simon Hermann Nonnen. Catharine (»Trinchen«) Lampe, (1787–), heiratete 1810 den Kaufmann und Fabrikanten Johann Christian Friedrich Schrader (1876–). Wohnhaft Obernstr. 49. Hermanna Lampe (1788–1865), heiratete 1813 Pastor Gerhard Segelken (1775–1816), 1828 ihren verwitweten Schwager Dr. jur. Simon Hermann Nonnen. Henriette »Henny«, Adelheid Lampe (1789–1860).

141 Caroline FRIEDERIKE Noltenius, geb. Rohde.

im Kreise dieser Lieben Alle brachte ich zwey mir ***ewig*** unvergeßliche Stunden zu; dann entfernten sich aber diese Lieben, und kaum hatten sie das Haus der Freude verlassen, so kamen die Brüder, J. und H.[142] - Die Freude welche ich da empfand war wol in ihrer Art einzig. Wir alle waren von der gleichen Freude beseelt, konnten keine Worte finden um sie auszudrücken, und doch verstand Einer den Andern; alles was auf das Gemüth bey einem ganz gewöhnlichen Zusammenkommen traurig oder ernst und nachdenkend hätte stimmen können, verschwand da, nur Freude und Wonne bewegte da die liebenden Herzen. Die Brüder blieben nun und aßen mit uns zur Nacht. Welche Freude war es für mich daß ich diese Lieben nun im eigenen Hause bewirthen konnte; und wie wohl war es auch ihnen! - Sie wissen es schon daß ich Gottlob ziemlich wohl in Bremen anlangte, und mit inniger Freude kann ich Ihnen nun sagen daß ich ganz vollkommen genesen bin; ich fühle mich an Geist und Körper so wohl wie auf unserer ganzen Reise nicht. Nicht wahr, alle haben sich in Tannenberg über Gildemeisters glückliche Wendung seiner äußeren Existenz gefreut? Doch wie kann ich auch dieses fragen da es mein Herz mir laut verkündet daß alle welche mich lieb haben warmen Antheil an diesem frohen Ereignisse nehmen. Hier wird mir auch von allen Seiten die wärmste wahrste Theilnahme fühlbar! Meiner Schwäche halber mußte ich auf alle Festlichkeiten woran auch die Frau des Neuerwählten Noltenius sonst theilnimmt verzicht leisten; in mancher Beziehung war mir diese Entbehrung sehr erwünscht, und das hauptsächlich darum, weil unzählige Kosten erspart wurden wenn keine Frauen bey den Festlichkeiten waren; das ganze konnte nur vereinfacht werden, dieß werden Sie schon daran sehen wenn ich Ihnen, lieber Vater sage, daß die Mittagsmahlzeit welche an dem Tage der Aufführung vor sich geht bey Herrn Knoche[143] zum Horn war, und nur 22 Herren Theil daran nahmen, die in den Wahlmännern der Bürger und dem Senat, und der nächsten Verwandten bestand; aus dem Senat waren natürlich auch noch mehrere Gegenwärtige. - Meine liebe Schwester Klugkist, eine ausgezeichnet tüchtige Frau übernahm alle Besorgungen, so daß ich während den beyden mir sonst sehr unruhvollen Tagen in aller Stille und Gemächlichkeit im Beysammenleben mit Hermanna S. und Trinchen Schrader seyn konnte.

D. 8. Sept.

Jetzt komme ich nach und nach zur Ruhe; aber noch nicht so daß ich ohne gestört zu werden eine Stunde für mich seyn. Denken Sie nur, liebe Eltern heute hatte ich mir vorgenommen noch manches Erfreuende was auf G. und mich besonders Einfluß hat mitzutheilen. Um 10 Uhr setzte ich

(Fortsetzung fehlt)

142 Jacob und Herrmann Stolz.

143 Albert Knoche, Koch, Speisewirthschaft, Catharinenstr. 5, Verfasser eines Bremer Kochbuchs (1840). Knoche besaß ein »Landgut« in Horn, das offenbar für größere Feiern zur Verfügung stand. Theodor Berck berichtet, daß er nach seiner Senatorenwahl 1821 in einer Gastwirtschaft im Dorfe Horn (das heutige Café Goedeken?) die »Besteigung des Kurulischen Sessels« (Ehrensessel höherer römischer Beamter) feierte.

Christine Gildemeister an Johann Jacob Stolz

Bremen den 1ten October 1816

Mit inniger Herzensfreude, mein geliebter Vater, setze ich mich in dieser stillen Abendstunde nieder um mich ungestört mit Ihnen zu unterhalten. Sie glauben es nicht wie gerne ich, seitdem wir getrennt voneinander leben auf die Weise mit meinen Gedanken und Empfindungen zu Ihnen eile, da ich nun einmal in dem süßen Glauben ruhe: meine Mittheilungen erfreuen und erquicken den liebsten Vater auf mannigfache Weise. Oh! Zu wem eilte ich auch lieber mit alldem was mich täglich und stündlich wonnevoll berührt als zu Ihnen, der Sie so gerne sich des reinen Glückes Ihrer Kinder erfreuen, ja, da selbst nachempfinden und mit empfinden wo es kaum durch Worte vernehmbar gemacht wurde, gemacht werden kann. Sie wissen es zwar wol schon von meinen lieben Schwestern wie mich Ihre liebevollen freundlichen Zeilen von 6ten d. v. M. erfreut haben; aber wenn dem auch so ist so drängt es mich doch nun gewaltsam Ihnen selbst meinen Dank dafür entgegen zu bringen. Ihre Briefe sind ein köstlicher Schatz! Alles was Sie mir darin sagen bewahre ich in einem reinen und guten Herzen. Ihre Liebe und Treue für Gildemeister und mich rührt und erquickt mich für und für. Ach, wie oft sagen wir beyden Glücklichen zu einander wären die Lieben aus Zürich doch bey und mit uns, wie würden sie sich an Geist und Körper erquickt fühlen, wenn sie unser reines Glück sähen; wenn sie überhaupt all das Gute und Herrliche was uns durch Freunde und Bekannte in reichem Maaße zu Theil wird mit genießen könnten. Ja, lieber Vater, Sie werden es begreifen wenn ich Ihnen sage daß ich nie lebendiger den Wunsch, Ihre Reise nach Bremen recht bald auszuführen empfunden habe als gerade nun, und das wol darum weil ich in dem sichern Glauben ruhe der Aufenthalt in Bremen werde den wohlthätigsten Einfluß auf Ihren Körper haben. Das entschiedene Herausreißen aus allen Geschäften thut in dem Alter worin Sie sind, gewiß unendlich wohl, verjüngt sogar wenn man einen so freundlichen Ort der Ausspannung wählt wie unser Bremen. Sie glauben nicht wie warm und treu Ihr Andenken in den Herzen aller nahen und ferneren Freunde fortlebt, wo ich auch hinkommen mag erkundigt man sich in Liebe und Freundlichkeit nach Ihnen, ob Sie denn nicht im nächsten Sommer Ihren Plan, Bremen noch einmal wieder zu sehen in Ausführung bringen würden, fragt man mich allenthalben! Ja, wahrlich die Bremer sind im Durchschnitt herrliche Menschen mit denen es sich gar trefflich leben läßt. Erst jetzt seitdem ich 5 Jahre abwesend war bin ich es recht inne geworden in wie mancher Beziehung sich der Sinn und Geist der Bremer im Allgemeinen, auszeichnet; wie manches Gute und Treffliche immer fort mit regem Eifer ausgeführt wird. – Diesen Abend mein lieber Vater, werden Nonnens von ihrer großen so höchst genußreichen Reise zurück kommen. Oh! Wie freut sich meine Seele nun schon bey dem süßen Gedanken daß ich diese lieben Menschen nun bald wieder sehen werde, die mir liebe freundliche Kunde aus Zürich bringen. Herzlichen Dank, mein bester Vater, für die nun bald empfangende Ansicht von Weinfelden. Mit welchem stillen Entzücken werde ich die treue Abbildung des Geburtsorts unserer lieben verewigten Mutter, deren herzinnigliche Liebe mich nun noch so oft wie geistiges Gelispel umweht, und mir ihr ganzes äußeres Wesen versinnlicht, anschauen. Unendlich freue ich mich auch auf den zweyten Theil Ihrer kleinen Schriften, wenn schon ½ Bogen noch daran fehlen. Die gute Gelegenheit durften Sie ja nicht vorüber gehen lassen mir so etwas Liebes und Werthes zu senden! Oh, wie innig erkenne ich auch hierin Ihre zarte Liebe für mich - das, was für Fritz bestimmt ist werde ich mit erster bester Gelegenheit fortsenden; die Sachen welche Sie mir für ihn mitgaben sind schon an Ort und Stelle. Überhaupt sind alle die Sachen welche Sie mir sonst noch mitgaben an Ort und Stelle. Die Geldsachen hat Gildemeister auch alle pünctlich entrichtet. Einliegend finden Sie auch die Quittung von Doctor Kießelbach. - Wahrscheinlich mein guter Vater bin ich die Erste welche Ihnen die traurige Nachricht von dem Tode dieses trefflichen Mannes mittheilt. Ja, denken Sie der durchaus rechtschaffene und achtungswerthe Kießelbach gab am 23ten September seinen Geist auf. Schon den ganzen Sommer war er immer unpäßlich, und litt hauptsächlich an Ermattung. Der Tod seines zweyten Sohnes, der seit 4 Jahren in Havannah war, brachte ihn vollends zurück. Denken Sie, wie traurig dieser junge Mann wurde an einem Abende nachdem die Sonne schon eine geraume Zeit untergegangen war von den Schwarzen meuchelmörderischer Weise erstochen. Diese Trauer und Schrecken erregende Nachricht wurde der Familie ungefähr zur gleichen Zeit wie wir nach Bremen kamen mitgetheilt. Am 29ten d. v. M. wurde die Hülle des guten Doctor Kießelbachs der Erde anvertraut. Eine sehr ***große Anzahl*** von Menschen soll der Leiche gefolgt seyn. Pastor von Aschen[144] hielt beym Grabe eine Rede. Kurz nachdem wir in Bremen angelangt waren starb auch der alte Pastor Buch[145]. Wahrscheinlich wird man wol den Gehülfsprediger Mallet[146], der schon eine geraume Zeit mit großem Beyfall alle seine Amtsgeschäfte wahrnahm nun an seine Stelle wählen. Wie ich zum erstenmal die Kirche besuchte war es mir ein geistliches Bedürfnis nach Martini zu gehen. Treviranus[147] predigte am Morgen. Menken[148] ist leider seit 3 Viertel Jahr immerwährend unpäßlich so daß er fast nie predigen kann; er war den ganzen Sommer auf dem Lande. Der Arzt findet seinen Zustand nicht gefährlich, aber langwierig. Mit ganz eigenen Gefühlen hörte ich die Predigt von Treviranus an. Ich war wehmüthig gestimmt; denn immer fehlten Sie mir theurer Vater, und selbst die Versammlung schien mir fremd,

144 Johann Heinrich von Aschen (1764-1842), 1791-1842 Pastor an der St. Ansgarii-Kirche.

145 Philipp Ludwig Buch (1734-1816), 1785-1816 Pastor der Michaelis-Gemeinde.

146 Friedrich Ludwig Mallet (1792-1865), von 1815-1827 Pastor an der Michaelis-Kirche, von 1827-1865 an der Stephanikirche. Als eindrucksvoller Kanzelredner stand er weit über Bremen hinaus in hohem Ansehen. In Glaubensfragen verteidigte er die biblische Frömmigkeit gegen moderne Auffassungen, kämpferisch bis zu Intoleranz und Fanatismus, verdammte Theater, predigte gegen Schiller. Mitbegründer der Norddeutschen Mission.

147 Georg Gottfried Treviranus (1788-1868), lernte zunächst den Kaufmannsberuf, von 1814-1866 Pastor an der St. Martinikirche. War kein großer Prediger, mehr ein »Glaubensmann der Tat«, Organisator, Mitbegründer der Norddeutschen Mission, Gründer zahlreicher praktisch-christlicher Vereine. Heiratete 1815 Catharine Mathilde Castendyk (1794-1878).

148 Gottfried Menken (1768-1831). 1802-1811 Pastor an der St. Pauli-Kirche, 1811-1825 an der St. Martini-Kirche. Eine der bedeutendsten Gestalten im Bremer religiösen Leben des 19. Jahrhunderts. Als strenger Gegner des Rationalismus war er der geistige Führer der »Erweckungsbewegung«, war ein mitreißender Prediger und überzeugender Lehrer. Prägte für Jahrzehnte in einzelnen, »biblizistischen« Gemeinden (»Menkianer«) einen besonderen Frömmigkeitstyp.

Ihre alten fleißigen Kirchgänger fehlten mir. Von nun an werde ich mich auch nur an Lieben Frauen Kirche halten, Passavant und Capelle sind nun beyde hier, der Letztere hielt vorigen Sonntag eine Probepredigt. Passavant hörte ich bis jetzt jeden Sonntag; seine Vorträge zeichnen sich nicht aus, oft sind sie sogar höchst trivial. Sein Vortrag, sein Organ sind angenehm. Der gute Mann hat wahrscheinlich noch keinen Begriff davon wie viel hier im Durchschnitt die Gemeinde von ihren Predigern verlangt, und was überhaupt dazu erfordert wird um einer gebildeten Versammlung zu entsprechen. Am 25ten v. M. wurde hier der jährliche Buß und Bettag gefeyert, des Nachmittags gieng ich mit Henriette Lampe und Gildemeister nach Angsschari um Dräsecke[149] einmal zu hören. Vor einer ganz außerordentlich großen Versammlung hielt er seine Predigt, die im allgemeinen gewiß sehr gefiel. Es war mir sehr interessant diesen ausgezeichneten Kanzelredner zu hören. Die Art und Weise seines Vortrags, der Predigt sagte meinem Herzen aber nicht zu. Die Kunst ist in dem Gesagten in Mienen und Gebehrden zu sichtbar, ich war nicht ***erbaut***, nur angenehm unterhalten. Der Deklamation ist er überhaupt vollkommen mächtig, und dabey ist seine Stimme höchst lieblich. Mir ist es sehr störend wenn ich in den Reden oder Predigten der Geistlichen, ein gesuchtes Wesen, oder mit einem Wort die Kunst wahrnehme. Auf die Weise werde ich selten erbaut oder ergriffen. Zwey Tage nach dem Buß und Bettag feyerte ich meinen Geburtstag unter den frohesten heitersten Empfindungen. Ich weiß es, lieber Vater daß Sie sich immer in theilnehmender Liebe meines Glückes freuen. Darum müßen Sie auch von mir hören welche liebliche Überraschungen mir an diesem Tage wurden. Wie ich aufstand fand ich an der Wand in unserm Schlafzimmer Eglisau, mein guter Gildemeister hatte die Abbildung von diesem uns so lieben Ort hinter Rahm und Glas gebracht, und überraschte mich nun damit am Geburtstag-Morgen gar freundlich und süß. Um 10 Uhr brachte mir meine liebe Metchen Schröder einen Ring nebst einer kleinen Arbeit. Am Morgen früh wurde ich durch Hermanna S. durch einige freundliche Zeilen eingeladen, den Vormittag für eine Stunde zu ihr zu kommen, sie und ihre Schwestern wünschten an diesem Tage eine Weile mit mir zu seyn. Denken sie sich mein Erstaunen meine Rührung als ich ins Zimmer trat sah ich zwey Tische mit den lachendsten schönsten Blumen ausgeschmückt; auf dem einen stand außerdem noch Chocolade, feines Confect und Butterbrodt, auf dem andern ein gläsener Blumenkorb, und noch zwey kleine Arbeiten von eigener Hand, dieß waren Geschenke von den drey lieben Schwestern. Die Liebe dieser trefflichen Menschen ist eine herrliche Zugabe des einzigen Glückes, welches mir in der innigen zarten Liebe meines Gatten wird! Nachdem ich so 2 sehr glückliche Stunden mit meinen Freundinnen zugebracht hatte eilte ich in mein Haus zurück. Die Kinder meiner trefflichen Schwester Klugkist und unsere jüngste Schwester Sophie waren da um mich zu beglückwünschen.

149 Johann Heinrich Dräseke (1774–1849). 1814–1832 Pastor an der St. Ansgarii-Kirche. Beliebter Kanzelredner mit liberaler Einstellung, setzte sich für die Einigung von reformierter und lutherischer Glaubensrichtung ein. Von vielen Bremern wurde er als »Schönredner« kritisiert, seine Predigten als süßlich, empfindelnd mit »aus Eitelkeit hervorgehenden Spielereien mit dem Heiligen auf der Kanzel« abgelehnt (Eilers, S. 404). Er wurde 1832 als Generalsuperintendent der Provinz Sachsen nach Magdeburg berufen.

Diese zarte Aufmerksamkeit that meinem Herzen unendlich wohl! Die Abendstunden brachte ich bey Luise Klugkist hin. Gildemeister holte mich um 9 Uhr ab, und nun denken Sie sich welche süße Überraschung den festlichen Tag endete, ich fand wie ich in unser Zimmer trat einen einfachen aber doch dabey festlich geschmückten Tisch, und in einem Halbzirkel standen Trinchen Schrader und Mann, Hermanna S., Henriette L., Jacob und Herrmann, Doctor Brecht (der jetzige Redacteur der Bremer Zeitung) und dann noch Klugkist und Luise die uns gefolgt waren, diese Lieben Alle wollten mir eine Freude bereiten. Mein G. und Luise hatten alles im Stillen besorgt. Denken Sie sich, mein Geliebter hatte sogar um diesen Tag in jeder Hinsicht festlich zu machen von unserer Reise einige Flaschen Hochheimer mitgebracht; sie wurden nun geleert. Auch Ihrer, und der Lieben Alle in Zürich gedachten wir in treuer Liebe. Oh! Ich fühlte es tief daß alle Fernen, welche meinen Geburtstag im Stillen feyerten, Gott, dem Geber aller guten Gabe dankten für die Liebe und Huld mit der er mein Schicksal lenkte. Dank und Rührung ist täglich meine Empfindung wenn ich bedenke welch süßes Glück mir durch die Liebe meines G. durch die Liebe so vieler Trefflichen, zu theil geworden ist. - Die Bremer-Zeitung sollen Sie durch Heyse[150] mit Meßgelegenheit bekommen; die Predigten über Heb.1.10.12, und über Heb.12.5-11 erhalten Sie dann auch. Die lieben Nonnens schickten schon am frühen Morgen das Päckchen aus Zürich. Innigen Dank, mein Vater für den zweyten Theil der kleinen Schriften. Die Ansicht von Weinfelden fand ich nicht - Gott sey mit uns! Ihre dankbare Christine.

Fritz Gildemeister an Johann Jacob Stolz

Bremen d. 12. Nov. 1816

Wenn Sie, lieber Vater, einen Brief von meiner Hand sehen, so werden Sie unwillkürlich an die Unglücksbotschaft aus Liebenstein zurückdenken und, Schlimmes ahndend, sich nur zögernd zum Lesen entschließen. Darum muß ich Ihnen nur gleich von vorn herein Muth einsprechen mit der Versicherung, daß gegenwärtiges Blatt Ihnen nichts als Gutes und Erfreuliches bringt. Denken Sie nur, lieber, guter Vater, Ihre und meine Christine lebt nun seit etwa zwey Monaten der süßesten Hoffnung, deren Erfüllung wir zwey glücklichen Menschen mit freudiger Zuversicht etwa in der ersten Hälfte des Juni glauben entgegensehen zu dürfen. Vor etwa sechs Wochen ward uns die erste leise Ahndung, daß auch diese Segnung uns zu Theil werden solle; sie hat uns lange still beglückt; doch wagten wir sie nicht laut werden zu laßen. Auch jetzt noch mag sie immerhin ein Geheimnis bleiben, das indeß für Vater, Mutter und Geschwister keins seyn darf. Christine befindet sich, - wenn ich einige Anwandlungen von Uebelkeit abrechne, die sich fast regelmäßig jeden Vormittag

150 Johann Georg Heyse war mit seinem Bruder Ludwig Wilhelm als Buchdrucker, Buchhändler, Bücherauktionator, Leihbibliothekar und Expediteur der Bremer Zeitung an der Domsheide 6, ab 1827 in der Pelzerstr. 8, tätig.

einstellen, - ausgezeichnet wohl und ich zweifle nicht, sie wird seiner Zeit eines blühenden Kindleins genesen, an welchem auch der liebe Großvater einmal seine Herzensfreude haben soll.- Nun noch eins, lieber Vater, was mich eigentlich vor allen Dingen drängte, mit der Entdeckung nicht länger anzustehen. Ihr letzter Brief an Christine läßt mich nicht zweifeln, daß Sie unsern innigsten Wunsch, Sie künftigen Sommer bey uns zu sehen, erfüllen würden, wenn nicht ein einziges Aber im Wege stünde. Dieses Aber nun, - darauf gebe ich Ihnen mein Wort, - ist in wenigen Wochen beseitigt und so nehme ich denn keine Anstand, Sie förmlich und feierlich zur Verrichtung der heiligen Taufe an dem lieben Enkel einzuladen. Dieser Aufforderung dürfen Sie sich nicht entziehen; schon in Zürich sagten Sie es meiner Mutter »zur Taufe gingen Sie nach Bremen« und meine Mutter hat diese Aeußerung als ein Versprechen für mich angenommen. Sie sehen also, daß ich hier nicht zu ***bitten*** brauche, sondern ein Recht zu ***fordern*** habe. Zudem werden Sie doch nicht wollen, daß der Liebling als Heide aufwachse; denn bis Sie kommen, bleibt er sicher ungetauft.

Als ganz unvergleichlich kann ich mir es schon jetzt denken, daß dieselbe väterliche Hand, die Christine und mich zum innigen Bunde weihte, nun auch unsern süßen Erstling segnend für ein höheres geistiges Daseyn weihen werde.

Daß Amor, der lose, auch Bruder Jacques schon so bald feßeln wuerde, ahndete ich in jenen glücklichen Tagen, die ich im Tannenberg verlebte, freylich eben nicht. Allein desto beßer für ihm. Versichern Sie ihn meines herzlichsten Antheils und sagen Sie ihm, daß ich ihm nichts beßeres zu wünschen vermag, als: seine Verbindung möge ihm daßelbe Glück bereiten, das mir durch seine Schwester Christine zu Theil geworden. Auch an Mutter bitte ich mich angelegentlich zu empfehlen und ihr zu sagen, wie sehr ich mich dieses Zuwachses ihres Familienglücks freue. Christine wollte heute ein Brieflein an sie einlegen, aber sie ist durch unerwartete Störungen gehindert und muß daher noch einen oder einige Posttage warten. Vater, Mutter, Schwestern und Bruder soll ich von ihr auf das herzlichste grüßen, so wie ich ihnen allen meine besten Grüße sende.

Auf Ihre neuliche Anfrage in Betreff der Ueberlästigkeiten von München[151] her kann ich Ihnen als Rechtsgelehrter im Grunde nur dieses sagen: Einen Rechtsanspruch giebt es nicht gegen Sie und gegen Zudringlichkeiten kann nur dann die Polizey schützen, wenn sie in wirkliche Störungen der Ruhe ausarten. Das rechtliche Mittel, einen angeblichen Gläubiger oder einen solchen ueberhaupt, der Ansprüchen an uns zu haben sich rühmt, zum Stillschweigen zu bringen, ist das der Provocation zur Klage. Ich kann aber nicht dazu rathen, hoffe auch daß man Sie in Zukunft verschonen wird, da Doctor Noltenius einen Theil des Honorars wegen der Zeitung zur Befriedigung der Kinder zurückbehalten hat, von dem übrigens nur das jüngste Ihrem Sohn angehört. Ihr gehorsamer und Sie kindlich verehrender Sohn

Gildemeister

Nächstens schreibe ich Ihnen etwas über die jüngsten Zwistigkeiten zwischen dem Senat und den Ministerien, wovon Sie wohl gehört haben werden.

151 Bezieht sich auf die in der Biographie der Stolz'schen Familie und in den folgenden Briefen geschilderten Probleme um die unehelichen Kinder von Jacob Stolz.

Christine Gildemeister an Johann Jacob Stolz

Bremen den 5ten December 1816

Recht lange ist es schon, mein geliebter Vater, daß ich mich mit Ihnen unterhielt, und beynahe unbegreiflich wie ich Ihre so unaussprechlich liebevollen Zeilen vom 13ten-15 October so lange unbeantwortet laßen konnte, die mich doch in mannigfacher Beziehung erquickt und erfreut haben. Zu meiner Entschuldigung kann ich eben nicht viel sagen; aber Ihnen doch die Versicherung geben daß mein Herz darum nicht weniger bey Ihnen war, daß ich vielmehr oft im lebendigsten Andenken an Sie Tage und Abende hinbrachte; besonders seit dem der Winter sich bey uns eingestellt hat, bin ich des Abends mit Gildemeister allein zu Hause dann regt sich manchmal der Wunsch in mir: Wären die Lieben aus Zürich doch bey uns, könnte ich in unserm Wohnzimmer welches gar freundlich und gemüthlich ist doch mit dem lieben Vater eine Parthie Boston spielen. Ja, gewiß mein lieber guter Vater, Ihre glücklichen Kinder entbehren doch dadurch, daß Sie nicht Zeuge ihres stillen Glückes seyn können, welches sich immer reicher entfaltet, besonders seit ich der süßen Hoffnung Mutter zu werden, lebe. Wie unendlich bedeutungsvoller und wichtiger erscheint mir nun mein ganzes Verhältnis zu dem besten Gatten, wie ist mir der Blick in die Zukunft so heiter, wenn ich es ernst erwäge, daß ich in der innigsten Verbindung in jeder Beziehung all das gefunden habe was mein Gemüth auch nur einigermaßen erquicken und beglücken kann. Der liebe Gildemeister ist immer derselbe gegen mich geblieben; und doch ist es dann wieder als lernte ich ihn immer mehr schätzen, und darum auch inniger lieben. Wie gut bin ich in jeder Hinsicht bey ihm aufgehoben; wie ist sein ganzes inneres Wesen voller Gediegenheit, daß man sich mit der größten Ruhe und Sicherheit ihm anvertrauen kann. Ja, lieber Vater täglich erkennt es mein Herz, wie gut und weise mich die gütige Vorsehung führte; wie meine Verbindung mit Gildemeister ein Werk Gottes ist. Oh, meine Seele wird es nie vergessen wie gut und weise mein Schicksal geführt wurde! - Von der Bremer Welt wüßte ich Ihnen heute nichts Neues zu schreiben, es geht bey uns nun so ziemlich alles beym alten fort. In Stephani ist man verlegen mit der Wahl eines neuen Predigers, um so mehr da Müller[152] ganz gewaltigen Unfug da treibt, und es also wirklich Noth thäte daß ein Mann von Bedeutung für Kießelbach erwählt würde. Manche in der Stephani Gemeinde möchten Spieß aus Frankfurt wol haben; es ist aber die Frage ob der sich dazu entschließen würde den jetzigen Ort seiner Bestimmung zu verlaßen. - Die Sonntagsgesellschaft besuchen wir nun regelmäßig. Jedesmal wenn ich in diesem lieben Cirkel bin, fehlen Sie mir theurer Vater; Sie fühlten sich dort immer so wohl, wie natürlich aber auch, da Alle den Vater Stolz so lieb haben. Beym Abendeßen, welches immer noch so einfach wie sonst ist, erklingen Jedesmal die Gläser auf Ihr und der Schwestern Wohl. Oh, der Freude wenn Sie einmal wieder unter uns seyn werden! - Einige kleine körperliche Unbehaglichkeiten die mein

152 Dr. Hermann Müller (1774-1839), von 1809-1839 Pastor an der Stephani-Kirche. Spielte neben Menken eine bedeutende Rolle in der bremischen »Erweckungsbewegung«.

jetziger Zustand mit sich bringen haben mich seit einiger Zeit daran verhindert manche von Ihren und meinen Freunden zu besuchen. - Adelheid von Lingen[153] und die Jungfrauen Merren[154] sah und sprach ich schon. Wie freundlich und liebevoll begrüßten sie mich. Anchen Merren ist seit 2 Jahren todt, die Mutter auch. Marie und Stinchen wohnen nun in der Neustadt in dem Gartenhause, welches der Mutter gehörte. Stinchen scheint nun im Ganzen wohler zu seyn wie früher, wie lieblich ist sie doch! Mit ausgezeichneter Liebe und Anhänglichkeit wurde auch von diesen lieben Wesen nach Ihnen gefragt. Überhaupt wo ich auch hin kommen mag da erkundigt man sich nach Ihnen. Die Familie v. Kapff und Madame Walte, sind auch unter diesen. Denken Sie einmal, lieber Vater ich habe noch immer nicht den 1 ½ Bogen des zweyten Theils Ihrer kleinen Schriften, es ist mir unangenehm weil ich darum mein liebes Besitzthum noch garnicht

(Schluß fehlt)

Fritz Gildemeister an Johann Jacob Stolz

Bremen d. 17. Dec. 1816

Bester Vater

Ihr Brief vom 4ten d. M. hat meiner Christine bitteres Herzeleid verursacht; auch mich würde der Inhalt noch tiefer als es der Fall war, ergriffen haben, wenn ich nicht gleich gefühlt hätte, daß es keineswegs unmöglich ist, dem Unstern auszuweichen, der uns die mit innigster Liebe gehegte Hoffnung, Sie künftiges Jahr bey uns zu bewirthen, beinah entrückt hätte. Ich sage »***beinah***«. Denn mit der vollsten Ueberzeugung darf ich hinzusetzen: die Verhältnisse sind in der Wirklichkeit bey weitem so schlimm nicht, als sie auf den ersten Blick scheinen.

Die Gefahr, welche Ihnen von München her droht, ist - juristisch genommen - offenbar nichtig und sie ist es auch factisch, wenn Sie solchen schamlosen Versuchen nur den gehörigen Gleichmuth entgegensetzen. Ich wenigstens, wenn ich von meiner individuellen Sinnes- und Handlungsweise auf Andere schließen darf, weiß ganz bestimmt, daß so ein Versuch, wie der bewußte, mich um keinen Schritt von demjenigen entfernen würde, was ich aus ***inneren*** Gründen zu thun entschlossen wäre. Ja ich würde ihn auf eine Art abweisen, die dem Herrn die Lust zu neuen Versuchen gewiß brechen sollte. - Doch ich denke, auch ohne das soll man Ihnen nicht weiter lästig fallen. - Von Jacob wußte ich schon früher, daß unter den beiden Kindern, die er freilich beide als die seinigen anerkannt hat, nur das jüngste ihm angehört, daß aber beide die Lazare[155] zur Mutter

153 Henriette Adelheid v. Lingen (1792-1826), unverheiratet, Doventhorswall 23.

154 Anna Merrem (1767-1813), Christine Merrem (1768-1841), Maria Theodora Merrem (1770-1839). Wohnhaft Grünenstr. 100. Christine Merrem wurde bekannt durch die angebliche Heilung mittels Lavaterscher Magnetismus- und Hypnosetherapie.

155 Mutter von Jacob Stolz' unehelichen Kindern.

haben, die, wie er mich heilig versicherte, an ihrer bisherigen Verwahrlosung unschuldig ist. Gleich nach dem Empfange Ihres Briefes veranlaßte ich Noltenius, der jetzt Mitglied der Polizey ist, die Lazare vor sich zu bescheiden, die denn auch das von Jacob in Hinsicht der verwandtschaftlichen Verhältniße Ausgesagte unumwunden bestätigt, zugleich aber betheuert hat, sie habe von dem hülflosen Zustande der Kinder keine Idee gehabt, indem Jacob sie fortwährend und selbst noch ganz neuerdings darüber beruhigt habe. Indeß hat sie ihre Verpflichtung, sich der Kinder thätig anzunehmen, anerkannt und geäußert, sie wolle dieselben künftigen Sommer zu sich nehmen. Um einstweilen dem dringendsten Bedürfniße abzuhelfen, hat sie Noltenius fest versprochen, ihm noch im Laufe dieses Monats 10 Pistolen[156] einzuhändigen, welche denn nebst einer gleichen von Jacobs Gehalt wegen der Zeitungsredaction zurückbehaltenen Summe (mithin zusammen etwa gegen 200 fl. im 24 fl. Fuß) nach München gesandt werden sollen. Das ganze Sachverhältniß und diese Zuführungen wolle Noltenius in diesen Tagen Namens der hiesigen Polizeydirection an die Münchner Behörde schreiben, wobey dem die ausdrückliche Voraussetzung hinzugefügt werden sollte, daß man Sie, den die Sache durchaus nichts angehe, nicht weiter behellige, wozu denn auch offenbar jeder Anlaß wegfällt, sobald man dort erfährt, daß die Kinder eine Mutter haben, die sich ihrer annehmen kann und muß. – Den Verdruß, den Sie lieber Vater, der Geschichte halber leider erfahren haben und der nun gewiß der letzte seyn wird, verdanken wir, wie sich aus näheren Erkundigungen ergiebt, einzig dem Vorwitz meines theuren Collegen, des Hrn. Senator Droste[157]. Nachdem nehmlich vor mehreren Jahren an den Senat das Ihnen bekannte Vorschreiben von München gelangt war, so wurde in der Wittheit ganz kurz concludiert zu antworten, der Professor St. sey seiner Stelle am hiesigen Lyceo entlaßen und nichts von ihm zu erhalten. Droste aber, dem die Abfaßung dieses Schreibens aufgetragen war, hat sich den Zusatz erlaubt, Sie lebten in Zürich von Ihrem Vermögen und vielleicht sey durch Ihre ***Verwendung*** etwas auszurichten. Von einer ***Absetzung*** Jacobs steht in dem Schreiben kein Wort, in dem auch das Münchner Schreiben nur eine desfalsige ***Vermuthung*** ausspricht. – Um des gefürchteten Anspruchs willen brauchen Sie also die Reise, die uns und Ihnen so reichen Genuß verspricht, gewiß in keinem Augenblick zu verschieben. Jacob werden Sie, darauf gebe ich Ihnen mein Wort, nicht hier treffen. Mit der Lazare ist es freylich anders; aber ich bin überzeugt, daß deren Hierseyn, wenn Sie die Sache bey Licht besehen, auf Ihren Entschluß keinen Einfluß haben kann. Die Anwesenheit dieser Frau in Bremen hat doch für Christine, die sie noch nie mit Augen geschaut hat, auch nicht das mindeste störende oder widrige; ja ich weiß, daß sie gewiß alles thut, um nur jede Berührung mit uns zu vermeiden. Sie aus bloßen Privatintereßen von hier zu entfernen, wäre nach meinem Gefühl nicht nur hart, da sie hier ruhig lebt und sich rechtlich ernährt, sondern auch unpolitisch, da ihr alsdann kaum etwas übrig bliebe als Jacob zu folgen und die Kinder wieder in dieselbe hülflose Lage geriethen, deren Fortdauer auch Ihnen nicht gleichgültig seyn kann.

156 Goldmünze im Werte von etwa 5 Talern.

157 Dr. jur. Franz Friedrich Droste sen. (1753-1817), verheiratet mit Maria, geb. Menken (1762-1839).

Nochmals rufe ich Ihnen also getrost zu: Machen Sie sich nur immer auf den Weg. Außer uns, Ihren Kindern, sehen Ihnen noch viele, viele Menschen mit Verlangen entgegen, die sich um die Wette beeifern werden, Ihnen den Aufenthalt zu verschönen. Christian wird gegen die Zeit auch wol zurückseyn. - Ihren Wunsch, die lieben Schwägerinnen mitzubringen, dürfen die in Ihrem Briefe ausgesprochenen Rücksichten ja nicht stören. Zu ihrer Rückkehr nach der Schweiz würde es ihnen hier nie an Gelegenheit fehlen, da die Reisen dahin jetzt mit jedem Sommer häufiger werden. Christine rechnet ganz bestimmt darauf, die Schwestern nächsten Sommer zu umarmen und ich kann nicht leugnen, daß ich auch darum ihr Hierseyn wünsche, weil gerade die schwesterliche Hülfe Christine in ihrem bevorstehenden Wochenbette besonders zuträglich seyn dürfte. - Die liebe Frau befindet sich im Ganzen genommen sehr wol. Seit einiger Zeit litt sie, vorzüglich Nachts, sehr unter Zahnschmerzen und jetzt plagt sie sich seit einigen Tagen mit einer leichten Augenentzündung, weshalb ich ihr alles Schreiben streng untersagt habe. Sonst hätte

(Schluß fehlt)

Christine Gildemeister an Johann Jacob Stolz

Zum 31ten December 1816

Lieber Vater!

Wenn schon meine Augen mir eigentlich das Schreiben verbieten, so kann ich doch nicht umhin dem Drange meines Herzens einigermaßen Genüge zu leisten. Heute mußte ich mich Ihnen in Liebe und Freundlichkeit nahen, es Ihnen fühlbar machen wie ich an dem heutigen Tage mit Ihnen und Ihrer Liebe für mich, für uns Kinder alle, beschäftigt bin; wie dann aber auch gerade heute mir die Trennung von Ihnen, drückender das Herz belastet wie sonst. Nichtwahr, Sie fühlen es, wie sehnsüchtig ich wünsche heute mit meinem Gildemeister bey Ihnen seyn zu können; wie froh und heiter es mich stimmen müßte, wenn ich den disjährigen Jahresschluß mit Ihnen erlebte; wie wohlthuend es auf mein ganzes Wesen eindringen würde, wenn ich es sähe und empfände, daß mein Glück, ***das*** was Gildemeister und ich mit und durch einander haben, auch auf Sie erquickend und erheiternd eindrängt. Glauben Sie es mir mein bester Vater, daß ich tief und ernst von Ihrer väterlichen Liebe durchdrungen bin, und daß darum auch meine Seele nur daran denkt, und darauf sinnt, wie und wodurch ich Ihnen Ihr Alter verschönen und versüßen könne. Wie lieb haben Sie mich, lieber Vater. Wie schön haben Sie mir das erst kürzlich wieder bewiesen. Lange hatte ich mich schon nach den fehlenden Bogen des zweyten Bändchens Ihrer kleinen Schriften[158] gesehnt, und immer peinlicher wurde es mir, das, was ich schon besaß, ***ungelesen*** liegen zu lassen. Endlich nach langem Harren

158 Die erste Hälfte der »vermischten kleinen Schriften« erschien 1816 in Winterthur.

kam das Ersehnte denn in meine Hände, gerade an dem Abend wie der Morgen, meinem Gildemeister einen Brief von Ihnen brachte, der mich nur wehmüthig berührte, und mein Herz den übrigen Theil des Tages auch nicht wieder heiter machen konnte, bis der liebe Mann am Abend um 9 Uhr aus einer Abend-Wittheit kam und mir lächelnd ein kleines Päckchen entgegenreichte, an dessen Aufschrift ich sogleich merkte daß es etwas von Ihnen enthalte, und wahrscheinlich die fehlenden Bogen des mir so lieben Buches. Recht gemüthlich setzte ich mich an der Seite des liebsten Gatten nieder, der so treu und innig alles mit mir theilt; aber auch nicht entfernt ahnend, wie freundlich ich überrascht werden sollte. Lieber bester Vater, wie hat mich Ihre Liebe gerührt, wie mochte ich meinen Augen nicht trauen da ich las, daß mir das zweyte Bändchen der kleinen Schriften zugeeignet sey. Womit habe ich diese Liebe verdient? Ach, Sie werden es mir glauben wenn ich Ihnen sage, daß ich mich oft im Stillen darüber freue daß Ihre Treue und Liebe nun auch noch mich erfreuen möchte, daß es mir klar ist wie nahe die Herzen sich sind trotz der körperlichen Trennung. Mit stiller Rührung las ich da auch den Inhalt! Oh, wie viel enthält das liebe Buch was gerade mich ansprechen muß. Ja, meine Seele dankt gerührt für diesen köstlichen Schatz, bey dem es mir ist als habe er für mich einen ganz eigenen Werth! Nun habe ich das Büchlein beym Buchbinder; heute werde ich es wieder erhalten und dann wird das meine Festfeyer noch erhöhen wenn ich das Buch meines Herzens (so nenne ich es gerne) durchlese.

Denken sie lieber Vater, Herrmann ist in diesen Tagen nach Norden gereist um das Weihnachtsfest bey den lieben Geschwistern zuzubringen; er hat die fehlenden Bogen mit der Ansicht von Weinfelden mitgenommen. In diesen Tagen wird auch Jacob Bremen verlassen. Es scheint als habe sich wieder etwas für ihn gezeigt, wodurch er sich wenn er nur will, in eine sorgenfreye Existenz bringen kann; da aber alles im Grunde noch unbestimmt ist, so theile ich Ihnen das ***Nähere*** noch nicht mit. Die Augen mahnen mich ans Aufhören. Mein Herz ist voll heißer Wünsche für Ihr Wohl, Ihre Zufriedenheit. Der gütige Vater im Himmel erhalte Sie uns noch lange. Ja, Ihr Leben ist unser Segen. Gildemeister grüßt Sie innigst, und mit ihm Ihre näheren Freunde alle!

Christine Gildemeister an Johann Jacob Stolz

Bremen den 3ten Februar 1817

Lieber Vater! Senator Smidt verreist wieder in einigen Tagen nach Frankfurt und so benutze ich denn mit Freuden die gute Gelegenheit um mich einmal recht ausführlich mit Ihnen zu unterhalten. Ihr Brief vom 25. Dec. wurde mir erst in voriger Woche; Herrmann war so lange in Norden, und so blieb der Brief bis zu seiner Zurückkunft unerbrochen. Es war mir aber lieb daß ich doch in der Zwischenzeit etwas von Ihnen erfuhr; Ihr Brief vom 28ten Dec. kam nehmlich in dieser Zwischenzeit an. Wenn er schon nur an Gildemeister gerichtet war, so enthielt er doch so viel was mich namentlich interessieren mußte, daß es mir war als wäre er mir geschrieben. Gildemeister hätte Ihnen schon längst das Verlangte zugesandt; bis jetzt hat aber Daniel Noltenius (welcher bey der Polizey ist) das gerichtliche Zeugnis von der Madame Lasare noch nicht aufgenommen. Er ist etwas saumselig in solchen Sachen. Hoffentlich kann ich es Ihnen aber doch noch in diesem Briefe senden. Wie sehr bedeutungsvoll mir aber auch sonst der Inhalt Ihres Briefes war, können Sie sich gewiß denken, weil Sie wissen, wie lieb ich Sie und die Schwestern habe; wie sehr ich oft durch die Trennung leide, da ich all das Gute und Herrliche was mir seit meiner Verheyrathung mit Gildemeister ward, mit Niemand lieber theilte, als mit Ihnen! Bald nachher wie ich mich der süßen Hoffnung, Mutter zu werden, hingeben konnte, dachte und sann ich manchmal darüber nach, ob uns ***dann*** auch mal die hohe Freude würde, Sie bey uns in Bremen zu sehen, und dabey war es ja so natürlich daß ich den Wunsch im Herzen trug, dann auch die Schwestern wieder zu umarmen. All diesen Wünschen gesellten sich aber doch manchmal auch ängstliche bangliche Gefühle bey, ich konnte die Hindernisse welche unausbleiblich bey diesen Aussichten und Hoffnungen waren, nicht aus dem Wege räumen, und so sehr ich auch mich danach sehnte sie alle einmal wieder zu sehen, so beherrschte ich meine Sehnsucht doch so viel ich konnte, weil ich mich nicht gerne in dieser für mich so unaussprechlich freundlichen Aussicht und Hoffnung getäuscht sehen wollte. Nicht wahr lieber Vater, Sie haben es gerne wenn ich recht offen so wie es mir ums Herz ist, mit Ihnen rede, und da darf ich es Ihnen wol sagen, daß mich dasjenige was Sie in Interesse Ihres Hierkommens in Ihrem letzten Briefe schrieben, mich tief ergriffen hat. Es war mir als sey mir nun gänzlich die Hoffnung genommen, die lieben guten Schwestern einmal bey uns zu sehen, und daß ich darüber trauerte, war so natürlich! – Bis heute habe ich immer hin und her gedacht wie ich es wol anfangen müßte, um Ihnen einmal recht ausführlich zu sagen, wie ich die Sache ansehe, und was für Empfindungen sich meinem Innern aufdrängen wie ich Ihre Ansichten gelesen. Ihre Idee, wenn Sie nach Bremen kömmen, mit der ordinairen Post zu reisen, schien mir unausführbar wenn Sie ***allein*** reisen wollen. Ich fürchte daß Tag und Nacht reisen würde Sie zu sehr angreifen, wenn sie Niemanden bey sich hätten, der Ihnen Handreichungen leistete, Ihnen die kleinen Bequemlichkeiten verschaffte woran Sie gewöhnt sind. Ich dachte mir immer es wäre am rathsamsten wenn Sie von Zürich aus bis nach Frankfurt eine Meßgelegenheit benutzten, und da denn mit Smidt weiter überlegten, wie dann in jeder Rücksicht am leichtesten nach Bremen zu kommen sey. Daß in dem Fall, wenn Sie die lieben Schwestern mitbrächten, die Reise um Vieles kostbarer würde ist natürlich, und wenn so weit Ihre Kräfte ***nicht*** hinreichen, so können wir Alle nichts dagegen einwenden; und mit so ***schwerem Herzen*** die guten lieben Schwestern Sie auch von Zürich ziehen sähen, so werden sie es doch einsehen daß ***diesem Hindernisse*** nicht aus dem Wege zu gehen war. Wenn ich aber, lieber Vater, Ihren zweyten Grund, warum nicht daran zu denken sey die Schwestern mitzubringen, ins Auge fasse, so müßte ich ganz gegen mein Gefühl urtheilen, wenn ich darin auch Ihrer Meinung wäre. Sie haben diesen Punkt früher nie berührt, darum ist es begreiflich daß Sie keine Ahnung davon haben, wie die Schwestern und ich früher, über diese Sache denken. Sie wissen es ja wie gerne, wie glücklich wir stets in Bremen waren, in wie manchen glücklichen Verhältnissen wir standen, welche dem Herzen die süßesten Freuden darboten; und wie es darum uns auch schwer wurde, uns in Zürich zu gewöhnen, welches ***durchweg*** verschieden von Bremen ist, besonders in geselliger Rücksicht, wenn man ins innen der Familien blickt. Es war darum also so natürlich das der Sinn, das Herz stets da blieb, wo wir so glücklich waren, wo man uns trotz der weiten Entfernung mit Liebe und Freundlichkeit im Herzen trug. Aber wenn wir auch durch die Trennung von Bremen wesentlich verloren hatten, so haben wir es doch stets dankbar anerkannt daß wir mit ***Ihnen*** ziehen konnten, bey ***Ihnen bleiben***, und darin voll Rührung die weise Lenkung unsers Schicksals verehrt. Oh, wie gerne sind wir bey Ihnen gewesen, lieber Vater! Wie wohl fühlen sich die Schwestern auch nun in Ihrer Nähe, wie gerne ***bleiben*** sie bey Ihnen! – Wie ich noch in Zürich war, haben wir drey Schwestern viel und oft davon gesprochen wie es uns seyn würde, wenn wir noch einmal zu ***Besuch*** nach Bremen kömmen. Diese Aussicht, ich darf es Ihnen gestehen, erschien uns immer als das süßeste Glück. Die Hoffnung all unsere lieben Freundinnen dann wieder zu sehen, wenn auch nur eine kurze Frist bey ihnen zu weilen, war für uns das Höchste! Herrlichste! Daß wir bey diesen Wünschen und Hoffnungen nie das Wiederfortgehen aus dem Auge verloren haben, können Sie versichert sey, lieber Vater! Wir wagten nie ***mehr*** zu hoffen und zu wünschen, weil uns schon ein ***Besuch*** unendlich erfreuen mußte, wir diesen als etwas ganz ganz Außerordentliches ansahen, wobey man auch nicht die Segel zu hoch spannen dürfte. Und wenn wir uns nun vollens dachten, einmal mit Ihnen diese Reise zu unternehmen, so konnten wir auch mit Ruhe ans Zurückkehren denken; es kam uns nicht einmal in den Sinn dieses Fortgehen mit dem im Jahr 1811 zu vergleichen, es als etwas Schweres und Drückendes anzusehen, was sich nicht leicht überwinden ließe. – Seitdem ich hier bin, habe ich in meinen Briefen an die Schwestern, nie über diesen Punkt geredet, daß heißt diesen oder jenen Plan und Wunsch ***bestimmt*** berührt. Mein Verlangen, meine Sehnsucht nach ihnen ließ sich freylich nicht gänzlich verbannen; dieß that aber auch nicht noth, weil es fast unnatürlich gewesen wäre wenn es mir möglich gewesen wäre. Ich bin fest überzeugt lieber Vater, wenn Sie nur einmal selbst mit den Schwestern über diesen Punkt reden wollten, Sie es schnell begreifen und erfahren würden daß mein bisher Gesagtes nicht übertrieben, oder irgend etwas Bestechliches in sich faßt. – Ich wollte nur einzig und allein Ihnen das klarmachen daß wenn in ***öconomischer*** Rücksicht dieser Wunsch in Ausführung gebracht werden ***könnte***, sonst gewiß durchaus kein einziges ***Hinderniß*** zu berücksichtigen wäre. – Seitdem es nun auch unter die Leute gekommen ist, daß ich guter Hoffnung bin, werde ich allenthalben gefragt ob Sie und die Schwestern nun nicht diesen Sommer zum Besuch nach Bremen kömmen, und da will der Eine noch lieber wie der Andere die lieben Gäste beherbergen. So lange ich mich dieser süßen Hoffnung noch nicht ganz sicher hingeben darf, ist mir dieses Gefrage manchmal recht drückend. Ich kann es nicht gleichgültig anhören weil ich selbst zu sehr dabey interessiert bin. Unaussprechlich glücklich würde ich mich fühlen wenn der Himmel meine Wünsche erhörte. Gerade auch der nächste Sommer würde für Sie so reich an Freude werden. Herrmann wird wahrscheinlich erst im Herbst wieder eine Reise unternehmen, und Christel von dem wir die letzten Nachrichten vom 20ten Oct. d. v. J. haben wird auch hoffentlich Ende des nächsten Monaths wieder hier seyn. – Ich dächte immer, die gute Regula Häfeli benutzte dann auch zugleich die gute Gelegenheit einen Besuch nach Bremen zu machen. Ihre Freundinnen wünschen es sehnlichst! - Herrmann war sehr froh und vergnügt bey den lieben Geschwistern in Norden; sie sollen so glücklich und zufrieden miteinander leben und dabey die gute Adelheid eine ganz vortreffliche Hausfrau seyn.

Seit 14 Tagen sind in unserm Staat auch wichtige Veränderungen vorgefallen. Am 20. Jan. starb nehmlich Senator Droste, und wurde am 25. beerdigt. Weil den Montag darauf Obergericht war so schritt man erst den 28. zur Wahl. Gildemeister und noch Manche welche sich unverhohlen darüber äußerten daß man den ***Tüchtigsten*** wählen müßte wünschten daß Doctor Berk[159] gewählt würde. Da indessen die Familie des jungen Doctor Droste[160] alles aufboten um ***diesen*** hineinzubringen so war es vorher sehr ungewiß auf wen die Wahl fallen würde. Um 1 Uhr Nachmittags kommen die Wahlmänner heraus. Die aus der Bürgerschaft waren von der Art daß es augenscheinlich war die Mehrzahl sey für Droste. Die Bürger waren folgende: Herr Doctor H. G. Schumacher, Aeltermann Delius[161], Herr Meynen[162], Herr Arnold Kulenkampff[163], Herr J. G. Oelrichs[164], Herr Meyer[165], Doctor D'Oleire[166], Doctor F. W. Heineken, Reepschläger Meyer[167], Herr Carl Focke[168], Aeltermann Albers[169], Aeltermann Gromme. Die 4 ersten derselben wurden ausgelooset. Aus dem Senat wurden die 4 folgenden Wahlmänner: Senator Gildemeister, Doctor v. Lingen[170], Doctor Klugkist, Senator Löning[171]. Diese schlugen mit den 4 aus der Bürgerschaft, Doctor Focke, Doctor Walte und Doctor Droste vor. Da Focke vorher sehr bestimmt erklärt hatte, es würde ihm ***sehr unangenehm*** seyn wenn man ihn wählte, und Doctor Walte bey den ältern Rathsherren zu wenig bekannt war so wurde Droste gewählt. Es ist traurig daß es sich nachher gezeigt hat daß die Intrige bey dieser Wahl gar gewaltig ihr Spiel getrieben hat, welche sich da auch offenbarte daß Berk nicht unter die drey Wahl Competenten war; denn sobald der drunter war so konnte man auch bestimmt erwarten daß er gewählt würde. Klugkist hat sich gar sehr über diese Wahl geärgert, und Gildemeister und noch manche Andern mit ihm. Da Droste nicht gleich beym ersten Herumstimmen die absolute Mehrheit hatte, so mußte zum zweyten Mal gestimmt werden, und da hatte er denn 14 Stimmen, und Doctor Walte 13. Beym ersten Herumstimmen hatte Droste 13 Stimmen, Walte 9 und Focke 5. -

159 Dr. jur. Theodor Berck (1784-1850), wurde 1821 Senator.

160 Dr. jur. Franz Friedrich Droste jun. (1784-1849), wurde 1817 Senator, verheiratet mit Luise, geb. Kulenkampff.

161 Everhard Delius (1777-1866), Kaufmann, wurde 1816 Aeltermann, heiratete seine Kusine Caroline Henriette Delius, in zweiter Ehe Magdalene, geb. Gloystein. Stephanikirchhof 19.

162 Caspar Hermann Meynen, Kaufmann, Geeren 16.

163 Arnold Kulenkampff (1743-1834), Kaufmann, Fabrikant, 1783 Senator, Geeren 32.

164 Johann Georg Oelrichs, Kaufmann, Hinter dem Stephani Kirchhof 42.

165 Wohl Hermann Heinrich Meyer, Aeltermann, Wall 50.

166 Heinrich Daniel David D'Oleire (1780-1842), Dr. med., Faulenstr. 60.

167 Johann Gottfried Meyer, Reepschläger, Am Markt 12.

168 Carl Focke, Kaufmann, Knochenhauerstr. 16.

169 Anton Daniel Albers (1774-1844), Kaufmann, Aeltermann, wurde 1825 Senator. Wohnhaft Bei St. Martini 39.

170 Dr. jur. Caspar v. Lingen (1755-1837), 1789 Senator. Heiratete 1788 Gesche Margarethe de Hase, 1798 Johanna Susanna Wilhelmi.

171 Albert Löning (1767-1849), Kaufmann, 1807 Aeltermann, 1816-1840 Senator.

Als jüngste Rathsherrin mußte ich vor allen Andern denn auch des Abends um 7 Uhr im höchsten Staat meine Aufwartung bey der Frau des Neuerwählten machen. Ich fuhr mit meiner Schwägerin und der Frau Klugkist hin. Ich war in meinem Hochzeitsschmuck gekleidet; nur anstatt des Myrthenkranzes, Herrmanns schöne Federn-Blumen[172] auf dem Kopf, womit ich sehr viel Ehre einlegte. Nachdem die Frauen 1 ½ Stunden allein gewesen waren und Thee und feines Confect zu sich genommen hatten, kommen eine Menge Herren, größtenteils Rathsherren und andere Honorationes. Da wurden Spieltische geordnet. Es war mir lieb daß ich auch eine Parthie Boston[173] mitmachen konnte und dabey auch nicht so schülerhaft zum Vorschein kam. Um 10 Uhr fuhr man auseinander. – Es that mir leid daß ich die Frau von Doctor Berk nicht beglückwünschen konnte! –

Alles lieber Vater was Sie mir immer aus Zürich schreiben hat Interesse für mich, und so freute mich denn auch die Nachricht wie Sie zum Büchercensor erwählt wurden. – Die verlangten Zeitungen gebe ich Smidt mit, die Herrmannsche Buchhandlung wird sie Ihnen dann mit erster Gelegenheit nach Zürich senden. Mit einiger Freude habe ich die Anzeige der Zürcherischen Neujahrsblätter in unserer Zeitung gelesen. Es wäre schön wenn man hier etwas ähnliches einführen könnte; schade ist es daß hier keine guten Zeichner und Kupferstecher sind! Den Geburtstag der A. v. Lingen will ich zu erfahren suchen. Sie wohnt im Winter allein auf dem Wall; im Sommer ist sie bey den Merrenns in der Neustadt. Coord Rust aus Walle, lieber Vater ist schon zwey Jahre todt, ich erkundigte mich bey Meister Becker nach ihm; der mir denn auch sagte, daß er seit Ihrer Abwesenheit von Bremen, recht oft sich nach Ihnen erkundigt hätte und manchmal darüber geseufzt daß er Ihre Predigten nicht mehr hören könnte. Das was Sie mir für ihn mitgaben habe ich seinem Sohne zu kommen lassen, welcher auch in Walle wohnt.

Nun lieber Vater wird es auch Zeit daß ich mit meinem Geschreibsel aufhöre, ich ermüde Sie auch wol sonst. Tausend Grüße meinen lieben Schwestern und denen welche nach mir fragen. Von mir mein lieber Vater kann ich nur gute Kunde bringen, ich fühle mich Gott sey Dank ausgezeichnet frisch und wohl. Das liebe kleine Wesen unter meinem Herzen regt sich nun auch schon. Oh, Sie glauben nicht wie mich diese süße Hoffnung beseligt; wie glücklich ich mich überhaupt mit meinem Gildemeister fühle, welch ein trefflicher Gatte er in jeder Beziehung ist. Ja, mein bester Vater, es müßte auch Sie unendlich beglücken wie herrlich sich unser Verhältnis zu einander immer mehr entfaltet! Welcher Friede, welch ein stilles Glück bey uns wohnt! Leben Sie wohl, lieber Vater und senden Sie mir bald recht freundliche Kunde.

In Liebe und Treue Ihre dankbare Tochter Christine

N.S. Die Staatscalender[174] sind noch nicht heraus weil man mit der Verfaßung noch nicht fertig ist.

172 Bruder Herrmann hatte zur Hochzeit aus Brasilien exotische Vogelfedern geschickt.

173 Kartenspiel, dem Whist und l'hombre ähnlich.

174 Erschien von 1741 bis 1930. Enthielt Kalendarium, Genealogie aller europäischen Höfe, Verzeichnis der Ratsmitglieder, der Bürgerlichen Vertretungen, der Geistlichkeit, der Juristen, etc., außerdem astronomische und astrologische Angaben, Ankündigungen von Messen und Märkten u. a.

Fritz Gildemeister an Johann Jacob Stolz

Bremen d. 6. Febr. 1817

Lieber Vater

Ihren Brief vom 26. Dec. v. J. hätte ich früher erwiedert, wenn ich nicht von einem zum andern Tage auf Smidts Rückkehr gewartet hätte, die sich indeß so sehr verzögert hat, daß ich dieses Blatt nun lieber der Post anvertraue. – Ihr Hierherkommen sehen wir nun als gewiß an und haben darüber die innigste Freude. Daß die Schwestern die Reise hätten mitmachen mögen, war freylich unser sehnlichster Wunsch; aber das von den Kosten hergenommene Argument dagegen ist allerdings kathegorisch. Stünde dieses nicht im Wege, so sollte das andere mich nicht abhalten, dennoch die Begleitung der Schwestern zu hoffen, indem die Voraussetzung, von welcher Sie ausgehen, mir psychologisch nicht so ganz ausgemacht scheint. Immerhin mag es Naturen geben, bey denen sie völlig richtig ist. Es giebt aber auch deren – das weiß ich aus eigener Erfahrung – die die Wohlthat des Augenblicks nicht darum zu meiden brauchen, weil andere minder erfreuliche Augenblicke ihm folgen. Ich habe mich jedesmal durch das Wiedersehn geliebter Menschen für lange Zeit hinaus so sehr gestärkt gefühlt, daß dagegen der Schmerz der abermaligen Trennung gar nicht in Betracht kam, und ich bin überzeugt, daß bey weitem die meisten, besonders jugendliche Seelen, so fühlen.

Das gewünschte gerichtliche Document in Betreff der Kinder der Lazare erhalten Sie ganz bestimmt in wenigen Tagen. Noltenius, mit dem ich noch in diesem Augenblick deshalb geredet habe, hat die L. auf heute Nachmittag zu sich bestellt und mir versprochen, dafür zu sorgen, daß Smidt, der übermorgen reist, es mitnehmen kann. Ein Duplicat davon will Noltenius direct nach München senden und zugleich dafür sorgen, daß 200 fl. abschläglich dahin übermacht werden. Die Besorgniße, welche dem heute Morgen eingetroffenen Brief von Judith zufolge Mutter fortwährend wegen der Kinder hegt, sind in der That, glauben Sie mir es, lieber Vater, sehr übertrieben. Die Sendung der Kinder nach Zürich unter dem Vorwande, daß der angebliche Vater noch Züricher Bürger sey, fürchte ich nicht von fern. Der Vorwand wäre gar zu abgeschmackt, und die blâme, die man bey Ihnen vorzüglich zu scheuen scheint, würde unfehlbar auf die Münchner Polizeydirection zurückfallen. – Der juristische Grund übrigens, weshalb ***Sie*** zu nichts verpflichtet sind, liegt nicht in Jacobs Majorennität, sondern darin, daß das Gesetz keine Verwandtschaft zwischen unehelichen Kindern und ihrem Vater anerkennt. Die Verpflichtung des letztern, Kindern, die möglicherweise ihr Daseyn seinem Umgang mit der Mutter verdanken, zu ernähren, beruht auf einem ganz verschiedenen Fundament (quasi ex delicto), ist rein persönlich und geht nicht auf deßen Verwandte über. Ein ganz anderes ist es mit den Aeltern der Mutter eines unehelichen Kindes. Diese sind subsidiarisch zu Alimenten verpflichtet. – Wenn Sie ferner dort fürchten, die Lazare könne vielleicht ihre Versprechungen nicht erfüllen, so darf ich Ihnen nur zu Ihrer Beruhigung sagen, daß die Frau nur in precario[175]

175 Geduldet. Die Aufenthaltsgenehmigung für Madame Lazare in Bremen war doppelt gefährdet, da sie Jüdin und Ehebrecherin mit zwei außerehelichen Kindern war. Man hatte sie aufgefordert,

hier lebt und insofern von der Polizey unbedingt abhängt, die ihr den ferneren Aufenthalt an dem ihr alles gelegen ist, nur unter der Bedingung gestattet, daß wegen der Kinder weiter keine Klagen gehört werden.

Wegen der Anzeige Ihrer vermischten Schriften in der hiesigen Zeitung wird Christine bestimmt nächstens mit Hrn. Pastor Bekenn reden, der gewiß gern diese kleine Gefälligkeit für Sie hat. - Die verlangten Zeitungen nimmt Smidt mit. Da mehrere Nummern ganz vergriffen sind, so hat es Mühe gekostet, sie zu completieren und Sie dürfen sich daher nicht daran stoßen, daß einige Exemplare auf Schreibpapier sind.

Das ausgelegte Porto für Hr. Gromme habe ich mir mit 1 rth 58 gr. auszahlen laßen. (3 fl. Conv. M. machen hier nicht, wie Sie schreiben 1 th 40 gr) Ich werde das Geld Hrn. Pastor Iken zustellen.

Ueber Jacob, der am 6ten Jan. Bremen verlaßen hat, schreibe ich Ihnen ausführlicher, sobald ich selbst etwas bestimmteres über seinen künftigen Aufenthaltsort und seine Verhältniße weiß. Nur so viel kann ich Ihnen schon jetzt sagen, daß er nicht ohne Aussichten ist und daß ich die Hoffnung, ihn in einem seinen Fähigkeiten angemeßenen Wirkungskreis zu sehen, noch keineswegs aufgegeben habe. Recht innige Grüße an Mutter, Bruder und die lieben guten Schwestern.

Ihr Gildemeister

Christine ist ausgezeichnet gesund und sieht mit froher Zuversicht dem Augenblick des Mutterwerdens entgegen.

ihre Kinder aus München zu holen und für sie zu sorgen. Im Mai 1817 fuhr sie geschäftlich als Putzwarenhändlerin nach Lyon, wo ihr Ehemann lebte. Bei einem Aufenthalt in Frankfurt bestellte Smidt sie zu sich, wies sie eindringlich auf ihre Pflichten hin und drohte mit der Pariser Polizei. In Paris wollte sie Jacob Stolz aufsuchen, um mit ihm seinen Anteil an den Kosten für die Kinder auszuhandeln. (StAB 7,20-530, 1.6.1817)

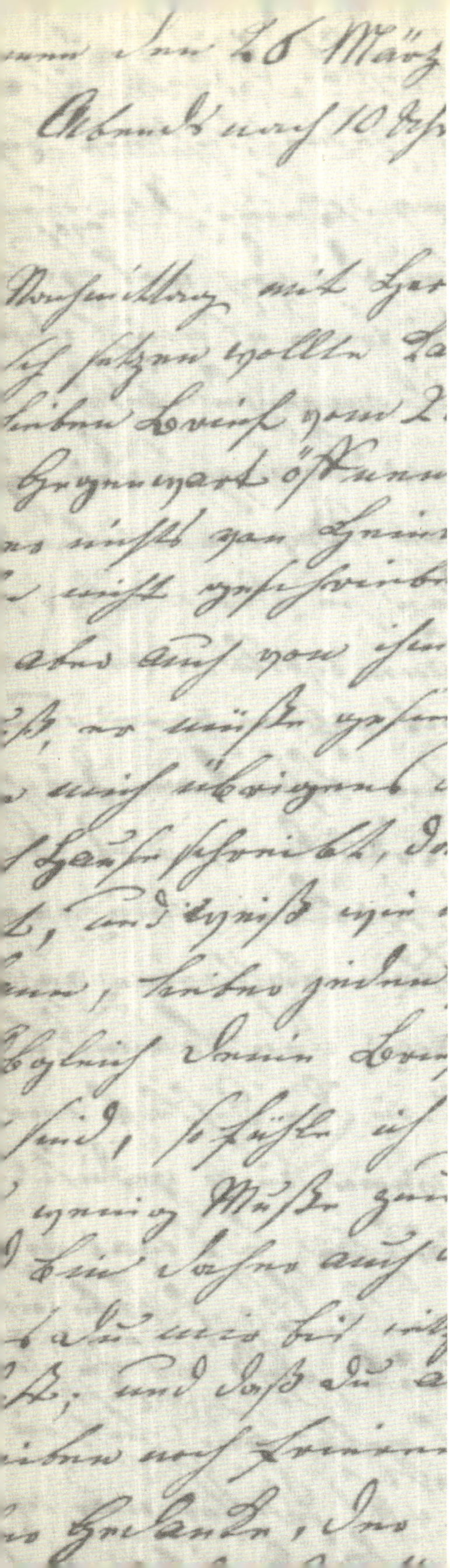
...den 26 März
Abends nach 10 Uh...

Briefe 1819–1839

Fritz Gildemeister an Betty Stolz

d. 18. August 1819

Bevor Dein Blick, liebe Betty, die folgenden Zeilen durchläuft, muß ich die ganze Fülle Deiner schwesterlichen Liebe in Anspruch nehmen, um für ihren Inhalt auch dann, wenn er Deinem Innern nicht zusagen sollte, eine milde und gerechte Beurtheilung in Dir zu finden.

Als vor etwa zwey Jahren ein plötzlicher Tod mir die liebste Gattin von der Seite riß, da fühlte ich mich von dem unerwarteten Schlage so betäubt, da drang sich mir, wie ich wieder zu einiger Besinnung kam, bey allen Gelegenheiten das Gefühl meines namenlosen und unersetzlichen Verlusts so schmerzlich auf, da schien die Kraft meines Lebens, zwar nicht physisch aber geistig, so gebrochen, daß mir fortan dieses irdische Daseyn eine Last war, die ich nur um des gemeinsamen Kindes willen glaubte in Geduld und Faßung tragen zu müßen. Auch jetzt noch entstürzen heiße Thränen dem Auge, wenn ich der schnell entschwundenen Blüthezeit meines Lebens und der herben, unvorbereiteten Trennung von dem was mir auf Erden am theuersten war, gedenke. Aber doch ist es damit anders geworden; die alles lindernde Zeit hat den verzehrenden Schmerz zur Wehmut gemildert und dem Gefühl der Vaterfreude an dem holden Kinde, in welchem ich noch einst hinieden die theuren Züge der Entschlafenen wieder zu finden hoffe, sein Recht verschafft. So konnte und mußte denn auch allmählig der Gedanke an eine zweyte Verbindung in mir keimen und Raum gewinnen, ja, er mußte es um so mehr, wenn ich meines mutterlosen Kindes gedachte und erwog, daß meine Schwester[176], deren Liebe und Aufopferung ich in vollstem Maaße anerkenne, doch vielleicht nicht ganz die Mutter zu ersetzen vermag und daß ihr Hierseyn, so lange meine Mutter in Weimar lebt, von manchen Zufälligkeiten abhängt. ***Du***, liebe Betty, warst dann, wenn ich in den letzten Monaten jenem Gedanken, der eigentlich erst damals in mir recht klar wurde, nachhing, diejenige, bey welcher mein Sinn am liebsten verweilte; ja ich kann wol sagen, ***Du*** schienst mir, je mehr ich mich in den Gedanken vertiefte, das einzige weibliche Wesen zu seyn, das ich mir da als Gattin und Mutter denken mochte, wo einst Christine Gattin und Mutter war. Manche Bedenklichkeiten, die sich indeß alle nur auf ***Dich*** und auf ***Dein*** Wohl bezogen, haben mich bisher abgehalten, meine Wünsche und Ansichten Dir offen Kund zu geben. Sie scheinen mir aber doch bey sorgfältiger Prüfung bey weitem nicht entscheidend genug, um den Wunsch meines Herzens zu unterdrücken und so stehe ich denn nicht weiter an, Dir, meine liebe, gute Betty, die Hand zu dem innigsten Bande, das hinieden zwey Wesen aneinander feßeln kann, voll freudiger Zuversicht zu bieten. Kaum darf ich hoffen, mit meinem Antrage einer Gemüthsstimmung in Deinem Innern

176 Gildemeisters Schwester Elise (1789-1833) war nach Christines Tod von Weimar nach Bremen übersiedelt, um Haushalt und Kind zu betreuen. Die Sommermonate wurden meist auf dem Lande verbracht. Elise war stark verwachsen und nach Smidts Ansicht »prädominierte in ihrem Wesen der Ernst, so daß sie für die Erziehung eines Kindes nicht sehr geeignet erscheint« (StAB 7,20-530, 23.1.1819).

zu begegnen, die es Dir möglich macht, Dich sofort für mich zu entscheiden. Du wirst das ***Für*** und das ***Wider*** überlegen und da halte ich es für meine heilige Pflicht, Dir unverholen zu sagen, welche Einwendungen und Zweifel mir sich in Deine Seele aufdrangen, als ich die Sache früher bey mir erwog. Das erste war der Gedanke, ob auch Dein Gemüth, auf das reichste ausgestattet wie es ist mit allen Ansprüchen auf das höchste Glück bräutlicher und ehelicher Liebe, volle Befriedigung finden werde in der Verbindung mit einem Mann, dem dieses Glück bereits in einer früheren Verbindung zu Theil ward; der Dir, wie innig er Dich auch liebt und wie fest auch sein Wille ist, Dich nach Kräften zu beglücken, doch immer nicht die ***Erstlinge*** seiner Empfindung darbringen kann. Ganz unverholen will ich Dir gestehen, daß, abgesehen von Deinen persönlichen Eigenschaften, um derentwillen Du mir immer unendlich theuer warst, eben auch Dein Verhältniß als Schwester und innige Freundin meiner Christine es ist, was mir den Gedanken an eine zweyte Verbindung in einem freundlichen Lichte darstellt, indem diese Verbindung, wenn sie anders ***Deinem*** Herzen zusagt, sich leicht und natürlich allem anreiht, was mich einst durch und durch beseligte und mit dem irdischen Tode keineswegs dahin geschwunden ist. Diese Andeutung wird Dir genügen; wie sehnlich ich auch in Dir eine Gattin und eine Mutter für mein liebes Kind zu finden wünsche, so will ich doch kein ***Opfer***; ich halte ein solches sogar für pflichtwidrig; Du hast Deine ***eigenen*** Ansprüche an des Lebens höchstes Glück, das ich völlig anerkenne.– Ein anderes Bedenken, das mir aufstieß, und worüber Du, wenn das Glück mir wohl will, vielleicht lächelst, ist die Verschiedenheit des Alters[177] zwischen uns beiden. Ich werde im December 40 und Du –? Doch glaube ich, ernsthaft geredet, noch nicht zu alt zu seyn, um ein Mädchen wie meine Betty als Gattin zu beglücken. Denn ich bin gottlob körperlich gesund und wenn gleich ernst, doch durchaus jugendlich gestimmt. Wenn endlich prosaisch überlegt werden soll, so darf auch das nicht übersehen werden, daß ich zwar bey Sparsamkeit und Genügsamkeit ein hinreichendes Auskommen, aber kein Vermögen besitze, was mir ein unabhängiges Daseyn verschaffte. Indeß sind meine äußeren Verhältniße jetzt unendlich beßer, als da Christine mir ihre Hand reichte und oft hat es mich geschmerzt, daß sie, die sich über meine häuslichen Angelegenheiten so manche Sorge machte, die beßern Zeiten nicht mehr erlebt hat.

Nun, mein liebes Mädchen, habe ich Dir Alles, was ich glaubte sagen zu müßen, gesagt; was für mich redet, wird Dir schon Dein eigener Sinn sagen. Überlege die Sache mit dem liebenden Vater, dem ich ebenfalls geschrieben habe und mit der erfahrenen Mutter. Laß mich, wenn es irgend seyn kann, nicht zu lange im Ungewißen und sey übrigens, wohin Du auch immer neigen mögest, meiner innigsten Liebe gewiß.

Dein Gildemeister

Ich gehe jetzt nach Oberneuland, um morgen dort bey meiner Schwester und dem lieben Kinde zu bleiben. Diesem bringe ich einen lieben Kuß von Dir, liebe Betty; möge er für das, was ich dem Kinde wünsche, ein glücklicher Vorbote seyn.

177 Der Altersunterschied betrug fünfzehneinhalb Jahre.

Betty Stolz an Fritz Gildemeister

Zürich den 29 August 1819

Lieber Gildemeister!

Lange, lange vermochte ich vor heftigem Weinen Deinen Brief nicht zu lesen, denn die Mutter, die mir denselben mit einem gewissen feierlichen Ernst überreichte, (wie ich eben von einem Besuche nach Hause kam) ließ mir so halb seinen Inhalt vermuten, aber wie ich nun auf meine einsame Kammer eilte, ihn laß, und wieder laß, den für mich so wichtigen Brief, und das wirklich bestätigt fand, was sie meinem Herzen nur ahnden ließ, ach, wer beschreibt lebendig genug die Empfindungen und Gefühle die mich ***da*** gewaltsam im Innersten ergriffen und meine Seele in Wehmut aber auch in leiser Wonne bewegten? Ich vermag es nicht durch diese todten Schriftzüge auszudrükken, was jedes Deiner Worte in meinem Herzen weckte, und wie unbeschreiblich es mich rührt, daß Du nach dem schmerzlichen unersetzlichen Verlust Deiner Christine, mit der Du die höchste, aber für Dich leider nur so kurz dauernde Glückseligkeit genoßest, mir, der Schwester der Seligen Dein Herz, Deine Hand anbietest, und durch mich dem holden Kinde eine Mutter wieder zu schenken gedenkst, da die seine ihm so früh in eine weite, dunkle Ferne für dieses Leben entrückt wurde.– Ob ich aus freyer Wahl, aus innerer Überzeugung den Wünschen Deines Herzens entspreche? Ob ich mit freudiger Zuversicht mein Schicksal unauflöslich an das Deinige knüpfen will? Bedarf es noch einer Antwort? Da eine Stimme in meinem Innern vernehmlich ruft: der deine geliebte Schwester so unendlich beglückte und beseligte, könntest du nur einen Augenblick zweifeln, daß er auch dich nicht glücklich machen wird? Und weißt Du es ja, lieber Gildemeister, wie ich Dich von dem Augenblick an daß Du mein Bruder wurdest, innig liebte und achtete, und wie ich alle Liebe die ich für Christine empfand, ***ewig*** empfinden werde, auch in Dir übertrug, wie oft ich die Schwester selig pries, in Dir ein Wesen gefunden zu haben, das so hohe Vorzüge des Geistes und Herzens in sich vereinigt, in dem ich so ganz das Ideal männlicher Würde und Kraft erblickte; und mein Herz, dem Du jahrelang schon so theuer warst, sollte Dir jetzt nicht mit bräutlicher Liebe entgegen schlagen, da Du mich so ungesucht, so ungeahndet von meiner Seite, zu der künftigen Gefährtin Deines Lebens zu besitzen wünschest, und das Zutrauen zu mir hast, daß ich Dir eine zärtliche Gattin, dem süßen Kinde eine treue Mutter seyn werde? – Nim es für das Geständnis meiner Liebe, Geliebter, meiner verklärten, theuersten Schwester! – Mit dankbar gerührtem Gemüthe erkenne ich es in tiefer Demuth gegen den allliebenden himmlischen Vater an, der mich des Glückes würdigt, Dein zu seyn. Freudig und liebend schlägt mein Herz aus weiter Ferne Dir entgegen und weiht sich Dir zum ewigen Eigenthum treu in Freud und Leid – – lieber, liebster Gildemeister, wenn mir das Leben auch in einer so innigen, tief eingreifenden Verbindung wie die Ehe ist, freundlich zu lächeln beginnt, und der bloße Gedanke mich schon entzückt und beseligt, mit dem lieben Kinde in einem so zarten, heiligen Verhältniß zu treten, wie das der Mutter zum Kinde ist, so regt sich, so oft ich über mich selbst nachdenke hie und da ein Zweifel, ob ich auch wol im Stande seyn werde, Deinem

Herzen und Geiste volle, innere Befriedigung zu geben? Und diese Zweifel können mich denn recht ängstigen; ich fühle mich so schwach, so gar nichts im Vergleich mit der s. Schwester, die Dein Herz so in jeder Beziehung ausfüllte, Deinen Geist ***nie*** leer ausgehn ließ. Was die innigste Liebe Dir nur zu geben vermag, bringt mein Herz Dir zwar entgegen, und wenn ich Dir die geliebte Christine auch nie ersetzen werde, (denn wie ließe sich das Geliebteste sich durch irgend etwas ersetzen?) so wird doch all mein Denken, all mein Sinnen nur einzig darauf hingehen Deinem irdischen Daseyn wieder durch zärtliche Theilnahme, innige Liebe, Licht und Glanz zu verleihen, und die dunkle Nacht, die seit Christines sichtbarem Verschwinden Dich umfing einer schönen Morgenröthe wieder entgegen zu führen; oh, wie will ich Dich lieben, wie mich bestreben Dich glücklich zu machen, Geliebter! – Glaube ja nicht, lieber Gildemeister, daß ich in der Verbindung mit Dir weniger glücklich seyn könnte, weil Du mir nicht die Erstlinge Deiner Empfindung entgegenbringst; ist es doch die geliebte Schwester die Du liebst, und ist es doch die Liebe die Du zu der verklärten Gattin treu im Herzen bewahrst, grade am meisten die mich unwiederstehlich zu Dir hinzieht diese Treue ist mir Bürgschaft daß ich glücklich sein werde. Von Deinen zwey folgenden Zweifeln die Du in meinem Herzen zu vermuthen glaubst, daß sie Deinen Wünschen vielleicht hinderlich seyn könnten sage ich Dir nichts, und da ich Dich liebe, wirst Du wol begreifen, daß ich nur über sie lächeln konnte. Was die Trennung von meinen lieben Eltern betrift, so ergreift mich zwar eine namenlose Wehmuth, wenn ich an sie denke, und sie wird nicht ohne schweren Kampf vorübergehn, allein da sie selbst, die Leitung und Entscheidung meines Schicksals als weisen Rathschluß einer höheren Hand verehren und erkennen, und nur mit den freudigsten Empfindungen mir von Grund ihres Herzens dazu Glück wünschen konnten, da sie Dich so sehr schätzen als lieben, so erleichtert ihre reine Mitfreude an meinem Glück mir schon jetzt das Herbe des Abschieds aus ihrer Nähe, auch hoffe ich aus weiter Ferne den lieben Eltern noch manche frohe Stunde durch meine Briefe bereiten zu können. Sobald ich von Dir, Lieber, weiß, daß Du der lieben Mutter nach Weimar geschrieben hast, werde auch ich an sie schreiben, und sie um ihren mütterlichen Segen, um ihre mütterliche Liebe bitten, diese wie jenen wird sie mir gewiß nicht versagen, nicht wahr, Du hoffst es auch Lieber? An Judith[178] schreibe ich heute selbst noch; um ihr alles wenn auch nur in gedrängter Kürze mitzutheilen, ihrer schwesterlichen Theilnahme bin ich gewiß!

Und so lebe den für heute wohl, Geliebter! Einen Kuß, den ich hier dem Papier aufdrücke bringe dem holden Kinde.

Mit Sehnsucht sehe ich einem Brief von Dir entgegen. Lebwohl!

Deine Betty

178 Bettys Schwester Judith Stolz lebte zu der Zeit in Bremen, half im Hause von Gildemeister und vor allem im Haushalt der befreundeten Trinchen Schrader. Im Herbst 1819 kehrte sie nach Zürich zurück. (StAB 7,113, Bd. 3, S. 274 ff.).

Fritz Gildemeister an Betty Stolz

Bremen d. 9. Sept. 1819

Vorgestern Abend, Du liebes, theures Mädchen, wurde mir Dein Brief, mit welchem für mich gewißermaßen eine neue Lebensepoche beginnt. Dein Gefühl spricht sich darin so wahr und rührend aus, daß ich ein Thor seyn müßte, wenn ich noch ängstlich zweifeln wollte, ob diese Verbindung auch wol ***Dir*** das Maaß von Glück bringen werde, deßen Du fähig und werth bist. In mir wenigstens ist der ernsteste Wille, Dich durch Treue und Liebe zu beglücken, wie einst Deine verklärte Schwester. Das übrige müßen wir der gütigen Vorsehung überlaßen, die sich ja auch mir überaus gnädig erwiesen, indem mir die Liebe zweyer so edler Mädchen zuwandte. Auch Christine, davon bin ich innig überzeugt, wird, wenn Anders das Irdische sie noch berührt, unser Bündniß aus der Region des Friedens segnen.

Und nun, Du geliebte Braut, muß ich Dir doch auch, indem ich im Geiste Dir den ersten warmen Kuß der Liebe zusende, erzählen, wie es mir denn seit vorgestern erging. Als ich Abends gegen Acht von einem öffentlichen Geschäft zu Hause kam, fand ich Deinen theuren Brief vor. Kurz vorher war Hermann aus Norderney[179] zurückgekommen; ich bat ihn daher, mit mir zu Abend zu eßen und setzte eine Flasche edlen Niersteiner auf, die denn, nachdem die lieblichen Speisen abgetragen waren, auf das Wohl der lieben Braut entkorkt und geleert ward; die Nacht kam nur wenig Schlaf in meine Augen. Gestern habe ich denn auch meiner Mutter und Bruder Fritz in Norden geschrieben und meiner Schwester Klugkist und ihrem Mann die frohe Botschaft verkündet. Sie heißen die neue Schwester auf das herzlichste willkommen. Da Judith grade bey Elise zu Oberneuland war, so gingen Hermann und ich gestern Nachmittag hinaus und überbrachten ihr die Zürcher Briefe, die auch sie freudig überraschten. Meine Schwester Elise sagte mir nachher, der Gedanke an unsere Verbindung habe ihr immer sehr nahe gelegen. Auch sie, der ich in diesen beiden Jahren so unendlich viel verdanke, hofft in Dir eine liebende Schwester zu finden. Dem kleinen süßen Thinchen endlich habe ich zwar Deinen Kuß getreulich überbracht; aber eben weil es ein ***Thinchen*** ist, habe ich dem Kuße einige Bonbons zugesellt, die ebenfalls von »***Tante*** Betty in Zürich« kamen und höchst dankbar verzehrt wurden. Sobald ich erst einmal unser Verhältniß declarieren kann, d. h. nach Ankunft der Antwort von meiner Mutter (frühestens d. 17ten d.) erhält das kleine Wesen die Küße und Bonbons von der ***Mutter*** Betty, damit ihr dieser holde Name, den sie noch nicht ausgesprochen hat, bey Zeiten geläufig werde.–

An Jacob schreibe ich in diesen Tagen, so auch an meine Schwester Fulda in Kaßel (Frau Aßeßorin Fulda) und an meinen Bruder Karl in Bordeaux. Mein jüngster Bruder Heinrich, der ein Gut bey Frankfurt an der Oder verwaltet, so wie die jüngste Schwester Sophie, die in Weimar ist, erfahren es durch Mutter. Dein Bruder Christian ist jetzt unterwegs nach Havannah, wohin ich auch mit erster Schiffsgelegenheit schreibe.

179 Seit Seebäder in Mode gekommen waren, erfreute sich bei den Bremern die Insel Norderney besonderer Beliebtheit.

Und nun, meine gute Betty, noch eins, was ich auf die Gefahr hin, von Dir im ersten Augenblick für unzart gehalten zu werden, durchaus schon jetzt zwischen Dir und mir zur Sprache bringen muß, ich meine die Bestimmung der ***Zeit***, wo uns das engste, trauteste Band umschlingen soll. Ich hoffe, wenn Du ausgelesen hast, wirst Du finden, daß ich recht habe. Gewiß fühle ich ganz wie tief Dein kindliches Gemüth die bevorstehende Trennung von dem besten Vater und seiner Gattin und von so manchen gewohnten und Dir theuer gewordenen Verhältnißen empfinden muß und daß Dir wol immer einige Zeit zu gönnen wäre, um Dein Inneres für diesen Moment zu sammeln und vorzubereiten. Und ganz fest kannst Du darauf bauen, daß ich meine persönlichen Wünsche diesen Rücksichten gern unterordnen würde, wenn mir nicht die Gründe, die einer ***baldigen*** Verbindung das Wort reden, ***sehr*** überwiegend schienen. In wenigen Monaten beginnt die Jahreszeit, die für weite Reisen höchst ungünstig ist und die ich zu einer Reise von Zürich nach Bremen mit der lieben jungen Gattin ohne die äußerste Noth nie wählen würde. Da diese Jahreszeit sich oft bis tief in den Frühling verlängert, ja grade dann nicht selten die Communicationen am schwierigsten werden, so muß ich Dich entweder schon im Herbst als Gattin heimführen oder wir laufen Gefahr, das was doch auch Dir als des Lebens höchstes Glück entgegenwinkt, noch um acht bis neun Monate - denke Dir das einmal recht lebendig, liebe Betty! - verschieben zu müßen. Unser ganzes irdisches Daseyn aber ist zu kurz als daß der Verlust einer solchen Zeit nicht der Beachtung werth wäre. Es kommt hinzu, daß grade der Winter, wenn man sich nicht etwa zerstreuenden Circeln hingiebt, die reinsten und innigsten häuslichen Freuden spendet und daß das eigentliche Familienleben grade am festesten Wurzel faßt. Der eine Winter, den ich so mit unserer Christine in stillem Genuße der mir zu Theil gewordenen Glückseligkeit verlebte, wird ewig lebendig vor meiner Seele stehn. Ihnen folgten zwey sehr trübe Winter, Du wirst also den Wunsch natürlich finden, daß den dritten nicht blos das Bewußtseyn Deiner Liebe sondern auch das traulichste Beysammenseyn beleben und erhellen möge - Auch das verdient gewiß erwogen zu werden, daß Du, wenn Du schon im Winter unter uns bist, noch bis nächsten Sommer mit meiner Schwester Elise zusammenlebst, deren nähere Bekanntschaft Dich erfreuen und die Dir gern manche häusliche Sorge abnehmen wird, denen Du grade in der ersten Zeit vielleicht gerne enthoben bist. Im entgegengesetzten Falle dürfte das ganz anders seyn; denn unstreitig wird Mutter wünschen, daß Elise, deren Abwesenheit für sie wirklich ein recht großes Opfer ist, künftigen Sommer nach Weimar zurückkehrt.

Wenn nun mein Mädchen das Alles recht ernstlich überdenkt und dabey ein wenig der inneren Stimme horcht, die gewiß dem fernen Geliebten das Wort redet, so zweifle ich nicht, sie wird alle Bedenklichkeiten niederkämpfen und es gern sehen, wenn ich sie recht bald als Gattin an das Herz drücke. - Hat doch selbst der liebe Vater, dem es gewiß schwer wird, Dich von sich zu laßen, ohne irgend eine Anregung von meiner Seite ganz in diesem Sinne geschrieben und so das bedeutendste Hinderniß, das mir im Wege zu stehen schien, beseitigt. Uebrigens weißt Du, daß mein Hauswesen vollkommen eingerichtet ist und jeden Augenblick zum Empfange der lieben Herrin bereit ist und daß, was etwa Deinem Inventarium an Wäsche, Kleidern u. dgl fehlt eben so gut hier als in Zürich ergänzt werden kann.

Ob übrigens Smidts Idee[180], daß wir in Frankfurt zusammentreffen, und von dort nach der Trauung noch eine kleine Reise am Rhein machten, ausführbar ist, muß ich ganz Deiner und Vaters Entscheidung überlaßen. Mir scheint sie höchst reizend und auch darum sehr annehmlich, weil Du alsdann noch eine geraume Zeit länger mit den lieben Eltern würdest zusammenbleiben können, als es der Fall ist, wenn ich Dich in Zürich abhole. Denn da ich meine Geschäfte als Director des Criminalgerichts, wofür ich außer dem Honorar als Senator eine nicht unbedeutende Zulage genieße, nicht ohne Noth auf längere Zeit meinem Collegen übertragen mag, so würde meines Bleibens in Zürich wol nicht lange seyn. Ganz anders war es im J. 1816, wo ich ziemlich von mir selbst abhing.

Ich vergaß ganz, Dir über die kleine Christine, wie sich's gebührt, zu berichten, da das holde Kind nun ja Dein Kind ist, Du liebe, liebe Betty. Der Keuchhusten, der sie im Beginn des Sommers recht angriff, kommt noch dann und wann, wiewohl schwach und nicht eigentlich krampfhaft, wieder; auch hat sie seit einiger Zeit gelinde Diarrhoe, ist aber dabey recht wohl aussehend, gesegneten Appetits und stark im Wachsen. Elise vermuthet, daß sie Würmer hat, was einmal mit Dr. Albers[181], der jetzt grade verreist ist, besprochen werden soll. Ihr Temperament ist, soweit ich es bis jetzt beobachten kann, still-heiter, schon jetzt zuweilen theure Erinnerungen in mir weckend. Auch dem Kinde wird es gut seyn, wenn es schon den kommenden Winter der ***mütterlichen*** Aufsicht genießt.

Lebwohl, mein liebes Mädchen, mit innigem Dank zu Gott für das was mir in Dir wieder geworden, drücke ich die Braut an mein Herz. Ewig Dein G.

d. 10. Sept. 1819

Gestern wurde ich durch mehrere sehr ungelegene Besuche unterbrochen, so daß der Brief an mein liebes Mädchen, welchem ich gern einige Zeilen an Vater beylegen wollte, nicht mehr abgehen konnte. Ich benutze daher den sonst unwillkommenen Aufschub, Dir noch den innigsten Morgengruß zu senden. - Auch muß ich noch eins nachholen, was ich in der Freude meines Herzens ganz vergaß, nemlich einen recht warmen Händedruck dafür, daß Du meiner peinigenden Ungewißheit so ***schnell*** als es der unselige Postenlauf nur immer gestattet, durch ein freudiges Ja ein Ende gemacht hast. Grade diese Deine Entschiedenheit über die wichtigste Angelegenheit des Lebens ist mir die sicherste Gewähr, daß in Deinem Herzen eine Stimme für mich redet und daß, was sich irgend ersetzen läßt, mir durch Deine Liebe wirklich ersetzt werden soll. O meine liebe Betty, wie will ich, wenn wir erst beisammen sind, doch meinen Dank, den ich jetzt nur in kalten Schriftzügen andeuten kann, durch die That empfinden laßen.

Dein G.

180 So wie Smidt bei der Anbahnung der Ehe zwischen Gildemeister und Christine Stolz eine entscheidende Rolle gespielt hatte, so schaltete er sich auch beim Arrangieren von Heirat, Hochzeitsfeierlichkeiten und Hochzeitsreise von Gildemeister und Betty Stolz ein. Die Trauung durch Pastor Stolz fand in Frankfurt auf »bremischem Boden«, nämlich in Smidts Gartenhaus auf dem Gelände der Bremer Gesandtschaft statt, was im Vorfeld zu einigen juristischen, staatlichen und kirchlichen Verwicklungen geführt hatte. (StAB 7,20 - 530, 31.8.1819. StAB 7,113-Bd.4, S. 16).

181 Dr. med. Johann Abraham Albers (1772-1821).

Betty Stolz an Fritz Gildemeister

Zürich den 18. September 1819 Sonnabendabend 5 Uhr

Geliebtester!

Dank, tausendfachen Dank, und einen herzlichen Kuß bringt dieses Blatt Dir für Deinen lieben Brief; den ich diesen Morgen empfing, freundlich entgegen. Wie froh, wie selig fühle ich mich durch seinen Besitz, da er mir von neuem Deine Liebe empfinden ließ, die mich so durch und durch beseligt, wie ich es nicht auszudrücken im Stande bin. Dieses Glück, ganz die ***Deine zu seyn***, mein Herz vermag es kaum zu fassen, noch weniger zu begreifen, womit es dasselbe verdiente! Und in tiefer Demuth erkenne ich es gegen den himmlischen Vater an, daß es allein seine unendliche Huld und Gnade ist, die mich so unverdienter Weise dieses Glückes Deiner Liebe nicht ganz unwürdig fand, und mich so überschwänglich durch sie segnete. Daß ich, seitdem ich Dir, mein Bester, vor drey Wochen schrieb, nur Dich dachte, Dich empfand, mir oft schon die Stunden und Tage verkürzte; in dem ich mir in Gedanken ein Bild unseres künftigen Lebens ausmalte; dieses wirst Du mir wohl glauben, da Du jetzt ja weißt, wie unbeschreiblich mein Herz Dich liebt, und wie ich erst in Deiner Liebe das wahre Leben der Seele zu leben beginne. Ja auch ich, mein Bester, bin so fest wie von meinem Daseyn davon überzeugt, daß wie unsere geliebten Gestorbenen von uns wissen können; die verklärte Christine sich ***innigst*** über unser Bündnis freuen und es segnen würde. Denn was könnte ihrer schönen liebenden Seele mehr Erquickung geben als wenn sie von ihrem Himmel Zeuge seyn würde; daß ihrem Geliebten, dem durch ihren Todt eine so schwere Prüfung von der Vorsehung auferlegt wurde; das Leben durch ihre Schwester, die sie zärtlich liebte, wieder freundlicher zu lächeln scheint. - Es ist, seit ich Deine Braut bin, mein süßer Freund, als sey ich dadurch der seligen Schwester auch noch näher und fester verknüpft. Wie oft wenn ich alleine bin und mich in Gedanken an Dich und die Selige vertiefe, wandelt mir ein Naheseyn an; als sähe ich ihr selbst ins schöne milde Auge, und hörte den Ton ihrer sanften Stimme wieder. - Ach, die liebe, liebe Schwester! Wie oft, Lieber, werden wir von ihr und ihrer stillen Tugend und Milde reden und ihrem Andenken Thränen der Wehmuth weihen; wie wird ihr Geist uns dann umschweben, wenn wir uns wiedersehen, wenn wir von dem theuren Vater eingesegnet werden zu dem Bund der Ehe. Auch die verklärten Eltern[182] werden in jenen für unser künftiges Leben so entscheidenden und wichtigen Stunden geistig mit ihrer Liebe und Treue unter uns seyn. O daß Du unsere Mutter ich Deinen Vater gekannt hätte!! Mein Vater kann mir nicht genug des Trefflichen und Edlen von diesem würdigen Mann erzählen und mit welcher Rührung und stillen Freude horche ich dann immer ihm zu und preise mich glücklich, daß mein Geschick mich in eine Familie einführte die so würdige Glieder in sich schließt, wie Deine Eltern, Deine Geschwister sind. Ich werde nun auch gleich der guten Mutter und den Schwestern schreiben und sie alle um ihre Liebe bitten. Sobald ich ihnen geschrieben habe, schreibe ich dann nach Norden und an Herrmann; dem ich innigen Dank für sein kleines Briefchen sage. Und

182 Johann Friedrich Gildemeister und Verena Stolz.

dann, mein Liebster, zu der Beantwortung Deines Briefes. Die Theilnahme Deiner Geschwister an unserer Verbindung that dem Herzen ungemein wohl! Was die Beschleunigung derselben betrifft, so sehe ich wohl ein daß sie wegen der rauhren Jahreszeit der wir entgegen gehen nicht gut weiter hinausgeschoben werden kann; denn bis zum kommenden Frühling sie aufzuschieben dieß wäre mir doch selbst zu lang; denn Briefe sind und bleiben doch nur ein kärglicher Behelf für ein liebendes Paar; und wie entsetzlich muß man bey einer so großen Entfernung auf Antwort voneinander warten; das habe ich ietzt erst recht empfunden seitdem ich liebe; denn die drey Wochen sind mir zur längsten Ewigkeit geworden; und dann denke ich auch wieder: geschieden muß doch einmal seyn, und so wehe es mir auch thut nun so bald, so schnell wahrscheinlich mich loszureißen von manchem befreundeten Wesen so ist es etwas Unausweichliches dem ich auf keine Weise entgehen kann; und selbst, ich bliebe diesen Winter noch hier, zu einem rechten Genießen meiner Freundinnen würde ich doch nicht mehr kommen; und bietet mir Deine Liebe nicht reichen Ersatz für alles was ich verlaßen muß dar? Wird mir der Kampf der Trennung von Eltern und Freunden nicht durch das holde Zauberwort der Liebe für Dich leicht zu überwinden gemacht? – Was den Plan von Smidt betrift, lieber G. so muß ich Dir nur sagen, daß er mir, wie Smidt früher davon an Vater schrieb gar nicht recht einleuchten wollte; weil ich glaubte daß wir uns in Frankfurt nicht so ungestört genießen könnten wie hier, und ich auch wohl fühlte, wie der Abschied von hier mir dadurch erschwert würde, wenn ich Zürich ohne den Geliebten verlaßen müßte. Doch seitdem ich Deine Ansicht weiß, und wohl sehe, wie Du eher für ein Zusammentreffen in Frankfurt bist, so sehe ich jetzt auch mehr das Angenehme desselben ein und habe ***gar nichts dawieder einzuwenden***, da auch die Eltern gerne in diese Idee von Smidt eingingen und besonders der liebe Vater voll Freude darüber ist und nie begreifen konnte wie mich die Sache nicht von Anfang an einnahm. Vater äußerte sogar diesen Mittag bei Tisch, wie wir darüber sprachen; daß er Dir darüber schreiben wollte, Du solltest Herrmann dann mit nach Frankfurt bringen; allein, so sehr es mich gewiß in jeder Lage freuen würde, mit Herrmann zu reisen, so wäre es mir doch lieber die Reise von Frankfurt nach Bremen mit Dir, mein Geliebter, allein zu machen, um Dich dann recht ungestört zu genießen, wie es nach meinem Gefühl nicht seyn kann, wenn eine dritte Person zu gegen ist. Doch, auch dieses überlaße ich ganz Dir, lieber Freund, was Du beschließt, ***ist mir recht***. Unsere Abreise von hier würde wohl in die Mitte des künftigen Monats fallen, also in vier Wochen; wie langsam werden sie mir auf der einen und wie geschwind auf der anderen Seite enteilen. Daß Schwester Elise diesen Winter dann noch bey uns bleiben wird, darüber bin ich unbeschreiblich froh! Sie wird mir gewiß mit Rath und That in allen häuslichen Angelegenheiten an die Hand gehen, deß bin ich gewiß! O wie wohl wollen wir es uns beyeinander werden lassen, lieber lieber Gildemeister! Für Deine Mittheilungen über Christine, den kleinen Liebling, innigen Dank! ***Du Lieber!*** Das arme Kind ist von dem bösen Keuchhusten scheints noch immer sehr angegriffen, doch Gottlob! daß sie ihn so weit gut überstandt. Ich hoffe, wenn sie wie Elise vermutet, Würmer haben sollte, der Arzt sie bald von dieser Plage befreyen wird und kann. Auch dem holden Kinde bald nahe zu kommen verlangt mich ***unendlich***. Da sie eine große Liebhaberin von Bonbons ist, werde ich mich reichlich damit versehen, damit sie gleich gerne zu mir kömmt. Auch eine Schweizer Puppe die ich schon vorigen Frühling für die Süße kaufte wird ihr gefallen. Ich fand nie

Gelegenheit ihr dieselbe zu schicken, nun kann ich sie ihr selbst überbringen, das hätte ich nicht gedacht wie ich die Puppe kaufte!. Ich hätte gewünscht, lieber G. daß es Dir vergönnt gewesen wäre, die Mitfreude an meinem Glück mitzusehn, die die liebe Süsette Vögelin und ihr Mann[183] darüber so warm und rührend äußerten, wie ich ihnen mitteilte, daß ich ***Deine*** Braut sey, wie auch Regula Häfeli und alle meine lieben Freundinnen. Regula so wohl wie Vögelins grüßen Dich aufs aller freundschaftlichste. Wie sehr werden sie alle bedauern daß sie Dich nun persönlich nicht wiedersehn! – Abends nach Tisch. Diesen Abend wurde ich so oft beym Schreiben gestört, mein Lieber, daß ich itzt diese nächtliche Stille benutze den Brief zu vollenden. Was sagst Du daß ich mich ***für Dich*** malen ließ, bist Du damit zufrieden? – Ich wollte Dir, mein Geliebter, so gerne eine rechte Freude machen, und da ich noch sann um etwas zu wählen, fiel es mir ein, wie es wäre wenn ich mich malen ließe; da ein ähnliches Bild von einer lieben Person doch immer etwas unersätzbares ist und ich weiß was Du darum geben würdest wenn Du ein ganz genügendes von der seligen Christine besäßest. Daher theilte ich meine Idee den Eltern mit, die sie gleich vollkommen billigten. Wir redeten darauf mit einem ***sehr*** geschickten und vorzüglichen Miniatur Maler, Herrn Bitt, der uns sonst nicht unbekannt ist. Er nahm den Vorschlag mit Freuden an, und in acht Tagen war mein Bild vollendet und von allen die es sahn sprechend ähnlich gefunden, worüber ich freilich nicht urteilen kann; nur freilich deucht mir daß es zu schön ist; und ich würde Bedenken tragen es Dir zu schicken; wenn Du mich nicht schon kenntest, fürchtend, Du würdest am Original das gänzlich vermißen, was am Bilde Dich entzückte. Die freundliche Miene die ich im Bilde mache rührt daher, daß ich während dem ich saß, recht sehr viel an ***Dich*** dachte. Am Montag sende ich es mit der fahrenden Post fort, und dann hoffe ich daß es acht Tage später wie dieser Brief schon in Deinen Händen seyn wird. Ich hoffe daß es unversehrt in Bremen ankömmt. Mich soll sehr verlangen ob Herrmann mich aus dem Bilde erkennt, und wie Judith dasselbe finden wird.

Lieber G ich hatte erst im Sinn diesem Brief noch zwey für Luise und Elise bey zu fügen, allein da mir Morgen nur noch einige Stunden vor Abgang der Post bleiben, so will ich dieselben lieber benutzen der Mutter nach Weimar zu schreiben, und auf Mittwochen den lieben Schwestern schreiben. Ich weiß es, Dir wird es gewiß so recht seyn. Gestern beym Schreiben überfiel mich eine solche Müdigkeit, daß ich die Feder niederlegen mußte und zur Ruhe eilte; ietzt beym Frühstück eile ich Dir ein Lebewohl zu sagen mein lieber, süßer Freund. Ach, wie lange muß ich nun noch warten bis ich wieder eine Antwort auf diesen Brief von Dir erhalte, oder schreibst Du mir früher ein mal wieder? Das wäre recht schön von Dir, Lieber, wenn Du dieß thätest und wohl einen Kuß werth. Diesen Mittag eßen Jaque und seine Frau bey uns, dann werden die Gläser auch lieblich auf Dein und mein Wohl zusammen erklingen. Und so lebe denn wohl mein liebster Gildemeister! Daß ich es doch aussprechen könnte die Fülle der Liebe die mein Herz ***für Dich*** in sich faßt, aber dieß ist nicht möglich, die Sprache ist zu dürftig, nur mein Auge, nur der Druck meiner Hand werden es Dir einst beym Wiedersehn beredter empfinden laßen wie ich Dich liebe! Lebwohl! Küße Christine von Deiner ganz eigenen Betty.

183 Zum Stolzischen Freundeskreis in Zürich gehörend. Wahrscheinlich Ludwig Voegelin, der an Johann Jacob Stolz' Übersetzung des Neuen Testaments mitgearbeitet hatte.

Fritz Gildemeister an Betty Stolz

Bremen d.15. Sept. 1819

So eben komme ich aus dem Senat zu Hause und habe bis zwey Uhr, wo wir zu eßen pflegen, noch ein Viertelstündchen, das ich, wenn Du hierwärst, wol mit Dir, Du liebes süßes Mädchen traulich verplaudern würde. Statt deßen setze ich mich nun - oh, des jammervollen Nothbehelfs - an den Schreibtisch, wohin ich mich ohnehin mächtig gezogen fühle, um Dir einige Zeilen der Liebe zu senden, die dann mit diesem Blatte morgen die lange, lange Reise nach Zürich antreten mögen. Gestern hatte ich mir in den Kopf gesetzt, ich würde etwas von Dir erhalten und als ich einen dicken Brief von Smidt vorfand, in welchem mehrere Einlagen waren, hoffte ich halb und halb, auch von der Geliebten etwas darunter zu finden. Aber nun erhielt ich nicht allein von Allem was mein Herz erhofft hatte, nichts, gar nichts, sondern noch in dem Brief von Smidt Andeutungen über Deine Ansicht in Betreff der Zeit und des Orts unserer Verbindung, die mich in einen fast fieberhaften Zustand versetzten. Heute Morgen war Judith auf einen Augenblick bey mir; ich sagte ihr davon und sie hat mich einigermaßen beruhigt. Das sehe ich aber doch voraus, daß ich noch manche ängstliche und trübe Stunde verleben werde, bis ich einmal weiß, wie ***Dein Herz*** das was ich Dir unter dem 10ten darüber schrieb, aufgenommen hat. Da ich Deiner vollen bräutlichen Liebe gewiß bin, so kann ich mir Deine Bedenklichkeiten, deren Grundquelle ich gewiß ehre, nur damit ganz erklären, daß Du Dir meine Empfindung für Dich und meine Sehnsucht nach Deiner Nähe, Du liebes Mädchen, nicht ganz so mächtig denkst, wie sie wirklich sind. Meine Annäherung zu Dir war freilich nicht das Werk einer plötzlich entstandenen Leidenschaft und konnte es unter den gegebenen Umständen nicht seyn; ja ich hätte es mit Faßung ertragen müßen, wenn von dem was erfolgt ist, das Entgegengesetzte geschehen wäre. Aber mit dem Augenblick, wo mir Deine Gesinnung in Ansehung meiner Kund wurde, hat ja auch natürlich mein Denken, mein Empfinden und Sehnen eine weit entschiedenere Richtung erhalten müßen, deren Ziel ja ***Dir*** kein Geheimniß ist. Von diesem Augenblick an bist Du, liebe Betty, mir auf dem weiten Erdenrunde ***die nächste*** und wir gehören einander schon jetzt ebenso unauflöslich an, als hätte uns bereits der kirchliche Segen uns vereinigt. Auch die kleine Christine ***hat*** in Dir eine Mutter gewonnen, die doch die Trennung von dem theuren Kinde gewiß nicht ohne dringende Nothwendigkeit verlängern wird.

d. 16. Sept.

Nicht wahr, liebe Betty, Du siehst nun selbst ein, daß Du Dich schon meinen Wünschen diesesmal fügen mußt, daß die erste Bitte Deines Geliebten keine Fehlbitte seyn darf. - Was sodann die Zusammenkunft in Frankfurt betrifft, so liegt darin freylich etwas von dem Gewöhnlichen Abweichendes, aber das ist auch alles was ich dagegen einzuwenden wüßte und das scheint mir in der That sehr wenig, wenn dagegen so bedeutende Vortheile in die Waage kommen, wie hier der Fall ist. Meine Schwestern Elise und Louise Klugkist, Judith, Friderike Noltenius und Metchen Witte (welche letztern beide ich in diesen

Tagen in das Geheimnis einweihte,) fanden alle die Idee so natürlich, so meinen Verhältnißen angemeßen und so reizend, daß z. B. Louise, ehe ich etwas davon gesagt hatte, selbst davon anfing, ob sich die Sache nicht vielleicht so einrichten laße. Deine lieben Eltern, von denen ich die größten Schwierigkeiten erwartete, sind, wie ich von Smidt hörte, zu der Reise bereit und scheinen den Plan sogar mit Liebe aufgefaßt zu haben und wer weiß, was sich noch Alles daran knüpft. Wenigstens denke ich, daß Mutter dann auch wol nach Frankfurt kommt (vielleicht auch meine Schwester Amalie) wogegen sie jetzt an eine Reise nach Zürich nicht denken kann. – Doch genug des Geredes über einen Gegenstand, über den sich mein Mädchen hoffentlich schon vor Empfang dieser Zeilen entschieden haben wird. Fühlst Du, liebe Betty, nicht mit mir bey diesem Anlaße, wie peinlich es ist, wenn zwey Wesen, denen die innigste und schnellste Verständigung in so vielen Beziehungen dringendes Bedürfniß ist, statt des lebendigen Wortes an den Schneckengang der brieflichen Correspondenz gefeßelt sind, wo nicht selten das was zum Verständniß führen sollte, nur neue Mißverständniße und Verwickelungen erzeugt?! – Fühlst Du nicht mit mir, wie sich Alles leicht und schnell unter uns finden würde, wenn es mir nur vergönnt wäre, mein Mädchen an das liebende Herz zu drücken und meine Worte mit einem innigen Kuße zu besiegeln? – Wie es übrigens auch kommen möge, so viel steht fest: ich komme noch vor Winter zu Dir, sey es in Frankfurt oder in Zürich. Ich schrieb Dir zwar neulich, wie meine Geschäftsverhältniße mir das letztere erschweren; indeß ist das Alles nichts gegen den Gedanken, daß ich Dich erst nach acht Monaten sehen soll. – Bis dahin, Geliebte, sey mir wenigstens im Geiste nahe und empfange so die heißen Küße, die Dir gern die Lippen brächten.

Dein G.

Vergiß auch nicht, mir zu schreiben, so oft es Deine Zeit erlaubt. Auf das herzlichste grüße die Eltern, Geschwister und wer sich sonst in Zürich theilnehmend meiner erinnert. An Jacob habe ich gestern geschrieben, wie glücklich Du mich machst.

d. 23. Sept. 1819

Gestern und vorgestern, Du liebes böses Mädchen, sah ich wieder mit ungestillter Sehnsucht einem Brieflein von Dir entgegen und namentlich gestern wurde meine Erwartung schrecklich getäuscht, indem mir die Frankfurter Post statt der gehofften Zeilen von der Geliebten – ein Packet mit Bundestagsprotocollen brachte. Das ist doch warlich zu arg und ich hätte große Lust gleiches mit gleichem zu vergelten, wenn ich nur wüßte, daß das wirklich eine Strafe für Dich wäre. Da ich das aber nicht weiß, so thue ich wol beßer, dem Zuge meines Herzens zu folgen und Dir, so oft es immer angeht, Lebens- und Liebeszeichen von mir zu senden. Zwar ist meine Zeit vor Abgang der Post ziemlich beschränkt, da ich den ganzen Morgen mit allerley tugendsamem Volk zu verkehren habe. Doch dazu bleibt mir immer noch Zeit genug, Dir, liebe Betty, den innigsten Gruß zuzuwinken und Dir nochmals zu sagen, wie die Gewißheit Deiner Liebe und die Hoffnung, Dich nun bald an mein Herz zu drücken, mich schon jetzt durch und durch beseligt, und wie felsenfest schon jetzt der Glaube in mir ist, dieses Bündniß, welchem die früh Entschlummerte ihre Weihe nicht versagen wird, werde auch meiner Betty Alles gewähren, was eine gütige Vorsehung einem reinen Liebe um Liebe fordernden weiblichen Wesen zu geben vermag.

Vorigen Freitag erhielt ich meiner Mutter Antwort und mit ihr, wie sich von selbst versteht, die vollkommene Billigung meiner Wahl und ihren wärmsten mütterlichen Segen. Ich denke, Mutter wird Dir inzwischen auch wol geschrieben haben. – Auch meine alte 83 jährige Großmutter hat die glückliche Nachricht mit der ihr eigenthümlichen Lebhaftigkeit vernommen und freut sich der neuen Enkelin. Sie hielt sehr viel auf unsere sel. Christine und wird ihre Empfindungen für sie gewiß auf Dich übertragen.

Als nun diese Nachrichten eingetroffen waren, fiel jeder Grund zum ferneren Verschweigen weg. Ich ging daher gleich am Sonnabend bey der Familie herum und publicierte unser Verhältniß, gegen welches denn auch niemand etwas einzuwenden hatte. Am Sonntage waren Noltenius und Hermanna Segelken mit ihren Kindern bey uns zum Oberneuland, wo Dir denn zur Mittagszeit die Ohren gewaltig geklungen haben müßen; wenigstens haben wir es am Anstoßen auf das Wohl eines gewißen Mädchens, das dem Gildemeister über die Maaßen lieb ist, warlich nicht fehlen laßen. Auch vorgestern Abend ward bey einem freudigen Mahle bey Witte, wo auch Dein enthusiastischer Verehrer, Dr. Müller[184], zugegen war, Deiner mit Liebe und Theilnahme beym klingenden Becher gedacht. – Da mir inzwischen mit allen solchen Äußerungen der Theilnahme, wie sehr sie auch dem Herzen wohlthun, doch im Grunde wenig geholfen ist, so lange mein Mädchen hundert Meilen von mir weilt, so habe ich denn über der Freude auch nicht die nöthigen Schritte versäumt, um die Hinderniße, die meinem Kommen bis jetzt im Wege stehen, zu beseitigen. Bereits ist die Supplik wegen Dispensation[185] und wegen Erhaltung Deines hiesigen Bürgerrechts dem Präsidenten eingereicht. Morgen wird die Sache im Senat vorkommen und hoffentlich sogleich zum Schluß führen. Für diesen Fall ist dafür gesorgt, daß die Proclamation schon nächsten Sonntag geschehe. Sobald ich die erforderliche Ausfertigung des Senatsbeschlußes habe, welcher Dich als Bremer Bürgerin anerkennt, übersende ich ihn an Vater, dem Du dieses wol sagst, damit er nicht etwa glaube, ich hätte das Nothwendige vergeßen. – Daß ich selbst, sobald es angeht und für meine Vertretung beym Criminalgericht gesorgt ist, der innig geliebten Braut in die Arme eile, bedarf wol keiner Versicherung. Aber Du, liebe Betty, siehst auch Du dem Kommenden verlangend entgegen? Ich hoffe bald die Antwort auf Deinen erröthenden Wangen zu lesen.

Grüße mit die lieben Eltern und Geschwister und nimm einen herzlichen Kuß von Deinem G.

N.S. Künftigen Montag wird Elise mit dem Kinde ganz hereinziehen.

184 Dr. Wilhelm Christian Müller (1752–1831), Dr. phil., Pädagoge, kam 1778 vom Dessauer Philantropium nach Bremen, gründete ein privates Erziehungsinstitut, war Lehrer am Dom-Lyceum und Kantor am Dom. Er richtete gern besuchte Hauskonzerte ein. Durch sein vielseitiges Wirken prägte er jahrzehntelang das Bremer Kulturleben.

185 Sowohl im Kanton Zürich wie in Bremen galt nach den Bürgerlichen Gesetzen eine Ehe mit dem Schwager als eine verbotene Verbindung, für die man in Bremen jedoch gegen Zahlung einer Summe von 150 Thalern eine Dispensation erhalten konnte. Betty mußte ihr Züricher Bürgerrecht aufgeben, um dann – inzwischen mit dem Bremer Bürgerrecht versehen – außerhalb Zürichs heiraten zu können. (StAB 7,113, Bd.4, S. 13).

Betty Stolz an Fritz Gildemeister

Zürich den 25 ten September 1819

Soeben bin ich aufgestanden, mein Herzgeliebter, und komme ietzt noch geschwind, ehe ich den lieben Vater wecke, und den Caffee bereite; Dir einen guten Morgen zu wünschen. Gestern Morgen wurde mir Dein lieber, herrlicher Brief, den ich mit einem Kuß zum Empfang herzlich willkommen hieß und hastig erbrach, um zu sehn was der Geliebte mir schrieb. Allein welche Qual bemächtigte sich meiner wie ich ihn gelesen; mit welchen harten Vorwürfen klage ich mich selbst an, nicht gleich im Anfange in Smidts Plan freudig eingewilligt zu haben; wodurch ich nun dem Geliebten manche trübe, ängstliche Stunde erspart haben würde. Hätte Smidt nur, wie er zuerst an Vater über ein Zusammentreffen in Frankfurt schrieb, hinzugefügt; daß ***dieses*** auch gewiß in Deinen Wünschen läge, so würde ich sicher jede Bedenklichkeit die sich im ersten Augenblick bey mir dagegen auflehnte gerne und leicht um Deinetwillen unterdrückt haben; allein Smidt schrieb so als wenn dieser Plan nur eine Idee von ihm sey von der ***Du*** noch nicht wüßtest. Ach, liebster Gildemeister, wie will ich mich freuen und jubeln wenn es Dienstagabend ist; wo mein Brief in Deinen Händen seyn wird und Du dann ***endlich*** Deiner peinigenden Ungewißheit, ich meiner Qual Dich noch bis dahin in derselben zu wißen enthoben werde. Und wie rührend ist es mir zugleich daß Du grade am Geburtstage unserer geliebten, seligen Christine meinen Brief empfangen mußt, und dieser Tag der für Dich und mich so wehmütige Erinnerungen in sich schließt, sanft gemildert wird durch meine Liebe mit der ich Dir die kurze schöne Blüthezeit Deines Lebens wieder zurückrufen möchte. Ganz herrlich wäre es, mein Lieber, wenn die liebe Mutter und Amalie auch zu unserer Trauung nach Frankfurt kommen würde; ich hätte mir nie denken dürfen, daß sich alles so herrlich vereinigen ließe und unsere Zusammenkunft in Frankfurt zu verschönern, und ich werde Smidt noch recht von Herzen danken, daß er uns so freundlich zu sich einlud. Ja wohl, Geliebter, hast Du recht, ***sehr*** peinlich ist es, wenn zwey Wesen, denen die innigste und schnellste Verständigung in so vielen Beziehungen dringendes Bedürfnis ist statt des lebendigen Wortes an den ***Schneckengang*** der brieflichen Korrespondenz gefesselt sind; und ich will froh seyn wenn diese drückenden Fesseln sinken; und im traulichen Beysammenseyn mit Dir das ***volle Herz*** sich leichter wie durch diese todten Schriftzüge aussprechen wird. O, wie soll Dir dann jeder Blick, jeder Druck der Hand, jedes Wort meine Liebe, meine Treue verkünden; Dir sagen, wie ich in Dir und mit Dir die volle Befriedigung meiner Seele empfinde; wie, seitdem ich ***Dein bin*** die Natur, das ganze Leben mir aus einem weit freundlicheren Lichte entgegenlächelt wie früher; wo das geheimnisreiche Wesen der Liebe mir noch fremd und unbekannt war; denn was ich auch früher für Liebe hielt, träumte und zu empfinden wähnte wie weit bleibt es gegen das Gefühl zurück, was mich in nie gefühlter Wonne in seliger Lust tief und innig durchdringt seitdem die gütige Vorsehung mich Dich finden ließ.– Da Judith Dich nach Frankfurt begleiten wird, und mit dem lieben Vater in das elterliche Haus dann zurückkehrt; so wird Vater mich ohne Mutter nach Frankfurt bringen, welches mir schon manche angstvolle Stunde im Stillen gekostet hat, und noch kosten wird; da ich

Mutter ihr Zuhausebleiben aus ganz anderen Gründen herzuleiten fürchten muß als sie angibt; und ich ***leider*** nur zu gut ahnden kann was sie gegen die Reise abgeneigt macht; wofür sie früher so sehr eingenommen schien. Mündlich mehr über diesen mir so wichtigen Punkt, der zu weitläuftig ist um sich schriftlich darüber ganz auszusprechen, so sehr es mir auch Bedürfnis sein würde. Ach, ***Du*** mußt alles, alles wissen was mein Herz schon schmerzvoll und freudig bewegte und bewegt, dann wird mir leichter werden, denn der Geliebte wird mich trösten und beruhigen. Sage Judith nur ***den Grund*** den Mutter ihres Zurückbleibens anführt: Vater sey nehmlich nun auf der Rückreise weil sie ihn begleite nicht alleine, und bedürfe ihrer Nähe nicht mehr. Ach, lieber Gildemeister, es ist sehr betrübend daß selbst unsere schönsten Freuden hienieden ***nie*** ganz ungetrübt genoßen werden können, und uns immer ***etwas*** gleichsam ernst mahnt, daß wir noch von einer unvollkommenen Welt umgeben sind, in der die Freude dem Schmerz unzertrennlich verbunden wurde. – Wie gut Du bist, mein Einziger, daß Du gleich an alle meine lieben Geschwister schriebest; ich möchte Dich recht herzlich dafür an mein Herz drücken. Ich will nun noch einige Zeilen an Judith schreiben, und dann den Brief der Post empfehlen. Die lieben Eltern grüßen Dich herzlich. Grüße mir alle unsere Lieben, und gieb dem holden Kinde hundert und hundert Küße von Deiner durch ***Dich*** so beglückten Betty.

Fritz Gildemeister an Betty Stolz

Bremen d. 29. Sept. 1819 Abends 8 Uhr

Endlich, Geliebte, brachte mir die gestrige Post, was ich nun seit 3 Wochen entbehrt hatte; – ein Liebes- und Lebenszeichen von Dir, der Erkorenen, der innigsten Herzensfreundin, deren freundliche zutrauensvolle Hinneigung zu mir mich stündlich mehr und mehr beseligt. Ich habe nun wieder ein Wesen gefunden, dem ich mein Herz, so weit es der Erde angehört, mit ungetheilter Wonne hingeben kann und ich darf, wenn ich einst an der geliebten Christine Seite lebendig fühlte, wie eben in dieser innigsten aller Verbindungen das Gemüth sich allmählig läutern und das ganze Verhältniß sich mehr und mehr veredle, und wenn ich mir in diesem Sinne eine heitre und reiche Zukunft dachte, mich nun freudig der Hoffnung hingeben, daß diese Zukunft, die mir noch vor Kurzem so düster umwölkt schien, dennoch kein leerer Traum gewesen. Wenn ich Dich erst, Du liebes, wonniges Mädchen in meinen Armen halte und Liebe um Liebe in Deinen Augen lese und den Kuß von Deinen Lippen und den Druck der Rechten fühle, dann beginnt auch mir ein neues Leben, für welches die Seligkeit, die eine gütige Vorsehung mir einst in so reicher Fülle spendete, warlich nicht verloren seyn soll. Daß dieser Augenblick nun schon durch Deine Einstimmung in meine Wünsche so nahe gerückt ist, wie noch vor einigen Wochen meine Seele kaum zu hoffen wagte, das, mein süßes Mädchen, danke ich der ***Liebe*** und mit tausend Küßen würde ich Dir danken, wenn uns Deine Nähe vergönnt wäre. Der gestrige Abend war mir seit dem unvergeßlichen, der mir die Liebste zu eigen gab, der Froheste und ich konnte nicht umhin, Elise und Judith, die grade hier waren, die frohe Botschaft zu verkünden. Ich warf mir nun den zweyten Brief, den ich acht Tage später in etwas aufgeregter Gemüthsstimmung geschrieben hatte, beinah als ein Vergehen vor, und hätte viel darum gegeben, wenn ich ihn hätte ungeschrieben machen können. Ich denke aber, meine Betty wird auch durch diesen Brief die ***Liebe*** nicht verkennen, die gewiß aus jeder Zeile spricht und nur lächeln, daß der ferne Freund für einen Augenblick Grillen nachhing, die, wäre er Dir nahe gewesen, ein einziger Deiner Blicke vernichtet hätte. Daß ich übrigens in Betreff des Ortes unserer Verbindung nicht eben in Dich drang, wirst Du wol gefühlt haben. Ich verkenne auch durchaus nicht das Gewicht Deiner Gegengründe und ich sehe Deinen Entschluß in Bezug auf Frankfurt als einen ganz besonderen Beweis Deiner Liebe an. Daß wir dort vielleicht in den ersten Tagen unseres Beysammenseyns nicht so ungestört alleine seyn können wie das vielleicht in Zürich der Fall wäre, ist wahr und gewiß zu beherzigen, aber was nur in meinen Kräften steht, werde ich aufbieten, um uns auch in Frankfurt von dieser Seite eine gewiße Freyheit zu erkämpfen; ich werde Smidt darüber sehr bestimmt und offen meine Ansicht mittheilen und es so einrichten, daß ich einige Tage früher wie Du in Frankfurt bin, damit das was ich etwa mit Smidt über öffentliche Angelegenheiten zu besprechen habe, vorher abgemacht werde. Daß wir nach der Trauung (die vielleicht in Offenbach stattfinden könnte) einige Tage ganz allein sind, versteht sich ohnehin von selbst. Im Betreff der Heimreise kannst Du, Liebe, ganz ruhig seyn; zwar hat sich Hermann so etwas von einer Reise nach Frankfurt merken laßen und ich denke, da wo wir nicht ganz allein sind, kann uns ***seine*** Gegenwart nicht lästig seyn, aber dafür stehe ich Dir ein, daß wir auf der Rückreise ***ganz allein*** sind. Ich fühle und denke in dieser Beziehung ganz wie Du. – Eine Freundin meinte neulich, dieses allein beysammenseyn sey in der ersten Zeit der Ehe etwas so unschätzbares, daß selbst meiner Schwester Elises Gegenwart in unserm Hause leicht etwas störendes haben könne. Elise, die überhaupt sehr feinfühlt, hatte das auch wol bey sich gedacht und deshalb mir gleich anfangs gesagt, sie wolle mit mir nach Kassel gehen, um von da mit erster Gelegenheit zu meiner Mutter zurückzukehren, die sie wirklich sehr entbehrt. Auch kann es immer seyn, daß Mutter sie noch bestimmt zurückverlangt. Wenn das aber nicht geschieht, so denke ich doch, Elise mag immerhin den Winter bey uns bleiben. Ich habe dabey auf der einen Seite den Vortheil, daß wärend meiner Abwesenheit die gewohnte Aufsicht auf das Hauswesen und das Kind fortdauert, daß Du Dich im Anfange in tausend Dingen bey ihr Raths einholen kannst, wo Du sonst die Domestiken fragen müßtest und daß ihre Freundschaft Dir manche angenehme Stunde bereiten wird. Das Zuviel in dieser Hinsicht wird sich aber, da Elise selbst den richtigen Tact dafür hat, leicht meiden laßen, zumal sie ihr eigenes Zimmer und zwar in einer andern Etage bewohnt. Die geliebte Schwester hat sich seit Christinens Hinscheiden des lieben Kindes so wahrhaft mütterlich angenommen und meinem Hauswesen mit solcher Treue und Aufopferung vorgestanden, daß ich sie nun, nachdem es ihrer Hilfe von dieser Seite nicht mehr bedarf, auch gern noch einige Zeit als Gast bey mir behalte. In Deinem letzten Brief glaube ich die gleiche Gesinnung zu lesen und werde daher wenigstens nichts positiv dahin wirken, um Elisens Rückkehr zu beschleunigen.

d 30. Sept.

gestern Abend mußte ich abbrechen, ich komme daher heute noch auf ein paar Augenblicke zu meinem geliebten Mädchen. Da ich nun von Vater den Tag eurer Abreise und vermuthlichen Ankunft in Frankfurt weiß, so kann auch ich mich danach einrichten. Am 13ten und 15ten Oct. habe ich hier ein großes Musikfest[186], zu welchem sich die bedeutendsten Tonkünstler und Sänger aus den Hansestädten, aus Oldenburg, Verden u. s. w. vereinigen. Das erste dieser Feste denke ich noch mitzunehmen und dann etwa am 14ten zu reisen. Sollte ich Extrapost nehmen, was von den Umständen abhängt, so würde ich vielleicht noch ein paar Tage warten, weil ich dann bis Frankfurt höchstens fünf Tage brauche. Auch davon wird es abhängen, ob Judith mich begleitet, die sich jetzt wegen der desfalsigen Ungewißheit in einer unseligen Spannung befindet.

Und nun, mein gutes Mädchen, zum Schluß noch einen kleinen Verweis, den Du von dem Geliebten schon hinnehmen mußt. Er betrifft Deine Ansicht, über das Glück und den Segen, der Dir in der engen Verbindung mit mir geworden. Gegen die Sache selbst habe ich natürlich nichts und es kann mich nur erfreuen, wenn ich sehe, daß ich in den Augen meines Mädchens etwas gelte. Aber nur mußt Du darüber Dich und Deinen eigenen Werth nicht verkennen und eins nicht vergeßen, was ich aus der vollsten Überzeugung hinschreibe, daß nemlich dem Manne, wie hoch er auch stehe, die liebende Hingebung eines edlen Mädchens immer als eine besondere Gunst des Himmels erscheinen muß.

Dem Geschenk, das Du mir verkündest, sehe ich mit Verlangen entgegen. Dein ahnender Sinn ist darin meinem stillen Wunsche, den ich kaum mochte laut werden laßen, da ich weiß, wie beschränkt jetzt Deine Zeit ist, auf das freundlichste begegnet. Wenn nur Smidt das liebe Bild nicht zu lange behält.

Für heute muß ich nun, Geliebteste von Dir scheiden. Einen Kuß, einen langen innigen, nimm zum Abschiede von Deinem G.

Dein Brief v. 22. mit den Einlagen ist gestern gekommen.

Fritz Gildemeister an Betty Stolz

Bremen d. 3. Oct. 1819

Da Hermann heute nach Zürich schreibt, so lege ich ein paar Zeilen bey, die Dir sagen sollen, was Du freylich schon weißt, aber gleichwol noch recht oft von mir hören wirst, - daß ich Dich über Alles auf Erden liebe, daß ich gewißlich hoffe, in Dir wieder aufblühen zu sehen, was mir nach kurzer Seligkeit so plötzlich dahin welkte und daß mich unbeschreiblich nach dem Augenblick verlangt, wo ich Dir mit Einem innigen Kuße unendlich mehr sagen kann, als mit diesen todten Schriftzügen. Dein Bildniß, Du Liebe,

186 Das Zweite Hanseatische Musikfest vereinigte insgesamt 258 Mitwirkende aus Bremen, Hamburg, Lübeck, Oldenburg u. a. Am 13.10. wurde im Dom Händels Judas Maccabäus, am 15.10 Beethovens 3. Symphonie aufgeführt.

ist heute noch nicht eingetroffen und ich muß mich bis zum Donnerstag gedulden; fast muß ich fürchten, daß Freund Smidt, dem Vater es zugesandt hat, sich nicht davon trennen kann.

Ich schreibe Dir vor allen Dingen auch darum grade heute, weil ein späterer Brief Dich vielleicht nicht mehr in Zürich treffen würde. Damit Du aber doch in der langen Zeit nicht ohne Nachricht von mir bleibst, sende ich dir, wenn es irgend möglich ist, ein Brieflein nach Stuttgard post restante, wo Du es also nur bey Deiner Ankunft kannst abholen laßen. - In Hinsicht meiner Abreise bleibt es beym 14ten d. M., da ich denn den 18ten Oct. das Fest der Deutschen[187] und das der Vermählung meiner Schwester Amalie in Kaßel zu feiern gedenke. Am 20ten oder 21ten würde ich in Frankfurt seyn und der Geliebten harren. - Alle die Meinigen grüßen Dich auf das herzlichste. Die kleine Christine sendet der lieben Mutter einen Kuß, dem auch ich einen an die herzige Braut beyfüge.

Ewig Dein G.

Betty Stolz an Fritz Gildemeister

Zürich den 1 ten October 1819

Schon gestern, mein theuerster Gildemeister, hatte ich mir vorgenommen, diese ruhigen Abend Stunden durch die, leider nur ***schriftliche*** Unterhaltung mit Dir zu weihen, nun eile ich doppelt freudig zum Schreibtisch; weil ich Dir zugleich für einen lieben Brief zu danken habe; den ich diesen Vormittag zum Morgen Gruß, durch Smidt empfing; und wofür ich Dir gerne, wenn es nur möglich wäre, einen herzlichen Kuß auf die Lippen drücken würde. Nicht wahr, mein Süßer, da Du nun hoffentlich in dem Besitz zweier meiner Briefe bist, wirst Du ganz mit mir ausgesöhnt seyn und jeden Zweifel durch sie behoben sehn. Als sähe ich Dir nicht mit eben dem sehnsüchtigen Verlangen entgegen wie Du mir? Ach, Du Lieber, daß Du es erst auf meinem Gesichte lesen könntest wie ich Dich liebe; wie theuer Du diesem Herzen bist; denn ich fühle nur zu sehr, wie mangelhaft diese Schriftzüge das Empfinden meiner Liebe für Dich anzudeuten vermögen, und wie wenig ein solches todtes Aussprechen dem Liebenden Befriedigung gewähren kann. Wenn ich erst bey Dir bin, Dein Auge dem meinigen begegnet, dann wirst Du fühlen und lebendig erkennen wie mir in Deiner Liebe ein neues und reiches Leben aufging, und ich in Dir mein Seyn, mein Werden gefunden habe. O, wie es mich hinzieht zu Dir, Einziger! Geliebtester! Wie ich den weiten, weiten Raum der unsere Körper trennt überfliegen möchte um an Deinem Herzen zu ruhen, und meine Seligkeit still vor Dir auszuweinen, vor Dir, der sie mir gab.- Wie lange, lange, lieber Gildemeister, sehnte sich dieses liebebedürftige Herz nicht schon nach einem gleichgestimmten Wesen, in dem

187 Zum Gedenken an die Völkerschlacht bei Leipzig 1813.

es sein beßeres selbst wieder lieben und erkennen könne, wie es sich in Dir erkannt und geliebet sieht und empfindet, und wie hätte ich es vor einigen Monaten nur von ferne nicht hoffen und glauben können daß die gütige Vorsehung so bald diese unbekannte Sehnsucht stillen und befriedigen würde – daß ich hienieden so glücklich, wie ich mich ietzt durch Dich fühle; werden könnte, dieß, ich habe es ***nie*** gewagt zu hoffen. Gott hat über Erwarten gegeben.

Gestern, lieber Gildemeister hat mir eine Bremerin zu unserer Verbindung recht herzlich Glück gewünscht. Die Doctorin Breuls nehmlich, die von Meiland kommend hier durchreiste, besuchte uns; Ich kann aber nicht sagen, daß diese Frau mit aller ihrer zuvorkommenden Herzlichkeit etwas Anziehendes für mich hätte; obgleich man wol sieht, daß es ihr keineswegs an Geist und Gemüth fehlt; auch konnte ich das, was sie sagte, nicht recht in Einklang mit ihrem äußeren Wesen bringen, denn besonders ihr Anzug war ***sehr*** kokett und frey gewählt, und beleidigte mein weibliches Gefühl ungemein, und dabey sprach sie so viel von geistigem, religiösem Bedürfniß, von Tugend und Moral, daß ich nicht wußte was ich aus allem diesen machen und denken sollte. Du kennst sie näher, und wirst sie daher besser wie ich zu beurtheilen wissen. Sie sprach auch mit großer Achtung von Dir, welches mir sehr begreiflich und natürlich vorkam; mit einem Worte, sie war unbeschreiblich holdselig mit mir. Diesen Morgen ist sie mit ihrer Schwester und deßen Mann wieder von hier fort.

In meinem letzten Brief vom 25 ten d. v. M. deutete ich auf eine bange Sorge hin, ***mein*** Geliebter, die durch Mutters Zurückbleiben in mir geweckt wurde, ietzt kann ich Dir zu Deiner Beruhigung sagen, daß sie nach einer Unterredung mit Mutter in etwas gehoben wurde; und mein Gemüthe ruhiger wie vor acht Tagen gestimmt ist. Du hast es gewiß gemerkt, mein Lieber, was mich bang und ängstlich machte, wenn ich es Dir in meinem letzten Briefe auch nicht ganz heraussagen mochte? Jetzt da mir wieder ein wenig leichter zu Muthe ist, kann ich es Dir ehr sagen, aber ganz aussprechen werde ich mich erst mündlich mit Dir darüber; denn bey der frohen Aussicht Dich bald an mein Herz zu drücken; mag ich schriftlich nicht mehr darüber sagen als zu einer Verständigung nöthig ist. Judiths Rückkehr in das elterliche Haus macht mir Sorge und Angst, und leider nicht ohne Grund, doch laß der lieben Schwester selbst hiervon ***nicht das mindeste ahnden***, mein Bester! – Mutter sieht sie nicht mit Freuden in ihre Nähe zurückkehren, und hat kein rechtes Zutrauen zu Judith; und fürchtet, sie werde sich an das stillere, einfache Leben im elterlichen Hause nicht mehr gewöhnen; sich nicht mehr darin schicken, da sie nun zwey Jahre auf eine so ganz durchaus andere Art und Weise zu leben gewohnt wurde, und daraus würden denn hunderterley Unannehmlichkeiten entstehn. Auch war zwischen Mutter und Judith früher schon so manche Spannung, daß ich mir nicht viel Gutes versprechen kann, wenn sie wieder in so nahe Berührung kommen; beyde sind so voll Vorurtheile gegeneinander eingenommen, die schwer zu bekämpfen und zu unterdrücken seyn werden, da sie dieselben für keine halten. Mutter hat ganz offen mit mir geredet, und mir auch gesagt, wie sie nun alle Lust mich nach Frankfurt zu begleiten verloren hätte; da sie ein Zusammentreffen mit Judith an einem dritten Ort scheue. Ich habe sie so viel wie möglich über Judiths Zurückkunft zu beruhigen und besänftigen gesucht; und es ist mir ***Gott sey Dank***! gelungen. Doch zu der Reise nach Frankfurt vermochte ich sie nicht zu bereden. Mit Judith werde ich in Frankfurt auch reden, obgleich sie nie erfahren darf, wie Mutter ietzt gegen sie gestimmt ist, damit sie desto freyer und unbefangener hier im Hause erscheinen kann. Beßer wäre es in ***jedem Fall*** gewesen, Judith wäre diesen Winter noch in Bremen geblieben, dann würde Vater sie im Frühling selbst abgeholt haben, wie er und Mutter wünschten und alles hätte sich leichter und beßer gemacht. Doch, da sie selbst aus freyer Wahl gerne ietzt wieder nach Zürich zurück will, so laß uns, mein Geliebter, der Hoffnung leben und vertrauen, daß auch auf diese Weise alles noch beßer gehen werde wie ich kaum glauben kann.

Nach dem Nachtessen 10 Uhr

In vierzehn Tagen bin ich nicht mehr hier, und schon dem Geliebten um einige Meilen näher. Ich wollte diese zwey Wochen wären erst hinter mir, denn es drängt sich nun so mancherley in denselben zusammen, daß ich zu keiner Ruhe mehr komme bis ich im Wagen sitze. Wer von uns beiden wol zuerst in Frankfurt eintreffen wird ob Du oder ich? Ich wünsche sehr, mein Theurer, daß unser Wiedersehn ohne Zeugen seyn könnte: mein Gefühl würde es wenigstens etwas hemmen, wenn Jemand zugegen wäre; ich weiß auch Du wirst dafür seyn, daß wir uns allein wiedersehn, und daher überlaße ich Dir gerne die Art und Weise wie dieß einzurichten ist.

Von Mutter aus Weimar habe ich bis ietzt noch keine Briefe erhalten; vielleicht kömmt morgen einer; mit Sehnsucht sehe ich ihm entgegen. Herzlich freut es mich wenigstens von Dir zu wissen, daß die gute Mutter Deine Wahl billigt und mich gerne und freudig zu Tochter annimmt. Letzten Mittwoch war ich zum ***letzten Mal*** in Töß, bey der lieben Freundin Meyer, die ihrer Gesundheit seit ihrem letzten Wochenbett gänzlich beraubt ist; und nun schon mehr als ein halbes Jahr nie mehr das Bett verließ. Ich fand sie sehr elend und so angegriffen, daß ich keinen Abschied nehmen konnte; sondern ich versprach, sie vor meiner Abreise noch einmal zu besuchen. Jetzt wird sie aber schon von ihrem Mann erfahren haben daß ich ihr dieses Versprechen nur gab, um ihr den Abschied zu ersparen, für mich die ich wußte, daß ich die liebe Freundin nicht mehr wiedersehn würde, war es schwer, meine Rührung zu verbergen, aber Gott stärkte mich wundervoll, und erst wie ich wieder in dem Wagen saß weinte ich meine Wehmut aus und tröstete mich mit Denken an ***Dich*** Du Geliebtester! ***Sonnabendmorgen***. Gesternabend zog Morpheus mich unwiederstehlich zu sich hin, daß ich die Feder liegen ließ, und mich willig seinen Armen überließ. Jetzt eile ich noch geschwinde, um Dir noch einen Kuß zum Lebewohl zu geben. – Die liebe Süsette Vögelin übersendet mir soeben einliegendes Blättchen, und da es eine Bitte für Dich, mein Lieber enthält; so lege ich es diesem Briefe bey.

Tausend und tausend Küße dem holden Kinde von der Mutter Betty; wie allen unsern Lieben die herzlichsten Grüße, dieses ist wol mit der letzte Brief, der Dich in Bremen noch erreicht? ***Gottlob!*** daß es der ***Letzte*** ist, sage ich mit freudigem Gefühl, Lebwohl! ***Mein*** Gildemeister Deine treue Betty

N.S. Die l. Eltern und Geschwister grüßen ***Dich*** freundlichst!

Betty Stolz an Fritz Gildemeister

Zürich den 10. October 1819

Theuerster! Laß mich Dir noch in dieser festlich stillen Sonntagmorgen-Stunde erzählen, welch ein froher; in jeder Beziehung freudiger Tag mir Vorgestern wurde: und ich fühle dann selbst wie mich ***alles*** zum innigsten Dank gegen den himmlischen Vater bewegen mußte, ***er*** der mir so huldreich gnädig sich erzeigte. Am Freitag morgen, ich war grade mit Ordnen meiner Sachen zum Einpacken beschäftigt; als Mutter mir ein Paquet von Weinfelden kommend überreichte. Ich mache es auf, und finde zu meinem Erstaunen einen lieben Brief nebst einem Rock von schöner schweizer Fabrication als freundliche Gabe von einer Freundin die ich vor drey Jahren in Weinfelden kennenlernte; und mit der ich seitdem dann und wann Briefe wechselte. Bald darauf empfing ich Deinen, für mich Liebe athmenden Brief und den der guten Elise; und mit ihnen noch Briefe aus Weimar, von Mutter; und denke nur, von der Großmutter auch einige herzvolle Zeilen! ***Alles***, ja alles vereinigte sich mir den Segen ***Dein zu seyn*** und damit Deiner Mutter Deinen Geschwistern auch auf das engste anzugehören, von neuem tief und lebendig empfinden zu lassen. Du glaubst nicht, Geliebtester, in welch einem liebenden zärtlichen Ton die liebe Mutter mir schrieb, wie freudig sie mich zu ihrer lieben Tochter annimmt, und wie durch Deine Wahl der leise Wunsch ihres Herzens seine Erfüllung fand; wie ***dies*** von der lieben Mutter zu vernehmen, mir im Innersten der Seele wohl that, fühlst Du mir gewiß ohne Worte nach. Auch Elise schrieb mir, daß sie schon lange im Stillen den Wunsch: wir möchten ein Paar werden gehegt hätte. Ich kann Dir gar nicht sagen, wie unbeschreiblich ich wünsche, daß Elise wenigstens diesen Winter noch bey uns bleibt; ***sie*** die so treu und sorgend in den ***trübsten*** Epochen Deines Lebens Dir tröstend zur Seite stand, des lieben Kindes wahrhaft mütterlich sich annahm: sollte nun von Dir scheiden; da das Leben Dir wieder ***freundlicher*** zu lächeln beginnt? Und wenn ich auch ganz der Meinung jener Freundin beistimme, die behauptete, daß ein ***Alleinseyn*** in der ersten Zeit der Ehe etwas unschätzbares sey; so bin ich zu gleich; durch Elisens Brief (in dem sie sich grade über ***diesen*** Punkt so offen und feinfühlend gegen mich ausspricht) zu der ***festen*** Überzeugung gelangt: daß ihre Nähe, ihre Gegenwart ***nichts*** störendes für uns haben wird, und mir im Gegentheil von großem Nutzen und Genuß seyn wird. Oh, daß ich in Deinem nächsten Brief die Bestätigung ihres Bleibens lesen möchte! Ich würde Elise noch selbst schreiben und sie bitten noch nicht von uns zu scheiden, allein leider ist es hier zu spät. Und damit die Freude voll würde, entschloß sich Mutter am Freitag auf Vaters und mein Zureden noch zu der Reise nach Frankfurt, sage selbst, war das nicht einzig, herrlich? Nun die lieben Eltern mich beide begleiten wird mir die Trennung von hier ***unendlich erleichtert*** und ich sehe es als eine Wohltat des Himmels an, daß Mutter sich zu der Reise noch bewegen ließ, und mir dadurch des Schweren viel enthoben wird. Heute über vierzehn Tagen, dann, oh, der unbeschreiblichen Wonne! Bin ich bey Dir, dem Liebsten! Theuersten! Und die Hand, die ietzt die Feder hält um sich durch sie dem Geliebten vernehmbar zu machen, ruht dann vielleicht in der Deinigen. Ach, mein Freund! Mein Geliebter! Wie wird mir seyn wenn ich Dich wiedersehe, Dich an mein Herz schließe? – O wie viel ***Liebe, wie viel guten Willen*** Dich aus allen Kräften meiner Seele zu beglücken; bringt Dir mein Herz entgegen. Ja, Lieber Gildemeister wills' Gott! Sollst Du wieder glücklich werden wie Du es mit der verklärten Gattin einst warst, und es ***nie***, keinen Augenblick bereuen, Dich mit der Schwester Deiner seligen Geliebten verbunden zu haben. Und die Entschlafene wird geistig mit und unter uns fortleben und besonders durch ihr letztes, theuerstes Vermächtnis uns verjüngt wieder geschenkt werden. Der Abschied von dem süßen Kinde ist Dir gewiß nahe gegangen. Jawohl, auch für sie wäre es gut und höchst beruhigend für uns, wenn Elise bey ihr zurückgeblieben ist.

Ob es mir in dieser letzten Woche, wo sich alles drängt und treibt, noch möglich seyn wird, Dir noch einmal zu schreiben, will ich lieber nicht versprechen. Du weißt ja, wenn ich es thun kann, ich es gerne thue und mein Herz mich in jeder Stunde zum Schreibtisch hinzieht. Diesen Brief wirst Du, so hoffe ich, in Kassel vorfinden. Grüße mir dort Schwester Amalie und Fulda. Über Herrmanns Mitkommen hast Du mich gänzlich beruhiget; – ***Einen Gruß*** an ihn, und für die liebe Judith gleichfalls. Sie wird es begreifen daß ich keine Zeit fand ihr mehr zu schreiben.

Und nun noch in Gedanken einen recht innigen Kuß, mein Lieber! Lieber! ***Gott geleite Dich auf der Reise zu der Geliebten die mit Sehnsucht dem Augenblick des Wiedersehns entgegen sieht.*** Lebwohl! Deine Betty

N.S. Herzliche Grüße von den Eltern und Geschwistern.

Wie lieb und gut das Du Christine die Hand führtest, es rührte mich sehr!

Fritz Gildemeister an Betty Stolz

Bremen d. 10ten Oct. 1819

Daß dieses Blatt, Du süßes, liebes Mädchen, das letzte ist, das ich Dir sende und daß es Dich schon fern von der Heimath auf dem langen Wege zum Geliebten trifft, bewegt mich auf eine ganz eigenthümliche Weise und macht es mir, dem sonst Tage und Stunden langsam schleichen, einmal recht sinnlich anschaulich, wie nahe ich doch eigentlich schon dem seligen Augenblick bin, der noch vor wenigen Wochen in dunkler unbestimmter Ferne vor mir lag. Ich kann mir es lebhaft denken, wie Dein weiches Herz bey der Trennung von Deiner Lisette und so manchen anderen Freundinnen und so manchen trauten Umgebungen mag geblutet haben und wie die Erinnerung an das kaum Verlaßene vielleicht in diesem Augenblick Deinen lieben Augen heiße Thränen entlockt. Oh, daß ich jetzt, grade jetzt, bey Dir seyn und Dir diese Thränen, die mir heilig sind, wegküßen, daß ich Dir eben jetzt Worte des Trostes und der Erhebung zuflüstern könnte; daß ich eben jetzt lebendig und kraftvoll meiner geliebten Betty zurufen könnte, wie statt der verlaßnen Heimath nun eine neue ihr entgegenwinkt, die doch eigentlich erst ihre recht wahre Heimath seyn wird, weil sie in ihr ihre edelste weibliche Bestimmung verwirklicht findet. O daß ich in diesem Augenblick der Trauer Dir das Bild des Geliebten, der Dir mit heißer Sehnsucht entgegenharrt und der das Gelübdte, das ihn einst an die früh

Verklärte knüpfte, in seinem vollen Umfange ihrer schwesterlichen Freundin reicht, - daß ich Dir das Bild des süßen Kindes, das in Dir die Mutter wiederfindet, daß ich Dir das Bild der Vaterstadt mit Allem was sie Liebes für Dich bringt, recht lebendig vor die Seele zaubern könnte! Gewiß Du würdest Dich erleichtert und gestärkt fühlen. Doch auch so, weiß ich, wird meine Betty für die Trauer um das Vergangene, was ja auch seinem edlen Wesen nach nicht verloren ist, das rechte Maaß finden und den Thränen der Wehmut werden auch Thränen der Freude, Thränen ***der Liebe*** beygesellt seyn. Nicht wahr, liebe Betty?

Dein Bildniß erhielt ich zu meiner innigsten Freude am vorigen Mittwoch Morgen. So sprechend ähnlich, wie Vater es schilderte, können weder Judith noch ich es finden; aber je mehr ich damit vertraut werde, desto mehr tritt doch die Ähnlichkeit hervor, und der ***Ausdruck*** ist in der That so getreu, daß selbst der Geliebte, und das will doch gewiß viel sagen, damit zufrieden ist. Um mir die liebe Betty recht lebendig zu denken, bedurfte es übrigens kaum eines solchen Bildnißes. Denn wenn ich gleich damals als ich im J. 1814 und 1816 in Zürich war, Dich in einer von unserem jetzigen Verhältniße himmelweit verschiedenen Beziehung sah, so hatte sich doch das Bild der lieben Schwester Betty, deren ganzes Wesen mir schon damals ungemein zusagte, sich meinem Gemüthe sehr fest eingeprägt. Aber dennoch ist das Bild, deßen Ausführung auch das höchste Lob verdient, mir über alle Beschreibung werth. Ich sende Dir dafür und für den holden Geleitsbrief, in welchem sich die ***Seele*** des liebenden Mädchens so ganz offenbart, den innigsten Kuß.

Vor etwa einer Stunde waren Elise Spilner[188], Sophie Vogeley und Madame Lorenz hier, sie meinten, nach dem Bilde zu urtheilen, müßtest Du Dich doch in den acht Jahren sehr entwickelt haben, was ich denn auch gern zugab. Sie grüßen Dich auf das herzlichste.

Heute Abend ist die Sonntagsgesellschaft bey mir; wenn Du nicht ganz taub bist, so werden Dir da die Ohren gewaltig klingen. Heut macht nun zum letzten male meine Schwester die Wirthin; das nächstemal ist es eine gewiße Andere die mein Herz liebt und die Du kennst ohne daß ich sie Dir nenne.

Dein vielgetreuer G.

Grüße Vater und wenn Du nach Zürich schreibst, auch die Angehörigen und vor Allem Susette Vögelin und ihren Mann, sowie Regula Häfeli.

Betty Gildemeister an Johann Jacob Stolz

Bremen den 19 ten November 1819. Abend 7 Uhr

Soeben habe ich meiner lieben Christine eine gute Nacht gesagt, und eile um diese ruhige Abendstunde recht lebendig im Geiste mit Ihnen, mein bester Vater, zuzubringen, um Ihnen recht viel von meinem Glücke, welches sich von Tage zu Tag reicher und herrlicher gestaltet; und von unserer glücklichen Ankunft hier im eigenen Hause zu erzählen;

188 Bettys Jugendfreundin Catharine Elisabeth Spilner (1794-), wahrscheinlich Tochter des verstorbenen Kaufmanns und »Tobacksfabrikanten« Johann Lorenz Spilner, Am Brill.

wo zu Sie mir gewiß gerne ein williges Ohr leihen. Am 7. dieses verließen wir Frankfurt und langten den 8 Abends schon in Kassel bey den l. Geschwistern an, die uns mit der zärtlichsten Liebe empfingen; Sie werden sich wahrscheinlich über die Schnelligkeit unserer Reise wundern, allein da wir die Nacht durchreisten, und uns nirgends aufhielten, so war dies wol möglich. In Kassel hielten wir uns vier Tage auf, die uns im Beysammenseyn mit den l. Geschwistern nur zu bald dahineilten. Auch wurde mir der hohe Genuß manches Sehenswerthen in und um Kassel zu theil. So war ich mit G. und Amalie auf der Wilhelms Höhe, wo mir, gewöhnt an die große hehre Schweiznatur, die kleinlichen kunstreichen Anlagen der Wasserfälle nicht zusagten; wenn ich auch den Fleiß und die Mühe dieser Partien bewundern mußte; umso mehr ergötzte ich mich an der Lövenburg, die sehr durch die alterthümliche Bauart und innere Einrichtung anzieht; und uns dadurch in das romantische Mittelalter versetzt. Auch die Gemäldesammlung besahen wir, die manches treffliche Bild enthält; schade, daß wir sie nur im Fluge durcheilen konnten. In der Au war ich ebenfalls. So wie wir auch den Bau des neuen Schloßes betrachteten; welch ein Riesenwerk wird das!! – Das Scheiden von Amalie und Fulda that mir recht weh; denn ich fühlte mich unbeschreiblich wohl unter diesen lieben Menschen; und das Ruhigere, Einfachere ihres Lebens that mir nach dem Getreibe und Gelerme in dem Smidts nun doch einmal leben ungemein wohl, und sagte meinem Gemüthe mehr zu. Von Kassel nach Bremen ging die Reise des schlechten Wetters wie der Wege wegen nicht so geschwind von Statten und erst am Dinstag den 16. Abends halb 7. Uhr kamen wir hier an. Mit welchen Empfindungen ich mich der geliebten Geburts-Stadt nährte, wo ich meine Jugend so froh verlebte, und an die sich so manche wehmüthige als schmerzvolle, so manche freudige Erinnerung aber auch anschloß, und wo ich nun in Zukunft als Mutter und Gattin wirken und beglücken sollte; wo eine geliebte Schwester vor drey Jahren dem selben Glücke entgegen geeilt war, verbunden wie ich auf das innigste mit dem gleichen Mann der in ihr die vollste Befriedigung fand und dem sie so schnell wieder durch den Tod entrückt wurde; dieses, lieber Vater; vermag ich Ihnen in Worten, zumal in Geschriebenen, nicht auszudrücken. Tief bewegt langten Gildemeister und ich in unserem Hause an, in dem ihm verbunden mit mir das alte, schöne Glück; mir das neue nicht zu ahndende erblühen soll. Wie ein freundlicher Genius begrüßte uns beym Eintritt in dasselbe, das süße, liebe Kind, welches ich unter ***heißen*** Thränen an mein Herz, in meine Arme schloß, und ich nicht satt werden konnte es mit meinen Küßen zu bedekken, und mich an der Anmuth und Milde des lieben Engels zu ergötzen. Sie ließ sich meine Liebkosungen auch ganz ruhig gefallen, wenn sie auch nicht recht wußte was sie daraus machen sollte; und ihr großes, klares Auge, in dem ich in Ausdruck und Form, wie im Aufblick ganz das der geliebten, verklärten Schwester, wiederfand, blickte mich so hold und freundlich an; sonst finde ich das Christine auch viel Ähnlichkeit von Gildemeister besitzt; besonders im Profiel. Mit einem Worte, lieber Vater, läßt sich kein süßeres, lieberes Kind denken wie unsere Kleine, und jeder der sie nur sieht ist von ihrem Wesen bezaubert, ach, daß ich sie Ihnen und der lieben Mutter mal entgegenbringen könnte, welche Freude u. Wonne für Sie und mich! Sie glauben gar nicht wie weit Christine geistig und phisich entwickelt ist, und wie alles an ihr lebt. Im Wuchs finde ich hat sie viel gleiches von Nanny in Töß nur das Christine noch kräftiger und größer ist. Den

l. Vater erkannte sie im ersten Moment nicht so recht wieder, welches wohl hauptsächlich daher kommen mochte, daß sie ihn in seinen Reisekleidern wiedersah die ihr für ihn etwas Fremdartiges gab. Die lieben Schwestern Luise und Elise begrüßten mich mit der innigsten Liebe, wie auch Herrmann, der mich im ersten Augenblick nicht so recht erkannte, und zu seiner Brille Zuflucht nehmen mußte, mich näher zu betrachten. Ich fand ihn sehr stark und wohl aussehend, wie auch in seinem Thun und Wesen unverändert. Seine Freude an Gildemeisters und meinem Glücke ist unbeschreiblich groß und rührte mich innigst. Auch dem lieben Kinde welch ein guter Onkel ist er. Später kam Klugkist[189] auch und Auguste, Heinrich und Karl, die große Freude mit der neuen Tante hatten. Sie haben wahrlich recht, mein lieber Vater, man muß nur diese wohlerzogenen Kinder sehn, um von den Eltern eine gute, vortheilhafte Meinung zu erhalten. Die lieben Geschwister blieben zum Nachtessen bey uns, und erst nach Mitternacht trennten wir uns; ich schon so wohl bekannt und heimisch mit ihnen, als sey ich Jahre lang mitten unter sie gewesen. Die erste von unsern Freundinnen die mich am folgenden Morgen wieder begrüßte, war Hermanna Segelken. Sie kennen diese liebe Seele, lieber Vater und werden es sich im Geiste denken können, mit welcher Liebe und reiner Freude sie mich empfing. Sie ist unverändert, und wer es nicht weiß, sieht ihr wohl schwerlich an was schon über sie erging. Auch Daniel und Friederike[190], Nanny und Nonnen[191], Sulings[192] und von Kapffs[193], meine Elise und Sophie[194], die Verwandten von G. sah ich schon wieder, und wurde von all diesen lieben Menschen mit der größten Freundschaft begrüßt. Sie glauben gar nicht, lieber Vater, wie mir so von allen Seiten nur Freudiges zu Theil wird, und wie besonders in dem Besitz meines Geliebten und dem süßen Engels Kinde mir ein Glück erblüht ist, was alles früher geahndete weit hinter sich zurück läßt. Montagabend nach 7. Uhr. Soeben hat Gildemeister mich verlassen, um eine Vorlesung von Treviranus[195] im Museum[196] mit anzuhören; ich zog vor zu Hause zu bleiben, und meinen Brief für Sie zu beendigen. Gestern waren wir zum ersten Mal in der Sonntags-

189 Schwager Hieronymus Klugkist und seine Kinder Auguste Caroline Amalie (1806-1891), Carl Heinrich (1813-1823), Carl Franz Emil (1815-1856).

190 Daniel und Friederike Noltenius.

191 Anna Nonnen, geb. Lampe (1781-1825) und Dr. jur. Simon Hermann Nonnen (1777-1847).

192 Isaac Suling, Weinkaufmann, Senator, Bauherr in St. Stephani. Wohnhaft Faulenstr. 56. Nachdem sein Vater 1811 Bremen verlassen hatte, war der junge Christian Stolz bei den Sulings »wie Kind in Hause«. Daher auch die familiäre Bezeichnung »Tante Suling«.

193 Wohl Ludwig v. Kapff, Weinkaufmann, Aeltermann, Martinistr. 48.

194 Wohl Elise Spilner und Sophie Vogeley.

195 Wohl Gottfried Reinhold Treviranus (1776-1837), Dr. med., Professor für Mathematik und Medizin am Gymnasium illustre, Naturwissenschaftler, heiratete 1797 Tibeta Focke (1770-1833). Knochenhauerstr. 6.

196 Gesellschaft Museum: Ende des 18. Jh. gründeten junge Männer, überwiegend Kaufleute, eine Gesellschaft zur Förderung der Bildung des gehobenen Bürgertums. Zunächst standen die den Kaufmann besonders interessierenden Bereiche der Geographie, Völkerkunde und Naturkunde im Vordergrund. Später wurden auch geisteswissenschaftliche Veranstaltungen in das Programm aufgenommen, zu dem die Mitglieder mit Vorträgen aus ihren vielseitigen, außerhalb ihres Berufs liegenden Wissensgebieten beitrugen.

Gesellschaft, die bey Trinchen Kastendiek versammelt war. Es war mir wie ich die lieben Menschen nun so wieder vereinigt sah, als sey die alte Zeit wieder gekommen, und wie die Männer zum Nachteßen zu uns aus ihrem Spiel-Zimmer herüber kamen, war es mir als müßten Sie auch erscheinen. Mit Daniel der mein Tischnachbar war, redete ich faßt immer von Ihnen. Wie lebt Ihr Andenken in diesem Kreise noch so lebendig fort, und wie herzlich freute sich ein jedes Glied dieser Gesellschaft, der guten Nachrichten die ich von Ihnen geben konnte. Gestern morgen war ich noch nicht in der Kirche kann Ihnen also noch nicht sagen ob Menken mir zusagt. Gildemeister der aber dagewesen war, konnte mir nicht genug rühmen, wie vortrefflich er gepredigt hätte. Doctor Albers[197] der mich gestern morgen besuchte, hat mich gebeten, Ihnen doch vorläufig zu schreiben, wie innig er sich über Doctor Locher sein Manuscript und die Zeichnungen dazu gefreut hätte, und wie alles bereits nach London abgegangen sey. Sobald es seine vielen Geschäfte erlauben wird er selbst an Dr. Locher schreiben. Bremen, lieber Vater, in dem ich schon so ziemlich wieder in herumgewandert bin hat sich nahmentlich in der Gegend des Domshofs und des Marktplatzes sehr verschönert im ganzen ist es aber noch das alte Bremen. Ich will recht froh sein, wenn wir unsere Visiten mal überstanden haben, denn ietzt geht es noch in einer beständigen Unruhe, in der man nie zu sich selbst kömmt. Unsere nächsten Freunde und Bekannten haben wir größten Theils schon besucht, aber das Herumfahren steht uns noch bevor, doch werden wir es so viel wie möglich beschränken. Morgen Abend gehen wir zu Doctor Müller, der Sie, Mutter und Jaque herzlich grüßen läßt. Morgen hoffe ich von Ihnen, lieber Vater zu hören; ob Sie wohl und gesund wieder in Zürich angelangt sind; welches ich zu Gott freudig hoffe; und welches zu vernehmen ich unbeschreiblich begierig bin. Daß ich geistig mit Ihnen und der lieben Mutter fortleben werde, immer die kindlich treue Liebe für Sie beide in meinem Herzen fortleben wird, dieses soll Ihnen noch mancher Brief verkünden und recht lebhaft empfinden laßen. Diesen Morgen besahen Gildemeister und ich mit dem süßen Kinde recht schön wilde Thiere, und mehrere Arten von Affen, an denen Christine sich ganz besonders ergötzte, ich hatte Apfel für die Thiere mit genommen, die sie gierig verschlangen; welches dem Kinde viel Spaß machte. Nun will ich noch einige Zeilen an Mutter schreiben, bis dann wird der Geliebte wol wieder zu Hause kommen. Gildemeister grüßt Sie von ganzem Herzen, so wie die Sonntagsgesellschaft. Klugkist hat große Freude an Ihrem Geschenk, er sagte mir, er wüßte gar nicht womit er diese zarte Aufmerksamkeit verdient hätte, er und Luise, Elise und Herrmann alle senden Ihnen die innigsten Grüße. Alles was Sie mir zur Besorgung mitgaben ist richtig befördert worden. Leben sie wohl, geliebter Vater!

Ihre dankbar und zärtlich liebende Tochter Betty

197 Johann Abraham Albers (1772–1821), Dr. med., Naturwissenschaftler, erhielt für seine Arbeiten Preise und Diplome von verschiedenen Universitäten, u. a. der Londoner. Verheiratet mit seiner Kusine Maria Wilhelmine geb. Retberg. In Frage käme auch Johann Heinrich A. (1774–1855), Kaufmann und Kunstsammler, der »englische Albers«, der durch Indigohandel zu Vermögen gekommen war, Mitbegründer des Kunstvereins. Er hatte jedoch keinen Doktortitel. Unverheiratet. Martinistr. 39.

Betty Gildemeister an Johann Jacob Stolz

Bremen den 17 ten December 1819

Dieses Blatt, lieber Vater, wird an Ihrem Geburtstagmorgen in Ihren Händen sein, möchte es Ihnen dann recht lebendig die Wünsche wie die zärtliche Liebe der fernen Tochter fühlbar machen, so lebendig als sey ich selbst gekommen, um Ihnen Glück zu wünschen zu der Feyer dieses für Sie und uns Kinder so frohen festlichen Tages, der uns Sie aufs neue wieder schenkt. Gott, der Allmächtige und liebende Vater erhalte Sie uns noch lange, lange in bestem Wohlsein! Es ist der erste Geburtstag den ich, so lange ich des Denkens mir bewußt bin, entfernt von Ihnen feyre, und es wird mir an demselben sein als müßte es meiner Sehnsucht vergönnt werden, den weiten Raum zu durchfliegen um mit und bey Ihnen diesen frohen Tag zu genießen. Im Geiste bin ich zwar immer in Ihrer Nähe und besonders an Ihrem Geburtstag werde ich der Seele nach mehr in Zürich seyn. Wie viel werde ich mit Gildemeister und Herrmann von Ihnen reden mit diesen Lieben auf Ihr Wohl eine Flasche edlen Nierensteiner leeren. Den Abend dieses festlichen Tages werden wir mit Nonnens und Noltenius zubringen, wo die Gläser auch Ihnen zu Ehren hoch klingen werden. Wer von uns, lieber Vater, hätte wol vor einem Jahr für möglich gehalten, daß ich ihn das folgende Jahr in Bremen feyern würde! Wie viel kann doch ein Jahr verändern und umgestalten, und wie segensvoll wurde mir das Letzte, in dem mein ganzes Schicksal sich auf eine so herrliche als unerwartete Weise entschied; und die schönsten, kühnsten meiner leisen Hoffnungen und Wünsche in Erfüllung brachte. Wenn ich je mit fester Überzeugung am Schluß eines Jahres sagen konnte »der Herr hat es mit mir wohl gemacht, so ist es dieses mal der Fall, denn ich wüßte doch auch nichts was mir bey meinem Gildemeister zu wünschen übrig bliebe, und was ich anderes haben möchte. Vorigen Montag war der Geburtstag von Fritz, ein seliger Tag für uns beide. Ich hatte ohne daß er es wußte, den schönen Kupferstich den ich von Schirmschreibers zum Geschenk bekam, unter Rahm und Glas machen laßen, und am frühen Morgen des Geburtstages in seinem Arbeitszimmer über seinen Schreibtisch gehängt, wodurch ich ihn ***sehr*** erfreute. Am Abend gingen wir in unsere Montagsgesellschaft die alle 14 Tage bey Richter Meyer zusammen kömmt. Es herrscht ein sehr freyer, republicanischer Geist in dieser Gesellschaft die aus den verschiedenartigsten Mitgliedern besteht. Wenn man kömmt, welches um halb 7 Uhr geschied, wird Thee gegeben später kalte Küche; und gewöhnlich bleibt man bis Mitternacht beysammen. Dr. Müller und seine Tochter[198] die auch Glieder dieser Gesellschaft sind, läßt Sie, Mutter und Jaque ***herzlich*** grüßen. Am Dinstag hatten wir in unserm Hause eine kleine Nachfeyer des Geburtstages. Klugkist und Luise, Nanny Nonnen und die liebe Hermanna waren bey uns zum Nachteßen. Es war mir sehr erfreuend so liebe Menschen bey mir zu sehn; und sie zu bewirthen. Nicht genug kann ich Ihnen sagen wie fidel Herrmann

198 Elise Müller (1782–1849), von ihrem Vater zu einer weithin anerkannten Konzertpianistin ausgebildet, auch als Musikerzieherin und Komponistin tätig, gilt als Mitbegründerin der Singakademie, aus der der Philharmonische Chor hervorging.

ist und wie innig er sich meines Glückes freut. G. und er kommen sehr gut zusammen fort, worüber ich meine stille Freude habe. Mit Christine hat er seine große Lust, auch sie hat den Onkel sehr gerne, da er sich viel mit ihr abgibt. Das süße Kind ist ausgenommen ein ***wenig*** Husten wohl und lustig, und ist G. und meine steigende Wonne. Tante Suling, die mich mit der alten Liebe so wie ihr Mann wieder begrüßt haben, sagte mir, daß die selige Christine ganz so als Kind ausgesehen habe wie ihr holdes Kind, und so haben wir die Hoffnung daß sich die Ähnlichkeit mit den Jahren nicht vermindern wird; und sie der seligen Mutter auch im äußern gleichen wird. Morgen ist die Sonntagsgesellschaft bey Beckenns; wie lebendig er noch immer ist, davon haben Sie keinen Begriff ich finde ihn unverändert. Metta ist ehr Älter geworden; letztere grüßt Regula Häfeli und wird ihr bald, wie sie mir sagte selbst schreiben. Neues weiß ich Ihnen diesmal nicht zu schreiben. Sagte ich Ihnen in meinem letzten Brief schon, daß ich mit Herrmann bey Frau Dirks[199] war? Es ist doch eine sehr verständige Achtung einflößende Frau! Und mit welcher Verehrung und Liebe sie von Ihnen und der seligen Mutter redete; das kann ich nicht aussprechen; Sie hat große Freude über die neue Auflage Ihrer neuen Testamentsübersetzung. Die Weser ist fast ganz zugefroren, doch scheint sich das Wetter wieder ändern zu wollen. Menke predigt morgen nicht. Ob er nicht wohl ist, weiß ich nicht. Seine Frau ist immer noch bey Dr. Engelken[200], doch soll sie auf der Besserung sein. Das Christel gesund und wohl in Havanna angelangt ist, wird auch Sie wie auch uns innig erfreut haben. Ich erhielt auch einen langen sehr interessanten Brief von dem lieben Bruder. Gildemeister, Elise und die Schwestern Lampe senden Ihnen zu Ihrem Geburtstag die herzlichsten Grüße und die wärmsten Wünsche für Ihr dauerhaftes Wohl. Und so leben Sie denn Wohl! bester Vater! In Gedanken drücke ich Sie in meine Arme. Gottes Huld und Gnade sey ferner mit uns allen! Ihre dankbare und Sie liebende Tochter

Betty ***Gildemeister*** geb. Stolz

Betty Gildemeister an Johann Jacob Stolz

Bremen den 21 ten April 1820

Lieber Vater!

Ich benutze diese ruhige Stunde, Ihnen für Ihren lieben Brief vom 29 März zu danken! Ich empfing ihn an einem Abend wo die lieben Schwestern Lampe mit Jette[201] bey mir waren (letztere war nehmlich in der stillen und der folgenden Woche zum Besuch hier) ich theilte ihnen Ihren Brief mit, und wir ergötzten uns alle aufs Höchste an seinem

199 Eine aus der Neustadt stammende Gemüsefrau. Sie wurde von Verena Stolz als »wahrhaft schöne Seele« geschätzt.

200 Ärztedynastie, die seit 1810 auf dem Gute Hodenberg in Oberneuland und in Rockwinkel weithin anerkannte »Irrenanstalten« einrichtete, die bis 1865 bestanden.

201 Henriette Gabain (1792–1853) heiratete 1826 Senator Johann Pavenstedt.

drolligen, witzigen Inhalt, freuten uns der frohen, munteren Laune des lieben Vater recht sehr. Auch Gildemeister und Herrmann haben sich königlich an Ihrem Brief erfreut, nur wollten sie nicht ganz in Ihre Ansicht und Meinung über De'Wetes Brief[202] an Sands Mutter eingehen, hingegen schien es Elise und mir mehr einzuleuchten was Sie darüber äußerten, nur deucht mir, daß man einen Brief der nie für den Druck geschrieben wurde, nie so scharf beurteilen darf, eben so die Worte die man in vertrautem Kreise zu den Seinigen redet; denn wenn meine Ansicht auch immer dieselbe bleibt, so stelle ich meine Worte doch anders so bald ich zu einem größeren Kreis von Menschen rede, wo jedes Wort mehr gewogen werden muß, weil man mich darüber zur Verantwortung ziehen kann. Herzlichen Dank! für die Abschrift der Voßischen Ode[203]! Sie ist vortrefflich! Nur schade daß sie ohne Wirkung blieb. Ihre Recension in den theologischen Annalen über Voßens Schrift bin ich sehr begierig zu lesen.

Sonntag morgen den 23 ten. Von mir selbst, liebster Vater, hörten Sie die süße Hoffnung mit der ich seit einigen Monaten in nie gefühlter Wonne mich herumtrage, noch nicht verkündigen ietzt da sie mir immer gewißer zu werden scheint, säume ich nicht länger, mich auch mit Ihnen über diese frohe Aussicht der eigenen ***Mutter-Freude*** zu unterhalten. Sie glauben nicht, wie selig diese Hoffnung mich macht, und wie glücklich ich bin meinem lieben Fritz, auch die süßen Vater-Freuden bereiten zu können. Es ist mir oft, seit dem ich mich Mutter fühle, als sei meine Liebe zu ihm noch inniger geworden, und als gehöre ich dem Geliebten nun noch näher, fester an als zuvor wo ich ihn doch schon so unaussprechlich liebte! Auch ihm geht es wie mir, und wie selig mich dies macht, kann ich Ihnen nicht ausdrücken.

Wenn alles gut geht, welches ich freudig zu Gott hoffe, so würde Ende October die Niederkunft seyn. Ach, lieber Vater! Daß Sie dann bey uns wären, um den kleinen Ankömmling selbst zu taufen!? – Christine wird sich auch innig über den neuen Bruder oder die neue Schwester freuen denn sie ist ausgezeichnet Kinder lieb. Wenn wir mit ihr spazieren gehen, welches bey diesem milden Frühlings-Wetter täglich geschied; und sie das ärmste, schmutzigste Kind auf der Straße liegen sieht; so grüßt sie es freundlich und bleibt bey ihm stehn. Sie befreundet sich gleich, auch mit den fremdesten Kindern, und ist allenthalben zu Hause. Bey der lieben Tante Suling ist sie sehr gerne. Neulich war ich mit Christine in ihrem Garten, da war sie doch so froh, daß sie den andern Tag wieder hin wollte. Herzliche Grüße soll ich Ihnen von Herr und Frau Suling bringen, sie gedenken Ihrer mit alter, treuer Liebe. Auf unserem Wall[204] wird es ganz köstlich, und wenn ich darauf spazierengehe, denke ich oft »hier würde es der Mutter doch auch gefallen« bei Vergleichung mit der großen, herrlichen Schweizer Natur kömmt einem hier freilich nicht von fern der Sinn; aber ganz ohne allen Reitz ist die

202 Wilhelm Martin Leberecht De Wette, (1780-1849), ev. Theologe, Professor in Heidelberg und Berlin. Ein Trostbrief an die Mutter des Kotzebue-Mörders Sand gab Anlaß, den liberal Gesinnten aus dem Dienst zu entlassen. Er war dann in Weimar, ab 1822 in Zürich tätig.

203 Johann Heinrich Voß (1751-1826), Philologe, Dichter, Übersetzer.

204 1802 war mit der Umgestaltung der nutzlos gewordenen Stadtbefestigung zu Gartenanlagen begonnen worden. Sie war 1820 weitgehend abgeschlossen.

Ansicht des Osterthor-Walls in Bremen (1820)

Natur hier doch auch nicht, und was ihr an Eigenthümlichkeiten abgeht sucht Kunst und Fleiß ihr auf der anderen Seite zu vergüten.

Das Krause[205] in Weimar gestorben ist, werden Sie aus den Zeitungen schon wissen, Mutter schreibt daß Weimar sehr viel an diesem trefflichen Mann verloren hat. Er war sehr als Mensch und Prediger beliebt. Auch die gute Mutter hat durch den Tod von Krause, der ihr ein guter Freund war, sehr viel verloren. Danken Sie der Mutter und Judith doch herzlich für ihre lieben Briefe; mit der Beantwortung derselben müssen sie ein wenig Geduld haben, da Dr. Albers mir das Schreiben fast gänzlich untersagt hat, da ich viel mit Magen Beschwerden zu kämpfen habe und alles lange Bücken mir Mühe und Kramf verursacht. Die Vorsichtsmaßregeln die die liebe Mutter mir giebt, und wodurch ich auch gewiß meinen Zustand erträglicher machen kann, will ich mir gesagt sein lassen; sie stimmen ganz mit denen von Albers überein; danken Sie ihr von ganzem Herzen für die guten Räthe wie für ihre innige Theilnahme an meinem Glück; sie that Gildemeister und mir unbeschreiblich wohl. Die Stellung der Syndici in dem neuen Staatscalender steht mit ihrer Rangordnung in keiner weiteren Verbindung, nur Syndicus Gröning als erster Syndicus geht nach dem ersten Bürgermeister, die anderen nicht, Heineken folgt nach Gildemeister. Von Christel sind vom Februar die besten Nachrichten aus Havanna angekommen. Neues wüßte ich Ihnen dieses Mal nicht mitzutheilen. An Judith sagen sie wol, daß die liebe Hermanna Segelken ihre Kindermagd

205 Johann Friedrich Krause (1770-1820), Professor der Theologie in Königsberg, seit 1819 Generalsuperintendent in Weimar.

verloren hat. Sie war sechs Jahre die treue Pflegerin ihrer Kinder. Sonst sind alle Lieben wohl und grüßen Sie und Judith vielmals! Smidt ist noch in Wien, ich weiß nicht ob er bald zu den Seinigen zurückkehrt, welches ich ihm und seiner Mine von Herzen gönnen möchte; soviel ich weiß ist sie mit den Kindern wieder wohl. Grüße an Mutter, Regula und Jaque[206], Judith und meiner lieben Regula Häfeli; allen, mit einem Wort, die mir nachfragen. Gildemeister und Elise grüßen Sie vielmals! Leben Sie wohl! bester Vater! Ihre Sie liebende Tochter Betty.

N.S. Wir erwarten hier täglich meinen Bruder Carl aus Bordeaux zum Besuch: ich freue mich sehr auf seine Bekanntschaft. Gildemeister sah ihn in 10 Jahren nicht.

Betty an Fritz Gildemeister

Oberneuland den 28 May 1820

Geliebter[207]! Morgens 10 Uhr
Dieses ist der letzte Brief den ich Dir schreibe, wenn er in Deinen Händen ist, eilst Du schon wieder mit schnellen Schritten der Heimath zu. Oh, mit welcher Wonne, mit welcher Liebe und Seligkeit will ich Dich, Geliebter, empfangen! Diesen Morgen wollte ich früh aufstehen um Dir noch mit Muße von meinem Leben hier bei Engel[208] erzählen zu können, verschlief aber leider, daß mir hierzu keine Zeit mehr bleibt, da die Brodtfrau unten schon wartet, um diesen Brief mit zur Stadt zu nehmen, da ich Dir aber im letzten Brief versprach Dir zu schreiben, so dachte ich lieber ***wenig*** als ***nichts***; Du hörst ja gerne wiederholt daß ich wohl bin, und Deiner und des lieben Kindes mit ***unaussprechlicher Liebe*** gedenke! Und so muß ich denn scheiden, Du mein Leben! Engel und P. grüßen Dich und Luise; wie ich in Gedanken diesem Blatt tausend Küße für Dich aufdrück, wo von Du Christine einen herzlichen gibst. Grüße die lieben Geschwister. Lebwohl! Gott geleite Dich wohl und gesund mit Christine in meine Arme! Heute erwarte ich noch einen Brief von Dir, den ich aber wol erst morgen erhalten werde, wenn ich zur Stadt komme, nochmals Lebwohl! Deine treue Betty

206 Regula und Jaque: Stiefbruder Jacques Heß (1791-1857), wurde Jurist und später Bürgermeister von Zürich. Regula, seine Frau.

207 Gildemeister befand sich auf einer Reise (politische oder Handelsmission?) nach Amsterdam und hatte seine Schwester Luise und die kleine Tochter Christine mitgenommen. Auf dem Rückweg besuchte er Fritz und Adelheid Stolz in Norden.

208 Pavenstedt, Catharina Engel, geb. Retberg (1783-1821), verheiratet seit 1804 mit Dr. jur. Johann P. (1783-1860). Die Retbergs besaßen ein Landgut in Rockwinkel, auf dem Betty offenbar für einige Wochen zu Gast war.

Betty Gildemeister an Johann Jacob Stolz [Fragment]

ihrem gänzlichen Beßerwerden. Die Schattenriße von Menken und Meyer, lieber Vater, sind von mir, ich freue mich Ihnen dadurch eine Freude bereitet zu haben. Wie freue ich mich auf Ihre neue Übersetzung des neuen Testamentes. Carl Gildemeister hat Jakob zufälliger Weise bey seiner Durchreise in Paris gesprochen. Es geht ihm beym Prinzen Paul[209] noch immer gut; und obgleich sie sich fast täglich zanken, sind sie einer dem anderen doch unentbehrlich. Was sagen Sie von den Unruhen in Frankreich[210]? Und von der Ankunft der Königin von England[211] in London? Ich bin sehr begierig wie sich ihr Schicksal entscheiden wird. Danken Sie der Judith in meinem Namen für ihren Brief, den ich sobald als möglich beantworten will. Auch herzliche Grüße an Mutter und die Geschwister; wie an die liebe Regula Häfeli. Smidt ist wieder glücklich in Frankfurt angekommen. Er schrieb an seine Schwester[212]: seine Frau und seine Kinder kämen ihm wie lauter Engel vor«. Doch für heute muß ich schließen. Herrmann grüßt herzlich; von Christel sind fortwährend die besten Nachrichten aus Havanna; auch in Norden ist alles wohl. Königlich hat uns das Gespräch des Pfr. G mit dem Meister Jackob amüsiert. Herrmann will es für Christel abschreiben und es nach Havanna schicken. Die kleine Christine grüßt die lieben Großeltern und die Tante Judith herzlich! Leben Sie ferner recht wohl! Ihre Sie liebende Tochter Betty.
Den 25ten Juni [1820]

Betty Gildemeister an ihre Eltern [Fragment, vermutl. September 1820]

auch schon von ihrer Reise zurück. Sonntag Morgen den 15ten. Gestern, lieber Vater, wurde ich durch die Nachhausekunft meines lieben Gildemeisters, am Weiterschreiben gehindert, ich eile nun den Brief zu vollenden, und ihn der Post zu übergeben. Diesen Morgen war ich bey Menken in der Kirche, seine Predigten erbauen Geist und Herz, ich höre ihn sehr gerne. Er scheint mir aber körperlich sehr angegriffen zu sein, und ich fürchte daß er nicht ein hohes Alter erreichen wird. Das Leiden mit seiner Frau drückt ihn auch wohl schwer darnieder. Die Sonnenfinsterniß sahen wir hier sehr schön. Das Wetter war sehr heiter und vortheilhaft zu dieser Erscheinung des Himmels. Sahen Sie sie in Zürich auch wie hier ringförmig? Ich war mit Fritz ins Museum

209 Wohl Paul Friedrich Karl August, Prinz von Württemberg (1785–1852), Sohn König Friedrichs I. von Württemberg, studierte Politik, Philosophie und Geschichte, lebte seit 1817 ständig in Paris, meist hoch verschuldet und in Streitereien mit seinem Bruder, König Wilhelm von Württemberg. Jacob Stolz arbeitete seit 1814 bei ihm als Sekretär.

210 Machtkämpfe zwischen der Regierung der gemäßigten Royalisten und den Ultraroyalisten

211 Prinzessin Karoline von Braunschweig war seit 1795 mit Georg IV. unglücklich verheiratet. Scheidungsbemühungen blieben vergeblich.

212 Catharine Castendyk, geb. Smidt.

gegangen und sah durch den großen Tubus von Herschel[213], welches sehr schön war. Von unserer Christine möchte ich Ihnen noch recht viel, viel erzählen. Es ist ein gar zu liebes Kind, und entwickelt sich geistig und körperlich immer mehr. Sie hat bey aller Lebendigkeit doch sehr viel sinniges und geht mir bey manchem häuslichen Geschäft schon zur Hand. In ihrem Wesen hat sie viel von der seligen Schwester, ganz das Anschmiegende, Zärtliche, welches mich immer tief rührt. Neulich hatte ich Ihren Schattenriß bey mir liegen, und wie ich ihr sagte, daß es der liebe Großvater sey, drückte und küßte sie ihn so zärtlich, daß es Sie entzückt haben würde. An Judith sagen Sie wol, daß ich ihren Brief gestern empfangen, und große Freude darüber empfunden hätte, ob ich ihr vor meiner Niederkunft noch schreiben werde, daran zweifle ich sehr, ist es mir körperlich möglich so thue ich es gewiß. Zu Ihrem bevorstehenden Geburtstag, liebe Mutter, alles Liebe und Gute! Und recht dauerhafte Gesundheit. Die Strümpfe schicke ich Ihnen mit der ersten Gelegenheit.

Für Ihren letzten Brief vom 7ten August, den wärmsten Dank! wie auch für Ihre guten Räthe, die ich treu befolgen werde. Dr. Albers der eine Reise nach Paris machte, kömmt in der andern Woche wieder, was mir sehr lieb ist. Gildemeister möchte nur gern wissen ob die Münze von Werth ist, deßwegen schrieb er auf den Zettel die Einschrift derselben. Doch mein Blatt geht zu Ende, und so sage ich Ihnen liebe Eltern ein herzliches Lebewohl! Ich denke, der nächste Brief bringt Ihnen die Botschaft meiner ***glücklichen*** Niederkunft. Gott wird es wohl machen, und so bin ich ruhig. G. grüßt Sie herzlich. Grüßen Sie die Geschwister.

Ihre Sie liebende Tochter Betty

Betty Gildemeister an Johann Jacob Stolz

Bremen den 20ten Decbr. 1820

Theuerster Vater!
Zu Ihrem Geburtstag begrüße ich Sie nach langer Zeit wieder zum Erstenmal mit ein paar Zeilen von meiner Hand; die Ihnen, an diesem für uns Kinder so festlichen Tag, wie ich mir schmeichle, angenehm sein werden, da sie ja als der beste Beleg meiner völligen Herstellung aus dem Wochenbett dienen können. Ich sehnte mich schon recht lange nach einer solchen ruhigen Stunde der schriftlichen Unterhaltung mit Ihnen, bester Vater; um es Ihnen selbst zu sagen was für eine Glückliche, selige Mutter ich bin, und unaussprechlich beglückt ich mich durch mein Kind fühle, wie sein Leben, sein fröhliches Gedeihen, sein süßes, holdes Lächlen mir eine Wonne bereitet wie ich zuvor noch nie empfandt. Ach, lieber Vater, durch nichts hat sich uns die Gottheit doch herrlicher,

213 Friedrich Wilhelm Herschel (1738-1822), Astronom. Lebte in England. Zusammen mit seiner Schwester Lukretia Karoline (1750-1848) entdeckte er zahlreiche Planeten und Kometen.

freundlicher offenbart als durch diese innigen Bande die Eltern und ihre in treuer Liebe erzeugten Kinder verbindet, und es giebt gewiß auf Erden für Eltern nichts so Erquickliches als die Liebe der uns von Gott anvertrauten Kinder. Sie sollten aber auch sehen, lieber Vater, was für ein ***großer***, kräftiger, gesunder Knabe uns geworden; so daß ich es oft nicht begreifen kann, wie ich kleine Person einen solchen Jungen gebähren konnte; welches denn auch nicht ohne Kampf und Schmerz geschah; allein wie bald war der vergeßen, als ich den ersten Schrey des Kindes vernahm, und der geliebte Gatte das Kindlein, auf das ***tiefste*** bewegt, in meine Arme legte; ach, für solche Freude giebt es keine Worte! Mit dem Stillen geht es ganz vortrefflich! Vom ersten Augenblick an faßte der Junge so keck an, daß Sie auch von ihm sagen würden »er hat ein gutes Faßungsvermögen«. Am Sonntag hatte ich die Sonntagsgesellschaft, wir waren sehr vergnügt, und alle freuten sich des kleinen Wesens; welches schon so klug mit seinen großen Augen umherschaute, und die Reihe bey allen Tanten machte; besonders freundlich war er bey Nanny Nonnen, die es lange auf dem Schoß hielt, und immer von ihm angelächelt ward. Aber denken Sie sich wie überaus lieblich, jeder der den Knaben ansieht, wie auch Fritz und ich findet die frappanteste Ähnlichkeit zwischen Christinchen und ihm, und unsere Cathrine[214] sagt, es sey ihr als hätte sie die kleine Christine wieder vor sich. Sie können sich also auf diese Weise ein lebhaftes Bild von unserm Carl machen, da Christinchen Ihrer Seele gewiß noch gegenwärtig ist. Diese hat eine unbeschreibliche Freude mit ihrem kleinen Bruder und ist immer um ihn beschäftigt. Auch in diesem für sie bis ietzt fremden Verhältniß der Geschwister-Liebe, durch die ihr gewiß noch manche Freude werden wird, zeigte sich mir ihr zärtlich liebendes Gemüthe, wie man es in ihrem Alter wol nicht viel findet; ach, wie erkenne ich in dieser Innigkeit mit der ihre kindliche Seele alles erfaßt und in sich auf nimmt, so ganz die verklärte Schwester. Wie groß und stark würden Sie das Mädchen wieder finden! Jetzt ist Christine selig in der Vorfreude des Weynachtsabends, den wir mit ihr bey Klugkists feyern werden. Jeden Morgen frägt sie mich »Mutter ist es denn noch nicht Weynachten« und eine Ewigkeit ist es ihr bis Sonntag. Unter anderen Kleinigkeiten schenke ich ihr auch eine Fiebel, mit Bildern und Versen darunter, wie z. B. »gar grimmig ist der wilde Bär; wenn er vom Honigbaum kömmt her« dies denke ich wird ihr Spaß machen; denn sie hat Bilder gern, und zeigt große Lust das A.B.C. zu lernen. Soeben bringt mir der Briefträger Judiths Brief vom 13ten den ich mit Freuden gelesen, da er mir von Ihrer aller Wohlsein Kunde giebt. Ich kann nicht ausdrücken wie sehr mich jedes Schreiben aus dem elterlichen Hause erfreut. Von Frau Dirks die mich während meines Wochenbettes einmal besuchte und Mamsell von Lingen soll ich Ihnen herzliche Grüße bringen; auch von Herr und Tante Suling; Ersterer ist seit langer Zeit gar nicht wohl; und ich fürchte oft, daß die Tante ihn nicht mehr lange besitzen wird. Sein Hauptübel sind Verstopfungen, die sehr hartneckig sein sollen. Letzten Sonnabend erhielt ich von Frau Doctorin Winhold[215] 6 Flaschen alten Portwein zum Geschenk, mit

214 Bedienstete, die mehr als zwanzig Jahre lang in der Gildemeisterschen Familie als Haushälterin und Betreuerin und Erzieherin der insgesamt elf Kinder eine bedeutende Rolle spielte.

215 Johanne Wienholt, geb. Misler (1761–1829), Witwe von Dr. med. Arnold Wienholt (1749–1804). Wohnhaft Unser Lieben Frauenkirchhof 6, seit 1826 Ansgarikirchhof 2.

einem sehr freundlichen Billet. Mein Gott, wie kömmt die Frau dazu? Werden Sie gewiß denken: dieses verhält sich so wie folgt. Fritz wird oft in ihren Angelegenheiten von ihr zu Rathe gezogen, und noch vorige Woche bey den Ankauf eines Hauses, ließ sie ihn zu sich bitten, und hörte, ehe sie des Kaufes einig wurde, seine Ansicht und Meinung darüber; nun wird sie sich ihm durch diese Geschenk für mich, dankbar gezeigt haben wollen; welches uns auch sehr gefreut hat.

Ihre Übersetzung des neuen Testaments ist richtig in unsere Hände gekommen, ich laße es gerade einbinden, und werde fleißig darin lesen. Innigen Dank! liebster Vater, für dieses herrliche Buch, aus dem ich schon so reichen Trost, so manche Lehre schöpfte. Unser Schwager Carl hat uns nun auch verlaßen. Auch er wird in der Welt umhergetrieben bis er eine sichere Existenz findet. Wie schwer ist es doch ohne eigenes Vermögen durch die Welt zu kommen, besonders dem Kaufmann, da die Zeiten für den Handel so ungünstig sind. Carl ist mit einer Expedition für Herr Abbeg und Fritze nach St. Domingo. Ehe er fortging, schenkte er uns zum Andenken eine ***sehr*** schöne Alabaster Lampe die auf unserm Saal hängt und denselben sehr ziert. Nicht wahr, daß der alte Pastor Ungewitter[216] und seine Tochter Anne auf einen Tag sterben mußten! Es hat mich tief gerührt! Ob der Sohn die Stelle seines seligen Vaters wieder erhalten wird, ist noch nicht entschieden. Die Gemeinde wünscht ihn sehr dort zu behalten, und auch er hat sich in Staade dafür gemeldet. Meine Freundin Sophie ist auch Braut, mit einem Vetter von Ungewitters, gleichen Namens, der Econom ist; und den sie in Scheßel kennen lernte. Er ist im Begriff ein kleines Gut zu kaufen, und sobald er eines gefunden, wird die Hochzeit sein. Tante Lorenz zieht dann zu ihnen und will ihr Haus hier in Bremen verkaufen. Doch der Abend ist hin, lieber Vater! Und ich muß für Heute enden. Möge Ihnen dieses Blatt meine Liebe recht nahe bringen und Sie freundlich an dem Morgen Ihres Geburtstages überraschen. Gott erhalte Sie uns noch lange, lange! Lieber Vater! Ach, daß ich Ihnen an dem festlichen Tage die Kindlein entgegen führen könnte! Welche Freude würde es Ihrem Vaterherzen seyn! Und mir erst wie unendlich wönnig. Wie ich Christinchen diesen Abend frug »was soll ich dem lieben Großvater von Dir schreiben?« sagte sie: »daß ich ihn so lieb hätte.« Den Abend Ihres Geburtstages werden wir wol bey Nonnens mit Postens[217] und Noltenius feyern, und die Gläser auf Ihr Wohl erklingen lassen. Und so leben Sie gesund und wohl, mein lieber Vater! Gott laße Ihnen der Freuden noch viele an Ihren Kindern erleben.

Mit Liebe und Dankbarkeit
Ihre Tochter Betty Gildemeister
Dem lieben Vater zum 31ten December 1820!

216 In Scheessel lebender Schwiegervater von Fritz Stolz.

217 Wohl Dr. jur. Albert Hermann v. Post, (1777-1850), seit 1808 Senator, seit 1802 verheiratet mit Adelheid, geb. Nonnen (1778-1852). Wohnhaft Gartenstr. 3.

Betty an Fritz Gildemeister

Bremen Sonnabend Abend den 14. Mai 1825

Schon wieder[218] eile ich an den Schreibtisch, mein theurer, geliebter Fritz, um mich, so gut es möglich ist, mit Dir zu unterhalten, welches ietzt meine süßeste Beschäftigung ist, und mit der ich mich auch noch wol eine Zeitlang begnügen muß, den ach, wie lange muß ich Dich, mein liebstes Leben noch wol entbehren. Und doch, so schwer es mir auch wird, Deines lieben Umgangs, Deiner trauten Nähe entbehren zu müßen, so lang und bedeutungslos leer mir die Tage und Stunden auch dahinschleichen, ist es doch mein sehnlichster Wunsch, daß Du Dich nicht in mein Heimweh kehrst, und um ihn Deine schöne Reise verkürzest, sondern recht mit vollen Zügen genießest, und Dir nichts abdingen läßt! Der Mann bedarf gewiß von Zeit zu Zeit einer solchen Ausspannung und Erholung von seinen Geschäften, damit er neu gestärkt und erfrischt zu ihnen zurückkehren kann; und wie lange entbehrtest Du Geliebter, einer solchen Ausspannung, dies hat mich manchmal im Stillen geschmerzt, da ich fühlte, wie heilsam es in jeder Hinsicht für Dich sein würde, Du der Du der Sorgen und Mühe so viele hast, und mit einem treuen redlichen Eifer all Deinen Geschäften obliegest! Gestern abend schrieb ich nicht weiter, aß mein Abendbrod, welches mir aber so allein gar nicht schmecken will, und legte mich dann auf mein einsames Lager, wo ich lange noch an Dich, Du heißgeliebter Mann dachte. Ich habe Freitag meine Bettstelle schon auseinandernehmen lassen, und die Deine steht ietzt nur allein auf unserer Schlafstube, in der ich schlafe, vor derselben steht ein Kinderbett und Christine und der dicke Karl schlafen abwechselnd darin. Ich schreibe Dir, liebster Fritz, alles dieses damit Du Dich recht zu mir herversetzen kannst, denn von einem entfernten, geliebten Wesen interessiert uns ja auch das Unbedeutende. Treviranus der mich eben besuchte, findet mich viel besser, und hat mir sogar erlaubt nach der Fahr[219] zu fahren; ob gleich das Wetter unfreundlich ist und wir nord Wind haben. Er meint, ich sollte mich freuen, daß ich noch nicht draußen sey, und dies ist auch meine Meinung, Gott gebe, daß wir bald wärmeres Wetter bekommen, und ich hinaus ins Freye kann. Vor Donnerstag oder Freitag werde ich indeß auf keinen Fall die Stadt verlaßen, weil früher Elise mich nicht begleiten kann, und ohne diese liebe Freundin möchte ich nicht gerne unseren ländlichen Wohnsitz beziehen. Diese ist jetzt in Wölpe bey ihrer Schwester und kömmt Dinstag erst wieder. Von unseren süßen lieben Kindern kann ich Dir nur Gutes

218 Gildemeister befand sich auf einer Dienstreise nach Berlin, um in vertraulichen Gesprächen von Preußen eine Unterstützung Bremens gegen Oldenburger Ansprüche auf den Weserzoll zu erlangen. Durch Zufall erfuhr er von Oldenburger Plänen, den Braker Hafen auszubauen, um Bremen als Seehafen auszuschalten. Daraufhin wurden die in Bremen seit 1795 existierenden Pläne zur Gründung eines Seehafens an der rechtsseitigen Wesermündung umgehend wieder aufgenommen. Auf der Reise nach Berlin begleiteten ihn seine 22jährige Schwester Sophie G. und seine 19jährige Nichte Auguste Klugkist. Sie verbanden die Reise mit einem Besuch bei der Mutter in Weimar.

219 Vahr, Dorf nordöstlich von Bremen.

melden, Christine und Karl besehen in diesem Augenblick die Bilder der Iris[220], Verena die wieder munter und wohl ist spielt mit Otto in der Kinderstube, und der freundliche August wird von Kathrine geschmückt. Oh, wie erquickt sich mein Herz stündlich an der kleinen Schaar! Daß ich oft und viel mit ihnen von Dir spreche, kannst Du Dir denken. Verena lebt täglich der seligen Hoffnung, des festen Glaubens daß Du Morgen wieder kömmst, und wenn sie mich darum frägt, und ich sage, ja Verena, Morgen kömmt der liebe Vater, dann springt sie glücklich und fröhlich im Zimmer herum. Wenn man Otto frägt »wo ist Vater«, dann antwortet er ganz leise »in Berlin« und setzt hin zu »was bringt Vater mit?« Der kleine Schelm! Du kannst also nur die Schwestern bitten, daß sie Dir einige Kleinigkeiten für die Kinder kaufen, denn auch die Anderen schmeicheln sich dieser Aussicht. Karl will Dir aber auch ein Gegengeschenk machen, und wahrhaftig kein kleines: nehmlich ein lebendiges Pferd. Er meint für die drey Ducaten die er im Spartopf hat, könne man wol ein gutes Pferd kaufen. Gestern fuhr hier ein ähnlicher Wagen als Dein Reisewagen vorbey, Christine die mit Karl aussah, rief »da kömmt Vaters Wagen her« und kaum gesagt, stürzte Karl die Treppe hinunter vor die Hausthür, kam aber ganz niedergeschlagen wieder und sagte »Christine es war Vater doch nicht«. Wie ich ihn frug, wie lieb hast Du den Vater? drückte der Junge mich so, daß ich fast umgefallen wäre. Die lieben Kinder! Gott erhalte sie uns! Und laße sie zu guten Menschen heranwachsen, die uns Ehre machen! –

Nun bist Du wol schon in Berlin, und hast diesen Morgen vielleicht Schleiermacher[221] predigen gehört; welch ein Genuß! Oh, wie freut sich mein Herz dieses Gedankens! Wie sehnlich wünsche ich daß Du auch die persönliche Bekanntschaft dieses geistreichen Mannes machen mögest! Wie viel, geliebter Fritz, wirst Du Deinem Lieb zu erzählen haben, wenn Du heimkehrst und ich Dich wonnetrunken an mein Herz drücken werde! Seliges ***Wiedersehn***!

Wenn mir die heutige Ausfahrt gut bekömmt, (ich fahre mit Friedericke, Metta Beckens und Trinchen Kastendick hinaus) gehe ich morgen Abend zu Klugkists und feyre Elisens Geburtstag mit. Klugkist, der mich gestern begrüßte, lud mich freundlich dazu ein. Luise war auch Freitag Abend bey mir und gestern die liebe Lene Lampe[222]. Du siehst also daß man sich der armen verlaßnen Strohwittwe liebend annimmt. Die arme Nanny[223] leidet fortwährend und Hermanna und Emma pflegen sie treu. Ach, welch eine Prüfung ein geliebtes Wesen ohne Rettung verloren zu wissen, und es dann noch so leiden zu sehen, ohne der Tod sich erbarmt. Gott, was ist doch der Mensch für ein elendes Geschöpf, wenn Krankheit ihn durchwühlt und die Kraft des Geistes gebrochen ist! – Wie kurz erscheint ihm dann das Glück, was er hienieden Jahrelang genoß! –

220 »Zeitschrift für Freunde des Schönen« oder »Blätter für Unterhaltung, Kunst und Wissenschaft«.

221 Friedrich Ernst Daniel Schleiermacher (1768–1834), Theologe und Philosoph.

222 Gebecca Anna Magdalene Lampe, geb. Gabain (1787–1856), Witwe von Cornelius Lampe (1783–1818), Schwester von Henriette Gabain.

223 Anna Nonnen, geb. Lampe (1781–1825).

Fritz Gildemeister an seine Tochter Christine

Berlin den 16ten Mai 1825

An meine liebe Christine.
Am Dinstag vor acht Tagen, weißt Du noch wohl, meine liebe Christine, setzte ich mich am Morgen ganz früh mit Tante Sophie und Tante Auguste in den Wagen und da sind wir den ganzen Tag durch und den Mittwochen und Donnerstag und Freytag in eins fort gefahren, bis wir in der großen Stadt waren, die man Berlin nennt, und in welcher der König von Preußen wohnt, und viele Prinzen und Prinzessinnen und eine Menge andere vornehme Leute und ungeheuer viele Soldaten zu Fuß und zu Pferde. - Bremen ist wohl eine große und schöne Stadt, aber Berlin ist doch noch weit größer und schöner. Ich wollte, liebe Christine, Du wärst einmal hier und könntest alle die schönen Sachen sehen, die es hier zu kaufen gibt, noch viel mehr und viel schöner als Herr Bölsch[224] hat. Auch giebt es hier eine Menge ganz allerliebste Kinder, aber ich habe noch keines darunter gesehen, das mir so lieb wäre wie Du und der Wütherich Karl und der dicke Otto und die kleine flachsköpfige Verena und der allerliebste kleine August. Gieb allen den Kindern, wenn Dein Husten wieder beßer ist, einen Kuß von mir und grüße auch Deine Freundin Henny[225] von mir.

Wenn Mutter mir schreibt, daß Du recht artig und fleißig bist, so werde ich das Bilderbuch, wovon Du schreibst, sicher nicht vergeßen. Dein Vater

Betty an Fritz Gildemeister

Oberneuland den 21ten Mai 1825

Diese Zeilen erhälst Du, lieber Fritz, schon aus dem freundlichen Oberneuland, wo ich gestern Nachmittag mit den Kindern und der geliebten Freundin Elise, wohlbehalten angelangt bin, und durch die treue Hülfe der letzteren schon in Ordnung bin; denn daß es bey dem Herausziehen vielerley zu thun giebt, weißt Du aus Erfahrung, und wie es so kraus und bunt in unserem Hause herging, alles von seiner Stelle gerückt ward, dachte ich, es sey doch gut daß Du durch Deine Abwesenheit diesem Ruhmoren entgingst, und bey Deiner Wiederkunft in die wohleingerichtete Sommerwohnung trittst. Es gab der Dinge gestern noch so mancherley mit hinauszunehmen daß ich zwey Wagen voll Moubeln hatte, der letztere kam erst Abends 9 Uhr, und der Fuhrmann brachte mir Deinen lieben lieben herrlichen Brief mit, dieser wurde erst gelesen nachdem der Wagen abgepackt und die Sachen ausgepackt und eingeräumt waren, aber welches Labsal war mir da nach aller Arbeit

224 Bölsch: Carl Bölsch, Nadelmacher, Nürnberger Waren und Lotterieannahme, Obernstr. 31.
225 Henriette Anna Hermanna Segelken (1816-1901), Tochter von Pastor Gerhard Segelken und Hermanna, geb. Lampe.

und Mühe Dein Liebe athmender Brief für den ich Dir tausend der süßesten Küße geben möchte, wenn ich Dich nur erreichen könnte - doch leider ist dies nicht möglich, aber komm nur bald zu Hause, und es soll Küße regnen. Welling den ich gestern mit hinausgenommen hatte und der noch um 10 Uhr abends in die Stadt ging gab ich den Brief an Heinken und die andern Einlagen mit, die er diesen Morgen ***früh*** gleich befördert haben wird. Den geliebten Kindern gab ich diesen Morgen jedem einen Kuß vom lieben Vater, Christine hatte über Deinen Brief eine große Freude, und besonders die Aussicht auf das schöne Bilderbuch schien sie sehr zu ergötzen und sie war diesen Morgen ausgezeichnet artig. Sie meint ich schreibe Dir gar zu oft, bist Du auch der Meinung? Karl der dabey war als Christine Deinen Brief bey mir las, hörte aufmerksam und mit ernster Miene zu, und meinte, nach Berlin möchte er auch wohl hin reisen. Die Kinder sind hier in ihrem Element, nur Verena ist gewaltig ängstlich und fürchtet bey jedem Schritte zu fallen, desto kecker ist Otto der hier schon ganz wie zu Hause ist; und der kleine August lächelt wenn man ihn hinaus ins Freie trägt. Welch eine Wonne, wenn ich mit ihm im Garten gehe und überall der Frühling mir entgegenduftet. Du glaubst nicht wie schön es ietzt hier ist, und in welcher Pracht die Eichen stehn, welch eine himmlische Ruhe spricht uns doch aus der Natur an; dies dachte ich noch wie ich diesen Nachmittag mit Elise auf das Mühlenfeld spazierte. Es wird dem Menschen hier ganz anders zu Sinne als in der Stadt. Oh, welch eine Wonne wenn ich mit Dir erst wieder spazieren gehen kann! Wie glücklich, wie selig waren wir hier schon, und wie vergnügt wollen wir hier diesen Sommer wills Gott seyn! Daß Du, theurer Mann so gesund und wohl bist, dies ist herrlich, und ich danke dem lieben Gott recht inbrünstig für diesen Segen! Auch mir geht es besser und der böse Husten ist fast ganz gehoben. Ich denke hier werde ich wieder so gesund wie ich diesen letzten Winter war. Vorgestern besuchten Wittens mich, die gleich nach dem Feste nach Dresten reisen und in der Hoffnung leben dort mit Dir zusammen zu treffen! Witte scheint nichts von der Sendung Deiner Reise zu ahnden, und so ließ ich mir auch nichts merken. Sie laßen Dich herzlich grüßen. Bringst Du das schöne Pfingstfest noch in Berlin zu oder rüstet Ihr euch schon auf die Reise nach Rosengarten[226]? -Es ist nun schon das zweite Pfingstfest, welches ich ohne Dich feyre, möge es das letzte sein, welches ich entfernt von dem Geliebten meiner Seele erlebe, denn wir sind für Trennungen nicht geschaffen. Nichts befriedigt die liebende Seele als was sie mit der Geliebten theilt, dies ist gewiß ein wahres Wort, dies empfinde ich täglich, wie viel mehr Du, der Du ietzt so manchen hohen Kunstgenuß haben magst! Aber denke Dir wie traurig, Fritz Beckens[227] hat seine Zahlungen einstellen müßen! Herrmann meinte der alte Curpenning[228] und Rump verlören bedeutend an ihn, sonst in Bremen wol niemand; wie Herrmann sagt ist er in London

226 Zu einem Besuch beim jüngsten Bruder Heinrich Gildemeister, der dort ein Gut verwaltete.

227 Friedrich Albert Bekenn, (1794-1834) aus der Ehe Pastor Bekenns mit Margarethe geb. Rump. Friedrich Bekenn erscheint bis zu seinem Konkurs 1825 im Bremer Adreßbuch als Bekenn et comp., Kaufleute, Englische Stahl- und Manufacturwaren, Obernstr. 23. Lebte zeitweise in London und heiratete eine Engländerin.

228 In London lebender Vater von Margarethe (Metta) Kurpenning, (1785-1877), die bis 1818 im Hause Bekenn lebte und 1824 zweite Frau des Altphilologen und Stadtbibliothekars Dr. Simon Henrich Rump (1768-1837) wurde.

von einem Menschen auf eine schändliche Weise hintergangen, und so ohne seine eigene Schuld in dies Unglück gestürzt. Der alte Vater dauert mich unendlich! Wie wenig Freude erlebt er an seinen Kindern. Heute in aller Frühe ist die Leiche der geliebten Nanny auch zur Erde bestattet, welch ein schwerer Tag für Nonnen, den er hier in Oberneuland bey seiner Mutter zu brachte. Doch meine Zeit zum Schreiben ist hin, lieber Mann, Friedericke die bey mir ist, geht in die Stadt und will den Brief mitnehmen, damit ihn Justine[229] Morgen auf die Post geben kann. Also lebe wohl! Du liebes, Theures Wesen! Die Kinder senden Dir Küße und Elise einen herzinnigen Gruß.

Dein treu Lieb Betty

Grüße die Mädchen herzlich von mir.

Betty an Fritz Gildemeister

Rockwinkel den 25ten May 1825 Morgens halb elf Uhr

Einen freundlicheren Sitz kann man sich nicht leicht denken als der meine ist, lieber Fritz von dem aus ich Dir diese Zeilen schreibe. Ich sitze in der Hütte, vor mir liegt, wenn ich den Blick aufschlage, das schöne Mühlenfeld, bekränzt mit herrlichen Eichen, in deren Gipfeln es ietzt lustig hergeht und eine Menge von Sängern singen fröhlich ihr Morgenlied. Die Kinder spielen zum Theil im Garten nur Karl steht auf dem vor mir liegenden Felde und sieht ernsthaft zu wie Kropp[230] dasselbe pflügt; Elise und Christine sitzen mit ihrer Arbeit bey mir, die Letztere froh, daß sie gleich ihre Zahl hat und dann den ganzen Tag spielen kann; sie äußert eben den Wunsch Dir zu schreiben, worin ich gerne willige, da es Dir ja gewiß Freude macht, schon von Deinem Töchterchen einen Brief zu lesen. Deinen Liebe athmenden Brief vom 19ten Mai erhielt ich am 2ten Pfingsttag, den 23ten May diesen für uns so heiligen Tag, den ich so gerne in Deiner Nähe verlebt hätte, um mit Dir von der seligen, geliebten Christine zu sprechen, der an diesem Tage durch Deine Liebe ein Himmel aufging voll unaussprechlicher Seligkeit und nie zuvor gekannter Wonne, wie er mir noch täglich durch Deine Liebe, Deine Treue zu theil wird, dieser Himmel aus dem die Seelige so schnell entrückt wurde. – Herrmann der uns am zweiten Festtage zum Mittags Eßen besuchte, brachte mir den lieben Brief, diese Speise für mein nach Dir sich sehnendes Herz, ohne die ich die schwere Trennung nicht aushielte, und ich kann Dir auch daher gar nicht genug danken, daß so oft es Dir nur irgend möglich ist, Du mir dieselbe liebend reichest. Elise und ich waren den Morgen wie Herrmann uns besuchte mit den drey ältesten Kindern zu Schulzen[231] gegangen, die wir noch ganz, über den kürzlich erlittenen

229 Zweite, ebenfalls langjährige Dienstbotin im Hause Gildemeister.

230 Alteingesessenes, weitverzweigtes Bauerngeschlecht in Oberneuland und Rockwinkel.

231 Dr. jur. Jacob Friedrich Schulz (1768-1827), hatte von seinem Vater, Dr. jur Johann Friedrich Schulz, ein Landgut in Oberneuland mit ausgedehnten, um 1785 angelegten Parkanlagen und

Schaden, betrübt fanden, besonders Schulz ist ganz verändert und von Schimpfen und Scherzen keine Rede. Er rechnet blos den Schaden an zerbrochenen Scheiben auf 300 Thaler. Im Garten hat es sich schon ziehmlich wieder bey ihm erholt, aber Obst werden sie wenig oder nichts bekommen, aber wie betrübt es in dem, sonst so freundlichen Gartenzimmer aussieht, glaubst du nicht! Wie wir wieder heimkehrten, fanden wir den lieben Bruder, der zu Fuß herausgekommen war. Nun machten wir schnell Anstalt zum Mittagsmahle, welches wir in der Hütte einnahmen, und wobey wir Dich, Auguste und Sophie hochleben ließen; und siehe, beym Nachtisch langt Herrmann Deinen Brief aus der Tasche, und reicht ihn mir mit den Worten »Hier ist auch noch etwas zum Nachtisch« Ist das nicht recht nach seiner Weise? Du kannst denken wie freudig dies mich überraschte, und wie hastig ich die lieben, süßen Zeilen verschlang, woraus ich meinen Lieben Einiges mittheilte; Den ersten Festtag hatten wir auch einen lieben Besuch, Klugkists die mit den Kindern in Lampenholz[232] zu Mittag gegeßen, tranken den Nachmittag Caffe und Thee bey uns, wo wir denn auch viel von den lieben Reisenden sprachen. Abends machten wir noch zusammen einen herrlichen Spaziergang über das Ellerfeld und über Blockdiek zurück. Aber wie würde es Dich, Geliebter im Innersten gerührt und beseligt haben, wenn Du die Freundlichkeit unseres August gegen Klugkist gesehn hättest, die so groß war, daß ich fest glaube, das Kind sah ihn für Dich an, und es lebt eine leise Ahndung an den geliebten fernen Vater in seiner Seele. Nein Du glaubst nicht wie süß diese himmlische Freundlichkeit des Kindes anzuschauen war, und welche stille Seligkeit mein Mutterherz dabey empfand! Nur Du, Du der liebe Vater, kannst mir lebendig nachempfinden was mein Herz in namenloser Wonne bey seinem Lächeln empfand und bewegte – Ach, und wie wird es nicht täglich, stündlich in Lust und Freude bewegt, wenn mein Blick auf der lieben Schaar Kinder ruht, die so lieblich blühen und so fröhlich in die Welt schauen. Und wie groß wird Deine Freude sein! Wenn Du die lieben Kinder nach bitterem Trennungsweh wieder gesund in Deine Arme schließest, und sie sich an Dich klammern, Dich mit Fragen überschütten! Wonne des Wiedersehns kömmst du bald! Karl sagte gestern »Ach, ich wollte daß Vater erst wieder hier wäre, und uns vom Erlenkönig und vom Abt erzählen könnte!« Und Otto dem ich neulich erzählte, Du brächtest ihm etwas Schönes mit erwiederte »nicht wahr, Vater nicht in den Schrank mich setzt? Gar nicht der Vater das thun soll!« Wie der Otto drollig wird, kannst Du Dir gar nicht denken, Elise nennt er immer Spilner, was im Plattdeutschen[233], was er spricht gar komisch klingt. Verena

Gewächshäusern geerbt. Nach seinem Tode ging das Gut in verschiedene Hände über und ist heute als »Höpkens Ruh« bekannt.

232 Seit Ende des 18. Jh. betrieb der Bauer Lampe auf seinem Hof eine von Bremern viel besuchte »Kaffee- und Weinschenke«, die von seinem Nachfolger Clüver bis 1877 weitergeführt wurde (Clüvers Holz). Es erstreckte sich zwischen der Oberneulander Landstr. und der Rockwinkler Heerstr., im Bereich des heutigen Maßolleweg.

233 Im Familienkreis war Plattdeutsch als Umgangssprache durchaus üblich. Johann Smidt legte Wert darauf, daß das Dienstmädchen, das ihn und seine Familie bei seinen langfristigen Aufenthalten außerhalb Bremens begleitete, Plattdeutsch sprach. Auch der Senatoreneid wurde zu der Zeit noch in plattdeutscher Sprache abgenommen. (Brem. Jb. 42, S. 14)

Lür Kropp Hof

und er wühlen den ganzen Tag im Sand, und sehen des Abends schmutzig genug aus, doch laßen wir sie ruhig gewähren, da es nun einmal ihre große Liebhaberey ist. Auch ist eine Schaukel im Garten, mit der Christine sich was zu gute thut. Mit einem Worte die Kindern sind hier ganz selig und viel artiger wie in der Stadt, da sie hier mehr Beschäftigung wie dort haben. Auch mir wird es hier ungleich leichter die Trennung von dem Geliebten zu ertragen als in der Stadt, besonders da meine Elise bey mir ist, welches ich für einen rechten Segen ansehe. Und doch lieber Fritz, laß es mir gestehen, das am Köstlichsten mein Herz darbt, seit Du ferne bist, und wenn nicht im Hintergrunde das Wiedersehn läge, ich schwerlich so heiter sein würde, aber diese Aussicht tröstet mich, wenn das Heimweh mich beschleichen will. O mit welcher bräutlich frischen Liebe will ich Dich, Heißgeliebter an mein Herz drücken! Doch mein Blatt geht zu Ende, und da Meta Senkstack[234] mir gestern zum Einschluß einen so dicken Brief

234 Meta Sengstack (1806-1836), Tochter von Kaufmann Georg Friedrich Sengstack und seiner Frau, Christiane Sengstack, geb. Grund. Heiratete 1833 Dr. jur. Alfred Becher. Freundin von Auguste Klugkist.

Lampenholz in Oberneuland bei Bremen (1822)

für Augusten brachte, mag ich nicht mehr ein neues Blatt anfangen, um das Porto nicht zu vergrößern. Schreibt Auguste ihrer Mutter denn nicht einmal? Mir deucht das wäre doch sehr natürlich. Grüße sie und Sophie von Elise und mir. Was sagt denn Sophie zu der Berliner Welt? Sie fängt doch keine Grillen? Ihr schwarzer Rock wird mit eingepackt werden. Elise und die Kinder senden Dir Gruß und Kuß und ich drücke Dich voll heißer Liebe an mein Herz!

Dein treu Wiebli

Wohin soll ich den nächsten Brief addreßieren?

Fritz Gildemeister an seine Tochter Christine

Berlin den 31sten Mai 1825

Mein liebes Mädchen

Ich habe zwar nicht mehr viel Zeit, um Dir auf Deinen Brief vom zwey und fünfzigsten Mai (denn so hattest Du geschrieben) zu antworten. Aber das muß ich Dir doch sagen, wie es mich gefreut hat, in dem Briefe der lieben Mutter auch ein Blättchen von meiner guten Christine zu finden. Noch mehr aber hat es mich gefreut, von Mutter zu hören, daß Du so gar artig bist. Dabey bleibe nur, liebe Christine, Du wirst selbst finden, daß Du Dich dabey und wenn Du hübsch folgsam bist, am besten stehst. – Ein hübsches

Bilderbuch habe ich auch gestern gekauft und wenn ich zurückkomme und von Mutter höre, daß Du Dich immer gut gehalten hast, so soll es Dein seyn. Damit will ich aber keinesfalls gesagt haben, daß Du den ganzen Tag auf Einem Fleck sitzen und stricken oder lesen sollst; im Gegentheil, wenn Du Deine Arbeit gethan hast, magst Du Dich nach Herzenslust auf dem Mühlenfelde und im Garten herumtummeln. Nur nimm Dich vor Erhitzungen in Acht und vor dem bösen Husten, der niemals ausbleibt, wenn Du gar zu wild herumhusähst[234a].

Dem Wütherich Karl und der kleine Verena und Otto kannst Du auch nur sagen, daß ich ihnen ebenfalls etwas mitbringe, wenn sie nicht gar zu ungezogen sind, und Karl kannst Du auch erzählen, daß Vater ganz weit weg von Bremen in einer sehr großen schönen Stadt ist, und daß es hier noch weit mehr schöne Pferde, wie bey Kösel[235], giebt.

Nun lebe wohl, mein gutes liebes Kind. Gott erhalte Dich zur Freude Deiner Eltern. Dein Dich herzlich liebender Vater

Betty an Fritz Gildemeister

Rockwinkel den 1ten Juni 1825

Schon wieder eile ich, Du Geliebter, mich mit Dir schriftlich zu unterhalten, die Kinder sind zur Ruhe und ich sitze einsam in unserm ländlichen Wohnzimmer auf dem Sofa, und hätte Dich ach wie gerne bey mir, um recht nach Herzenslust mit Dir, Du mein süßes, liebstes Leben zu kosen, aber da muß ich mir wol die Lust vergehen laßen, denn weit weit bist Du ja leider von mir getrennt, und nur meine Gedanken können Dich erreichen. Heute war wieder ein milder Tag, wie wir ihn lange entbehren mußten, ich brachte den Nachmittag mit Trinchen Caesar[236] und unseren ältesten Kindern bey Sengstaks zu, die bey Boschen[237] logieren. Da hatte ich denn wieder meine Betrachtung über unseren Karl, der unter den vielen Kindern die dort versammelt waren selten Theil am Spiel nahm sondern ernst und in sich gekehrt von Ferne stand und zu sah was die anderen Kinder trieben und sich sogar von zwey kleinen muthwilligen Mädchen necken und schlagen lies ohne nur eine Mine zu verziehen. Nun, es ist am besten dies Wesen ruhig gehen zu laßen, der ***Knabe*** wird schon in ihm von selbst erwachen, dafür ist mir gar nicht bange. Er besucht Clemens Caesar wol, und das Beysammensein mit diesem gewanten Jungen thut ihm gewiß gut. Innig rührt es mich wie er immer so anschmiegend mit mir ist, und mich nie aus den Augen läßt. Auf dem Heimweg war er ganz gesprächig und frug mich

234a Plattdeutsch für »herumtoben«.

235 Johann Ludwig Kösel, Miethkutscher, Unser Lieben Frauenkirchhof 6.

236 Catharina Engel, geb. Retberg (1794–1873), Ehefrau von Dr. jur. Gerhard C. (1792–1874), Senator. Sohn Clemens (1820–).

237 Wohl die gegenüber der Oberneulander Kirche gelegene »Boschens Gastwirtschaft«, Haltestelle der »Journalière«, beliebtes Ausflugsziel der Bremer.

Boschens Gastwirtschaft mit Journalière (1850)

tausend närrische Dinge. Du glaubst gar nicht, wie lieblich es diesen Abend in Kropps Holz war, die Nachtigallen schlugen so schön, daß es mich ganz sehnsüchtig stimmte, und wenn ich die schönen Eichen ansah, dann war es mir immer als müßtest ***Du*** nun hinter Einer hervor treten und mich in Deine Arme schließen. Ach wenn ich erst wieder an Deinem Arme die lieblichen Hölzungen besuchen und wir uns dann in kühlem Schatten hinlagern, und Du mir aus einem guten Buche vorließt, wie kann ich mich wie ein Kind auf diese Zeit freuen! Herrlich und prachtvoll steigt der Vollmond am Himmel herauf, wenn ich den Blick aufschlage schau ich ihm ins Angesicht und da fallen mir die Verse unseres großen Dichters ein

»Mir ist es denk ich nur an Dich
Als in den Mond zu sehn
Ein stiller Friede kommt auf mich
Weiß nicht wie mir geschehn«.

Heute schaust Du gewiß auch in den Mond um die sichtbare Finsterniß zu sehn, die gewiß bey dem wolkenlosen Himmel schön zu schauen ist und da werden sich unsere Blicke wol begegnen. Gute Nacht, Du Süßer! Träume recht lebendig von mir und den Kindern, die wir Dich alle so im Herzen tragen und Dich mit tausend tausend Küßen zu decken möchten. ***Schlafe wohl!***

Freitag Mittag!

Heute Morgen bin ich mit Doctor Caesar in die Stadt gefahren, ich sitze nun auf unserem Saal und die Stille die im Hause am hellen Mittag herrscht kömmt mir gar unheimlich vor. Justine hält übrigens gut Haus und ich habe alles in der besten Ordnung angetroffen, welch ein Segen ist es doch rechtliches Gesinde zu haben! Da ich Mittwoch keinen Brief von Dir erhalten hatte, hoffte ich sicher einen hier vorzufinden, allein denke Dir meinen Schreck, als Justine ganz verwundert frägt, ob ich denn nicht letzten Mittwoch mit Behrens einen Brief erhalten hätte? Da ich es verneinte, sagte sie mir, daß sie am Mittwochen durch Herr Doctor Heinken[238] einen Brief für mich erhalten habe, den sie gleich zu dem Brauer Ratien[239] gebracht, mit der Bitte, ihn dem Fuhrmann Behrens aus Oberneuland mitzugeben, der dort einkehrt. Das Mädchen von Ratien verspricht ihr das auch, Behrens kommt aber leider nicht, und so gibt sie den Brief einem anderen Bauern mit, der ihn auch zu besorgen verspricht. Glücklicher Weise fuhr Madame Retberg[240] ihr Wagen heute gleich wieder hinaus, und so gab ich dem Kutscher einen geschriebenen Zettel an Cathrine mit, sich doch sogleich nach dem Brief zu erkundigen und habe nun die Hoffnung daß der Bauer ihn nicht verloren sondern nur vergeßen hat, ihn abzugeben; ich kann Dir gar nicht sagen, wie mich diese ganze Sache verdrießt und wie ich mir gar nicht denken mag daß ein lieber Brief von Dir für mich verloren sey, da sie ietzt mein einziges Labsal sind! – ***Abends***. Diesen Mittag aß ich bey Klugkists und machte Nachmittags dann noch allerley Besorgungen, als auf ein mal Heinkens Bedienter in das Haus kömmt und mir oh Wonne! Deine lieben Zeilen vom 31ten Mai bringt, die ich mit heißen Küßen bedeckte, Du Erfreuer! Wie Dir danken daß Du so oft an Dein fernes Liebchen schreibst? Sei nur erst wieder hier und ich will es Dir durch treue Minne lohnen, Ach, lieber Mann hätte ich nicht schon gewußt wie unaussprechlich theuer und lieb Du mir bist, wie Du das Leben meiner Seele und meines Geistes bist, ich hätte es ietzt erfahren seit Du von mir getrennt bist, wo ich es mir täglich wiederholen muß, wie Du mein Glück, meine Seligkeit bist, wie ich nur Dich denke, Dich fühle, und nur in Deiner Liebe und der unserer Kinder volle Genüge, volle Befriedigung finde – Sieh

238 Wahrscheinlich der mit Gildemeister in engerem Kontakt stehende Dr. jur. Friedrich Wilhelm Heineken (1787–1848). Weniger wahrscheinlich sind Dr. med. Johannes Heineken (1761–1851) und Dr. med. Philipp Cornelius Heineken (1789–1871).

239 Ratjen, Lüder, Brauer, Sögestr. 24.

240 Wohl Ilsabetha Retberg, geb. v. Post (1755–1828), Witwe des Kaufmanns Hinrich Retberg (1747–1811), Besitzer des Landguts Ichon, das nach seinem Tode an seinen Schwiegersohn Senator Caesar überging.

Geliebter Thränen des Dankes weine ich hier in der Stille meinem und Deinem Gotte der mir Dich schenkte, Dich durch den ich ja erst zum Leben erwachte. Es giebt doch hier auf Erden nichts so herrliches als eine so glückliche Ehe wie die unsrige, sie ist der Vorhof des Himmels. Wie entzückt mich die Aussicht, daß Du doch die Hoffnung hast um Johanni wieder bey uns zu sein, freilich für mein dürstendes Herz noch eine lange Zeit! Aber es ist doch schon viel gewonnen wenn man etwas Gewißes festsetzen kann. Da Heinken heute für Dich einen Brief nach Weimar sandte, thue ich auch wol am Besten diese Zeilen dort hinzuschicken. Ietzt bist Du vielleicht schon wieder in Berlin, nach dem Du Dich an des Bruders Glück erquickt hast. Wie freue ich mich daß Dir dies vergönnt war und wie heimisch wird sein stilles häusliche Glück nach den rauschenden Freuden und Genüßen der glänzenden Residenz Dir geschmeckt haben, die doch nimmer ein so geistig reich begabtes Gemüth wie das Deinige volle Innere Befriedigung zu geben vermögen. Doch für heute abend eine gute Nacht Du süßes Herz! Wie wird sich Christinchen freuen, lieber Fritz, wenn ich ihr diesen Abend Deinen lieben Brief mitbringe, denn sie verlangte sehr nach Antwort auf ihren Brief. Neulich Abends saß ich mit all den Kindern auf dem Sofa und die Kleinen schmiegten sich innig an die Mutter, da sagte Christine »nun müßte Vater noch hier sein, der erzählte uns gewiß eine schöne Geschichte!« Ja sie werden Dich quälen wenn Du wieder bey ihnen bist, und Christine und Karl werden nicht mit fragen aufhören. Doch nicht wahr, Du läßt Dich gerne einmal wieder von Deinen Kindern quälen? Christine ihren Geburtstag denke ich mit Herrmanna, Lene und ihren Kindern recht froh zu feyern die dann den ganzen Tag zu uns herauskommen sollen. Lene will vielleicht diese nächste Woche mit eins von ihren Kindern zu mir herauskommen und ein paar Tage bey mir bleiben, welches mich sehr freuen würde. Elise zieht Montag auch wieder zu mir und bleibt bis Johanni bey mir. Viele innige Grüße soll ich Dir von all diesen lieben Freundinnen sagen! – Wie viel schwerer würde mir doch die Trennung von Dir, mein Lieber wenn ich hier in der Stadt wohnte, nein ich hielte es nicht aus! Ich kann Dir gar nicht sagen, welch eine Sehnsucht ich wieder hinaus in's Freie habe, hin zu ihr der lieben Mutter Natur, die meine Sehnsucht, meine Liebe so zu theilen versteht. – Nun will ich auch ein wenig an die liebe Mutter schreiben, und diesen Brief an sie einschließen.

Der Brief an Mutter ist fertig lieber Fritz, und ich eile nun Dir ein herzliches Lebewohl zu sagen! Genieße in vollen Zügen die Tage des frohen Beysammenseyns mit Mutter, Geschwistern und Deinem Freunde Schwabe[241], weißt Du doch das Dein Lieb aus voller Seele diese Freuden in der Ferne theilt. Die herzlichsten Grüße soll ich Dir von Klugkists und Herrmann sagen.

Lebe wohl! Geliebter!

241 Gustav Schwab (1792–1850), Schriftsteller, hatte enge Beziehungen zu Bremen, insbesondere zu dem Kreis um Johann Smidt, besuchte Bremen 1815 während seiner dreimonatigen Reise durch Norddeutschland.

Betty an Fritz Gildemeister

Rockwinkel den 10ten Juni 1825 Mittags

In dem freundlichen Stübchen welches ich für Dich geliebter Mann, zum Arbeiten bestimmte, wenn Du hier dazu kömmst; schreibe ich diese Zeilen, die Dich schon im Kreise der Theuren Unsrigen antreffen werden. Die ganze Woche ging hin, ohne daß sich für mein sehnendes Herz ein ruhiges Stündchen zum Schreiben an den Geliebten finden ließ, und so heiße ich diesen Augenblick doppelt willkommen da er mich an den Schreibtisch bringt; und durch ihn ist denn mein Sinnen und denken einzig dem Geliebten zugewendet, den meine Seele mit unaussprechlicher Liebe begrüßt! Gott sey Dank! ist nun wieder eine Woche hinter uns, und wir dadurch, dem entzückenden Augenblick des Wiedersehens näher gerückt; dem wir gewiß beide mit gleich großer Sehnsucht entgegensehen!! Bis dahin genieße aber auch mit ganzer Seele die Freude des Beysammenseins mit unseren Geliebten und mit Deinem lieben Schwabe, den Du recht freundlich von mir grüßen sollst. Das Wetter ist seit einigen Tagen auch so wundervoll, daß Ihr gewiß oft mit einander spazieren geht oder fahrt, und Du Dich recht der schönen Umgebungen um Weimar erfreuest, die wol mannigfaltiger als die Gegend hier sind? Doch ehe ich Dir etwas anderes schreibe muß ich Dir die ***große Freude*** mit theilen, daß ich den verloren geglaubten Brief wieder erhalten habe. Der Bauer hatte ihn acht Tage in seiner Jacke vergessen, findet ihn, und letzten Mittwoch Morgen erhalte ich ihn. Sieht dies nicht unseren Bauern recht ähnlich? Wie manches liebe Wort wäre mir verloren gegangen, hätte ich diesen lieben, lieben Brief nicht wieder gefunden; Ich habe mich umso mehr an diesem Brief erquickt, da ich seit heute vor acht Tagen keine Nachrichten von Dir, Du liebes Herz habe; hoffentlich werde ich Morgen wieder erfreut, denn Du bist viel zu gut um mich an dieser ietzt einzigen Herzstärkung darben zu laßen. Die lieben Kinder die ich alle nach der Reihe von Dir geküßt und geherzt habe, sind Gott lob! alle gesund und gedeihen hier draußen in der freyen Natur ganz herrlich! Sie haben aber auch einen gesegneten Appetit und Christine meinte so viel hätten sie noch nie gegeßen! Das liebe Kind ist voll seliger Vorfreude auf nächsten Sonntag, und wie ich gestern zu ihm sagte »Christine der liebe Vater denkt Sonntag gewiß viel an Dich, und spricht mit Großmutter, Tante Elise und den anderen Tanten gewiß viel von seinem lieben Töchterchen und trinkt mit ihnen vielleicht auf Dein Wohlseyn«, da glänzten ihre Augen voll Freude und ihre Wangen färbten sich roth, sie war unbeschreiblich lieblich anzuschauen und ich hätte Dir diesen Blick gegönnt, der mich unwillkürlich an die selige Christine erinnerte. Der Geist dieser himmlischen Seele ruhe auf dem theuren Kinde und es wird ihm wohl gehen in Leiden und Freuden! – Soweit schrieb ich Dir vor dem Eßen und nun komme ich noch ein Stündchen zu Dir geliebter Fritz. Zum Thee und Abendeßen sind wir zu Langerken eingeladen, Luisens Geburtstag ist heute, und denselben wir mit feyern. Elise ist nehmlich seit Sonntag Abend meine liebe Gefährtin auch Elise Klugkist ist Sonnabend mit mir herausgefahren und bleibt bis Sonntagabend bey uns. Sie fühlt sich sehr glücklich bey mir und in dem steten Beysammensein mit dem lieben Mädchen habe ich ihren inneren Werth erst recht schätzen gelernt. Wie lieblich sie mit den Kindern umgeht, glaubst Du nicht, die eigene Kindlichkeit ihres Gemüthes offenbart sich da am schönsten und klarsten. Sie und die Freundin Elise grüßen Dich herzlich! Die Letztere behauptet ich hätte ihr Deinen ihr gesandten Kuß nicht gegeben, und sie bittet ihn sich bey Deiner Rückkehr von Deinen eigenen Lippen aus, welche ich dann auch wol gestatten muß, will ich nicht in den Geruch einer eifersüchtigen Frau kommen, welches ich nicht möchte. Die beiden Mädchen necken mich mit meiner Sehnsucht nach Dir, und Elise meinte, wenn Du Deinen Mund in Berlin verloren hättest so würde ich Dich gewiß wieder fortschicken. Was meinst Du zu diesen Poßen? Gestern waren Klugkists mit Herrmann hier, die allen Lieben herzliche Grüße senden. Aber Morgen wird eine fröhliche Gesellschaft sich bey mir versammeln, die Herrmann traktiert und wozu ich, auf seinen Wunsch, das Local hergebe. Sonderbarer Weise sind es Menschen die ich gar nicht kenne: Herr und Frau Kalkmann[242] und ihre Mutter, die zu Besuch hier ist; dann Sengstaks, Luise und Klugkist, Heinrich und Wilhelm Eggers, die Musicalischen Mitglieder dieses kleinen Kreises wollen dann singen und so wird es wol lustig und fröhlich hergehen. Nicht wahr, welch ein einziger Einfall von Herrmann? Ich mochte es ihm nicht abschlagen, obgleich Leute, die das Nähere der Sache nicht wißen, es doch sonderbar verdünken wird, daß ich während der Abwesenheit meines Mannes eine solche gemischte Gesellschaft bey mir sehe. Aber, liebster Fritz, wie wirst Du Dich wundern, wenn Du wieder kömmst und siehst wie ich mich im Aufstehen gebeßert habe, denn um sieben Uhr trinke ich schon meine Caffe, kannst Du dies glauben? Die Morgende sind auf dem Lande aber auch unvergleichlich schön, und wohl werth daß man sich frühe aus den Federn macht! – Abends legen wir uns aber auch zeitig nieder, und ich schlafe dann unter den süßesten Gedanken ein. Neulich träumte es mich wieder so lebendig von Dir Du Geliebter, Du schautest mich mit Deinen lieben Augen so seelenvoll an, so voll heißer Liebe quoll es zu mir herüber daß ich keine Worte habe es auszudrücken – Träumst Du auch wol vom Liebchen? – Die Kinder kommen immer und klopfen an die Thüre, sie können nicht leiden wenn man schreibt. Christine war eben bey mir und sagt, sie ließe Dich herzlich grüßen, zum schreiben ist es ihr wol zu heiß. Dein Brief hat ihr große Freude bereitet, und sie bildet sich nicht wenig darauf ein, daß sie schon mit Vater Briefe wechselt. Die lieben, lieben Kinder! Welch eine unerschöpfliche Quelle von Freude besitze ich durch sie, wie täglich neu erscheint mir ihrer Liebe und Zärtlichkeit. Doch für heute sage ich Dir, mein süßes Leben ein herzliches Lebewohl! In der Hoffnung morgen einen lieben Brief von Dir zu empfangen sage ich Dir tausend Dank schon im Voraus, denn den Empfang Deines Briefes kann ich Dir nicht melden, da ich diese Zeilen Morgen in aller Frühe in die Stadt sende. Tausend Küße und Wünsche für Dein Wohl begleiten diese Zeilen. Gott schütze Dich, mein süßes Leben!

Deine vielgetreue Betty.

242 Louis Frederik Georg Kalkmann, Kaufmann, Schlachte 5, wurde 1827 Kaiserlich Brasilianischer Vizeconsul und nahm an Gildemeisters Handelsmission nach Brasilien 1827/28 teil. Während dieser Zeit schlossen sich seine Frau Charlotte und Betty eng zusammen. Adolph Schramm hielt ihn für »ein wenig commun«, aber insgesamt für eine »gute, gefällige Seele«. Kalkmann und Wilhelm Eggers spielten im Bremer Musikleben als »Dilettanten« in den Konzerten der Sing-Academie und in der Verwaltung verschiedener musikalischer Vereinigungen eine Rolle. Schramm: »Er singt nicht übel, aber mit vielen Schnörkeln.«

Betty an Fritz Gildemeister

Rockwinkel den 15 Juni 1825

Geliebter! Einen herzlichen guten Morgen wünsche ich Dir aus weiter weiter Ferne! Und in Gedanken in Deine Arme fliegend sage ich Dir den innigsten Dank! für Deinen süßen, lieben Brief vom 31ten Mai den mir Justine mit heraus brachte; und der mich wahrhaft erquickte, da er ja ein treuer Abdruck Deiner Liebe und Sehnsucht war; mir die Gewißheit Deines fortwährenden Wohlseins brachte. Ich habe zwei sehr frohe Tage genoßen, wo nur Du, Geliebter, mir fehltest um meine Freude vollkommen zu machen. Die Gesellschaft, die sich Sonnabend hier versammelte, und von der ich Dir schrieb, fiel sehr gut aus. Alle waren unbeschreiblich fidel und ich weiß lange nicht daß ich in einer so durch aus fröhlichen Gesellschaft gewesen bin, in der so herrlich gesungen, und so herzlich gelacht wurde. Herrmann war in der drolligsten Laune, und ich mußte dabey viel an die liebe Sophie denken, die sich so oft über ihn erlustigte. Auch Klugkist erinnere ich nicht so heiter gesehn zu haben, er war besonders bey Tisch, wo die Gläser auch auf ***Dein Wohl*** hell erklangen; unerschöpflich an Witzen und drolligen Einfällen. Ich weiß doch nichts was einen geselligen Kreis schöner beseelt als Gesang, dies habe ich Sonnabend wieder lebendig empfunden. Die kleine Sengstak[243] sang noch tapfer mit, obgleich sie nächsten Monat schon ihre Niederkunft erwartet, und nun zur Stadt gezogen ist. Die Frau ist mir ein Wunder, denke Dir, heute vor acht Tagen besuchte sie uns Nachmittags zum Thee, machte Abends noch einen großen Spaziergang mit uns und ging dann noch zu Fuße zu ihrem Logie zurück! Dies mache ich, die ich so viel jünger bin, ihr nicht nach. Christines Geburtstag wurde vom köstlichsten Wetter begleitet, und die frohe Kinderschaar die um das liebe Kind versammelt war, tummelte sich mit ihr den ganzen Tag im Garten herum. Es war eine Freude diese Fröhlichen zu sehn, zu beobachten, besonders Christine die recht die Gabe besitzt sich der Freude ungetheilt hinzugeben, die war überglücklich und ihr Antlitz strahlte in hellstem Sonnenschein. Ihre kleinen Gespielinnen brachten ihr schöne Blumen und einige Kleinigkeiten, auch ich schenkte ihr eine Schaufel und einen Rechen womit sie den Garten in Ordnung bringt und hinten im Holz ein kühles, trauliches Plätzchen von alten Blättern reinigte, wo ich mit Dir Geliebter, noch manches selige Stündchen mit Gekose und Geplauder zu verleben gedenke. Jungfrau Kindt[244] kam Sonntag Nachmittag mit ihren Schwestern und einigen Kindern auch noch heraus, Christine, die ich mit diesem Besuch überraschte, war sehr dadurch erfreut, denn sie hängt mit großer Liebe an ihrer Lehrerin, wie diese das liebe Kind mit inniger Liebe umfängt. Gott erhalte uns das liebe liebe Kind! Was Dir zum Troste mir zur innigsten Freude vom himmlischen Vater geschenkt wurde, denn wäre es Dir nicht im bitteren Leid gnädig erhalten, Du würdest Dich vielleicht nie wieder entschloßen haben,

243 Die Sängerin Christiane Sengstak, (1783–1867). Sie wird als auffallend klein und zierlich beschrieben.

244 Betty Kindt, Leiterin einer Elementarschule, Catharinenstr. 32.

den Becher der Freude wieder an Deine Lippen zusetzen, da er Dir so schnell so grausam entrißen ward. Aber die Vorsehung hatte anders beschloßen; Du solltest noch ***einem*** Wesen die unaussprechliche Seligkeit treuer Liebe geben, es zur glücklichsten Gattin und Mutter machen! Oh, daß ich gewürdigt ward, Deine Thränen zu trocknen, daß ich in Dir den Geliebten voll freudiger Rührung erkannte, und Mutter des geliebten Kindes meiner heißgeliebten, seligen Schwester wurde! Ach, es ist des Segens fast zu viel! Und wenn ich die wundervolle Fügung unseres Schicksals bedenke, Geliebter, dann ist es mir, als sey dies alles Werk der seligen Christine, die ja schon hier auf Erden Dein lieber Engel war und warum sollte sie es nicht im Himmel sein? Eben kommen die Kinder mit einem lauten Jubel ins Haus weil es ihre Zeit ist wo sie Butterbrodt kriegen, dies hat mich denn auch einige Zeit vom Schreibtisch entfernt um die hungrigen Seelen zu stillen; nun sie befriedigt sind, eile ich wieder zu Dir und zu der Beantwortung Deines lieben Briefes. Wie freue ich mich daß Dein Geschäft in Berlin nun beendigt ist, denn Klugkist sagte mir daß Du nicht wieder dorthin zurück müßtest; welches mir unbeschreiblich lieb ist, erstens, weil Du nun als Dein eigener Herr, das Beysammensein mit unseren Lieben weit ungetrübter genießen kannst, und zweitens weil uns dadurch die Trennung verkürzt wird. Doch so sehnsüchtig ich auch der Stunde unseres Wiedersehns entgegensehe, will ich Dich doch sehr gebethen haben, deßwegen Deinen Aufenthalt in Weimar nicht zu sehr zu verkürzen, sondern nun noch recht dieser gänzlichen Ausspannung von Geschäften Dich hinzugeben; und der lieben Mutter und Geschwistern nicht die Freude durch eine allzufrühe Abreise zu verderben, hörst Du wol, Lieber? Wer weiß wann es Dir und Ihnen wieder so wohl wird wie jetzt! Und wie gerne will ich da mit meiner Sehnsucht nach dem Geliebten in den Hintergrund tretten, um der lieben Mutter, den Schwestern und der alten Urgroßmutter desto länger die Freude Deiner Nähe zu bereiten. –

Lieber Fritz, was Judith betrifft, so weiß ich wol, daß wir sie nicht förmlich auf nächsten Winter eingeladen haben, und sie auf unsere Vorstellungen nicht einging, aber mich deucht daß ich es ihr doch wol schuldig bin, sie im Herbst doch noch mal förmlich einzuladen, da sie doch äußerte uns einmal wieder zu sehn, die Schwestern Lampe, mit denen ich Sonntag darüber sprach, meinten dies auch. Freude, ich weiß es leider, habe ich von diesem Besuch nicht zu erwarten, obgleich Judiths Briefe bey aller Kürze und Oberflächlichkeit wieder einen herzlicheren Ton haben. Ich darf doch nie vergeßen daß sie meine Schwester ist, und oh, wie gerne will ich von meiner Seite alles thun, um die unselige Spannung aufzuheben die zwischen uns; aber wahrlich nicht durch meine Schuld eingerißen ist; und alle Liebe zu ersticken droht; und mir vielen Kummer bereitet. Wo sollte Eintracht und Liebe mehr zu Hause sein als bey Geschwistern? Doch ich sehe nun wol ein, daß Judiths Besuch für Elisens Hierkommen kein Hinderniß ist, und voll Freude sehe ich dem Wiedersehn dieser guten Schwester entgegen, denn aus dem lieben Briefe der Schwester Amalie sehe ich, daß Elise Dich begleiten wird, und dadurch ein Jahrelang gehegter Wunsch bey ihr in Erfüllung geht. Wie wir es nächsten Winter dann des Platzes halber machen, darüber wollen wir uns ietzt noch nicht die Köpfe zerbrechen; sondern denken, kömmt Zeit kömmt Rath. Christine freut sich sehr auf das Wiedersehn der Tante, die sie als kleines Kind so treu pflegte; sage ihr dies, nebst tausend Grüßen! Die treue Freundin Elise, die mir die Trennung von Dir so unendlich erleichtert hat, wird noch bis Johanni bey uns bleiben, und so werdet auch Du und die Schwester, Euch ihres Umgangs noch eine Weile erfreuen können, welches ich mir besonders für Elise angenehm denke, da wir beiden Überglücklichen doch oft die Einsamkeit suchen werden um ungestört die vollen Herzen zu ergießen. - Wie Du Dir denken kannst, mahle ich mir nun immer den glücklichen Tag Deiner Heimkehr aus, und da denke ich mir es am Schönsten wann Du gleich nach Oberneuland kämst, und wir Dir vielleicht bis Theeneber[245] entgegenführen? Du könntest dann einige Tage Incognito Deiner Familie leben und dann zur Stadt eilen. Klugkists kämen dann heraus um ihr Töchterchen in Empfang zu nehmen und brächten Herrmann mit heraus, der sich gewiß nicht wenig freut wenn er Dich wieder sieht. Auch wäre es noch in einer anderen Beziehung beßer, nehmlich des Schlafens, denn in der Stadt habe ich nur ein Bett ***für Dich***, und will Elise mal gerne ein paar Tage dort zubringen, so muß sie schon zu Klugkists ziehen, hier findet sie aber ihr Stübchen bereit.

Gestern war Herrmann mit den beyden Herrn Eggers hier um sich für die freundliche Aufnahme am Sonnabend zu bedanken, sie kamen mit solch lautem Gejauchze hier an, daß ich fast glaubte sie hatten zu tief ins Glas gesehn. Herrmann war außer sich und seine Freunde dazu, da Elise und ich grade zu Thee bey von Kapfs waren, kamen die lustigen Zecher dorthin, wo viel über sie gelacht wurde. Hier auch ein Zettel aus dem bremer Wochenblatt, welcher Euch zu lachen machen wird.

Lampe[246] wird nächsten Montag verreisen, wenn er dazu kömmt, denn Lene[247] die nun auch mit ihren Kindern nach dem Garten gezogen ist, wo er mit seiner Familie wohnt, sagte er würde von Tage zu Tage schwächer und sie wüßte gar nicht, wie es nur möglich sey daß er reise. Dabey ist er so eigen und reitzbar, daß es ein Jammer sein muß. - Doch für heute ein herzliches Lebe wohl! Sage Amalie wie sie mich durch ihren lieben Brief erfreut hätte, den ich Sontag Morgen den theuren Lampen Schwestern in Kropps Holz vorlas, welches sie recht erquickte, und besonders Hermanna[248], der Amalie bey dem Tode der geliebten Schwester so liebend gedenkt! Alle diese Lieben grüßen sie, Dich, Mutter und Elise und Sophie voll treuer Liebe. Die Kinder grüßen Dich und freuen sich auf des lieben Vaters Ankunft. Sie leiden viel von der Hitze und dies macht sie mitunter etwas eigensinnig. Doch Lebe wohl! Tausend Küße begleiten diese Blätter. Grüße alle unsere Geliebten!

Deine treue Betty

Ich rathe Dir freundschaftlich, geliebter Freund, so bald wie möglich, wieder zu Haus zu kommen, denn wie es hier hergeht, das glaubst Du nicht. Die jungen Herren

245 Tenever, Dorf im Südosten Bremens.

246 Dr. jur. Heinrich Lampe, geb. 1773, gest. 1825 in Wiesbaden. Seit 1818 Senator. Verheiratet in erster Ehe mit Gesa Catharina Hanewinkel (1776-1797), in zweiter Ehe mit deren Schwester Maria Sophie Elisabeth Hanewinkel (1781-1828).

247 Seine Schwägerin Gebecca Anna Magdalene Lampe, geb. Gabain (1787-1856), heiratete 1811 Cornelius Lampe (1783-1818).

248 Hermanna Segelken, geb. Lampe.

rennen hier aus und ein, zu Pferd und zu Fuße, um Betty den Hof zu machen. Gestern waren drey hier um sich für erzeigte Güte und Freundschaft zu bedanken und während dem sprengten schon wieder zwey andere auf den Hof, um der liebenswürdigen Frau Doctorin einen Brief zu überreichen. - Kurz ich habe Dich gewarnt. Ich stehe ihr nun noch mit treuen Ermahnungen zur Seite aber wer kann für ein weibliches Herz stehen. - wenn die Menschen noch um meinetwillen kämen, aber über mich sieht man hin, so groß ich auch bin.

Lebe wohl Geliebter. Deine Elise

Betty an Fritz Gildemeister

Rockwinkel den 25ten Juni 1825 Morgens, 11 Uhr

Geliebter!
Dein Brief aus Hannover kam später in meine Hände als Du es Dir gedacht hattest, und ich erfuhr in Tenever wohin ich Dir mit allen Kindern und Luisen entgegengefahren war, eine recht schmerzliche Täuschung als Elise und Auguste Abends um sieben Uhr ohne Dich den Heißersehnten ankamen und ich von ihnen die betrübte Kunde erfuhr, daß Du wegen Geschäften[249] noch einige Tage in Hannover verweilen müßtest; und wol erst Ende der Woche hier sein würdest, wo so viele Arme Dich liebend empfangen werden! Ach! Lieber Fritz, noch am Ende der langen Trennung eine solche Prüfung zu erfahren, ist wahrlich für uns, die wir uns so innig lieben, und nur im steten Beysammensein das höchste, süßeste Erdenglück finden recht hart, und ich will nur wünschen daß Du die nächste Woche würklich kömmst und der Böse nicht noch mehr Unkraut zwischen den Weitzen säät, an deßen Existenz ich faßt zu glauben anfange, wenn ich an diesen Querstreich denke der unser Wiedersehn so grausam zerschlug. - Mit welchem Entzücken empfing ich dagegen Deinen letzten Brief aus Weimar, der mir Deine ***frohe*** Rückkehr verkündete, und den ich Dinstag Abend empfing. Es ist nicht möglich, die wonnigen Empfindungen alle zu schildern, die da mein Inneres durchzuckten, und wie ich mich Abends auf mein einsames Lager legte im seligen Vorgefühl daß der Geliebte es nun bald wieder theilen werde, ach, da wollte ich vor Freude fast vergehen! Die süßen Kinder und die treue Freundin theilten diese frohen Empfindungen aus volle Seele mit mir und wir sprachen nur von den Wonnen des Wiedersehns! Es wurden Kränze gewunden und die Hütte und unser Wohnzimmer damit geschmückt, das von herrlichsten Blumen auf das Herrlichste prangt und duftet. Elise hatte einen Kuchen gebacken, den wir nun gestern ohne Dich, den Geliebten verzehrt haben. Du glaubst nicht wie so freundlich alles zu Deinem Empfang bereitet war und wie laut der Jubel der kleinen Schaar war, wie gestern Nachmittag der Wagen kam und es nun rasch

249 Wahrscheinlich Verhandlungen um den Ankauf von hannoverschem Landgebiet an der Unterweser zur Realisierung des von Smidt gefaßten Plans zum Bau eines seenahen Hafens.

nach Tenever ging – aber ach um so trauriger war nun auch die Heimfahrt ohne Dich, Du mein Leben, mein Glück und meine Liebe! Bey meiner Ankunft fand ich Deinen Brief, den ein Bote herausgebracht hatte. Christine läßt Dich herzlich grüßen und Dir sagen, sie sey ganz niedergeschlagen daß Du nicht mit gekommen seyst, und Du möchtest doch sobald es Dir möglich sey zu uns kommen! Aber nicht wahr einer solchen Aufforderung bedarf es bey Dir nicht mehr? Mit welchem »Gottlob!« wirst Du von Hannover abreisen. Die Schwester Elise fand ich sehr gealtert und weit mehr noch verwachsen als vor fünf Jahren; und dies bewegte mich recht schmerzlich bey ihrem Wiedersehn! Die Freude über Christine und die anderen Kinder die Elise hatte kannst Du Dir denken! Sie fand die Ähnlichkeit zwischen der seligen Christine und dem theuren Kinde noch weit auffallender als früher, welches ich ganz mit ihr theile. Aber mit welchen seligen Gefühlen hörte ich aus ihrem Munde die Versicherung Deines körperlichen Wohlseins, in die Auguste und der erliche Georg mit einstimmten, die meinten, Du seist viel stärker geworden. Ich will Dich dann aber auch gut pflegen wenn Du wieder hier bist, damit Du nicht wieder so mager wirst, und die Leute gar auf den Einfall kommen, daß ich Dich zu viel ärgere. Den Freund, oder ***Feind*** Smidt kannst Du von mir grüßen ich habe ihn stark in Verdacht daß er Schuld ist, daß ich Dich noch nicht wieder habe? Sollte es möglich sein daß Du mir ietzt bestimmt den Tag Deiner Ankunft schreiben könntest, so möchte ich Dir wol allein bis Tenever entgegengehn (da ich nicht gut wieder einen Wagen nehmen kann) da mit wir uns in der ersten Stunde ungestört genießen könnten? Und so lebe denn für Heute wohl! Du geliebtes Herz! Möchte dies der letzte Brief sein den ich Dir bis zu Deiner Rückkehr schreibe, und ich bald den süßen Lebensbalsam von Deinen Lippen sauge! Die Schwestern, die Freundin und die Kinder grüßen Dich herzlich! Tausend Küße begleiten diese Zeilen. Lebwohl! Du Geliebter! Ach, mein Herz was sehnst du dich! Dein treues Mädchen Betty

Betty an Fritz Gildemeister

Bremen den 24 Januar 1827 2 ½ Uhr

Geliebter!
Könnte ich mich Deiner beglückenden Nähe erfreuen, dann säße ich nicht hier, sondern verplauderte bey einer Tasse Caffe die Nachmittags Stunden unter Scherzen und Küßen, aber so einsam, eile ich an den Schreibtisch, um das was mir die Gegenwart versagt im Geiste zu thun. So Gott will, bist Du ohne Fährlichkeiten in Hamburg angelangt, und das böse Kopfweh was Dich gestern Morgen plagte hat Dich verlassen; bringe es ja nicht wieder heim, hörst Du, Müsley? Du kannst Dir denken, daß ich fort und fort bey Dir weile, und wie gestern der Wagen so dahinfuhr, dachte ich voll Schmerz an die lange und große Trennung die unser nach dieser Kleinen[250] wartet, wo ach,

250 Diese Reise nach Hamburg diente der Vorbereitung der Reise nach Brasilien.

der selige Augenblick des Wiedersehns weit weit hinaus gerückt ist, der ietzt so nahe, mich tröstet und erfreut, und den Schmerz um Deine Abwesenheit nicht so aufkommen läßt wie es ach, in der Folge der Fall sein wird - doch stille! Laß uns heiter und getrost auf Gott blicken, dem wir Glücklichen, durch unsere Liebe so Glücklichen! Alle Uhrsache haben zu vertrauen, und hoffen er werde uns diese schwere schwere Prüfungszeit gnädig bestehen helfen und sie uns durch ein frohes Wiedersehn krönen! Gestern Abend war ich nicht im Concert sondern im Kreise unserer treuen Freunde Reidemeister und Witten wo denn viel zum Lobe und Ruhm eines Mannes gesprochen wurde den Du kennen solltest, und der mir nicht ganz gleichgültig ist. Christine war dagegen mit Frau Caesar und Elise in's Concert gefahren welches ihr sehr gefallen hat. Heute Abend steht dem lieben Kinde wieder eine Freude bevor, es wird nehmlich eine sehr glänzende Schlittenfahrt statt haben, nehmlich mit Fakeln. Und diese wird sie in Klugkists Hause mit ansehen, wo der Zug vorbey kommt. Karl kann leider nicht mit, da er etwas Husten hat. Und ich bleibe lieber auch zu Hause, obgleich Luise selbst hier war und mich zu sich einlud; die liebe Elise kömmt diesen Abend zu mir; und fürchte ich beym Entwöhnen des süßen Kindes[251]; doppelt eine Erkältung. Gestern Abend gab ich ihm zuletzt die Brust, dem süßen freundlichen Engel!! Gestern Abend konnte ich erst gar nicht einschlafen, obgleich ich sehr müde war, was mochte wol die Ursache sein? Und diesen Morgen wollte mir der Caffe, so allein im Sofa sitzend gar nicht munden. Die süßen Kinder erheiterten mich nachher, durch ihre Unschuld und Unbefangenheit. August frug Verena diesen Morgen »Wo ist der liebe Vater?« - Hättest Du es hören können! Und Karl der sich diesen Mittag einen Kartoffel-Pudding sehr gut schmecken ließ, sagte »Ach ich wollte Vater könnte auch ein Stück miteßen.« Ich trank auch mit allen Kindern Herrmann ausgenommen auf Dein Wohl! Du lieber Gatte und Vater!! Hat Dein Herz den hellen Klang vernommen? - Herrmann aß nicht mit uns, aber August, der ganz außer sich war. Es war mir eigen rührend mit ***unseren*** Kindern so allein das Mittagmahl einzunehmen ohne Dich, Du unser theures Haupt. Smidt der mich gestern Morgen gleich besuchte sagte mir, daß am Sonntag Heinrichs Geburtstag[252] sey, sage ihm zu diesem von mir alles Gute und Liebe. Und so lebe für heute wol, ich hoffe Dich bald wieder an mein Herz drücken zu können! Schreibe mir ja! Lebwohl! Deine treue Betti

Die Kinder grüßen den lieben Vater herzlich!

251 Herrmann, geb. 20.6.1826.

252 Johann HEINRICH Wilhelm (28.1.1806–20.8.1878) Smidt, Sohn Johann Smidts, nahm als Gildemeisters Sekretär an der Handelsmission nach Brasilien teil.

Betty an Fritz Gildemeister

Bremen den 28 Januar 1827 Morgens 11 Uhr

Geliebter!

Sollte es einer im Schreiben so ungeschickten Schreiberin wol gelingen bey dem Lerm der lieben Kinder einen Brief zu schreiben, der Dir genügt? Denn die Kinder hatten einmal wieder ein sehnliches Verlangen bey mir in der Vorstube zu sein, was ich ihnen denn auch nicht abschlagen mochte so wenig als die heutige Post unbenutzt zu laßen; und so mußt Du schon Nachsicht haben. Karl malt und brummt dabey in den Bart, August und Otto spielen mit der Arche Noah, wobey sie alle Thierstimmen nachmachen, und Verena spielt mit ihrer Puppe, die sie allerley gute Lehren giebt, Du kannst Dir also denken daß es eben nicht still um mich ist. Christine erlustigt sich mit Minchen S.[253] und Henny S.[254] auf dem Stadtgraben, und der fröhliche Herrmann schläft. Dein lieber Brief traf mich gestern Nachmittag, wie wir eben von Tisch aufstehen wollten, und ich freute mich innigst Deiner glücklichen Ankunft in der Schwesterstadt. Die Tour über die Elbe[255] mag angreifend gewesen seyn, und es war Deiner Gesundheit gewiß zu viel zugemuthet, wie die vielen Mahlzeiten die Du zu bestehen hast, bitte, bitte schone Dich doch so viel Du nur eben kannst!!! Die Kinder freuten sich Deines Kußes, nur August der nicht bey guter Laune war, wollte nichts davon wißen, und machte gar drollige Mienen, wie ich ihm den Kuß geben wollte, den er auch standhaft weigerte. Karl frägt Dir mit am meisten nach, es ist doch ein guter ehrlicher Junge, die Kinder haben Dich, den lieben Vater! ja ***alle*** so lieb, nur äußert es sich verschieden. Gott erhalte Dich uns noch lange, lange zum Glück und zum Segen! Dies ist mein früh und spät Gebet! –

Ist es Dir denn gar nicht möglich, lieber Fritz, schon am Dinstag Abend wieder hier zu sein; Es wäre gar zu schön! Da die lieben Wittens uns Mittwochabend noch so gerne bey sich sähen. Kannst Du es einrichten so suchst Du es gewiß zu zwingen, wo nicht, so müssen wir uns schon in die Zeit schicken. Auf Donnerstag habe ich auch schon eine Einladung für Dich zu Herrn Aeltermann Rodewald[256] zum Mittageßen. Das geht in Saus und Braus, und ich sehe wol wie wenig ich Dich vor Deiner Reise nach Rio genießen, ruhig genießen werde, ***welches so sehr sehr betrübent ist!!*** Daß sind die Folgen wenn man solch ein Lumen Mundi[257] zum Mann hat, wie Du es bist! Habe ich das Wort auch recht geschrieben? Wie freundlich die liebe Sonne scheint, ach wärst Du hier! Dann ginge ich gern mit Dir ins Freye!! Doch so bleibe ich in meinem Zimmer und erfreue

253 Jüngste Tochter Johann Smidts, Julie Johanne Charlotte WILHELMINE (1815–1913).

254 Henriette Segelken (1816–1901). Heiratet 1837 Dr. jur. Hermann Lampe (1808–1884).

255 Wie Heinrich Smidt seinem Vater Johann S. berichtet, war die Elbe zugefroren. Man ließ daher den Wagen in Harburg zurück, ging zu Fuß und transportierte das Gepäck auf einem Schlitten. (StAB 7,20–219/1 26.1.1827).

256 Friedrich Rodewald (1782–1835), Kaufmann, setzte sich neben Smidt und Fritze energisch für die Gründung Bremerhavens ein. Wohnhaft Martinistr. 11.

257 Licht der Welt.

mich an dem freundlichen Schein der Sonne; und an dem Getreibe der kleinen Schaar um mich her; die am besten geeignet sind mich zu zerstreuen.

Diesen Abend gehe ich mit Herrmann zu Wittens, Smidt war auch so freundlich mich auf heute einzuladen. Es ist doch für Dich und mich ein rechter Trost daß wir so bewährte Freunde haben, die sich meiner während Deiner Abwesenheit so liebend annehmen, was ich tief gerührt erkenne; und Gott für diesen Schatz danke! Du schreibst mir gar nicht wie es Dir mit Deinem Kopfweh geht, was mir doch so am Herzen liegt! Gewiß ist es noch nicht beßer? - doch für heute Lebewohl! Ich habe die Hoffnung noch einen Brief von Dir zu erhalten, und dann Dich an mein für Dich ewig treues Herz zu schließen; Die Herzens Kinder grüßen Dich tausendmal und ich drücke ***hier*** dem Papier einen Kuß auf. Deine Betty

Ist heute nicht Dein Bruder Karl sein Geburtstag?

Betty an Fritz Gildemeister

Bremen den 22 Februar 1827 Abends halb 9 Uhr

Wo soll ich anfangen wo enden um Dir Du Geliebter, zu sagen wie ich Dich liebe nur in Deiner Liebe athme und lebe, und so selig, so überselig und glücklich durch Deine Liebe bin, doch was schreibe ich, Worte sind stumm, aber gestern in der schweren, schweren Abschiedsstunde, wo ich an Deinem Halse hing, Deine Küße heiß erwiederte, da hast Du in der Seele gefühlt wie Du mir das Liebste, das Beste, das Theuerste auf der ganzen, weiten Welt bist, da habe auch ich es tief gerührt empfunden, wie unendlich Du mich liebst, wie auch ich Dein Liebstes, Bestes, Theuerstes bin. Und dies selige Gefühl unserer Liebe erhebe uns auch über diese lange, lange Abwesenheit, und mache es heiter und still in unserem Innern wenn das Heimweh, die Sehnsucht mächtig wird. Ich fühle es lebendig, so schmerzlich, herzzerreißend gestern die Trennung war, so froh, so wonnevoll wird unser Wiedersehn seyn, an das der bloße Gedanke mich schon trunken macht. Ich weinte Dir mit der treuen Freundin und Christinen, Karl und Verenchen lange nach, und dieser Erguß meines beklommenen Herzens that mir wohl, doch raffte ich mich der Kinder wegen, die sich gar nicht faßen konnten, besonders Christine, zusammen, und sprach ihnen Muth und Trost ein, daß der liebe Vater gewiß gesund und wohl zu uns zurück kehren werde; welches sie denn auch beruhigte. August den das Ganze zu belustigen schien, nötigte mir das erste Lächeln ab, er war gar lieblich, Er lief in der Stube herum, erzählte gar beredt, Du seist in der großen Post weggefahren, dann kam er zu mir gelaufen, sah mich mit höchst komischer Mine an, als wollte er fragen, warum bist du denn nur so traurig? Wie ich ihn auf den Schooß nahm, drückte und küßte er mich, sah mich voll Liebe an, und trillerte dann ein's seiner Liedchen, lief zu seiner Arche, und holte mir die Thiere her, lief dann wieder die Stube auf und nieder, und rief ein über das andere, der liebe Vater weggereist ist, der liebe Vater wiederkömmt aber! Sieh, Geliebter, diesen süßen Jungen in seiner Unschuld sehn, und es war nicht möglich, man mußte sich freuen! Otto, war nach seiner Weise still, Ich muß es noch mal sagen der August war gar lieblich. Diese reine Kinder-Seele, in der bey aller Fröhlichkeit doch ein dunkles Gefühl lag, als müße er mich Deiner Abreise wegen trösten, dies war ganz eigen rührend und erfreulich! Und ich sah recht wie Otto sein geistiges Leben noch gegen das seinige zurück ist, doch ist Otto weit gutmüthiger, so erzählt er gestern ganz freundlich Elisen, Du habest den größeren Geschwistern 12 gr geschenkt, ich und August bekamen aber nichts. An Herrmann der vor Schlafengehn auch noch zu uns herein kam, erlabte mein Herz auch noch sehr! Ach, wie reich, wie überschwänglich reich hat Gott uns doch in unsern Kindern gesegnet, und wie lieblich und schön blühen sie! Wir wollen Gott bitten, daß sie auch so braf und gut werden mögen! Und daß Du sie mit mir gesund und froh nach der langen Fahrt wieder an Dein Herz drücken mögest! Elise blieb bis halb 10 Uhr bey mir, Papendiek[258], der wohlbehalten von O. zurückkehrte holte sie ab, und trank noch eine Tasse Thee bey uns. Ich legte mich zeitig zu Bett, und schlief unter süßen Gedanken Deiner Geistes Nähe auch bald ein! Und habe recht erquickend geschlafen doch leider nicht von Dir geträumt. Mit Wehmuth, mit tiefer Wehmuth ergriff mich beym Erwachen der Gedanke unserer Trennung, und der Weg den ich nun eine Zeitlang ohne Dich wandeln muß lag recht schwer vor mir, doch getrost, nur getrost und Gott vertraut, der es ja mit uns so gut meint! Buettners Zeilen, so prosaisch sie auch waren erfreuten mich doch sehr, da sie Eure Ankunft in Bassum[259] ankündigten. Aber wie wurde ich diesen Nachmittag erst durch Deine lieben, lieben Schriftzüge erfreut, die ich ja nicht so gar nicht erwartet hatte, ich muß Dir einen Kuß dafür geben! Der treue Freund Reidemeister war bey mir, wie ich Deinen lieben Brief empfing, der meine Freude aus volle Seele theilte, und Dich grüßt, tausendmal! Das Geld werde ich zu rechter Zeit berichtigen, so wie Du überhaupt versichert sein kannst, daß ich alle Deine Aufträge pünktlich besorgen werde und gut während Deiner Abwesenheit Haushalten werde. Du sollst mit deinem Wibli zufrieden sein, wenn Du heimkehrst. Die Theilnahme die mir von allen unseren Freunden zu theil wird, rührt mich tief. Elise Schleiden[260] war diesen Morgen die Erste die mich begrüßte. Ach, dies ist doch eine unglückliche Frau! Bey ihr verstummten meine Klagen, denn wie ehrenvoll ist Deine Reise in ferne Welten, wie so ganz verschieden von der ihres Mannes!! Der alte Müller[261] besuchte mich diesen Abend auch ein Stündchen und lobt Dich über die Maßen. Er sagte mir Eltermann Barkhausen

258 Carl Johann Georg Papendiek, geb. 1802, Elise Spilners Verlobter.

259 ca. 30 km südlich von Bremen gelegenes Städtchen.

260 Elise Schleiden, geb. v. Nuys, (1785-), wurde als Tochter eines ostfriesischen Gutsbesitzers geboren, verlebte u. a. in Bremen, Berlin und London eine einsame und unglückliche Jugend, in der ihr aber eine ausgezeichnete Bildung vermittelt wurde. Sie heiratete 1806 den Kaufmann Christian Schleiden und machte aus seinem Gut in Schleswig-Holstein einen geistigen Mittelpunkt der Region. 1824 mußte der Besitz aufgegeben werden, und Schleiden war gezwungen, als Vertreter des Deutsch-Amerikanischen Bergwerksvereins nach Mexiko zu gehen. Elise hielt sich wechselnd bei Freunden in Bremen, Kiel und Braunschweig auf und ließ einige ihrer Kinder in Bremen in Pension zurück. Ihr Sohn Rudolf Matthias (1815-1895), Dr. jur., Diplomat, wurde 1852 Bremischer Ministerresident in Washington.

261 Wilhelm Christian Müller.

hätte ihm gesagt, er wäre gestern zwei mal vor unserer Thüre gewesen um dir Lebewohl zu sagen, sey aber aus Bescheidenheit, er möchte Dich stöhren, wieder umgekehrt; auch hätte er zu Müller gesagt, auf dem Schütting sei nur ***eine*** Stimme des Lobes und der Bewunderung über einen gewisssen Mann den ich kennen sollte! Doch für heute Abend eine gute Nacht! Es ist 11 Uhr.

den 24ten Februar

Sonnabendmorgen, 10Uhr. Soeben läßt Freund Smidt Hermann und mich auf morgen Abend einladen, und mir sagen, daß er heute Morgen einen Brief für Dich, mein süß Lieb fortsende, wenn ich auch schreiben wollte, sollte ich es ihm nur senden; welches ich denn mit tausend Freuden thue, da ich weiß wie es Dich erquicken wird, bald von den lieben Deinen zu hören, und für mich giebt es ja keine liebere Beschäftigung als Dir dem ***fernen*** und doch so nahen Geliebten zu schreiben, aber wird mir das in der kleinen lieben Schaar möglich sein? Der kleine Herrmann sitzt neben mir in der Ecke des Sofas und kräht wie ein junger Hahn, Otto und Augustin spielen mit den kleinen Hölzern, was eben nicht sehr leise zugeht, und Dein Liebling Verena sitzt neben mir und strickt fleißig. Christine und Karl sind in der Schule, wie die Erstere hörte, daß ich Dir schreiben wollte, sagte sie, ich möchte Dir doch schreiben, daß sie Dir auch Nächstens einen Brief schreiben werde. Denke Dir wie drollig und doch rührend von dem Kinde, gestern wie sie mit großem Appetit Stockfisch aß, »ach wenn nur Vater erst wieder hier ist, dann will ich gerne Scherrkohl eßen, ich glaube er schmeckt mir dann eben so schön wie Stockfisch«. Die süßen Kinder sind doch mein bester Trost, meine liebste Aufheiterung, und ich fühle mich in ihrer Nähe am wohlsten. Aus jedem ihrer Züge spricht ja Dein liebes, liebes Bild zu mir. Wie tröstlich auch für Dich, mich und die lieben Kinder vereint zu wißen, es zu wißen, daß sie bey mir gut aufgehoben sind, und daß es so Gott will, meiner Pflege gelingen wird, daß Du bey Deiner Heimkehr sie gesund in Deine Arme schließen wirst! – Die Hoffnung ist ja menschlichen Ansehen dazu vorhanden, da Gott uns so gesunde, kräftige Kinder schenkte. Gestern Abend war ich mit Lene und Catharine bey der süßen Herrmanna, wo denn viel von Dir gesprochen wurde. Diesen Abend soll ich zu der Doctorin Albers, wohin ich gar keine Neigung habe, viel lieber blieb ich in meiner freundlichen Wohnstube, doch was soll ich machen, die Leute meinen es wol gut mit mir, und denken, sie müßen mich zerstreuen, doch da denke ich nun anders, mir ist es gar nicht um Zerstreuung zu thun. Ist am Montag das Wetter leidlich, so wollte ich mal das Logie in Oberneuland besehen und hat es meinen Beyfall es dann gleich für den Sommer miethen. Louise wollte mich begleiten um Schulz zu besuchen; auch nehme ich wol meine Elise mit, und Christine und Karl. Es geht mit dem Schreiben bey dem Lerm der Kinder doch nicht, August will durchaus auf meinen Schooß und belagert mich förmlich. Es ist doch ein reges Leben in ihm und ich muß mich gewiß hüten, ihn gar zu sehr auf zu regen. Hast Du es nicht gehört wie er Dich erst einmal über das andere bey Namen rief? Es ist doch ein rechtes Glück für uns mein Lieb, daß wir noch eine Zeitlang ehe Du zur See gehst, Briefe wechseln können, das erleichtert uns viel! Doch der Lerm der Kinder wird immer ärger, und ich muß Dir für heute Lebe wohl sagen! Genieße recht alles Schöne und Interessante Deiner Reise, hörst Du wol, und denke daß sich Niemand inniger freut als Dein treu Lieb. Herrmann und die Kinder grüßen Dich tausend Mal und ich drücke Dich voll heißer Liebe an mein Herz! Gott sey mit uns!

Deine treue Betty

Betty an Fritz Gildemeister

Bremen den 26ten Februar 1827

Geliebter! Hier sitze ich schon wieder an meinem Schreibtisch. Die süßen Kinder sind zu Ruhe, und liegen zum theil schon in süßem Schlummer, und so eile ich denn einsam und allein mit meinen Gedanken in die Ferne zum trauten, trauten Freund, und theile ihm dieselben durch die Feder, Dinte und Papier so gut mit wie es einer so ungeübten Schreiberin eben möglich ist. Freilich will mir dieses nicht so recht behagen und säße tausend Mal lieber mit mein Lieb in der Ecke des Sofas und herzte und küßte ihn recht nach Herzens Lust - doch dies kann nun leider nicht sein, und so ist und bleibt diese briefliche Unterhaltung für uns getrennte Liebende immer ein großer Trost, den man wol erkennen mag. Werden die seligen Tage wo wir uns wiederhaben doch auch wieder kehren, und wie selig werden sie uns nach so langer Trennung dann schmeken! An dieser frohen Aussicht erlabt sich stündlich mein Herz, so gewiß auch Deines, nicht wahr? Immer nur den Blick und das Herz zum frohen Wiedersehen hingerichtet und es wird schon gehen, wir werden sie mit Hülfe Gottes ertragen, diese Trennung, die ja die Ursache eines gewiß glücklichen und segensreichen Unternehmens ist. Doch laß mich Dir, mein Lieb, erzählen, wie es mir seit Sonnabend erging, wo ich meinen ersten Brief für Dich auf die Post gab, oder vielmehr Smidt, dem ich ihn sandte. Ich denke mir daß Du übermorgen denselben schon in Händen haben wirst, welche Freude für Dich! Da Du wol erst in Paris einen zu erhalten glaubst, nicht wahr, für diese Überraschung giebst Du mir ein süßen Kuß? Auch wol zwey, drey u. s. w.? - Bey Minchen Albers war die Unterhaltung leidlich. Bey Tisch hatte ich einen guten Platz neben H. Albers[262] und Doctor Wilkens[263]. Albers erzählte mir viel von England, welches mir wie Du denken kannst höchst interessant war, und wie freute es mich in der Seele, daß Du unter so günstigen Umständen dieses Land der Freyheit kennen lernst; wohin ja im Stillen immer Dein Sinn stand, und mich manchmal im Inneren leid that, daß dieser Wunsch doch wol schwerlich realisiert werden könne. Ich kann mir denken daß Dein Aufenthalt in London eben so reich an Genuß sein wird, wie der in Brasilien. Bürgermeister Gröning der auch bey Albers war, näherte sich mir sehr freundlich und theilnehmend, er war denselben Tag durch die Geburt einer Tochter erfreut worden; wodurch er sich wie du denken kannst, sehr erfreut fühlte. Jette soll sehr wohl sein. Gestern Mittag erhielt ich durch

262 Wohl Johann Heinrich Albers (1774-1855), Kaufmann, Kunstsammler, enge Verbindungen zu London. Unverheiratet.

263 Wohl Heinrich Wilckens »Ausübender Arzt und Geburtshelfer«, (kein Dr.-Titel), Wachtstr. 18.

Frau Kalkmann die frohe Botschaft Eurer glücklichen Ankunft in Osnabrück, der Himmel geleite euch ferner so gut! Welches ich bald von Dir zu hören hoffe!! Wie günstig ist Euch nicht für diese Jahreszeit daß Wetter, nur gestern hatten wir hier 9 Grad Kälte, doch heute ist es sehr milde aber windig und feucht. Bey Smidts war es gestern Abend sehr belebt, und besonders er selbst war sehr lebendig und theilte uns (Rumps, Noltenius und Doctor E. Meyer[264]) die Acten über die Domangelegenheiten mit, wodurch ich einen recht klaren Blick in die ganze Sache bekam, ich wollte daß dieses Acten-Stück gedruckt würde. Nach dem Eßen laß Smidt uns noch einiges aus seiner bremischen Geschichte vor, welches sich auch auf die früheren Zeiten des Doms bezog, und eine Abhandlung zur Entschuldigung dieser Doms Leute, die meisterhaft ist. Daß in diesem uns so befreundeten Kreis viel von Euch, Ihr lieben Reisenden gesprochen wurde, dies versteht sich wol von selbst, wir dachten uns Euch in Antwerpen bey der Freundin Jette[265] und ihrem Ams? – Heute hatte ich wieder vielen Besuch von lieben Freunden, und es kömmt mir manchmal des Morgens wie in einer Wochen-Stube vor, wo auch ein Besuch den anderen drängt. Der liebste Besuch war Smidt seiner, der mir voller Freude, Heinrichs launigen Brief aus Dülmen vorlas; und nach diesem zu urtheilen kann ich mich Dich ietzt noch in Antwerpen denken, und Morgen würdest Du dann nach Brüßel kommen. In einigen Tagen erhalte ich ja wol einen Brief von Dir, Du liebes Herz! Ach, wie will ich mich dann laben! Ich schrieb auch gestern an Mutter nach Zürich und Sonnabend an die liebe Mutter nach Weimar; der ich dann auch große Hoffnung machte, daß Du, ihr lieber Sohn ihr noch von England aus schreiben würdest. Von den süßen lieben Kindern kann ich Dir nur Gutes schreiben, sie sind meine Wonne, und wenn der freundliche Herrmann mich anlächelt, dann geht ein stiller seliger Himmel in mir glücklichen Mutter und Gattin auf. Den größten Theil des Tages sind die Kinder bey mir in der Vorstube und treiben ihr Spiel bunt um mich herum, wo ich ihnen dann den lieben Vater ins Gedächtnis rufe, damit er ihrem Geiste nicht fremd wird, da Kinder ja nur in der Gegenwart leben. Bey der großen Christine und Karl habe ich es nicht nöthig aber den Kleinen muß ich das ferne Bild des geliebten Vaters täglich neu auffrischen. Medchen Witte, die Dich wie alle Freunde grüßen läßt, war so freundlich mich Morgen in die Oper einzuladen, doch da Elise und P. Morgen zu mir kommen nahm ich es nicht an. Mittwoch Morgen wird P. mit einer guten Gelegenheit nach Minden reisen. Mit Lockum[266] hat sich noch nichts entschieden. Der Eigenthümer will es nun auf einmal nicht verpachten sondern für einen viel zu hohen Preis verkaufen, was Papendiek nicht will und kann. Vielleicht wenn er den Besitzer dieses Wesens noch mal mündlich spricht, so spannt dieser andere Seiten auf, da es ein Jude sein soll, der wol gemerkt hat daß P. gerne dieses Wesen besitzen möchte. Und so will P. noch selbst mit ihm reden, wenn er das Ganze mit Herr Caesar[267] überlegt hat. Doctor S. scheint nicht abgeneigt zu sein ihn in der Folge, wenn es ihm glückt, zu

264 Dr. jur. Elard Meyer (1795–1863), Ansgarikirchhof 2.

265 In Brüssel verheiratete Schwester von Metta Rump, war künstlerisch begabt, hatte in Dresden Malerei studiert.

266 Loccum, Kloster und Dorf im Regierungsbezirk Hannover.

267 In Frage kommen: C. A. Caesar, Weinkaufmann, Hakenstr. 4, Dr. jur. Gerhard Caesar, Comthurstr. 5 oder Tobias Caesar, Kaufmann, Senator, Hakenstr. 5.

unterstützen, er hat selbst offen über alles mit ihm gesprochen. Da P. nur sehr klein anfangen will, so würde dafür das Geld welches ihm Frau Caesar[268] und Elisens Schwager[269] geben wollen, hinreichen. Elise, diese treue Freundin, die mich täglich besucht und Dich innigst grüßt, meint, ich sollte Dir nur schreiben, daß sie gewiß diesen ganzen Sommer bey mir bleiben würde, denn so schnell würden sie doch nicht zum Ziel ihrer Wünschen gelangen. Gott führe sie zu einem wenn auch nicht schnellen doch glücklichen Ziele! Doch für heute eine süße, süße Nacht! Du Geliebter!

Mittwoch morgen 10 Uhr

Die Kinder toben im Hause herum, daß Du Deine Freude daran haben würdest, und ich eile Dir, nach einer sehr guten nächtlichen Ruhe einen guten Morgen zu bringen, möge auch Dein Schlaf sanft und erquickend gewesen sein! Soeben ging Papendiek von mir der mir noch ein herzliches Lebewohl sagte! Es ist doch ein guter, lieber Mensch, mit dem Elise gewiß glücklich werden wird, auch für sein Fortkommen bin ich nicht bange, so schwer ihm auch der Anfang werden wird, nur die Verschiedenheit seines Alters[270] zu Elise macht mir Sorge, doch kann ich nichts darin ändern. Denke Dir, wie sehr gütig, Frau Caesar will ihm das Geld ohne Bürgschaft zu fordern, geben; worüber die Liebenden sehr glücklich sind. Gestern, lieber Fritz, erhielt ich einen sehr lieben Brief von meiner Freundin Meis, die noch nicht weiß, daß ich eine einsame Strohwitwe bin. Auch von Elise aus Weimar hatte ich einen herzlichen Brief. Mit welcher innigen Liebe hängt diese Schwester an uns! Heute Abend wird Syndicus Siveking[271] hier erwartet, und da werde ich morgen wol einen Besuch von ihm erhalten, ich habe, lache nur, eine rechte Angst dafür. Heute Abend gehe ich zu den lieben Reidemeisters, wie wohlthuend ist die Liebe und Theilnahme solcher edlen Menschen! Morgen Abend wird wol Kindertag bey Klugkist sein, Sonntag ist unsere Gesellschaft bey D. Noltenius und Montag Abend sind wir bey Dr. Schumacher[272]. Diese Gesellschaften ohne Dich mein süßes Leben zu besuchen, hat was sehr Wehmüthiges für mich, und ich muß mich dann recht zusammen nehmen, dies Gefühl nicht laut werden zu laßen. Ist es Dir dann auch recht, lieber Fritz, daß ich Dir, an und für sich so geringfügige Dinge schreibe, und so in's Kleine hineingehe? Mir ist es süß, in Deiner Abwesenheit Dir alles schriftlich mitzutheilen was ich treibe und mache, und so wird es Dir auch lieb sein, dies darf ich voraussetzen. Gott gebe nur daß ich Dir nur immer Gutes von den lieben Kindern und mir

268 Wohl Catharine Louise »Trinchen« Caesar, geb. Lengerke (1770–1832), Witwe von Friedrich Wilhelm Caesar (1766–1819), Obernstr. 56.

269 Wohl Anton Papendiek, Kram- und Gewürzwaaren, Knochenhauerstr. 40. Ein Anton Carl Papendiek wird als Trauzeuge aufgeführt.

270 Elise war acht Jahre älter als Papendiek.

271 Karl Sieveking (1787–1847), Syndicus in Hamburg, Teilnehmer der bremisch-hamburgischen Handelsmission nach Brasilien. Wesentlich für den Erfolg der Unternehmung war, daß die beiden Partner Sieveking und Gildemeister sich offenbar gut ergänzten: Sieveking sah Gildemeister als den Strategen Gneisenau und sich selber als den kämpferischen Blücher.

272 Dr. jur. Isaac Albert Hermann Schumacher (1780–1853), in erster Ehe verheiratet mit Margarete Oelrichs (Malerin), (1782–1823), in zweiter Ehe mit Auguste Friederike Johanne Heineken (1797–1827).

schreiben kann! Daß wir gesund bleiben, dies können wir gegenseitig nicht heiß genug vom Himmel erflehen! Daß Du, ich und die Kinder nicht erkranken! Die ewige Liebe wird dies ja geben, sie die uns seitdem wir verbunden sind, immer so freundlich war. - Doch es wird Zeit daß ich Smidt diesen Brief sende, und ich sage Dir, ein herzliches Lebewohl! Herrmann und unsere süßen Kinder grüßen Dich, den lieben Vater freundlich, sie sind voller Ungeduld ihr Frühstück zu erhalten. Lebe wohl! Tausend Küße begleiten diese Zeilen!

Deine treue Betty.

Betty an Fritz Gildemeister

Bremen den 2ten März 1827

Geliebter, theuerster Fritz!

Die stille ruhige Nachmittag Stunde führt mich wie natürlich wieder in Deine liebe Nähe, die mich geistig immer umfängt, die ich aber dann doppelt empfinde, wenn ich mich hinsetze Dir, Du liebes Herz, zu schreiben, und Dir zu erzählen wie es mir in meiner Einsamkeit ergeht, wie ich Dich liebe und nur in Deiner Liebe athme und lebe! Gestern Morgen hatte ich einen Besuch von Syndicus Syweking, der einen angenehmen Eindruck auf mich machte, von dem sich meine Phantasie aber ein ganz anderes Bild gemacht hatte. Es ist mir sehr angenehm den Mann persönlich kennen gelernt zu haben, der nun eine Zeitlang Dein täglicher Gefährte sein wird; und in deßen Gegenwart Du Dich geistig gewiß immer lebendig angeregt fühlen wirst, denn Syweking ist gewiß ein äußerst gescheuter vielseitig gebildeter Mann. Smidt war so gütig mich gestern zu Tisch einzuladen, wo er Syweking zu Ehren eine kleine Gesellschaft gebeten hatte, Mine und ich waren die einzigen Frauen unter achzehn Männern, welches für mich eine genirthe Partie war, besonders ehe wir uns zu Tisch setzten, wo Mine in einer ängstlichen Flucht war, und immer ab und zu lief wo ich denn einsam im Sofa blieb; Du kannst Dir dies denken da Du die Gute kennst. Bey Tisch war es anfangs ***steif***, doch verlor sich dies bald, und so lief denn das Ganze ***leidlich*** ab. Bey Tisch wo denn das Gespräch auf Oncken[273] kam, merkte ich bald wie S. seine religiöse Denkart ist; er schien diesen unberufenen Apostel eher zu entschuldigen. Innig freute ich mich über Bürgermeister Gröning der bey Anlaß von Büchern bemerkte er laße nichts ungelesen, was ihn gegen dieses Gift unserer mystischen Zeit sichern könne, denn dieses übe doch eine solche Macht und Gewald über unsere Zeit, daß gewiß ein Jeder nicht genug auf seiner Hut sein könne um nicht auch mit fortgerißen zu werden. Der junge Schramm[274] scheint ein sehr liebenswürdiger

273 Johann Gerhard Oncken (1800-1884), Kaufmann, lernte in England den Baptismus kennen und begründete 1834 in Hamburg den deutschen Zweig. War als Prediger und Organisator tätig. Unter seinem Einfluß entwickelte sich das Bremer Sonntagsschulwesen.

274 Adolph Schramm (1805-1887). Kaufmann, nahm als Sievekings Legationsekretär an der Brasilienreise teil.

Mensch zu sein, und ich freute mich besonders über sein bescheidenes, sinniges Wesen. Heinken[275] der auch bey Smidt war, neckte mich, wie Du denken kannst, auf seine Weise. Über ihn und Sch...., der aber nicht da war fällte S. gegen mich ein sehr richtiges Urtheil. Unsere lieben Kinder hat Syweking alle gesehn, und er wird Dir sagen wie sie so gesund aussehen. Den Abend ging ich mit Friederike[276] und Hanne[277] in die Oper, die mir beßer als das Erstemal gefiel, nehmlich die weiße Frau[278], die Du in Paris auch wol hören wirst. Wie vielmehr Genuß hat man doch von einer schon bekannten Musiek. Eine Mamsell Jungblum, die Pillwitz[279] gebildet hat, sang und spielte die junge Pächterin sehr viel hübscher als die Steinert, die in den Wochen liegt. Madame Eggers verläßt uns nun bald, sie wurde gestern Abend noch herausgerufen. - Denke Dir lieber Fritz, gestern Nacht ist Schulz gestorben. Er hat Geschwüre an der Lunge gehabt. Louise ist seit Montag schon bey Elise gewesen, diesen Morgen kam sie zur Stadt, ist diesen Nachmittag wieder hinausgefahren und wird wol noch einige Tage bey der armen, verlaßenen Elise bleiben, denn wie Schulz nun auch sein mochte, seine Frau verliert viel an ihm, und nun kömmt seine zerrüttete economische Lage hinzu, daß man der armen Frau wol hätte wünschen mögen, sie wäre vor ihm gestorben. Die Brüder werden sie wol erhalten müßen, denn Louise meinte, da würde wol nichts als Schulden sein. Es ist doch nichts schrecklicher als wenn ein Mann durch Leichtsinn sein Vermögen durchbringt und nun die Seinigen so in der Welt zurückläßt, daß sie von der Gnade anderer leben müßen! Diesen Morgen besuchte mich die tiefbetrübte Clariße Icken[280], die ich in größtem Schmerz fand, ich kann Dir auch gar nicht sagen lieber Fritz, wie es mir durch die Seele ging diese schwer geprüfte Mutter zusehen; lebendig trat die Zeit, die schwere Zeit wieder vor meine Seele, wo auch wir so nahe daran waren unseren Karl zu verlieren, der uns durch ein Wunder göttlicher Liebe und Macht erhalten wurde! Wenn man so schwer geprüfte Eltern sieht, die ein geliebtes, hoffnungsvolles Kind verloren, dann mag man wol in Demuth beten, daß Gott uns gnädig sein möge! - Auch die liebe Tante Suling besuchte ich, die Dich herzinnig grüßen läßt, und Dir Gottes reichen Segen wünscht. Sie ist gar nicht wohl und leidet an der Sprau[281] im Munde; doch geht sie dabey im Hause herum. Von Wittens und Reidemeisters soll ich Dir auch die herzlichsten Grüße bringen, wie viele Liebe mir von diesen Freunden zutheil wird, glaubst Du wol, da Du sie ja kennst. Mittwochs soll ich immer ihr Gast sein. Ob ich wol heute durch einen lieben Brief von Dir erlabt werde, ich kann es kaum erwarten so sehr sehnt sich mein ganzes Herz nach ein liebes

275 Wohl Friedrich (Fritz) Wilhelm Heineken, der von Otto Beneke als geistreich, jovial und von derbem Äußeren beschrieben wird. (Brem. Jb. 51, S. 231).

276 Friederike Noltenius.

277 Wohl JOHANNE Catharine Auguste Noltenius (1798-1837), unverheiratet, lebte seit 1826 überwiegend in der Smidtschen Familie.

278 »Die weiße Dame« von François-Adrien Boieldieu (1775-1834).

279 Ferdinand Pillwitz (ca. 1750-1853), seit 1826 in Bremen tätig als Gesangslehrer, Kapellmeister, Theaterleiter und Operndirektor.

280 Clarißa Iken, geb. Wilmans (1790-1873), Ehefrau von Dr. jur. Johann Georg Iken (1786-1850). Ihre zehnjährige Tochter Lotte war vor kurzem gestorben.

281 »Mundfäule«.

Wort von Deiner Hand. Denke nur es sind schon über acht Tage seit Du mich verließt und ich habe seitdem nicht von Dir gehört als das flüchtige Schreiben aus Bassum, nein wahrlich Du stellst mein Herz auf eine gar zu harte Probe!

Sonnabend Morgen. Ich schließe diese Zeilen, bey der Wiege unseres Herrmann, der gar süß schläft. Verena, Otto und mein August spielen am kleinen Tisch und schwätzen wie die Kanarienvögel. Von all den holden Kindern, Karl und Christine mit eingeschloßen soll ich Dir viele Grüße bringen, auch von Sophien einen herzlichen Gruß, ich hatte diesen Morgen einen Brief von dieser drolligen Person. All unsere Lieben in Weimar sind wohl, nur die alte Großmutter hat die Kälte mitgenommen, und sie fühlt sich so schwach, kein Wunder in ihrem hohen Alter! Morgen ist unsere Gesellschaft nicht bey Noltenius sondern bey Beckens. Ach, wie wirst Du in diesem lieben Kreis allen fehlen, vor allem mir, denn wo fehlst Du mir nicht! – Gestern Abend, nach dem ich mich mit den Kindern so recht gefreut hatte, ging ich um sieben Uhr in einen höchst langweiligen Thee zu Frau Doctorin Motz[282] und kehrte um zehn Uhr in meine einsame Klause zurück, wo ich mich dennoch an der kraftvollen Epistel Paulus an die Römer erlabte, und dann in meine stille Kammer mich schlafen legte, die ich des Abends nie betrethe ohne an die Seligkeit zu denken, die unser harrt wenn uns Gott hier ein glückliches Wiedersehn schenkt. Doch leb wohl! D. B.

Betty an Fritz Gildemeister

Bremen den 7 März 1827 Morgens 9 Uhr

Geliebtester!

Endlich hat mich Dein lieber Brief aus Brüßel erreicht und ich habe wieder die unaussprechliche Freude gehabt von Dir selbst ausführlich zu hören wie es Dir auf Deiner Reise bis Brüßel erging. Es ist doch in dieser Jahreszeit eine mißliche Sache mit dem Reisen, und doppelt ist mein Dank, daß Ihr trotz allen Fährlichkeiten bis dorthin gesund und wohl angelangt seit. Schade daß Dein Brief da endete, wo Du eben im Begriff warst, mir mitzutheilen, wie Du Amis gefunden, besonders ihn, welches mich sehr verlangt von Dir zu erfahren, doch weit mehr Rumps. Da wir wol denken konnten daß am Montag Briefe von Euch anlangen würden, so äußerte M. R.[283] am Sonntag sie würde mich am Dinstag Morgen gleich besuchen, um von mir zu hören was Du über Ami und Jette geschrieben; und Du wirst sie sehr verbinden, wenn Du die Güte hast dies in einem Deiner folgenden Briefe nach zu zeichnen, und recht ***Ausführlich***, welches Dir, geschicktem Federlenker ja ein Leichtes ist. In meinem einsamen Leben hat sich seit Sonnabend wo ich Dir zuletzt schrieb nichts Besonderes zugetragen, als

282 Wohl Adelheid Wilhelmine Motz, geb. Wiese (1772–1843), Witwe von Dr. med. Werner Dethard Motz (1762–1825), Pelzerstr. 36.

283 Metta Rump.

Bruch des Eisenraddeichs (1827)

daß ich am Montag Morgen bey hellem Sonnenschein mit Elise und den süßen Kindern nach Oberneuland fuhr, daß Dir bekannte Logie besah, welches mir dann auch so wohl gefiel, daß ich es für den Sommer für 40 Th miethete. Die Lage ist besonders hübsch, ich möchte wol sagen noch hübscher als bey Krops. Die Zimmer sind nur klein, doch freundlich und in gutem Stande, hinten hinaus bekomme ich eine Kinder-Stube und eine Schlafkammer, Speisekammer, helle Küche und einen kl. Keller, auch ein ganz kleines Kämmerleyn, wo Herrmann in Schlafen könnte, wenn er mich mal draußen besuchte; oder wenn sonst eine liebe Freundin mal ein paar Tage bey mir logiert. Vornhinaus ist dann noch ein sehr freundliches kleines Zimmer, welches ich zum Wohnen nehmen werde. Die Diele ist sehr schön und freundlich und diente so recht gut als Speisezimmer. Du weißt also mein Lieb wo Du mich zu finden hast, und ich denke mir daß Du oft mit Deinen Gedanken zu mir herwandern wirst, Dich innigst freuend daß Dein Lieb einen so freundlichen, stillen ländlichen Sitz gefunden hat. Die Kinder sind über die Aussicht, den Sommer in Oberneuland zu verleben überglücklich! Und sie werden dort recht der goldenen Freyheit genießen. Vier bis fünf Wochen nach Ostern werde ich wol hinaus ziehen. Otto meinte neulich, wie wir hinausfuhren, das Logie zu besehen, wir würden gleich dort bleiben, und frug beym fortfahren »ob wir den Hölzerkasten nicht mit nehmen wollten« Smidt wird Dir heute wol ausführlich schreiben welch ein Jammer und Schreck der hohe Wasserstand und die Brüche in mehreren Deichen in unserer Nähe gestern verursacht haben, ich bin von all dem Jammer der so in unserer nächsten Umgebung vorfiel noch ganz angegriffen, und habe die vorige Nacht bey einem heftigen Sturm wenig geschlafen, der auch ietzt noch fort tobt. Gegen Morgen wurde er so arg daß ich es im Bett nicht mehr aushalten konnte, und in die Kinderstube ging, wo man wenig von dem Winde hörte. Das Wasser hatte gestern an der Brücke die Höhe von 17 Fuß und 3 Zoll erreicht. Gestern Morgen war die Neustadt ganz unter Wasser, zwischen den Brücken ging ein heftiger Strom und bey uns in der Altstadt stand es beynah bis auf den Markt. Gegen 11 Uhr brach der Eisenrads Deich an mehreren Stellen, und nun ward auf Einmahl die ganze OsterthorVorstadt unter Wasser. Die Gewald des Wassers war so heftig daß mehrere kleine Häuser am Deich mit fortgerißen wurden, wie auch die Brücke am Steinthor. Wie ich höre sind mehrere Menschen ertrunken. Zu Habenhausen ist auch ein Deich gebrochen, und die Noth der armen Menschen soll dort noch größer sein. Wie viel Elend mag allenthalben sein! Gott wer nur helfen könnte! - Wenn nur der heftige Wind nachließe, der gewiß nur noch mehr verschlimmert. Ich bin ein armes schwaches Weib, und die vorige Nacht wie es so stürmte, wurde ich auf meinem einsamen Lager ganz angst und bange! Ach, wärst Du mein Schild und Schirm! erst wieder bey Deinem Lieb! - Herrmann, der Dich grüßen läßt, sagte mir daß die Kaiserin von Brasilien[284] todt sein sollte. Ist dies denn wahr? Und was wollt Ihr denn an einem einsamen Hof, wo der Kaiser im Felde und die Kaiserin tod ist? Ich denke Ihr kehrt noch um, was meinst Du dazu? für Schäfer[285] wird der Todt der Kaiserin schlimm sein, und er legt gewiß Trauerkleider an, soeben lese ich in der Zeitung die Nachricht vom Tode der Kaiserin bestättigt. Sie war wol eine unglückliche Frau! Heute bin ich wieder im Kreise unserer lieben Freunde nehmlich Müllers, mit W. R. W. und Freund Riem, wir feyern dem alten Müller seinen Geburtstag, der heute fünfundsiebzig Jahr alt wird. Gott erhalte uns diesen jugendlichen Greis noch lange. Möge uns beyden ***vereint*** auch ein so glückliches Alter zu theil werden! Von allen diesen Freunden sol ich Dir tausend, tausend herzliche Grüße bringen! Wie auch von Elise, die gestern abend bey mir war; und Dich bittet manchmal an sie zu denken! Noch muß ich Dir sagen, daß Christine zwey Monate mit Fockens Kinder[286], Henny S., Mine N.[287] und Lenens Kindern in M. Fockens Hause Tanzunterricht hat; nicht so wol um hübsche pas zu lernen, als eine gute Stellung und beßren Gang zu bekommen; was sie in der kurzen Zeit hoffentlich lernen wird! Die Kinder sind gesund und freuten sich über des Vater Kuß. Herrmann sagt nun ganz deutlich Mama und nun lerne ich ihn Papa. Die ganze kleine

284 Maria Leopoldina, Frau von Pedro I, der nach seiner Unabhängigkeitserklärung von Portugal 1822 in zahlreiche Kämpfe mit Argentinien um den Besitz von Uruguay verwickelt war. Ihr Tod traf die Bremer insofern schwer, als sie aufgrund persönlicher Beziehungen von ihr Unterstützung der Handelsmission erwarteten.

285 Georg Anton v. Schäffer, Major und diplomatischer Agent. Wurde Kaiserlicher Geschäftsführer für Brasilien in Bremen.

286 In Frage kommen die jüngsten Töchter von Dr. jur. Christian Focke (1774-1852) und seiner Frau Henriette Maria Dorothea (Doris), geb. Olbers (1786-1818) oder die ältesten der insgesamt 11 Kinder von Eberhard Focke (1777-1859) und seiner Frau Marie Sophie Elisabeth, geb. Gabain (1789-1877).

287 Gesche Catharine Wilhelmine Noltenius (1816-1846), heiratete 1836 Hermann Smidt (1804-1879), der 1848 in zweiter Ehe Mines beste Freundin, Christine Gildemeister, zur Frau nahm.

Schaar grüßt und küßt Dich mit mir, Du lieber, bester Vater und Gatte! Gott der Allmächtige! Sey ferner mit Dir und Deinen Gefährten! Kalkmanns und Smidts wißen Eure glückliche Ankunft in Brüßel. Heiße unaussprechlich heiße Küße drücke ich dem Papier auf, das Du in Deinen lieben Händen halten wirst worauf Dein lieber Blick freundlich weilen wird. Ach daß dieser liebe Blick erst wieder auf mich, Deine glückliche Frau ruhen möchte, und ich den Druck Deiner lieben Hand erwiedern kann, die mich so treu, so fest hält und halten wird! Lebwohl! Deine treue B.

Betty an Fritz Gildemeister

Bremen den 10 März 1827 Morgens halb zehn Uhr

Geliebter Fritz!

Da sitze ich wieder in unserer traulichen Wohnstube auf dem Sofa, um Dir einen guten Morgen aus weiter Ferne zuzurufen, und Dir zu sagen, oder viel mehr zu schreiben, daß ich gestern durch Deinen lieben, lieben Brief vom 1ten dieses Monats aus Brüßel unaussprechlich erfreut wurde, mehr als ich Dir im Stande bin auszudrücken – die wohlbekannten lieben Schriftzüge übten eine magische Zauberkraft über mein Gemüth aus, und senkten Ruhe und Heiterkeit in meine, durch das mannigfache Unglück in diesen Tagen düster erzeugte schwermüthige Stimmung. Es war mir als ich den reichhaltigen Brief las, als rückte der Raum der uns trennt zusammen, und ich saß neben Dir im Hotel de Flanders Deiner interessanten Erzählung aus Antwerpen mit Freuden zuhörend! Aber glaubst Du wol mein Lieb, daß wenn ich Dir hätte so nahe seyn können, wie ich es in Gedanken ahndete, Du eine so ruhige Zuhörerin an mir gefunden wie ich an Dir einen so trefflichen Erzähler? – Schwerlich sagt mir mein Herz! – Nachdem ich gestern Nachmittag Deinen Brief gelesen hatte, ging ich zu Rumps[288] und theilte ihnen mit was Du über Jette und ihren Mann geschrieben hattest, wo über Metta so wohl wie Rump hoch erfreut und beruhigt waren, und Dir tausend Dank sagen, daß Du so ausführlich über Amis berichtet hast. Metta sieht ietzt mit mehr Muth und Freude der Reise zu ihrer lieben Schwester entgegen. Da Jettens Mann auf Dich, auf dessen Urtheil sie so hohen Werth legt, und nicht ohne Unrecht; einen durchaus angenehmen Eindruck machte. Hätte ich Dir, Geliebter, doch zur Seite sein können, als Du die Kirchen, Gemälde und sonstige Merkwürdigkeiten Antwerpens beschautest! Doch da das nun der Fall nicht seyn konnte daß ich Dich auf dieser in mannigfacher Beziehung interessanten Reise begleiten konnte, wie schön, wie herrlich daß es Dir doch wird, des Großen und Köstlichen was Natur und Kunst darbieten zu schauen, zu genießen! Doch wie Du mir treuen, ausführlichen Bericht erstattest, von all den neuen und interessanten Gegenständen Deiner Reise,

288 Simon Henrich Rump (1768–1837), Philologe, Professor am Bremer Gymnasium, Stadtbibliothekar. In erster Ehe mit Henriette Catharine de Hase (1769–1819), seit 1824 mit Metta Kurpenning (1785–1877) verheiratet.

so laß auch mir erzählen was sich seit Mittwoch in meinem einförmigen Leben zutrug. Vor allen Dingen laß Dir aber sagen wie ich Dich liebe, wie ich in Deiner Liebe so reich, so selig bin; und wie Du mein erster und letzter Gedanke bist; Du wirst dies noch oft von mir hören, aber nicht wahr, diese Wiederholung der Liebe ist ja so beseligend so tröstend und erhebend? – Die lieben Kinder, ***unsere lieben Kinder***, sind fortwährend wohl und schwatzen täglich viel vom lieben Vater. August sieht Dich in jedem Wagen der unserem Hause vorbey fährt und jauchst in seinem unschuldigen seligen Wahn dann laut auf. – Mittwoch Abend im Kreise so lieber Freunde vergaß man das Unglück welches unsere Stadt und Gebieth durch die vielen Deichbrüche betroffen. Elise M. hatte zu dem Geburtstag ihres Vaters etwas sehr hübsches componiert, das Thema war Reise Lust und Erinnerung an den Braunen. Auch Riem phantasierte auf dem Flügel ganz herrlich! Ach wer so spielen, so in Tönen Gefühle und Gedanken auszudrücken vermögte! Dies wünsche ich mir oft, besonders ietzt in meiner Einsamkeit, in den stillen Abendstunden wo die Sehnsucht nach dem Geliebten meiner Seele am regsten ist, und ich aus Furcht, meine Briefe möchten eine zu düstere Farbe haben, zum Schreiben keinen rechten Muth habe. Bey Tisch, wo es herrlichen Rheinwein gab, der uns allen gut schmeckte, wurden wir alle sehr munter und ließen Dr. Müller, Elise, und Dich, den fernen Freund, hoch leben! Riem war so aufgeweckt und machte den Schauspieler Wurm im Hausgesinde, und Sänger und Schneider nach, welches höchst ergötzlich war, und viel zu lachen gab. Bin ich mit den lieben Freunden zusammen, dann wünsche ich Dich, den Geliebten immer in unserer Mitte, aber doch noch heißer, sehnsüchtiger des Abends wenn das Feuer hell im Ofen brent, das Theewasser dampft und alles still und heimisch um mich ist! Ach des trauten Beysammenseyns mit Dir, im eigenen Hause! Wie so erquickend für Geist und Gemüth! Donnerstag war ich zu Hause, den Abend war E. und A. Klugkist und Elise bey mir, ich las ihnen den Kayser Octawianus von Tieck vor. Diese drey holden Jungfrauen laßen Dich herzlich grüßen! –Eben geht F. Noltenius von mir, die mich auf Morgen Abend mit Herrmann bat, sie zu besuchen, welches ich aber nicht annehmen konnte, weil ich bey Reidemeisters sein soll. Du siehst wie alle Freunde sich liebend meiner annehmen. Sie und Hanne N. grüßen Dich. Freitag Morgen ging ich mit Wittens nach den Siel, und Osterthorsteinweg um die Überschwemmung zu sehn. Es war ein schrecklicher Anblick, obgleich das Wasser schon beträchtlich gefallen war; so strömte es doch da wo der Deich gebrochen war mit Gewalt ins Land. Doch war man mit Macht dabey durch Dämme dem Wasser Einhalt zu thun. Beym Steinthor war eine Nothbrücke geschlagen; weiter hin fuhr man auf der Straße mit Schiffen. Von der Zerstöhrung der kleinen Häuser in dieser Gegend, kann ich Dir keine Beschreibung machen, dies muß man selbst sehn. Daß sich für die armen Unglücklichen gleich ein Hülfsverein bildete, kannst Du Dir denken, wie auch, daß ich diesen ein Schärflein hinsandte. Menschen sollen doch nicht ertrunken sein. Seit ich Deinen lieben Brief habe bin ich fröhlich wie ein Kind, und diese Freude theilten gestern Abend, Lene, Hermanna und Catharine die bey mir waren; Ich legte mich im Andenken an Dich zu Bett und habe so sanft geschlafen, als hätte ich Dich an meiner Seite gehabt. Heute ist der Himmel so klar, die Sonne scheint so freundlich, daß ich die Kinder mit Julie spazieren schickte nur Herrmann sitzt hier bey mir in der Wige, und lächeld mir freundliche Grüße für Dich zu. Er ist ein freundlicher Engel! –

Da ich diesen Brief an Smidt fortsenden muß, sage ich Dir, Geliebter für heute ein herzliches Lebewohl! Nur noch dies Eine, ich hatte diesen Morgen einen lieben Brief von Mutter aus Weimar, die mit all unseren Lieben wohl ist. Auch ist ein Brief von Karl aus Havanna da, deßen Inhalt ich aber noch nicht weiß; er ist an Louise und diese ist immer noch in Oberneuland und kann des hohen Wassers wegen noch nicht einmal zu Wagen herein. Wie begierig bin ich auf Deinen Brief aus Paris! Wie magst Du Jakob nur finden! Noch eine Frage. Heyse sandte mir vier Theile Novellen von H. Steffens[289] zu, da ich diesen Dichter nicht kenne, so weiß ich nicht recht, ob ich sie für Karl kaufen soll? – Herrmann, den ich nur des Mittags bey Tisch sehe und spreche, läßt Dich herzlich grüßen! Die Kinder grüßen Dich herzlich! Karl spielt zu meiner großen Freude auf dem Kirchhof. Lebe wohl! Du liebes treues Herz! Nim noch diesen Kuß für Deinen mich so glücklich machenden Brief! Verzeihe die Eile womit ich diesen Brief geschrieben, ich wurde so oft gestört.

Deine treue Betty

N.S. Justine und Catharine fühlten sich durch Deinen Gruß sehr geehrt und erfreut! Es ist ein Segen so gute Domestiecken zu besitzen!

Fritz Gildemeister an seine Tochter Christine

Paris d. 11. März 1827

Vor einigen Tagen, mein liebes Mädchen, wurde ich nicht wenig erfreut, als ich den Brief von der Mutter aufmachte und darin auch ein Blatt von Deiner Hand erhielt. Du glaubst nicht, wie sehr Du mich damit erfreut hast und wie viel ich darum geben würde, wenn ich Dich dafür herzen und küßen könnte, denn es ist schrecklich weit von hier bis Bremen. – Dieses Paris ist denn nun wirklich, wie Du wohl schon gehört hast, eine ungeheuer große Stadt mit sehr vielen prachtvollen Gebäuden und einer unglaublichen Menge Kutschen und Chaisen, die sich den ganzen Tag auf den Straßen herumdrängen. Auch giebt es hier so viele Läden mit den schönsten Putz- und Spielsachen, daß Du, wenn Du hier wärst, gar nicht wißen würdest, wohin Du zuerst die Augen wenden solltest; es ist alles noch viel glänzender und schöner, wie bey euch im Freymarkt, und so geht es hier nicht etwa neun Tage, sondern das ganze Jahr hindurch, einen Tag nach dem andern; nur Eines freylich fehlt hier, was Du und Karl wol sehr vermißen würdet, nehmlich ein Carrußel. Das haben die Franzosen nicht; dagegen aber haben sie schöne Rutschberge, die Dir gewiß auch viel Freude machen würden. Auch giebt es hier recht viele niedliche Kinder und die ordentlich französisch sprechen, aber wenn sie älter werden, bleiben sie gewöhnlich nicht so hübsch.

289 Henrik Steffens (1773–1845). Norwegischer Philosoph, Schriftsteller, Naturforscher, Professor in Halle, Breslau und Berlin.

Nun, gute Nacht, meine liebe, süße Christine, gieb dem Karl und Verena, Otto, August und Hermann einen Kuß von mir und sage an Justine und Catharine, ich ließe sie grüßen. Wenn ihr recht artig seid, so schicke ich euch (Dir und Karl) vielleicht einige Pariser Bilderchen.

Dein Dich liebender Vater Gildemeister

Betty an Fritz Gildemeister

Bremen den 12 März 1827

Obgleich Papier und Dinte und die Feder schlecht sind so drängt es mich doch Dir in dieser stillen einsamen Abendstunde noch ein paar Zeilen zu schreiben; und Dir zu sagen wie ich durch Deine lieben, lieben Briefe so durch und durch beseligt bin, so voll froher seliger Hoffnung für Dich, Deine Reise und Dein Unternehmen, das der gütige Himmel ja krönen wird, und Dich glücklich zu uns, Deinen Lieben heimgeleiten wird. Doch ehe ich weiter schreibe, muß ich Dir sagen welche Zeit es ist damit Du Dich recht zu mir herversetzen kannst. Vor einer Stunde verließ mich Kalkmanns Frau, Freundin E. Spilner und Meta Sengstak mein kleiner Liebling, die den Thee bey mir getrunken und ietzt ruft der Nachtwächter halb elf Uhr! Also grade die Zeit wo wir glückliche Gatten unser patriarchalisches Mahl zu verzehren pflegten, welches wir durch Küße und Blicke würzten wie durch die mündliche trauliche Unterhaltung. Ach, wie wird es uns schmecken wenn wir nach langer Trennung wieder so beysammen sitzen! Dies male ich mir nun am einsamen Schreibtisch recht lebendig aus und beschwichtige die Sehnsucht die mein Auge mit Thränen füllt, wenn ich mir denke wie mancher Tag bis zu jenem Augenblick des frohen Wiedersehens noch zurück gelegt sein will. Doch, ich will ja freudig mein Joch tragen, wenn der Himmel Dich, den Geliebten, die Kinder und mich gesund erhält, wofür ich ihn täglich anflehe. Bis ietzt (freilich erst eine kurze Zeit!) hat der liebe Gott es uns ja gewährt, denn obgleich Dein erster Brief aus Paris Deines Befinden eben nicht erwähnt, so sehe ich doch aus der durchaus heiteren Stimmung, in der er geschrieben, daß Du Dich gewiß körperlich wohlfühlen mußt, und dieses kann ich Dir denn auch mit Freuden von mir und den Kindern sagen, die wie die Rosen blühen! Ach, die lieben Kinder, wie viel möchte ich Dir von ihnen und ihrem Getreibe erzählen, wenn es sich so wiedergeben ließe. Doch Kinder muß man sehn, dieses bunte Gemisch läßt sich unmöglich beschreiben. Doch es wird Dich freuen, es wird Dir im Herzen wohl thun, wenn ich Dir sage daß sie sich des Vaters täglich erinnern und sich auf die schönen Sachen freuen die Du ihnen mitbringst; welches sie als ganz gewiß voraussetzen, und wol nicht mit unrecht. Doch der Wind schlägt so unsanft an mein Fenster, ich will in mein Kämmerlein und mich recht in meine Kissen einhüllen damit ich nichts von diesem bösen Feind mehr höre. Du wirst noch wol nicht ans Schlafengehn denken, und hörst vielleicht in diesem Augenblick eine schöne Musik an, denn ich denke mir Dich noch in der Hauptstadt der

Welt, oder Du sitzest auch vielleicht mit Ehrenpreis[290] bey Very[291] und plauderst bey einem feinen Gericht und gutem Wein ganz fidel. Dein Brief vom 6ten den ich heute empfing sagt mir ja, daß Du Jakobs Wohnung aufgefunden und er auch schon in Deinem Logie Dich aufsuchte, doch Dich verfehlte. Allso im nächsten Briefe werde ich erfahren wie Du ihn gefunden. ***Doch süße Nacht!***

Dinstag Abend 9 Uhr

Soeben verläßt mich die liebe Christine, und so eile ich denn wieder einsam und alleine zu Dir, lieber Fritz, bey dem meine Gedanken ja immer weilen. Smidt ließ mir auch eben sagen, daß er einen Brief von Dir erhalten, daß es Dir aber nicht möglich gewesen sey auch an mich zu schreiben; und so muß ich mich denn schon bis morgen oder übermorgen gedulden. Du bist gewiß heute am Geburtstag des guten Ottos lebendig mit Deinen Gedanken unter uns gewesen, und hast mit heißer Sehnsucht Dich zu uns gewünscht, eben so ging es ja auch mir und den Kindern, die heute Abend bedauerten, daß Du nun kein Schattenspiel an der Wand machen könntest, und so entschloß ich mich denn dazu, und wie ich alles in Bereidschaft hatte, rief ich sie herein, und voll hoher Erwartung nahmen sie alle Platz. Die Kinder unseres Nachbars K.[292] waren auch da, und waren ganz glücklich da sie noch nie so Etwas mit Augen geschaut hatten. Nachher spielte ich mit ihnen Affenspiel[293], wobey viel gelacht wurde, auch gab ich den Kindern Aepfel und Kuchen zum Besten, und so hat Otto mit seinen Geschwistern seinen Geburtstag recht froh gefeyert. Die Kinder waren im Bett noch so muthwillig, und wollten noch immer mit der Mutter Spaß treiben, daß Cathrine genug zu steuern hatte, daß sie Herrmann nicht aus dem Schlaf weckten. Der liebe Herrmann, wie freundlich und verständig er mich mit seinen klaren Augen schon anschaut. Wenn ich zu ihm sage, wo ist der liebe Papa? Dann ist es als suchte er Dich, und sein Auge schweift unruhig umher. Seine größte Freude ist jetzt die Tafel-Uhr, die er minutenlang ganz wonnetrunken anschaun kann, Du kannst ihn Dir ietzt in kurzen Kleidern und ohne Haube denken, welches ihn hübsch kleidet. Denke dir, letzten Sonntag Morgen zog Herrmann mit Catharine und den sechs Kindern zu Bastians[294], um da mit Catharine Lob einzuernten, welches denn auch der Fall war. Ich weiß wahrlich nicht ob wir Eltern oder Herrmann und Catharine auf die Kinder stolzer sind? – Wir können es mit Demuth nicht genug erkennen, daß Gott uns so gesunde, blühende Kinder schenkte, denn wie traurig mag wol das Gegentheil sein! Jeden Morgen wenn ich in die Kinder-Stube komme, erlabt sich meine Seele im Stillen an dem frischen, blühenden Aussehn

290 Jacob Stolz (Spitzname?)
291 Café Very an der Rue Rivoli gehörte zu den berühmtesten Restaurants von Paris.
292 Mietkutscher Kösel, Unser Lieben Frauenkirchhof 6.
293 Johann Smidt schickte 1811 aus Paris an seine Kinder ein »Affenspiel«, offenbar ein Brettspiel mit Tierfiguren. (Schulze-Smidt, S. 193.).
294 Hermann Theodor Bastian, Kaufmann, Wall 41, wurde nach 1848 Abgeordneter der Liberalen. Johann Wilhelm B., Kaufmann, Langenstr. 79.

der kleinen Schaar und des Abends an ihrem gesunden ruhigen Schlaf. Möge Gott uns auch Kraft verleihen, daß wir sie gut erziehen, daß wir, sind sie erwachsen, Segen und Ehre an sie erleben. Hier ist auch ein Brief von Deinem Bruder Karl, den ich öffnete, welches Du gewiß nicht tadeln wirst, da es mich zu sehr verlangte von ihm zu hören. Das Schiff mit dem dieser Brief ankam hatte das Unglück nahe am Ziel seiner Reise zu stranden, doch ist die Mannschaft gerettet. Es gehört Anton Gloistein[295]. Doch das Blatt ist zu ende, aber ich fange noch ein Neues an. Nicht wahr, das Papier ist zu dünn, ich muß dickeres nehmen? Du bist nun wahrscheinlich schon von Paris abgereist, und vielleicht trit Dein Fuß schon den britischen Boden, wo fremde Töne Dir entgegen kommen und eine ganz andere Art und Weise wie die Leichte der Franzosen. Unbeschreiblich verlangt es mich von Dir zu hören wie es Dir in London gefällt! Schreib mir nur recht ausführlich alles, denke nur, daß für mich auch das Kleinste, Geringfügige wenn es von Dir kömmt Interesse für mich hat; und Deine Briefe für mich ietzt die beste Freude sind! – Ob Du Siweking noch in Paris getroffen hast? – Doch laß mich noch erzählen, daß Louise gestern von Oberneuland heimkehrte, und zwar auf einem hohen offenen Stuhlwagen[296] nicht ohne Lebens Gefahr. Da in Schwachhausen und zu Horn das Wasser noch sehr hoch steht, und die Chausseé von der Gewalt des Wassers sehr gelitten hat. Über Sch... wird im Publikum schrecklich resoniert, und es heißt, daß wenn er diese Deichbrüche auch nicht vermeiden konnte, er doch Maßregeln hätte treffen können, daß das Unglück nicht so groß geworden wäre. Besonders wird ihm verdacht, daß er vorigen Montag Abend, wo das Wasser schon sehr hoch war, und es am Eisenradsdeich schon mißlich aussah, noch in seinem Hause Gesellschaft bey sich sah, und noch eine Rolle las. Auch soll er Leuten, die ihn auf die große Gefahr aufmerksam gemacht haben grob begegnet sein, was an all diesem Gerede wahr ist weiß ich nicht, nur daß weiß ich das Du S.[297] als Landherrn[298] immer sehr lobtest; auch schien er am Montag wie wir bey ihm waren in einer sehr unruhigen Stimmung zu sein. Der Schweiß stand ihm auf der Stirne und er ging ab und zu. Gelesen hat er, das ist wahr. Es wurde ein sehr langweiliges Stück, Alexander und Darius[299] vorgelesen. Der Name des Verfassers ist mir entfallen. Das der Herzog von Oldenburg dem hiesigen Hülfsverein 1000 M. sandte ist sehr nobel. Christine und Karl wurden von Jungfrau auch aufgefordert ihr Schärflein zu bringen, und sie setzte in der Schule eine Büxe hin. Karl wollte einen seiner Ducaten geben, da ich aber 5 M. hingeschickt hatte, so wollte ich dies doch nicht, und sagte ihm, er sollte diesen noch aufheben, es könnte noch mal größere Noth kommen, und so gab er und Christine die kl. Münze die in ihrem Spartopf war; und es rührte mich wie gerne sie dies hergaben. Noch muß ich Dir etwas höchst Lächerliches erzählen. Witte frägt neulich Droste »wie ist das auch mit der Sonntagsschule geht die immer noch so fort?« Droste antwortet, glaubend er interessiere sich dafür »Mein Junge, wahrhaftig ich thue mein Möglichstes, hast du nicht

295 Anton Gloystein (1796–1849), Kaufmann, Schiffsdisponent, Obernstr. 13.

296 Seit 1820 existierte Sonnabendnachmittags eine Fahrverbindung nach Oberneuland mit dem »Stuhlwagen«, einem offenen Korbwagen mit Holzsitzen.

297 Wohl Senator Schumacher.

298 Das für Landwirtschaft und Deichbau zuständige Senatsmitglied.

299 Schauspiel von Friedrich von Uechtritz (1827).

meinen zweiten Bericht an das Scholarachat gelesen? Ich kann dir so viel zu deiner Beruhigung sagen, wie die Schule anfing hatten wir 50 Kinder nun haben wir hundertfünfzig, sieh, mehr kann ich doch nicht thun! – ***Wie gefällt Dir dies?*** Du siehst die Sache ist da in gute Hände gekommen. Von Witte, Medchen, Reidemeisters und Wienholds soll ich Dir die ***besten Grüße*** sagen. Diese Freunde tragen Dich recht im Herzen wie auch Müllers! Auch von Johann Kastendiek[300] Deinem großen Verehrer, und Sengstaks die Sonntags mit bey Reidemeisters waren soll ich Dir die herzlichsten Grüße bringen. Doch ich sehe die Uhr ist halb zwölf und da muß Dein Lieb zu Bett gehen, nicht wahr, Du willst es haben. Morgen stehe ich zeitig auf und da will ich Dir noch ein wenig schreiben. Ach! Wärst Du da und gingst mit mir in unser traute Kämmerlein, wie wollte ich mich an Dich schmiegen, wie Dich herzen und küßen! Doch stille! Die Sehnsucht wird zu groß, Geduld! Geduld! Mein Herz! Und eine gute Nacht!

Morgens 8 Uhr. Guten Morgen! Mein lieber Fritz! Wie hast Du denn geschlafen? Sitzest Du auch schon auf dem Sofa und trinkst den Caffe? Oder schlummerst Du noch süß auf Deinem einsamen Lager? Könnte ich Dich doch mit einem süßen Kuß wecken! Ich wollte Dir noch erzählen daß ich neulich einmal in L. Fr. Kirche war, die man wahrlich nicht mehr kennt so sehr hübsch in einem Stiel ist sie verbeßert. Das Gewölbe ist wundervoll! Karl der mir eben einen guten Morgen sagt, bittet mich Dir doch zu schreiben Du möchtest ihm doch eine Aepfelsinne und Christine eine Kokosnuß mitbringen. Denke Dir, Dein Bruder Heinrich hat es ganz im bitteren Ernste gemeint, daß ich den Sommer mit den Kindern bey ihm zubringen sollte. Mutter schreibt mir dies nur, und obgleich sie das unausführliche der Sache wol einsieht, so bittet sie mich doch sehr an Deinen Bruder dies zu schreiben, da er sehnlichst von mir zu hören verlangt, ob ich seinen Wunsch erfüllen werde. Deinen letzten Brief an ihn wo Du ihm über Papendiek schreibst hat Heinrich gewiß nicht erhalten, sonst würde er mir schon darüber geantwortet haben. Die Zeit wo die liebe Freundin zu mir zieht rückt nun immer näher, welches mir unbeschreiblich lieb ist, und ich sehe es für mich als eine glückliche Fügung des Himmels an daß es sich so traf, daß Elise diesen Sommer zu mir ziehen kann. Die ***treue*** Freundin sendet Dir einen herzlichen Gruß. Sie meinte, Du hättest sie gewiß schon längst vergeßen, da Du sie noch gar nicht ein mal hättest grüßen laßen. Hier auch noch ein hübsches Gedicht von G. Icken. ich schrieb es Dir ab, weil es mir so sehr gefiel. Die muntere Clärchen, Müllers großer Liebling kam an seinem Geburtstag morgen mit einem Lorberkranz in ihren blonden Locken, zu ihm, und sagte, komm nun will ich Dir den schönen Kranz aufsetzen, den Mutter für Dich gewunden hat, Vater hat Dir zum Geburtstag auch ein Lied gemacht. Müllers mußte diese zarte Aufmerksamkeit von Ickens sehr erfreuen, mit denen er und Elise um den frühen Hinschied Lottens so innig trauerten. Doch für heute Lebewohl! Grüße Deine Reisegefährten herzlich von mir. In der Hoffnung Morgen einen ausführlichen Brief von Dir zu erhalten, schließe ich diese Zeilen; und gebe Dir zum Morgengruß tausend Küße!
Deine treue Betty.

300 Dr. jur. Johann Castendyk (1795–1833), Sohn von Gesche Catharina Castendyk, wurde 1827 erster Amtmann von Bremerhaven.

Herrn Doctor W.C. Müller

Zum 7ten März1827

Alter! nim von Kinderlocken
Einen frischen Blüthenkranz
Laß des Hauptes Silberflocken
Leuchten von der Jugend Glanz.

Hast für Jugend ja gelebet,
So viel liebe, lange Jahr!
Hast gestritten und gestrebet
Für so manche Kinderschaar.

Die, nun selbst schon nah dem Alter
Dankend, liebend dich umsteht,
Und für dich beim Allerhalter
Hohe, selten Gunst erfleht:

Deinen Muth dir zu bewahren,
Der so kühne Flügel schlägt,
Frisches Herz bei grauen Jahren
Dir im warmen Busen hegt;

Daß du zeigest allen Alten,
Wie man munter geht zur Gruft -
Herz, es braucht nicht zu erkalten
Bis die letzte Stunde ruft;

Alter neige sich zur Jugend,
Sonne sich in ihrem Glanz,
Dann hat Alter seine Tugend,
Seinen immer grünen Kranz.

Und in seine Lorbeern flechte
Jugend ihre Rosen ein -
Sieh! Es steht als Ziel der Nächte
Rosig heitrer Morgenschein.

Betty an Fritz Gildemeister

Bremen den 16ten März 1827 Abends halb neun Uhr

Geliebter Fritz!

Bey der innigen Liebe, die wir zu einander haben, wie ist es anders möglich daß die Sehnsucht, das Heimweh das Herz nicht ruhen läßt! Besonders bey dem ruhigen einförmigen Gang meiner Tage, der nicht so wie bey Dir, durch die Bekanntschaft interessanter Menschen, neuer Städte und Länder, schöner Gegenden und Kunstschätze angenehm und wohlthuend unterbrochen wird und vor allem durch die Ueberzeugung der theuren Vaterstadt nützlich zu sein und für sie bedeutende Vortheile im Handel zu eringen. Aber höre ich Dich im Geiste erwiedern, dies alles schon wahr, aber meinem Lieb bleiben die Kinder, die süßen Kinder, und so ist es immer reicher als ich, der ich mich auch von diesen holden Geschöpfen auf eine Zeit trennen mußte. Da hast Du Recht, wie immer, und ich mag es wol erkennen was mir in ihnen bleibt. Ich kann Dich auch versichern, daß solange sie wach und munter sind, ich mit ihnen heiter und guter Dinge bin, aber kömmt der Abend, und mit ihm die trauliche Theestunde, wo ich mich, waren wir zu Hause ungestört Deiner lieben lieben Nähe zu erfreuen hatte, ach, dann schilt mich nicht, dann wird es trübe und ich möchte dann den weiten Raum überfliegen und an Deinem Herzen all mein Sehnen stillen. – Ich vermeide daher auch so viel als möglich das Alleinseyn des Abends, so gern ich sonst auch bey Hause bin und es zum ruhigen, ungestörten Schreiben die beste Zeit ist, aber ich halte es für meine Pflicht mich nicht zu sehr meinen Grillen hinzugeben, und es weiß, wie Du mir dies Dank weißt, und Dir die Trennung von mir erleichtert wenn ich Dein starkes, heiteres Mädchen bin. Sey daher auch Du getrost, und denke, daß die Zeit für mich immer näher rückt, wo die liebe Freundin zu mir zieht, die Dich und mich so liebt, und mit der ich immer von Dir reden kann; was ich täglich mit den Kindern thue. Innig rührte es mich gestern wie Karl ganz aus eigenem Antrieb, für Dich einen Brief anfing, und dies mit ganzer Seele trieb, daß diesen Morgen wie er mich weckte, sein erstes Wort dieser Brief war. Er will ihn nun gerne ins reine schreiben, und so denke ich ihn nächsten Mittwoch einzuschließen; weil es Dich freuen wird zu sehen wie gut Dein Erstgeborener schreibt. Leider hat mir die heutige Post nichts Liebes gebracht, welches ich leise hoffte. Sie müßte denn ausgeblieben sein, welches bey dem stürmischen, schlechten Wetter wol der Fall seyn könnte. Nun ich will mich mit der Aussicht trösten daß ich morgen oder am Sonntagabend gewiß einen Brief erhalten werde, und sicher einen recht lieben, miniglichen Brief. Letzten Mittwoch stürmte es beynah so heftig als am 14. Januar, wie unserem Nachbar das halbe Dach herunter wehte, und mir wurde schon wieder ganz Angst. Und ich mußte die Bemerkung machen wie verschiedenartig doch die Empfindungen bey ein und demselben Gegenstand sein können, denn währenden ich bey dem Heulen des Windes ganz schwull wurde, frohlockte die liebe Jugend auf dem Kirchhof und ließ die Kappen lustig im Winde himmelhoch fliegen. Nur Karl der Ehrbare nahm keinen Notitz von diesen Erlustieren und kam gleich aus der Schule zu Hause und fing an zu zeichnen. Laß August nur mal so groß wie Karl werden, der wird seine Kappe schon fliegen laßen. Am Mittwoch Abend war ich bey Wittens mit Reidemeisters, denen ich Einiges aus Deinen Briefen zum Besten gab; wodurch ich sie sehr glücklich machte, diese treuen Freunde! Die Dich herzlich grüßen laßen. Gestern abend war ich zu erst mit Klugkists zusammen. Herrmann hatte einen Fremden mitgebracht, einen sehr artigen Mann, und vielseitig gebildeten Kaufmann, ein Deutscher, der aber in Triest etabliert ist. Da er auch Vater, sehr glücklicher Vater ist, so brachte Herrmann ihn gestern Nachmittag zu mir, damit er die Kinder sehen sollte; wobey unsere Catharina glücklich war, denn natürlich der Fremde lobte die Kinder sehr, mußte sie loben denn Herrmann legte es ihm gar zu nahe; was mein Mutterherz dabey empfand, denkst Du Dir am besten. Denke Dir wie eigen, dieser Kaufmann Heller hat Zwillinge, ein Knabe und ein Mädchen von sieben Jahren, der Knabe nun ist ein musikalisches Genie, denn er spielt schon sehr hübsch Violine, und singt jede Melodie gleich richtig nach, da hingegen seine Zwillings-Schwester keine Musick leiden mag, ja eine solche Abneigung davor hat, daß wie sie welche hört, weint und davon läuft. Ist dies nicht höchst seltsam? Morgen Mittag wünscht Herrmann daß Herr Heller bey uns ißt welches denn auch geschied. Herr Heller sagte mir gestern beym zu Hause gehen, »Madame, wie ich ihre Kinder sah, erwachte sehr die Sehnsucht nach den meinigen, und es wird ihrem Mann gewiß auch so gehen« Eigen war es, wie Otto sich gleich traulich an den Fremden anschloß, dahingegen August sich hinter Cathrine ihre Schürze versteckte und grimmig nach dem Fremden hinschielte, und wie dieser ihm Bonbons zu bringen versprach, doch nicht sich durch diese große Lockspeise erweichen ließ. Wie Christine herein kam sagte Herr Heller »oh Madame, dies ist ganz ihr Ebenbild« Es that mir im Stillen wohl, weil ich mir dachte ich müßte der geliebten seligen Schwester doch wol etwas ähnlich sehn, sonst hätte er dies nicht finden können. – Diesen Nachmittag war ich auch einen Augenblick bey der lieben Tante Suling von der ich Dir einen herzlichen Gruß bringen soll, mit ihrem Wohlbefinden geht es wieder gut. Morgen, am unruhigen Reinmachmorgen werde ich wohl nicht mehr gut zum Schreiben kommen und so sage ich Dir jetzt schon ein herzliches, herzliches Lebewohl! Alle die süßen Kinder, die ietzt sanft schlafen, haben mir viele Grüße an den lieben Vater aufgetragen. Und ich schließe diese Zeilen mit einem inniglichen Kuß. Deine treue B.

Auch Bruder Herrmann grüßt Dich bestens. Sonntag werden wir bey Noltenius sein.

Morgen Abend bin ich bey Frau Kalkmann. Doch gute Nacht.

In diesem Augenblick ist unter meinem Fenster ein Katzen Duett

Fritz an Betty Gildemeister

Paris d. 20. März 1827

Im Begriff, eine ausführliche Depeche an Smidt abzusenden, kann ich unmöglich mir die Freude versagen, meinem süßen lieben Mädchen, deßen herzigen Kuß und Blick und Händedruck ich Aermster nun schon fast seit einem Monate habe entbehren müßen, ein trautes Wort aus der Ferne zuzurufen. Wenn ich Dir nicht noch öfter, als es bisher der Fall war, geschrieben, so wirst Du es gewiß nicht machen wie der böse Smidt, der in dieser Beziehung wahrhaft unersättlich ist, sondern bedenken, wie manche Störungen es hier giebt und wie ich oft die Zeit zum Briefschreiben im eigentlichen Sinne stehlen muß. Es kommt noch eins hinzu, wovon ihr lieben Leute in Bremen wohl keine Ahndung habt; ich meine die Ungemüthlichkeit der Wohnung. In meinem großen mit einem schlechten Camin versehenen Zimmer konnte ich z. B. gestern, wo es streng kalt war, so wenig warm werden, daß ich mich in meine dicke Reisechenille[301] hüllen mußte und mehr oder weniger ist es fast immer so. So wie man sich nur ein wenig vom Kamin entfernt, ist Heulen und Zähneklappern und nicht selten habe ich Dir, Du Lieb, wenn gleich mit warmem Herzen doch mit eiskalten Fingern zu schreiben. Vorgestern hatten wir hier solches stürmisches Wetter mit Schnee und Hagel, daß, als ich zu Mittag über eine der Seine-Brücken fuhr, fast nichts von der Stadt zusehen war..

Am vorigen Freytag war ich beym amerikanischen Gesandten zu Mittag, wo ich zwischen seiner Frau und einem artigen jungen Mädchen, der Tochter des ehemaligen Amerikanischen Gesandten in Brasilien saß, die als Kind dahin gekommen war und zwölf Jahre dort verlebt hatte, folglich mir gar manches Interessante über Rio Janeiro erzählen konnte. – Am Sonntag war ich mit Jacob in dem Hause des jüngst verstorbenen berühmten Schauspielers Talma[302], deßen Sachen nächstens versteigert werden; ein wahres Ideal eines hübschen höchst eleganten Wohnhauses. Das bedeutendste, was ich dort sah und weshalb wir eigentlich hingingen, ist ein Portrait Shakespeares von seltner Aesthetik aus dem Zeitalter der Elisabeth; eine klare heitre Phisiognomie mit merkwürdig hoher Stirn. Auch Talmas höchst kostbare Theatercostüme lagen dort ausgebreitet. Das Gedränge dieser Schaustellung war so groß, daß die Equipagen nur mit Mühe zur Hausthür gelangen konnten.

Gestern abend war ich in einer kleinen Soirèe bey Benjamin Constant[303], wo der Berliner Hölty[304] den zweyten Theil von König Heinrich dem 4ten nach Schlegels Übersetzung vorlas; er soll sich in der Kunst des recitierenden Vortrages nach Tieck gebildet haben ohne ihn gleichwohl zu erreichen. Am interessantesten war es mir, dort außer Constant selbst auch den weltberühmten Humboldt[305] zu treffen. Von dem ich Dir wohl einmal mehr erzähle.

Die Schuhe u. s. w. sind über Havre nach Hamburg geschickt; ich habe ein paar Bilder für Christine beygelegt, die bedeutenden Kunstwert haben und daher nicht zum Zerreißen oder Beschmieren Preis gegeben werden müßen.

Camachos[306] bevorstehende Ankunft in Paris feßelt mich hier noch; vermuthlich kommt er übermorgen und sobald ich ihn gesprochen habe, hoffe ich nach London abreisen zu können.

Grüße Klugkists, Hermann, Witten u. s. w. und küße mir die süßen Kinder. Dein G.

301 Decke aus flauschigem Gewebe.
302 Francois Joseph Talma (1763–1826).
303 Benjamin Constant de Rebecque (1767–1830), französischer politischer Schriftsteller.
304 Durch Tieck geschulter Berliner Rezitator.
305 Alexander von Humboldt (1769–1759), Naturforscher, Weltreisender.
306 Mexikanischer Minister.

Betty an Fritz Gildemeister

Bremen den 21ten März 1827

Dies ist nun schon der achte Brief, den ich Dir, Du theuerster Freund, in den vier Wochen Deiner Abreise von hier, (welches mir schon viel länger däucht), schreibe, und ich weiß aus Deinem letzten, mich so unendlich beglückenden Briefe vom 10 und 11 März wieder nicht ob Du meine Briefe auch richtig erhälst, da Du mit keiner Silbe ihrer richtigen Ankunft erwähnst, denn nur aus den zweyten Brief aus Brüßel meldest Du mir den Empfang meiner zwey ersten Briefe, ich kann und will es nicht bergen mein liebes Herz, daß mich dies Übergehen ein wenig schmerzt, denn wie wohl, wie unendlich wohl thut dem liebenden Herzen jede Erwähnung, Versicherung, und Betheurung deßen was uns der geliebte Gegenstand giebt und bereitet! Ich weiß es ja wie Du mich liebst, wie ich Dir auf der ganzen, weiten Erde, das Theuerste bin und wie Dich ietzt, fern von der Geliebten und unseren süßen Kindern, bey allem Interessanten, was Du auf Deiner Reise siehst, hörst und erfährst, Dein Herz doch nichts so freudig bewegt als die Briefe von mir, Deiner treuen Maid, wie ich mich so gerne, gerne von Dich nennen hörte. Doch so klar und deutlich ich mich auch deßen bewußt bin, wie von meinem eigenen Daseyn, so höre ich, oder beßer, lese ich es von Deiner lieben Hand doch gar zu gern in Deinen Briefen »daß auch meine Briefe Dein eigentliches Lebensbrodt und meine und Deiner Kinder Liebe Dein Köstlichstes sind! Doch nun kein Wort mehr hierüber, sieh mich mit Deinem lieben Auge recht zärtlich an, und gieb mir, freilich alles in Gedanken, einen recht inniglichen Kuß! Ach, wie freue ich mich immer der bräutlichen Frische unserer Liebe! So wird es immer bleiben, wenn auch das Alter kommt! – Wenn es dabei bleibt, daß Ihr mit dem 4ten Aprill in See geht, so ist es vielleicht der letzte Brief den Du von mir erhälst und dies erfüllt mich mit wehmüthigen Empfindungen, die ich nicht auszudrücken vermag, ich werde Dir deßwegen aber doch immer schreiben und vielleicht trifft es sich dann so glücklich daß Du bald nach Deiner Gott gebe, glücklichen Ankunft in Rio einen ausführlichen Brief von mir erhälst. Denke Dir nur Du Lieber, daß ich Dich immer mit meinen Gedanken umschwebe, und täglich in heißen Gebet den Himmel um Deine glückliche Heimkehr anflehe! Ach der nicht auszudenkenden Seligkeit wann ich den ersten Kuß wieder auf Deine süßen Lippen drücke!! – Hoffnung des Wiedersehens trösten und erheben mich für und für!! Doch nun Du lieber Fritz, zu Deinem letzten Brief zurück, den ich letzten Montag Morgen empfing. Jedes Wort welches Du mir über meinen armen unglücklichen Bruder schriebst ging mir tief durchs Herz, und es war ein Labsal für mich, nach langen, langen Jahren einmal ausführlich von ihm zu hören. Der himmlische Vater wird es Dir lohnen, was Du für den Unglücklichen thust, und ach, möge es ihm auch zum wahren Segen werden! Seinen Brief, der so voll, voll Liebe für mich ist, habe ich unter heißen Thränen gelesen und wieder gelesen! Wie dank ich Gott, daß sein Herz diese Liebe noch lebendig fühlt, und doch bey allden Leichtsinn ein guter Grund in ihm sein muß, wovon Du Dich ja auch überzeugt hast. Gerne schriebe ich Jakob wieder, aber leider weiß ich seine Adreße nicht, Dir wird sie bekannt sein, und

Du bist wohl so gut, sie mir aufzuschreiben. Ach, daß ihm noch zu helfen sein möchte! Wie traurig daß uns hierzu der Glaube fast fehlt, denn leider hat er uns darin zu oft getäuscht. Tausend Dank! für die Beschreibung Deiner Lebensweise in Paris, die so höchst reichhaltig ist, deßen mein Herz sich freut. Christine hast Du durch Deinen Brief sehr glücklich gemacht, und ich soll Dir ihren herzlichen Dank! dafür sagen. Die Kinder sprechen täglich von Dir und immer von der Freude Deines Wiederkommens, sie sind alle gesund und wohl, und Herrmann blüht wie eine volle Rose. Oben in seinem kleinen Mund sind wieder vier Zähne am durchbrechen. Sonnabend Abend, wie ich denselben Morgen einen Brief für Dich fortschickte, war ich bey Madame Kalkmann, die ich ihres ruhigen immer gleichmäßigen Temperaments wegen bewundere und beneide. Dahin werde ich es wol nie bringen! – »Himmel hoch jauchzend, zum Tode betrübt; glücklich allein ist die Seele, die liebt« dieses wahre Wort meines Lieblingsdichters fühle ich täglich. Wie ich zu Hause kam, ging ich bald in meine einsame Schlafkammer, doch zum Schlaf kam ich nicht, denn es war ein solcher schrecklicher Sturm, daß mir angst und bange wurde, bis ein Uhr hielt ich aus, dachte viel an Dich und wünschte mich Dir zur Seite; doch da dies vergeblich war, stand ich auf und ging hinunter, die Leute waren auch noch wach, denn auch in der Kinderstube hörte man den Wind heulen. Christine wurde nun zu Verena in's Bett gelegt, und ich legte mich in das Bett der Ersteren, welches denn auch leidlich ging. Doch zum Schlafen kam ich hier auch nicht, aber unter den Kindern fühlte ich mich doch wohler als oben im einsamen Kämmerlein. Den Morgen war es beym Erwachen der Kinder, ein großer Jubel mich unter sich zu finden, und sie kamen nun alle in mein Bett und lachten und tobten, es mochte ein lieblicher Anblick sein. Am Sonntag tobte der Sturm noch bis 10 Uhr Abends fort. Da wurde es ruhig, und ich holte in der folgenden Nacht ein, was ich in der Vorigen versäumt hatte. Sonntags Abend bey Noltenius spielte ich Boston, den mit dem Vorlesen, sieht es wie Du denken kannst sehr schlecht aus. Den Aufruhr in den Cevennen[307] habe ich für mich ausgelesen. Es ist meisterhaft! Wenn Du wieder hier bist, so lesen wir es noch einmal zusammen wieder, nicht wahr? – Unsere Montagsgesellschaft war das letzte Mal bey Winholds nicht zahlreich, und der sonst so aufgeweckte Ton dieser Gesellschaft fehlte ganz. Die Mitglieder laßen Dich recht herzlich grüßen! Gestern abend war ich bey der lieben Castendieck[308], die Dich und mich so sehr im Herzen trägt, und für die ich mütterliche Liebe fühle. Sie und ihre Söhne grüßen Dich! Wie wirst Du doch von allen Freunden so innig geliebt, wie hoch stehst du allen, und wie rührend und erfreuend ist dies für Deine glückliche Gattin. Eben war auch die treue Hermanna bey mir, gerne hätte ich ihr aus deinem Briefe vorgelesen, da ihr Jakobs Schicksal auch so am Herzen liegt, doch ich habe Deinen und des Bruders Brief nach Norden den Bruder Fritz geschickt, dem ich dadurch, wie natürlich, eine große Freude bereitet, und so konnte ich Hermanna nur erzählen; auch von dieser Freundin einen innigen Gruß. Gestern Nachmittag war ich ein Stündchen bey

307 1826 geschriebene historische Erzählung von Ludwig Tieck (1773–1827).

308 Witwe Catharine Castendyk, geb. Smidt. Lebte 1827 mit ihren Söhnen Wilhelm und Hermann zusammen in der Osterthorstr. 17.

Reidemeister und Doris, die ich so innig liebe, welch ein wahrhaft edler Mensch ist Reidemeister doch! Dies fühlte ich gestern wieder als wir über unser Lieblingsthema, religiöse Gegenstände uns unterhielten. – Während dem ich diese Zeilen schreibe sitzt Karl mir gegen über und schreibt seinen Brief für Dich ab. Ich laße ihn ganz gewähren, und verbeßere ihm auch nichts, da er, so ganz aus des Kindes Feder gefloßen Dir die größte Freude machen wird. Es ist doch eine gute ehrliche Haut dieser Karl, der mir viele Freude macht, wie ich dies von allen Kindern sagen kann, jedes in seiner eigenthümlichen Art und Weise entzückt mich. Ich muß Dir noch einen traurigen Todesfall mittheilen, kann Dir aber noch nichts Näheres darüber mittheilen. Denke nur gestern Morgen wurde Frau Behrens vor den Hohenthor hier angesagt. Doch es ist ein unruhiger Morgen, und die Kinder die in der Kinderstube sind, verlangen sehnlichst zu mir, Lebe daher wohl, Sonnabend schreibe ich noch mit Smidt. Tausend Küße bringt Dir die Resedablüthe, die ich vor meinem Fenster zog. Diesen Abend, dies muß ich Dir noch sagen, bin ich bey Witten mit Winholds und Reidemeisters. Es ist bestimmt das Wittens Ende Mai nach Paris reisen, soll ich ihnen dann auch eine Addr. an Jakob mitgeben, oder räthst Du mir dies nicht zu thun? Lebe wohl! Gottes Vaters Huld und Liebe sey uns nahe!

Ewig, Ewig Deine Betty

Betty an Fritz Gildemeister

Bremen den 22ten März 1827 Abends nach 10 Uhr

Es ist mir nicht möglich mich zur Ruhe zu legen, ohne Dir, Du mein geliebter Fritz, einen guten abend gesagt zu haben, auch weht es wieder so sehr, daß ich noch gar nicht ans Bett denken mag, und um mir alle bösen Grillen zu vertreiben, lieber noch ein wenig mit Dir plaudern will, welches gewiß das beste Mittel gegen alle Angst und Furcht ist, wo von sich mein Herz sich so leicht, so leicht beschleichen läßt. Doch vor allen Dingen meinen innigsten, innigsten Dank für Deinen lieben, lieben Brief vom 16ten d. M. der mich gestern abend in dem Augenblick wie Reidemeister mich abholte (Doris ist sehr stark erkältet und hat Stuben-Arrest) wahrhaft freudig überraschte! Doch um den Freund nicht warten zu laßen, öffnete ich den lieben Brief nicht, steckte ihn zu mir, und erst in der einsamen Mitternachtsstunde las ich ihn ungestört, und schlief dann unter seligen Gefühlen bald ein. Gestern hatte ich noch keinen Brief von Dir, Du mein süßes Herz, erwartet, und ich kann Dir daher gar nicht die Wonne beschreiben, die ich empfand als ich das sichtbare Zeichen, von Deiner treuen Hand erhielt, welches Mein Smidt mir selbst brachte. Daß Du erkältet warst, ist bei dem schlechten Wetter welches Ihr in Paris auch habt, nichts ungewöhnliches und doch konnte es mich, so weit von Dir entfernt ängstigen, ach, ich bitte Dich, mein Liebling schone Dich ja, und wiederhole es mir recht oft, hörst Du, wenn Du Dich körperlich gesund und kräftig fühlst, dies ***kann ich nie, nie zu oft hören!*** Bey dem heftigen

Wind den wir Sonnabend und Sonntag hatten ist die Überfahrt über den Canal ja wol kaum möglich gewesen? Und wie will ich mich freuen, wenn ich höre daß Ihr glücklich in England angekommen seit. Bleibt es denn dabey daß Ihr den 4ten April zur See geht? – Mit meinem gestrichen Brief wird es wol übel gehen, da ich beßer gethan hätte ihn bey den westlichen Winden die wir ietzt haben, über Holland und nicht über Cuxhaven zu schicken, und es kann nun sehr gut sein, daß Du diesen Brief früher als den gestrigen erhälst. Schreibe mir doch wie es damit ging. Was Du mir, lieber Fritz über Jacob schreibst, giebt mir in Hinsicht seiner wieder etwas Muth und Hoffnung, aber auch nur wenig, denn ach, wie oft wurde ihm nicht schon geholfen, wie oft bethäuerte er nicht sich zu beßern, und immer versank er wieder in die alten Fehler! Gott gebe es, daß er auch dieses Mal Deine große Güte, Schonung und Liebe nicht mißbraucht! Mir ist bey Jakob nur Eins nicht begreiflich, wie er nehmlich, wenn es ihm Ernst wäre, in Paris nicht zu aller erst auf eine leichte Weise sein Brodt erwerben könnte. Was hindert ihn denn daran daß er nicht in Paris einen angemeßenen Geschäftskreis findet, der ihn leicht und angenehm nährt, ihn den einzelden Mann? Mit der Sehnsucht nach Deutschland will es mir nicht recht in den Kopf. Doch wie gerne will ich mich geirrt haben. Gewiß hat ihn J. L. doch auch mit Geld unterstützt? Ich möchte nur um keinen Preis daß er in Weimar Mutter zur Last fiele, und die durch sein Dortsein Unannehmlichkeiten hätte. Doch da würdest Du schon für sorgen. Sehr begierig bin ich was Frorib[309] Dir schreibt. Wie gerne hätte ich auf Deinen Wegen das Museum besucht, welches noch immer so reich an Kunstschätzen ist! Welch ein hoher Genuß mit Dir diese Herrlichkeiten zu sehen! Auch den Triumpfbogen und den Elephanten, diese Riesenwerke unserer Zeit! Die rosinische Oper reitzt mich eben nicht sehr. Doch ich muß Dir noch sagen daß es gestern bey Witten sehr animiert war, Müller und Elise waren da, und wo die sind, da fehlt es nie an regem Leben. Doctor Müller hat bey Anlaß der Überschwemmung etwas in den Bürgerfreund[310] rücken laßen, welches ihm vom Publicum sehr übelgenommen wurde, und worüber er gestern von den Freunden manches Wort hören mußte, welches er denn gutmüthig hinnahm, Witte sagte, wenn ihr Aufsatz nur beßer stilisiert wäre, so konnte man ihn noch vertheidigen, aber so schlecht deutsch geschrieben ist dies nicht mal möglich. – Die Sache ist diese Müller hat sich berufen geglaubt, Sch...... auf gewiße Weise beym Publicum zu rechtfertigen, und will nun den Leuten straks beweisen daß die Deichbrüche und die daraus entstandene Überschwemmung eben kein so großes Unglück für unsere Stadt und Gebiet sey, welches unsere Stadt wohl tragen könne, wie sie denn schon viel größeres Ungemach erduldet hätte. Doch es geht auf Mitternacht, und ich sage Dir eine gute Nacht! Denkst Du doch in diesem Augenblick an mich, wie ich an Dich! Morgen sage ich Dir ob der böse Wind mich hat schlafen laßen.

309 Ludwig Friedrich Froriep (1779–1847), Dr. med., Naturwissenschaftler, Professor in Halle und Tübingen. Stand 1812 auf der Kandidatenliste für die Medizinische Fakultät der geplanten Universität Bremen. Seit 1816 Leiter eines geographischen und literarischen Instituts in Weimar. Gründer der ersten liberalen Zeitschrift Deutschlands, »Oppositionsblatt«. Offenbar hatte Jacob Stolz sich um eine Anstellung bei ihm beworben.

310 Bremer Wochenzeitschrift. Erschien 1816–1866.

Freitag nach 10 Uhr den 23ten.

Vor einer viertel Stunde komme ich mit Hermanna von Lene zu Hause, wo ich mit den lieben Freundinnen einen recht vergnügten Abend hatte, und nun sitze ich schon wieder in unserer freundlichen Wohnstube wo mich jeder Fleck an Dich, mein fernes Lieb erinnert, und mir die seligen Stunden die ich hier mit Dir so selig genoß und noch zu genießen hoffe vor die Seele gezaubert. Die letzte Nacht habe ich sehr gut geschlafen und habe heute viel im Hause herumgekramt, da ich Montag die große Wäsche habe, was für Hausfrauen wie Du weißt ein gar wichtiges Geschäft ist, worüber wir froh sind, wenn es glücklich überstanden ist; die Kinder liegen alle so ruhig schlafend da, daß es eine wahre Lust ist es zu sehen. Von allen Kindern, unseren Kindern soll ich Dir nach der Reihe Küße senden, die recht süß sind.

Die liebe Elise Spilner die gestern Abend wieder den Abend bey mir war und sich mit mir gleich stark nach der Zeit unseres Beysammenlebens sehnt, ist ihrer Zukunft wegen noch recht trübe gestimmt; und es ist mir recht betrübend wie ihre Brautzeit so voll Sorge und Angst ist, auch scheint es mir, als fühlte Elise immer mehr den Übelstand der großen Verschiedenheit ihres Alters und das ihres Geliebten und je länger sich diese Sache hinzieht je peinlicher ist es auch. Es scheint nun als hätte er nun wieder etwas Hoffnung zu der Oberinspektorstelle. Doch müßte er sich dann einem Probejahr unterziehen, und die Hochzeit könnte dann erst nach diesem sein wenn es für ihn gut ausfiele. Dein Bruder Heinrich hat auch noch nichts von sich hören laßen, und ich fürchte fast daß ein Brief verloren ist. Und nun noch Eins welches Dich nicht weniger wundern wird als mich selbst. Judith schreibt mir nehmlich daß es ein großer Wunsch von ihr sey mich diesen Frühling für vier Wochen etwa zu besuchen. Obgleich mir nun eben nicht sehr der Sinn danach steht, wie Du wol denken kannst, so will ich ihr diesen Wunsch doch gewähren, denn ich denke so, da Elise dann schon bey mir ist, so geht es dann beßer als sonst, auch werde ich ihr sehr offen und bestimmt schreiben damit sie gleich ihre Stellung weiß. Auch Herrmann bitten daß er sie wieder nach Norden zurückbringt, und nur wenn er mir dies versprechen will, sie bitten zu kommen. Hat Judith durch ihr herrisches, heftiges Wesen mir auch schon manchen Kummer bereitet, so muß ich doch einmal denken, daß ich die jüngere und glücklichere Schwester bin, und da wohl Nachsicht und Liebe üben mag. Kömmt sie mir freundlich entgegen, wie gerne will ich alles vergessen und dem Himmel danken wenn unser Verhältnis wieder ein Schwesterliches wird. Ist sie aber die Alte, so gehen vier Wochen schnell hin, zumal eine treue Freundin mir zur Seite stehe; und es bleibt mir immer das Bewußtsein das meinige gethan zu haben. Sey daher auch Du nur ohne Sorgen, lieber Fritz, es wird schon gehen, denn so wie Judith nun doch einmal in der Welt steht, wird sie sich ja hoffentlich die kurze Zeit zusammen nehmen, und wenn sie launt, den das kann sie nun nicht laßen, so ist es am besten man nimt keinen Notitz davon. Wahrlich ihren Wunsch abzuschlagen dazu fehlt mir der Muth und ich würde es auch für Unrecht halten, da sie meine Schwester ist. Wie sie auch sein mag, so glaube ich doch daß sie mich liebt, und so wird sie sich ***ietzt*** milde gegen mich benehmen. Doch für heute sage ich Dir gute Nacht! Du mein süßes Glück! Gute gute Nacht!

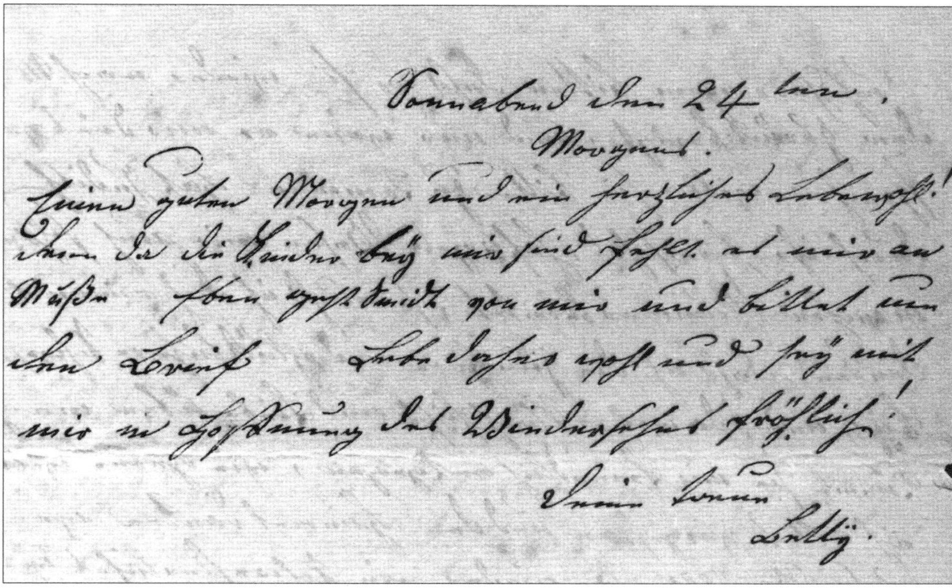

Brief von Betty an Fritz Gildemeister vom 24. März 1827

Sonnabend den 24ten. Morgens

Einen guten Morgen und ein herzliches Lebewohl! Denn da die Kinder bey mir sind fehlt es mir an Muße. Eben geht Smidt von mir und bittet um den Brief. Lebe daher wohl und sey mit mir in der Hoffnung des Wiedersehns fröhlich! Deine treue Betty.

Betty an Fritz Gildemeister

Bremen den 26 März 1827 Abends nach 10 Uhr

Lieber Fritz!

Eben wie ich mich diesen Nachmittag mit Herrmann und den Kindern zu Tisch setzen wollte kam Smidt und brachte mir Deinen lieben Brief vom 20ten Nro 8, den ich in seiner Gegenwart öffnen mußte, weil er begierig war ob er nichts von Heinrich enthielte, von dem Du ihm nicht geschrieben hattest. Da sich in meinem Briefe aber auch von ihm nichts fand, zog ich den Schluß, er müße gesund und wohl sein. Ich wundere mich übrigens daß Heinrich nicht öfterer nach Hause schreibt, da er seinen Vater doch kennt, und weiß wie man dem nie genug schreiben kann, lieber jeden Posttag zwey als ein mal. – Obgleich Deine Briefe mein eigentliches Lebensbrodt sind, so fühle ich doch ganz mit Dir, wie Du wenig Muße zum Schreiben haben magst, und bin daher auch doppelt dankbar für das was Du mir bis

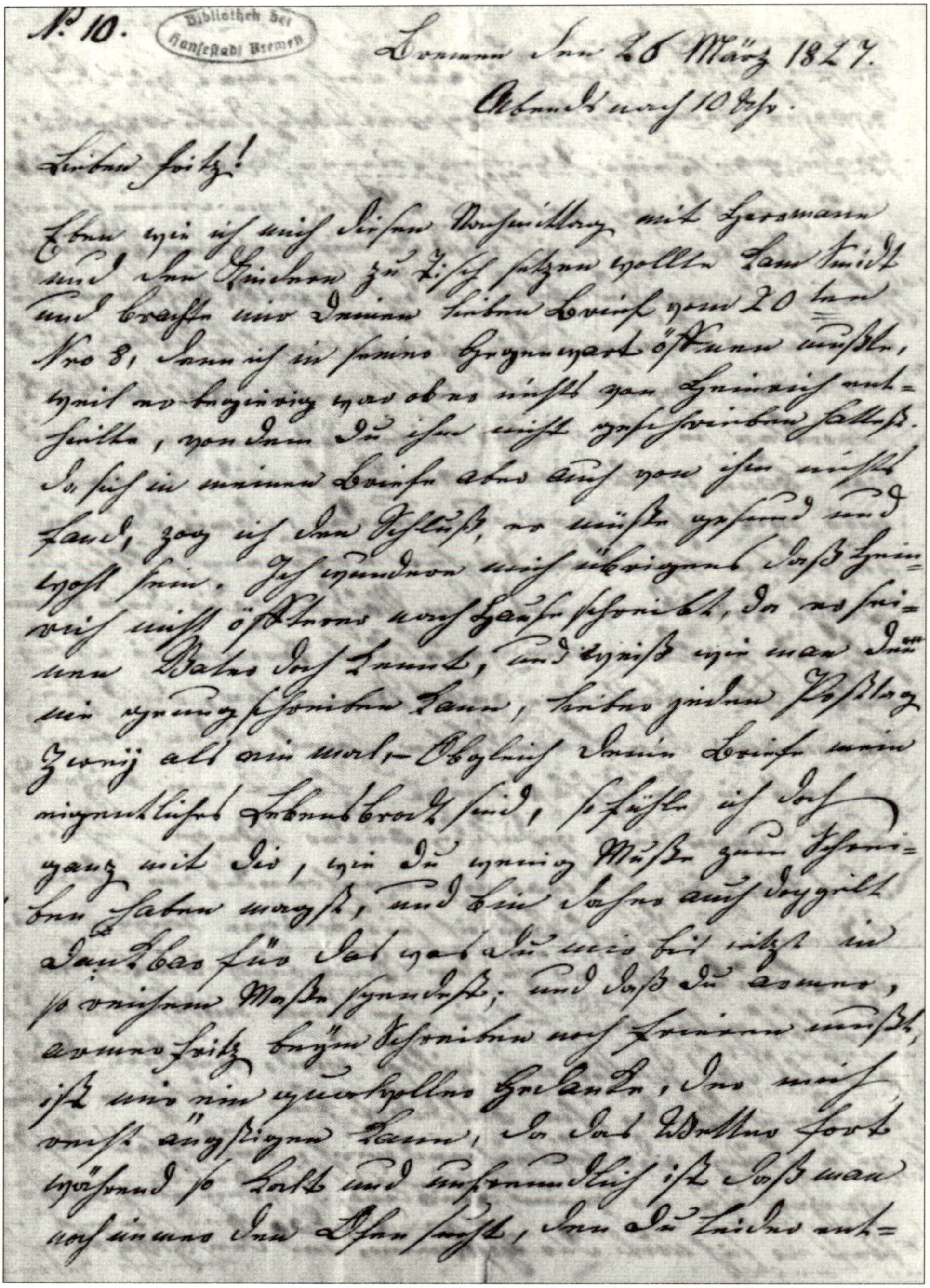

No. 10.

Bremen den 26 März 1827.
Abends nach 10 Uhr.

Lieber Fritz!

Eben wie ich mich diesen Nachmittag mit Hermann und den Kindern zu Tisch setzen wollte kam Smidt und brachte mir Deinen lieben Brief vom 20ten Nro 8, den ich in seiner Gegenwart öffnen mußte, weil er begierig war ob er nichts von Heinrich enthielte, von dem Du ihm nicht geschrieben hattest. Da sich in meinem Briefe aber auch von ihm nichts fand, zog ich den Schluß, er müsse gesund und wohl sein. Ich wundere mich übrigens daß Heinrich nicht öfters nach Hause schreibt, da es seinem Vater doch kränkt, und weiß wie man [illegible] Obgleich Deine Briefe mein eigentliches Abendbrodt sind, schäkre ich doch gern mit Dir, wie Du wenig Muße zum Schreiben haben magst, und bin daher auch vergnügt dankbar für das was Du mir bis jetzt in deiner Muße gesandt; und daß Du immer, immer Fritz beym Schreiben nach Bremen mußt, ist mir ein gar werthvoller Gedanke, der mich recht ängstigen kann, da das Wetter fortwährend so kalt und unfreundlich ist daß man noch immer den Ofen heizt, den Du leider ent=

Brief von Betty an Fritz Gildemeister vom 26. März 1827

ietzt in so reichem Maße spendest; und daß Du armer, armer Fritz beym Schreiben noch frieren mußt, ist mir ein qualvoller Gedanke, der mich recht ängstigen kann, da das Wetter fort während kalt und unfreundlich ist daß man noch immer den Ofen sucht, den Du leider entbehren mußt. Könnte ich Dir doch etwas von der trauten Gemüthlichkeit unserer Wohnstube abgeben, worin man keine Idee von Frieren hat. Dein Fußsack thut Dir doch gute Dinste wie Deine Chenille? Wie freue ich mich daß Du mit wollenen Strümpfen gut versehn bist! Doch da fällt mir ein, die wollenen Strümpfe die ich Dir nach schickte, sind nicht von Verena, ich oder Trinchen Castendieck strickten sie Dir. Der lieben Verena ihre sind von Baumwolle; oben am Rande sind sie von mir mit rothem Garn umwunden, damit Du sie an diesem besonderen Zeichen erkennen solltest. Welche Freude war es dem Mädchen Dir diese Strümpfe zu stricken, wie verklärt konnte sie dabey aus sehen. Catharine rühmt Verenchen, daß sie Herrmann, den freundlichen Engel, jeden Abend so nett in den Schlaf wiegt. Es ist ein reizendes Bild, wenn sie so geduldig an der Wiege steht, das Mädchen hat was eigen rührendes in ihrem Wesen. An Karl habe ich seit einigen Tagen meine Freude, daß er zu den Knaben auf dem Kirchhof geht, und sich in ihre Spiele mischt. Und sobald das Wetter nur milder wird, werden die anderen Kinder ihm bald dorthin folgen. August frägt Dir fortwährend nach, und schon deßwegen ist er mein Liebling. Jeden Tag tröstet er sich mit der Hoffnung und dem Glauben »Morgen kömmt der liebe Vater wieder« Die anderen Kinder die dies heute hörten, wollten ihn darüber aufklären, er ließ sich aber nicht darauf ein, und frug mich »nicht wahr Morgen kömmt der liebe Vater in der großen Post, und dann freue ich mich und Du auch!« Ich ließ ihn diesen seligen Kinder Glauben, warum sollte ich nicht! Morgen kömmst Du nun freilich noch nicht, und die Sonne muß noch manchmal auf und niedergehn ehe ich sagen kann »Morgen ist der selige Tag des Wiedersehn meines heiß Geliebten!« Gottes große Güte schenke uns diesen Tag des Wiederhabens, wo ich Dich, Du mich umfängst und die süßen Kinder Dich alle mit mir Herzen und Küßen werden. – Dann laße ich Dich aber auch nicht wieder aus meinen Armen, hörst Du, oder ich reise mit Dir. – Doch für Heute eine gute Nacht! – – – Dinstag Abend nach 10 Uhr. Ich habe eben ein wenig zu Abend gegeßen und sage Dir nun ein paar Worte ehe ich mich schlafen lege. Diesen Abend war ich bey der Doctorin Winhold die Dich herzlich grüßen läßt. Ich fand sie sehr betrübt denn es ist ihr eine sehr liebe Freundinn, Betty Gleim gestorben. Die seit mehreren Wochen an einer inneren Entzündung sehr krank war, und die vorige Woche starb. Sie wird von all ihren Freunden gewiß sehr betrauert. Klugkists laßen Dich herzlich grüßen, er leidet an Rheumatismus und muß das Bett hüten, doch geht es ihm heute schon viel beßer. Es erinnert mich ganz an Dein Übel welches Du vor einigen Jahren hattest, denn eben so plötzlich bekam es auch Klugkist den Sonntag Morgen beym aufstehen. Es steht wol zu befürchten daß wir viele Krankheiten bekommen werden, da das Wasser leider wieder sehr im steigen ist, den 24ten vor die Weser bey Petershagen 13 Fuß, 11 Zoll. Und noch im Wachsen. Die Bürgerviehweide soll wie ein großer Hollsteinischer See aussehn. Welch ein Geld wird das kosten die Deiche die alle sehr gelitten haben, und wovon so viele durchbrochen sind wieder machen zu laßen! Und nun wird noch ein neuer Haven[311] angelegt!

311 Auf einem vom Königreich Hannover erworbenen Gelände an der Wesermündung wurde 1827–1830 ein Seehafen gebaut, aus dem sich die Stadt Bremerhaven entwickelte.

Also das war das große Geheimnis, welches den Leuten zum Theil so schwer wurde nicht auszuplaudern. Nun freue ich mich über dieses neue Besitzthum, begreife aber nur nicht wo all das Geld her soll. Elise Müller meinte diesen Abend, wir würden noch Bancroth machen?!! Hier mag noch eine Anzeige stehen die Dich freuen wird. »Am gestrigen Tage wurde meine liebe Frau, geb. Gröning, von einem gesunden Knaben Gottlob! glücklich entbunden. Bremen den 27 März 1827. Senator Dr. Meyer[312].« Haben Dir am Sonntag halb elf Uhr Abends die Ohren nicht geklungen? Bey Riems wurde auf Dein Wohl und glückliche Heimkehr getrunken! Doch einen süßen, süßen Kuß! B.

Betty an Fritz Gildemeister

Mittwoch Morgen den 27 März 1827

Einen freundlichen Morgen in London wo Dich, Du Lieb, diese Zeilen hoffentlich gesund und wohl antreffen werden; und wo Du auch meine früheren Briefe treffen wirst. Hier auf diesem Blatt mögen noch einige Stadtneuigkeiten stehn, die Dich so weit von der lieben Heimath doch ein wenig interessieren werden. Brautpaare sind Herr August Icken[313] mit Mamsell Emma Karsten, Herr A. Motz[314] mit Mamsell Sophie Krüger und was Dich vielleicht noch mehr als diese interessieren wird, Metta Rattien[315] heurathet einen sehr reichen Wittwer Klatte, einen Mann in den besten Jahren! Auf dem Theater entzückt Herr Kunst das Bremer Publicum, der hier einige Gastrollen giebt. Herrmann der ihn auch spielen sah, meinte, er hätte sich sehr herausgebildet. Sehn will ich den Künstler doch auch ein mal, und zwar nächsten Dinstag im Hamlet; welches Stück er zu seinem Benefiz wählte. Ich mache mir nur keine große Vorstellung von seinem Spiel, denn früher war ja gar nichts Künstlerisches in seinem Spiel, und schon damals hatte er hier seine großen Verehrer. Christine hatte gestern Abend eine große Freude, sie war mit ihrer lieben Henny im Theater, und kam den voll Begeisterung zu Hause. Es war das Benefiz für den armen Schütte[316], und da es ein Stück war, welches für Kinder mir nicht als unpassend erschien, so ließ ich Christine hingehn. Silvana, Oper von Maria von Weber

312 Dr. jur. Diedrich Meier, Senator, verheiratet mit Anna Gebecka, geb. Gröning. Ansgarithorswall 44a.

313 Dr. jur. August Ferdinand Arnold Icken, Gehülfssecretair am Untergericht. Johannisstr. 1.

314 Albert Heinrich Motz (1794-1836), Kaufmann, heiratete Sophie Krüger (1803-). Wohnhaft Knochenhauerstr. 46.

315 Ratjen, Metta (1798-) heiratete Jacob Klatte (1773-1850), Witwer von Metta Lampe, wohnhaft Osthof, Pagentorn.

316 Dr. jur. Daniel Schütte (1763-1850). Engagierte sich für das Bremer Theater- und Konzertwesen, war zeitweise Leiter und Eigentümer des 1792 gebauten Theaters. Nach großen persönlichen und finanziellen Opfern verarmte er und wohnte von ca. 1829 an bis zu seinem Tode im »Consumptionshaus« (Armenhaus) am Ostertor.

wurde gegeben. Doch es wird Zeit daß ich Smidt meinen Brief schicke, und so muß ich Dir ein herzliches Lebewohl sagen. Diesen Abend bin ich bey Reidemeisters die Dich herzlich grüßen; wie auch Herrmann, von dem ich übrigens wenig sehe und höre, Du kennst ihn ja diesen höchst komischen Menschen. Sehr begierig bin ich von Dir zu hören, was Frorib Dir in Hinsicht Jakobs schreibt, dem der Abschied von Dir gewiß sehr nahe ging, denn »die schönen Tage von Aranjuez[316a] sind nun zu Ende«. Für ihn gewiß! Die lieben Kinder senden Dir mit mir tausend, tausend Küße und Grüße. Lebwohl! Gott erhalte Dich gesund und schenke Dir guten Wind zu Deiner Seereise.

Deine treue B.

Mittwoch Morgen nach 10 Uhr

Ob Dich diese Zeilen wol in England noch erreichen oder ob Du sie erst in Brasilien zu lesen erhälst, welches der Fall seyn würde wenn Ihr diesen Monat schon von England abgesegelt? Dieses alles werde ich nun wohl in einigen Tagen durch Deinen Brief erfahren. Wo Dich dieses schriftliche, nothdürftige Zeichen meiner Liebe auch erreicht, so wird es Dich erfreuen, und wird Dir wie immer wiederholen daß ich Dich liebe, ewig lieben werde, und daß Du der Inbegriff meines Denkens meines Handeln und meines Wirkens und Strebens bist! Und nun, mein lieber Fritz, noch eine Nachricht die Dich sehr erfreuen wird, und die ich Dir zu verkündigen unbeschreiblich froh bin! Papendiek hat das Gütchen in Lockum gepachtet, und wird sein neues Besitzthum den 1ten Juni schon beziehen und dann nach einem halben Jahr vielleicht die Geliebte dorthin abholen; so lange habe ich mich der treuen Jugendfreundin aber noch zu erfreuen, worüber ich sehr glücklich bin, und dies als gütige Fügung des Himmels ansehe. Die Pacht ist nur sehr klein, jährlich 237 Mark Gold. Des Himmels reichster Segen sey mit den Liebenden! Elise, die Dich herzlich grüßen läßt, ist sehr glücklich endlich aus der qualvollen Ungewißheit zu sein und ist voll froher Zuversicht für ihre Zukunft. Den 18 May wird die liebe Freundin bey mir und den Kindern einziehn, welch ein Jubel wird dies sein! Denke dann nur recht an uns lieber Fritz! – Christine und Karl haben heute mit Henny, Mine N. und M. Smidt bey Herrn Bremer[317] die erste Zeichen-Stunde, worüber sie ganz glücklich sind, besonders Karl, der mich täglich bat ob er nicht Zeichnen lernen sollte, und da Herrmann mir sagte, die Kinder könnten noch recht gut mit in Henny ihre Zeichenstunde, so nahm ich dies mit Freuden an. Herr Bremer soll sehr guten Unterricht geben und so hoffe ich bist auch Du damit zufrieden. Klugkist ist wieder beßer, doch geht er Abend noch nicht wieder aus, und so wird unser Kindertag morgen wol wieder nicht sein. Herrmann Smidt der nun auch von Universitheten wieder hier ist, gefällt mir sehr! Gott gebe nur daß er bald in Geschäften kömmt, denn sonst denke ich mir die Existenz hier im väterlichen

316a »Die schönsten Tage in Aranjuez sind nun zu Ende.« – Beginn des ersten Aktes von Friedrich Schillers »Don Carlos«.

317 Wilhelm Friedrich Bremer, Portrait-Maler, Zeichenlehrer, Oberlehrer an der Schule für angehende Künstler und Handwerker, Auf den Häfen 13.

Hause nicht angenehm und befriedigend für einen jungen Mann. - doch für heute Lebe wohl! Du liebes, liebes Herz! Die süßen Kinder grüßen Dich mit mir tausend mal! Meine Gedanken und Wünsche begleiten Dich für und für. Ach, daß ich es dem Papier einhauchen könnte wie ich Dich liebe, wie ich so glücklich durch Deine Liebe bin, und wie sie mir Muth und Kraft giebt die schwere Zeit der langen Abwesenheit von Dir zu ertragen! Mein Herz ist so voll und ach möchte sich dem Deinigen so recht vernehmbar machen - Nicht wahr, Du liebes Wesen, fühlst es was mich bewegt und wofür es keine Worte giebt es auszudrücken? Lebwohl! Gott sey mit uns! Einen heißen Kuß drücke ich dem Papier für Dich auf! - Deine treue Betti

Betty an Fritz Gildemeister

Bremen den 31ten März 1827

Liebster, bester Fritz!
Gestern Abend wie ich von E. Breuls[318] zu Hause kam, wollte ich Dir noch ein Stündchen schreiben, doch ich war zu müde, und so komme ich denn erst diesen Morgen dazu. Vor einer virtel Stunde erhielt ich Deinen lieben Brief vom 24 dieses, der mich gar freundlich bey meinem einsamen Morgenfrühstück überraschte. Tausend dank dafür mein süß Lieb! Du sitzest in diesem Augenblick hoffentlich gesund und wohl in Alt England, und ich bin sehr begierig von Dir zu hören wie London nach Paris Dir schmecken wird. Doch wenn es dabey bleibt daß Ihr mit dem Paquetboth im April schon die große Seereise antrettet, so wird Dein Aufenthalt zu kurz sein, um über London, welches gewiß studiert sein will, etwas zu sagen. Smidt läßt mir eben sagen daß ich ihm diesen Brief vor 1 Uhr schicken muß, und da bleibt mir nur noch eine ruhige Stunde der schriftlichen Unterhaltung mit Dir, da ich durch die Kinder schon ein mal beym Schreiben gestört wurde. Am Donnerstag war ich mit Elise und Herrmann im Theater, da Wittens so gütig waren mir ihre Billets zu überlaßen. Bey sehr vollem Hause wurde das Bild von Huwald[319] gegeben. Herr Kunst der hier sehr gefeiert wird gab den Vater, gefiel mir aber durchaus nicht, und ich möchte nicht den Hamlet von ihm sehn, Er hat ein schönes Organ und spricht auch die Verse nicht übel, doch fand ich nichts Künstlerisches in seinem Spiel. Überhaupt war die ganze Darstellung sehr mittelmäßig. Das Stück gefiel mir in der Aufführung noch weniger als im Lesen, und ich mußte immer an die Recension denken die Du mir ein mal über dasselbe vorlast, und die sehr das Ganze angriff. Hier auch einen Brief von Karl, der Dich freuen wird. Ich sende ihm in nächster Woche mit der Auguste Meline die vorhandenen Bücher

318 Wohl Clara EUGENIE Breuls, geb. Platzmann, (1786-1857) Ehefrau von Dr. jur. Hermann B. (1777-1858), wohnhaft Schüsselkorb 11.

319 Christoph Ernst Freiherr von Houwald, (1778-1845), Schriftsteller, verfaßte hauptsächlich Jugendliteratur, Erzählungen und Schauspiele.

und werde ihm dann auch einige Zeilen schreiben; wie auch meinem Bruder Christel. Die Novellen von Heinrich Steffens werde ich für Karl aber nicht anschaffen, Hayse schickte mir sie zur Durchsicht, aber was ich davon las gefiel mir gar nicht, dagegen werde ich ihm die neuste Auflage des Conversations Lexicons senden. Sollten Karl nicht auch Heinrich von Kleists nachgelaßne Schriften angenehm seyn? Gestern macht ich mit Elise einen Spaziergang nach den Buntenthor, um die überschwemmte Gegend ein mal zu sehn. Du kannst Dir gar nicht denken welch ein trauriger Anblick dies ist! Sowie man aus dem Thor tritt, sieht das Auge eine solche Wasserfläche, daß man die See zu sehn glaubt. Und so ist es allenthalben, wir sind förmlich von Wasser eingeschloßen, und wie lange wird dies noch anhalten! – Die Doctorin Winhold meinte dies Elend sey ein Strafgericht Gottes für den Luxus der in unserer Stadt immer mehr überhand nehme und die Prediger sollten von nichts anderem als diesem Verderben predigen; ich wandte ihr nur dies ein »wenn dies Wirkung machen soll, so müßen die Prediger erst einfacher leben, wie es früher bey meinen seligen Eltern und Häfelis der Fall war, ietzt aber nicht, wo der Prediger eben so gut den Luxus mit macht als die anderen, und namentlich die Frau ihres frommen Freundes«. Sie mußte mir hier in doch Recht geben. Eben war das Mädchen aus der Berkstraße hier und brachte mir Butter, das Elend auf dem Lande mit dieser Wassers Noth hat den höchsten Gipfel erreicht. Du weißt doch wie hoch grade das Haus dieser Leute liegt und das Mädchen sagte mir, nur noch zwey Fuß und das Wasser ist im Hause. Ihr Nachbar deßen Haus nicht so hoch liegt, (es ist eine Schenke) hat es im Hause und ist bey ihnen eingezogen. Die Gewalt des Wassers hat das Haus halb weggerißen. Im Blockland sind am Donnerstag wieder Deiche gebrochen. Trinchen Kastendick die mich eben besuchte, läßt Dich herzlich grüßen, ich soll sie diesen Abend ein wenig besuchen. Morgen ist unser Sonntag bey Nonnens, dann über vierzehn Tage bey Rump, und dann bey Deiner lieben Hausfrau, der armen Strohwittwe! Klugkist den ich gestern Morgen besuchte, ist auf guter Beßerung, ich fand ihn außer Bett. Er, Louise und die Kinder senden Dir die herzlichsten Grüße. Unsere süßen Kinder sind gesund und dabey erhalte sie der gütige Himmel! Christine und Karl freuen sich sehr auf die schönen Bilder die Du ihnen schicken willst. Ich bin sehr begierig auf die Pariser Sachen, und danke Dir das Du mir alles besorgtest. Bitte vergiß mir auch nicht Jakobs Addreße zu schicken, ich möchte ihm gerne ein paar Worte wieder schreiben. Von dem guten Fritz aus Norden soll ich Dir recht viel Liebes sagen, ich hatte gestern einen sehr liebevollen Brief von ihm, auch schickte er mir des lieben, seligen Vaters Lebensbeschreibung[320]; welches mir sehr lieb ist, da ich sie lange entbehrte. Eben wacht Herrmann auf und lächelt mich mit seinen großen klaren Augen gar wundersam an. Doch ich muß schließen. Lebe wohl! Du meines Lebens höchste Lust und Wonne! Deine treue B.

320 Johann Jacob Stolz' ca. tausend Seiten umfassende »Notizen aus meinem Leben« befinden sich – bisher weitgehend unbearbeitet – im Bremer Staatsarchiv.

Betty an Fritz Gildemeister

Bremen den 3ten April 1827 Abends nach 9 Uhr

Geliebter Fritz!

Vor einer virtel Stunde verließ mich die liebe Auguste Klugkist, die diesen Mittag bey mir aß, und den Abend bey mir blieb; wo denn gar manches von der schönen Berliner Reise gesprochen wurde. Die ich leider nicht mit machen konnte, und von der Auguste immer mit hohen Entzücken spricht, wobey sie dann immer in großen Lobeserhebungen eines gewißen Mannes erwähnt den ich ziemlich gut kennen sollte; dann wurden einige Gedichte von A. W. Schlegel gelesen, wo bey ich im stillen des seligen Morgens gedachte, den wir in der Hütte am Fischdeich bey Schulzen in Oberneuland genoßen, wo Du mein Geliebter mir auch von diesen Gedichten vorlaßt. – Ach der schönen Zeit wo Du mir wieder vorlesen wirst! Wo ich mit Dir der holden Dichtkunst mich erfreuen kann!! Ein Monat ist wieder dahin, und obgleich mir die Zeit seitdem Du mich verlaßen hast, nur zu schleichen scheint, so bin ich doppelt froh wenn ein Tag nach dem anderen, eine Woche nach der anderen und ein Monat nach dem anderen so hingeht, und mich immer näher und näher dem seligen Augenblick Deiner so Gott will! glücklichen Rückkehr bringt! Heute hatten wir den ersten Frühlingstag und ich benutzte ihn Tante Suling die Zinsen zu bringen, Otto und Verena begleiteten mich und freuten sich mit mir des milden Wetters, des blauen Himmels und des hellen Sonnenscheins, nach den man sich so lange vergebens sehnte, und worüber man sich nach all den regnigen, stürmischen Wetters doppelt freute. Der Himmel hat ja wol einmal ausgetobt, und ich hoffe Du bekömmst zu Deiner Seereise, bey der es mir immer etwas beklommen zu Muthe wird, schönes günstiges Wetter. Ach, daß Du sie erst überstanden hättest! Und doch sollte ich mich nicht ängstigen, denn was ist Gefahr! Überall umgiebt sie uns wo wir auch sein mögen, aber über all stehen wir auch unter den Schutz des Höchsten, unseres himmlischen Vaters! Deß sey den froh mein Herz und laß dich nicht niederbeugen. – Leider werde ich bey der großen, allgemeinen Überschwemmung nicht früh hinausziehn, denn unser liebes Oberneuland steht ganz unter Wasser, und wer weiß wie lange dies noch anhält, doch wenn es sich auch schnell verliefe, würde ich doch mit dem Hinausziehn warten, da es gewiß der Gesundheit nachtheilig werden könnte, da Oberneuland ohnehin feucht ist. Überall werde ich Treviranus um Rath fragen ob er es nach dieser Überschwemmung auch für gut hält den Sommer dort zuzubringen, und mich streng an seinen Rath halten, Du kannst also hierüber ganz ruhig sein. Seit gestern fällt das Wasser in der Weser, aber lange noch nicht genug um von fern an das Ausbeßern der Brüche zu denken. Der Schaden derselben ist so groß daß man fürchtet vor dem Winter damit nicht fertig zu werden. Auch die Chausseèn[321] haben sehr gelitten!! – Schumacher sagte gestern Abend im Blockland müßte es furchtbar sein, denn

321 Ausbau und Pflasterung der »Napoleon-Chaussee« von Bremen nach Oberneuland waren 1819 beendet worden. Sie wurde jetzt gegen Wegegeldgebühr staatlich betreut.

die Menschen schwebten in fortwährender Todesgefahr, weil bey dem hohen Wasser und den heftigen Stürmen die Werfte[322], worauf ihre Häuser lägen ganz locker geworden wären, und die Häuser jeden Moment zusammenstürzen könnten! – Es ist mir ein angenehmer Gedanke Dich sicher und wol in England zu wissen, und sehr verlangt mich zu hören ob Du glücklich den Canal passiert hast und ob Du bey dieser Überfahrt Seekrank wurdest, schreibe mir dies doch ja. Ich hoffe die englische Post die nun kömmt bringt mir Briefe von Dir, Du süßes Lieb, und Du wirst Dich innigst gefreut haben in London von mir Briefe vorzufinden? Bin ich nicht ein gutes Frauli? Heute hatte ich eine sehr große Freude, die ich Dir mittheilen muß, Christine brachte mir aus der Schule einen Brief von Regula Häfeli, den ihr Melia Duntze[323] gegeben hatte, die, wie Du weißt, in Zürich war. Du kannst denken welch eine Überraschung mir dies war, von der mir so werthen Freundin einmal wieder ein schriftliches Zeichen zu erhalten. Wie liebend und theilnehmend sie über diese Reise schreibt glaubst Du nicht! Herrmann, der älteste Sohn ihres seligen Bruders kränkelt und macht ihnen viele Sorge. Gestern Abend waren wir bey Treviranus in der neuen Prediger Wohnung die sehr freundlich und wöhnlich ist, und in der er sich schon sehr heimisch fühlt. Schumacher las die herrliche Dir bekannte Rede von Tegenèr[324] vor, die doch ein wahres Meisterwerk echter Beredsamkeit ist! – Welch eine Fülle der treffensten Bilder und welch eine Tiefe der Gedanken und Empfindungen! Bey Tisch waren wir sehr fröhlich, und tranken auf ein freundliches Scheiden und fröhliches Zusammenkommen im Herbst. Elise Müller brachte die Gesundheit »Unser Freund Gildemeister« aus und sagte Gildemeister denkt auch gewiß an uns »Ach sagte Heinken »wie können sie sich dies wol einbilden, Gildemeister sitzt ietzt in der großen Oper in London, und hat keine Zeit an uns zu denken« Doch Doctor Müller und die anderen Freunde waren Elisens Meinung und ich wurde nun beauftragt, ob Du den 2ten April Abends 11 Uhr an die Montagsgesellschaft gedacht habest? Doch für heute will ich Dir eine recht gute Nacht wünschen und einen süßen Traum von mir und den Kindern wünschen, die Du Dir, wenn wir gutes Wetter behalten, einen großen Theil des Tages auf dem Kirchhof spielend denken kannst, worüber sie heut schon ganz glücklich waren, besonders Verena, Otto und August die das Spielen im Freyen gar nicht satt bekommen konnten!

(Schluß fehlt)

322 Warf, Wurt.

323 Wahrscheinlich Wommelia Margarethe Duntze (1785–1844), Tochter von Kaufmann Johann Duntze und Wommelia, geb. Löning. Unverheiratet.

324 Esaias Tegner (1782–1846), schwedischer Geistlicher, Dichter, Humanist. Bei der »bekannten Rede« dürfte es sich um seine 1817 gehaltene »Rede zum Reformationsjubiläum« handeln.

Fritz Gildemeister an seine Tochter Christine

London d. 4. April 1827

Vorgestern, meine liebe Christine, erhielt ich Deinen Brief vom 23ten März und kann nicht umhin, Dir zu sagen, daß er mir unendliche Freude gemacht hat. Den Brief von dem guten Karl habe ich leider noch nicht erhalten; Du kannst ihm aber sagen, daß ich mich sehr darauf freue.

Da Du mir Einiges aus Bremen erzählst, so muß ich Dir doch dagegen etwas aus London mittheilen, was Dir gewiß Vergnügen macht. Daß diese Stadt ungeheuer groß ist und eine Menge sehr schöner Straßen hat, weißt Du schon; aber unbekannt ist Dir vielleicht noch, daß es hier eine Menge der schönsten Läden mit den herrlichsten Spielsachen giebt, daß Einem schier die Augen übergehen möchten. Vor allen Dingen indeß hätte ich gewünscht, Du wärst vorgestern Abend hier bey mir im Schauspiel gewesen; da wurde zuerst eine große Feenoper, Oberon genannt, gegeben und hinterher ein großes höchst prächtiges Ballett, in welchem eine abscheuliche alte Hexe erschien, die von einer ungeheuren Katze begleitet wurde. Die Katze aber verwandelte sich plötzlich in einen schlanken Harlequin und dann sah man eine Küche der Hexe, in welcher ungeheure Ochsen, Kälber, Hirsche u. s. w. am Spieße gebraten wurden, und einen gedeckten Tisch mit Pasteten und Kuchen so groß wie ein Elephant. Dann kam das tollste Zeug mit unzähligen ganz unbegreiflichen Verwandlungen durcheinander, und das alles so natürlich daß man glauben sollte, es wäre Wahrheit. Und dann hättest Du den ungeheuren Lärm auf der Gallerie hören sollen, Du würdest gewiß recht herzlich mitgelacht haben.

Und nun, gute Nacht, mein liebes Mädchen, grüße Catharine und Justine von mir und sage ihnen, ich reißte nun in einigen Tagen nach Amerika ab, und sie sollten mich nicht vergeßen. Den Geschwistern aber gieb nach der Reihe Küße von Deinem lieben Vater Gildemeister.

Betty an Fritz Gildemeister

Bremen den 6ten April 1827 Abends 11 Uhr

Geliebter!
Ehe ich mich in mein einsames Kämmerlein begebe kann ich mir nicht die Freude versagen Dir aus weiter Ferne einen guten Abend zu wünschen, und Dir zu Deiner glücklichen Ankunft in England Glück zu wünschen; die ich gestern Morgen aus Heinrichs Briefe an seinen Vater ersah, der so gütig war mir denselben mitzutheilen. Der Himmel der meinem Lieb bis dahin auf der Reise so gnädig war, wird ja auch ferner mit ihm sein und ihn glücklich Brasilien erreichen laßen. Und wie freue ich mich seit einigen Tagen des herrlichen Frühlingswetters für Dich, Du mein liebes Herz! Denn ich denke mir, daß es bey Euch ebenso klar warm und milde ist, daß ich recht reiselustig zu sinne

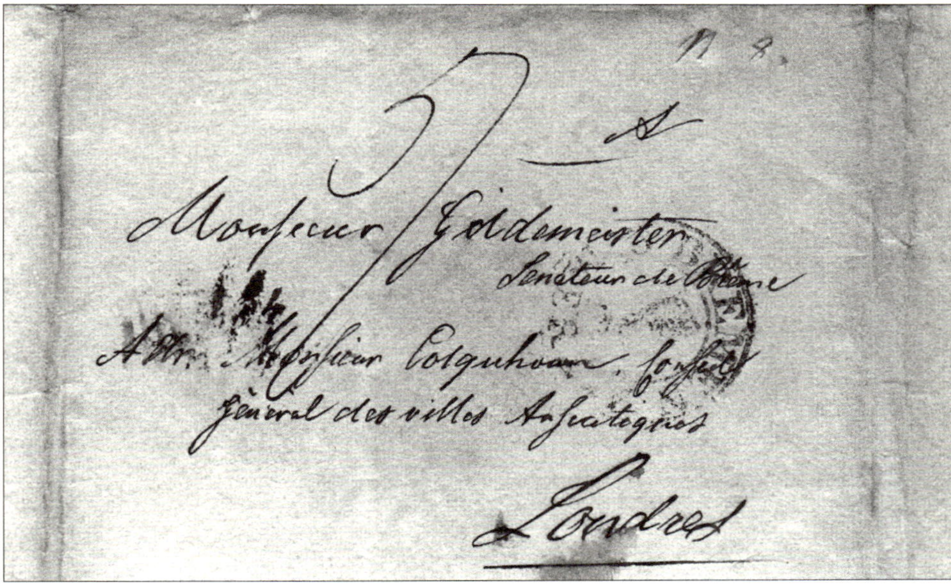
Monsieur Gildemeister
Senateur de Breme
Adr. Monsieur Colquhoun, Consul
général des villes Anséatiques
Londres

Brief an Fritz Gildemeister nach London

werde, wenn ich spazieren gehe, und mich an Deiner Seite wünsche um mit Dir durch das schöne England zu reisen, welches ich mir recht lachend und freundlich denke. Seit das Wetter so warm ist gehe ich täglich mit den lieben Kindern spazieren, die so wohl von Herzen sich der Freyheit freuen. Mittwoch Abend wie Du bey Herr Curpenning zu Hause warst, wo gewiß viel von dem lieben Bremen gesprochen wurde, waren Herrmann und ich bey Smidts wo den Brautpaaren zu Ehren gegeßen und getrunken wurde. Gestern Abend war ich bey Doris Knippenberg, die in der nächsten Woche ihren Mann von der Reise wieder zurück erwartet, die glückliche Frau. Wenn ich dem Wiedersehen des geliebten erst wieder so nahe stehe! nun die Zeit wird ja auch kommen! Und die Seligkeit, die dann mein und Dein Wesen durchdringen beseligen und beleben wird, läßt sich nicht ausdenken? – doch der Nachtwächter ruft halb zwölf Uhr, und da ich heute mancherley im Hause herumgekramt habe, so sage ich Dir eine süße Nacht! Morgen früh mehr. Sonnabend den 7. Einen guten Morgen mein trautes Lieb, hast Du gut geschlafen, und hat Dir der Caffe gut geschmeckt? In der Hoffnung daß diese Zeilen Dich noch in England treffen fahre ich fort Dir noch ein wenig zu schreiben. Ich möchte Dir vor allen Dingen noch recht viel von unseren süßen Kindern erzählen, sie Dir nach der Reihe vorführen, und Dir einen recht lebendigen Blick in ihr unschuldiges Leben thun laßen, allein ich fühle mich hier zu viel zu schwach und bey einer solchen Schilderung entsinkt mir unwillkührlich die Feder. Doch das kann ich Dir sagen, wie gesund die Kinder alle zusammen sind und wie frisch und blühend sie alle aussehn. Wie Herrmann der mit Catharine auf den Saal kam, wo ich etwas zu thun hatte, das Bild des geliebten seligen Vaters anlächelte und sich gar nicht davon trennen konnte, so selig war das Kind über das große Bild mit dem goldenen Ramen. Bin ich nicht eine gute Frau, daß ich Deinem Bruder Karl in Havanna einen langen ausführlichen Brief schrieb? Die Auguste Meline nimmt ihn und die Bücher mit. Auch an meinen Bruder Christel werde ich noch einige Zeilen schreiben. An Jakob werde ich schreiben sobald ich seine Adr. weiß. Doch liebster Fritz, für heute mußt Du schon mit diesen wenigen Zeilen vorlieb nehmen, da ich der großen Streiche wegen noch allerley Geschäfte habe. An Judith habe ich geschrieben, daß es mich Ostern freuen würde wenn sie für einige Wochen herüber käme, ich wäre dann noch in der Stadt, welches ihr lieb sein würde, da sie dann ungestört ihre Freunde genießen könnte. Herrmann hat mir versprochen sie Pfingsten wieder nach Norden zu bringen, und so denke ich geht alles gut ab, und ich bitte Dich sehr, Du lieb, Dir dieses Besuches wegen meinetwegen ja keine Sorgen zu machen! Ist es Dir möglich mir auf diesen Brief noch zu antworten, bitte so schreibe mir doch, ob ich Jakob durch Wittens vielleicht Tieks neuste Novelle den Aufruhr in den Cevennen senden soll? Und so lebe denn wohl Du Lieb! Mögen Dich günstige Wellen an Brasiliens schöne Küste bringen! Mein Geist wird Dich fort und fort begleiten! Und meine Briefe sollen Dir sagen daß ich bey Dir war. Es ist mir das Schwerste daß wir so lange ohne Nachricht von einander sein werden. Herzliche Grüße von all den treuen Freunden und unseren Hausbewohnern. Die Kinder mit denen ich täglich von Dir spreche grüßen Dich, Du lieber Vater! Und ich sage Dir mit unaussprechlicher Rührung ein herzliches, herzliches Lebewohl! Wir werden uns ja wiedersehn, wiederhaben! – Lebwohl! Deine treue Betti

Betty an Fritz Gildemeister

Bremen den 13. April 1827

Tief und innig von der herrlichen Musiek bewegt die ich an diesem heiligen Tage, Abends im Dom hörte wo von der Singacademie Grauns[325] Tod Jesu gesungen wurde eile ich noch zu Dir mein heißgeliebter Fritz, den ich mir nun schon auf dem Meere denken kann, welches Dir doch sonderbar genug vorkommen mag, da Du mit diesem Element doch noch ganz unbekannt bist, außer der neulich so glücklichen Überfahrt von Calais nach Dover, welches ich gerne als glückliches Zeichen Deiner größeren Seereise ansehe. Der Himmel behüte Dich vor allem, auf dieser, vor Seekrankheit und Stürmen und ich denke, wenn Du davor verschont bleibst, so hälst Du die Einförmigkeit einer so langen Reise zur See schon aus, da Dein Geist sich ja immer zu beschäftigen weiß, und Du die Langeweile Gottlob nicht kennst. Hat bey Euch in den ersten Tagen dieser Woche der Ostwind so regiert wie es bey uns der Fall war, so seit Ihr nun wol schon weit in See. Dies alles wird mir ja

325 Karl Heinrich Graun (1704–1759), Opernsänger, Komponist, Hofkapellmeister Friedrichs d. Gr. Seine bedeutendste Komposition ist »Der Tod Jesu« (1753), meist am Karfreitag aufgeführt.

Dein erster Brief vom Bord der Marchionese of Salisbury melden, dem ich sehnsüchtig entgegensehe! Doch laß Dir erzählen, mein Lieb, wie ich seit letztem Sonnabend lebte wo ich noch meinen letzten Brief Nro 13. Nach London absandte, den Dir Colquhoun[326] mit Nro 11,12, mit erster Schiffsgelegenheit nach Rio nachsenden wird. Sehr betrübt es mich daß wie Du Deinen letzten Brief N 12, vom 4ten April wegschicktest meine Nr. 9 noch nicht in Deinen Händen war. Den Sonnabend Abend war ich bey Jette G. die ich als Wöchnerin noch nicht besucht hatte, und die ich so gerne in ihrem häuslichen Kreis sehe, der sie so durch und durch zu beseligen scheint. Sie ist sehr wohl, doch das Mägdlein ist sehr zart und klein. Du kennst ihre Freundlichkeit und kannst Dir also denken mit wie vieler Theilnahme sie Dir nach frug. Am Sonntag morgen weckte mich Christine (es war schon sehr spät) mit den Worten »Mutter wenn du nun aufstehst, dann will ich dir auch ganz was Schönes geben« und damit hielt sie mir Deinen ersten Brief aus London entgegen. Du siehst wie schnell ich aufsprang, mich schnell ankleidete und als ich meinen Caffe gemacht hatte, mich ins Sofa setzte und Deinen lieben inhaltreichen Brief las, welches eine echte Sonntagsfeyer für mein Herz war. Die Kinder kamen dann um mich herum und frugen was denn der Vater aus der großen Stadt London geschrieben, und Herrmann, der auf meinem Schoße spielte, hatte große Lust Deinen Brief zu zerreißen; er ist auf alles so erpicht daß man genug zu hüten hat. Den Nachmittag ging ich mit Reidemeisters und meiner Elise zu Kehrmanns[327], wo wir schon im Freyen unsern Caffe trinken konnten, es war ein unvergleichlich schöner Tag! Und der blaue wollkenlose Himmel, die heitre Frühlings Sonne alles rief Trost und Muth zu der Seereise meines Geliebten in mein Herz, und ich sah Dich unter dem günstigsten Winde die Küste Englands verlaßen. Den abend war der gewohnte Freundes Kreis bey Wittens an dem sie mich wieder freundlich theilnehmen ließen. Nie können wir diesen treuen Freunden die Liebe vergelten die sie mir während Deiner Abwesenheit nun schon auf so mannigfache Weise zu erkennen gaben. Ich fühle den Segen ihrer Freundschaft tief! Montag war ich wieder durch Deine lieben Zeilen aus Dover erfreut, die mir sehr interessant waren; das sie mir ein so treues Bild von Deinem ersten Eintritt in das Land gaben, welches Du zu sehen immer so sehnlich wünschtest, und deßen Erfüllung Dir ietzt auf so wunderbare Weise zu Theil werden mußte. Hätte ich in Dover doch Deine gemüthliche Wohnung theilen können, die Du mir gar zu einladend beschreibst. – Den Abend war ich bey Elisen, die Dich herzlich grüßt, und sehr glücklich über Deinen Gruß war. Ich theilte ihr aus Deinen Briefen mit, und so waren wir Dir vereint in treuer Liebe nahe. Dinstag war Herrmann, Elise und ich bey der guten Tante Suling die uns auf einen Härringssalat tractierte den wir uns denn auch gut schmecken ließen, und Dich zu uns her wünschten. Christine sollte mich auch zu der guten Tante begleiten, da sie aber Tags zuvor nicht ganz wohl war, und ihr Übelbefinden der Art war, daß ich fürchtete es möchte das kalte Fieber werden, so ließ ich sie zu Hause; schickte auch zu Treviranus der ihr gleich etwas verschrieb, und so ist alles glücklich vorüber gegangen.

326 James Colquhoun (1780–1855), Hanseatischer Generalkonsul und Stalhofmeister, Agent und Geschäftsträger in London.

327 Kehrmann, C., Wwe, Stephanithors-Bollwerk 1, Caffeehaus und Weinschenke.

August ist auch stark erkältet und mediciniert, und ist sehr eigensinnig. Mittwoch abend war kleiner Mittwoch bey Wittens wo ich mit Herrmann auch war. Ich ging gegen sieben Uhr hin, und kaum bin ich bey den lieben Freunden angelangt so kam Christine vor Freude außer sich mir nach und brachte mir Deinen lieben Brief vom 4ten aus London, den ich gleich erbrach und sie durch den für sie darin enthaltenen sehr glücklich machte. Daß ich den Freunden Deinen Brief mittheilen mußte kannst Du Dir denken. Donnerstag war denn endlich bey mir einmal Kindertag wozu ich Madame Kalkmann und ihre Freundin gebethen hatte. Wie viel wurde da von Euch, Ihr lieben Reisenden gesprochen! Und heute am stillen Freitag trank ich bey Trinchen Kastendiek den Thee und wir gingen dann zusammen in den Dom. Doch für heute sagt Dir Dein Lieb eine Gute Nacht! Oster Sonntag den 15ten Nachmittag, fünf Uhr. Sey mir herzlich gegrüßt Du Geliebter; an diesem festlichen Tage, der mir getrennt von Dir ernst und wehmüthig stimmt. Heute Morgen nahm ich in Martini Kirche das heilige Abendmahl bey Passavant der gestern Vorbereitung hielt. Ich hatte ein rechtes inniges Verlangen nach diesem Mal der Liebe unseres Erlösers und da Herrmanna und Nonnen auch theilnahmen so schloß ich mich gerne an diese Freunde an, und kann Dir nicht sagen wie unaussprechlich die Liebe des himmlischen Vaters mich beym Genuß dieses Liebes Mahles ergriffen und bewegt hat, und wie trostreich der Glaube mich ergriff, das seine Liebe auch unser Schicksal wog und er ferner mit uns seyn werde, wenn wir nur ihm nicht untreu werden. Ich hatte mir eigentlich vorgenommen gestern Abend Dir recht ruhig zu schreiben, aber da die liebe Hermanna mich bat, noch ein Stündchen zu ihr zu kommen so mochte ich ihr dieses nicht abschlagen. Wir lasen in Klopstocks Messias einige Gesänge, die unvergleichlich schön waren, und mich tief bewegten. Heute Abend sollen Herrmann und ich bey Smidts sein, im Grunde blieb ich eben so gerne diesen Abend ruhig für mich zu Hause, allein ohne unfreundlich zu sein konnte ich der freundlichen Einladung nicht aus dem Wege gehen. Morgen Abend will Horn[328] unsere Sonntagsgesellschaft im Museum bewirthen und nächsten Mittwochen bin ich zu Treviranus gebethen, wo wol die Brautpaare sein werden. Du siehst, mein lieber Fritz, daß es mir an geselligem Verkehr nicht fehlt und ich mehr ausgebethen werde wie mir und besonders den Kindern lieb ist, die gar nicht gerne sehen wenn ich sie verlaße, besonders Christine, die doch schon länger des Abends auf bleibt, denn den Anderen kann es im Grunde gleich sein, da ich nie früher gehe als wie sie zu Bett gebracht werden. Unser Liebling August muß leider noch immer das Zimmer hüten, und die Festtage gehen für ihn recht betrübt hin, da er nun gar keinen Osterklaben[329] zu eßen bekömmt, womit seine Geschwister sich was zu gute thun. Christine sagte gestern »Sieh Mutter, die Farben meiner Kleider roth, schwarz und grün, wie sich das paßt roth ist die Liebe, das bedeutet weil ich Vater so lieb habe, Schwarz Trauer, weil er uns verlaßen hat bin ich ja traurig, und Grün, die Hoffnung, weil ich hoffe daß er wieder zu uns zurückkömmt!« Das liebe Kind! Gott erhalte es uns!

328 Dr. jur. Gottlieb Friedrich (»Fritz«) Carl Horn (1772-1844), war der erste Lutheraner seit 1689, der in den Senat gewählt wurde (1802). Heiratete 1805 Sophie Schulze.

329 Vom traditionellen Bremer Weihnachtsklaben wurde stets so viel gebacken, daß für das Osterfest noch etwas übrig blieb. Das lange Lagern soll den Wohlgeschmack noch erhöht haben.

Dinstag nach 9 Uhr

Fern bist Du mir nun mein Geliebter, und kein Laut tönt von Dir zu mir herüber, auch wird eine lange Zeit hingehen ehe Du durch diese Zeilen erfreut wirst; doch bey dieser gänzlichen Unmöglichkeit Nachrichten von einander zu bekommen, wie unaussprechlich tröstlich ist da der Gedanke an eine über uns sorgetragende Liebe die mit uns ist, und uns behüten kann wenn wir in Noth und Gefahr gerathen, und der feste Glaube an unsere gegenseitige unwandelbare Liebe! Sollte dies uns nicht eine Gegenwart ertragen helfen, die ohne unser trautes Beysammenseyn so öde und dem inneren Menschen so ungenügend erscheint? Gewiß, ja gewiß, treue Liebe kann und vermag viel wenn sie Sinn und Blick nach oben richtet! Dies erfährst Du und auch ich fühle den Segen der aus jeder Gott geheiligten Empfindung meines Herzens entspringt. Ob ich noch aus Falmouth von Dir hören werde? Ich hoffe es, wenn es auch nur wenige Zeilen sein sollten! Und dann tröstet mich Dein Versprechen, welches Du mir beym Scheiden gabst »Hoffentlich erhälst du aus Madeira den ersten Brief von mir!« Gestern Abend, dies wollte ich Dir noch erzählen, waren wir sehr fröhlich und lustig! Und denke Dir die Überraschung, Sophie Horn erfreute uns durch ihre Gegenwart, doch blieb sie natürlich nicht zu Tisch, aber bis gegen neun Uhr war sie doch heiter unter uns, und wie ich heute von Fritz Horn hörte, der Abschied von mir nahm, ist es seiner Mutter gut bekommen. Vor Tisch machte ein Theil der Gesellschaft und darunter Deine Frau allerley Spiele, als Blindekuh im Kreise, wie gefallen dir deine Nachbarn, welches Rump sogar mitspielte; und Porträt und Motto, wobey herzlich gelacht wurde. Außer unserer Sonntagsgesellschaft war Doctor[330] und Senator Olbers[331], Doctor Focke[332] und sein Sohn dort und ein junger Horn aus Berlin Sohn des Arztes, der mit Fritz nach Heidelberg geht und Wilhelm Klugkist[333]. Bey Tisch wurde gelacht und gesungen und sogar ich mußte das Schweitzer Lied Schernwerl [?] Hölzli singen. Um Mitternacht trennten wir uns erst. Julius Klugkist[334] verläßt uns nun auch bald, er geht nach Leipzig wie Du wißen wirst. Heute habe ich allerley nöthige Einkäufe für die Kinder und mich gemacht, und bin diesen Abend mit meiner Elise vereint gewesen. Mit August beßert es sich, doch ist er über allen Ausdruck eigensinnig und mitunter dabey so komisch, daß man kaum das Lachen verbergen kann. Mich verklagt er immer bey Catharine daß ich ihn necke; wenn ich ihm nehmlich Verweise gebe so sagt er »Mutter neckt mich auch immer« – Die anderen Kinder treiben sich viel auf dem Kirchhof herum, welches mir ganz recht ist, denn im Hause lermen sie oft, daß man ganz wunderlich davon wird. Karl hat heute auch wieder einen Brief für Dich angefangen. Doch gute Nacht Du treues Lieb!!

330 Dr. med. Heinrich WILHELM Matthias Olbers (1758–1840), Arzt und Astronom, verheiratet mit Anna, geb. Lürssen (1765–1820). Wohnhaft Sandstr. 15.

331 Dr. jur. GEORG Heinrich Olbers (1790–1861), wurde 1825 Senator. Blieb unverheiratet und in seinem Elternhaus wohnen.

332 Dr. jur. Christian Focke, (1774–1852), war verheiratet mit Henriette Marie Dorothea (Doris), geb. Olbers (1786–1818). Wohnhaft Papenstr. 23

333 Wohl Diedrich Wilhelm Klugkist (1806–1876), Sohn von Johann Augustin Klugkist und Johanne Christine Henriette, geb. Schulz, Neffe von Hieronymus und Luise Klugkist.

334 Daniel JULIUS Klugkist (1808–1879), Sohn von Hieronymus und Luise Klugkist.

Sonntag den 22ten Nachmittag 5 ¼ Uhr.

Ehe ich zu Winholds gehe eile ich noch ein Stündchen zu Dir lieber Fritz, der Du ietzt vielleicht auch an mich schreibst, doch wenn dies nicht, doch gewiß an mich und die Kinder denkest. Freitag Morgen erhielt ich Deinen lieben Brief vom 9ten April aus Falmouth, für lange Zeit das letzte Zeichen Deines Lebens, Deiner Liebe! - Gott sey Dank! daß Deine Gesundheit vortrefflich und Du mit so heiterem Sinn Deine große Reise antrittst! Wie kann ich mich so ganz in Deine Empfindungs Weise versetzen mit der Du Falmouth liegen sahst und weiter in den unermeßlichen Ocean. Ach, und wie war es Dir wol so schwer ums Herz wie nun die Anker gelichtet wurden, und Englands Küste Deinem Blick entschwand. - Doch warum Dich auf etwas zurückführen, welches schon hinter Dir liegt, wie auch die Fahrt über das Meer ja schon glücklich überstanden sein muß, wenn Du diese Zeilen in Händen hälst. Nicht wahr, Du denkst dann schon an die Rückfahrt die Dich freudig unaussprechlich freudig bewegt und bestürmt?. Doch will ich Dir erzählen wie ich diese Tage zubrachte, Donnerstagabend war Luise mit ihren Töchtern und Elise Spilner bey mir, Freitag Morgen empfing ich Deinen Brief und dieser Tag wurde dadurch zum Festtag für mich. Den Nachmittag empfing ich noch einen lieben Brief von Mutter aus Zürich und einen aus Weimar von Elise; die diesen beyläufig gesagt, mit Amalie eine Reise zu Heinrich machen will. Mutter schreibt mir wie sie Dich täglich begleite, und mancherley fragen möchte, worüber sie nur Bücher nachschlagen könne. Sehr verlangt sie von mir zu hören was Du mir über Jakob geschrieben hast. Mutter schreibt mir auch, daß Herr Pfr. Meyer endlich eine einträglichere Stelle als Landprediger in Pfeffikon erhalten hat, es liegt an einem kleinen Landsee etwa sechs Stunden von Zürich. Du freust Dich gewiß über diese äußere Verbeßerung meiner Schweitzer Freunde und wenn Du die Diamanten nicht in Brasilien mitzubringen vergißest, so besuchen wir sie wol einmal in ihrem neuen Wohnorte den sie im September beziehen werden. Freitag Abend war ich mit Witten in der Oper, sie waren so gütig mich mitzunehmen. Das unterbrochene Opferfest[335] wurde sehr gut gegeben. Es ist doch eine schöne Musiek, die man immer gerne wieder sieht oder beßer hört. Habt Ihr in London noch gehört, daß Beethoven nach langem Leiden an der Wassersucht starb? Welch großer Verlust für die Kunst! - Unsere Freundin E. Müller ist sehr über seinen Todt betrübt, und wer sollte dies nicht aus voller Seele mit ihr theilen? Gestern Abend war ich bey Kalkmanns Frau, und da ich allein bey ihr war, so wurde viel von den lieben Reisenden gesprochen. Sie sagte mir auch daß die Pariser Sachen für uns in Hamburg angelangt seien. Unser lieber August ist wieder beßer, doch noch sehr eigensinnig, und des Vaters Ernst wären wol nötig ihn von seiner Unart zu curieren. Doch es ist Zeit daß ich mich zu der Gesellschaft ankleide.

335 Singspiel von Peter v. Winter.

Montag den 23ten Abends 10

Mein trautes Lieb. Da ich Morgen schwerlich dazu kommen werde Dir zu schreiben, und ich doch wol Mittwoch diesen Brief wegsende damit Du ihn mit dem May Paquetboth in Rio erhälst, so eile ich in dieser einsamen Abendstunde nach dem Elise mich verlaßen hat, noch zu Dir bey dem mein Geist immer in treuer Liebe weilt. Morgen Abend will Herrmann und ich nehmlich die Brautpaare tractieren und da kannst Du Dir denken daß es für Dein Lieb in Keller und Küche allerley zu thun giebt. Es wird ganz eigen sein eine so große Gesellschaft[336] in meinem Hause ohne Dich, den geliebten Gatten, zu bewirthen! Außer den Famillien Post und Kastendiek kömmt noch Smidts, D. Noltenius mit Frau, Treviranus, Wittens, Winholds, Reidemeisters und Müllers und Doctor Wichelhausen[337], als Freund von Wilhelm Kastendiek. Nicht wahr, ist dies nicht eine hübsche Gesellschaft? - Ach wenn Du mit mir und all diesen lieben Freunden wieder zu Tische sitzen wirst, dann werden die Gläser klingen und meine Augen werden dann glänzen, als die einer seligen, seligen Braut, und Deine gewiß nicht minder, meinst Du nicht auch! Heute erhielt ich auch einen Brief von Judith in dem sie mir schreibt, daß sie Mittwoch den 25ten von Norden abreisen würde allso Donnerstagabend hier eintreffen wird. Ich sehe ihrem Kommen ruhig und heiter entgegen. Tröste Du Dich damit, daß wenn Du dieses Blatt in Händen halten wirst, sie wol schon wieder fort sein wird. Noch muß ich Dir mittheilen, daß ich durch die gute Tante Suling ein sehr rechtliches Mädchen erhalten habe, die diesen Sommer hier im Hause bleiben wird, daß ich Justine mit hinausnehmen werde, welches mir sehr lieb ist. Die schönen Pfingsttage denke ich auf dem Mühlenfelde in ländlicher Stille zu genießen. In diesen Tagen habe ich mich an Uhlands Gedichten erlabt die doch köstlich sind. Ich wollte Du hättest sie mitgenommen. Das sind auch noch Gedichte die man wie die Göthischen lesen und wieder lesen kann und nie satt wird sie zu lesen. - Gestern habe ich einen großen Brief und ein Paquet Bücher an Deinen Bruder Karl weggesandt und auch an ihn für meinen Bruder Christel einen Brief gesendet, von dem durch Dich zu hören mir sehr erfreulich war. Die Kinder die alle wohl sind haben vorige Woche ein großes Herzeleid erfahren, der Kirchhof ist nehmlich mit jungen Linden bepflanzt worden und dadurch ihnen das Spielen auf demselben untersagt; es macht sich mit dieser neuen Bepflanzung von Bäumen sehr hübsch! Ob Karl noch dazu kommt bis Mittwoch seinen für Dich angefangenen Brief abzuschreiben, daran zweifle ich. Ich kann Dir nicht sagen wie der Junge über Deinen Brief selig und glücklich war. Doch schließe ich hier und bin mit unaussprechlicher Liebe Deine treue Maid

336 Johann Smidt schreibt darüber an Gildemeister: »Ihre Frau hat uns gestern abend magnefice tractiert. Die Gesellschaft war überaus vergnügt. Ganze Passagen aus der Odyssee drängten sich ins Gedächtnis zurück. Herrmann Stolz machte dabey den göttlichen Sauhirt in gewohnter Gewandtheit.« (StAB 7,20-530, 26.4.1827).

337 Dr. med. Peter Jacob Wichelhausen (1799-1870).

Betty an Fritz Gildemeister

Den 30ten April 1827

Ich kann es mir gar nicht denken, mein süßes Lieb, daß Du nun schon so unendlich weit von mir getrennt bist, da ich mich Dir geistig so unaussprechlich nahe fühle, so nahe, daß ich es gar nicht vermag Dir dies mit diesen schwachen Schriftzügen auszudrücken; Du fühlst es mir aber dem ungeachtet gewiß nicht minder lebendig nach, da es Dir gewiß eben so ums Herz ist wie Deinem Lieb. Ich fühle es in unserer Seele, wenn wir Sympathie Vögel[338] ein mal wieder vereinigt sind, so trennen wir uns gewiß nicht wieder in diesem Leben, denn wir sind zu sehr in einander verzweigt und verwachsen, als daß wir uns einer solchen Prüfung, denn für unsere Liebe ist sie es doch, diese lange Abwesenheit? zum zweiten Male unterzögen? Und wenn der Todt, dem ja hinieden alles unterthan ist, einmal zu uns kömmt, oh, dann möge er uns entweder vereint oder doch bald nacheinander in sein dunkles Reich abholen!! Doch so sehnlich ich mir dies auch wünschen kann, so sage ich doch wie Gott will, denn er ja allein weiß was uns frommt und was uns am besten ist, der Mensch in seiner Kurzsichtigkeit weiß es nicht. Aber ich kann Dir wol sagen, lieber Fritz, seitdem ich von Dir getrennt bin, kann es mich oft mit unaussprechlichem Weh erfüllen wenn ich mich in die Seele einer Wittwe denke, die in ihrem Gatten des Himmels Seeligkeit genoß. Oh Gott wie anders erträgt sich doch jede noch so lange Trennung wo uns noch hinieden ein Wiedersehen, ein Wiederhaben hier zu Theil wird! Als wo dieses in eine unbestimmte, unbekannte Ferne hinausgerückt wird, in ein Land aus dem noch kein Sterblicher Kunde brachte. Darum will ich auch nicht klagen, da mir ja hoffentlich in diesem Jahre das Wiedersehn des Geliebten zu theil wird, sondern getrost und fröhlich meinem Gott vertrauen der uns diese Seligkeit ja ungetrübt bereiten wird nach seiner großen Güte und Barmherzigkeit. Letzten Mittwoch morgen als ich meinen ersten Brief für Dich nach Rio absandte, war es mir nicht möglich Dir noch ein paar Worte zu schreiben, die Dir sagten wie äußerst gut die Gesellschaft Dinstag bey uns ausfiel und vergnügt und freundlich die lieben Freunde bey uns waren, und wie nichts fehlte als Deine liebe liebe Gegenwart! – Wilhelm C. sah ich noch nie so lusticht als an dem Abend und Herrmann der für guten Wein gesorgt hatte, war sehr liebenswürdig.

Dinstagabend 10 Uhr den 1ten.

Es ist mir ein Bedürfnis und Erholung wenn ich mein Tagewerk vollendet habe, dann vor dem Schlafengehn mit Dir, mein liebes Herz, noch ein Weilchen zu plaudern, und dann in Gedanken an Deine Seite zu träumen, was, könnte es in der Wirklichkeit geschehn dann wol nicht der Fall seyn würde, da würde ich Dir nicht erzählen, nein, sondern Dich ohne Aufhören herzen und küßen; doch da dies nun leider nicht sein kann, so nehme bis es seyn kann, mit diesem elenden groben Geschreibsel vorlieb. Gestern hatte ich Dir von letzten Dinstag erzählt und heute will ich Dir sagen, daß ich Mittwoch zu Erstenmal seit Deiner Abwesenheit das letzte Privat Concert besucht, welches unvergleichlich schön war und

338 Betty meint wohl die Sittichart »die Unzertrennlichen«.

mich durch und durch befriedigte! Erst die wundervolle Sinfonie von Beethoven (C-moll) die ausgezeichnet gut gespielt wurde. Arie aus Titus[338a], von Jutta Grabau[339] die mit ihrer Schwester hier zu Besuch ist. Sie hat eine vortreffliche Schule, einen meisterhaften Vortrag und eine schöne klangvolle Stimme, und wurde mit großen ungetheilten Beyfall aufgenommen, aber sonderbar, ich kann nicht sagen daß ihr Gesang mich sehr angesprochen hätte; sie singt mir nicht seelenvoll genug, das Kunstmäßige welches ihre Stimme gewiß in hohem Grade sich angeeignet hat, verstand ich nicht und kann nicht darüber urtheilen. Dann spielte Rackemann[340] ein Flöten Concert von Zulou, damit schloß der erste Theil. Ouvertüre aus Egmont, köstlich gespielt!! Zwey kleine allerliebste Duetten, von den Schwestern Grabau, Concertante für zwey Violinen von Spohr[341] von Ochernal[342] und Arnold[343], zum Beschluß Chor aus Euryanthe. Zu Nacht aß ich noch bey Reidemeisters. Donnerstag Nachmittag kam Judith hier an und ist nun schon bald eine Woche hier! Was soll ich Dir von ihr schreiben? Du kennst ja ihr Wesen, welches ich durchaus unverendert finde. Doch ist sie bis ietzt freundlich gegen mich und scheint große Freude an den Kindern zu haben. Freitag Abend war ich mit ihr bey Klugkists im Kindertag, der ihrer Ankunft wegen versetzt wurde. Sonntag an einem unvergleichlich schönen warmen Frühlingstage war ich mit Herrmann dem lieben Karl und Reidemeisters Nachmittag in Woldmershausen wo wir bey Clodius[344] den Kaffe tranken. Abends mit Herrmann und Judith in der Sonntagsgesellschaft ziemlich vergnügt bey Treviranus in der neuen sehr freundlichen Predigerwohnung. Gestern Abend mit den lieben Kindern zu Hause, ein rechtes Labsal! Ich tractierte sie auf Aepfelsienen, welch ein schöner Schmaus! Heute einen herrlichen Brief aus Weimar von der lieben Mutter, die voll Liebe für mich ist! Ihr Segen begleite Dich! Diesen Abend ein paar Stunden bey T. Warneken[345] mit Trinchen Caesar. Doch der Sandmann kömmt, Gute Nacht Du vielgetreuer Udisseus! – Mittwoch morgen 10 Uhr. Ich schreibe Dir diese Zeilen auf unserer traulichen Schlafkammer. Verenchen sitzt mir gegen über und strickt. Christine ist in der Zeichenstunde und Karl und die anderen Kinder spielen in der Kinderstube. Der Erstere mußte heute die Stunde versäumen, weil er etwas erkältet ist, was aber gar nichts auf sich hat; wie Du denken kannst, weil ich es Dir ja sonst nicht schreiben würde, denn bey einer so großen Entfernung ist dieses nicht gut, weil man sich dann leicht der

338a Oper von Wolfgang Amadeus Mozart (1791).
339 Drei Töchter des Organisten und Chorleiters Leberecht Grabau waren als Konzertsängerinnen ausgebildet und gestalteten das Bremer Musikleben mit.
340 Aus der großen Bremer Musikerfamilie Rakemann tat sich besonders Wilhelm Rakemann als Flötist hervor.
341 Louis Spohr (1784–1859), Komponist, Violinvirtuose.
342 Es gab zwei Ochernals, die im Bremer Musikleben eine bedeutende Rolle spielten: 1) Carl Friedrich (1782–1830), Konzertmeister, seit 1815 städtischer Musikdirektor. 2) August (1805–1858), Konzertmeister.
343 Heinrich Arnold, Violinist im Bremer Konzertorchester.
344 Im Bremer Adreßbuch ist ein Friedrich Heinrich Ludwig Clodius, Seeschiffer zu Woltmershausen aufgeführt. Möglicherweise betrieb die Ehefrau eine Kaffeeschenke für Bremer Ausflügler.
345 Anna THEODORE Conradine Warneken, geb. Meier (1794–1882), seit 1815 zweite Frau von Arnold Warneken (1771–1858).

Angst und Sorge hingiebt. Der Karl ist nun auch bey der Jungfrau Kindt mit Christine fort gekommen, da ich den Dicken aber im Hause nicht gut beschäftigen weiß, hat Herr Specht[346] die Gefälligkeit für mich gehabt ihn zu sich in die Schule zu nehmen bis ich hinausziehe. Christine ist hingegen zu Hause, welches auch recht gut geht, und mir angenehm ist, das liebe Mädchen immer um mich zu haben. Alle unsere lieben Kinder grüßen Dich auf das Herzlichste, so wie alle Freunde, die zu nennen mir der Raum fehlen würde. Das herrliche Frühlingswetter, welches wir haben, hat den wohlthätigsten Einfluß auf meine Stimmung und ich kann Dir sagen daß ich durchwegs heiter und voll fröhlicher Hoffnung gestimmt bin. Jeder Baum, jede Blüthe und Blume spricht zu meinem Herzen, von Deiner glücklichen Heimkehr in die geliebte Vaterstadt, und sie werden mich ja nicht täuschen die Frühlingsstimmen? – An mein Hinausziehen nach Oberneuland denke ich nicht ehe als bis J. mich wieder verlaßen hat, welches ja hoffentlich vor oder nach Pfingsten geschehen wird; da Herrmann mir versprochen hat sie hinzubringen. Wenn Du dieses Blatt in Händen halten wirst, dann denke nur, das Dein Lieb mit der treuen Jugendfreundin am Mühlenfelde sitzt und mit Liebe des fernen Freundes denkt, und die Kindern dann in vollen Zügen der goldenen Freyheit genießen! Müllers haben ihren Plan nach England zu reisen aufgegeben, sie gehen nach Heidelberg wo sie den Sommer gemüthlich zubringen werden. Winholds ziehen nach Oberneuland in unser ehemaliges Logie bey Kämenath am Mühlenfeld, Reidemeisters bleiben in der Stadt, ich hoffe aber sie oft bey mir zu sehen, wenn ich erst draußen logiere. Wittens werden Anfangs Juni nach Paris reisen. An J. werde ich ihnen eine Adr. mitgeben. Doch für Heute Lebewohl! J. und Herrmann grüßen Dich herzlich! Einen süßen Kuß drücke ich hier dem Papier für Dich auf! Der Himmel sey mit uns!

Mit heißer Sehnsucht sehe ich Deinem ersten Brief entgegen!

Ewig, ewig ganz die Deine Betty

Betty an Fritz Gildemeister

Bremen den 11 May 1827 Abend nach 6 Uhr

Um Dir mein Lieb recht ungestört zu schreiben, habe ich mich auf unsere Schlafstube gesetzt, denn unten in der Wohnstube werde ich gar zu oft gestört, welches mir, wenn ich an Dich schreibe höchst unangenehm ist. Mein letzter Brief an Dich ist nicht fortgekommen und Du empfängst ihn nun mit diesen Zeilen; die Dir meine und der Kinder Liebe recht nahe bringen und Dich im fremden, fernen Lande freundlich ansprechen werden. Du wirst es fühlen wie Du und Deine frohe Wiederkehr unser täglicher Gedanke, unser liebstes Gespräch sind und wie wir im Blick auf sie die Gegenwart ertragen, die ach so leer und öde mir erscheint. Die acht Tage in denen ich Dir nicht schrieb, sind ohne erhebliche Begebenheiten dahingegangen, und ich kann Dir wenig oder nichts von ihnen erzählen. Mich erfüllt es mit Freude, wenn so eine Woche nach der anderen dahingeht, und jeden

346 Friedrich Specht, Lehrer, Catharinenstr. 32.

Montag ist dies Gefühl doppelt angenehm, da es gerade ein Montag war wo Du Dich einschifftest und es nächsten Montag schon fünf Wochen werden daß Du in See bist, allso ist schon der größte Theil Deiner Reise zurückgelegt, und Du bist nun schon auf der anderen Erdkugel in einem wärmeren Clima, triffst einen Himmel mit neuen schönen Sternbildern und bey all diesen neuen Gegenständen ist Dir der Aufgang der Sonne und des stillen Mondes gewiß doppelt erfreulich, da sie auch in das Fenster Deines lieben Mädchen freundlich herniederscheinen. Ist es nicht so, mein Lieb?

Letzten Sonntag sind auch die Sachen aus Paris für mich und Frau Kalkmann, nehmlich für mich drey paar Schue die mir aber leider viel zu groß sind, und ich möchte wißen wo Georg[347] seine Augen gehabt hat, als er sie kaufte, da er doch einen Schu von mir dabey hatte, der viel kleiner als die gekauften Schue ist. Ich kann wol sagen daß dies mir sehr unangenehm ist, obgleich es mir hier nicht an Gelegenheit fehlen wird sie wieder zu verkaufen; was ich auch thun werde. Die seidenen Locken haben meinen Beyfall. Die Bilder für Christine und Karl haben große Freude gemacht, und sie danken Dir herzlich dafür! Ich werde Sorge dafür tragen daß sie dieselben nicht beschmieren, denn dies wäre schade für die hübschen Zeichnungen. Das Buch für Deinen Bruder Karl von Humbold habe ich aber nicht erhalten? Herr Fischer[348] hat vom 27ten März von Karl einen Brief. Er ist gesund und wohl und schreibt daß mein Bruder Christel glücklich und wohl in Havanna zum Besuch angelangt sey. Die Kinder sind, obgleich sie mir manchmal den Kopf heiß machen, meine größte Freude und der liebe Herrmann entwickelt sich von Tage zu Tage lieblicher, Du glaubst nicht, wie lebendig er wird und wie deutlich er schon Papa und Mama sagen kann. Viele von unseren Freunden finden daß er meinem Bruder Herrmann sehr ehnlich sehen soll, wodurch dieser sich sehr geschmeichelt fühlt; denn ich kann wol sagen der Knabe ist seine große Liebe, und der kleine Schelm weiß dies auch schon sehr gut, und wenn er den Onkel sieht, streckt er gleich die Arme nach ihm aus. August mein kleiner Liebling, sieht so frisch und gesund aus daß es eine Freude ist, ich muß mich recht hüten daß ich ihn nicht verziehe, denn der Knabe hat was unbeschreiblich ansprechendes und sieht dabey Dir so ehnlich. Wenn er mich mit seinen großen braunen Augen so hold ansieht, so weiß ich mich vor Freude nicht zu halten. Aber bey dem allen ist er gewiß ein sehr schwer zu erziehendes Kind, und ich möchte wißen, ob Du in Deiner Jugend auch schon so einen eigenen Kopf gehabt hast wie er? Ich muß die Mutter doch mal fragen. – Wie Otto sich machen wird, weiß ich noch gar nicht, der Junge ist über alle Maßen träge und indolent. Er kann den ganzen Tag herumstehen ohne zu spielen so viel ihn der August auch dazu auffordert; bey dem allen ist er aber ein sehr gutes Kind und ich hoffe diesen Sommer auf dem Lande wird er ja wohl lebendiger und theilnehmender, welches auch für Karl gut sein wird, dem es auch noch immer an Leichtigkeit und Gewandtheit im Spiel fehlt. Die sanfte Verena fängt schon beßer den Ball als er, und Christine ist hierin eine Meisterin wie sie denn auch den Kräusel laufen lassen kann, welches ihm bis ietzt nicht möglich ist, weil es ihm keine Freude zu machen scheint.

347 Georg Kalkmann.

348 Wahrscheinlich August Friedrich Fischer, Weinhändler, Herrlichkeit 5. 1814 Mitglied des Municipalrats.

Zeichnen, anmalen, von Karten Häuser und Thiere ausschneiden dies sind noch immer Karl seine liebsten Beschäftigungen, so wie Christine nicht glücklicher ist, als wenn sie lesen kann. So sind alle verschieden aber alle doch dem Mutterherzen gleich lieb und theuer. Ich überzeuge mich immer mehr daß es bey der Erziehung der Kinder gewiß am besten ist, so wenig als möglich zu erziehen und nur immer auf das sittliche und moralische Gefühl einzuwirken. Wofür ich mich am meisten in acht nehmen muß, ist meine allzu große Heftigkeit, wenn sie ungehorsam sind, denn damit macht man gewiß die Kinder nicht beßer, wie oft sage ich mir selbst »sey ernst und strenge wo es noth thut aber sey nicht heftig!« Auch laße ich den Kindern manchmal meine üble Laune entgelten, ach und dies schmerzt mich an tiefsten, mehr als ich es Dir sagen kann, ich kämpfe täglich gegen diesen bösen Feind an und oh, möchte ich ihn ganz besiegt haben diesen Dämon, wenn Du wieder bey mir bist, lieber Fritz! Gottes Gnade schenke mir das Vollbringen! Du siehst lieber Mann ich bin nicht blind für meine Fehler, und ich kann Dir sagen, wie tief sie mich schmerzen, und wie es mich nun manchmal in meiner Einsamkeit betrüben kann, daß ich Dich, den besten Gatten oft durch meine üble Laune betrübt habe, Dich den ich doch so über allen Ausdruck liebe, dem ich nur Freude und Friede die Fülle geben möchte! Ja, Gott weiß es, und sieht meine Thränen, wie ich Dich und die Kinder unaussprechlich liebe, wie es mein einziges Bestreben nur ist euch Ihr theuren Seelen so recht glücklich zu machen wie es nur in eines Menschen Macht ist. – Ich habe mich wieder in die trauliche Wohnstube gesetzt, die Kinder sind alle zu Ruhe und schlafen sanft und süß, aber solltest Du es glauben nach den wärmsten Tagen ist es seit acht Tagen so kalt, daß das Feuer lustig im Ofen brennt; besonders heute war es ein dunkler regniger Tag und dabey sehr kalt. Zum Hinausziehn nach Oberneuland macht das Wetter mir ietzt gar keine Lust, und bis Judith hier ist denke ich auch nicht daran, wie ich schon im vorigen Brief schrieb, ich kann Dir aber zu Deiner Beruhigung sagen daß es mir mit Judith recht gut geht ohne daß ein inniges Verhältniß zwischen uns stattfindet, sind wir uns doch gut und tragen uns in Liebe. –

Abends 10 Uhr

Ich darf den Brief wohl nicht dicker machen und sage Dir, meinem süßen Lieb ein herzliches Lebewohl! Herzlich grüßen Dich die Kinder, Herrmann, Judith, Klugkist und alle, alle lieben Freude!! Wittens reisen nächste Woche nach Paris. An Georg sage daß seine Frau und sein Kind gesund und wohl sind. Die Frau war sehr glücklich wie sie vor acht Tagen mit den Sachen endlich auch einmal von ihrem Mann einen Brief erhielt. Georg könnte seiner Frau wol öfter schreiben, denn seine Saumseligkeit macht sie unglücklich, und sein oft gar zu leichter Sinn macht ihr oft Sorge und Mühe. Ich habe aus ihren Reden wol gemerkt daß er, was das Geld betrifft, eben kein guter Wirth ist, und zu wenig an die Zukunft und an Zurücklegen denkt, wenn er gut verdient. Doch ich sage Dir dies nur. Hier noch eine kleine Resedablüthe die unter meinen Augen blüthe und die Dich an die liebe Heimath freundlich erinnert – Lebewohl! Tausend Küße begleiten diese Zeilen.

Ewig nur die Deine Betty

N. S. Die Lieben in Weimar sind wohl. Elise und Amalie wollen diesen Sommer Heinrich besuchen.

Betty an Fritz Gildemeister

Bremen den 24 May 1827 Morgens 9 Uhr

Geliebtester!

Welch eine liebliche Fügung daß gestern grade am 23ten May, diesem für uns unvergeßlichen Tage Dein lieber, lieber Brief vom 23ten April mich erreichen mußte! Nach langer langer Zeit von dem Liebsten ohne Kunde zu sein welche Qual! Aber wie unermeßlich ist, nach einer solchen Zeit dann auch das erste Lebenszeichen! Und so lange wie ich nun auch schon seit Deiner Einschiffung ohne Briefe von Dir leben mußte, so konnte ich doch ietzt nach meiner Rechnung keine schon erwarten, da mir von mehreren Seiten gesagt war, das das Paquetboth auf der Hinreise nach Rio schwerlich irgend wo anlegen würde. Und Smidt und ich waren schon ganz resigniert vor August oder September Briefe von Euch zu erhalten. Denke Dir allso gestern Nachmittag um 4 Uhr mein Erstaunen, meine Freude, meine Überraschung als Dein Brief von meiner vor Seligkeit zitternden Hand eröffnet wurde, und ich las und wieder las und nicht satt werden konnte zu lesen! Denke Dir nur mein Lieb, ich war nach Tisch mit Elise, die letzten Sonnabend Abend bey mir eingezogen ist, in den Meinerzagischen Ausruf[349] gegangen wo die Sachen zu besehen waren, kaum dort angelangt, sehe ich Smidt die Treppe heraufkommen, wo denn mein erster Gedanke war, was will der wol hier? Seine Augen verriethen mir aber daß er Jemand suche, und erfahre nun daß ich es bin die er sucht, um selbst mir die frohe Botschaft von Deinem Briefe zu verkünden, war er mir hierher gefolgt. Wie schnell ich nun zu Hause eilte, kannst Du Dir denken, und mit welcher Wonne ich den theuren Brief an mein Herz drückte! Die süßen Kinder, Herrmann, Judith und Elise theilten meine Freude aus voller Seele mit wie auch Justine und Catharine. Madame Kalkmann die keinen Brief erhalten hatte kam auch her und ich theilte ihr Einiges aus Deinem Briefe mit. Wie danke ich es dem Himmel daß Du mein Lieb mit der Seekrankheit gut weg kamst, und der Gott Neptun sich mit einem Opfer begnügte. Mit wie weit mehr Ruhe kann ich Dich nun auf Deiner weiteren Reise begleiten da ich weiß daß Du dies Übel leicht überwandest. Über die ausführliche Beschreibung Deines Lebens und Treibens auf dem Schiffe sage ich Dir tausend Dank! Aber wahrlich beneidenswerth ist sie nicht, und es ist mir ein tröstlicher Gedanke daß Du bald am Ziele Deiner Reise sein wirst. - Ich wurde abgerufen. Smidt war bey mir und theilte mir Heinrichs Brief mit, welcher mir sehr interessant war, auch schlug er mir vor ob wir nicht heute noch an Euch, Ihr lieben Reisenden einen Brief absenden wollten, welches ich mit Freuden einging, doch darf ich nur dieses Blatt vollschreiben, weil das Porto so sehr theuer nach Rio ist, und so muß ich mich denn leider kurz faßen, welches schwer genug ist da mein Herz so voll Liebe ist und sich so gerne gegen

349 Meinertzhagen, Daniel (1772-1848), Kaufmann, Aeltermann, Langenstr. 144, offenbar zuständig für öffentliche Bekanntmachungen über Schiffsverkehr und angekommene Post. Heiratete 1800 Metta Gebecka Gröning.

den Geliebten ausschriebe. Ietzt thut mir nur sehr leid, daß ich nicht ein größeres Blatt nahm, doch dies ist nun einmal geschehn. Die Briefe die ich Dir nun schon nach Brasilien schrieb wirst Du erhalten haben, wie auch die letzten die ich Dir nach London schrieb, die Dich dort aber nicht mehr erreichten? Die Dir aber doch gewiß nach Rio nachgesandt wurden? Gott sey Dank! sind wir alle gesund und wohl und hoffen es auch zu bleiben! Dies ist für Dich mein lieber Fritz, gewiß immer am erfreulichsten zu hören, und wie ich zum Himmel flehe daß er uns, nach langer Trennung ein frohes Wiedersehn bereiten möge so wird auch dies Dein tägliches Gebet sein! Doch nun noch einiges aus meinem Leben. Mit Judith geht es sehr gut, und ich habe durch ihr Hiersein noch nichts Unangenehmes gehabt. Sie ist freundlich und theilnehmend und scheint mir im Ganzen doch viel milder geworden zu sein, so daß ich doch sehr wünsche es möge sich in Norden wieder in Ordnung bringen laßen und sie bey den Geschwistern bleiben, wo sie sich im Ganzen auch wohl zufühlen scheint. Herrmann will sie in der Pfingstwoche wieder nach Norden bringen, und dann gehe ich mit der Freundin und den süßen Kindern nach Oberneuland wohin recht mein Sinn steht. Die Festtage bin ich allso noch in der Stadt wie ich es früher nicht dachte, weil ich glaubte daß Judith mich schon vor den Festtagen verlassen würde. Letzten Sonntag waren wir den ganzen Tag mit Reidemeisters in Oberneuland bey Boschen wo ich Dich an meine Seite wünschte so schön war es dort! Doch wann wünscht mein Herz dies nicht! Du fehlst mir ja immerfort Am Mühlenfelde, wohin wir spazierten war es lieblich und Elise und ich malten es uns schon aus wie hübsch wir uns dort einrichten wollten. Die Lage meines Logies ist doch noch schöner als bey Krops. Die Menge der Nachtigallen, die frisch begrünten Eichen lockten uns auch in die Hölzer doch die sind noch recht feucht und sumpfig und es herrscht eine üble Luft in ihnen. Sich in ihnen hinzulegen wie wir es thaten, davon wird diesen Sommer nicht die Rede sein können, denn bey der Überschwemmung stand das Wasser dort über sechs Wochen, zu dem fürchtet man bey uns einen feuchten Sommer wozu aller Anschein vorhanden ist, denn so schön warme Tage wir besonders im April schon hatten so viel Regen hatten wir auch schon, und nach ihm wieder sehr kalte Tage. In der Oberneulander Straße möchte ich in diesem Sommer auf keinen Fall logieren, aber am Mühlenfelde ist die Luft rein und der Boden vollkommen trocken! Am letzten Dinstag führte Herrmann uns in die Oper. Figaro wurde sehr gut gegeben und ich schwelgte recht in dieser einzig zaubervollen Musiek. Nächsten Mittwochen steht uns ein neuer musicalischer Genuß bevor. Grabau will mit seinen Kindern auf den Hörsaal der ehemaligen lateinischen Schule Webers Oberon aufführen. Dies wird gewiß gut ausfallen, da Pilwitz mehrere Bas Arien übernommen hat und Herr Steinert den Tenor, allso Herr Lange[350] wird uns nichts vorstöhnen. Sonntag ist bey mir die Gesellschaft und den zweyten Pfingsttag werden wir wol bey Noltenius in Borgfeld sein. Das Johann Kastendieck Amtmann beym Bremer Hafen geworden ist, dies wird auch Dich unbeschreiblich gefreut haben.

350 Johann Heinrich Lange (1784–1856), Organist der Stephanigemeinde, Konzerttenor, vor allem in der Singacademie aktiv.

Mühlenfeld

Gott gebe nur das seiner Gesundheit das dortige Klima[351] zu träglich sein möge, dies ist die einzige Sorge die sich seine Mutter macht, die Dich innigst grüßt wie auch der neue Amtmann. Eben war Dein College Abeg da mir seine Theilnahme zu bezeugen, ich mußte ihm versprechen Dich zu grüßen. Bey Klugkists ist alles wohl, heute Abend ist bey uns Kindertag, Reidemeisters, Madame Kalkmann und J. Kastendiek kommen auch und gewiß klingen Dir dann die Ohren. Ich las kürzlich einen sehr interessanten Brief aus Rio de Janeiro, der an den s. Dr. Schulz geschrieben war, ihn aber nicht mehr lebend fand. Ich kann aber nicht sagen das der Brief mir Lust gemacht hätte dort hin zu reisen, ach wie gut haben wir es doch in unserem Europa! Ich will nur wünschen daß das dortige Klima, die Lebensweise die von der unsrigen so Himmel weit verschieden ist nicht nachtheilig auf Deine Gesundheit ein wirken möge! – Die große Hitze fürchte ich besonders für Dich! – In W. sind alle unsere Lieben wohl. Amalie und Elise sind auf der Schnellpost zu Heinrich gereißt. Aus Havanna ist für Dich vom 10 März auch ein Brief von Karl angelangt. Er ist gesund und wohl. Und so muß ich den enden, Herrmann, Judith, Elise unsere süßen Kinder senden Dir tausend Grüße. Sage an Georg seine Frau und sein Kind seien wohlauf. Wenn Du diese Zeilen empfängst dann möge es für Dich bald der lieben Heimath zu gehen. Leb wohl. E. D. B.

351 In dem sumpfigen Gebiet traten Malariaerkrankungen auf, die unter den Arbeitern zahlreiche Opfer forderten.

Fritz an Betty Gildemeister

St. Christoph bei Rio de Janeiro 3. Juni 1827

Meine liebe theure Betty,
so wäre ich denn nun endlich in Südamerika und das nächste Ziel dieser großen Exkursion wäre der Augenblick, wo es wieder nach Europa geht, ein Augenblick, den ich mit der heißesten Sehnsucht herbeiwünsche, und deßen zuversichtliche Erwartung allein im Stande ist, mich mit der Gegenwart wie reizend sie auch in mancher Beziehung sein mag, auszusöhnen. Doch ich will Dich und mich nicht unnütz erweichen, und das Unvermeidliche so gut tragen, als möglich, Gott wird mir ja auch wohl ferner Kraft dazu geben. Lieber will ich Dir dafür erzählen, wie es mir bisher ergangen ist.

Meine beiden Briefe aus Madeira und Teneriffa werden hoffentlich schon lange in Deinen Händen sein, und auch die paar Zeilen, die ich im Fluge niederschrieb, als uns am 13ten Mai ein Ostindienfahrer begegnete, der Briefe nach Europa mitnahm, werden Dich längst erreicht haben, wenn dieses Blatt in der geliebten Heimath eintrifft. Von meinem Aufenthalt in Santa Cruz auf Teneriffa kann ich Dir wenig sagen, da wir nur 6 Stunden dort waren, und außer der Stadt nichts von der Insel sahen. Herr Consul Coleman[352] und Eugen Kulenkamp[353] dem der dortige Aufenthalt recht gut gethan zu haben scheint, kamen uns in Böten entgegen, und wir brachten die paar Stunden in ihrer und einiger andern Deutschen Gesellschaft sehr fröhlig zu. Nur war die Hitze etwas zu arg, und ich fühlte mich wirklich wie neu belebt, als wir am Nachmittag wieder bei frischem Winde in freier See waren, Madame Coleman, die wir leider nicht mehr dort fanden, kann Dir erzählen, wie lieblich es in Santa Cruz und der Umgegend ist, wo das Auge weit und breit nichts als nackte, schroffe, durch vulkanische Ereigniße vielfach zerrißene Felsen erblickt.- Von Teneriffa an hatten wir einen regelmäßigen, östlichen Passatwind, welcher den beschneiten Pik bald unsern Blicken entzog, und westlich von den Cap Verdischen Inseln, die wir in der Ferne sahen, vorbeiführte, und uns den 21ten Mai, unter den Wendekreis des Krebses brachte. Etwa 5 Grad nördlich von der Linie traten Windstillen mit Donnerwolken, einzelnen Windstößen und unerhörten Regengüßen ein. Unter dem 3ten Grade nördlich indeß kamen wir in die Region der entgegengesetzten südöstliche Passate, und erreichten den 16ten Mai die südliche Halbkugel der Erde, ein Ereigniß, das unter Gesang und Becherklang, wobei wir, wie Du denken kannst, unsere lieben Angehörigen in der andern Hemisphäre fleißig hoch leben ließen, auf das fröhlichste begangen wurde. Auch die Matrosen hatten schon kurz vorher um Erlaubniß gebeten, ihre bei der Gelegenheit üblichen Schwänke machen zu dürfen; allein, der Capitain, der seine Leute kannte, und weiß, wie leicht dergleichen zu Exceßen führt, untersagte es streng. So wie wir uns aus der Linie entfernten, wurde die Temperatur gemäßigter, und in der That so durchaus

352 Francis E. Coleman, Königl. Großbritt. und Königl. Hannöverscher Consul.

353 Wahrscheinlich Eugen Julius Kulenkamp (1804-1831), als Kaufmann 1827 auf Teneriffa, 1829 in Puerto Rico tätig. 1831 auf der Fahrt nach Hamburg in der Nordsee verschollen.

angenehm, daß nichts zu wünschen übrig geblieben wäre, wenn wir sie auch unsern Schlafstellen hätten mittheilen können. Am 28ten Mai zeigte sich in blauer Ferne den die Seeleute für Colo [?] an der brasilianischen Küste erkannten. Am Dienstag d. 29ten hatten wir den vollen Anblick der Küste und am Mittwoch früh waren wir schon so nahe der Einfahrt in die Bay von Rio, daß wir alle das Ziel erreicht zu haben glaubten. Allein der zur Einfahrt nöthige Seewind blieb an diesen, wie an den folgenden Tagen aus, und erst am Freitag den 1. Juni Nachmittags konnten wir vor Rio vor Anker gehen. Jenes mehrtägige, hin und herkreuzen war freilich in mancher Hinsicht unangenehm u. verdrießlich. Es gewährte uns indeß auf der andern Seite den Vortheil, daß wir die wunderschöne Küste, mit den sie umkränzenden Inselgruppen von den verschiedensten Punkten aus unter der herrlichsten Beleuchtung zu Gesicht bekamen. Was einige Reisende von den Wohlgerüchen erzählen, die den Seefahrern schon auf mehrere Tagesreisen weit die Nähe des Landes verkünden ist entweder ein [Textlücke] oder gilt nur von der Jahreszeit, die man hier Sommer nennt. Wahr ist es indeß, daß etwa eine gute Stunde von der Küste, wenn der Wind danach steht, die Luft mit dem Duft der tropischen Pflanzen geschwängert ist. – Sowie wir in Rio ankamen, fand sich unser Consul Ten Brink[354] mit einigen andern Deutschen an Land ein, um uns zu bewillkommnen, wir fuhren mit ihnen ans Land, und nach einigen Erfrischungen in seinem Hause in der Stadt, mit ihm hinaus nach St. Christoph, wo ich in seiner Wohnung die ersten Nächte zubrachte. Unsere eigene Wohnung in St. Christoph haben wir, weil es noch an dem Nothdürftigsten fehlte, erst heute beziehen können. Es ist ein geräumiges u. luftiges Haus, mit einigen sehr großen u. wirklich schönen Zimmern, dabei eine wahrhaft paradiesische Aussicht. Von meinem Arbeitszimmer aus habe ich über eine Wiese den Blick auf eins der schönsten Gebirge Corcovado, und unser gemeinschaftlicher Saml [?] beherrscht den ganzen herrlichen Meerbusen, der die Lage von Rio so schön macht. Das Ganze gleicht von dieser Seite mehr einem Schweizer Landsee als einem Arme des Meeres, so abgeschloßen, so ruhig und spiegelglatt ist gewöhnlich die Fläche und so anmuthig durch kleine Inseln unterbrochen, auf denen sich Plantagen und Landsitze befinden. Würde man nicht periodisch durch das Anwogen der Flut, u. dann durch die Masse der im Hafen von Rio liegenden Schiffe daran erinnert, so würde man nicht ahnden, daß man einen Arm des großen Oceans vor sich hat. – Von der unwandelbaren Schönheit des Wetters kann man sich in Europa schwerlich einen Begriff machen. Der Juni ist hier, was bei uns der December ist, d. h. die Sonnenstrahlen fallen denn wieder senkrecht als zu irgend einer andern Jahreszeit, und die Tage sind dann am kürzesten, etwa um ein viertel nach fünf ist es dunkel! – Aber dennoch läßt sich die Witterung, die ich hier bisher erlebte, und die nun schon seit sechs Wochen gleichmäßig anhält, nur mit unseren schönsten Sommertagen vergleichen. Alle Welt versicherte mich hier auch, diese Monate von Mai bis Ende September, seien bei Weitem die Gesundesten, nachher kommt die Hitze, die im Februar ihre höchste Höhe zu erreichen pflegt. Etwas Herrlicheres könnte ich mir garnicht denken, als mit Dir und den Kindern einmal einen solchen Winter hier durchleben zu können.

354 Johann Hermann Christian Ten Brink, Bremischer General-Consul für Brasilien in Rio de Janeiro.

Unsere häusliche Einrichtung hier, über die Du abwechselnd lachen und weinen würdest, ist noch weit entfernt, den ersten Bedürfnißen zu entsprechen. Alles muß hier eben herbeigeschafft werden, u. außer einigen Stühlen und Tischen, Eß- u. Trinkgeschirr u. dergl. ist noch wenig zu sehen. Einen Negersklaven haben wir heute gemiethet, und einen Koch werden wir vermuthlich morgen bekommen. Allerhand Möbeln, die Herr Consul Ten Brink für uns zusammenbringt werden auch allmählig herbeigeschafft. Gleich nach dem Feste müßen wir uns denn auch noch einen Wagen mit ein paar Maulthieren u. nach einigen Reitpferden u. einem Kutscher umsehen. Ohne dergleichen ist hier garnicht zu leben, wie dann überhaupt die ganze Weise hier, mit unserer Europäischen den seltsamsten Contrast bildet.

Doch ich muß, so gern ich noch ein Stündchen mit der Geliebten verplauderte, für diesmal schließen, wenn ich den Brief mit einer Gelegenheit fortschicken will, die ihn hoffentlich bald in die lieben Hände bringt, für die er bestimmt ist. Gern wirst Du indeß zum Schluß noch vernehmen, daß ich mich sehr gesund fühle, und bis jetzt von allen Plagen, welche den Beschreibungen zufolge in diesem Lande heimsuchen sollen, als da sind: Schlangen, Skorpione, Riesenspinnen, große Ameisen (Termiten), Moskitos, Sandflöhe, Ratzen, u.s.w. noch keine erfahren habe. Wer weiß indeß, was Deinem armen Manne noch alles bevorsteht!

In Gedanken war ich diese Zeit hier oft bei Euch auf dem Mühlenfelde, und freute mich, Dich dort in der beständigen Gesellschaft der lieben Freundin zu wißen, die hoffentlich jede böse Grille verscheucht. Ich sende ihr mit den besten Wünschen für ihre Zukunft einen aufrichtigen Freundeskuß, den sie ja wohl auf dem Wege, wie er zu ihr gelangt, nicht verschmähen wird; die Kinder alle drücke ich an mein Herz, hoffentlich sind sie alle gesund, und freuen sich des Landlebens. An Hermann so wie unsern übrigen Hausgenoßen, so wie Allen, die sich meiner erinnern beste Grüße.

Dein Vielgetreuer G.

Betty an Fritz Gildemeister

Bremen den 5ten Juni 1827

Laß Dir erzählen, geliebter, theurer Mann! Welch ein frohes, seliges Fest mir durch Deinen lieben, herrlichen Brief vom 28ten April zu theil wurde und wie ich Gott nicht laut und brünstig genug zu danken vermag, der mir diese Freude abermals so unverhofft, so rein und ungetrübt schickte! Denn nicht allein traf mich Dein liebes, liebes Schreiben mit den süßen Kindern gesund und wohl, auch Du, unser Leben, unser Glück, unsere Liebe bist heiter, frisch und wohl, davon zeugt aufs Lebendigste jede Zeile Deines Briefes, den ich wahrhaft verschlungen habe, und ihn unter heißen Freuden Thränen an mein Herz drückte! Oh wie freue ich mich der schönen Stunden die Du auf Madeira zubrachtest, welches nach Deiner so lebendigen Schilderung ein Eden sein muß! Ja wohl, daß ich da an Deiner Seite hätte sein können, um diese wunderherrliche Natur mit Dir zu schauen, zu genießen! Du schilderst mir Eure Wanderung mit so schönen Farben, daß mich bey Lesung derselben heiße, unaussprechliche Sehnsucht ergriff, die ich nicht zu beschreiben im Stande bin, die aber Du mir nachempfinden wirst und kannst, da Du mich ja eben so heiß und innig liebst wie ich Dich. Ach es ist und bleibt eine unvollkommene Erde, sonst wäre ich wol nicht von Dir entfernt! - Doch ich will Dir sagen wie ich lebte seit ich Dir zu letzt schrieb, und soll ich wünschen oder nicht, daß diese Epistel Dich noch in Rio trifft, gewiß ist es aber wohl die Letzte die ich dorthin sende, und so will ich denn hoffen, daß wenn Dich dieses Blatt erreicht hat, Du mit Zurüstungen zur Abfahrt beschäftigt sein mögest und ein guter Wind Dich glücklich der Heimath zuführen möge!

Den 27ten May war die Sonntagsgesellschaft bey mir, die denn auf die Gesundheit meines Odisseus die Gläser hell erklingen ließ. Vor Tische laß Friederike Noltenius Heinrich Smidt seinen Brief vor, der alle Freunde höchlich ergötzte und uns ein sehr lebendiges Bild Eures Schiffs Lebens gab. Montag wurde Elise durch die Hierkunft ihres Geliebten erfreut, mit dem sie gar manche selige Stunde verlebte. Du kannst Dir denken, wie eigen mir dabey zu Muthe wurde wenn ich die Liebenden in der wohlbekannten Ecke des Sofas sich herzen und küßen sah, Papendiek hat seine Braut seinen Freunden und Bekannten öffentlich zugeführt und es ist nun auch nicht mehr zweifelhaft das August oder September die Hochzeit sein wird, worüber Du Dich gewiß herzlich mit mir freuen wirst. Den Morgen vor Pfingst Sonntag den 2ten Juni verließ mich Elise, und reißte mit Rumpens und ihrem Freund zu ihrem Schwager Meyer nach Wölpe wo sie die Pfingsttage zubrachten und heute P. nach Loccum[354a] geleitet haben, welches nur drey Stunden von Wölpe entfernt liegt. P. tritt heute seine Pacht an. Morgen erwarte ich die Freundin wieder heim.

Den 6ten Juni Abends 9 Uhr

Wie wohl thut es meinem Herzen, Geliebter, nach einem sehr unruhigen Tage noch ein Stündchen ruhig schreiben zu können, Dir es zu sagen, obgleich von sehr prosaischen Beschäftigungen umringt, daß meine Seele doch nur mit Dir beschäftigt war, mit Dir und den theuren Erinnerungen dieses für uns beide so wichtigen, heiligen Tages! Am Sonnabend den 9 denke ich nehmlich so Gott will, nach Oberneuland zu ziehen und da ich alle Meuble mit hin aus nehmen muß, so giebt es allerley zu besorgen und anzuschaffen. Doch ehe ich Dir von dieser bevorstehenden Freude rede, denn sehr sehnt sich mein Geist nach dem stillen, ländlichen Aufenthalt; laß Dir erzählen wie ich die Festtage genoß. Sonntag den ersten Tag, hörte ich morgens eine recht geistvolle Predigt von Krummacher[355]. Dann aß ich mit den Kindern und Geschwistern einen schönen Kalbsbolten und war im Begriff nach diesem Mahle mit der kleinen fröhlichen Schaar nach Lampen Garten zu wandern als mich ganz unverhofft Dein lieber Brief zu Theil wurde! - Ach glücklich! Wie selig kann uns doch schon der Brief des Geliebten machen!

354a Siehe Fußnote 266.

355 Friedrich Adolph Krummacher (1767-1845), 1824-1843 Pastor an der St. Ansgariikirche. Verfasser zahlreicher theologischer Schriften, sowie der »Parabeln«, die zu den wichtigsten Kinderbüchern

Oberneuland, Mühlenfeld den 11ten Morgens halb sieben Uhr

Ich wollte Dir neulich noch erzählen daß ich mit den lieben Kindern und Judith und Herrmann Nachmittag den 1ten Feyertag bey Lampen im Garten zubrachte, oder eigentlich bey Herrmanna Segelken und Lene. Schraders[356] die einige Wochen auf der Fabrik gewesen waren trafen wir auch dort und von all diesen lieben Freunden soll ich Dir Du Lieber, die herzlichsten Grüße bringen. Sie theilten meine Freude und Seligkeit über Deinen reichhaltigen, interessanten Brief so aus voller Seele mit. Den zweiten Pfingsttag war unsere Sonnabendsgesellschaft in Borgfeld wo wir recht vergnügt waren. Perthes[357] der zum Besuch von Hamburg hier war, war auch dort. Hingegen war sonst die Gesellschaft nicht sehr zahlreich, es fehlten mehrere Mitglieder unter anderem Rumps die schon auf der Reise sind. Dinstag Morgen den dritten Pfingstag (den die arbeitende Classe noch immer feyert) wollte Herrmann und Judith mich verlaßen und nach Norden reisen, allein sie kamen erst den Nachmittag um ein Uhr weg, weil Herrmann nach seiner gewohnten Weise nicht fertig war! Er ist doch ein sonderbarer Mensch! Der Abschied von der Schwester ging mir auf gewisse Weise nahe, denn ist es nicht höchst bedauerungswürdig daß man sich im Grunde freuen muß wenn sie geht! Denn dies war auch dies Mal bey ihrer Abreise das vorherrschende Gefühl meines Herzens obgleich sie die Zeit ihres Hierseins immer sehr freundlich und artig gegen mich war, und ich es ihr sehr gut anmerkte wie sehr sie sich auf alle Weise zusammen nahm um einen guten Eindruck bey mir zurückzulaßen. So machte es mich höchst verlegen wie sie mir einige Tage vor ihrer Abreise einen Ring von ihren Haaren schenkte. – Wie sie mal gegen mich über ihr Verhältniß zu den Geschwistern in Norden sprechen wollte bat ich sie, dies lieber mit Herrmann zu thun, und brach schnell ab, doch wie sie sich äußerte wohl bis October bey mir zu bleiben, erklärte ich bestimmt, mit nach Oberneuland könne ich sie nicht nehmen, weil es mir in meinem Logie an Platz fehle; welches auch die reine Wahrheit war. Sie wollte es freylich nicht recht einsehn. Doch ich blieb fest dabey. Gegen Luise lobte sie Norden so sehr, daß diese noch den Tag nach ihrer Abreise zu mir sagte »es ist doch ein Glück, daß Judith sich in Norden so wohl fühlt, und so gerne dort zu leben scheint, denn Du glaubst gar nicht wie sehr sie Norden gegen mich lobte!« Ueberhaupt sprach sie von ihrem Leben bey den Geschwistern auf eine solche Weise, daß ich oft gegen Herrmann sagte, ich hoffe doch sehr daß sich alle Mißhelligkeiten geben und Judith bey den Geschwistern werde bleiben können, denn es schiene mir doch daß sie in den fünf Jahren daß ich sie nicht gesehn weit milder geworden, dies meinte Herrmann den

seiner Zeit zählten. Er war Vertreter der orthodoxen Glaubensrichtung, erfüllte als Kanzelredner nicht die in ihn gesetzten Erwartungen und war von den Bremern wenig geschätzt.

356 Johann Christoph Friedrich Schrader, Kgl. Portug. und Bras. Generalkonsul, Kaufmann, Linnenhandel, Commissionshdlg., Fabrik von weißem und grünem Hohl- und Fensterglas, Geeren 47, verheiratet mit »Trinchen«, geb. Lampe.

357 Friedrich Christoph Perthes (1772–1843), Buchhändler und Verleger in Hamburg und Gotha, Schwiegersohn von Matthias Claudius. 1813 zusammen mit Sieveking hanseatischer Abgeordneter im Hauptquartier der verbündeten Mächte.

auch, und mochte dies in seinen Briefen an Fritz wohl geäußert haben. Doch noch den letzten Tag vor der Abreise der Geschwister erhielt Herrmann einen Brief von Fritz in dem dieser ihm auf das bestimmteste schrieb, daß sie Judith nicht bey sich behalten könnten und im Herbst müßte sie durchaus weg, weil sie ihnen auf vielfache Weise das Leben verbitterte, er wunderte sich sehr, daß Judith nicht mit ihm über ihre Zukunft gesprochen, da sie Adelheid dieses zu thun versprochen, die vor ihrer Abreise nach Bremen ganz offen mit ihr über ihr Verhältniß gesprochen hätte. Wie Herrmann und mir dabey zu Muthe war, kannst Du Dir denken! Ich rieth Herrmann unterwegens ein mal recht ernstlich mit Judith zu sprechen, ob er dieses nun gethan werde ich hören, wenn er mich mal hier besucht oder ich zur Stadt gehe, welches aber nicht sobald geschehen wird. Wie ich diesen Morgen von der Brodtfrau höre so ist Herrmann gestern Nachmittag um zwei Uhr wieder angelangt, und ich hoffe daß er mich bald hier besucht. Ich denke die große Liebe zu unserm Herrmann treibt ihn ja wohl bald her, denn Du glaubst es gar nicht mit welcher Zärtlichkeit er an dem Kinde hängt. Es ist aber auch ein herziger dicker rothwangiger Knabe voll regem Leben, an dem Du Deine Lust haben wirst, wenn Du wieder bey uns sein wirst, Du lieber Gatte und Vater! Siehe Du, lieber Fritz, dies Alles wollte ich Dir schon letzten Mittwoch Abend erzählen aber siehe da, ich hatte kaum zu schreiben angefangen als meine liebe Elise von ihrer kleinen Tour heimkehrte, und ich so vom Schreibtisch in ihre Arme eilte und erst heute konnte ich ein ruhiges Stündchen zum Weiterschreiben finden; denn Donnerstag schickte ich schon einen Wagen mit Meubeln hier her und war bis Sonnabend Abend wo wir herauszogen in einer beständigen Unruhe und Kramerei. Gestern genoßen wir dann aber auch in vollen Zügen den schönen stillen Sonntag und freuten uns unserer freundlichen Wohnung die doch sehr hübsch ist und in der es Dir gefallen würde. Der Sitz unter dem luftigen Zelte vor der Hausthüre ist sehr, sehr hübsch und der Blick auf das Mühlenfeld malerisch schön; eben so unser kleines Wohnzimmer welches ganz dieselbe Aussicht hat. Hinten hinaus liegt die Kinderstube die nur sehr klein ist, aber doch geht es da wir Christine zu uns in die Schlafkammer genommen haben, worüber sie sehr glücklich ist. Wie glücklich, wie glücklich die süßen Kinder hier alle sind, dies kannst Du Dir gewiß denken, ich habe meine stille, innige Freude daran. Abends 10 Uhr. Lieber Mann, ehe ich mich Schlafen lege, will und muß ich Dir noch erzählen wie unbeschreiblich selig ich vorige Nacht im Träume war, denke Dir, Du warst glücklich heimgekehrt und so voll Zärtlichkeit und Liebe, daß ich vor Wonne trunken in Deinen Armen ruhte und aus Deinen seelenvollen Augen neues Leben trank. Wir feyerten die süßeste Umarmung und mein Gefühl war dem des Clärchen im Egmont ehnlich als sie zu ihrem Freunde sagt »So laß mich sterben! Die Welt hat keine Freuden auf diese!« Denke Dir, der Traum hat mich so ergriffen, daß wie ich aufwachte ich mich körperlich matt fühlte. Ach lieber Fritz die Seligkeit wann ich Dich wieder in meine Arme schließe ist aber nicht auszudenken! Und die Kinder uns dann alle fröhlich umringen! Welch ein Jubel wird dies sein! Hier hast Du auch eine Kornblume die ich an der Brust trug und die Karl für mich pflückte, als wir diesen Abend spazieren gingen. Wir haben Blumen zu Christines Geburtstag geholt, den Du hoffentlich in Rio Janeiro feyern wirst. Catharine hat dem lieben Kinde einen schönen Kranz gewunden, mit dem wir sie Morgen begrüßen wollen. Dann kommen Hermanna, Lene mit den Kindern und Catharine Schrader heraus wo von sie aber nichts weiß und so werden wir einen frohen Tag feyern wie dies möglich sein kann, wenn der liebe Vater und Gatte ferne ist! - Gute Nacht! Dinstag Abend den 12 Juni. Soeben verlaßen uns die lieben Freundinnen mit ihren Kindern und so eile ich wieder an den Schreibtisch zu Dir, mein liebes, liebes Mannli, der Du mir so nahe, so nahe bist als könnte ich Dich erreichen mit diesen meinen Armen. Es ist nun schon das zweite Mal daß ich den Geburtstag unserer lieben Christine fern von Dir hier in Oberneuland feyerte, und ich will recht wünschen daß dies nicht wieder geschehen möge, denn solche festlichen Tage ohne den geliebten Gatten zu feyern dies ist doch recht hart für Dich und mich, die so ganz das Glück in unsern Kindern finden. Christine war heute unbeschreiblich lieblich und schön, die Freude verklärte ihre Züge und der Kranz von blauen Kornblumen stand wundervoll zu ihrem dunklen Haar und weißem Tein. Wenn ich sie ansah mußte ich immer denken, ach könnte sie der liebe Vater sehen! Die Kinder hatten sich alle mit Kränzen geschmückt, daß heißt die Mädchen und der kleine Herrmann, den ich hätte malen mögen so reitzend sah das Kind aus und nun diese himmlische Freundlichkeit! Ach, wie herrlich hättest Du nur einen Blick auf diese fröhliche Kinderwelt thun können! Ich hoffte nur daß Herrmann heraus kommen möchte, allein vergebens, er läßt nichts von sich hören. Du glaubst es gar nicht welch ein schöner heller Tag es heute war, recht um sich im Freien zu ergehen, welches wir denn auch gethan haben; während die Kinder spielten. Vor Tisch, nach dem wir eine kräftige Chocolade getrunken hatten, machten wir einen schönen Spaziergang nach Schulzen Guthe, welches auch verkauft werden soll, wenn sich ein Käufer dazu findet, wozu bis ietzt noch kein Anschein ist. Wie wir die fremden, schönen Gewächse besahen mußte ich viel an Madeira denken wo sie ohne Menschliche Pflege in höchster Schönheit und Üppigkeit wachsen und gedeihen welches hier der sorgsamsten Wartung nicht gelingt. Doch mein Blatt geht zu Ende und auch ich will Dir für heute ein Lebewohl sagen. Morgen früh will ich Dir aber noch schreiben. Ach, mein Herz ist so voll Liebe für Dich und ich möchte Dir dies nur so recht sagen können, doch dazu ist meine Feder viel zu schwach! Dies kann Dir nur ein Kuß sagen.

Mittwoch Morgen den 13ten Juni 1827

Karl schreibt Buchstaben und Verena und Christine stricken bey mir und ich eile noch dieses Blatt zu beschreiben um dann den Brief der Brodtfrau mit zu geben, denn Morgen muß er nach Hamburg wo ihn ein Schiff mit nach Rio nehmen wird. Ich muß Dir doch noch sagen daß es Elise in Locum sehr gefallen hat und sie mir von der Gegend, ihrer zukünftigen Wohnung eine sehr vortheilhafte Beschreibung machte. Ich denke mir daß wir sie nächsten Sommer ein mal besuchen, welches wir uns mit sehr freundlichen Farben ausmalen. Papendiek den ich nun schon näher kenne als zu der Zeit als Du uns verließest, gefällt mir immer beßer und ich habe den besten Muth daß es ihm gut gehen wird, da er sein Fach aus dem Grunde zu verstehen scheint und sehr rührig und thätig ist. Er selbst hat auch den besten Muth und fängt voll Vertrauen auf Gott sein Werk an. Elise scheint mir nur oft ernst und trübe gestimmt, welches mir unbeschreiblich nahe geht. Ich glaube daß der große Unterschied ihrer Jahre ihrem Herzen wehe thut und sie es doch wohl immer mehr fühlt daß dies doch recht mißlich ist. Ich kann ein gewißes wehmüthiges Gefühl nicht unterdrücken wenn ich die liebe Freundin ansehe, die in den letzten Jahren doch sehr gealtert ist und dabey die immer mehr verwachsene Gestalt, welches gewiß immer mehr überhand nimmt. Wäre Elise um sechs Jahre jünger so wüßte ich kein gestandeneres Paar als sie und P. denn die beiden Menschen sind einander werth. Doch da es nun einmal nicht zu ändern ist so will ich wünschen daß Elise nur gesund bleiben möge. Von Karl aus Havanna sind die besten Nachrichten da, er ist so gütig uns wieder einen Sack Caffe zu schenken, den ich wohl in diesen Tagen erhalten werde. Christel geht es mit seiner Familie auch gut. Von Mutter aus Weimar hatte ich vorige Woche einen herrlichen Brief, sie ist mit Großmutter, Onkel Karl[358] und den Schwestern gesund und wohl. Denn obgleich sie von Amalie und Elise getrennt ist, so hat sie doch schon Nachricht daß sie gesund und wohl bey Heinrich angelangt sind, den sie mit den seinigen gesund antrafen. Mutter ist hoch erfreut über Deine glückliche Ankunft auf Madeira und sendet Dir die herzlichsten Grüße! So auch alle Freunde und Klugkists die auch im besten Wohlsein sind. Von meiner Freundin Schinz hatte ich in diesen Tagen auch einen lieben Brief, die Theilnahme die Nah und Fern mir gespendet wird thut mir unbeschreiblich wohl. Und wenn alle die Gebete die für Deine glückliche Heimkehr zum Himmel steigen erfüllt werden, so wird uns ein ungetrübtes Wiedersehn zu theil. Und so lebe denn wohl, Geliebter! Tausend Grüße senden Dir unsere lieben Kinder, die Gott ferner so gesund erhalten möge! Auch Elise grüßt Dich herzlich! Den ersten Brief aus Rio werde ich nun wol erst Ende August erhalten? Diese Zeilen, möchten sie Dich in bestem Wohlsein treffen! Lebe wohl! Tausend Küße drücke ich für Dich auf diese Stelle!

Deine treue Betty

Die Traubenblüthe aus Madeira ruht auf meiner Brust.

Fritz Gildemeister an seine Tochter Christine

St. Christoph bey Rio de Janeiro d. 12. Juni 1827

als ich heute Morgen erwachte, war mein erster Gedanke an Dich, meine liebe Christine, und an den frohen Tag, den Du heute verbringst, und mein zweyter war der Wunsch, doch heute einmal, wenn auch nur auf einen Augenblick, in Bremen seyn zu können. Das geht denn nun freilich nicht an und so muß ich schon zufrieden seyn, daß ich doch wenigstens an Dich schreiben und Dir so aus weiter, weiter Ferne sagen kann, wie lieb ich Dich habe, wie ich immer und immer an Dich und Deine

358 Wohl der ältere Bruder von August und Amalie Kotzebue.

Geschwister denke und wie ich mich schon jetzt auf den Augenblick freue, wo ich euch alle wieder froh und gesund um mich sehen werde. Recht schlimm ist es freilich, daß ich keine Taube zur Hand habe, die diesen Brief so schnell überbringen kann, daß er noch zu Deinem Geburtstag ankommt. Aber ich denke, wenn er auch erst nach einigen Monaten bey euch anlangt, so wird es Dir doch eine Freude machen, von Deinem lieben Vater aus einem andern, weit entlegenen Welttheile ein Brieflein zu erhalten, das grade an Deinem Geburtstage geschrieben ist. – Noch lieber als eine Taube wäre mir freilich irgend eine dienstbare Fee, wie sie leider nur in den Märchenbüchern vorkommen. – Stünde mir eine solche zu Gebote, so wollte ich Dir zu dem Blumenkranze, den Catharine Dir gewunden haben wird, noch eine Menge der schönsten Pflanzen schicken und alle Welt sollte gestehen, daß es noch nie einen schöneren Kranz gegeben hat. Ja was noch beßer ist und was Dir vermuthlich noch lieber seyn würde, Du solltest beym Erwachen zum Frühstück eine gehäufte Schüssel mit den schönsten Apfelsinen, Ananas, Bananen u.s.w. finden, daß es für Dich und die andern Kinder, die ja auch keine Kostverächter sind, und denen Du gewiß gern abgäbest, eine wahre Lust wäre. – Denke Dir nur, liebe Christine, hier ist es jetzt Winter und die Sonne geht erst gegen sieben Uhr Morgens auf und etwas nach fünf Uhr Nachmittags ist es schon wieder Nacht. Aber dennoch ist es so heiß, wie bey euch im Sommer und alle Bäume sind grün und die Orangenbäume hängen voll der schönsten Früchte. Demungeachtet glaube ich, Brasilien würde ein schlechtes Land für Dich und Deine Geschwister seyn. Da es schon im Winter so heiß ist, so kannst Du Dir vorstellen, wie es erst im Sommer seyn mag. An ein Herumspielen und Herumlaufen im Freyen ist da gar nicht zu denken, und dann solltest Du einmal die alten häßlichen Kinderwärterinnen sehen; das sind lauter kohlrabenschwarze Negerinnen, die man kaum ansehen mag. – Doch ich muß für heute schließen und verspreche Dir dagegen, wenn ich wieder unter euch bin, euch manches von diesem Lande zu erzählen, was euch Freude machen wird. – Grüße Catharine und Justine, küße d. Kinder nach der Reihe in meinem Namen und denke zuweilen an Deinen Dich liebenden Vater G.

Betty an Fritz Gildemeister

Oberneuland den 19 Juni 1827 Morgens 11 Uhr

Geliebter Fritz!
Soeben läßt mir Herrmann heraussagen ich könnte Dir morgen über Antwerpen schreiben, und ich mag daher diese Gelegenheit nicht unbenutzt laßen Dir, wenn auch nur ein kurzes und flüchtiges Lebens und Liebeszeichen zu senden und Dir zu sagen daß Du mein einziges Sinnen und Denken bey Tag und bey Nacht bist. Vorigen Mittwochen schrieb ich Dir über Hamburg einen ausführlichen Brief der wenn Du diesen erhälst wohl schon in Deinen Händen seyn wird, und es wird Dich dann nicht wenig freuen daß es Herrmann in Norden gelungen ist Fritz und Adelheid zu bitten es doch

noch einmal mit Judith zu versuchen mit der er nicht unterließ ein sehr ernsthaftes Wort zu sprechen welches ja wills Gott ein mal Frucht bringen wird. Judith bleibt allso bey den Geschwistern welches mir unbeschreiblich lieb ist und Du kannst Dir denken daß dadurch eine große Sorgenlast von meinem Herzen genommen wurde und ich den schönen ländlichen Aufenthalt hier weit mehr genießen werde nun ich dies weiß. Du glaubst nicht wie lieblich es hier ist und wie ich Dich hier oft mit heißen Thränen herwünsche! Freilich ist es sehr heiß und wir haben uns auf die kühle Bauerndiele geflüchtet weil es selbst unter unserem Zelte viel zu heiß ist welches nach Mittag liegt. Die Kinder leiden auch von der Hitze und den Mücken die hier in großen Mengen sind. Du siehst allso daß wir mit Dir simpathisieren denn bey Dir mag es auch heiß sein und die Insecten werden Dich auch plagen. Die Morgende sind hier besonders schön und lieblich und wenn wir es nicht verschlafen so machen Elise und ich vor dem Frühstück einen Spaziergang. Die Abende sind bis ietzt minder schön weil die Luft dann fast immer durch Moorbrennen[359] verunreinigt ist, welches ein rechter Jammer ist. Du kennst dies ja selbst aus Erfahrung. Sonntag Morgen hatte ich mit der lieben Freundin einen rechten Genuß, nachdem wir einige schöne Lieder gelesen wanderten wir nach der schönen Bank unseres vorigen Logies, denn Richter Meyers sind noch nicht herausgezogen; und ich las dort der lieben Elise eine ungewöhnlich schöne Predigt von Menken vor, gewiß eine schönere hat er wohl nie gehalten. Sie handelte von der Flüchtigkeit und Vergänglichkeit des Menschen auf Erden, sie ist wahrhaft ergreifend. Den Abend machten wir mit Christine und Karl einen weiten Spaziergang nach dem Deich, und ich erfreute mich dann wieder aufs neue an den schönen, malerischen Partien hinter der Kirche und dem Hodenberge, die Du auch immer so gerne hattest; Oberneuland ist doch reich an schönen Baumpartien. Ach wie mancher Platz ist mir hier durch Dich geweiht, wie manches schöne Buch haben wir hier in der freien Natur mit einander gelesen! Ach, es waren wohl selige Nächte und Tage die wir Glückliche hier genoßen! – Laß Dir erzählen wie wir hier unsere Tage in der Regel zu bringen. Des Morgens wenn wir früh erwachen machen wir wie schon gesagt einen Spaziergang, dann trinken wir unter unserem Zelte den Caffe der nach solch einer Wanderung noch einmal so gut schmeckt und lesen aus Vaters neuster Übersetzung des neuen Testaments einige Capitel. Dann arbeiten wir. Christine und Karl sagen bey mir her, was ich ihnen den Abend vorher aufgab. Und während die beiden Mädchen stricken liest Karl uns aus Campes Robinson[360] vor, und übt sich nach her noch ein wenig im Schreiben. Christine liest dann auch noch bey mir. Schreiben kann sie nicht, weil sie einen kranken Finger hat und dann treiben die Kinder sich den Nachmittag herum nach dem sie es sich zu Mittags gut haben schmecken laßen. Die fleißige Elise setzt sich dann nach dem Eßen gleich wieder an die Arbeit und ich suche dann wohl ein

359 Bis weit ins 19. Jh. gebräuchliche Form der Moorkultivierung.

360 Joachim Heinrich Campe (1746–1818), Pädagoge, Schriftsteller, Sprachforscher, Verleger. Bearbeitete das Robinsonthema im Sinne der philantropistischen Jugendliteratur.

kühles einsames Plätzchen und ruhe oder lese in dem Pirat von W. Scott.[361] Um vier Uhr trinken wir Caffe und den späteren Abend wenn das kleine Volk zu Ruhe ist lesen wir uns was vor, eßen unsere Milch und legen uns dann gewöhnlich mit dem Wunsche nieder ach träumte ich doch von dem Geliebten!« Leider geschieht es nur selten und ich möchte wißen ob Du glücklicher darin bist als ich? Unter dem kleinen Volke ist ein rechter Aufruhr und es war gar possierlich an zu sehen wie sie in Angst und Noth umherrannten. Sie waren fröhlich mit ihrem kleinen Wagen nach Krops Holz gefahren als wir auf einmal ein schreckliches Geschreih vernehmen und sie alle in der größten Angst wieder kommen sehen als würden sie von einem großen Riesen verfolgt, doch dies mal war es nur ein friedlicher Hund. Morgen wird unser Herrmann nun schon ein Jahr, und Du solltest sehn wie groß und kräftig er schon in die Welt sieht und welch ein liebes, liebes Kind er ist! Er sagt schon ganz vernehmlich Papa und Mama, laufen kann er noch nicht dazu ist er zu dick. Du denkst gewiß auch morgen viel zu uns her und unser Gebet um Erhaltung unseres Kindes dringt gemeinschaftlich zum Himmel der uns den holden Knaben schenkte. Catherine schmückt den Knaben gewiß mit einem Kranze. Von Neuigkeiten aus der lieben Vaterstadt mag ich Dir nicht schreiben, denn die theilt Smidt Dir ja wohl mit und so wird es Dir nicht fremd sein das Malet nach St. Stephanus gewählt wurde. – Von Witten sind aus Paris auch Briefe da. Sie sind sehr davon erbaut und Jakob hat sie Herumgeführt. In vier Wochen sind die lieben Freunde wohl schon wieder da. Doch für heute muß ich Dir wohl ein herzliches Lebewohl sagen! Da ich diese Zeilen heute noch zur Stadt senden muß. Die Kinder grüßen Dich und freuen sich täglich auf Deine Wiederkehr. Ach welch ein anderes Leben wird das doch sein, wann der geliebte Vater wieder unter uns ist und wir ihm wieder ins liebe Auge schauen werden. Sollte es wohl zutreffen daß wenn ich Deinen lieben Brief aus Rio Janeiro erhalte Du dann schon Dich zur Heimfahrt rüßtest? – Elise läßt Dich herzlich grüßen! Wie schön mußte es sich doch fügen das die treue Jugendfreundin diesen Sommer noch mit mir verleben kann. Ach an den Abschied mag ich gar nicht denken, doch ich will den Gedanken an ihn auch noch nicht nachhängen, die Stunde kömmt so noch früh genug, die mir die treuste Freundinn entführt, ich will ietzt noch ihre Nähe genießen so lange es mir vergönnt ist. Lebewohl und Gott erhalte Dich mein süßes Leben gesund! Wie lange dauert es nun noch ehe Du dieses Blatt in Händen hälst! Am Donnerstag kömmt die Singacademie im Lampen Holz zusammen und Herrmann will dann mit Madame Kalkmann, Heinrich und Meta Eggers den Abend ein Butterbrodt bey uns eßen. Lebe nochmals wohl! Du liebstes Wesen!

Deine treue Betty.

361 Walter Scott (1771–1832), schottischer Dichter und Romanschriftsteller. »The pirate« erschien 1822.

Betty an Fritz Gildemeister

Mühlenfeld den 9ten July 1827

Geliebter Freund und Gatte!

Obgleich ich es mir gerne denke daß diese Zeilen Dich vielleicht nicht mehr in Rio de Janeiro treffen, so hemmt es doch die freye Unterhaltung des schriftlichen Austausches meiner Gefühle und Gedanken mit Dir dem Geliebten meines Herzens und es ist mir ein unangenehmer Gedanke, daß diese Zeilen gar in andere Hände kommen könnten, wundere Dich allso nicht wenn dies ein sehr mittelmäßiger Brief wird und ein schwacher elender Abdruck deßen was in mir so lebendig lebt und mir die ganze Seele füllt. – Gestern sind es acht Tage geworden das Smidt mir selbst Deine lieben zwar nur kurzen, für mich aber so inhaltsreichen Zeilen vom 13 Mai herausbrachte und zwar zu Fuß, weil es Sonntag war, und in der ganzen Stadt kein honetter Wagen mehr zu bekommen war. Du kannst Dir gewiß denken liebes Mannli, wie selig, wie glücklich Dein Weibli war als ihm dies neue Lebenszeichen von Dir wieder so unverhofft zu theil wurde und wie ich im stillen meines Herzens dem lieben Gott dankte daß er fortwährend Deine Reise segnet und Dich der besten Gesundheit genießen läßt, denn davon giebt nicht allein Dein Brief mir Kunde auch Kalkmann schreibt dies an seine Frau und Consul Colmann rühmt Dein gesundes, kräftiges Aussehn in einem Brief an Papendiek. Sieh lieber Freund ich glaube immer mehr diese Reise wird Deiner Gesundheit so gut wie eine Badecour sein und Du wirst neu gestärkt und vergnügt in meine Arme heim kehren, daran halte ich mich denn auch und bin in Blick hierauf getrost und voll frohen Muth so sehr mich auch die Sehnsucht wehmüthig stimmt. Wir werden den Segen dieser Reise gewiß zu genießen haben und nach langer Trennung werden selige Tage unserer harren die ich mir in mancher einsamen Stunde so schön ausmale wie die waren die wir am Rhein verlebten, wo mein Leben ja erst recht begann. Ach der seligen Zeit Deines Beysammenseins! Wo jeder Morgen, jeder Abend uns vereint findet! – Mein Herz bebt bey dem Gedanken daran und ich kann mir die Wonne nicht ausdenken wenn ich Dich mit diesen meinen Armen umfangen werde! Morgen feyre ich meinen Geburtstag, und viel, viel gebe ich wenn Du ihn mit mir hier im schönen Oberneuland feyern könntest! Doch gewiß feyerst Du ihn, wenn auch fern von mir und den Kindern, die sich sehr zu diesem Tag freuen und gar heimlich und verstohlen thun und allerley vorzuhaben scheinen um mich zu überraschen wobey ihnen die liebe Freundin sehr behülflich ist. Seit Sonnabend ist die liebe Henny bey uns und da Du Christinens Liebe zu ihr kennst kannst Du Dir denken wie glücklich sie ihre Nähe macht. Morgen Nachmittag kömmt dann die liebe Hermanna mit Lene und deren Kinder und im Kreise dieser lieben Freundinnen wird es mir, umringt von unseren blühenden Kinder gewiß recht wohl werden, wenn ich auch an diesem Tage das Ferne sein des Geliebten doppelt schmerzlich empfinden werde. Ach und wie wirst Du Dich zu uns her wünschen! Kann ich es mir doch gar nicht recht lebhaft denken daß das große unermeßliche Weltmeer zwischen uns liegt und Du in einem anderen Welttheil lebst, dies kömmt wohl weil ich mich Dir geistig so unbeschreiblich nahe fühle! Gestern Abend waren wir denn zur Stadt in die Sonntagsgesellschaft gegangen, die bey Smidts im Garten war, und wo Elise und ich auch schliefen. Es war unser Vorsatz heute in der Stadt zu bleiben und diesen Abend dann mit Herrmann in die Oper, die schöne Müllerin[362], zu gehen zu der er uns eingeladen hatte, und dann wären wir noch beym schönen Vollmond herausgefahren. Allein es machte sich anders. Die Oper wurde nicht gegeben in der eine sehr gute Sängerin, Mamsell Roland vom Caßeler Theater als schöne Müllerin auftreten wollte, die hier schon in mehreren Opern mit Beyfall als Gast sang und spielte und die auch wir vorigen Donnerstag in der weißen Frau hörten, in die Herrmann so gütig war uns mit zu nehmen, wo sie uns sehr gefiel obgleich sie ihre Stimme nicht sehr darin zeigen konnte, da sie nur wenig als Pächterin darin zu singen hat. Da wir nun in der Stadt keine Besorgungen hatten so trieb es uns wieder sehr nach unserem stillen ländlichen Sitz und noch mehr zu den süßen Kindern und so gingen wir denn um neun Uhr zu Fuße heraus, was doch etwas angreifend war da es sehr warmes Wetter war. Doch es geräuth uns doch nicht und ein Schlaf nach Tisch hat uns wieder vollkommen gestärkt doch obgleich wir dies thaten so sehnen sich die Äugelein doch nach Schlaf und ich sage Dir daher eine gute Nacht! Tausend Grüße von den süßen Kindern, die alle gesund und vergnügt sind und von Elisen die mir treu und liebend zur Seite steht! Alle Freunde grüßen, und die Unsrigen sind alle wohl und gesund! Morgen früh muß dieser Brief in die Stadt allso muß ich Dir heute schon ein herzliches Lebewohl sagen! Leb wohl! Du theuerstes Wesen!

Ewig Deine Betty.

Betty an Fritz Gildemeister

Mühlenfeld den 29ten July 1827

Geliebter Fritz!

Gestern hat die liebenswürdige Charlotte Kalkmann den ganzen Tag in stiller friedlicher Häuslichkeit bey uns zugebracht, welches mir eine große Freude war denn je mehr ich mit der Frau Deines Reisegefährten bekannt werde, je mehr gewinnt sie an Achtung und Liebe bey mir. Du kannst Dir gewiß denken wie wir uns den ganzen Tag nur von unseren lieben Männern unterhielten und Euch sehnlich zu uns her wünschten! Ich erfuhr denn auch von Charlotte daß in dieser oder der nächsten Woche von Hamburg wieder ein Schiff nach Rio Janeiro absegeln werde, und so benutze ich denn diese Gelegenheit Dir einige Zeilen damit zu schreiben, obgleich ich mir nicht denken mag und kann daß sie Dich noch in Brasilien treffen werden, allein die Möglichkeit muß ich mir doch denken und kann mir dann auch Deine Freude denken mit der Du ein solches Zeichen von der Hand Deines fernen Liebchen empfängst welches Dir wie immer die Versicherung ihrer Liebe zu Dir verkündet wie auch die frohe unaussprechlich frohe Kunde! Daß es

362 Wohl »Die Müllerin«, Singspiel von Schmieder/Wranitzky.

mit den süßen Kindern der besten Gesundheit genießt! Ein Segen den ich nicht genug erkennen kann! Auch unsere Freunde fern und nah sind alle, alle gesund und senden Dir, mein Odiesseus, tausend und tausend Grüße! Von Karl aus Havanna erhielt ich in diesen Tagen einen Brief vom ersten Juni. Er ist wohl, klagt nur sehr über die Hitze und schlechte Zeiten und ist über Deine Briefe nicht wenig verwundert! – Er meint, wenn er in Europa gewesen wäre, so hätte er Dich zu seinem Vergnügen begleitet, denn Rio Janeiro sey der Mühe werth zu sehen! Sind diese Zeilen in Deinen Händen dann ist unsere Freundin schon die Frau ihres Geliebten denn Ende des nächsten Monats ist ihre Hochzeit im Hause ihrer Schwester Runge[363]. Wahrscheinlich ist wie es bey uns war die Trauung des Morgens und die Anvermählten fahren dann nach der Hochzeit nach Loccum. Ich werde den September allso wohl allein mit den lieben Kindern hier zubringen und die treue Freundin wird mir recht fehlen! – Ich fing zu meiner Erheiterung schon am 15 dieses einen Brief für Dich an lieber Fritz, allein ich mag es nicht wagen ihn nach Rio abzusenden, dahin mögen nur diese wenigen, flüchtigen Zeilen gähn die Dir ja das Beste wie immer nahe bringen werden, so unendlich groß auch der Raum ist der unsere Körper trennt – In vierzehn Tagen haben wir vielleicht schon Briefe von Euch, die uns Eure glückliche Ankunft in Rio Janeiro melden, ach welch ein unaussprechlicher Jubel wird dies für uns sein! Worte sind ja viel zu schwach, diesen auszudrücken! Ich denke ja noch immer an Dein Wort, an Dein tröstendes Wort »Wenn mein Lieb« so sagtest Du mir »den ersten Brief von mir aus Rio Janeiro empfängt, dann kann es sich nur denken daß der Geliebte sich schon wieder zur Heimfahrt rüstet!« Wäre dies der Fall, dann hätte ich freilich diese Zeilen vergebens geschrieben, oh, wie gerne will ich sie vergebens geschrieben haben! Denn schließe ich ja den Geliebten früher in meine Arme, an mein Herz! Welche Seligkeit ist wohl dieser gleich? Keine! Keine unter der Sonne! Die lieben Kinder grüßen Dich tausend Mal! Auch Catharine und Justine empfehlen sich Dir. Lebewohl!

Mit treuer Liebe auf ewig die Deine Betty

Betty an Fritz Gildemeister

Mühlenfeld den 15ten July 1827

Geliebter!

Mein Herz sehnt sich recht nach der stillen, ruhigen Unterhaltung mit Dir und ich eile in dieser Sonntags Nachmittagstunde an den Schreibtisch um mich Dir so gut es will mitzutheilen, die Kinder sind zu Meiers die auch herausgezogen sind, nur die beiden Kleinsten sind hier geblieben und spielen gar vergnüglich auf der Bauern Diele bey Catharine, es ist allso ziemlich still um mich, welches ich beym Schreiben sehr liebe

363 Adelheid Wilhelmine Runge, geb. Spilner, Ehefrau von Hermann Runge, Kaufmann, Langenstr.

und welches mich sehr oft vom Schreiben abhält, denn Du glaubst es gar nicht was die Kinder immer für einen Lerm machen und wie sie immer ankommen und bald dies zu fragen Jenes zu bitten haben, besonders wenn ich Schreibe oder Lese, was sie gar nicht leiden können. Wie wird Dir dieser Kinderlerm wieder ankommen! Und doch nicht wahr sehnst Du Dich manchmal nach ihm? Und ich sehe Dich schon im Geiste wieder mitten unter ihnen lermen und spielen, welches den Kindern ihre größte Wonne war wann Du Dich zu ihnen herablieߧest. Ich hoffe wann Du dieses Blatt in Händen hälst, dann bist Du wieder in Europa und es geht dann von Tage zu Tage der lieben Heimath näher und immer näher entgegen! Ach wohl Dir dem eine so liebe Heimath zu theil wurde. Dies ist doch das beste was der Mensch hier verlangen und besitzen kann. Ich kann mir wenigstens ohne Dich und unsere Kinder gar kein Leben mehr denken und so geht es Dir gewiß auch! Letzten Dinstag sandte ich mit Frau Kalkmann einen Brief für Dich auf die Post aber es ist die große Frage ob er Dich noch in Rio treffen wird, was ich im Stillen wünsche, obgleich es mir nicht angenehm sein würde wenn er in andere Hände käme. Meinen Geburtstag feyerte ich das erste Mal seit meiner Verheirathung entfernt von Dir, und ach wie weit entfernt! Die liebe Elise und die Kinder hatten alles angewendet mir diesen Tag recht festlich zu machen und wie ich den Morgen in die Stube kam bekränzte mich die kleine oder vielmehr große Schaar mit einem schönen Kranze Kornblumen den Christine und Henny für mich gewunden hatten, die Letztere logierte ein paar Tage bey uns und feyerte meinen Geburtstag hier, welches eine große Freude für Christine war und auch für mich die ich mich recht an der Freude der Kinder erlabte. Dazu brachten mir die Kinder jedes eine kleine Gabe, Christine eine Arbeit, alles dieses ging wie Du denken kannst von der lieben Elise aus die mich auch sehr hübsch beschenkte und alles gar festlich mit Blumen geschmückt hatte. Herrmann schenkte mir einen Kuchen der mit dem Namen des Landes prangte welches Du nun bewohnst; doch kam der komische Mensch nicht zu mir heraus welches mich natürlich mehr erfreut hätte. Den Nachmittag kamen Hermanna und Lene mit den Kindern und Du siehst daß ich meinen Geburtstag so froh als möglich verlebte. Dein Geist war mir in Liebe unbeschreiblich nahe und ach ich hätte zu Dir eilen und Dich in meine Arme schließen und mit Küßen überhäufen mögen so voll war ich von dem Glück welches mir durch Dich in so überschwänglichem Maße geworden ist! – doch Elise hat uns den Caffe bereitet und ich sage Dir für heute Lebewohl. Es ist schönes Wetter, und wir werden noch wohl einen Spaziergang machen, wie bringst Du die Tage wohl hin! »Wenn ich ein Vöglein war, flög ich zu Dir! Zu Dir!«

den 18ten

Guten Morgen! Lieber, hast Du gut geschlafen und haben die bösen Insecten Dich nicht gestochen und geplagt? So möchte ich Dich fragen können und eine Antwort von Deinen Lippen vernehmen, Dich dann herzen und küßen und Dir dabey recht inniglich in's liebe treue Auge sehen, doch da muß ich mich statt deßen an den Schreibtisch setzen und mein Sehnen nach Dir, Du Geliebter, bezwingen und es in etwas durch die schriftliche Unterhaltung mit Dir stillen. Du glaubst nicht wie schön es hier ist und wie ich an Deiner Seite, unter den schönen Eichen, im grünen Rasen mich lagern möchte! Ja wann Du hier wärst dann wäre alles noch viel, viel schöner! – Heute Nachmittag habe ich einen lieben Besuch zu erwarten, Wittens sind von ihrer Pariser Reise glücklich heimgekehrt und haben einen lieben Brief von Jacob mit gebracht, der mich sehr gefreut hat, da er so viel Liebe für mich athmet; doch da komme ich vom Thema ab, ich wollte Dir nehmlich sagen daß diese lieben Freunde mit Winholt und Reidemeisters zu mir herauskommen und da Richter Meier hier nun auch logiert wie ich Dir auch schon sagte, so bat ich ihn mit seiner Frau dazu. Ich bin sehr begierig wie es Wittens in Paris gefiel und wie sie Jacob gefunden, der sie allenthalben herumführte, welches für sie doch sehr angenehm sein mußte. Der arme Reidemeister plagt sich wieder mit seinen Flechten herum und sieht recht elend aus, ich wollte er ginge nur wieder nach Eilze[364] doch daran hat er leider keinen Glauben. Dazu kömmt für ihn und Doris noch ein sehr großes Leiden, welches sie sehr daniederbeugt. Du weißt ja wohl daß die Schwester von ihm, die bey ihnen wohnt an den schrecklichsten aller Übel den Krebs leidet, dies hat nun den höchsten Punkt erreicht und ist zum Durchbruch gekommen, wobey die Arme namenlos lit! – Man muß Gott täglich um ihre Erlösung bitten da nach Treviranus Ausspruch keine Rettung für sie zu hoffen ist, allein leider sind ihre Kräfte noch so, daß es sich noch sehr in die Länge ziehen kann, welches für sie und Reidemeisters sehr betrübend ist. Doch für heute genug!

Den 19ten

Lieber Fritz! Ich beende eben einige Zeilen für Dich die ein Hamburger Schiff welches nach Rio segelt mit nimt, ich lebe aber in der Hoffnung daß wenn es dort landet Du dann nicht mehr dort sein werdest und ich vergebens die Feder ansetzte. Gestern hatten wir einen recht frohen Tag, den ich Dir beschreiben muß. Ich wurde zu Albers zum Mittagseßen eingeladen und wie dies schon ein mal geschehn war ohne Elise dies ergerte mich wie Du denken kannst und ich ließ es absagen weil ich wohl selbst Besuch aus der Stadt erwartete. Um dies nun wahr zu machen schrieb ich an Herrmann, er möchte Madame Kalkmann doch mit einladen den Sonntag bey uns zu verbringen. Diese liebe Frau kam dann auch den Morgen um zehn Uhr zu Fuße heraus und wir brachten in ihrer angenehmen Gesellschaft einen sehr frohen Tag zu der uns noch durch das herrliche Wetter begünstigt wurde. Herrmann der bey Senator Löning zum Mittageßen hier draußen war, holte Abends die liebe Charlotte wieder bey uns ab und in seiner Begleitung ging sie wieder zu Fuße herein ich sagte scherzend zu ihr, nächsten Sommer würde sie schwerlich einen solchen Weg zu Fuße machen können! Doch sie gab mir eine Antwort die Du wohl errathen kannst und bey der ich roth wurde. – Nun wir werden ja sehn ob ich wahr phrophezeite! Je mehr ich mit Kalkmann seiner Frau Umgang habe je lieber wird sie mir und man kann ihm gewiß zu ihr von ganzem Herzen Glück wünschen eine solche Sanftmuth bey so vieler Festigkeit des Caracters habe ich noch nicht viel gefunden. Doch Justine deckt den Tisch und so will ich Dir für heute Lebewohl sagen, nur

364 Wahrscheinlich das von Bremern viel besuchte Bad Eilsen.

dies eine noch. Wittens sind sehr von Paris entzückt und sind über Jacob der sie allenthalben begleitete sehr erfreut! Reidemeisters die so sehr einer Ausspannung bedurften sind mit Riems für acht Tage nach Vegesack gezogen. Letzten Mittwochen sah ich all die lieben Freunde bey Meyers in unserem alten, lieben Logie wo wir einen frohen Nachmittag und Abend in der wohlbekannten Hütte verlebten ach wie viel dachte ich an die Tage die ich dort nach Deiner Berliner Reise mit Dir verlebte, an unser glückliches Wiedersehn in der Rockwinkler Straße. Ach wie bald war das erlebt! Wie ganz anders ist es doch nun, schon volle fünf Monate daß ich von Dir Abschied nahm und wie viele Monate werden noch vergehen bis ich Dich, mein süßes Lieb wieder habe! Doch um desto herrlicher wird ja auch unser Wiedersehn sein! – In vierzehn Tagen hoffe ich jedoch die Freude zu haben einen Brief von Dir aus Rio Janeiro zu haben.

Sonnabend den 4. August.

Nach einer fast schlaflosen Nacht setze ich mich noch ein Weilchen hin mit Dir, mein Lieb zu plaudern. Wir hatten ein recht starkes Gewitter, welches uns schon um Mitternacht aus dem Bette rief und uns erst gegen vier Uhr Morgens den Schlaf finden ließ. Heute will ich mit Elise diesen Morgen diesen stillen Aufenthalt verlaßen und nach der Stadt und von dort zu Smidts nach der Dunge[365] die uns beide für ein paar Tage zu sich einluden. Leider ist das Wetter diesen Morgen nicht sonderlich und der Wind hat sich nach dem Gewitter aufgemacht, auch sieht es noch nach mehr Regen aus welches für uns recht fatal wäre da wir bis nach der Stadt einen Stuhlwagen von hier nehmen wollen. Wenn wir von der Dunge wieder kommen, dann habe ich noch einige Besorgungen in der Stadt und ich werde daher vor Donnerstag abend nicht wieder hier sein. Die liebe Freundin wird mich leider nicht wieder hierher begleiten sondern die kurze Zeit vor ihrer Hochzeit bey ihrer Schwester Runge zu bringen. Ach, wie schnell sind die schönen Tage mit der lieben Freundin dahin geschwunden! Und wie schmerzlich werde ich sie mißen! Vorgestern hatte ich einen liebevollen Brief von Mutter aus Zürich. Sie ist wohl und ist auch voll Dank und Freude über die guten Nachrichten die ich fortwährend von Dir habe. Doch da kömmt Elise, der Caffe ist auch fertig und so wollen wir ihn trinken. Adio Du Lieb! –

In der Stadt den 7ten.

Elise will Dir eine gute Nacht wünschen und sich dann schlafen legen, ich muß aber Dir noch mehr sagen als nur dies und Dir vor allen Dingen erzählen wie es uns in der Dunge erging und wie uns dort die frohe, frohe Kunde Eurer glücklichen Ankunft in Rio Janeiro zu theil wurde und ich nun täglich Deinem lieben Brief vom 3 Juni über Hamburg entgegen sehen kann der mir vielleicht schon mit der morgenden Post zu theil wird. Den Sonnabend verließen wir um zwei Uhr auf einem offenen Wagen Oberneuland und die süßen Kinder, von denen es mir nahe ging für einige Tage Abschied zu nehmen und ich würde es auch nicht gekonnt haben hätte ich sie nicht mit

365 Johann Smidts Landgut im Werderland.

dem Gedanken verlaßen können, sie sind bey Catharine gut aufgehoben. Leider trafen wir es beym Hineinfahren schlecht, es regnete fast den ganzen Weg, und ein Schirm schützte uns nur sehr nothdürftig. Hier angekommen blieben wir noch bis sechs Uhr hier und holten dann in einer hübschen zweisitzigen Chaise Smidts im Garten ab, die in ihrem eigenen Wagen fuhren. Der Abend wurde noch sonnig und hell und herrlich stand der Mond uns zur Seite. In der Dunge angelangt tranken wir einen warmen Thee bey dem uns Trinchen Castendick und Herrmann Smidt überraschten die in Gron[365a] bey Noltenius H. Castendicks Geburtstag gefeyert hatten. Ich spielte dann mit Smidts und Castendick eine Partie Boston, aß mit ihnen zu Nacht und legte mich dann mit Elise in ein schönes großes zweischläferiges Bett und dachte bis ich ein schlief viel an Dich Du lieber, lieber Fritz! Doch dies muß ich nun auch wohl thun, denn das Schreiben greift mir die Äuglein an und das willst Du gar nicht haben, ist ihm nicht so? – Da sitze ich denn wieder in Oberneuland einsam ohne die geliebte Jugendfreundin mit der ich hier so manchen schönen Tag verlebte, die durch ihr Hiersein mir armen Strohwittwe so viel war und gab, welches ich tief gerührt erkenne, es ist Abend die Kinder sind gewaschen und zu Bette gebracht und so eile ich denn auf Flügeln der Liebe zu Dir mein lieber Freund und Geliebter! Ich mag es gar nicht aus mahlen wie schön, wie köstlich es wäre wann Du nun bey mir sein könntest, ach nein, dies darf ich nicht, da wird mir das Herz gar zu voll. Ich will Dir erst sagen wie es uns in der Dunge weiter erging. Den Sonntag Morgen bis wir zu Tisch gingen erwarteten wir immer daß mein Bruder noch herauskommen sollte, allein er kam nicht obgleich er es halb und halb versprochen hatte. Das Wetter welches nicht besonders war, hellte sich gegen Abend noch auf und so fuhren Elise und ich mit Smidts (Vater und Sohn) nach dem Gron zu Noltenius wo wir Beckens und Thulesius und auch Hanne Noltenius trafen die bey Fridericke logiert. Wie schön wohnen Noltenius dort und wie erfreute ich mich wieder aufs neue an der freundlichen Landschaft die einen so ganz verschiedenen Character als Oberneuland hat. Gegen acht Uhr fuhren wir wieder nach der Dunge nicht von Ferne ahnend welch eine unendliche Freude uns dort werden sollte. Wie wir auf den Hausfluhr hinauf fuhren kamen uns Mine, Trinchen und mein Bruder mit dem Freudenruf »Briefe aus Rio« entgegen. Ich war so bewegt, erstaunt und ergriffen daß ich nicht sprechen konnte und Trinchen Castendick laut weinend um den Hals fiel. – Es durchzuckte mich ein Vorgefühl unseres Wiedersehns Geliebter und ich konnte mich gar nicht faßen! – Es war ein seliger, seliger Abend den ich nicht vergeßen werde. – Freilich dämpfte es meine Freude daß kein Brief von Dir Geliebter dabey war, denn dies hatte ich so bestimmt gehofft. Heinrichs Brief handelte nur von Geschäften und so günstig auch seine Äußerungen für dieselben waren so bedurfte mein Herz welches so voll von Dir war ganz andere Nahrung die nur Du mir geben konntest! Nur ein paar kurze Zeilen von Dir beygefügt, welch ein Labsal für dies Herz welches nur Dich denkt Dich liebt für Dich lebt und athmet. – Doch Stille! Es wird schon kommen das Zeichen Deiner Liebe und so will ich denn froh seyn daß ich doch Deine glückliche

365a Das Dörfchen Grohn nordwestlich von Bremen war wegen seiner reizvollen Lage als Ausflugsort und Sommeraufenthalt sehr beliebt.

Ankunft in Rio weiß. Dinstag Morgen verließen wir die Dunge und die lieben Freunde bey denen es uns so wohl gewesen; ich blieb dann noch bis Freitag Abend in der Stadt und fuhr gegen Abend hierher. Der Jubel der Kinder die ich alle wohl wiederfand rührte mich sehr und ich fühlte daß ich eine lange Trennung nicht von ihnen ertrüge. Daß der liebe Vater glücklich in Rio angekommen war wußten sie schon, ich hatte es an Catharine geschrieben, ich freute mich mit ihnen über diese frohe Nachricht innigst!

Du kannst Dir gewiß denken daß es einer meiner ersten Gänge war als ich von der Dunge in die Stadt kam nach der lieben Lotte Kalkmann zu gehen und mich mit dieser Schicksalsgefährtin über die glückliche Ankunft unserer Männer in Rio zu freuen. Sie war so gütig mir ihres Mannes Brief mitzutheilen der ja für uns die tröstliche Hoffnung enthält, daß Ihr in einigen Monaten Euer Geschäft beendigen zu hoffen gedenkt. Ich denke mir daß Ihr Ende September vielleicht wieder der Heimath zu stäuert, denke mir das so gerne so gerne! Mit Wittens und Reidemeisters habe ich mich auch schon gefreut, ich war Mittwoch Abend traulich mit ihnen zusammen. Reidemeisters haben mit Riems zehn sehr frohe Tage zum Gron verlebt, mit ihrer armen Schwester steht es noch so hin, ach daß sie der Himmel hinnehme. Von Dr. Müller las uns Witte einen Brief aus Bern vor der sehr heiter war. Gewiß gehen diese unternehmenden Leute wieder nach Italien. Morgen werde ich Elise hier noch bey mir sehn auch die liebe Hermanna mit ihren Kindern und Louise Schütz aus Frille wollen mich besuchen, und so denke ich einen frohen Tag zu haben wenn nur das Wetter beßer wie heute wird, wo es alle Augenblicke regnete und es sehr herbstlich und kalt war. Lene ist mit ihren Kindern auf der Fabrick und in dieser Zeit starb ihre Mutter die sehr kränklich war. Auch unser Vetter Georg Pavenstedt[366] starb vor einigen Wochen an einer Drüsenkrankheit in Unterleib. Pavenstedt ist durch diesen Todesfall sehr betrübt denn er liebte diesen Bruder sehr und von neun Geschwistern allein übrig zu bleiben! Wie hart muß dies sein! Unser Heinrich verliert an ihm auch einen treuen Freund. Jette Pavenstedt sieht alle Tage ihrer Niederkunft entgegen. Doch ich will zu Bette. Gute Nacht! Ach wenn ich mit Dir erst wieder ins Kämmerlein gehe! –

Montag Abend 8 Uhr.

Soeben laßen Winholts mir sagen daß Reidemeisters Schwester gestorben sey, und ich mußte laut ausrufen Gottlob! denn ihr Leiden war groß und ja bey ihrem Übel an kein Beßerwerden zu denken. Nach allem was Reidemeister mir von der Seligen mittheilte war sie ein höchst achtungswerthes und liebenswürdiges Wesen und ihr Schicksal, ihr Tod geht ihm gewiß sehr nahe wenn er auch unter den obwaltenden Umständen ihn für sie herbey wünschen mußte. Ihr Leiden trug sie mit einer wahrhaft christlichen Standhaftigkeit und ich habe sie oft im Stillen bewundert. Gestern waren wir recht

366 Georg Pavenstedt (1793–1827), lebte unverheiratet auf dem Pavenstedtschen Gut Mechelsdorf in Mecklenburg. Er wurde, an Tuberkulose erkrankt, auf das Pavenstedtsche Landgut in Oberneuland geholt und starb dort.

vergnügt und obgleich das Wetter nicht sehr günstig war machten wir doch eine Wasserfahrt nach Sagehorn, welches besonders für die Kinder ein Hauptspaß war, wie Du Dir leicht denken kannst, da es für sie etwas neues ungewohntes war. In Sagehorn selbst ist es sehr freundlich und hübsch weil es ein wenig hüglich ist. Des Morgens machen mir die Kinder immer ein bißchen warm weil ich sie dann vornehme und sie bey mir arbeiten, lesen, buchstabieren und schreiben und ich muß mich immer zusammennehmen daß ich dann nicht zu heftig werde, welches leider oft geschied und womit ich recht zu kämpfen habe. Karl faßt bey weiten nicht so schnell wie Christine die wenn sie will würklich sehr gut lernt und schreibt. Karl fehlt es auch nicht an seinen fünf Sinnen aber er ist über alle Maßen träge und ... [Beschädigung] ... wie er seine körperlichen Kräfte nicht zu gebrauchen versteht so auch nicht seine geistigen. Ich denke die Knaben Schule bey Herr Specht soll und wird ihm diesen Winter wohl thun. Verena strickt den Morgen ein bißchen sonst genießt sie mit Otto noch die goldene Freiheit diesen Winter werde ich sie aber doch auch zu Jungfrau Kind schicken. Die Unarten der Kinder laßen sich wohl ertragen, dies ist nun einmal in dieser Welt nicht anders wo wir ja alle groß und klein unsere Fehler haben wenn man nur nicht solche an sie bemerkt und wahrnimmt die leicht wenn sie größer werden in Lastern ausarten; und von solchen nehme ich bis ietzt nichts an unseren Kindern wahr. Gott behüte sie ferner und sende ihnen in der Versuchungs Stunde seinen Engel. Ach er, der allliebende laße uns viel Freude an den Kindern erleben. Ich wollte Dir noch erzählen lieber Fritz, daß Sophie Stunden bey Hummel[367] hat, worüber sie ganz außer sich ist; sie ist auch fest entschloßen sich nun ganz als Clavierspiellehrerin auszubilden und nur der holden Kunst zu leben. Die alte Großmutter leidet seit ihren letzten Geburtstag sehr an Husten und Rückenschmerzen welches sie sehr schwächt kein Wunder in ihrem hohen Alter. Sophie meint sie würde doch nun nicht mehr lange leben, welches ihr auch zu wünschen sei, da sie lebenssatt und grämlich sei. Es kann daher gut sein daß, wenn Du wieder in Europa bist auch sie heimgegangen sein wird.

Den 21ten

Ich sitze hier unter dem Zelte vor der Hausthüre um Dir, mein Lieb, einen guten Morgen zu wünschen, das Mühlenfeld liegt im hellen Glanze der Morgen-Sonne vor mir und ich gäbe, ach wie viel! darum, könntest Du, lieber Fritz, ietzt an meiner Seite sitzen und den schönen Morgen mit mir genießen, denn wann Du hier wärst, dann würde mir noch alles schöner erscheinen. Seit dem ich das letzte Mahl an diesem Blatte schrieb, war ich letzten Sonnabend in der Stadt, um die Zinsen für die Kinder und die Mägde holen zu laßen. Karl begleitete mich, um sich einen Backenzahn ausziehen zu laßen, bey dem er sich sehr heldenmüthig benahm. Den Mittag aßen wir bey Klugkists die glücklich und wohl von Vegesack wieder heim gekommen sind. Diese Woche steht mir noch eine Freude bevor,

367 Johann Nepomuk Hummel (1778-1837), Kompomist, Klaviervirtuose, seit 1819 Hofkapellmeister in Weimar.

Elise und Papendick wollen Morgen Abend zu mir herauskommen und am Donnerstag kommen dann Elisen Schwestern, Doris Knippenberg und die Schwester ihres Schwagers Runge und winden mit mir Elisens Kranz, es ist grade Elisens Geburtstag, trifft sich dies nicht lieblich? Noch immer harre ich Deines Briefes, hättest Du dies Ahnden können, du würdest doch gewiß auch mit dem englischen Schiffe geschrieben haben? Aber lieber Fritz, was wirst Du zu dem unerwarteten Tode Cannings[368] sagen! Welch ein unersetzlicher Verlust für die ganze Menschheit! Ach daß solche ausgezeichnete Menschen sterben müßen! Welch eine Demüthigung!

Den 25 August, in der Stadt.

Gestern du lieber, theurer Fritz, wurde mir die unaussprechliche Freude Deines Briefes vom 9 Juni aus Rio zu theil; die ersten Zeilen Deiner lieben Hand, nach bey nah zwey Monaten die ersten! Ach, wie das wohlthut und erquickt! Dies fühlst Du mir gewiß am besten nach, da Du ja leider auch zwey Monathe nicht von uns hörtest. Ja gewiß nicht so wohl die Länge unserer Trennung, nicht die weite des Raumes der zwischen uns liegt, ist das Schwerste, Traurigste, aber daß wir so selten, ach so selten, Nachricht von einander haben können, dies erschwert uns die Trennung um Vieles! Und da ist es dann ... [Beschädigung] ... eine doppelte Freude wenn man nach so langem Harren und Warten so gute Kunde erhält als Dein Brief für mich enthielt! Du bist gesund und wohl! solange ich dies weiß, bin ich getrost und will freudig das Schwerste ertragen, belebt durch den frohen Gedanken Deiner Heimkehr, die ja wills Gott noch dies Jahr uns zu Theil wird, Ach und halte ich Dich wieder in meinen Armen, Dich den Geliebten, den Vater unserer Kinder, dann ist alles vergeßen, alles Sehnen meines Herzens gestillt! - Denke Dir aber wie sonderbar, die Alceste ist mit der Recovery zugleich in Hamburg angekommen und doch haben wir die Briefe die Du auch diesem Schiffe für Smidt und mich mitgabst noch nicht, denken aber daß wir sie mit der ersten Hamburger Post erhalten oder sie müßten verloren sein, welches ich mir aber gar nicht denken kann. Morgen früh ist nun Elisens Hochzeit, wie schön wäre es doch gewesen, hättest Du dieses Fest auch mit feyern können! Krummacher wird sie trauen, da Dräsecke nicht hier ist. Donnerstag wanden wir Elisens Kranz und waren sehr froh dabey, Christine und Verena haben auch daran gewunden, welches ihnen eine große Freude war! Wie sehr freue ich mich schon so oft nach Rio geschrieben zu haben, nehmlich nicht weniger als acht Mahl und so wirst Du doch immer Kunde von uns erhalten. Doch ich will mich anziehn, und zu Lotte Kalkmann gehn um mich mit dieser lieben Frau der guten Nachrichten aus Rio zu erfreuen. Ehe mein Friseur kömmt mich zur Hochzeit zu frisieren eile ich noch geschwind ein wenig an den Schreibtisch, um Dir guten Morgen zu sagen, Gestern Nachmittag habe ich Dir noch ein paar Zeilen nach Rio geschrieben und auch nach Bahia, wo hin Lotte Kalkmann auch geschrieben hatte, ich mag es mir aber gar nicht als möglich denken, daß Dich diese Briefe noch in Brasilien treffen werden? Gestern Abend wurde Elise bey

368 George Canning (1770-1827), englischer liberaler Politiker.

Rungen sehr reich mit ihrem Geliebten beschenkt; denn da sie nach der Hochzeit schon Bremen verlaßen, so erhielten sie die Geschenke schon vor derselben. Mir machte es eine innige Freude die schönen Sachen mit Elisens Schwestern zierlich auf zu stellen und mit Blumen zu verziehren und dann die Liebenden auf den schön erleuchteten Saal zu führen wo sie all die Herrlichkeiten fanden, ihr Erstaunen, ihre Freude und Rührung war unaussprechlich, sie konnten kein Wort hervorbringen! Dies zu sehen, zu theilen, war für mich ein hoher Genuß! Daß ich mich heute von der lieben Freundin trennen soll kann ich mir noch gar nicht denken. Ein Trost daß sie nicht nach Brasilien sondern nur nach Loccum geht, welches man in einem Tag von hier erreichen kann. Der liebe himmlische Vater gebe doch seinen Segen zu einer Verbindung die so aus reiner Liebe, frey von allen irdischen Absichten geschloßen wurde! Ich kann nicht anders als glauben, als daß es ihnen gut gehen werde, so schwer auch die ersten Jahre sein werden. Doch was der Mensch mit Mühe und Arbeit erringt das schmeckt ihm auch am Besten. Papendick und Elise sind betriebsam und genügsam und so wird es ja wohl gehen daß sie ohne zu große Nahrungssorgen, die den Geist so sehr niederbeugen, ihr Brodt eßen. –

Mühlenfeld. Sonnabend den 1ten September.

Da bin ich schon seit Montag Morgen, wo ich zu Fuß herausging, wieder bey den lieben Kindern, nach deren Wiedersehn ich ein recht sehnliches Verlangen hatte, und so schlug ich denn auch eine hübsche Partie aus, die ich am Montag mit Elisens Geschwistern nach Brake[369] machen sollte, so gern ich auch diese Gegend ein mal gesehen hätte. Der Abschied von der treuen Freundin ging mir am Sonnabend unbeschreiblich nahe! – Wir begleiteten die jungen Eheleute etwas hinter Brinkum[370], tranken dort noch mit ihnen einen Caffe und sagten ihnen dann ein herzliches Lebewohl! – Krummacher hielt eine ganz vortreffliche Traurede. Einfach, kurz aber voller Geist und Leben, und mit solcher Wärme und Herzlichkeit trug er es vor, daß alle Anwesenden tief die Wahrheit seiner Worte fühlten. So unangenehm Krummacher auf der Kanzel ist so angenehm ist sein Vortrag im Zimmer. Schade daß er sich gleich nach der Trauung entfernen mußte, weil er predigen mußte. Krummacher hatte die Worte der heiligen Schrift als Thema seiner Rede an die Verlobten gewählt, die im 31ten Capitel der Sprüche Salomos stehen und so heißen »Wem ein tugendsames Weib bescheret ist, die ist viel edler denn die köstlichsten Perlen, ihres Mannes Herz darf sich auf sie verlaßen und Nahrung wird ihm nicht mangeln. Sie thut ihm Liebes und kein Leides sein Leben lang« Nicht wahr, lieber Fritz, diese schönen Worte der heiligen Schrift, waren sie nicht sehr paßend für die liebe treffliche Elise? Sie wird ihrem Gatten Liebes thun sein Leben lang und dann wird ihm ja die Nahrung auch nicht fehlen! – Elise sah im Brautkranze unbeschreiblich holdselig aus und ich konnte mich an ihrem Anblick gar nicht satt sehen! Aber denke Dir nur welche freundliche Fügung des Himmels gleich nach der Traurede erhielt ich Deinen Brief vom 3ten Juni

369 Hafenstädtchen an der Weser, etwa 30 km nördlich von Bremen.
370 An der Ausfallstraße Richtung Hannover und Osnabrück gelegenes Dorf.

aus Rio! Den Langersehnten! Dies ergriff mich so daß ich das Zimmer verlaßen mußte und unter heißen Thränen in einem anderen einsamen Zimmer Deinen lieben Brief las - Elise kam zu mir, und wir fielen einander laut schluchzend um den Hals. Sie las mit bewegtem Herzen die Stelle Deines Briefes, wo Du ihr alles Gute für ihre Zukunft wünschtest und ich drückte Deinen für sie bestimmten Freundes Kuß auf ihre Lippen. Nicht wahr, der liebe Brief hat nicht umsonst so lange auf sich warten laßen, denn sein Erscheinen setzte dem fröhlichen Tag die Krone auf. Heute ist es nun schon ein Viertel Jahr daß Du in Rio bist, ach, und da möchte ich nur einen Blick hin thun können, um zu wißen ob Ihr nun wohl schon wieder an die Heimfahrt denkt, oder ob es sich mit eurem Geschäft noch in die Länge ziehen wird, welches ich mir gar nicht als möglich denken mag! Das Du gesund warst, wie Du den letzten Brief schriebst, ist ein Trost woran ich mich täglich halte! Gott erhalte Dich ferner da bey! Du bist unser tägliches Gespräch und die Kinder haben ein recht inniges Verlangen nach Deiner Rückkehr! Ach und wie schmachte ich nach ihr! Nein dies kann ich nicht ausdrücken! Wie will ich auch Dir, Du meinem auserwählten! Liebes thun, Dein Leben lang! Nie Dich wieder betrüben! Nie!! Denn ach! Leider habe ich Dich doch oft durch meine Launen betrübet, oft Dich bey Deinen Arbeiten gestört, Glaube nur dies fühle ich tief und es schneidet mir ins Herz, aber Gott weiß es auch, daß es mein Vorsatz ist dies nicht wieder zu thun. ER der himmlische Vater, mache mich Deiner Liebe immer würdiger! - ich bin ein schwaches Weib, und ich habe meine großen Schwächen und Fehler aber ich liebe Dich und unsere Kinder, unsere Kinder! Mit heißer, unaussprechlicher Liebe! - Ich bin sehr bewegt aber es ist doch Friede und Freude in mir - über die Liebe Gottes die reich an Gnade und Erbarmung ist und einen Himmel voll Liebe in unser Herz legte. Doch für heute, eine gute Nacht. Dein Geist ist mir unbeschreiblich nahe - Es ist als hörte ich Dich mit Deinem seelenvollen Blick sagen »Du liebe Betti! - Schlaf wohl! -

Sonntag, den 2ten September

Dies war ein glücklicher, seliger Tag! Der mir liebe Freunde und Deinen lieben Brief vom 5. July brachte. Diesen Nachmittag überraschten mich Wittens die mich sehr durch ihren Besuch erfreuten, wie Du Dir denken kannst, und mit denen ich manches Wort im traulichen Gespräch von dem fernen Geliebten wechselte. Ich besah mit ihnen Schulzen Landgut, welches für 8000 M an Herr Lankenau[371] auf der oberen Straße verkauft wurde, worüber die arme Elise Schulz[372] ganz unglücklich ist daß es in solche gemeine Hände kömmt. Wie das ganze zuging erzähle ich Dir lieber ein Mal mündlich, da es zu weitläuftig zu schreiben ist. Der Abend war wunderschön und nie ist die Beleuchtung doch klarer als in diesem Monat, ich brachte Wittens, die zu Fuß herein gingen mit Karl bis an Lampen Holz und ging durch dieses in herrlichstem Mondschein wieder nach Hause. Du kannst denken, wo meine Gedanken waren, und wie ich dem, im Fragen so unermüdeten, Karl nie recht antwortete. Kaum hier angelangt wird mir die unaussprech-

371 Govert Diedrich Lankenau, Commissionsgeschäfte, engl., frz. und dt. Manufacturwaaren, Steinzeug, Porzellain, Bijouterie und Galanteriewaaren, Obernstr. 11.

372 Witwe von Jacob Friedrich Schulz.

liche Freude Deines Briefes zu theil, und nun sage selbst war dies nicht ein seliger, glücklicher Tag! Du warst schon einen vollen Monat in Rio als Du den Brief schriebst und doch enthält er leider noch kein Wort von Deiner Abfahrt von dort, ach, dies gießt einen bitteren Tropfen in meine Freude, seines sonst so guten Inhaltes! Wenn ich nur ein Mal ein Ende dieser Prüfungszeit sähe, aber ach, ich fürchte sie dauert noch länger als ich bisher hoffte! Doch vielleicht hast Du an Smidt etwas Näheres über den Gang Deines dortigen Aufenthaltes geschrieben und dies tröstet mich zu denken. Christine und Karl konnten auch gar nicht begreifen, daß der Vater gar nicht schriebe, wann er wieder käme, und dies machte sie ganz traurig. Die anderen Kinder schliefen schon, als ich Deinen Brief aus der Stadt empfing und ihnen kann ich erst morgen Deinen Kuß geben. Du glaubst gar nicht welch ein schöner, freundlicher Junge unser Herrmann ist, und wie gesund und kräftig dabey. Verena sagte heute zu ihm »Du kleiner Engel Du müßtest eigentlich in dem Himmel wohnen«.

Sonntag den 9.

Mein Herz wird diese Zeit hier recht durch Deine lieben Briefe erquickt, und ich freue mich unaussprechlich daß es Dir körperlich so wohl geht! Daß Du mit heißer Sehnsucht dem Augenblick entgegen siehst, wo es wieder von Rio fort, der geliebten Heimath entgegen geht, ach dies fühlt meine Seele lebendig mit Dir! – Gestern Nachmittag brachte mir Herrmann Deinen Brief vom 18 Juni, Nro 19 es fehlen nun noch N.20 und 21. Die ich ja alle Tage erwarten kann da ich vor acht Tagen Deinen Brief N. 22 schon empfing. Ich wollte, lieber Mann, Du hättest das hold erröthende Angesicht Deiner Tochter Christine sehen können, als ich ihr Deinen Brief gab, den Du liebend an ihrem Geburtstage für sie schriebst, ich kann Dir sagen Du hast sie sehr, sehr glücklich dadurch gemacht!! Die Woche ist still und ruhig dahin gegangen und ich habe die schönen Herbsttage mit den Kindern recht genoßen, heute ist das Wetter auch hell und klar nur etwas windig und kühl. Ich lobe mir doch unser Klima mit allen seinen Launen und seinem Wankelmuth, denn was habe ich von der paradiesischen Gegend, wenn selbst der Winter so heiß ist daß ich mich nicht fröhlich im Freien bewegen und sie genießen kann. Auch ein ewiger Frühling hat gewiß etwas eintöniges grade das Aufblühen und Absterben in der Natur hat für das menschliche Herz etwas Anziehendes, Rührendes, und er knüpft an sie ja so gerne seine schönsten Hoffnungen des eigenen wieder Auflebens nach dem Tode in einer beßeren Welt wie diese. – diesen Morgen habe ich mich schon recht an unsern Herder erbaut, den ich immer lieber und lieber gewinne je näher ich mit ihm bekannt werde. Ich lese ietzt Briefe über das Studium der Theologie, die mir recht aus der Seele geschrieben sind. Wann Du wieder hier bist, dann mußt Du sie mir vorlesen, damit ich es auch noch einmal mit Dir genieße. Dinstag abend. Am letzten Sonntag wurde ich durch einen Besuch von Auguste und Elise Klugkist am Weiterschreiben gestört und erst diese stille Abendstunde bringt mich wieder zu meiner liebsten Beschäftigung, Dir zu schreiben, ich bin zwar etwas müde, denn ich habe mich heute den ganzen Tag mit Herrmann herum getrieben, weil Catharine zu streichen[373] hatte; und dies

373 Im Sinne von glätten, bügeln, mangeln.

ist eine Arbeit da der Junge so stark und groß ist und nun immer laufen will, welches er auch schon recht gut kann, aber man muß doch immer hinter ihm herlaufen, weil er noch oft hinfält; welches sehr ermüdend ist. Der Junge ist aber ein wahrer Engel und wenn mein Auge voll Wonne auf ihm ruht muß ich immer dabey an die Freude denken die Du haben wirst, wenn Du ihn wiedersehen wirst, da er sich doch am meisten von all unseren Kindern verendert hat, seit dem Du fort bist. Ich lese ietzt auch den Pirat von Walter Scott; erinnerst Du Dir noch wohl, daß Du mir mal eines Abends im Bette viel aus diesem höchst interessanten Roman erzähltest? Du siehst ich bin in guter Gesellschaft, des Morgens besucht mich Herder, dieser edle, reine und humane Geist und des Abends kömmt Walter Scott. Auch habe ich die Briefe meines seligen Vaters an meine selige Mutter, die Judith mir von Norden mitbrachte, und in denen zu lesen mir eine große, innige Freude gewährt. Welche herrliche Menschen waren meine Eltern doch und wie glücklich waren sie durch und mit einander. So glücklich wie unsere Ehe war auch die ihrige und mein Vater liebte meine Mutter bis zu ihrem ach zu frühen Tode mit der Liebe eines Bräutigams. Es ist ein unendlicher Segen von solchen Eltern gezeugt zu sein! Hätte ich doch früher daran gedacht, so hätte ich gesagt Du solltest diesen Brief Schatz auf Deiner langen Reise mitnehmen, doch da dies nicht geschah, so lesen wir sie nun nochmals zusammen. Morgen muß ich häusliche Besorgungen halber in die Stadt, und da muß ich früh aufstehen, allso für dies Mal, ***eine gute Nacht***!

Den 18ten September 1827.

Geliebter! Wie ich am Freitag in der Stadt die Lotte Kalkmann besuchte, fand ich sie an ihren Mann in Rio schreibend und so diese Gelegenheit über Hamburg benutzend schrieb ich bey ihr in aller Eile noch ein Brieflein für Dich, mag es mir aber gar nicht als möglich denken, daß dieser Brief Dich noch in Brasilien trifft, der erst Ende November oder Anfangs December in Rio de Janeiro anlangen wird, eine Zeit, wo Du ja schon wieder hier sein könntest, wenn der Geschäftsgang schnell und glücklich geführt würde, der Himmel weiß es wann Du wieder bey uns sein wirst, ich fürchte daß es sich leider mit den Unterhandlungen in die Länge ziehn wird und mache mich immer mehr mit dem Gedanken vertraut den Winter noch ohne mein süßes Lieb verleben zu müßen, welches für Dich und mich unbeschreiblich schwer zu ertragen wäre – Gott wird es uns ja tragen helfen, er der uns bis dahin so gnädig war. Ich will es auch gerne ertragen, wenn der himmlische Vater uns nur alle gesund erhält und uns ein ungetrübtes Wiedersehen schenkt, doch wie er will, der ja allein unser bestes will! Ihn, ihn laß thun und walten,

Er will Dein Wohlergehn;
Er wird Dich aufrecht halten;
Bewundernd wirst Du sehn,
Wie gut er Dich regieret,

Wie wunderbar sein Rath
Das Werk hinausgeführet
Das Dich bekümmert hat.

Allso getrost, lieber Fritz, der Gott, der mich in Dir das schönste, reinste Erdenglück finden ließ und mich würdigte Dich nach bitterem Leiden dem Leben wieder zu geben, welches ganz erloschen schien, dieser Gott wird auch ferner mit uns sein, deß freue sich unser Herz und sey fröhlich und unverzagt. Am Sonnabend verließ ich die Stadt, und ging mit Christine, die ich bey mir hatte, wieder hierher. Es war dem Kinde eine große Freude, zu Fuß diesen großen Weg gemacht zu haben, der sie auch nicht sonderlich ermüdete. In der Stadt war ich auch viel bey Smidts, die im Garten wohnen, Smidt war so freundlich mir Heinrichs Briefe mitzutheilen, die immer sehr launig und witzig geschrieben sind. Am Sonntag war die Sonntagsgesellschaft bey Rumps, ich war auch dort und freute mich die lieben Menschen alle einmal wieder zu sehn. Lene Lampe die auch dort war, fuhr den Abend dieses Tages mit mir hierher und blieb bis diesen Morgen bey mir, gerne hätte ich diese Freundin noch länger hierbehalten, allein leider konnte sie nicht länger, Herrmanna geht mit ihren Kindern noch auf vierzehn Tagen nach der Fabriek und dann führt Lene Nonnen seinen Haushalt. Aber welche traurige Nachricht ich Dir noch von Schumacher mittheilen muß, denke Dir, dieser hat seine gesunde, junge, blühende Frau ganz plötzlich durch den Todt verloren! Sie klagte gestern Abend nach dem sie mit ihm spazieren gewesen etwas über Kopfweh, und Schumacher räth ihr noch sich den Kopf mit Cöllnisch Wasser zu waschen, doch dieses thut sie nicht mal, meinend wenn sie sich schlafen legen würde, werde es sich wohl geben, welches auch der Fall ist. Den Morgen früh, bringt ihr die Wärtherin ihr Kind zum stillen ins Bett, und stelle Dir den Schreck dieser Person vor, als sie ihre Herrin todt findet, sie thut einen lauten Schrey und von diesem wacht Schumacher auf, der noch ruhig geschlafen hatte! – Ist dies nicht über allen Ausdruck schrecklich! Ach wie so bald kann es doch mit uns armen Menschen aus sein! Jetzt da ich durch Meere von Dir getrennt bin, mag ich es mir gar nicht denken wie bald auch uns der Todt ereilen kann. Unser Leben steht in Gottes Hand der unser aller Vater ist, dies muß, dies kann uns nur trösten. Gute Nacht! Du liebes Herz! In Gedanken drücke ich Dich an mein Herz! Ach, daß ich einen Blick nach Dir hin thun könnte um zu sehn ob Du gesund und wohl bist. Sonnabend hatte ich auch einen Brief von Deinem Bruder aus Havanna vom 21 July. Er ist gesund und wohl. Deine glückliche Ankunft auf Teneriffa wußte Karl schon.

Abends, am großen Buß und Bettag d. 26. September.

Laß mich noch erzählen lieber Mann, wie ich den Geburtstag unserer seligen, geliebten Christine verlebte, und wie ich, ach gewünscht hätte ihn mit Dir zu zubringen! Den Morgen um 9 Uhr ging ich beym schönsten Wetter mit Christinchen nach dem Horn zur Kirche, wo ich eine sehr schöne Predigt von Noltenius[374] hörte, die mich wahrhaft

374 Bernhard Noltenius (1788–1828), Pastor in Horn.

empf. d. 29. Sept. 1827 No. 20
v. 9. Jul 1827.
An
Herrn Doctor Gildemeister.
in
Rio Janeiro.
J. C.

Brief an Fritz Gildemeister nach Rio de Janeiro

erbaute, ich traf Rump und Metta auch in der Kirche und diese lieben Freunde begleiteten mich eine Strecke Weges wieder her. Wie ich mich des im herrlichsten Sonnenglanze strahlenden Mühlenfeldes nährte, sprangen mir die lieben Kinder freundlich entgegen und mein Herz empfand bey ihrem gesunden, blühenden Anblick die Güte und Liebe des himmlischen Vaters, der uns in ihnen so reich segnete! Ach dachte ich, wie wird es dem zärtlichen Vaterherzen erst sein, wann er sie nach langer, langer Trennung wiedersehn wird! Ich war noch keine Viertel Stunde heimgekehrt als Herrmann mich überrascht, welches mich sehr erfreute. Er aß bey uns zu Mittag, trank den Caffe mit mir und ging dann zu Fuß wieder in die Stadt. Es war so warmes Wetter daß wir den Caffe noch im Freien trinken konnten. Wie diesen Nachmittag um 4 Uhr eine Stunde geläutet wurde, mußte ich denken, wo ich über ein Jahr diesen Tag wohl feyern würde, ob in Gesundheit in süßer Vereinigung mit Dir und unsern Kindern? Nun der himmlische Vater wird es ja geben, ihm will ich vertrauen und nicht in die Zukunft schauen, die uns ja verborgen ist. Montag Abend erhielt ich Deinen lieben Brief vom 27 Juni, N.21, und die vorige Woche den vom 22ten Juni, Nro 20, mit der Einlage an Mutter in Weimar und Schwabe. Diese Briefe habe ich heute fort gesandt und es trifft sich nun daß Mutter Deinen Brief an ihrem Geburtstag, den 1. October erhält, ist dies nicht sehr hübsch? Welche Freude wird die liebe Mutter nicht durch Deinen lieben Brief haben! Es fehlen mir nun keine Briefe von Dir, Du Lieb. Und ich danke Dir daß Du mir so fleißig geschrieben hast! Mit sehr heißer Sehnsucht sehe ich nun neuen Briefen entgegen!

Betty an Fritz Gildemeister

Bremen den 6. October 1827 Sonnabend des Abends

Geliebter.
Da ein Schiff von hier direct nach Rio Janeiro geht so benutze ich noch die späte Abend Stunde Dir mit dieser Gelegenheit wieder ein Lebenszeichen von mir zu geben ach sollte Dich dieser Brief denn noch wirklich in Brasilien treffen, dies wage ich kaum zu denken, und die Möglichkeit davon macht mich sehr, sehr traurig und ernst, doch ich will mich ermuthigen, kann es doch auch sein, daß wir früher vereinigt werden als es sich das zagende Herz zu denken wagt. – Bleibst Du nur gesund und ich mit den süßen Kindern ebenfalls, da geht ja ein Tag nach dem anderen so leidlich hin. Am Donnerstag bin ich den bey dem schönsten Herbstwetter wieder zur Stadt gezogen nach dem ich den Abend vorher noch ein so heftiges Gewitter erlebte wie ich es mir nie zu denken weiß. Die Schläge waren so heftig, daß wir immer fürchteten es möchte in das Strohdach unseres Hauses einschlagen, doch Gott war uns gnädig! Ich werde den Abend nie vergeßen! Ach wärst Du bey mir gewesen ich würde mich nicht so gefürchtet haben! Du kannst Dir denken wie es mich wehmüthig stimmte, wie ich so mit den Kindern mich der Stadt nährte und in unserem Hause, wo Du mich bey dem Hereinziehn vom

Lande immer so liebend empfingst und ich mich dann so recht innig unseres steten Beysammenseyns freute, was durch den Landaufenthalt so manche Störung erfuhr; um alles leer zu finden - doch bald kam doch Herrmann und bewillkommte uns herzlich und einige Stunden später, denke Dir die Überraschung! Salomon Vögelein! Der Sohn unserer theueren Süsette! Dieser studiert seit Ostern in Leipzig Philologie und benutzte die Ferien zu einer Reise nach Nord Deutschland. Ich bot es Salomon gleich an bey mir zu logieren, welches er denn auch mit Freuden annahm und so hat er den heute von unserer Schlafkammer Besitz genommen den am Donnerstag war es nicht möglich daß er bey mir eingezogen wäre, da alles im Hause, durch das Hereinziehn bunt und kraus aussah, und erst heute ist die Ordnung so leidlich wieder hergestellt. Ich schlafe nun ganz in unserer ehemaligen Schlafstube und will dort auch bleiben, bis Du wieder heimkehrst. Wie es mich eigen rührte bey meiner Ankunft Deinen lieben Brief vom 13 July vorzufinden, kann ich Dir gar nicht beschreiben, ach welche heißen Küße drückte ich ihm auf und wie dankte ich Gott! daß Du fortwährend so gesund und wohl bist in einer schönen Wohnung lebst die Deinen dortigen Bedürfnißen zur Genüge entspricht. Gott gebe nur, daß wen der brasilianische Sommer kommt, Du Rio verlaßen kannst, da Du gewiß die große Hitze nicht gut vertragen könntest! Die Blätter die Du für mich in meinem Brief legtest, haben sich gut erhalten und sind mir geweith durch die liebe Hand die sie für mich pflückte. Die Kinder sind so gesund und wohl das es eine wahre Lust ist, und Herrmann läuft ganz sicher und allein. Ach, wie hat uns der himmlische Vater in den Kindern gesegnet! Otto und Verena sind nun auch in die Schule zu Jungfrau Kind gekommen, und Karl geht bey Herr Specht. Ich schicke Dir hier zwey Briefe die Karl und Christine für Dich in Oberneuland schrieben, sie hätten sie noch in's reine schreiben sollen doch dazu kamen sie leider nicht mehr. Du wirst ja auch so Deine Freude daran haben. Doch ich muß den Brief zu Kalkmanns schicken und drücke Dich in Gedanken zum Abschied an mein treues Herz! Salomon, Herrmann wie alle, alle Freunde senden Dir tausend Grüße, wie auch unsere guten Mädchen Catharine und Justine! Solltest Du wieder Deine Reise über Paris machen, so würdest Du mich sehr durch einen schönen, einfachen Schawl erfreuen. Die Farbe überlasse ich Dir nur nicht roth oder blau, aus London hätte ich gerne einige paar feine Strümpfe. Doch dies sind ***alles nur Wünsche, keine Aufträge***. Gott helfe uns diese Trennung bestehen!

Deine treue Maid. Betty

Betty an Fritz Gildemeister

Bremen den 11. October 1827 Nachmittags

Heute am Geburtstage unseres guten Karl, empfinde ich Dein Fernsein doppelt schmerzlich, lieber Fritz, und ich weiß auch daß es Dir nicht viel beßer gehen wird, oder noch schlimmer, denn mir wird ja doch die Freude mit den Kindern dieses Fest zu theilen und dem Karl selbst eine kleine Freude zu bereiten, da Du hingegen fern von allem bist, was Dein Herz liebt. - Die Hoffnung, daß Du das schöne Weyhnachtsfest wieder bey und mit uns feyern würdest, ist mir durch Deinen lieben, lieben Brief vom 8. August, Nro 25) nun auch vergangen, und ich sehe wohl, daß ich leider diesen Winter noch ohne Dich, mein süßes Leben, hinbringen muß. So schwer mir dies nun auch wird, so will ich es doch gerne ohne Murren ertragen, wenn ich es nur ohne Furcht Dir werde die große Hitze des brasilianischen Sommers, dem Du nun entgegen gehst, nachtheilig werden kann, denn dies ängstigt mich ietzt schon oft, da ich weiß, wie Du so gar nicht gut gegen Hitze an kannst. Doch, was hilft alles ängstigen und sorgen für die Zukunft! Gott ist's dem wir wallen und in seine Hände lege ich denn auch ***Dein*** und ***mein***, unser Schicksal. Bis auf diesen Tag führte er uns so gnädig, daß wir es nicht genug preisen und erkennen können, ja dieser Tag ist grade ein lebendiger Zeuge der Liebe unseres himmlischen Vaters, denn ach, vor sechs Jahren, war unser Herz so bekümmert, so voll Angst und Sorge um den geliebten Karl den menschliche Hülfe vom Tode nicht zu retten glaubte, und der uns durch ein Wunder der göttlichen Allmacht erhalten wurde, und nun so durch und durch gesund ist, daß man sich nicht genug daran erfreuen kann. Gott sey ihm ferner gnädig dem lieben Sohn, den ich heute vor sieben Jahre nach schwerem Kampf gebar. Wie lebendig steht mir noch der selige Augenblick vor wie Du mir tief bewegt das liebe Kind in meinen Arm legtest und ich mich so wohl fühlte als hätte ich gar keine Schmerzen ausgestanden. - Sonnabend Morgen. Da ich Smidt in einer Stunde diesen Brief hinschicken muß, damit er ihn in den seinigen einschließen kann, so komme ich nur noch im Fluge Dir zu sagen, was ich Dir schon tausendmal sagte und immer wieder sagen muß, daß ich Dich liebe und nur in Deiner Liebe glücklich und selig bin! - Vorigen Sonnabend sandte ich einen sehr großen Brief an Dich ab, mit zwey Einlagen von Christine und Karl, die ja hoffentlich in Deinen Händen sein werden, wenn Du dieses Blatt erhälst. Wir hatten diese Woche zwey genußreiche Abende, die ich gerne mit Dir, mein süßes Lieb getheilt hätte, die Milder Hauptmann[375] ist hier und gab Dinstag im Schauspielhaus ein Concert, gestern sang sie die Emmeline[376] in der Schweitzerfamillie und ich war so glücklich sie beide Male zu hören. Welch ein himmlischer Gesang! Und wie muß diese Frau in ihrer Jugend gesungen haben, denn nun ist sie doch schon nahe den fünfzigern und doch, wie rein und klangvoll sind noch ihre Töne; wie so zum Herzen sprechend, da sie so ausdrucksvoll singt und alle Künsteleien und Schnörkeleien verschmäht. Es ist ein recht deutscher Gesang! Am Montag höre ich will sie im Dom Händels Messias singen, welch ein Genuß wird dies sein! Daß Devrient[377] hier eine Reihe von Gastrollen gab, wirst Du vielleicht schon wißen. Leider habe ich diesen Künstler nicht gesehen, weil ich damals, wie er hier war, noch in Oberneuland war. Wie man sagt kömmt die Sonntag auch noch zu uns, Du siehst das Bremer Publicum wird verwöhnt. Aus meinem letzten Briefe wirst Du

375 Pauline Anna Milder-Hauptmann (1785-1838), Sopranistin, Mitglied der Königlichen Oper Berlin.

376 »Die Schweizerfamilie« (»Emmeline«), Singspiel von Josef Weigl (1809).

377 Emil Devrient (1803-1872), als Schauspieler überwiegend in Hamburg tätig, oder Ludwig Devrient (1784-1832), der ebenfalls in Bremen als Gast hoch gefeiert war.

gesehn haben daß Salomon Vögelin zum Besuch hier ist und sich ungemein in unserer guten Stadt gefällt. Er ist ein sehr liebenswürdiger Mensch geworden und sehr ausgezeichnet in Hinsicht des Verstandes. Aber mit Wehmut erfüllte mich sein Anblick, denn er ist sehr verwachsen und scheint überhaupt eine schwächliche Gesundheit zu haben. Seine Gesichtsbildung ist sehr edel und schön und er sieht seiner Mutter sehr ähnlich. Mir ist es eine große Freude den Sohn der theuren Süsette, bey mir bewirthen zu können! Er wird den 18 October hier noch feyern und mit uns den Abend bey Grönings sein. Da dieser Brief über England geht so darf ich ihn nicht größer machen, wenn ich auch Zeit hätte, da das Porto so ***theuer*** ist. Alle Kinder sind wohl! Unser lieber August frug gestern zwey Mal »Mutter, wenn kömmt Vater wieder?« Ach, wie mich dies in der Seele ergriff! Alle, alle Freunde und Verwandte sind wohl und senden Dir tausend Grüße!! Gott sey mit Dir! Lebwohl!

Deine treue Betty

Betty an Fritz Gildemeister

Bremen den 29 October 1827

Geliebter!

Endlich, endlich eine stille, ruhige Abendstunde! Die ich einmal ***mein*** nennen kann, denn seitdem ich in der Stadt bin, war ich noch selten einen Abend zu Hause, so sehr ich mich auch nach dem einförmigen Leben, welches ich in Oberneuland führte zurücksehnte und es hier fortzusetzen gedachte, wo ich Abends gewöhnlich an Dich, lieber Mann schrieb, es geht in der Stadt nicht wo die Freunde mich zu sich einladen und ich dann mich doch auch nicht entziehen kann, da sie es alle so gut mit der armen Strohwittwe meinen, welches wohl Anerkennung verdient. Besonders gütig sind fortwährend Reidemeisters, Wittens, Winholdts gegen mich, und wir sind auch darin zu preisen, solche edle Menschen zu Freunden zu haben. Kaum war ich zur Stadt gekommen, welches nun nächsten Donnerstag schon vier Wochen werden, so luden sie mich auch schon wieder in ihren Mittwochen, und waren alle so herzlich und innig mit mir, daß ich tief davon ergriffen bin. Aber nicht bloß sie, alle unsere Freunde bemühen sich mir die Trennung von Dir durch aufrichtige Theilnahme und Liebe tragen zu helfen, und ich sehe schon wie sie alle mit mir jubeln werden, wenn Du ruhmgekrönt in die liebe Heimath wieder einziehst! Ach daß ***diese selige Zeit*** doch nicht fern sein möge! Siehe, ich kann es mir doch gar nicht himmlisch genug denken wenn Du, mein süßes Leben, mich wieder liebend umfängst und die Kinder, die alle so gesund sind, uns glückliche Gatten fröhlich umringen!!! – Gott schenke uns diese himmlische Freude ungetrübt, ach wie brünstig flehe ich ihn täglich um diese unaussprechliche Gnade! Meine Briefe die ich Dir bis zum 13 dieses Monats nach Rio de Janeiro schrieb, möchten sie doch alle Dich nicht mehr dort treffen und ich sie vergebens geschrieben haben! Und oh, darf ich der süßen, süßen Hoffnung Raum geben, und mich Dich auf dem Meere

Briefe von Betty an Fritz Gildemeister vom 29. Oktober bis zum 05. Dezember 1827

denken, wo Du täglich, wenn auch langsam der Heimath zu steuerst? Nur nach Norden, nur nach Norden blickest, und die heimischen Sterne freundlich grüßtest! Ich wage es nicht zu denken und – denke es doch so viel und so oft! Denke Dir, die vorige Nacht träumte ich so lebendig von Dir, Du hattest mich so minniglich geherzt und geküßt, daß ich aufwachend Deine Küße zu schmecken glaubte. Diesen Traum schreibe ich Deinem lieben Brief vom 18 August zu, den ich gestern Morgen durch Freund Smidt empfing, worin Du mir schreibst, daß Du so oft und lebendig von mir und den Kindern träumtest, worüber ich mich denn recht herzlich freute, um so mehr, da ich nur selten das Glück habe von Dir zu träumen und nicht mit dem Dichter singen darf »Bin ich auch weit von dir, bin doch im Traum bey Dir«. Recht glücklich bin ich, daß ich so häufig Briefe von Dir erhalte, Du lieber Fritz, und die Tage, wo diese Zeichen Deiner Liebe und Deines Lebens mich erreichen sind Festtage für Dein Lieb, ***Gott sey Dank!*** daß Du immer so gesund bist, und das südliche Klima Deiner Natur zusagt. Es traf sich mit Deinem Briefe, Nro 23 den Du dem Preußischen Consul mitgabst, so freundlich, da ich ihn am 4 October wie ich hereinzog, hier vor fand, ach, und mir durch ihn, das Einziehn in unser liebes Haus, wo ich Dich nicht fand, unendlich erleichterte, und es war mir als dürfte ich dies für ein gutes Zeichen Deiner nahen Ankunft in diesen Mauern halten, die mir durch das was wir darin erlebten so theuer sind. Ach wie wahr ist doch Dein Wort an mir geworden, welches Du vor bald acht Jahren sagtest, wie wir beide uns tief bewegt Deiner Wohnung nährten in der Du schon so früh den bittern Kelch der Leiden trinken mußtest, da sagtest Du »ein freundlicher Genius begleite Dich in dieses Haus, in welchem ich mit Deiner verklärten Schwester so unaussprechlich glücklich war«. Ja wohl, ein guter Genius hat mich bis hieher geleitet und ihm vertrauend blicke ich getrost weiter. Möge auch Dich, dem ich ja alles Glück verdanke, dieser gute Engel gesund wieder in dies Haus führen und wir es von neuen fühlen wie glücklich treue, reine Gattenliebe macht, die Gott durch die süßen Kinder so reich segnete. – Doch ich wollte Dir noch so viel erzählen und es ist gleich halb elf Uhr. Erstlich wie glücklich unser süßer August heute seinen dritten Geburtstag feyerte und von mir mit einem Kuchen worauf drey Lichter prangten, beschenkt wurde und von Catharine einen Kranz von Moos mit drey Rosen bekam, auch Herrmann Smidt deßen großer Liebling er ist beschenkte ihn mit zwey Schachteln bleierner Soldaten, die er ihm heute Morgen selbst brachte, und mit welchen heute Abend die Kinder schon gar hübsch spielten. Es ist ein liebliches Kind der August aber er kann auch eigensinnig sein, daß man alle Geduld verlieren möchte und dabey so heftig, daß ich oft denke, es ist gut wenn der Vater wieder kömmt, denn auch Karl und Otto kann ich nicht mehr bändigen, mit den Mädchen ihren Unarten ist es schon ein anderes, die kann ich schon erziehen und die laßen sich auch erziehen, von den kleinen Herrmann kann noch nicht das Ende sein, und doch, so klein der ist hat er auch schon seinen eigenen Kopf und er weiß recht gut was er will und nicht. Doch sie sind doch alle liebe Kinder, wenn sie mir auch manchmal den Kopf warm machen können. –

Den 31 October. Abends 11 Uhr.

Ich kann mir die Freude unmöglich versagen Dir wenn auch nur noch einige Zeilen zu schreiben ehe ich hinauf in mein ***einsames*** Kämmerlein gehe. Du hast heute gewiß viel an mich und an diesen vor acht Jahren für uns beiden so heiligen Tag gedacht, der mich Dich zu eigen gab und Gott unseren himmlischen Vater einbrünstig gebeten, daß er uns einander noch lange zur Freude und zum Segen erhalten möge und uns recht viele Freude an unseren Kindern erleben laßen möge die seine große Huld uns schenkte. Wie viel hat die große Liebe unseres Gottes uns in diesen acht Jahren nicht gespendet und wie glücklich sind wir durch uns und unsere Kinder! Auf ihn werfe ich denn auch alle Sorgen die mich ietzt, da ich Dich so weit von mir entfernt weiß so oft beschleichen und ängstigen wollen. Er wird, ach er wird uns ja bald wieder vereinigen und uns ein seliges Wiedersehen schenken! Vielleicht bist Du nun schon auf dem Meere, welches mir in diesem Augenblick da es draußen heftig weht ein recht schauderlicher Gedanke ist dem ich nicht zu sehr nachhängen darf. Doch Du bist ja der Seereise halber ruhig und voll guten Muthes und dies ist mir schon eine rechte Beruhigung. Warum sollte ich es denn auch nicht sein, stehen wir doch alle in der Hand Gottes. Dies muß, dies soll mich auch stark und getrost machen. – Heute war ich bey Christel Albers[378] im Redbergischen Kinder-

378 Johann Christoph Albers (1776–1828), Kaufmann, verheiratet mit Anna Catharina Elisabeth, geb. Retberg.

tag, und erst seit einer Stunde zu Hause. Christel Albers war aber nicht bey der Gesellschaft sondern im Bette, welches er schon seit langer Zeit hüten muß. Du glaubst nicht wie alt und mager er geworden ist. Pauline Adami[379] ist in den Wochen und hat wieder einen großen, starken Jungen! – Wie schön war es doch vor acht Jahren noch am Rhein! Den 1 November. Guten Abend mein süßes Lieb, sieh da bin ich schon wieder an dem Schreibtisch um Dir zu schreiben, gestern wurde ich durch Herrmanns Nachhausekunft am Weiterschreiben gestört. Nachdem ich ein wenig mit ihm geplaudert hatte, ging ich zu Bette, habe des heftigen Sturmes wegen nur unruhig geschlafen, ich mußte immer an Dich denken wenn ich den Sturm so heulen hörte. Ach der Himmel wahre Dich gnädig davor und laße Dich glücklich Falmouth erreichen. Heute Morgen brachte mir Smidt Deinen lieben, lieben Brief vom 29ten August, der mich so durch und durch erquickte, daß ich es Dir auch gar nicht zu sagen vermag. Die Orangen Blüthe duftete mir ambrosisch entgegen. Allso Du bist mir jetzt vielleicht schon hundert Meilen näher! Nein ich kann Dir das Gefühl welches mich bey diesem Gedanken nun belebt gar nicht ausdrücken – Es ist unaussprechlich wie meine Liebe zu Dir! Mit welchem bräutlichen Wonne Gefühl werde ich Dich den innig geliebten Mann wieder in meine Arme schließen. Dein nächster Brief bringt uns nun mehr Gewißheit ob wir Euch noch in diesem Jahre erwarten dürfen. Jawohl, lieber Fritz, auch mir ist es klar geworden daß zwischen zwei Menschen die sich so innig, so treu lieben wie wir, die es so tief empfinden das das Band was sie verbindet mit diesem Erdenleben nicht auf hören kann und wird, nie, nie Mißstimmungen eintreten sollten, ich habe es seit dem Du so weit von mir getrennt bist umso tiefer empfunden, mit ***Schmerz*** empfunden, daß ich Dich oft durch meine Launen gekränkt und betrübt habe, Möge diese Prüfungszeit mich beßer gemacht haben und Gott mir Kraft schenken diesen bösen ***Dämon*** Laune zu überwinden, damit ich Deiner Liebe einst würdig erfunden werde. Ach ich kann es Dir gar nicht sagen wie es mich bis zu Thränen rührt daß Du mich trotz meiner großen Schwächen und Fehler so liebst, so heiß, so unaussprechlich liebst, wie es mich beseligt von Dir, den ich so hochachte als liebe, mich so treu geliebt zu wißen. – Deine Liebe veredelt mich, dies kann ich sagen und deßwegen ist sie mir auch Bürgin daß ich Dir hier und dort angehören werde! Seit dem ich liebe, habe ich es auch recht erkannt daß Liebe und Religion zwey innig verbundene Schwestern sind. Daß Du meine Briefe bis zum 13 Juni richtig erhalten hast ist mir sehr, sehr lieb! Du wirst bis Du Rio verläßt nie ohne Briefe von mir sein da ich Dir ja immer geschrieben habe. Doch für heute eine gute Nacht! Denkst Du in diesem Augenblick auch an den glücklichen Abend in Rüdesheim? Oh, wie ist mir noch alles so gegenwärtig!!

379 Johanne PAULINE Adami, geb. Albers (1804–1868), verheiratet mit Johann Helfrich Adami (1792–1864), der 1840 Senator wurde.

Sonnabend den 3. November. Abends 8 Uhr.

Ich komme soeben aus der Kinderstube wo August und Herrmann schon in süßem Schlummer lagen, die andern Kinder aber noch tausend Possen trieben und herzlich lachten; ich mußte nur machen daß ich fort kam, denn sie wurden so laut daß Katharine fürchtete die Kleinen würden wieder davon aufwachen. Da Du hoffentlich meinen Brief vom 5ten October nicht mehr empfängst der sehr ausführlich alles enthielt was ich seit July erlebte so will ich nur in aller Kürze das Wichtigste hier Dir mittheilen. Den 26 August war meine Elise ihr Hochzeitstag bey ihrer Schwester Runge, und denselben Nachmittag verließ sie als junge Frau Bremen. Du kennst unsere Freundschaft, die mich so lange ich zu denken vermag, beglückt und so wirst Du es ohne Worte fühlen wie unaussprechlich nahe mir der Abschied von ihr wurde. Möge die geliebte Freundin so glücklich werden wie sie es verdient! Seit Elise nun in Loccum wohnt habe ich die glücklichsten Briefe von ihr und es scheint das es Papendick mit seinem Geschäfte gut geht. Ich dachte immer die Lieben im Herbste noch für ein paar Tage zu besuchen allein ich mochte mich doch nicht von den Kindern trennen und so will ich es den bis zum Frühling verschieben wo wir vielleicht zusammen die Freunde besuchen können. Papendick ist doch ein brafer redlicher Mann und gewiß Elisens werth, dieses ist mir immer klarer geworden, und ihre Ehe wird gewiß eine glückliche wie die unsrige ist. Gar lieblich mußte es sich fügen, daß ich Deinen zuerst aus Rio geschriebenen Brief Nro 17 vom 5 Juni an dem Hochzeitstage von Elise, gleich nach der Trauung empfing. Nro 18, empfing ich zwey Tage früher an den für uns so geweihten 24 August, wie ich zu Elisens Hochzeit in die Stadt kam. Die ersten Nachrichten von Eurer glücklichen Ankunft in Rio, die ich ach, wie heiß vom Himmel erfleht hatte, trafen Elise und mich den 4 August bey Smidts zur Dunge wo wir einige recht frohe Tage verlebten und wohin mein Bruder Herrmann Heinrichs Brief hinausbrachte. Welch ein Frohlocken! Welch ein Jubel brachte dies unter uns hervor! – Und wenn es nun erst heißt »wir sind in Falmouth glücklich gelandet!« – Ach dann möchte ich dort sein um Dich den Geliebten gleich in meine Arme zu schließen. Dinstag Abend den 6ten. Soeben komme ich von Charlotte Kalkmann zu Hause, und will mir noch die Stunden bis zum Schlafengehen in der schriftlichen Unterhaltung mit Dir den Liebsten würzen. Denke Dir, welche freudige Überraschung ich heute hatte. Diesen Morgen klopft es an meine Thüre, ich rufe herein, und siehe es war unser lieber Freund Müller! Vergnügt, heiter und gesund war er gestern mit Elise heimgekehrt »So kehret Jeder von der Reise und richtet sich auf seine Weise zum langen Winter traulich ein« Und so wirst auch Du heimkehren, Du liebes, liebes, treues Herz! Ach dann werde ich einen Vorschmack des Himmels haben! – Müllers waren auch zwei Tage im Weimar und waren dort mit der lieben Mutter und den Schwestern sehr vergnügt, von denen sie mir auch Briefe brachten. Morgen werde ich mit Müllers bey Reidemeisters sein, wozu ich mich sehr freue, wie viel Interessantes werden sie von ihrer Reise zu erzählen haben, die sie wieder mit einem Pferde und auf einem offenen Wagen so glücklich vollendeten. Ich wollte Dir noch so viel erzählen, aber thue ich dies nicht beßer mündlich, wenn Du wieder hier auf dem lieben Sopha sitzest? Aber in den ersten Tagen unseres Beysammenseins werde ich vor Entzücken nicht viel reden können, nein dann werde ich Dich küßen, Dich herzen und mich an Deinen lieben Zügen nicht satt sehen können.

1. Blatt den 3. November

Ich liebe das große Format nicht und so nehme ich es kleiner, allso erzählen wollte ich Dir noch was ich Dir in meinen letzten Briefen nach Rio schon einmal erzählte, die aber dort hoffentlich ankommen wenn Du schon in England bist, wenn anders der himmlische Vater uns gnädig ist und unser Gebet um schnelle Beendigung Deines Geschäftes in Rio erhört hat. Den 4 October zog ich mit den Kindern zur Stadt und der Gedanke an den bevorstehenden Winter, den ich vielleicht noch einsam und allein hinbringen müsse, stimmte mich ernst und wehmüthig. Aber an diesem Tage sandte mir Gott einen Freund und sein unerwartetes Erscheinen, sein Wiedersehn nach acht Jahren so unverhofft wirkte erheiternd und belebend auf mein ganzes Gemüth. Es war Niemand anders als der Sohn unserer Freundin Süsette Vögelin, der liebe Salomon, den ich noch als Knabe verließ und der nun zum Jüngling gereift vor mir stand. Doch so groß meine Freude über sein Wiedersehn war, so war es doch über seine äußere Gestalt, mit tiefer, namenloser Wehmut gemischt, denn ich fand ihn bedeutend verwachsen. – Wie schade für ihn! Denn nicht blos daß er verwachsen ist, nein er ist nur, infolge dieses Übels, von sehr zarter Organisation, besonders seine Brust, und deßwegen will er auch nicht Prediger sondern Lehrer werden. Er studiert in Leipzig Philologie und ist ein sehr fein und freisinnig gebildeter Jüngling. Man kann seinen Eltern die er mit Zärtlichkeit liebt, die mich bis zu Thränen rühren konnte, von ganzem Herzen Glück zu ihm wünschen, denn die vierzehn Tage die er bey uns zubrachte, zeigten mir welch ein sittlich reiner und geistig ausgezeichneter Mensch er ist, und ich bedaure sehr daß Du ihn nicht kennenlerntest, so wie es ihm leid that Dich das Haupt der Familie nicht kennen gelernt zu haben. Ich erzähle Dir einmal noch viel von dem guten Schweitzer, der sich hier in Bremen so heimisch fühlte. Wie liebe, treue Freunde haben wir auch in Zürich, und wie gerne sähe ich sie mit Dir ein Mal wieder. Daß die Landesproducte und die Puppen mit dem Mercur richtig im October hier angekommen sind, wird Dich freuen die Kinder wissen aber nur von der Marmelade die ich ihnen zu schmecken gab und die ihnen sehr gut mundete. Die Puppen und die Nüße sollst Du ihnen aber selbst geben, dies erhöht dann die Freude um vieles bey ihnen! Den Caffe, den versuche ich wann Du wieder bey mir bist, solange mag er im Schranke ruhen. Die Vögel Häute will Smidt für seine Frau behalten. Meiner Mutter in Zürich wirst Du mit dem ausführlichen Brief über Brasilien eine große Freude bereitet haben, ich möchte ihr Gesicht beym Empfang desselben gesehn haben. Ich erhalte von ihr immer die liebevollsten und interessantesten Briefe. Doch es geht auf Mitternacht, allso eine gute Nacht! Vorige Nacht träumte es mich wieder so lebhaft von Deiner glücklichen Heimkehr. ***Den 16 November. Abends.*** Geliebter. Heute werden es acht Jahre daß ich mit Dir in dieses liebe Haus als glückliche Gattin tief bewegt einzog und viel habe ich heute in meiner Einsamkeit an diesen festlichen, seligen Tag zurückgedacht, dem so viele Selige folgten alle geweiht und geheiligt durch Deine und der Kinder Liebe die Gottes große Huld und Güte uns schenkte. Ach, welch ein neues, schönes Leben ging mir hier durch Dich, den innigst geliebten Gatten auf und wie viel, wie unendlich viel hat der himmlische Vater mir gegeben daß ich Dich, den ich so heiß liebe dem Leben der Liebe wiedergeben konnte; dem Leben, das Dir mit dem Tode der geliebten, seligen Schwester erstorben schien. Mögen uns doch noch in glücklicher

Liebe vereinigt der frohen Jahre noch viele verstreichen! Dies bete ich aus tiefer Seele zu Gott dem liebenden Vater der uns schon durch manche Prüfung gnädig hindurch half, und uns ja auch nun bald, bald wieder vereinigen wird, ach, wie schmachte ich diesem Augenblick immer heißer entgegen. Welch eine Ewigkeit scheint mir Deine Abwesenheit! Dies kann ich Dir gar nicht beschreiben. Sie deucht mir viel, viel länger als die acht Jahre die ich nun schon Dein liebes Weib bin! Nun die Zeit wird ja auch kommen wo ich wieder an Deinem Herzen liegen und ruhen werde. Sey nur in Hoffnung fröhlich in Liebe stark und in Glauben selig! – Heute Abend sage ich Dir nichts mehr, obgleich ich Dir viel zu sagen hätte, Morgen ist auch ein Tag. Gute Nacht! Du einzig Geliebter! Ach daß ich bey Dir wäre auf dem großen Ocean! Im Geiste bin ich es ja für und für, daß tröste Dich Dein Herz Du Einsamer! Ach, daß unsere Arme sich erreichen könnten in dieser nächtlichen Stille! – Nochmals, Gute Nacht! Gott ists der über uns wacht!

Den 19. November Abends nach 10 Uhr.

Es ist schön, wenn vom fernen Land,
die Segel kehren zum Heimathstrand
Wo Rauch aufsteigt vom eignen Herd.

Ja wohl! ist es schön! Du Geliebter! dies fühle ich innig und tief mit Dir, von dem ich heute den lieben, lieben Brief vom 21 September aus Rio de Janeiro empfing und durch und mit ihm die beseligende Hoffnung Deiner baldigen Abreise von dort! O daß sie sich bestädtigen möchte und Du vor Ende dieses Jahres wieder auf Europäischen Boden treten möchtest wo Du dann bald und schnell der lieben Heymath zu eilen kannst und ich und die süßen, süßen Kinder, die täglich von der Rückkehr des geliebten Vaters mit mir sprechen; Dich den heiß geliebten mit offenen Armen empfangen werden. Wie freue ich mich daß Du in Rio noch bis zu Deiner Abreise Briefe von mir erhalten haben wirst, denn geschrieben habe ich immer, entweder mit Smidt oder Kalkmanns. Diese Zeilen wirst Du in England erhalten und Dich freuen daß der himmlische Vater mich und die Kinder gesund erhielt, seine Huld und Gnade gebe es bis dahin wie er es bis zum heutigen Abend that! – Aber in unserem Freundeskreis wirst Du eine schmerzliche Lücke finden. Denke Dir die liebe, herrliche Trinchen Kastendick ist am Sonnabend vor acht Tagen an einer langwierigen Krankheit gestorben! Von dem Schmerz ihrer Kinder, ihres Bruders, ihrer Freunde sage ich Dir nichts, Du kanntest, Du liebtest die Selige und fühlst die Größe unseres Verlustes da Du ihn gewiß aus ganzer Seele theilst. Ich kann wohl sagen, ich liebte sie ***Mütterlich*** und die Tage, die ich diesen Sommer mit ihr in der Dunge verlebte sind mir ***geweiht*** durch ihre unaussprechliche Liebe und Milde. – an ihrem Halse weinte ich die ersten Freuden Thränen über Deine glückliche Ankunft in Rio de Janeiro. Ach wie theilte sie mein Glück! Dich den Geliebten, sicher gelandet zu wißen! – Doch für heute eine süße Nacht! Du lieber Erfreuer! Ja dies hast Du heute wieder sehr durch deinen lieben süßen Brief! Wie Du mir so nahe, so nahe dadurch gekommen bist. Ich denke mir daß ich aus Rio noch wohl zwey Briefe erhalten werde und dann kömmst Du bald selbst! Ach der namenlosen Seligkeit!! – Gute Nacht! –

2tes Blatt. Den 24ten November. Sonnabendabend. 10 Uhr.

Lieber, theurer Fritz, Es ist mir immer ein eigen, seliges Gefühl wenn wieder eine Woche hinter mir liegt, ein kleiner Abschnitt mehr von dem Großen den nun schon unsere Trennung dauert, und ich genieße es nun doppelt da ich ja in der Hoffnung leben kann, daß Du, mein süßes Leben, mir mit jeder dahingeschwundenen Woche näher und näher rückst. Und nun vielleicht schon die Hälfte der Seereise hinter Dir hast, die ach, noch eine rechte, rechte schwere Zeit für Dich sein wird, welches ich mir lebhaft denken kann; und welches ich sehr mitfühle und dem Himmel danken, inbrünstig danken will, wenn auch dies glücklich überstanden ist. Wenn Du nur nicht zu sehr von der fatalen Seekrankheit leiden mußt, dies ist meine tägliche, ja stündliche Sorge. Auf der Hinreise ging es Dir im Ganzen ja gnädig damit und es wird es auch nun nicht schlimmer gehen. Eine andere Sorge für mein Lieb ist der Übergang in unser nördliches Klima, besonders da Du England im Winter wieder sehen wirst; Ach Du armes, armes Mannli, wie wirst Du da frieren! Ich mag an dies Leiden nicht denken und in dieser Beziehung ersorge ich die Reise von England nach Bremen mehr für Dich als die Seereise, da die Kälte Deiner Gesundheit so leicht nachtheilig werden könnte. Doch dafür will ich auch den himmlischen Vater sorgen laßen, seine Huld, seine Güte wird Dich mir und den Kindern ja erhalten, Du unserer Seele Leben!! Bist Du erst wieder bey mir, da soll Dich gewiß nicht mehr frieren, und wäre es auch noch so kalt. In meinen Armen sollst Du Dich erwärmen nach Herzens Lust. – Du solltest Dir in England noch einen recht schönen Pelz machen laßen, denn der Deine ist am Tage nicht mehr so gut für einen hohen Gesandten, ja lache nur über Dein Mädchen, aber es ist wahr. Ich wollte nur Du lieber Fritz, hörtest das Geplauder der süßen Kinder wie sie täglich so lebendig von Deiner Rückkehr sprechen und sich gegenseitig den Kopf zerbrechen, was ihnen der Vater wohl alles mitbringen werde. August, der kleine Liebling, wünscht sich das ganze Thierreich, alles lebendig, und in Lebensgröße und den kleinen Affen will er mit in seine Kinderstube nehmen, da soll er dann mit ihm spielen, die anderen Thiere sollen ins Hinterhaus. Wenn ich den Engels Jungen Herrmann frage »Was soll Papa mitbringen?«, dann sagt er ganz deutlich »Bonbons« und dafür will er Dir dann einen süßen Kuß geben. Die Mädchen könntest Du gewiß sehr durch eine ***englisch***e Puppe erfreuen, und Karl mit einem hübschen Malkasten, und für die anderen Knaben sonst ein hübsches Spielzeug. Doch ich will Dir ***gar*** nichts vorschreiben, ***was Du ihnen*** bringst, wird sie erfreuen. Doch möchte ich Dich wohl bitten unseren Leuten eine Kleinigkeit mitzubringen und da hatte ich für Jedes eine ***hübsche*** Spitze vor einer Haube gedacht, etwa für Jedes 6 Elle. Es ist ein Segen gute Leute zu haben, und wir genießen ihn gewiß, und da mag man ihnen dies auch wohl zu erkennen geben, besonders an Catharine welch einen nicht zu bezahlenden Schatz besitzen wir in ihr nicht!!! Doch für heute will ich Dir eine süße Nacht sagen. Ach der nicht zu denkenden Seligkeit wenn ich nach langer Trennung (mir erscheint sie als eine Ewigkeit!) mit Dir wieder ins traute Schlafkämmerlein gehe. – Wie will ich Dich umfangen Du mein theures Lieb! Wie Dich herzen und küßen ohne Aufhören. Gott schenke uns diese Wonne! Amen! Dein Wille geschehe Amen! Amen!

3. Blatt 27. November Abends nach 10 Uhr.

Wie der Gedanke mich freudig stimmt daß Du mir und den Kindern täglich näher kömmst, und mir Muth giebt mein Tage Werk voll Heiterkeit zu vollbringen, freilich der dunklen Stunden giebt es auch viele und besonders Abends ist es mir unaussprechlich heimwehvoll zu Sinne und bis Januar scheint es mir noch eine Ewigkeit zu sein! Lieber Fritz, wenn wir uns wieder in treuer Liebe umfangen, dann werden wir uns beide sagen »wie hielten wir nur die lange, lange Trennung aus!?« - Heute Abend war ich mit Trinchen Caesar und Theodore Warnken bey Elise Lameyer[380], Theodore hat ein schweres Leid zu tragen und ich sah sie seit diesem traurigen Fall in ihrer Familie heute zu erst wieder und dies gab dem Abend Etwas recht Ernstes. Lucie ihre zweite Stieftochter ist seit acht Tagen wahnsinnig und so heftig daß sie zu Engelken gebracht worden ist. Sie hat eine unglückliche Neigung und dazu kömmt wohl religiöse Überspannung. Nicht wahr wie schrecklich! Adelheid die ältere von Theodore ihren Stiefkindern ist eine sehr glückliche Braut mit einem Griechenfreund, sein Nahme ist Müller[381], er war in Griechenland und schrieb auch darüber. Er wird mit Herr Warnken in Compagnie gehen. An dem Ende eines Jahres häuft sich des Frohen und Trüben vieles und so habe ich Dir auch noch einige Todesfälle mitzutheilen die Dir gewiß nahe gehen werden. Johann Klugkist der noch viel diesen Sommer leiden mußte, ist letzten Donnerstag auch gestorben. Seine letzten Tage waren schmerzenlos und sein Ende sanft. Luise sagte mir, er hätte in der letzten Zeit noch so oft von Dir und Deiner Rückkehr gesprochen und sich sehr dazu gefreut Dich wieder zu sehn. Unter Deinen Collegen wirst Du J. Schumacher als Wittwer wiedersehen. Denke Dir die gesunde, blühende Auguste Schumacher starb ganz plötzlich diesen Herbst am Schlage! - - Unsere Montagsgesellschaft ist noch nicht angegangen. Jeder scheut sich sie zu haben. Daß der uns bekannte Dichter Hauf[382] gestorben ist, wird Dich nicht wenig frappieren. Denke Dir seine Frau war sieben Tage in den Wochen als er starb! Zehn Monate war er verheirathet.

Wie mancher ist geschieden,
Der heut vor einem Jahr
In Lebensfülle strebend
Mit Freuden fröhlich war!

380 Elisabeth Lameyer, geb. Kulenkamp (1797-1862), seit 1816 verheiratet mit Christian Hermann Jacob Lameyer (1790-1856), Kaufmann und Zuckerfabrikant, der mehrfach in Bremen, später auch in Hamburg und in Südamerika Bankrott machte, sodaß Elise mit ihren Kindern für längere Zeit bei ihrer Mutter in Erlangen leben mußte.

381 Carl GOTTFRIED Müller (1799-1833). Er veröffentlichte 1826 »Reise eines Philhellenen durch Schweiz und Frankreich nach Griechenland«.

382 Wilhelm Hauff (1802-1827), Schriftsteller. Er war 1826 in Bremen zu Gast, lernte im Hause Gildemeister Josephe Stolberg, Amalie Gildemeisters Pflegetochter, kennen. Die rasch entflammte, aber unerwiderte Liebe zu ihr bildete den Anlaß zu seiner Erzählung »Phantasien im Bremer Ratskeller«.

Ja wohl! ja wohl! Ach, daß ich so viel Trauriges Dir zu berichten hatte! Doch getrost. Wir gehen alle einem Ziele zu, und wer sich hier in treuer, reiner Liebe angehörte wird es auch gewiß und wahrhaftig in jenem beßeren Leben. – Treviranus predigte nach Trinchen Castendycks Tode sehr schön über die Worte der heiligen Schrift »Selig sind die Todten die in den Herren sterben, denn ihre Werke folgen ihnen nach« usw. – Ich lebe der Hoffnung daß ich vielleicht Ende dieses oder Anfangs des nächsten noch einen Brief aus Rio de Janeiro erhalten werde. Ist Ende September noch ein Schiff gegangen so hat mein Lieb sicher noch geschrieben.

Vor dem Schlafengehn halb 11 Uhr, den 30.

Nun noch einen Monat und dann ach, dann bist Du wills Gott! glücklich in Europa und bald hier in Deiner lieben Heimath bey Deinem Weibe und Deinen und meinen Kindern! Ach der himmlische Vater wird sie uns ja schenken die selige, selige Wiedervereinigung! Heute hatte ich auch einen lieben Brief aus Weimar von der lieben Mutter, die sich herzinnig mit mir der frohen seligen Aussicht Deiner Rückkehr in diesem Jahre freut! Und mit mir dem lieben Gott Deine glückliche Reise anheim stellt und ihn für dieselbe fleht. Seine Liebe kann ja über Bitten und Verstehn geben, und wird auch uns geben was uns wohl und noththut. Seine Hand führe Dich über das große, unermeßliche Meer. Schaust Du wohl schon wieder die lieben bekannten Sternbilder? Und um dieselbe Stunde mit uns den lieben Mond der in diesem Augenblick so klar am Himmel steht und gar freundlich in unser Schlafkämmerlein scheint? Denke Dir, vorige Nacht wachte ich von dem Blasen eines Posthornes auf, ich kann Dir gar nicht sagen wie eigen sehnsüchtig diese einfachen Klänge in der stillen Nacht an mein Ohr schlugen, und es mir war als verkündigten sie mir Dein Kommen; sie sollen mir eine gute Vorbedeutung sein. Diesen Abend waren die treuen Seelen, Herrmanna und Lene bey mir, ich las ihnen Briefe der seligen Mutter vor; die uns alle erquickten. Welch eine herrliche Mutter habe ich gehabt, dies ist ein wahrer Himmels Segen! – Doch ich wollte Dir noch sagen daß unsere Lieben in Weimar alle wohl und gesund sind, ich sende Dir hier auch einen Brief der lieben Mutter, den sie mir schon im October für Dich sandte und den ich nicht mehr nach Rio senden mochte. Die alte Großmutter lebt doch ist sie sehr schwach und Mutter schreibt es wäre für sie ein Glück wenn Gott sie zu sich nehme, welches sie auch selbst wünscht. Heinrich und die Seinen sind auch wohl und von Karl in Havanna sind bis zum September gute Nachrichten. Das Buch aus Paris habe ich durch Wittens für ihn erhalten. Daß unser Vetter Georg Pavenstedt gestorben, wirst Du auch noch nicht wißen, er starb hier im August bey seinem Bruder den sein Tod in die tiefste Trauer versetzte. Im September kam Jette Pavenstedt mit einem Sohn glücklich in die Wochen. Heinekens ließen heute auch zur Montagsgesellschaft einladen. Theodore ist kaum aus den Wochen. Ich habe die leise Hoffnung daß ich in der nächsten Woche noch einen Brief aus Rio von Dir bekomme, der den letzten Berichte noch mehr Gewißheit giebt. Doch Gute Nacht Geliebter! –

Den 4 December.

Gestern waren wir im Montag bey Heinekens recht froh! obgleich durch Schumachers Verlust seiner Auguste, ein wehmüthiger Ton den Abend durchherrschend war. Er war auch dort, doch kam er spät. Heineken, der mich nach seiner Weise neckte, meinte über vier Wochen hätte ich Dich wieder, ach dies mag ich mir nun gar nicht denken, ich will zufrieden sein wenn Du in der Mitte des Januars hier bist. – Die Briefe der lieben Kinder werden Dir große Freude bereiten, freilich werden sie den Brief sehr vertheuern aber nach so langer, langer Zeit des Wartens magst Du auch wohl durch einen großen Brief erfreut werden, wenn er auch viel Porto kostet. Welch ein Segen daß die lieben, lieben Kinder alle so gesund sind. Den Herrmann wirst Du nicht kennen so groß und stark ist der Junge und voller Lebendigkeit. Ach, wie wird die Schaar der Kinder Dich den lieben Vater umringen, wie sich an Dich hängen und Dich bestürmen! Und wie werden wir alle an Deinem Halse Thränen des Dankes und der Freude weinen und preisen die Güte dessen der uns hienieden schon durch Liebe so beseeligen kann.

d. 4. December 1827 Abends

Morgen soll dies Blatt fort nach Falmouth, wo Du doch gewiß landen wirst Du lieber, lieber Fritz! Und wo ich sein möchte, um Dich, wie Du das Land betreten wirst gleich in meine Arme zu nehmen und Dir in das liebe Auge zu sehn, aber leider, kann ich diesem Blatt nicht folgen und muß in Geduld den Augenblick Deines Wiedersehns erharren, des seligen, seligen Augenblicks wo ich Dir in die Arme, die liebenden, sinken werde!! – ***Es soll Dich nicht ängstigen das Smidt nicht schrieb.*** Er hat um es einfach zu sagen ein Geschwür am St.... und liegt nun deshalb immer auf den Sopha oder im Bette, und ist so unbeholfen durch dies Uebel daß er nur lesen und rauchen kann. Diesen Morgen traf ich ihn auch wie einen Sultan auf dem Sopha seine Pfeife rauchend und dabey sehr heiteren Geistes, geht das Geschwür in diesen Tagen durch (er hat warmen Verband darauf), so wird er nächsten Sonnabend noch an Dich und Heinrich schreiben, geschied dies aber nicht, so macht Euch nur seinethalben keine Sorgen, denn wie gesagt, ***krank ist er gar nicht***, aber weil er sich nicht frey bewegen kann zum Schreiben unfähig. Er sendet Dir und seinem ***Liebling*** Heinrich tausend und tausend Grüße, wie auch seine treue Ehehälfte, Herrmann, Johann, Gustav, Mine, Wilhelm und Johanne Noltenius. Sie haben im Smidtschen Hause eine schwere Zeit durchgemacht, doch Gott Lob und Preis Gottes Huld und Güte war ihnen ***gnädig***! Die kleine liebe Mine ***hatte*** das hitzige Nervenfieber, und lag sehr schlimm darin – doch ihre gute Natur siegte und sie ist ***nun außer*** aller Gefahr und wird alle Tage kräftiger, schläft gut und hat einen sehr guten Appetit, ***Eßen ist ihr Bestes!*** Heute fand ich sie außer dem Bette auf Johannes Stube sitzend und mit großer Lust Bouillon trinken. Wie glücklich! Wie selig! die Eltern und Geschwister und wir Freunde mit ihnen über die Genesung des holden Mädchen sind, dies liebster Fritz wirst Du und ihr Bruder Heinrich von ganzem Herzen mit fühlen und den himmlischen Vater laut für ihre Genesung danken. Herrmann würde dem Bruder Heinrich wohl geschrieben haben aber der arme Mensch liegt am kalten Fieber darnieder, doch beßert es sich auch mit ihm und so hoffe ich gewiß daß er bey Eurer Ankunft sagen kann, ich hatte auch Mal das kalte, dies fatale Fieber! Aber was wird Heinrich Smidt sagen, daß seine liebe Tante Trinchen Castendyck am 10November an einer Krankheit des Unterleibes starb! Dies war ein harter, harter Schlag besonders für Smidt der seine Schwester so unbeschreiblich liebte, ach für uns alle! Die wir die Treffliche kannten und liebten - heilig und theuer ist mir ihr Andenken! - Ich brauche Dich nicht zu bitten Heinrich schonend diesen großen, schmerzlichen Todt seiner theuren Tante mitzutheilen. - Wie traurig daß der Todt der theuren Mutter in die Freuden reiche Zeit der Liebe von Wilhelm[383] und Herrmann[384] fiel! Denn das Herrmann auch ein glücklicher Bräutigam von Mathilde Migault ist werdet Ihr durch frühere Briefe von Smidt doch wissen. Heute über acht Tage ist Wilhelms Hochzeitstag. Er wird das Haus seiner seligen Mutter bewohnen. Freitag ist Kranzbinden bey Anne Delius[385] der Schwester der Braut, unser Herrmann so alt er ist, geht auch hin. - Dein Freund Smidt sagt mir auch, ich möchte Dir schreiben, bestimmte Geschäfte hätte und wüßte er für Dich in London nicht. Bey Klugkists, in Weimar ist alles wohl, und über all herzlicher Jubel über deine baldige Heimkehr!! Auch in Norden bey meinen Geschwistern sind alle gesund und wohl und soll ich Dir die herzlichsten Grüße von den Lieben sagen, die meine Freude über Dein Wiedersehn aus voller Seele mitgenießen werden wie auch Herrmann und all, all unsere Lieben nah und fern!! Die Kinder, die es gar nicht erwarten können bis Du kömmst, senden Dir tausend Grüße, sie sind gesund und machen täglich mehr Freude, Jedes in seiner Art und Weise. Auch unsere Leute senden Dir die besten Empfehlungen. Und so möge Dich denn dieser Brief zur glücklichen Stunde in Falmouth finden und die ***innige Liebe*** die ich den leblosen Buchstaben einhauchen möchte Dich ***für und für beseligen***. Gott sey Dir gnädig! Und laße Dich bald Englands Küste erreichen! Möcht es an Deinem Geburtstag sein den ich mit den lieben Kindern in aller Stille feyern werde allen Segen für Dich und uns vom Himmel erflehend.

Mittwoch Morgen den 5 December

Guten Morgen! Du liebes Herz! Hast Du gut geschlafen und von Deinem Lieb geträumt? Gestern Abend schrieb ich Dir bis nach Mitternacht, das Schreiben möchte mich wohl zu sehr aufgeregt haben, denn ich konnte gar nicht einschlafen und wie ich schlief wachte ich immer auf. Es stürmte sehr, und da mahlte mir meine Pfantasie manche Schreckbilder von dem Sturm auf der See. - Der himmlische Vater sey Dir gnädig! Sage doch an Georg daß seine Frau und sein Sohn gesund seyen und ihn herzlich grüßen laßen. Von Müllers, Reidemeisters, Wittens, Wienholds soll ich Dir die innigsten Wünsche bringen. Auch aus Loccum von Elise und Papendick die sehr wünschen Du möchtest von Hannover den Weg über Loccum nehmen und sie begrüßen. - Wärst Du nach Paris gegangen, so hätte ich Dich gebethen mir von dort einen hübschen Shawl aus der Zerneauschen Fabriek mitzubringen. Ich freue mich sehr daß Du von Calais den nächsten Weg in die Heimath nimmst. Und somit ein herzliches Lebewohl! Du innigst Geliebter! Deine treue Betty. -

383 Dr. med. Wilhelm Bruno Gerhard Castendyk (1797-1852), heiratete 1827 Margaretha (Metta) v. Post (1808-1845).

384 Dr. jur. Herrmann Castendyk (1801-1837), heiratete 1828 Mathilde Migault (1804-1847).

385 Anna Delius, geb. v. Post (1806-1890), heiratete 1827 Friedrich Adolf D. (1799-1855).

Betty an Fritz Gildemeister

Bremen den 13ten December 1827

Geliebter! Wie könnte ich mich an diesem für uns so festlichen Tage zu Bette legen ohne mir vor her noch die Freude der schriftlichen Unterhaltung zu verschaffen! mit Dir! den meine Seele liebt, unaussprechlich liebt! Und dem ich es heute, wäre er mir sichtbar nahe so gerne wiederholen möchte wie ich so durch und durch beseliget bin durch seine Liebe – Aber höre nur wie lieblich Dein Brief vom 5 October mich heute an Deinem Geburtstage überraschen mußte. Heute Abend um 5 Uhr sitze ich im Kreise der Kinder und Auguste und Elise Klugkist, die heute bey uns zu Mittag gegeßen, gar traulich in der Wohnstube als Justine mit dem freudigen Ausbruch der Freude ins Zimmer kömmt. Ein Brief von Herr Doctor! Welch ein freudiger Schreck bebte mir da durch die Seele und wie freudig bewegt fühlte sich die kleine Schaar und die guten Mädchen! Freilich der Inhalt Deines lieben Briefes schlug die Freude etwas nieder, und ich mußte mich recht zusammen nehmen um den Brief vorzulesen wobey mir die Thränen immer die Augen naß machten, Ach noch immer diese peinliche, peinliche Ungewißheit! Ich war nach Deinem lieben Brief vom 22 September so voll froher Zuversicht daß Ihr mit dem October Paket verreißt wärt – aber nun sehe ich schon, wie es sich mit Deiner Abreise im Februar hinzögert so wird es nun auch mit der Abreise in Rio de Janeiro gehen, und ich werde von Glück sagen können wenn ich Dich im Februar wieder habe. Welche lange Zeit bis dahin, welche Ewigkeit für mein nach Dir sich unaussprechlich sehnendes und verlangendes Herz! – Es ist eine schwere Prüfung die Gott uns auferlegte, dies fühle ich täglich mehr und mehr. Aber desto süßer ist dann ja auch das Wiederhaben, und wenn ich daran denke dann hüpft mir das Herz vor Freude und Seligkeit. Ja sie wird ja endlich kommen, die goldne schöne Zeit wo ich mit Dir aufstehe mit Dir schlafen gehe, und jede Stunde mir durch Deine Liebe gewürzt wird! – Aber das heute, wo ich so viel an Dich dachte! (als wenn ich dies nicht in jeder Minute thäte!) heute! Dein lieber Brief in meine Hände kommen mußte, dies sollte ich für ein günstiges Zeichen Deiner baldigen Wiederkehr nehmen!! Thue es so gerne! – Für ein günstiges Zeichen will ich es denn nehmen und von ihm erfüllt dem Ende des Jahres entgegen gehen, daß sich seinem Ende mit starken Schritten naht, und das uns dann wohl um die Zeit Kunde bringt ob Ihr mit dem October Paket fortkommt! Gott! der himmlische Vater gebe daß wir über's Jahr diesen Tag im Kreise unserer Kinder und der Freunde, die ihn voriges Jahr mit uns feyerten, fröhlich begehn können! Gott segne Dich Geliebter! für und für! Seine unendliche Liebe erhalte Dich mir und den Kindern noch lange zur Freude und zum Glück! – Wie denkst Du wohl in dieser stillen Abendstunde auch so lebendig zu mir her! – Du lieber, lieber Mann!! Gute Nacht!

den 18 December vor dem Schlafengehn.

Nun wahrlich, liebster Fritz, wir werden nicht wenig in der Geduld geübt, heute kam der Brief vom 22ten October von Heinrich, an und aus seinem Inhalt sieht man leider mit innigem Bedauern daß am 10 desselben Monats fuer Geschäft wieder ***Nichts*** dem

Kayser vorgelegt werden konnte, und es sehr die Frage ist ob es in nächsten Staadsrath, am 27 October vor genommen wurde? Obgleich es Euch der Kayser selbst versprochen hat dann an euch zu denken? Ach, welche Prüfung! Für uns Du lieber, bester Fritz, wir die wir so ganz in und füreinander leben, so ganz für einander geschaffen sind, so lange, so unausdenklich lange getrennt zu sein!! – Ja wahrlich die ganze Kraft der Seele gehört dazu um diese schwere, schwere Zeit ruhig und ohne Leidenschaft mit stiller Ergebung in den Willen des Höchsten zu tragen und zu ertragen, seine Weisheit, die erhaben über alles menschliche Denken ist, legte uns diese Prüfung auf und nicht ohne tiefe Rührung laß es uns sagen, half sie uns bis hieher tragen, denn sollten wir es nicht mit Lob und Preis des Höchsten sagen, wie gnädig daß seine Huld Dich, das theure Haupt! die lieben Kinder und mich gesund erhielt! – Wie schrecklich! Wie über allen Ausdruck traurig wäre nicht das Gegentheil! – Ich mag, ich kann es mir nicht denken! Mit Freund Smidt seinem Geschwür geht es sehr langsam beßer, doch ist es durch, aber trotzdem hat er noch viele Schmerzen und die Nächte keinen Schlaf. Doch ist er fieberfrey und obgleich ungeduldig doch heiter. Mine[386] ist aber ganz wieder beßer, nur noch ein wenig bläßlich und matt, und Herrmann[387] hat gestern Mittag sich mit Johann[388] braunen Kohl und Rauchfleisch gut bey mir schmecken laßen, ein gutes Zeichen seiner Wiederherstellung, nicht wahr? Diesen Abend war Lotte Kalkmann bey mir, ich gewinne die Frau immer lieber, wir lesen ietzt Schlegels Übersetzungen des unsterblichen Shakespeare's, Dein liebes Geburtstagsgeschenk im Jahre 1821. Welch einen Schatz hast Du mir mit diesem Buch gegeben.

Freitag Abend. Es ist mir so lieb, ehe ich in mein einsames Kämmerlein gehe, Dir noch einen schriftlichen, guten Abend, und gute Nacht zu sagen. Diese Tage gingen mir sehr unruhvoll dahin, da es zu Weyhnachten für die lieben Kinder gar mancherley zu arbeiten und zu besorgen giebt. Auch ließ ich den Schornstein in der Kinderstube und Vorstube fegen und wohne deßhalb seit einigen Tagen auf dem Saal, doch Morgen ziehe ich wieder in die zwar kleine aber doch so gemüthliche Vorstube in der ich so gerne bin, und die Du auch so gerne hast, ach, wenn wir erst wieder traulich Abends unseren Thee trinken und Du mir und den Kindern, (Christine und Karl hören auch schon gerne zu) von Deinen Reisen erzählen wirst! Wie selig! Wie heimisch wird es uns dann nicht sein! Komm, komm doch bald! Und erfrisch und belebe mich mit Deinem Geiste, mit Deiner Liebe! – Mittwoch Morgen sandte mir Freund Smidt Deinen Brief vom 22 October. Nro 30. Ach, daß es sich immer wieder hinzieht!

Donnerstag abend den 27 December 1827

Guten Abend, Geliebter! Wie geht es Dir? Bist Du nun wohl auf der Heimreise? Oder muß ich Dich noch in Rio de Janeiro suchen? Ach, daß ich nur einen, einen Blick zu Dir hin thun könnte um aus dieser peinlichen Ungewißheit zu kommen ob ich Dich bald

386 Smidts jüngste Tochter Julie Charlotte WILHELMINE (1815-1913).
387 Smidts Sohn Johann HERMANN (1804-1879).
388 Smidts Sohn JOHANN Gerhard Wilhelm (1812-1871).

wieder besitzen werde oder ob diese Zeit der Entbehrung noch länger dauert? – Immer schwerer wird mir die Trennung von Dir, den ich so innig, so über allen Ausdruck liebe -Doch will ich Dir erzählen wie mir das Fest und der heilige Abend verging an dem ich den Kindern den heiligen Christ schenkte. Du kannst Dir mein Empfinden von Freude und Wehmut denken wo mit ich der kleinen Schaar dies Mal den Baum mit Kuchen, goldenen und silbernen Aepfeln und Nüßen u. d. g. m. aufputzte und dann die Geschenke auf den Tisch geordnet waren, mit Auguste und Elise Klugkist die Lichter an den Baum anzündete, in deßen Gipfel die von Dir gesandte Cocusnuß mit einer starken Vergoldung prachtvoll prangte; und wie nun alles vorbereitet war, und die fröhliche Kinder Schaar die Treppe heraufströmte, ach da war es mir als müßtest Du mit ihnen kommen und Dich mit unseren Kindern und mir freuen! – Wie oft sagten auch die im Schauen verlornen Kinder »wäre der Vater doch auch hier, und sähe all die schönen Geschenke! – Ja Du, das theure Haupt! Du fehltest an diesem festlichen Abend und mein Geist war Dir in unaussprechlicher Liebe und Sehnsucht nahe! – Du mußt es gefühlt haben, wie nahe ich Dir war. Denn auch Deine Geistesnähe empfand ich in tiefster Seele, und wie oft rief ich den Kindern zu »wie lebendig denkt nun der liebe Vater wohl zu uns her! – Wenn Du wieder hier bist, da werden Dir die Kinder erzählen wie reich sie diesmal von Groß und Urgroßmutter aus Weimar beschenkt wurden, und Christine besonders von der lieben Tante Suling – den schönen Baum sagten die lieben Kinder »wollen wir auch wieder mit neuen Lichtern schmücken wenn der Vater kömmt« und ich nickte ihnen gerne und freudig Beyfall zu. Den ersten Weynachtstag hörte ich den Morgen eine vortreffliche Predigt von Pauli[389] und brachte den Abend mit Herrmann bey Wittens mit den Freunden zu. Es war sein Geburtstag, weißt Du noch, vorigen Weynachten feyerten wir ihn bey Reidemeisters? Gestern Morgen war ich auch wieder bey Pauli in der Kirche und ich werde öfterer hingehn, da er mir ganz zusagt. Seine Predigten sind voll Geist und Leben und sein Vortrag, seine Sprache, seine Declamation sind einfach und schön. Gewiß wird er auch Dir zusagen und ich freue mich schon mit Dir zu Pauli in die Kirche zu gehen. Einen solchen Mann sollten wir an u. l. Frauen haben! Gestern Abend war Daniel und F. Noltenius, Hanne N., Herrmann Smidt und Eberhard Thulesius[390] zum Thee und Butterbrodt bey mir. Freund Smidt liegt noch immer an seinem Geschwür darnieder, welches durch ist und sehr stark eitert, gestern Morgen war ich bey ihm, er ist heiter aber doch recht nach Beßerung schmachtend!

Mittwoch Nachmittag den 2ten Januar 1828

Im festen Vertrauen auf die täglich über uns sich erneuernde Güte und Liebe Gottes habe ich dieses Jahr angefangen und in brünstigem Gebet seine Liebe möge Dich doch recht bald wieder in unsere Arme zurückführen! – Den Silvesterabend war unsere Montags-

389 Emil August Pauli (1794–1863), 1827 Pastor der Michaelisgemeinde, 1830–1863 der Liebfrauengemeinde, wurde als lebhafter Prediger und als witziger, an Literatur interessierter Gesellschafter geschätzt.

390 Dr. med. Eberhard Thulesius (1802–1854), Arzt und Geburtshelfer, Brake 6.

gesellschaft bey Wittens, wir waren sehr vergnügt und lasen eine sehr schöne Novelle von den leider zu früh verstorbenen Hauf. Schumacher und Treviranus waren aber nicht in der Gesellschaft, wie nach ihrem Verlust auch so natürlich war. Wir blieben bis zum neuen Jahr zusammen und tranken uns dann ein recht fröhliches neues Jahr zu. Auch auf Deine baldige Rückkehr stießen die Freunde mit mir an. Ach wie viel ging an den Abend in meiner Seele vor, wie viel mußte ich an den vorigen Silvester denken, wo wir mit der seligen Trinchen Castendyck bey D. Noltenius waren und dieses nun verfloßne Jahr so schwer, so unübersteiglich vor mir lag. - Nun, Gott hat Dir und mir gnädig durch all die Prüfungen die es unserer Liebe brachte durchgeholfen und er wird uns ja auch fernerhin gnädig und freundlich sein. Den ersten Abend im Jahr brachte ich mit Paulis bey Klugkist zu. Pauli der ganz fürtrefflich vorliest, las uns den Kaiser Octavianus von Tiek vor. Mir ist diese herrliche Dichtung noch besonders lieb, weil es das erste Buch ist, welches Du mir vorlast, im seligen Winter 1819. Pauli wird Dir gewiß zusagen und er freut sich sehr Deine nähere Bekanntschaft zu machen. Heute Abend wenn die Kinder zu Bette gehen, gehe ich zu Winholds und Morgen habe ich Kindertag, wozu ich Müllers und Paulis gebethen habe. Heute vor vier Wochen, dachte ich immer »wenn nun der Kindertag wieder bey dir ist, dann ist dein Geliebter wohl schon wieder hier!« Und wärst Du mit den October Paket gereißt, so würde es auch der Fall gewesen sein, wenn Du Dich in London nicht aufgehalten hättest. - Wie wird es dann wohl über vier Wochen sein? Ach, ich mag nicht hoffen! - und dann wieder so schmerzlich getäuscht werden! - Und doch mag ich es mir gar nicht denken daß es sich wieder mit Eurer Abreise im November verzögerte - Smidt den ich diesen Morgen besuchte, fand ich noch tief im Bett, er dankte herzlich für die ihm mitgetheilte Lebensgeschichte meines seligen Vaters, dies war ihm eine sehr erheiternde Lectüre in seiner Krankheit. Freilich selbst konnte er sie nicht lesen, und seiner Frau war die Handschrift meines geliebten Vaters auch nicht deutlich und so las sie ihm Eberhard Thulesius vor. Es ist doch sehr schmerzhaft und langwierig mit Smidt seinem Übel und es werden noch Wochen hingehen ehe er das Bett wird verlaßen können. In meinem vorigen Briefe schrieb ich Dir doch das Übel sei hemorydalisch, wie er es anfangs glaubte doch dies ist nicht der Fall und das Geschwür steht mit diesen nicht in Verbindung. Du kannst Dir denken, wie die gezwungene Stellung in der Smidt nun schon wochenlang liegt, die vielen Schmerzen und die schlaflosen Nächte ihn mitgenommen haben. Du wirst ihn doch sehr gealtert wiederfinden - ***Guten Abend!***

Samstag Abend nach 11 Uhr. den 5. Jan. 1828

Ich schließe auch diese Woche nicht ohne innigen Dank gegen den himmlischen Vater, der die lieben Kinder und mich gnädig beschützte, und der mich besonders heute mit neuer, seliger Hoffnung Deiner baldigen Heimkehr erfüllte, wenn ich mich auch noch nicht ganz ihr hingeben mag. Heute morgen nehmlich, wie ich den süßen Knaben, August und Herrmann um elf Uhr ihr Frühstück gab, brachte mir die ***liebe*** Johanne Noltenius Deinen ***lieben*** Brief vom 10. November, Ach, wie hatte ich ***ihn*** mit heißer, unbeschreiblicher Sehnsucht entgegengesehn, diesen lieben Brief. Freilich brachte er mir noch keine Gewißheit, welches ich immer im Stillen gehofft hatte, und es ist und bleibt ungewiß ob Du mit Deinen Reisegefährten Rio de Janeiro mit dem Paketbood im November verlaßen konntest. Ach, diese unselige Ungewißheit wie peinigend ist sie doch! Aber Dank! heißen Dank! für dies neue Lebens und Liebes Zeichen! Du innigst Geliebter! Welch eine Beruhigung daß es Dir trotz der großen Hitze mit Deiner Gesundheit gut geht, dies ist ein großer Trost für mich – Sobald Herrmann um Mittag in den Schlaf gewiegt ging ich zu Smidt, den ich leidlich schmerzenfrey fand, und der auch eine gute Nacht gehabt hatte. Er freute sich mit mir der guten Nachrichten hätte aber auch lieber etwas Bestimmtes über Eure endliche Erlösung gehabt; und ergerte sich nicht wenig über die Nachläßigkeit des Ministers der doch dies Mal wohl Schuld war daß die Sache am 27ten September nicht im Staadtsrath beendigt wurde. – Mit meinem Geschwür sagte Smidt scherzend geht es eben so langsam wie in Brasilien mit den Verhandlungen, doch meint er es sey auf gutem Wege und er wollte sehr zufrieden seyn, wenn er bey Eurer Rückkehr, nur wieder das Bett verlaßen könnte. Dies will ich Smidt denn auch von ganzem Herzen wünschen. Die Kinder, der Bruder, Klugkist der diesen Morgen hier war, alle freuten sich mit mir, jedes auf seine Art und Weise. Ich kann Dir gar nicht sagen wie herzinnig sich die Kinder auf den lieben Vater freuen! und wie ich mich daran erquicke, und mich wie ein Kind mit ihnen freue, ach dies brauche ich Dir wohl nicht erst zu sagen.

Freitag Nachmittag den 10 J.

Ehe ich zu der lieben Hermanna gehe, komme ich ein Stündchen zu Dir, mein bester, liebster Fritz! Morgen wollte ich diese Epistel dann wieder nach Falmouth senden, wo nun schon einer für Dich liegt, Gott giebt ja wohl, daß Du endlich glücklich dort landen wirst, ob Ende dieses Monats schon? Dies kann ich mir doch nicht denken und ach, hoffe es doch so gerne! So gerne! Smidt läßt Dich und Heinrich herzlich grüßen, vielleicht schreibt er auch noch ein paar Zeilen. Ich besuchte ihn diesen Morgen. Mit seinem Übel geht es langsam beßer, aber doch nicht so geschwinde, wie er anfangs glaubte, und dies macht ihn nun grämlich und verdrießlich, Du kennst ihn, weißt wie lebendig und thätig sein Geist ist und kannst Dir daher auch seine Ungeduld denken. Seine Mine mag was an ihm zu tragen haben. Nun wann sein Liebling Heinrich nur erst wieder hier ist das wird ihn aufheitern und zerstreuen. Mir deucht Herrmann steht doch dem Vater nicht so nahe wie Heinrich. Die kleine Mine ist wieder ganz hergestellt, und hatte am Montag die ersten Lehrstunden mit Christine wieder – Vorige Woche in den ersten Tagen des Jahres starb Christel Albers an der Wassersucht, er soll sehr gelitten haben. – Ich kann Dir gar nicht sagen, lieber Fritz, wie sehr alle unsere Freunde sich auf Deine Rückkehr freuen und wie sehr es mich im Stillen rührt wenn ich die aufrichtige Liebe sehe die alle für Dich im Herzen tragen. Besonders sind es Reidemeisters, Witten, Müllers und Wienhold die Dich warm und treu lieben und ihrer herzlichen Liebe hast Du es mit zu verdanken, daß Dein Lieb die herbe Trennungszeit ertrug und überwandt. Solche trefflich edle Menschen zu Freunden zu haben ist ein Segen des Himmels! Tausend und tausend Grüße soll ich Dir von diesen lieben Menschen sagen. Letzten Mittwoch Abend waren wir bey Reidemeisters. Bei Tisch sagte R. zu mir »hören sie, liebe Betty, über vier Wochen ist bey uns wieder kleiner Mittwochen, und dann haben sie hoffentlich ihren lieben Mann wieder, und ich gebe dann ihm zu Ehren etwas aus dem Keller zum besten«. Die Sonn und Montagsgesellschaft läßt Dich herzlich grüßen. Auch von der lieben Tante Suling einen ***mütterlichen*** Gruß und vom ganzen Klugkistschen Hause. Nach Loccum habe ich Deinen Gruß geschrieben, Elise schreibt mir sehr glückliche Briefe. Du würdest sie sehr beglücken wenn Du Deinen Weg über Loccum nehmen würdest. Ist Dir dies nicht möglich, so besuchen wir sie im Frühling gemeinschaftlich. Doch da kommen Christine und Henny, also Adio!

Abends 10 Uhr.

Ich soll Dir einen herzinnigen Gruß von Lene Lampe, Hermanna und Catharine Schrader bringen, Lieber und von mir selbst? - nun was meinst Du wohl, was ich für Dich habe? Tausend, tausend Küße und alle, alle Liebe die in mir lebt und webt - Ach, wie will ich Dich herzen und drücken wenn ich Dich wiederhabe mit neuer verjüngender Liebe Dich umfangen und an meinem Herzen die Schläge Deines treuen fühlen. - Seliger Augenblick des ruhigen Wiederhabens, Wiedergenießens komm oh, komm doch bald und belebe meine Seele! Die Erde ist doch schön! da man auf ihr solchen Freuden entgegengehn kann. Wie glücklich, wie über allen Ausdruck glücklich sind wir doch durch unsere Liebe, welch einen Himmel gewährt sie uns schon hienieden! - Hoffentlich ist dies nun der letzte Brief an Dich, ist er in Deinen lieben Händen dann bist Du bald bey uns, welch ein Jubel dies sein wird, fast zu viel für ein so schwaches Mädchen Herz. Mein Herz zittert wenn ich es nur denke Dich, den Geliebten nach Jahre langer Abwesenheit wieder zu sehn, wieder in die Arme zu schließen. Doch die Liebe wird mich ja in der Freude stark machen wie sie mir in der schweren Abschiedsstunde Trost gab. Die Kinder sind Gottlob! gesund und sprächen täglich von der Freude wenn der liebe Vater kömmt. Wenn August die oldenburger Post vorbey fahren sieht, dann ruft er immer, da kömmt Vater in der großen Post! Herrmann wird Dir entgegen laufen, den lieben Engel, wirst Du gar nicht wieder kennen so groß und stark ist er geworden. Er ist ein ***gemüthlicher***, freundlicher Junge, ein schöner, blühender Knabe! - August der des Sonntags eine Hose trägt sagt auch ganz triumphierend »mich kennt Vater gar nicht in der Hose wieder.« Komm und sieh, Du lieber Hausvater, welche herrliche, gesunde Kinder Dir der liebe Himmel schenkte. Die interessante Christine, den ehrenfesten und dabey doch so drolligen Karl, die weibliche, sinnige Verena, den schalkhaften ***guten*** Otto, den gewandten anschmiegsamen August und den freundlichen gemüthvollen Herrmann.- freilich ihre Fehler und Unarten haben sie alle, und Du wirst zu erziehen haben und manchmal werden sie Dir den Kopf warm machen, Cathrine sagt oft es sey gut wenn Herr Doctor bald wieder käme und sie mag nicht Unrecht haben. Unsere Mägde freuen sich immer sehr wenn Du sie grüßen läßt und laßen Dich herzlich wieder grüßen. Sie werden auch froh sein, wenn sie ihren guten Herrn wieder haben. Und wer sich unbeschreiblich mit uns freuen wird, der ehrliche Bruder Herrmann, nun Du weißt ja wie er Dich liebt und verehrt. In Weimar und auf Louisa sind auch alle wohl und gesund so auch in Norden und Zürich. Meine Mutter hast Du unbeschreiblich durch Deinen Brief an sie erfreut. Sie hofft sehr uns in diesem Leben noch ein mal zu sehn. - Daß Dein Bruder Karl sein Geschäft in Havanna niederlegen wird und im Laufe dieses Jahres oder Anfang des folgenden nach Europa zurückkehren wird, dies wird Dich auch nicht wenig erfreuen. Doch mein Blatt geht zu Ende, verzeih den schlecht geschriebenen Brief, ich kann ihn nicht mehr überlesen um ihn hie und da zu verbeßern, ich will Dir gerne für jeden Fehler einen Kuß geben – Lebewohl! Gott mit uns!

Deine treue Betty

Heute empfing ich auch durch Smidt die Sämereien.

Morgen sende ich ihn fort diesen Brief.

Betty an Fritz Gildemeister

Bremen den 19 Jan. Sonnabend d. Abends 10 Uhr

Mein lieber, lieber Fritz!

Solange Du fern bist muß ich Dir schreiben, wenn mir und Dir das Glück wohl will, so brauche ich freilich keine Briefe mehr für Dich fortzusenden, allso dies ist hoffentlich mehr eine bloße Erheiterung für mich selbst um mir diese ach, so einsame Abendstunde zu verkürzen indem mich mit Dir schriftlich zu unterhalten so erquickend für mein Herz ist! Vorige Nacht träumte ich nach langer Zeit einmal sehr lebhaft von Dir, Du Geliebter, welches mich sehr glücklich machte. Möchte sich der Traum doch recht bald verwürklichen! Es träumte mich sehr lebhaft ich hätte Dich wiedergesehn und Dein seliger Blick mit dem Du mich anschautest steht mir noch in diesem Augenblick vor der Seele. Sollten wir in acht Tagen wohl Briefe von Euch haben? Von Falmouth gewiß noch nicht, denn daß Ihr mit dem November-Paket fortkamt, kann ich mir nicht denken, da am 10. Nov. das Geschäft noch nicht ein mal beendigt war und am 24ten doch gewöhnlich dasselbe zu segeln pflegt. Aber gewiß bringt uns dies Paket doch Briefe und in ihnen Etwas Gewißes über Eure Abreise. Gerne will ich mich noch vier Wochen gedulden, wenn ich nur ***endlich*** aus dieser peinlichen Ungewißheit komme und ein bestimmtes Ziel vor mir sehe was ich zu hoffen habe. Wie gesagt, ich will Gott danken und preisen, wenn uns ***der*** Monat wieder vereinigt, der uns vor einem Jahr trennte. Wie gut daß ich damals nicht von ferne daran dachte, daß unsere Trennung so lange dauern könnte, wie unendlich viel schwerer wäre mir dann noch der Abschied von Dir, mein süßes Lieb geworden, der so schon Herzzerreißend war. Diese Woche wird es ein Jahr daß Du nach Hamburg verreißtest. Es war eine schwere Zeit, Gottlob daß sie überstanden und wir uns bald, ach bald wieder haben werden, dann wird alles Leid vergeßen sein. Ich kann Dir gar nicht sagen welch unbeschreiblicher Trost es mir ist, daß ich im October noch mit der Creolle geschrieben habe und Du auf die Weise bis zu Deiner Abreise Briefe von mir gehabt hast, denn vielleicht warst Du noch in Rio als die Creolle an kam, wo nicht, desto beßer! Gott gebe nur daß am Ende die große Hitze Deiner Gesundheit nicht nachtheilig wurde, wie auch der Übergang des südlichen ins nördliche Clima, dies ist meine stündliche Sorge. Gott der Dich bis dahin ja so gnädiglich beschützte wird es ja auch ferner und Dich gesund in meine

Arme zurückführen. In wie mancher Stunde hat mich doch das herrliche Lied »Befiel Du Deine Wege« getröstet und gehoben und das »Wer nur den lieben Gott läßt walten«. Ja der Geist der in diesen Liedern[390a] weht ist ein frommer und zugleich ein starker! Ja ihm vertrauen, dem Ewigen, Unwandelbaren. Das giebt Kraft und Muth im Leben und im Sterben. – Seine Liebe wird Dich über das Meer tragen und Dich mir wieder geben, mir, die mit ganzer ungetheilter Liebe an Dich hängst in Dir lebt und athmet. Gute Nacht denn Du liebes Herz! ***Mein Herz!*** Die Kinder schlafen süß von ihnen allen möchte ich Dir noch wohl viel sagen, nur dies noch, daß sie Dich alle innig lieben, wie wäre es aber auch anders möglich da sie unter meinem Herzen lagen! August will Dich beim Rock faßen damit Du ja nicht wieder fortgehst. Morgen habe ich die Sonntagsgesellschaft. Ach wie fehlst Du diesen lieben Freunden! – Gute Nacht! –

Donnerstag abend den 24ten

In meiner Einsamkeit da die Kinder schlafen, eile ich wieder an den Schreibtisch zum fernen, ach wie fernen ***Freund und Geliebten***! Denn beides bist Du mir ja in der tiefsten Bedeutung des Wortes! Ich kann es Dir gar nicht genug sagen wie ich das Heimweh nach Dir habe und wie mein Herz so voll der heißesten Sehnsucht nach Deiner Nähe ist, die meiner Seele erst richtiges Leben giebt. Heute habe ich wieder vieles in Deinem theuren Briefe nachgelesen und wie die Bienen Honig aus den Blumen saugen so ich aus Deinen Worten neuen Muth neue Hoffnung und Trost für mein Herz. – Ich kann Dir nicht sagen wie ich mit Ungeduld und zwischen Furcht und Hoffnung Deinen nächsten Brief entgegen harre und wie mir die Tage in dieser Erwartung so langsam, ach so langsam dahin gehen! Ach wie viel langsamer mögen sie Dir vergehn! Du bist ja nicht allein von mir, auch von den Kindern, den Freunden den Verwandten und der Vaterstadt getrennt! ***Dieses fühle ich tief*** und fühle was Dein Herz, Dein tieffühlendes Herz darben mag und dies macht mich mit am ***Traurigsten***. Doch bist Du nur erst wieder bey uns, lieber Fritz, dann hast Du einen schönen Nachgenuß in der Erinnerung von dieser großen interessanten Reise und ***hoffentlich*** das Bewußtsein Deiner Vaterstadt durch diese Reise die allerdings ein Opfer war, nützlich gewesen zu sein. Wie viel des Interessanten wirst Du mir zu erzählen haben, und wie werde ich aufmerksam zuhören, doch oft, sehr oft den lieben Freund durch einen Kuß unterbrechen! – Christine sagte diesen Mittag auch scherzend zu mir »oh, Mutter, wenn Vater wieder hier ist, wie viel werdet ihr euch dann küßen!« Das liebe Mädchen mag nicht Unrecht haben, meinst Du nicht auch? August, Dein liebes Ebenbild, sagte heute »Ich möchte wohl ein kleiner Vogel sein« Nicht wahr, erwiederte ich, dann flögest du zu dem lieben Vater und setztest dich auf seinen Kopf. »Nein« sagte der kleine Schelm »in seinen Schooß«. Ach der liebe Knabe wie rührt er mich mit dem lebendigen Denken und Sprechen von Dir, es vergeht doch kein Tag daß er nicht von Dir redet, und sein schönes seelenvolles Auge glänzt vor Freude wenn ich sage »bald kömmt nun der liebe Vater!« Christine und Karl, Verena und Otto sprechen

390a »Befiehl du deine Wege«: Kirchenlied von Paul Gerhard (1653), »Wer nur den lieben Gott läßt walten«, Kirchenlied von Georg Neumark (1641/1657).

nicht minder von Dir, und alle sind voll froher kindlicher Freude Dich, den lieben Vater nun bald wieder unter sich zu haben. Es sind alle, alle liebe Kinder die Gottes große Güte und Liebe unserer Pflege und Erziehung an vertraute, oh möge Er, der himmlische Vater, sie uns ferner an Seele und Leib so gesund und kräftig erhalten wie sie es ietzt sind. – Heute Abend wollte ich Charlotte Kalkmann besuchen, wozu ich mich recht gefreut hatte, allein sie ließ es um fünf Uhr des hohen Wassers wegen wieder absagen. Denke nur, die Weser ist seit acht Tagen wieder sehr im Steigen, heute Abend war sie an der Weserbrücke 14 Fuß. Wir hatten sehr kalte Tage und die Weser war zum Theil schon zu, nun soll sie sich beym Thau Wetter bey Woltmershausen gesetzt haben und das Eis muß dort sich gestaut haben dazu hat es in den Bergen stark geschneit und geregnet wodurch nun wieder das ungewöhnlich hohe Wasser. Ob alle Deichbrüche fertig und erhöht wurden, weiß ich nicht, glaube es aber doch wohl. Im Ganzen hatten wir bis ietzt, die letzte Kälte ausgenommen, die aber nur acht Tage dauerte, einen gelinden Winter. Den 25ten Abends. Da bin ich wieder, Du lieber, lieber Fritz, und möchte Dir sagen und immer wieder sagen wie Du mein alles, mein Liebstes auf der weiten, weiten Erde bist und ***ewig*** sein wirst, denn so innig so treu wie ich Dich liebe werde ich nie wieder lieben – Keine Ferne, kein Todt wird die Liebe für Dich, dem ich mich so freudig, so zuversichtlich und so ungetheilt hingab in meinem Herzen auslöschen. Ich fühle es mit einem im Glauben seligen Herzen daß ich Dir nicht bloß für dieses kurze, flüchtige Leben angehöre, das wenn es uns auch noch Jahre lang verbinden sollte ein mal ein Ende nimmt und den einen von uns früher den anderen später hinüber ruft. Aber eben weil wir uns nicht bloß für dieses Leben in treuer Liebe verbanden, sondern wie wir glauben und hoffen für ein Ewiges, Unvergängliches, oh, so möge auch mein Streben immer mehr auf dieses gerichtet sein da mit ich einst dieser Seligkeit würdig erfunden werde. Möchtest Du mich vor allen Dingen nach Deiner langen, langen Abwesenheit, beßer, milder, heiterer ***von allen Launen*** freier wiederfinden dann wird es für mich keine verlorene Zeit gewesen sein, und ich will sie segnen, weil sie mich ja Deiner Liebe würdiger machte. – Dieser Abend verging mir mit und bei den süßen Kindern beßer als ich dachte. Ich hatte nehmlich heute recht auf Briefe von Dir gehofft allein ich bin nicht erfreut und erquickt worden und dies stimmte mich recht ernst. Doch die Kinder wissen mich schon zu erheitern und dankbar erkenne ich was mir durch ihre freundliche Nähe wurde. Karl hat diesen Abend wieder vorgelesen, welches er oft und gerne thut und Christine hört dann mit mir zu. Du wirst Dich freuen, wenn Du hörst wie deutlich Karl schon vorließt. Gestern hatte ich einen Brief von Mutter aus Weimar. Sie ist mit den Schwestern wohl und gesund und im Geiste viel bey Dir und mir. Ach wie wird ihr treues Mutter Herz Gott danken wenn sie uns wieder vereinigt weiß. Großmutter ist fortwährend sehr schwach. Von Regula Häfeli aus Zürich hatte ich heute vor acht Tagen einen Brief der die traurige Nachricht enthielt daß Herrmann Häfeli, der aelteste Sohn ihres seligen Bruders auch an der Schwindsucht starb. Er studierte Theologie und wurde zweiundzwanzig Jahr. Jaque Heß, mein Stiefbruder, hat ja wohl das Ziel seiner Wünsche erreicht, Regula schreibt mir, er sei Oberrichter geworden. Ich mag es ihm, besonders aber Mutter gönnen. – Es stürmt draußen, welches mich jetzt da ich Dich doch wohl auf dem Meere denken darf, ängstigt. Ach, der Himmel ***bewahre Euch gnädiglich!*** Heute vor einem Jahr warst Du in Hamburg. Mögest Du mich nun auch bald so freundlich wie damals überraschen wie Du von dort wiederkamst und ich Dich so früh nicht erwartet hatte. Doch nach so langer Abwesenheit möchte ich keine solche Überraschung, die Freude könnte mich ja tödten – Ach, wer wagt sie zu denken, die namenlose Wonne des Wiedersehns!! Gute Nacht! Mein lieber, lieber Fritz! Gott sey mit uns und unseren Kindern, Amen!

Den 26ten.

Es ist Sonntagabend und ich bin allein zu Hause. Wann werde ich ihn wieder in trauter Häuslichkeit mit Dir feyern und genießen können mein Lieber? Christine und Karl haben mir eben eine gute Nacht gewünscht, die lieben Kinder, wie wird sich Dein Auge an ihrem Anblick laben! Da Du sie so lange, ach so lange entbehren mußtest! – Diese Woche werde ich doch gewiß Nachricht von Dir erhalten, mit welcher Spannung und Erwartung werde ich ihn öffnen und lesen? Ach, wird sie denn nicht bald, bald gestillt die heiße Sehnsucht nach Deiner Nähe, Deiner Umarmung? – Doch still, nur stille Du ungeduldiges Herz! – Morgen hat mein Bruder seine Diaconenmahlzeit hier im Hause zum Mittagseßen, er bat mich darum, und gerne übernehme ich die Sorge für ihn. Ich freue mich immer wenn ich recht zu wirthschaften habe, dann vergeht die Zeit doch etwas schneller, dieser Monat ist unendlich lang geworden. Wie mag Dir die Zeit erst dahinschleichen, wenn Du ietzt zur See sein solltest, abgeschieden von dem menschlichen Treiben, doch der Gedanke »es geht der lieben Heimath zu« er wird Dich jeden Morgen neu beleben und erfrischen. Ist es nicht so? – Ach ich möchte doch mit Dir den Anblick des Oceans haben! Es ist gewiß ein großer Anblick! – Doch für diesen Abend eine sanfte Ruhe. Es ist zehn Uhr. Ach wärst Du da!! Einen Kuß!

d. 30. Jan. Morgens

Geliebter! Mein Herz ist in einer zu großen Bewegung von Freude über Deinen lieben Brief vom 24 November als daß ich im Stande wäre Dir viel zu sagen auch fehlt mir an Zeit da ich in einer halben Stunde diesen Brief Heinken senden muß. Ja ein ***Ton*** der reinsten seligsten Freude durchdringt mein ganzes Wesen daß ich Dich nun bald bald in meine Arme schließen werde und die Kinder jubeln mit mir und freuen sich daß der liebe Vater nun ***bald*** kommen wird und ihnen schöne Geschenke mitbringt. Wahrscheinlich bist Du nun schon glücklich und gesund in Falmouth gelandet und die erste englische Post kann uns schon Kunde von Eurer glücklichen Ankunft bringen! ***Ach der Wonne!*** Wie selig, wie über allen Ausdruck selig kann der Mensch doch schon hier auf Erden sein! Ich kann wohl sagen, meine Freude ist ***unaussprechlich***!! Und ich hüpfe und springe mit unseren Kindern. Wie wird uns sein, Geliebter, wenn wir uns nach langer Trennung in die Arme schließen und unsere Lippen sich den ersten Kuß geben! – Freund Smidt den ich gestern Nachmittag besuchte, läßt Euch herzlich grüßen, ich sollte Dir schreiben, Du und sein Sohn würdet ihn noch im Bett finden, aber er lebte in der Hoffnung, daß Euer Wiedersehn wohlthätig auf ihn einwirken würde. Beßer ist er noch nicht, aber auch nicht schlimmer. Doch vielleicht schreibt er Dir noch selbst ein paar Zeilen. Und nun noch eine Frage. Willst Du auch gerne daß ich Dir etwa mit den ältesten Kindern entgegenfahre? Oder willst Du mich hier im eigenen Hause, im Kreise ***aller*** Kinder wiedersehn? Bitte schreibe mir hierüber. Solltest Du über Cölln reisen, so bringe mir doch cöllnisches Wasser mit. Wie wäre es wenn Du den Kindern vielleicht ein hübsches Schattenspiel aus London mit brächtest? - Und so lebe denn wohl, Gott geleite Dich glücklich in die geliebte Heimath!

Deine treue Betty

N. S. Meine beiden Briefe wirst Du in Falmouth gefunden haben? Tausend Grüße von den Kindern, Herrmann, Klugkists und all unseren Freunden.-

Betty an Fritz Gildemeister

Bremen den 28 Juli Mittags [1829]

Geliebter!

Bey der Wiege unseres süßen Töchterleins[391] schreibe ich Dir diese Zeilen, die Dir sagen sollen wie unaussprechlich Du mich am Sonntag durch Deinen lieben, lieben Brief erquickt hast, der ja ganz das Gepräge einer fröhlichen Laune an sich trug, die mich den hoffen läßt daß es Dir auch mit Deinem Kopfschmerz leidlich geht, welches für mich zu denken ein ***großer Trost*** ist und wodurch ich mir die einsamen Stunden zu erheitern suche. Herrlich wäre es wenn Du mit Amalie noch einen Abstecher nach Lübeck machen würdest, ich denke Dein nächster Brief bestätigt mir diesen Plan.

Bey uns geht alles wohl und ich schreibe Dir diese Zeilen schon auf dem Vordersaal da ich mein Wohnzimmer lüften ließ. Katharine hat freilich ihre Noth mit den Knaben die ihr nicht so auf den Wink gehorchen wollen als dem Vater und Karl hat neulich im trunkenen Jugendmuth so gar geäußert »er könne ietzt thun was ihm gefiele da Vater verreißt und Mutter noch zu schwach sei ihn zu bestrafen, den nach Kathrine frage er nichts nach« Es geht aber doch mit ihm beßer als man nach solch einer Äußerung glauben sollte. Christine geht mir schon recht zur Hand und leistet manchen kleinen Dienst im Haushalt, auch Verena strickt fleißig und wiegt die Schwester, wenn sie nicht schlafen will. Ach, wie viel leichter sind doch Mädchen zu erziehn und zu lenken, als die unbändigen Jungens, die mir den Kopf noch oft warm machen werden! Gut daß auch Du mir kräftig zu Seite stehst!

Am Sonntag Morgen haben Klugkists ihre Reise angetreten und wenn es ihnen nach Wunsch ging, werden sie heute wohl in Cassel sein. - Soeben geht Lotte Kalkmann von mir, die Dich auch herzlich grüßen läßt. Sie ist Strohwittwe wie ich, ihr Mann ist in Hannover und will dann noch acht Tage das Bad in Nenndorf besuchen. - Die liebe Mutter[392]

391 Elise Victoria AUGUSTE (5.7.1829-19.5.1909).

392 Amalie Gildemeister, geb. Kotzebue war nach dem Tode ihrer Mutter 1828 mit ihren Töchtern, der verwitweten Amalie Fulda, der unverheirateten Elise und der unverheirateten Sophie nach Bremen gezogen.

die gestern bey mir war läßt Dich und Amalie herzlich grüßen, heute ist sie aber des schlechten Wetters wegen nicht nach Vegesack, ist es morgen beßer so wird sie dann wohl hinunterfahren.

Nun so lebe denn wohl, Du bester, liebster Mann! Denke nur daß ich immer in Gedanken bey Dir bin, und mich freue wenn ich Dich wieder herzen und küßen kann, wonach mich doch gar sehr verlangt! Ach, daß ich es Dir doch sagen könnte wie Du meines Lebens höchste Wonne und Seligkeit bist! Herzlich grüßen die lieben Kinder Dich und ich mit ihnen! Auch an Amalie von uns allen einen recht herzlichen Gruß! Da wacht die Kleine und will was haben. Nochmals: Lebewohl!

Ewig die Deine. B

Bremen d. 5 August 1829 Nachmittag 4 Uhr

Geliebter!

Schon diesen Morgen wollte ich Dir schreiben, wurde aber durch Besuche davon abgehalten. Der Himmel hängt in diesem Augenblick so voller Wolken daß ich nicht hoffen darf Dir bis Tenever entgegen zu fahren, denn ich muß mich doch vor Erkältung recht in acht nehmen, die man bey solchen feuchten Wetter so leicht weg hat. Sollte es aber Sonnabend ***recht schön werden*** so werde ich gerne, unbeschreiblich gerne mit den Kindern Dich in Tenever bey dem Wirth Schumacher erwarten. Ach, der selige Augenblick des Wiedersehns! –

Am Montag war es so herrliches Wetter, daß ich mich recht für Dich und Amalie freute, ich habe es auch benutzt, in dem ich mit ein paar Kindern des Morgens zu Wagen die Pastorin Pauli besuchte, von dort fuhr ich zu der lieben Mutter die ich zu Tisch abholte und mit ihr und Elisen zum Ersten Mal wieder unten im Kreise der lieben Kinder aß, im Stillen die Güte des himmlischen Vaters preisend, der mir so gnädig dieses Wochenbett überstehen half. – Daß die liebe Elise seit vorigen Donnerstag wieder mit der lieben Mutter vereinigt ist, wird besonders Amalie lieb zu hören sein, Sophie wird Sonnabend wohl wieder von Vegesack hier anlangen.

Karl Klugkist[393] hat auch einen Brief von seiner Mutter[394] aus Cassel, die sehr vergnügt schreibt, nach ihrer Rechnung sind sie am Montag nach Frankfurt gekommen, wo sie drey Tage bleiben wollten. Auch von Deinem lieben Bruder Heinrich sind Briefe da, er und die Seinigen sind alle recht gesund und was mir besonders in dem Briefe Deines Bruder wohl that, war die heitere Stimmung in der er geschrieben; es spricht sich viel mehr die Hoffnung darin aus daß er sich doch noch aus seiner ietzt noch immer sehr drückenden Lage herausarbeiten wird, und dies belebt ihn mit frischen Muth. Sein Getreide steht ausgezeichnet gut und er sieht einer reichen Ernte entgegen. –

Die Kinder die Dich alle herzlich grüßen laßen flehen Stündlich »ach, wenn es Sonnabend nur schönes Wetter ist, daß wir Vater entgegen fahren können!« Nun wir wollen den Himmel walten laßen, er wird es ja wohl machen! Ist es nicht in Tenever so ist es doch hier

393 Carl Franz Emil Klugkist (1815–1856).
394 Luise Klugkist, geb. Gildemeister.

daß ich Dich am achten August wieder in meine Arme schließe, und diese Aussicht beseliget mich fort und fort! Gott, gebe nur daß Du recht gesund wieder bey uns einziehst!

Wie ich gestern über Deinen Schrank gehe sehe ich zu meinem großen Leidwesen daß Du Deine gröbsten, schlechtesten Hemden mit eingepackt hast, ja so geht es wenn die Männer sich nicht helfen laßen wollen. – Wahrlich die weibliche Aufsicht in solchen Angelegenheiten thut Euch noth, wenn Ihr dies nur einsäht. Doch für heute ein herzliches Lebewohl! Grüße die Schwester.

Deine treue Betty

Betty an Fritz Gildemeister

Bremen den 28. März 1839 am grünen Donnerstag

Mein lieber Fritz[395]! Gestern Abend um diese Zeit saßest Du noch an meiner Seite und ich konnte Dich herzen und küßen und ietzt bist Du mir schon unerreichbar! Und ich kann nur an Dich schreiben, was ich denn aber auch mit Freuden thue. Gott, unser himmlischer Vater sei mit Dir auf Deiner Reise und sende seinen Engel vor Dir her! Deine Wege zu ebnen damit kein Unfall Dir zustoßen kann! Wie schwer mir der Abschied doch gestern abend wurde, kann ich Dir nicht sagen, es ging Dir aber nicht beßer, doch mein Herz wurde ruhig und still bei dem Gedanken daß Dir ja durch diese Reise, (wenn Gott seinen Segen dazu giebt) unendlich viel des Erfreuenden zu theil werden wird. Und so legte ich mich denn bald zu Bett und nachdem ich noch recht inbrünstig zu Gott für Dich gebetet hatte, schlief ich ruhig ein. Die Gemüthsbewegung hat doch Etwas bei mir verfrüht und ich hatte heute recht an Kopfweh zu leiden, weshalb ich Mutter auch nicht besuchte, sondern mich so still wie möglich gehalten habe, so weit dies bei dem Lerm der Kinder möglich war. Jetzt sind aber die Kleinen[396] zu Bett und es ist eine himmlische Stille um mich, was mir eine wahre Erquickung gewährt. Karl hatte heute wieder viel Zahnweh und er meinte es wäre doch am besten den Zahn herausziehn zu laßen. Wir freuten uns gestern Abend von Otto zu hören, daß nur zwei Passagiere im Postwagen gewesen seien, allso hast Du es doch hoffentlich recht bequem gehabt? Das Wetter wenn auch nicht heiter, denn es regnete fast den ganzen Tag, war doch milde und gefroren hast Du gewiß heute nicht wenn Du weiter gefahren bist? Heute Morgen kam schon ein Brief für Dich an, den ich öffnete aber da mir der Inhalt gänzlich dunkel ist, so werde ich ihn, zu diesem

395 Gildemeister befand sich auf einer Reise nach Griechenland mit dem Auftrag, die direkten Handelsbeziehungen der drei Hansestädte mit Griechenland voranzutreiben. Sie waren schon 1835 durch einen Reciprocitätsvertrag begonnen worden, kamen jedoch erst 1847 zur Ratifizierung. Die durch die Heirat der Tochter Christine mit dem in Athen als Professor tätigen Heinrich Nicolaus Ulrichs (1807–1843) bestehenden persönlichen Beziehungen ließen Gildemeister für diese Mission als besonders geeignet erscheinen.

396 Es waren inzwischen drei weitere Kinder hinzugekommen.

Brief als Couvert benutzend, denselben Dir übersenden. Doch nun noch ein Wort über die Kinder besonders die Kleinen, Christel suchte Dich mit den Augen, wie er hier eben war und ich ihn frug »wo ist Papa?« Meta schwatzte viel von Dir, Christine und Griechenland. Aber solltest Du es glauben daß Adelheid diesen Morgen schon sehr unartig war!! Es ist ein unruhiger Geist in dem Mädchen und ich will mich freuen wenn sie erst wieder in die Schule geht. Es ist doch ein lieblicher Gedanke daß Du nun mit jedem Tage der lieben Christine näher kömmst! Wie bald wird es erlebt sein und Du bist in Athen! Daran will ich mich recht erquicken und erlaben und gewiß im Geiste bin ich unter Euch, Ihr meine Liebsten! Ach, der Wonne des Wiedersehens! Gestern Abend wie ich im Bette lag, mußte ich wieder viel an die liebe, selige Verena[397] denken, wie herrlich es doch wäre, wenn sie noch lebte, wie viel würde ich in Deiner Abwesenheit an ihr gehabt haben! Ach sie fehlt mir doch noch mehr als ich es sage. Erzähle der lieben Christine noch recht viel von diesem Engel wie über alle Beschreibung herrlich sie auf ihrem schmerzvollen Krankenlager ihrem Gott und Herrn stille hielt und fest und treu an ihm glaubte der sie einen so dunklen Weg führte, aber auch gewiß aus der Tiefe der dunkelen Erden Nacht in seinen hellen lichten Himmel. Deß wollen wir uns freuen!

Dinstag Morgen 10 Uhr. d. 2ten April

Was wirst Du mein lieber, lieber Fritz zu der Todesnachricht von Bürgermeister Gröning sagen! Dich den Fernen von der Heimath, da es uns, die Nahen, schon als ein Blitz aus hellen blauen Himmel traf! Und man es immer noch nicht faßen und glauben kann. Mein erstes Wort als ich es hörte war gleich »was wird mein lieber Mann sagen!« Wie sind doch Gottes Wege so unergründlich so in Dunkel und Nacht gehüllt? Dieses Haus des Jubels und der Freude, wo zwei Tage vorher der glückliche Bräutigam einkehrte, ist ietzt verwandelt in ein Haus des aller tiefsten Jammers! Am stillen Freitag Morgen kam Wilhelm Castendyck und [theilte] es mir gleich mit. Er als der nächst wohnende Arzt war gleich zu Grönings um Hülfe geholt. Aber alle Mittel die man anwendete waren vergebens das Leben war entflohen! Ich war doch den ganzen Tag so elend daß ich weder in die Kirche noch Abends in den Dom gehn konnte und es mir eine große Erquickung war Abends ein halbes Stündchen zu der geliebten Hermanna zu gehen und mit ihr zu trauern und zu weinen! Nonnen hatte Gröning am Donnerstag Nachmittag noch besucht wo er ihn auf den Sopha liegend fand und er beschäftigt war Acten zu lesen. Anchen Maier[398] war auch bei ihm. Er hatte gesagt in einigen Tagen hoffte er wieder gänzlich hergestellt zu sein. Den Abend waren seine Frau und Trinchen Albers bei ihm. Betty[399] war mit ihrem Bräutigam zu Ichons[400] gegangen. Da ihm,

397 Verena starb am 30.10.1837 als Sechzehnjährige an den »Folgen eines rheumatischen Fiebers«.

398 Anna Gebecka Meier, geb. Gröning, Schwester von Heinrich Gröning.

399 Seine Tochter Gebecca Henriette Gröning (1816–1888), heiratete am 15.5.1839 Carl August Gruner.

400 Das Landgut Ichon war seit 1726 im Besitz der Familie v. Post, ging 1810 an die Familie Retberg, danach an den Schwiegersohn Senator Caesar.

seines Podagras wegen, das Treppensteigen mühsam wurde hatte er sich sein Bett in die Kammer neben seiner Arbeitsstube setzen lassen. Den Freitag Morgen hatten seine Frau und alle Kinder ihm einen guten Morgen gesagt. Der alte Gruner[401] schickt für Betti einen Tisch, den er sehr hübsch für sie abgerieben hatte, und wo bei er ihr einige herzliche Worte geschrieben. Voll Freude eilen Mutter und Tochter mit dem Geschenk zu dem geliebten Vater, er freut sich mit ihnen und wünscht dann noch ein wenig zu ruhen, dann wolle er um zehn Uhr aufstehn. Wie der Bediente später hineingeht um ihm beim Anziehn behülflich zu sein, findet er ihn sehr verändert aber noch im Bette liegend, er frägt Herr Bürgermeister ist Ihnen nicht wohl? Und hört die deutliche aber doch schwache Antwort »Mir fehlt nichts« Dieser aber doch nichts Gutes ahnend ruft die Mamsell und so rufen sie denn die Frau und Betty. Diese fliegen die Treppe hinunter ach, um nur noch den letzten Seufzer zu hören. - Nachher wie die erste Bestürzung vorüber war, findet sich daß Gröning aufgestanden gewesen ist, denn er hatte sich angefangen zu waschen muß aber wahrscheinlich einen Schwindel bekommen haben, und kann eben noch sein Bett erreichen, ein kleiner Tisch war umgestürzt, der eine Pantoffel lag mitten in der Stube der andere vor dem Bette; auch hatte er die Beinkleider an. Ach, lieber, lieber Fritz! Wer von uns hätte gedacht, geahndet daß dieser kräftige Mann uns so schnell genommen werden sollte! Nein ich kann es noch gar nicht faßen! Und wer fühlte wohl den namenlosen Schmerz der armen Frau tiefer nach als wir beide die wir ja im vorigen Jahr so nahe daran waren uns für dieses Leben zu verlieren! Wie gnädig war uns der liebe Gott doch! Laß es uns nie vergeßen nie! und uns immer inniger, zärtlicher lieben, auch in Liebe uns gegenseitig tragen! Ich fühle so tief daß ich dies nicht genug thue, ach vergieb es mir, Du Lieber, den meine ganze Seele so unaussprechlich liebt - Ach daß Du in diesem Augenblick bei mir sein könntest damit Du in meinem Auge lesen in meinem Kuß fühltest wie heiß ich Dich liebe! Denn was können diese todten Buchstaben sagen? - Es erschwert unsere Trennung sehr daß gleich den zweiten Tag nach Deiner Abreise dieses traurige Ereigniß sich zutrug. Ich kann wohl sagen ich war so getrost als Du fortgingst und nun bin ich wie gelähmt. Doch getrost, haben wir denn vergebens Ostern gefeiert und das Wort vom ewigen Leben gehört? Ja lieber Fritz, mit wahrer Erbauung habe ich es gehört. Unser l. Pauli predigte gewaltig. Er hatte den schönen Text Paulus an die Hebräer, Capt. 13. V. 20.21. Gott aber des Friedens, der uns von den Todten ausgeführt hat den großen Hirten der Schafe, durch das Blut des ewigen Testamentes, unsern Herrn Jesum. 21. Der mache Euch fertig in allem guten Werk, zu thun seinen Willen, und schaffe in Euch, was vor ihm gefällig ist, durch Jesum Christum; welchem sei Ehre von Ewigkeit zu Ewigkeit! Amen! - Wie ergreifend er am ersten Ostertage nach der Predigt für das Haus betete wo hinter der Freude der tiefste Schmerz folgte, kannst Du Dir denken, ich wollte die arme Jette hätte es hören können. Wir armen, armen Menschen was wären wir ohne dies Evangelium vom ewigen Leben! Ohne die Erlösung durch Jesum

401 Wohl Erich Christian Ludwig Gruner, Großherzogl. Mecklenburg. Consul und Handelsagent, Wall 56.

Christum! Und doch wollen die Menschen es nicht hören, und verschließen mit Gewalt ihre Herzen vor seiner freundlichen Stimme. Ja es ist noch immerfort den Grichen eine Thorheit und den Juden ein Ärgerniß. Aber, Gott sei Dank! uns nicht mein Lieber! Wohin sollen wir auch gehen in dieser armen Welt voll Sünde und Tod wenn wir Ihn nicht hätten, der Tod und Sünde überwand und ein Fürst des ewigen Lebens wurde? Eben hatte ich einen Besuch von Deinem Bruder[402] und Elise Klugkist, die Dich beide grüßen. Seit Sonnabend haben wir wieder den schneidesten Ostwind bei kalter klarer Luft und Du wirst dies gewiß im Wagen auch empfinden, die Nächte sind gewiß auch sehr kalt. Und ich möchte nur wissen ob Du so klug gewesen bist und Dir einen warmen Fußsack gekauft hast, aber da Dir dies etwas unbequem sein wird, frierst Du am ende lieber, ist es nicht so? Aber nun habe ich Dir auch noch Etwas sehr freudiges mitzutheilen. Denke Dir am Sonnabend Morgen bekam ich einen langen ausführlichen Brief von unserer lieben Christine aus Athen! Ich war grade in der schrecklichsten Kramerei als er ankam. Karl und ich reinigten Deine Mappen mit Kupferstichen vom Staube und der Erstere ordnete sie dann, ich hoffe zu Deiner Zufriedenheit? Ich bezwang also meine Neugierde und öffnete den Brief erst den Nachmittag wo ich Ruhe hatte. Das liebe Kind denkt sich, daß Du mich schon verlaßen hast und ich Strohwittwe sei, wenn ihr Brief mich erreichen würde. Gott sei Dank ist sie so wohl und hat ihr Wochenbett[403] so glücklich überstanden, mit dem Stillen geht es so gut die Kleine kann sie nicht aussaugen, so viel Milch hat sie. Die Geburt war wohl schmerzhafter als das erste mal. »das Kind hatte die Nabelschnur zwei Mal um den Hals gewickelt, was die letzten Wehen ungeheuer schwer machte, da der Körper noch zurück blieb als der Kopf schon durch war, bis dieser losgewickelt war, doch war alle Herzensangst vergeßen als der kleine Stummel seine helle Stimme ertönen ließ und Papa und Lotte[404] aus einem Munde riefen ***o ganz wie die kleine Irene!***« So schreibt mir die glückselige Mutter unsere liebe Christine! Mit welcher heißen Sehnsucht die Kinder Dir entgegen sehn kannst Du Dir nicht denken, »Da heißt es wenn Vater kommt, so wollen wir ***dies*** thun, und ***jenes*** thun und dorthin spazieren Und wie oft habe ich schon in Gedanken sein Zimmer geordnet, und überrechnet, wie ers zu Hause gewohnt war, und seine kleinen Bequemlichkeiten! Ich möchte so gerne das Vater sich recht heimisch und gemüthlich unter unserm Dache fühlte, freilich müssen die Bewohner das Beste thun, obgleich unsere Wohnung für eine der Bequemsten und wohnlichsten in Athen gilt für Gesellschaften nun wohl nicht gemacht, doch desto mehr für ein häusliches stilles Leben, auch hinlänglich elegant und geräumig, um unsere Freunde bei uns zu sehn. Wenn Vater es wünscht kann ich ihm auch ein Zimmer im kleinen Hause geben, was leer steht, den zweiten Stock, oder vielmehr, dies Stübchen bildet den zweiten Stock; es ist größer als das andere, und hat eine herrliche Aussicht auf den Olivenwald und die Berge, doch ich glaube fast, Vater wird das kleine sonnige

402 Carl August Gildemeister (1788–1869), Kaufmann, Aeltermann, hatte 1831 Marie Sophie Elisabeth Focke (1799–1874) geheiratet.

403 Nach der Geburt der Tochter Tibeta Athenea im Februar 1839. Das erste Kind, Irene Caroline Elisabeth, war 1838, knapp einjährig, gestorben.

404 Aus Bremen mitgenommenes Dienstmädchen.

Gemach in unserem Hause vorziehen, wenn schon der Blick von da nur auf die Straße geht, wie mich verlangt den lieben Vater allenthalben herumzuführen, könnte ich ihm nur für die Zeit das Auge und Gedächtniß einer Frau verleihen, damit er Dir alles haarklein wieder erzählen kann!«

Was meinst Du dazu, liebster Fritz, solltest Du diesen Wünschen wohl entsprechen? Was meinst Du? Doch nun noch ein Wort über unsere lieben Kinder. Ich bin doch recht froh wenn sie Donnerstag alle wieder zur Schule gehen, besonders die kleinen Mädchen. Karl sein Zahnweh ist ganz beßer. Sonntag Nachmittag ging er mit Droste und August nach Oberneuland, mir schien es freilich ein Unsinn aber was sollte ich machen, es ist ein Wunder daß es ihm gut bekam. Den Abend blieb Droste bei uns auch Jakob[405] war bei uns; wir gedachten Deiner viel und tranken bei Tisch Deine glückliche Reise. Gestern war ich mit Karl und Jakob in der Sonntagsgesellschaft. Alle Freunde senden Dir die herzlichsten Grüße. Smidt will mir heute noch einen Brief für Dich schicken. Unser süßer Christel ist wohl auf und läuft wirklich allein, er hat schon gewonnen seit Du fort bist. Meta sagte mir ich sollte Dir schreiben, sie wäre ein Stummel. Diesen Abend kommen Mutter und Amalie zum Thee zu mir. Denke Dir der Mackler Ries[406] ist auch am Sonnabend Morgen am Schlage gestorben. Er zählte eben 1000 Thaler in Gold ab. Es könnte sein Du erführest Grönings Tod in Coburg bei Wangenheim, da Smidt es dem sogleich geschrieben hat. Wo Du wohl heute bist, es ist traurig daß ich dies nicht weiß und Dich mit meinen Gedanken nicht so verfolgen kann wie ich es so gerne möchte.

Nachmittags 4 Uhr

Ich habe ein Stündchen geruht, und eile ietzt Dir ein herzliches Lebewohl zu sagen. Ich lebe doch sehr in der Hoffnung daß ich etwa aus München ein paar Zeilen von Dir erhalte. Du mußt diesen Brief ja mit Nachsicht beurtheilen da ich sehr oft dabei gestört bin und die Kinder immer ein und aus laufen. Morgen früh um 8 Uhr wird Gröning beerdigt. Welch ein Wetter für die Folgenden so kalt und rauh. Dann ist am Donnerstag die Bürgermeister Wahl und am Sonnabend die Senatoren Wahl. Dem alten Ulrichs geht es immer gleich, nicht beßer und nicht schlimmer. Die Kinder waren diesen Morgen bei Tante Suling die auch wieder sehr erkältet ist. Doch ich will noch ein paar Zeilen an die liebe Christine schreiben und so mit tausend Küßen für Dich, Du lieber, lieber Fritz! Die Kinder grüßen Dich und unsere Cathrine! Gott sei mit Dir! Lebe wohl! Auch einen herzlichen Gruß von Pauli der gestern einen Augenblick bei mir war.

Deine treue Betty

405 Jacob Stolz befand sich für einige Jahre wieder in Bremen.
406 H. B. Ries, Geld-, Wechsel- und Assekuranz-Mäkler, Sögestr. 38.

Bremen den 17. April 1839 Morgens halb 10 Uhr

Geliebter Fritz! Die Kinder sind in der Schule und ich benutze gerne die Ruhe und Stille Dir ein Zeichen meiner Liebe, meines Lebens zu spenden, wo nach Dein Herz sich gewiß sehnt! Du empfängst diese Zeilen schon in Athen! Unter dem heimischen Dache der lieben Kinder! Welch eine Seligkeit und Wonne für Dein liebendes Herz und wie dankt meine Seele dem Herrn der Dir diese Reise zu ihnen, den lieben Kindern möglich machte! Ja wahrlich ich genieße diese Freude, so innig, so lebendig mit Dir, als wäre ich bei Dir! Euer Wiedersehn kann ich mir gar nicht selig genug ausmalen, es mag Dir ein Vorgeschmack des Himmels sein, wo Du einst die liebe selige Christine und unsere süße Verena auch so an die unsterbliche Brust drücken wirst! Die Lieblichkeit der s. Christine wird Dir überall ietzt wenn Du bei Eurer Tochter weilst recht lebendig wieder vor der Seele schweben, ich muß dies auch immer; wenn ich mir Christine als Gattin und Mutter denken will, ja die geistige und leibliche Ehnlichkeit wird gewiß seit sie verheirathet ist noch mehr hervorgetreten sein. Doch ehe ich weiter schreibe, laß Dir einen süßen Kuß geben, für Deinen lieben Brief aus München, vom 5 April, den ich gestern vor acht Tagen empfing, ach die Züge Deiner lieben Hand sprechen mich schon so heimisch an, wie viel mehr der Inhalt des lieben Briefes! Ja ich weiß daß Du meiner und unserer Kinder immerfort in Liebe und Sehnsucht gedenkst, geht doch kein Augenblick hin wo ich Deiner auch in Liebe gedenke, Dich im Geiste stillschweigend auf Deiner Reise begleite. Ich bin doch froh daß Du das Reisen mit den öffentlichen Wagen hinter Dir hast, denn es mag doch seine großen Unbequemlichkeiten haben und in Deinem Alter sehr angreifend sein, auf der Rückreise bei der Hitze des Sommers wirst Du dies noch mehr empfinden. Dein steifer Nacken machte mir einige sorge. Gottlob daß Du ietzt die Alpen längst hinter Dir hast. Gestern wirst Du Dich also wahrscheinlich eingeschifft haben, es ist doch ein ganz eigenes Gefühl Jemand Lieben auf dem Meere zu wissen, ein Glück daß diese Überfahrt eine kurze ist und mit dem Dampfboot doch auch wohl sicherer als mit jedem anderen Schiffe? Wie froh will ich sein, wenn ich mir sagen kann, nun muß mein Lieber in Athen sein! Freilich dann heißt es noch »gedulde Dich liebes Herz!« Erst nach drei Wochen kann ich dann Nachricht von Dir erhalten! Welch lange Zeit für ein sehnendes Herz. Meinen Brief wirst Du in Triest richtig erhalten haben? Ich mußte mir immer wieder sagen »was wird Gildemeister doch zu Grönings Tod sagen, wie eigen schmerzlich muß ihn der in der Fremde bewegen!« – Doch es ist Tischzeit und ich komme wohl erst gegen Abend wieder zum Schreiben, diesen Morgen war es auch mit der Ruhe bald vorbei. Überall ist dies eine unruhige Woche für mich, ich ziehe heute auf den Vordersaal. Diese Zeilen schreibe ich Dir in Deiner Stube wo an nächsten Sonnabend Cathrine mit den Kindern einziehen wird. Abends halb acht Uhr. Karl, Otto und ich sitzen traulich in Deiner Stube um die Lampe herum und ich will noch ein Stündchen mit Dir plaudern. Zu erst von der Senats Wahl die Dich interessieren wird. Vorigen Sonnabend vor acht Tagen wurde Doctor Mohr[407] zum Senator erwählt. Die Wahlsherren aus dem Senate

407 Dr. jur. Carl Friedrich Gottfried Mohr (1807–1888), wurde 1839 Senator.

waren Bürgermeister Nonnen, Doctor Horn, Senator Post. Senator Icken[408] am Markte und aus der Bürgerschaft Aeltermann Delius, Bechtel[409], Meier[410] und Doctor D. Motz[411]. Die Besuche, wie die Aufführung am Montag des neu Erwählten geschah aus dem Hause von Senator Icken. Ich fuhr den Sonnabendabend mit Wittens hin. Die Versammlung von Herrn und Damen war sehr groß und glänzend. Und wie groß am Montag das Gefolge war kannst Du Dir gar nicht denken. Noltenius[412] hatte doch auch kein kleines Gefolge doch Mohr seines war gewiß noch ein Mal so groß. Die Leute sagen Tausend wären gefolgt. Diese rege Theilnahme seiner Mitbürger muß Mohr sehr wohl gethan haben, der in dieser Zeit so schwer geprüft wurde. Die Leiche seines Vaters[413] hat sich auch bei Woltmershausen gefunden. Neben ihm waren Dr. Bredenkampf und Dr. Albers auf der Wahl. Eine alte Sitte trat bei der letzten Aufführung auch wieder ins Leben. Es wurde mit den Glocken geläutet als der Zug nach und von dem Rathhause kam, was sich sehr feierlich machte. Smidt soll vortrefflich gesprochen haben; mit den Worten beginnend Wem Gott ein Amt giebt dem giebt er auch Verstand. Bei Noltenius seiner Aufführung war ich auf dem Rathhause, auch da redete Smidt mit vieler Weisheit, aber ich glaube doch nicht daß die große Menge ihn versteht. Icken seine Rede war nur was mittelmäßig. Denke Dir Senator Albers hatte vor acht Tagen auch einen schlagartigen Zufall er ging aber glücklich vorüber und er ist in guter Beßerung, morgen will ich mal zufragen laßen und Dir dann darüber berichten. Du kannst Dir denken welch einen neuen Schreck dies verursachte. Albers ist wohl nicht der Stärkste. Den alten Ulrichs[414] besuchte ich gestern Morgen, fand ihn aber sehr kleinlaut und muthlos. Die Seinen meinten aber es würde beßer und schienen voll guter Hoffnung zu sein; wenn das Wetter nur erst beßer wird, heute hatten wir ***endlich*** ein mal einen warmen Regen, der gewiß Goldes werth ist. Wahrlich Du hättest das Wetter auch nicht schlechter haben können, doch nun hast Du es desto schöner. Den Kindertag und die Sonntagsgesellschaft habe ich nun auch glücklich hinter mir. Du fehltest aber doch allen, am meisten wohl aber Deiner Mutter und mir. Bei Tisch wurde von den Freunden Deine Gesundheit ausgebracht, haben Dir nicht die Ohren geklungen? Einen besonderen, herzlichen Gruß von Daniel Noltenius, dem neuen Bürgermeister. Friederike[415] scheint mir besonders

408 Justin Ferdinand Wilhelm Iken, (1785-1866), Kaufmann, Tabak- und Weinhändler, Senator, Am Markt 1. Gehörte zu den vermögendsten Bremern.

409 Georg Jonas Bechtel, Weinhandlung und Getreide, Obernstr. 16.

410 Johann Ludwig Rulemann Meier, (1792-) Kaufmann.

411 Dr. jur. Isaac Daniel Motz, Syndicus des Collegium Seniorum, Unser Lieben Frauenkirchhof 21.

412 Dr. jur. Johann Daniel Noltenius (1779-1852) war kurz zuvor zum Bürgermeister gewählt worden.

413 Nicolaus Gerhard Mohr (1773-1839), Kaufmann, verheiratet mit Sophie Constantia, geb. Droste (1782-1841).

414 Bartholomäus Ulrichs (1762-1839), Kaufmann, Schwiegervater von Christine Ulrichs, geb. Gildemeister. Besitzer eines Landguts in Schwachhausen.

415 Schon 1798 schreibt Beneke über sie: »Sie ist noch schöner geworden und eine der niedlichsten Weibergestalten, die ich kenne. Auch fidel ist sie, wenn mans darnach macht« (Brem. Jb. 54, S. 270). Trinchen Castendyks Urteil: »Friederike sucht immer, sich beliebt zu machen, zu glänzen, zu regieren oder dergleichen.« (StAB 7,20-225,1, 24.5.1815).

glücklich als Frau Bürgermeisterin zu sein, Du kennst sie ja, und wirst Dir dieses gewiß lebhaft denken können. Doch nun noch zum Schluß ein Wörtchen über unsere Kinder, die Dich alle herzlich grüßen laßen. Der kleine Christel läuft nun ganz allein und fängt an alles nachzusprechen, er hat wieder einen Anfall von kaltem Fieber gehabt, doch sonst ist er ganz fidel, mache Dir nur keine Sorge, wenn wir nur erst schöne, warme Tage bekommen so wird dies auch schon beßer werden. Der Junge ist süß und ich drücke und küße ihn was ehrliches, Meta singt den ganze Tag und ist immer lustig; heute war sie sehr zärtlich und nannte mich ein mal über das andere ihre liebe, süße Mutter und ihren Engel. Wie ich sie heute bat, sie möchte doch stille sein ich schriebe Dir, machte sie so schelmische Augen, als wollte sie es nicht glauben. Auguste und Adelheid haben heute einen glücklichen Tag, sie sind in Kindergesellschaft. Die Knaben treiben so ihr Wesen und machen einem immer was zu schaffen, so bald sie nicht beschäftigt sind treiben sie Muthwillen und dummes Zeug, Herrmann ist dann immer der Sündenbock doch im Ganzen bin ich mit ihnen zufrieden. Denke Dir das Haus unseres Nachbars soll doch verkauft werden, wie ich höre soll ein Bierbrauer darauf reflectieren, dies wäre für uns nicht angenehm. Willst Du es Deinem Lieb wohl glauben, daß sie jeden Morgen um halb sieben aufsteht und sich sehr wohl dabei befindet? Ich nehme nun in allen löblichen Tugenden so zu daß wenn Du wieder kömmst, sollst Du Deine Freude an mir haben. Ich will ***nie*** des Nachmittags den Caffe machen, ***nie*** in Deiner Stube kramen und Ordnung machen, Dich ***nie*** mit Küßen plagen wenn Du schreibst, und dergleichen Unarten mehr. Was sagst Du dazu? Bitte schreibe mir ja ob Du Deinen Coffer in Triest vorgefunden hast ich bin sehr begierig dies zu hören und wie es Dir mit dem Visitieren erging. In diesen Tagen empfing ich von Aeltermann Lürmann[416] einen Schein von den 200 Gulden die Du in München in Empfang nahmst macht in unserem Gelde 104 Th. 12 gr. Dein Bruder wird sich erkundigen ob ich die gleich bezahlen muß, und dann wird es geschehen. Du hast dies wohl vergeßen mich darauf aufmerksam zu machen? – Donnerstag Morgen, d.18. Und nun ein herzliches Lebewohl! August der eben bei Senator Albers zufragte, bringt mir die Nachricht, daß es mit ihm beßert und er des Tages schon oft außer Bett zu brächte auch dem alten Ulrichs geht es nicht schlimmer, die letzte Nacht recht gut. Diesen Abend gehe ich mit Karl und Otto zu Mutter, herzlich bist Du von Ihr, Deinen Geschwistern, Paulis, wie allen Freunden, den Kindern, unseren Leuten, ***besonders*** herzlich von Cathrine gegrüßt und somit ein herzliches Lebewohl!

Die Deine. Betty

416 Theodor Gerhard Lürmann, Kaufmann, Obernstr. 9.

Betty an Fritz Gildemeister

Bremen den 4 Mai 1839 Sonnabend Morgen 10 Uhr

Geliebter Fritz! Auf den Flügeln der innigsten Liebe eile ich zu Dir! Der Du nun schon über acht Tage bei den lieben Kindern weilst, ihrer Liebe, ihres Glückes, Dich erfreust! Wie selig mußt Du sein! Und wie bin ich es im Geiste mit Dir! Ja fort und fort bewegt es mein Herz und ich ruhe so recht in den Gedanken aus »nun weilt der Geliebte bei seiner lieben Tochter Christine! Sieht sie als glückliche Gattin und Mutter!« Ja, mein Lieber mit feuchtem Auge und tief bewegten Gemüthe schreibe ich es nieder. Ich könnte selbst nicht glücklicher und seliger sein wenn es mir zu theil geworden wäre, als ich es ietzt bin, da Du Dich dessen zu erfreuen hast, und in diesem Gefühle empfinde ich so recht klar wie wir Beide Eins sind! Ach wie groß ist doch der Reichthum der Liebe! Deine lieben Briefe aus Triest sind mir richtig zu Händen gekommen, den Ersten empfing ich am Montag den 22 April. Die Kinder überraschten mich auf eine hübsche Weise damit. Ich hatte den Morgen einige Besuche gemacht und kam erst um zwei Uhr zu Hause, wir setzten uns zu Tisch, wir aßen Dein Lieblingsgericht Ochsenfleisch und grüne Bohnen, nach gewohnter Weise trangiere ich, theile den Leuten und den Kindern aus und reiche dann meinen Teller an Otto hin, der das Gemüse vertheilt, doch sieh welch Erstaunen, unter dem Teller lag Dein lieber Brief! Ich öffnete ihn nur um zu sehn ob Du wohl auf seist, das ruhige Lesen verspaarte ich für eine stille, einsame Stunde nach Tisch. Laß Dich da für küßen Lieber, Du hast mich recht durch Dein liebes Wort erquickt! Ich freute mich doch recht daß Du so weit glücklich reißtest, denn ich hatte rechte Sorge das Reisen bei der rauhen Witterung Tag und Nacht durch würde Dir doch nachtheilig sein können und selbst in Triest im April noch zu frieren dies ist doch schrecklich! Doch dies hast Du nun alles glücklich hinter Dir und längst vergeßen, da Du auf Hellas schönem Boden wandelst. Es muß Dich doch ganz eigen berühren in der Stadt zu wandeln wo einst die Weisen des Alterthums lebten und lehrten, dem Sitz der Kunst und Wissenschaft und wo der große Apostel Paulus den Griechen den unbekannten Gott kennen lernt den ihr Weiser Plato ahndete und Ihn gewiß im Himmel schaut.– Aber ietzt predigt Athen wohl lebendig wie keine Stadt auf Erden das große Wort der h. Schrift »Die Welt mir ihrer Herrlichkeit wird vergehn aber mein Wort wird bleiben ewiglich« Doch ich komme wieder auf Deinen Brief vom 16ten den ich Mittwochen den 24ten empfing! Sehr fatal ist es doch daß Du ohne Deinen Koffer Dich einschiffen mußtest! besonders da er die Sachen für die Königin[417] enthält, ich begreife die Langsamkeit der Posten nicht! Hoffentlich wirst Du ihn doch mit dem nächstgehenden Dampfboot erhalten. Aus der lieben Heimath kann ich Dir Gottlob doch auch melden daß die

417 König Otto von Griechenland hatte 1836 Prinzessin Amalie von Oldenburg geheiratet. Zur gleichen Zeit befand sich Heinrich Nicolaus Ulrichs in Urlaub in Bremen, lernte Christine Gildemeister kennen und heiratete sie nur wenige Wochen später. In Griechenland bestand dann offenbar eine persönliche Beziehung zwischen den Ulrichs und der Königsfamilie.

Witterung seit acht Tagen milder wird, heute zum ersten Mal habe ich nicht einheizen lassen und befinde mich gut dabei. Die Kinder spielen fröhlich auf dem Kirchhof, besonders Meta muß immer wieder eingefangen werden, so wie die Hausthüre nur offen kömmt ist sie husch hinaus. Christel läuft auch an der Hand geführt auf dem Kirchhof und ist überselig im Freien. Er wird süß der liebe Blau Auge! Wahrlich sein Blick ist überirdisch und wird immer seelenvoller, wie viel verspricht dies klare große Auge, Gott erhalte uns den Knaben! Das Fieber scheint nun fortzubleiben und wenn das Wetter so warm bleibt kommt es gewiß nicht wieder Christel wird doch ein Landaufenthalt gut thun. Die anderen haben ihn Gottlob nicht nöthig so gesund sind sie. Karl[418] geht nun Montag wieder auf den Bauplatz, Gott beschütze ihn! An Ermahnung vorsichtig zu sein fehlt es von meiner Seite nicht. Er hat vor acht Tagen leichte Zeichnungen von Otto, Herrmann, Auguste gemacht, die ihm im Ganzen sehr gelungen sind. Christine wird sich wenigstens daran erfreuen, denn für sie bestimmen wir sie gelegentlich, wenn einmal wieder eine Kiste geschickt wird. Nachmittags. Nachdem Dein Lieb ein wenig geschlummert hat, eilt sie diesen Brief zu vollenden, ich will ihn doch um sicher zu gehen lieber heute als Morgen auf die Post geben. Diese Woche ist wieder hingegangen ohne einen Brief von Christine zu erhalten was ich so sehr wünschte, vielleicht bringt mir der Montag einen. Dir lieber Fritz will ich noch eine frohe Kunde melden, denke Dir in gut acht Tagen kann Dein Bruder Heinrich mit Julchen hier sein. Mutter kam gestern Morgen selbst herüber mir dies zu verkünden, ich habe sie seit langer Zeit nicht so selig gesehn nur bedauert sie daß Du nun nicht bei uns bist, doch ganz vollkommen genießen wir hinieden nun ein mal kein Glück und wir müßen dies nun schon verschmerzen. Wie unendlich ich mich freue Deinen Bruder persönlich kennen zu lernen kann ich Dir gar nicht sagen und auch auf Julchen freue ich mich sehr! Ach wie herrlich wenn nun unsere liebe Verena noch lebte! Nun noch eine Geldangelegenheit. An Herr Aeltermann Lürmann bezahlte ich hundert und vier Thaler sechzig grote Gold. Da ich die von Dir für die Sparkasse bestimmten 180 Th. noch nicht hingeschickt hatte, so bezahlte ich von diesem Gelde, war dies so recht? Das Haus unseres Nachbars ist auch verkauft, es hat ein Schenkwirth[419] gekauft der aber ein ordentlicher Mensch sein soll. Sonderbar Herr Kösel sagte mir es sei sein erster Knecht gewesen. Ich bin froh daß es nun kein Bierbrauer kaufte dies wäre doch sehr unangenehm für uns gewesen in Hinsicht auf die Feuersgefahr. Der Preis ist 17500 Th. – Dein College Senator Albers ist auch wieder beßer doch weiß ich nicht zu sagen ob er schon wieder das Rathhaus besucht. Die arme Jette Gröning sprach ich selbst noch nicht, sie fühlt sich immer noch so angegriffen, ich hätte ihr sonst Deinen Gruß bestellt. Sie erfreut sich ietzt der Anwesenheit ihrer beiden Söhne Georg und Heinrich, der Erstere ist ein stattlicher junger Mann geworden dem die Uniform gut steht. Heinrich dagegen sieht elend aus. Er besuchte mich schon zwei Mal, traf mich aber leider nie zu Hause, was mir sehr leid that, durch ihn erhielt ich einen Brief von meiner lieben Elise Papendyck die Dir herzliche Grüße sendet. Diesen Sommer geht nun die

418 Zur Berufsausbildung als Architekt.

419 Johann Heinrich Conrad Hoppe betrieb seit 1839 die Gastwirtschaft »Zur Stadt Hamburg«, Unser Lieben Frauenkirchhof 4.

Consulin Papendyck[420] auch mit ihrer Tochter nach Königsberg. Unsre Cathrine hat wieder eine recht ernste Sorge. Denke nur der Bräutigam von Malchen wurde heute vor acht Tagen sehr bedenklich krank. Doctor Wichelhausen[421] der ihn behandelt und den ich zufällig vorigen Montag auf der Straße sprach sagte mir es sei eine Lungenentzündung und nun scheint ein hitziges Nervenfieber hinzugekommen. Heute ist er etwas beßer, doch keineswegs außer aller Gefahr. Ich möchte mir den Jammer gar nicht denken wenn er stürbe. Malchen würde es nicht überleben, denn sie kann nicht viel ab. Welch ein schreckliches Schicksal für Cathrine, doch wir wollen das Beste hoffen. Solche Krankheiten sind bei jungen vollsaftigen Naturen doppelt heftig und doch gewiß auch gefährlich. In dieser Zeit ist auch der alte Migaut gestorben. Catharine hat auch einen sehr netten Brief von Marie aus Baltimore. Sie hat uns alle grüßen laßen und wünscht Dir besonders zu Deiner Genesung Glück. Sie ist guter Hoffnung hatte aber vorher eine schlimme Miswochen. Ich lese ietzt des Abends mit Karl und Otto die vier Norweger von Steffens. Wir lasen es auch mal zusammen, ich erinnere mich noch sehr gut. Smidt dankt freundlich für Deinen Brief und grüßt wie alle Freunde der Sonntagsgesellschaft, des blauen Montags und der Kindertag. Das nächste Mal wird Horn die Gesellschaft im Museum haben wozu ich mich eben nicht besonders freue, in der Regel ist es eine langwierige Partie, Heinrich und Christine werden wol anderer Meinung sein[422]. Einen besonders herzlichen Gruß von der lieben Tante Suling und Judith von der ich einen Brief hatte. Doch ich muß schließen, soll der Brief mit der heutigen Post noch ab. Alle unsere Kinder senden Dir die herzlichsten Grüße! Am Montag feiert Adelheid ihren achten Geburtstag, sie ist selig weil sie dann eine kleine Kindergesellschaft haben soll. Doch nun ein herzliches Lebewohl! Tausend Küsse von Deinem treuen Lieb Betty.

Betty an Fritz Gildemeister

Bremen den 14 Mai 1839 Morgens 7 Uhr

Mein Geliebter! Wie überselig und glücklich können Briefe doch schon machen! Dies habe ich gestern Morgen in seiner ganzen Tiefe erfahren und bin noch so voll, so aufgeregt davon, daß ich kaum Ruhe und Besonnenheit habe Dir meine Freude zu beschreiben. Ach ich hatte doch in den letzten Wochen recht gedarbt da ich so ganz ohne Nachrichten von Dir war und wie oft wurde es von den Knaben und mir ausgerechnet wann der erste Brief von Dir aus Athen wohl in unseren Händen sein könnte! Aber damit war er freilich noch nicht da und ich mußte oft mein verlangendes Herz zur Ruhe ermahnen.

420 Witwe des Kgl. Großbrittanisch- und Hannöverschen Consuls Georg Ernst Papendiek, Am Wall 51, nur entfernte Verwandte von Elise Papendiek.

421 Dr. med. Peter Jacob Wichelhausen (1799–1870), Arzt und Geburtshelfer, Geeren 28.

422 Heinrich Ulrichs hatte 1836 auf einer solchen Sonntagsgesellschaft Christine Gildemeister – nach nur fünfmaligem Sehen – einen Heiratsantrag gemacht.

Gestern war denn der glückliche Tag wo Dein liebes Wort uns erreichte und der Ruf durch unser Haus erscholl »Ein Brief! Ein Brief!« Du kannst Dir die Hast denken mit der ich das Sigel erbrach wo mir denn auch neben Christines Brief Deine lieben Schriftzüge gar holdselig anblickten. Ich eilte nun mit meinem Schatz auf die Tapeten Stube um die lieben Briefe erst für mich alleine zu genießen. Den Deinen las ich zu erst oder vielmehr durchflog ihn dann den der lieben Tochter. Ach, Ihr lieben, lieben Wesen, wie unaussprechlich freute sich meine Seele Eures schönen Beysammenseins und wie dankt sie dem Herrn der Euch nach seiner großen Freundlichkeit dieses Wiedersehn bereitet hat! Ja wohl mein Lieber, Ihm laß uns danken und lobsingen seinen heiligen Namen! Dies Gefühl war auch das vorherrschende als ich es nun durch Deinen Brief bestätigt fand, daß Du nun würklich in Athen bei den l. Kindern seist! Wir wollen es nie vergeßen was seine Güte uns durch diese Reise bereitet hat. Wie schön war Deine Reise von Triest nach dem herrlichen Griechenland und wie viel des Schönen hast Du auf dieser Fahrt genoßen, wo von Du mir noch Vieles erzählen sollst wenn Du erst wieder bei mir bist, mir und den Knaben, Karl und Otto wurde das Herz ganz weit als sie Deinen l. Brief lasen. Aber weißt Du was mir in Deinem Briefe am liebsten zu lesen war, daß Du die lieben Kinder mit dem süßen Enkelchen so gesund und wohl fandest, Christine unverändert, und das Kind erscheint Dir als ein Kräftiges! Gott erhalte es dabei! Die s. Irene war doch wohl zärter und schwächlicher? Auch Athen machte einen vorherschend angenehmen Eindruck auf Dich! Also hat unser guter oldenburger Freund doch wohl im Ganzen die Dinge aus einem zu düsternen Blick betrachtet?! Das Haus der Kinder mit dem Gärtchen kannst Du mir gar nicht genau genug beschreiben. Ach vergiß auch nicht wie Briefe mir nun so vieles sein müssen. Doch nun laß Dir auch erzählen, wie es mir und den Kindern erging, seit ich Dir das letzte Mal schrieb. Gott Lob und Dank gut! Wir sind gesund und daß wir dies bleiben dürfen, dafür bitte ich Gott täglich! Bei Christel habe ich freilich immer das Gefühl daß er nicht so kräftig wie unsere anderen Kinder ist, aber ihm fehlt doch in diesem Augenblick nichts, nur daß er leicht müde wird und sein Blick matt ist wie auch sein Aussehen blaß; für ihn hoffe ich recht von unserem Landaufenthalt in der Ferienzeit, vorausgesetzt wir bekommen einen trockenen Sommer, was sich bis jetzt noch nicht bestimmen läßt. Wir hatten einige warme Tage nun hat die Luft aber wieder eine gewisse Schärfe und wir sehnen uns sehr nach Regen, wovon aber noch keine Spur. Aber lieber Fritz was sagst Du denn zu unser ***aller*** Freude seit letzten Donnerstag (Himmelfahrts Tag) Deinen geliebten Bruder Heinrich mit seiner Tochter Julie unter uns zu haben? Schrieb ich es Dir denn schon in meinem letzten Brief daß er kommen würde? Ich erinnere mich nicht mehr. Er hat uns auch alle recht überrascht denn wir erwarteten noch erst von ihm einen Brief der uns bestimmt den Tag seiner Ankunft melden würde, doch statt dessen kam er selbst. Ich war eben beschäftigt für alle Kinder Butterbrodt zu schmieren die Uhr war elf als die Knaben heraufstürmten »Mutter ich glaube Onkel Heinrich ist angekommen«, er kam mit der Post von Hannover. Ich fliege zu Mutter und siehe es war so. Tief bewegt schloß ich den liebe Bruder in meine Arme! – Und Julie ach die mich in der Gestalt und ganzen Haltung an unsere liebe Verena erinnerte, es ging den Kindern, die mir gefolgt waren eben so. Du glaubst auch gar nicht wie eigen rührend mich der Anblick dieses aufblühenden Mädchens berührte. – Um der Mutter gleich die Sorge abzunehmen, was sie nun zu Mittag den lieben Gästen auftischen wollte, entschloß ich mich rasch, die Lieben zu mir einzuladen, ich hatte einen schönen Reispuding zu Feuer, für Suppe mit Fleischbällen war auch noch Rath und dann hatte ich schönes kaltes Ochsenfleisch; kalten Schinken lieferte die Mutter noch, also war Eßen genug da. Dein lieber Bruder saß auf Deinem Platz. Wie gerne er Dich hier gesehen hätte brauche ich Dir wohl nicht zu sagen, doch vollkommen soll ja hienieden nichts sein, und Dein lieber Bruder meinte es sei doch gut daß Du in Athen seist, dies werde Dich durch und durch erfrischen, Dich 10 Jahre verjüngen. Freitag Abend 7 Uhr. Es ist ganz traurig wie ich diese Woche nicht zum ruhigen Schreiben komme, dann ist diese, dann jene Abhaltung und des Abends nach Tisch bin ich immer so müde, daß ich gerne das Bett suche und gewöhnlich auch gleich einschlafe. Ich habe Dir noch so viel mitzutheilen. Mit Deinem Bruder bin ich schon ganz befreundet, er ist ein herrlicher Mensch! Eine kleine Störung unseres Beysammenseins ist daß Dein Bruder Karl heftig erkältet ist, und die letzten Tage sogar das Bett hüten mußte, weil er hofft dann schneller damit durch zu sein, sein Arzt hat ihm dies auch gerathen. Er leidet an einer starken Heiserkeit. Heinrich der ihn täglich besucht, meint es sei doch auf der Besserung. Ich habe unsere Lieben auf den zweiten Festtag eingeladen und hoffe daß Karl dann so weit ist, daß er auch kommt wenn er auch fährt. Am Montag Mittag aßen Heinrich, Mutter und Amalie und mein Bruder Herrmann bei mir zu Mittag, Du kannst Dir denken wie sie meine Freude über die Briefe aus Athen theilten. Wir ließen Dich und die Kinder hoch leben! Wie wir beim Caffe saßen kam Karl Ulrichs[423] und wünschte mir auch Glück zu Deiner glücklichen Ankunft. Dem Vater von Heinrich geht es auch beßer, was Du daraus schließen kannst, daß er nach Schwachhausen gezogen ist. Ich werde ihn bald einmal besuchen, bis ietzt konnte ich nicht dazu kommen. Den dritten Feiertag wird Karl Ulrichs taufen laßen. Abends fünf Uhr, sein Bruder[424] wird die heilige Handlung verrichten. Wie ich höre soll das Kind Thomas, Friedrich getauft werden. Wie schade daß Christine mir nicht den Tauftag der Kleinen nannte, dann hätte ich im Geiste ihn mit Euch feiern können.

Diese Woche wurde mir auch das Wiedersehn meiner lieben Elise Lameyer zu theil. Sie kam vorigen Sonnabend mit ihren Kindern hier an. Den 1. Juni muß sie in Hamburg sein. Welch einem schweren Leben geht sie doch dort entgegen; wohl ihr, daß sie ***den*** kennt, der gesagt hat »ich will dich nicht vergeßen noch versäumen!« So fand ich denn auch die liebe Freundin, wenn gleich ernst doch getrost und voll froher Zuversicht zu unserem himmlischen Vater. Mittwochen war ich mit der lieben Elise bei Trinchen Caesar, welch eine Freude war es uns Allen die liebe Freundin einmal wieder unter uns zu haben, die wir alle unverändert fanden, sie meinte ich hätte mich in den nun bald fünf Jahren unserer Trennung verjüngt; doch ich weiß dies beßer, daß dem nicht so ist, mahnen mich doch meine grauen Haare nur zu sehr an das Alter. Doch laß dies nur, mein Gefühl ist noch durch und durch von der Jugend durchglüht und ich empfange Dich noch mit der bräutlichsten Liebe wie vor neunzehn Jahren. Gott erhalte mich

423 Karl Ulrichs (1803-1855), Weinkaufmann, heiratete 1830 Margarete Anna Achelis.
424 Thomas Ulrichs (1801-1840), Pastor zu St. Remberti, heiratete 1827 Anna Henriette Achelis.

dabei! Letzten Sonntag war die Sonntagsgesellschaft im Museum bei Doctor Horn, der einige andere zugebeten hatte, und so war es denn sehr gemischt und steif. Ich dachte viel an Heinrich und Christine und Horn bei dem ich zu Tisch saß, erinnerte sich auch des merkwürdigen 28. November 1836! Alle die Mitglieder dieser Gesellschaft senden Dir die innigsten Grüße. Smidt ist mit Senator Fritze[425] und seinem Sohn Heinrich nach Hamburg gereist; ich kann Dir aber nicht den Zweck ihrer Reise nennen, in einigen Tagen werden sie wohl wieder hier sein. Smidts wohnen ietzt im Garten, am Dienstag Abend besuchte ich sie dort, wie herrlich war es dort! Der Garten ist zum Theil umgelegt, wodurch er sehr gewonnen hat.

d. 18ten

Doch nun zu meinen Sommerplänen. Lange sein Logie habe ich gekündigt, denn 60 Th Miethe nur für die Ferienzeit zu geben hielt ich doch für Unrecht. Aber nun wohin? Dies ist nun die große Frage!! Mit allen Kindern in den Ferien in der Stadt zuzubringen, gebricht mir der Muth, ich gestehe es offen. Aus Mangel an Beschäftigung entstehen bei Kindern tausend Unarten und Thorheiten, sind sie auf dem Lande da giebt es für sie schon mehr sich mit Diesem oder Jenem herumzutreiben als hier in dem engen Raum unseres Hauses. Auf dem Kirchhofe zu spielen dies thun unsere Knaben nicht mehr. Auch ganz von der großen Annehmlichkeit des Landlebens für die Kinder und mich abgesehen, glaube ich fest, daß ein solcher Aufenthalt für unseren süßen Christel höchst wohlthätig sein würde, wie ich es auch schon erwähnte. Wie es mir Deiner Rückreise wird, dies ist noch nicht zu bestimmen, aber ich denke mir doch Du bist die letzte Hälfte der Ferien schon wieder unter uns, und in diesem Blick wäre es dann doch sehr angenehm, ich fände ein passendes Logie in Horn, wo du ganz bequem des Abends zu Fuß herausspazieren könntest. Theodore W. meinte bei Gäfken wäre noch nicht das Logie vermiethet und ich habe im Sinn diesen Nachmittag mal hinauszufahren, ob sich dort Etwas für uns fände und denke Deinen Bruder Heinrich mit zu nehmen, mit dem ich am Donnerstag Morgen in Oberneuland herum gefahren bin, auch einige Logies noch frei fand, nahmentlich Eins in der Oberneulanderstraße, neben Kühlmanns. Ein ganz ***frei*** liegendes Bauernhaus – Eben war die Frau Gäfken aus dem Horn bei mir, die liebe Theodore hatte sie mir hergeschickt. Ich habe sie aber nicht gesprochen, da ich plötzlich beim Schreiben das heftigste Herzklopfen bekam, und mich deshalb ein viertel Stündchen ruhig hinlegte. Ich schreibe es meiner Reinigung zu die ich schon vorige Woche hätte haben müssen, und die ungewöhnlicher Weise ausblieb, diesen Abend will ich mal ein Fußbad nehmen, ich denke dies wird es befördern. Denn es ist für die Gesundheit doch zu wichtig daß dies in Ordnung bleibt. Cathrine hat vorläufig mit der Gäfken gesprochen. Sie fordert mit Feurung 40 Th. Ich fahre also bestimmt diesen Nachmittag hinaus und melde Dir dann das Resultat. Womit Du, mein Lieber, dann hoffentlich zufrieden sein wirst. Auf dem Rückwege wollte ich dann mit Heinrich bei Ulrichs zu

425 Carl Wilhelm August Fritze, Kaufmann, Senator, Schlachte 25.

Schwachhausen einen Besuch machen. Unser Karl ist über den Brief von Heinrich sehr glücklich und dankt ihm vorläufig recht herzlich. Er hat mit Heyse und Herr Dreier wegen den Kisten zu Heinrichs Werk[426] schon gesprochen. Deine Zeilen an Heyse habe ich auch besorgt. Wie Karl Ulrichs mir sagt, hat Heyse mit dem Druck schon begonnen. Morgen ist der Geburtstag der lieben Tante Elise! Gott erhalte dieses herrliche Wesen! Wir sind morgen Vormittag mit allen Kindern zur Chocolade bei ihr. Ich habe ein paar hübsche Schuhe gearbeitet. Unser Otto wird die Pfingstferien bei Delius zu Rosenthal[427] zubringen. Und nun zum Schluß muß ich Dir erzählen wie die liebe Tante Suling sich mit uns über Deine glückliche Ankunft in Athen freut, dies ist wahrhaft rührend. Sie hat Dich und uns unaussprechlich lieb! Die Fürbitte einer so wahrhaft frommen Frau muß zum Segen werden, sie sendet Dir und den lieben Kindern die herzlichsten Grüße. Durch Elise Lameyer hörte ich denn, daß in Beiern höchst seltsame Gerüchte über Griechenland herschen, auch der Pastor Meier muß kuriose Dinge erzählt haben. Soeben höre ich daß Dein Bruder Karl gut geschlafen hat und auch aufgestanden ist. Diesen Abend sind wir zum Thee und Butterbrodt dort. Diese Woche werden die Brüder also wohl ihre Partie nach Bremerhafen in Ausführung bringen. Doch mein Blatt geht zu Ende, und ich muß Dir ein herzliches Lebewohl sagen. Du lieber, lieber Fritz! Wie unendlich freue ich mich jeden Augenblick des schönen Beysammenlebens mit den geliebten Kindern und der süßen Enkelin, die Du recht von mir herzen und küßen mußt! Ich denke mir diese Zeilen erreichen Dich etwa zu den Geburtstag der lieben Christine, wir wollen diesen schönen Tag auch hier feiern. Ich weiß nicht ob ich heute noch dazu komme, selbst der l. Tochter zu schreiben, sollte es nicht sein, so vertröste sie auf das nächste Mal, und gieb ihr einen süßen Kuß. Herzliche Grüße von allen Lieben!! Sie zu nennen wäre nicht möglich, auch unsere Leute grüßen Dich herzlich!! Die Kinder nicht zu vergeßen!! – Witte ist nach Münden und Medchen hat ihn begleitet, sie wollen, wann er dort seine Geschäfte vollendet hat noch eine kleine Tour machen. Reidemeisters sind zur Burg – Ich schließe Dich mit Inbrunst an mein treues Herz! Gott sei mit uns allen!

Deine Betti

426 Heinrich Nicolaus Ulrichs' »Reisen und Forschungen in Mittelgriechenland«, erschien 1840 bei Johann Georg Heyse in Bremen.

427 Everhard Delius, Kaufmann, Aeltermann. Gehörte zu den zehn vermögendsten Bremern. War seit 1828 Besitzer des Gutes Rosenthal, brachte die Parkanlagen, in der auch Rehe und Hirsche gehalten wurden, zur höchsten Blüte. Heute befinden sich auf dem Gelände Rhododendronpark und Botanischer Garten.

Betty an Fritz Gildemeister

Bremen den 3. Juni 1839

Geliebter! Soll ich es läugnen daß ich mich immer im Stillen freue wenn wieder ein Monat hin ist und mit ihm wieder ein bedeutender Abschnitt unserer Trennung verfloßen? Ach der Wonne wenn ich Dich wieder habe, wieder mit Dir den Morgen beginne und den Abend beschließe! Wenn ich mich wieder an Deine Seite schmiege und Dich nach Herzenslust küßen und drücken kann! Ich darbe doch am ***Besten*** seit Du fort bist, seit Du fort bist, Du mein lieber, bester Mann! Und die Kinder sehnen sich nach dem lieben Vater!! Wenn die Sehnsucht zu groß wird, dann denke ich an Christinens Seligkeit Dich bei sich zu haben, und da werde ich dann recht froh mit Euch, Ihr Lieben. Vorigen Dienstag Morgen wurde mir Dein lieber Brief vom 12. Mai und den der lieben Christine, und Du kannst Dir denken wie glückselig ich war, man möchte nur noch immer mehr wißen als in den Briefen steht, ich bin in dieser Hinsicht unersättlich. Die Briefe aus Athen werden ietzt immer durchstochen[428], dies ist sehr fatal! Dein Brief kam an Deines Bruders Hochzeit Tag, den wir bei Karl festlich begingen. Wir waren Alle zu Mittag dort vereinigt. Heinrich ist doch ein ganz herrlicher Mensch, je näher man ihn kennenlernt, je lieber gewinnt man ihn. Nächsten Sonnabend wird der uns wieder verlaßen ich mag noch gar nicht daran denken. Er will in der Nähe von Hamburg einen Freund besuchen, der auch Econom ist und auch von dort nach Klein Siemen[429] und nach Pavenstedt seinen Gute einen Abstecher machen. Dir sendet er die innigsten Grüße, wie oft unterhalten wir uns von Dir und ich erzähle ihm dann aus unserem Leben. Einen Stein nehmen wir ihm vom Herzen wenn wir seinen Sohn Herrmann zu uns ins Haus nehmen und an unseren Tisch; damit Heinrich ihn hier in die Schule schicken kann. Ich hoffe in Deinem Sinn und Geist gehandelt zu haben wenn ich Heinrich anbot seinen Knaben zu uns ins Haus zu nehmen und ihm freies Logie und Kost zu geben wie auch für seine Wäsche zu sorgen, doch mehr könnten wir nicht, das andere als Schulgeld und dgl. wie Anschaffung von Kleidungsstücken müßte er stehn, aber das andere schien mir doch so natürlich dem l. Bruder anzubieten. Ach er muß es sich so sauer werden laßen, daß man ihm um so lieber etwas tragen hilft. Wo acht Kinder täglich satt werden da wird es dem neunten ja auch nicht fehlen. Von Haus muß ich den Jungen geben, aber ich weiß wahrlich nicht wo mit ihm hin. Ich wagte daher ihm dies vorzuschlagen, da ich ja nicht erst Deine Genehmigung einziehen konnte, dazu ist die Entfernung doch zu groß. Schreib mir nun auch ob ich recht gethan habe. Doch was muß ich Dir alles noch mittheilen und wie vieles habe ich in den letzten acht Tagen erlebt! Es ist mir oft des Morgens als hätte es mir nur geträumt! Denke Dir vorigen Sonnabend Morgen bekömmt Herrmann von Christel[430] einen Brief vom 8–10 April mit der Todes Nachricht seiner lieben Frau[431]!! Denke Dir unsere Bestürzung unseren Schreck und den Jammer der armen

428 Der Zweck war, die Briefe für eine »Durchräucherung« zur Desinfektion zu präparieren.
429 Vetter Johann Gildemeisters Gut in Mecklenburg.
430 Christian August Stolz, der als Kaufmann nach Kuba gegangen war.
431 Bethel, Isabel Sarah, geboren in Nassau, New Providence.

Knaben[432], die den ganzen Tag weinten und gar nicht zu trösten waren. Ach der arme, arme Bruder! Denke Dir in Havanna erkrankte seine Frau. Eine anfangs vielleicht nicht genug geachtete Erkältung, warf sich auf die Brust - und in wenigen Tagen war sie todt. - Den 9ten April starb sie und den 10ten wurde sie schon begraben. Christel ist Gottlob, wenn auch tief betrübt, doch wieder gesund, ein großes Glück, von seinen vier kleinen Töchtern ahndet nur die älteste, Caroline, ein Mädchen von eilf Jahren den großen Verlust der Mutter, sie und Christel selbst pflegten die Kranke. Aber nun weiter, am Montag, also heute vor acht Tagen, empfängt Herrmann wieder einen Brief von ihm, der uns meldet daß Christel sich den 23 April mit seinen Kindern auf einem englischen Paquetboot nach Falmouth eingeschifft hatte und zugleich seine glückliche Ankunft daselbst. Herrmann sollte zwei Zimmer in Stadt Frankfurt für ihn bestellen, an Judith schreiben daß die schnell herüber käme um in den ersten Wochen mit für die Kinder zu sorgen. Also schließe ich diesen Abend den geliebten Bruder schon in meine Arme, an mein so bewegtes Herz. Welch ein Wiedersehn!! Und wer hätte diese geahndet! Herrmann war schon mit Augustin und Frederico am Sonnabend nach Bremerhaven weil Christel über Couxhaven dort hinkommen wollte, doch er traf ihn nicht. Ganz trostlos kamen die Knaben den Sonnabend hier wieder an, am Freitag waren sie nehmlich schon mit dem Dampfboot hinunter gefahren. Heute Morgen sind sie mit unserem Karl wieder hinunter gefahren, da mein Bruder verhindert war. Ich konnte natürlich nichts dawieder haben, denn die Sehnsucht und Unruhe der Knaben ist ja so natürlich; Du kennst ihre große Lebendigkeit. Wir hofften mit der englischen Post noch einen Brief von Christel zu bekommen, doch vergebens, heute ist die Post noch nicht da. Judith erwarte ich auch alle Tage, was wird die gesagt haben. Wie Herrmann mir sagte ist Christels Plan wol dieser, er wird einige Monate hier bleiben, die Kinder hier unterzubringen suchen, dann nach Vera Cruz zurückkehren, sein Geschäft nicht dort niederlegen, sondern einen tüchtigen jungen Mann als Compagion suchen, und nach einem Jahre selbst hier zurück kommen und hier sich niederlaßend ein Comptoir errichten. Du wirst den lieben Bruder also bei Deiner Rückkehr noch hier finden. Wie sich alles während Deiner Abreise sich ereignen mußte, dies wird mir recht schwer zu ertragen. Vorigen Montag war ich auch bei Lampe und holte unsere Sachen und ließ sie nach dem Horn fahren. Unser dortiges Logie gefällt mir je länger je beßer, so ungern ich mich auch vom l. Oberneuland trennte! Die Nähe der Stadt ist doch für uns viel werth, Gott gebe uns nur einen guten Sommer. Vorige Woche hatten wir einige schöne Tage und waren letzten Donnerstag in Vegesack, Gildemeisters, Mutter, Amalie, Heinrich, Madame Lürmann und meine Wenigkeit. Es war ein köstlicher Tag, den wir auch recht benützt haben. Wir fuhren den Morgen um acht Uhr hier fort. Frühstückten im Havenhaus[432a], und fuhren dann nach dem Blumenthaler Holz, wo es himmlisch schön war, dann machten wir einen Spaziergang nach Burgwall. Mutter setzte sich so lange mit Elise Gildemeister ins Holz. Dann besahen wir

432 Christels Söhne, Augustin Carlos (1823-1850) und Guillermo Frederico (1824-1855) befanden sich zur Erziehung und Ausbildung in Bremen.

432a Das Mitte des 17. Jahrhunderts erbaute Havenhaus war bis 1868 Sitz des Vegesacker Hafenmeisters und gleichzeitig eine Schankwirtschaft. Nach späteren Um- und Ausbauten dient es bis heute als Gasthaus und Hotel.

Fritzens Gut und genoßen dann im Havenhaus ein sehr gutes Mittagsmahl. Den Nachmittag nachdem wir Caffe getrunken besahen wir das Adamische Wesen, was mir aber gar nicht gefiel. Der Blick auf die Aue ist das einzig Schöne. Über St. Magnus fuhren wir zu Hause und stiegen bei Fockens aus nur Mutter blieb im Wagen. Welch ein liebliches Besitzthum ist dies doch, ja da ist wahrlich ***gut weilen***. Im vorigen Brief vergaß ich ganz Dir zu schreiben, daß Malchen ihr Bräutigam wieder hergestellt ist. Unsere Cathrine, die Dich herzlich grüßen läßt, hat einen schlimmen Finger zu dem Herr Wiedemann[433] geht. Der ganze Nagel lößt sich vom Daumen. Sie hatte viele Schmerzen daran, doch das ist ietzt doch beßer geworden, es wird leider eine langwierige Geschichte werden. Es muß immer ein warmer Verband darauf. So giebt es doch immer etwas, es ist wahrlich dafür gesorgt daß die Bäume nicht in den Himmel wachsen. Doch für heute Lebewohl! Wir gehen heute Abend mit Heinrich nach Paulis. Am Donnerstag ist bei mir der Kindertag. Noltenius geben an dem selben Tag im Museum eine große Féte wozu ich auch geladen wurde es aber absagte. Morgen erwartet die Pastorin Pauli auch ihren Bruder, den Wittwer. Die Doctorin Breuls hoffte, wie mir E. G.[434] im Vertrauen sagte, daß er sich in E. K.[435] verlieben möchte! –

Betty an Fritz Gildemeister

Bremen den 14. Juni 1839 Freitag Morgen

Mein lieber, lieber Fritz! Gestern Morgen empfing ich Deine lieben Zeilen vom 27. Mai, die mich unendlich erquickten, tausend Dank für alle interessanten Mittheilungen! Daß Du schon wieder an Deine Rückreise denkst, ja nun schon wieder auf dem Wege nach der l. Heimath bist, hatte ich mir nicht gedacht, meine Gedanken waren: Du würdest Ende Juni Athen verlaßen und dann Ende July wieder bei uns sein, und in dieser Voraussetzung schrieb ich Dir unter dem 4. Dieses noch nach Athen. Hoffentlich wirst Du m. Brief vom 18. Mai empfangen haben? Ich kann es mir übrigens gefallen laßen daß Du schon unterwegs bist, aber Christine hätte ich es unbeschreiblich gerne gönnen mögen Du hättest ihren Geburtstag noch in aller Ruhe mit ihr feiern können! Und nun gar an diesem Tage von ihr Abschied zu nehmen! Nein dies, ich gestehe es Dir offen, hätte ich nicht gekonnt. Da Du so lange fort bist, was machen da am Ende drei Wochen mehr oder weniger? Doch Du wirst alles wohl überlegt haben, und so begebe ich mich, da wie gesagt, es ja am Ende einzig und allein mir zu Gute wird. Daß Du auf Rom, Neapel, Florenz Verzicht thust, billige ich sehr, Du hast recht welch ein Genuß solche Städte nur im Fluge zu sehen! Gehe Du über Venedig, Verona nach Mailand, und von dort über den Gotthard in die schöne Schweitz und dort vor allen Dingen nach Zürich zu unseren lieben, lieben Freunden!!

433 Daniel Jacob Widmann, Wundarzt, Geburtshelfer, Hutfilterstr. 41
434 Wohl Elise Gildemeister.
435 Wohl Elise Klugkist. Sie war – dreißigjährig – noch ledig, heiratete 1840 einen Theologen, Witwer mit sieben Kindern.

Dieses denke ich mir eine ganz herrliche Tour, die Du ja ausführen mußt. Dein Bruder Karl räth Dir dieses auch sehr! Sonnabend Morgen. Da Du meinen Brief vom 4. Juni nicht mehr erhalten hast, was mir sehr leid thut, da er sehr viel Wichtiges enthielt so muß ich schon nachholen. Denke Dir, was ich auch alles erleben muß seit Du uns verlaßen hast! Erst Grönings Tod! Dann das Hierkommen Deines Bruders Heinrich mit seiner Tochter Julie! Und seit acht Tagen ist Judith bei mir! Mein Bruder Christel ist mit seinen vier kleinen Töchtern und einer Indianerin hier angekommen! Der Tod seiner lieben Gattin, die er nach kurzer Krankheit in Havanna verlieren und begraben mußte, brachte den schnellen Entschluß bei ihm zur Ausführung mit dem englischen Dampfboote, am 23 April sich einzuschiffen; freilich in seiner traurigen Lage das Beste was er thun konnte, aber wahrlich keine Kleinigkeit für ihn, eine so große Seereise mit vier kleinen Kindern zu machen, Caroline[436] die Älteste ist erst elf Jahre alt! Wir erhielten die Nachricht von dem Tode seiner Frau, die am 9 April starb, fast mit der zugleich, die uns seine glückliche Ankunft in Falmouth meldete. Und nach ein paar Tagen war er auch hier! Unser Karl war mit Augustin und Frederico bis Bremerhafen Christel entgegen gefahren. Welch ein Wiedersehn! Christel ist alt geworden, sein schönes, schwarzes Haar ist in weiß verwandelt, ach, es ist kein Wunder, denn was hat er in den letzten zwei Jahren nicht alles durchgemacht! Seine Absicht ist nun die Kinder hier zu lassen, selbst noch ein Jahr hinüber zu gehen, und dann wieder zu kommen, um dann für immer hier zu bleiben. Sein Geschäft in Vera Cruz wird aber fort gehen und er wird in Verbindung mit seinem dortigen Comptoir hier ein ***neues*** gründen. So ist wenigstens ietzt seine Absicht. Seine Kinder werden zu der Wittwe Müller kommen, für die Christel ein nettes Haus an der Conterscarpe gemiethet hat es liegt außer dem Herdenthor in der Nähe der Reitbahn. Jetzt wohnt Christel mit ihnen in der Stadt Frankfurt, doch eßen sie Mittags und Abends bei uns. Auch mein Bruder Herrmann ist mein Tischgenoße, und Judith logiert ganz bei uns. Du kannst Dir also eine Vorstellung machen wie bunt es bei uns her geht. Herrmann hat mir aber gleich gesagt daß Christel uns dafür entschädigen müßte, denn was unser Haushalt ietzt kostet, dazu reicht unser Beutel lange nicht hin. Mein Trost dabei ist immer daß es Christel in Stadt Frankfurt wahrscheinlich noch ein mal so theuer käme. Vorläufig hat er Malchen auch in Dienste genommen, und sie macht in diesem Augenblick den Kindern Trauerkleider. Diese ist nun also auch täglich in unserem Hause. Die Kinder Dir in ihrer Eigenthümlichkeit zu schildern, würde mich zu weit führen, da ich ietzt wahrlich die Zeit zum Schreiben stehlen muß, wie Du leicht denken kannst. Caroline ist eine besonders zarte Pflanze, ich kann sie nie ohne die tiefste Wehmut ansehen. Sie fühlt ihre Lage schon ganz und ist auf gewiße Weise über ihre Jahre hin aus, obgleich sie weder lesen noch schreiben kann. Wenn ich sie mit Christel zusammen sehe, muß ich immer an Wilhelm Meister und Minjon denken. Wie will diese durchaus südliche Natur die Trennung von ihrem Vater ertragen den sie so zärtlich so mit ganzer Seele liebt. Hätte sie doch etwas von dem leichten Temperament der Julie[437], die sich

436 Caroline, die Älteste: sie heiratete 1850 ihren Vetter August, den dritten Sohn von Fritz und Betty Gildemeister.

437 Julie: Heinrich G.'s Tochter JULIE Amalie (1825-1905) blieb offenbar für längere Zeit in Bremen, wohl bei ihrer Großmutter Amalie.

unbegreiflich schnell gewöhnte auf die der Abschied des geliebten Vaters kaum eine äußere Rührung hervorlockte, ach, und dem Vater wurde es so schwer! Heute vor acht Tage ist Dein lieber Bruder schon verreißt. Es war eine schöne Zeit die er unter uns weilte, wenn auch ***manches*** Störende dazwischen trat, doch dies ist nun ein mal nicht anders in diesem Erdenthale; sind wir doch recht vergnügt zusammen gewesen, dies kann ich Dir sagen und Mutter war ganz selig ihren Heinrich unter ihrem Dach zu haben, auch Amalie hat es recht genoßen da sie in der Zeit wenig an Kopfweh litt. Du glaubst nicht Heinrich hat hier viel Liebe und Achtung genoßen. Christel seine kleinen Mädchen sprechen nur spanisch ein großer Übelstand daß sie nicht englisch können. Die Indianerin wird Christel wieder nach Vera Cruz schicken. Ich wollte er schickte sie nur mit der ersten Schiffsgelegenheit, für die Kinder wäre es viel beßer. Christel denkt wenigstens zwei Monate hier zu bleiben, Du wirst ihn also noch hier finden, was mich ganz unendlich freut!!! Gestern habe ich auch an Herrn Ernst[438] 86 Th. 53 gr. bezahlt zum größten Theil noch aus den 180 Th. die Du für die Spaarcasse bestimmt hattest und wo von ich auch an Lürmann den Wechsel bezahlte. Dein Document von 500 Th. habe ich gefunden, Herrmann wird so gütig sein es zu Gelde zu machen. Doch nun Lebewohl! Morgen früh hoffe ich noch einige Zeilen an unsere Christine zu schreiben die Du dann wohl befördern wirst. Unsere Kinder sind Alle gesund und wohl. Auch von mir kann ich dies rühmen. Der himmlische Vater führe Dich, unser theures Haupt, nur wieder gesund in unsere Arme! Dies bete ich täglich! Er sende seine Engel vor Dir her, daß Dich kein Unfall treffen kann! Cathrine die Dich herzlich grüßt plagt sich schon wochenlang mit einem schlimmen Finger, der Daumen der rechten Hand. Malchen ihr Bräutigam ist wieder genesen. Meine Geschwister, die Deinigen, Mutter, die liebe Tante Suling, alle senden Dir die innigsten Grüße vor allem aber Deine, unsere Kinder und ich! Und so mit Gott befohlen! Wohin soll ich ietzt wieder schreiben? – Deine treue Betti.

Betty an Fritz Gildemeister

Bremen den 11. July 1839

Deinen lieben Brief vom 28ten Juni empfing ich heute Morgen und eile, Dir gleich ein paar Worte nach Heidelberg zu schreiben die Dir sagen daß Dein Lieb mit den Kindern wohl auf ist, voll seliger Erwartung Dich, den Geliebten bald wieder in ihre Arme zu schließen, wonach sie sich unaussprechlich sehnt, mehr als Worte es auszudrücken vermögen, ach ich schmachte recht nach Deiner lieben Nähe! Wie danke ich Gott, daß Du gesund bist! Dies ist entfernt von Dir, doppelt zu preisen, doch wirst Du von der Hitze in den Postwagen nicht wenig zu leiden haben; doch sonst ist das Wetter köstlich zum Reisen. Wie sehr ich Dich gestern, an meinem Geburtstag entbehrt

438 Im Adreßbuch: Carsten Diedrich Wilhelm Ernst, Kaufmann, Kram-, Gewürz-Material, Farben, Hüte, Schneider, Gastwirt, Faulenstr. 52.

habe, kannst Du Dir denken, ohne Dich genieße ich doch nur alles halb. Die Kinder empfingen mich gestern Morgen mit schönen Blumen und einigen kleinen Gaben, auf eine sehr sinnige Weise, und in ihrem und meines l. Bruders Christels Zusammensein begann ich den Tag recht heiter. Der Morgen verging unter Besuchen die ich empfing. Wir aßen schon um halb zwei Uhr und fuhren dann in zwei Wagen nach Lilienthal[439], daß heißt außer unseren Kindern und Catharine fuhr Deine Schwester Amalie und Madame Müller, mit Christel seinen Kindern noch mit; er selbst konnte uns leider nicht begleiten, da er schon anderweitig versagt war. Das Wetter war köstlich und eine Fahrt die wir nach Heidberg machten höchst romantisch! ***Nur Du fehltest!*** Des Abends aßen alle Kinder außer Meta und Christel mit, auch die l. Mutter, meine Brüder, Amalie, Jakob Stolz waren da, ich gab Rheinwein zum Besten, der denn nicht ganz wenig dazu beitrug die Jugend wie das Alter zu begeistern und so wurde denn ein Lied nach dem anderen gesungen. So weit schrieb ich Dir gestern Nachmittag lieber Fritz, und eile in dieser Morgen Stunde den Brief zu beendigen. Ich bin in einer großen Kramerei, da ich Morgen mit den Kindern hinauszuziehen gedenke. Seit dem die Kinder zu Madame Müller gezogen sind wohnt Christel bei uns, denn Judith hat mich schon wieder verlaßen, Christel bewohnt ihr Zimmer; unsere ehemalige Schlafkammer. Ob Du Christel noch hier treffen wirst steht sehr dahin, er meinte es nicht, da er nicht glaubt daß Du Ende dieses Monats hier sein könntest, was bei mir nun als möglich scheint. Christel muß den 15ten August in Falmouth sein, in Hamburg und London wird er sich einige Tage, Geschäfte wegen aufhalten müßen. Also wird er spätestens bis zum vierten August hier bleiben können. Denke Dir in einigen Tagen wird Sophie[440] hier eintreffen. Sie fühlt sich gar nicht wohl und will sich hier courieren lassen. Ob dies für Mutter und Amalie ein Agrement sein wird, steht sehr dahin. Karl und Elise[441] sind im Seebade, wohin Klugkist[442] eigentlich reisen will, ist noch nicht bekannt. Elise war acht Tage in Lübeck beim großen Musickfeste; was unvergleichlich schön gewesen sein soll. Wird es Dir wohl möglich sein mir den Tag Deiner Ankunft bestimmt melden zu können? Denke Dir wie traurig unser Herr Wiedemann ist sehr bedenklich krank, er reiste ins Bad kam aber gestern unerwartet wieder zurück die dortigen Ärzte riethen ihm sehr wieder zu Hause zu reisen, ach, wahrscheinlich um hier zu sterben! Sein Übel ist astmathisch wozu die Brustwassersucht getreten ist. Wie manches wirst Du doch verändert finden, wenn Du wieder kömmst! Eberhard Focke[443] muß auch eine traurige Reise antreten, ins Bad Ems seiner Tochter Elisabeth wegen, die an der Lunge leidet. Doctor Barkhausen[444] scheint wenig oder gar keine Hoffnung zu ihrer

439 Dorf nordöstlich von Bremen.

440 Möglicherweise war sie bei ihrer Pflegeschwester Josephe, geb. Stolberg.

441 Karl Gildemeister und seine Frau Marie Sophie Elisabeth, geb. Focke. Wohnhaft Wall 70 A.

442 Hieronymus Klugkist war seit 1837 verwitwet, wohnte mit seinem Sohn Dr. jur. Daniel Julius (1808-1879) zusammen Am Wall 52.

443 Eberhard Focke (1777-1859), Kaufmann, Obernstr. 28, seit 1815 verheiratet mit seiner Nichte MARIE Sophie Elisabeth, geb. Gabain (1789-1877). Die Tochter Marie Sophie Elisabeth starb - dreiundzwanzigjährig - 1839.

444 Dr. med. Philipp Georg Carl Erhard Barkhausen, Johannisstr. 11.

Genesung zu haben. Die armen, armen Eltern! Was wird Christine dazu sagen. Henny Lampe[445] liegt auch schon drei Wochen krank danieder an einem reumathischen Fieber. Doch soll sie langsam beßer werden, in diesen letzten Tagen hörte ich nichts von ihr. Sie ist im Garten bei Nonnens. Doch ich muß Dir Lebewohl sagen! Herzliche Grüße von allen Kindern, Deiner Mutter, Amalie, Tante Suling, meinen Brüdern und s. w. Ich drücke Dich in Gedanken in meine Arme!

Die Deine Betty

Smidt verlangt sehr nach Dir, er grüßt Dich herzlich!

Betty an Fritz Gildemeister

Horn den 17. Juli 1839

Geliebter! Unmöglich kann ich Dir und mir die Freude versagen Dir nach Cassel einige Zeilen zu schreiben. Gestern Abend empfing ich Deinen l. Brief aus Zürich, wie freue ich mich Deines Dortseins, und des Wiedersehens so vieler lieben Menschen! Und vor allem Dingen daß es Dir so wohl geht! Es mußte sich gar lieblich fügen daß Du grade auf m. Geburtstage in Zürich ankamst. An dem Tage wo auch bei uns der Abend so lieblich war, die Sonne golden am Himmel unterging, ich so viel, so sehnsüchtig an Dich dachte da blicktest Du von der Höhe des Albis auf die Stadt, die Dir durch Gottes wunderbare Führung so theuer wurde! Sehr betrübt ist es für meine Freundin Meyer, daß sie verreißt war wie Du dort warst! Aber Vögelis, R. Häfeli, Lisette Meis, Latton Schinz all diese theuren Seelen hast Du gesehn und gesprochen! Daß Du im Tannenberg bei Heßens logiertest, freut mich doch sehr, es wäre doch unnatürlich gewesen wenn sie Dich nicht aufgenommen hätten. Ich denke mir daß Du vielleicht gestern Zürich verlassen hast und da wird Dein Weg Dich auch über Baden geführt haben, wo wir vor sechs Jahren mit Christine so selige Tage verlebten –

Vorgestern hatte ich auch einen Brief von Christine, die mir noch so selig von der schönen Zeit Deines Dortseins redet aber auch von dem schweren Abschied. Sie sind mit der Kleinen wohl, leiden aber doch sehr von der Hitze, die denn schrecklich sein muß; ich möchte denn doch in einem so heißen Clima nicht leben und will Gott danken, wenn er Heinrich mit der Zeit einen anderen Wirkungskreis in Deutschland anweist. Hier in Horn ist es bei dem schönen Wetter, welches wir haben, sehr lieblich es wird Dir gewiß auch gefallen, ich kann es nicht erwarten bis ich Dich hier herumführen kann, ach überall meine Sehnsucht nach Deiner Nähe ist groß! Sehr groß! gut daß Du mir ietzt alle Tage näher rückst; bald wird es doch erlebt sein und ich halte Dich in meinen Armen.

Eine sehr traurige Nachricht muß ich Dir noch mittheilen, unser Wundarzt Wiedemann liegt ohne Hoffnung darnieder. Er hat wahrscheinlich einen Fehler am Herzen.

445 Henrietta Anna Hermanna Lampe, geb. Segelken (1816-1901).

Wozu die Brustwassersucht getreten ist, er soll schrecklich leiden. Vor einigen Wochen reiste er nach Ems, doch die dortigen Ärzte schickten ihn gleich wieder fort, und er kam sehr krank hier an.

Schrieb ich Dir nach Heidelberg daß Deine Schwester Sophie hierkommen würde? Am Sonnabend kam sie mit der Post glücklich an, ich sah sie nur einige Augenblicke, fand sie aber sehr elend aussehend und sehr aufgeregt, der Mund stand ihr nicht stille. Alles was sie erzählt hat so ganz das Gepräge des Übertriebenen und dies wirkt nicht angenehm auf den Hörer. Doch für heute genug, ich erwarte meine Brüder und die kleinen Mädchen zu Tisch. Am Sonntag waren sie den Nachmittag auch hier. –

Freitag d. 19ten

Liebster Fritz! Morgen denke ich zur Stadt zu gehen und dann diese Zeilen auf die Post zu schicken. Gottlob daß es der letzte Brief ist, den ich an Dich schreibe, ich kann es Dir gar nicht sagen, wie es mich verlangt Dich wieder zu haben, geht es Dir wol eben so? Wie oft habe ich es mir in der Zeit der Trennung wiederholt sagen und gestehen müssen, wie wir Menschen es doch immer im ruhigen Besitz verkennen was man aneinander hat und wie uns leider dafür der rechte Blick dann erst geöffnet wird, wann wir einander nicht mehr erreichen können. Jede Trennung die wir hier erfahren, sollte dazu dienen uns in der Liebe reicher zu machen uns das Glück der Gegenwart trotz allen Mängeln mehr schätzen und genießen zu lernen. Ach Dich, den ich so unaussprechlich liebe, Dich möchte ich so aus allen Kräften beglücken und beseligen und bin hierin doch so schwach, Herr mache mich beßer, mache mein Herz still und sanft, wie oft schicke ich diesen Seufzer nach Oben, zu dem der mein Inneres kennt und es weiß wie viel mir noch mangelt um ein Kind seines Reiches zu werden. –

Von unseren Kindern erzähle ich Dir nichts mehr, da Du sie nun bald wiedersehen wirst. Ob Christel und Meta Dich noch wieder kennen? Auguste hat Dir ein paar Zeilen geschrieben, die ich für Dich beilege. Heinrichs Vater wirst Du wiederfinden, wie Du ihn verlaßen hast, mitunter ist er sehr leidend. Ich besuchte ihn von hier schon zwei Mal, was ein sehr hübscher Spaziergang ist. Die liebe Tante Suling wirst Du auch unverändert finden, sie freut sich unbeschreiblich auf Dein Wiedersehn wie auch Deine Mutter, wie ich von meinen Brüdern höre wird Sophie nach Norderney gehen. Dies muß ich Dir noch mittheilen, vorige Nacht träumte ich so lebhaft von Dir ich küßte Dich so recht nach Herzens Lust und wie ich aufwachte war es mir als schmeckte ich noch die Süßigkeit Deiner Lippen.

Also einen Brief werde ich noch von Dir empfangen, der mir den Tag Deiner Ankunft melden wird. Wenn ich das Geld hätte möchte ich Dir wohl bis Hannover entgegen reisen, um Dich den ersten Tag ganz allein genießen zu können, nicht wahr wie egoistisch? Doch nun ein herzliches Lebewohl! Gott führe uns glücklich zusammen! Tausend Grüße von allen Kindern! Ich drücke Dich in Gedanken an mein treues Herz.

Die Deine ewig! Betty.

Anhang

Literaturverzeichnis

Handschriftliche Quellen

Staatsarchiv Bremen

7,20 - 567	Briefe Johann Carl Friedrich Gildemeister an Johann Smidt.
- 219	Briefe Heinrich Smidt an Johann Smidt.
- 270	Briefe Barbara Stolz an Johann Smidt
- 278	Briefe Johann Jacob Stolz an Johann Smidt
- 225,1	Briefe Catharina Castendyk an Johann Smidt
- 374	Briefe Betty Gildemeister an Wilhelmine Smidt
- 530	Briefe Johann Jacob Stolz an Johann Smidt, Johann Smidt an Johann Carl Friedrich Gildemeister und Heinrich Smidt.
7,113 - 1-4	Johann Jacob Stolz: Notizen aus meinem Leben.

»Graue Mappen« der Genealogischen Gesellschaft »Die MAUS«, Staatsarchiv Bremen

Staats- und Universitätsbibliothek Bremen

Aut. I,5	Briefe Johann Carl Friedrich Gildemeister
XXV,9	Briefe Verena Tibetha Gildemeister
XXV,21	Briefe Marie Christine Adelheid Gildemeister
XXIV,15	Briefe Johann Smidt
XXV,22	Briefe Hermann Stolz
XXIX,62	Briefe Elise Gildemeister
XVII,15	Briefe Johann Jacob Stolz
XXV,10	Briefe August Gildemeister

Literatur

Albers, W.: Ein Besuch in Bremen 1819. In: Bremisches Jahrbuch 32 (1929) S. 271-274.

Allmers, Hermann: Hauptmann Böse. Bremen 1884.

Ammann, Hartwig: Bremer Pfarrerbuch, Bd. 2. Bremen 1996.

Beneke Friedrich: Bericht über eine Reise nach Bremen im Jahre 1808. In: Bremisches Jahrbuch 31 (1928), S. 281-304.

Beyer, Johannes: Bilder aus der Geschichte Bremens, Bremen 1903.

Biographische Skizzen verstorbener Bremischer Aerzte und Naturforscher. Hrsg. Aerztlicher Verein zu Bremen, Bremen 1844.

Bippen, Wilhelm v.: Geschichte der Stadt Bremen, Bd. 3. Bremen 1904.

Blum, Klaus: Musikfreunde und Musici. Tutzing 1975.

Brandes, Gustav: Aus den Gärten einer alten Hansestadt. In: Abhandlungen und Vorträge, herausgegeben von der Bremer Wissenschaftlichen Gesellschaft, 13, Heft 1-2 (1939).

Bremische Biographie des neunzehnten Jahrhunderts. Herausgegeben von der Historischen Gesellschaft des Künstlervereins Bremen, 1912.

Bremisches Adreßbuch, 1790 ff.
Bremische Biographie 1912–1962. Herausgegeben von der Historischen Gesellschaft zu Bremen und dem Staatsarchiv Bremen. Bremen 1969.
Bremisches Jahrbuch, 1863 ff.
150 Jahre Bremer Clubleben. Ein Beitrag zur Kulturgeschichte Bremens. Herausgegeben vom Club zu Bremen, 1933.
Deneken, A.G. Etwas über die Familiengesellschaften in Bremen. In: Hanseatisches Magazin, Bd. 1, Heft 2, Bremen, 1799, S. 228–240.
Dünzelmann, E.: Aus Bremens Zopfzeit. Bremen 1899.
Eilers, Gerd: Meine Wanderung durchs Lebens, Bd. 1. Leipzig 1856.
Entholt, Hermann: Die bremische Revolution von 1848. Bremen 1951.
Ders.: Bürgermeister Smidt und seine Korrespondenten. In: Bremisches Jahrbuch 42 (1947), S. 11–154.
Ders.: Geistige Bewegungen und Zustände in Bremen in der ersten Hälfte des 19. Jahrhunderts. In: Abhandlungen und Vorträge der Bremer Wissenschaftlichen Gesellschaft, 6, Heft 3 (1932/33).
Entholt, Kurt: Oberneuland. Bremen 1969.
Faust, Alfred: Geistiges Bremen. Bremen 1960.
Gall, Lothar: Bürgertum in Deutschland. Berlin 1989.
Gildemeister, J. C. F.: Finks und Bergers Ermordung. Ein Beytrag zur Charakteristik der Französischen Herrschaft in Deutschland. Bremen 1814.
Briefe von Otto Gildemeister. Hrsg. Lissy Susemihl-Gildemeister. Leipzig 1922.
Grohne, Ernst: Kulturgeschichtliches aus alten bremischen Bürgerhäusern. In: Bremisches Jahrbuch 54 (1975), S. 98–125.
Hauschild-Thiessen, Renate: Ein Hamburger in Bremen 1847. Tagebuchaufzeichnungen Otto Benekes. In: Bremisches Jahrbuch 53 (1975), S. 221–236.
Dies.: Bremen im Oktober 1802. Tagebuchaufzeichnungen Ferdinand Benekes. In: Bremisches Jahrbuch 54 (1976), S. 221–281.
Heineken, Christian Abraham: Geschichte der Freien Hansestadt Bremen von der Mitte des 18. Jahrhunderts bis zur Franzosenzeit. Bremen 1983.
Heitmann, Claus: Von Abraham bis Zion. Die Ortsgemeinden der Bremischen Evangelischen Kirche. Bremen 1985.
Hettling, Manfred und Stefan-Ludwig Hoffmann: Der bürgerliche Wertehimmel. Göttingen 2000.
Hollanders, Sophie: Oberneuland. Bilder aus alten Truhen. Bremen 1981.
Hospitium Ecclesiae. Bd. 5 (1967), Bremen.
Kaeding, Peter: August von Kotzebue. Stuttgart 1988.
Klassizismus in Bremen. Jahrbuch der Wittheit 1993/94. Bremen 1994.
König, Johann Günther: Bremen im Spiegel der Literatur. Bremen 1991.
Krogmann, Willy: Das kleine Liebesabenteuer eines Schwaben in Bremen. In: Bremisches Jahrbuch 49 (1964), S. 176–201.
Lampe, Hanna: Die Pagentorner Bauernschaft. In: Bremisches Jahrbuch 42 (1947), S. 97–154.

Lüdecke, Friedrich: Lavater in Bremen. In: Bremisches Jahrbuch 20 (1902), S. 71-162.
Martens, Rolf: Bremens öffentlicher Personennahverkehr im 19. Jahrhundert. In: Bremisches Jahrbuch 54 (1976), S. 69-116.
Mess, Friedrich: Aus Bremens Biedermeierzeit. In: Bremische Weihnachtsblätter. Heft 14 (1958).
Müller-Benedict, Otto: Bremer Pfarrerbuch, Bd. 1. Bremen 1990.
Niethammer, Ortrun: »Ein jeder hat eine gewisse Art zu denken und sich auszudrücken.« Aspekte der Diskussion um Frauenbriefe und -werke zu Beginn des 19. Jahrhunderts. In: Westfälische Forschungen 45 (1995), S. 156-168.
Pauli, Alfred: Erinnerungen an mein Leben. o. J., o. O.
Peters, Fritz: Über bremische Firmengründungen in der ersten Hälfte des 19. Jahrhunderts. In: Bremisches Jahrbuch 36 (1936), S. 306-361.
Petri, Franziska: Unser Lieben Frauen Diakonie. Bremen 1925.
Piefke, Christian: Vom Reisen der Bremer bis zum Aufkommen der Eisenbahn. In: Bremisches Jahrbuch 45 (1929), S. 184-203.
Rauers, Friedrich: Kulturgeschichte der Gaststätte. Berlin 1942.
Rotermund, Heinrich Wilhelm: Lexikon aller Gelehrten, die seit der Reformation in Bremen gelebt haben. Bremen 1818.
Rüppel, Michael und Walter Weber: Adolph Freiherr Knigge in Bremen. Bremen 1996.
Rüppel, Michael: Nur zwei Jahre Theater und alles ist zerrüttet. Heidelberg 1996.
Senator J. H. W. Smidt: Erinnerungen aus der Zeit der Freiheitskriege. In: Bremisches Jahrbuch 4, 1 (1869), S. 385-435.
Schaal, Hans: Heinrich Nikolaus Ulrichs. In: Abhandlungen und Vorträge. Herausgegeben von der Bremer Wissenschaftlichen Gesellschaft. 11 (1937), S. 1-155.
Schaefer, Hans-Ludwig: Bremens Bevölkerung in der ersten Hälfte des neunzehnten Jahrhunderts. Bremen 1957.
Schleiden, Rudolph: Jugenderinnerungen eines Schleswig Holsteiners. Wiesbaden 1886.
Schomburg, Dietrich: Die Bremer Ostertorvorstadt in ihrer historisch-topographischen Entwicklung. In: Bremisches Jahrbuch 45 (1957), S. 163-168.
Schramm, Percy Ernst: Kaufleute zu Haus und über See. In: Veröffentlichungen der Forschungsstelle für Hamburgische Wirtschaftsgeschichte, 1. Hamburg 1949.
Ders.: Neun Generationen. Drei Jahrhunderte deutscher »Kulturgeschichte« im Lichte einer Hamburger Bürgerfamilie (1648-1948). 2 Bde. Göttingen 1963/64.
Schulte, Monika: Ein erschrecktes Mädchen, eine widerspenstige Braut in Trauer und eine freiheitsliebende junge Frau. Brautwerbung in Bremen im Spiegel des Nachlasses von Johann Smidt. In: Bremisches Jahrbuch 78 (1999), S. 42-106.
Schulz, Andreas: Vormundschaft und Protektion. Eliten und Bürger in Bremen 1750-1880. München 2002.
Schulz, Günter: Der Bremer Ratsherr Caspar von Lingen (1755-1837). In: Jahrbuch der Wittheit 9 (1965), S. 171-392.
Ders.: Briefe von Liborius Diederich Post an Johann Caspar Lavater. In: Bremisches Jahrbuch 48 (1963), S. 220-260.

Ders.: Heimweh nach Bremen und Borgfeld. In: Bremisches Jahrbuch 52 (1972), S. 131-194.
Ders.: Henrich Nicolaus Achelis im Briefwechsel mit Johann Caspar Lavater. In: Bremisches Jahrbuch 49 (1964), S. 134-175.
Ders.: Kinder- und Jugendbriefe von Johann Smidt (1773-1857). In: Jahrbuch der Wittheit 10 (1966), S. 127-174.
Ders.: Johann Jacob Stolz im Briefwechsel mit Johann Caspar Lavater. In: Jahrbuch der Wittheit 6 (1967), S. 59-198.
Ders.: Lavater, seine Gegner und Freunde. In: Jahrbuch der Wittheit 8 (1964), S. 117-206.
Ders.: Meta Post im Briefwechsel mit Johann Caspar Lavater. In: Jahrbuch der Wittheit 7 (1963), S. 153-302.
Schulze-Smidt, Bernhardine: Bürgermeister Johann Smidt. Das Lebensbild eines Hanseaten. Bremen 1914.
Gustav Schwabs Leben, erzählt von seinem Sohn Christoph Theodor Schwab. Freiburg und Tübingen 1883.
Schwarzwälder, Herbert: Geschichte der Freien Hansestadt Bremen. Neuausgabe in 5 Bänden. Bremen 1995.
Ders.: Das Große Bremen-Lexikon. Bremen 2001.
Ders.: Reise in Bremens Vergangenheit. Bremen 1986.
Storck, Adam: Ansichten der Freien Hansestadt Bremen und ihrer Umgebungen. Frankfurt am Main 1822. Faks.-Ausgabe, Bremen 1977.
Susemihl-Gildemeister, Lissy: Erinnerungen. Privatdruck 2002.
Tardel, Hermann: Goethes Beziehungen zu bremischen Zeitgenossen. In: Bremische Weihnachtsblätter, Heft 5. Bremen 1935.
Ders.: Studien zur bremischen Theatergeschichte. Oldenburg 1945.
Ders.: Von bremischen Sitten und Festen. In: Niederdeutsche Zeitschrift für Volkskunde. Jahrgang 13, Heft 1. Bremen 1935, S. 1-25.
Ders.: Zum Märchen »Stumme Liebe« von Musäus. In: Zeitschrift für Volkskunde, NF/1935 (Jg. 44/1934), Berlin und Leipzig 1936, S. 209-214.
Tidemann, Heinrich: Wilhelm Hauff in Bremen. In: Abhandlungen und Vorträge der Bremer Wissenschaftlichen Gesellschaft, Bd. 3 (1929), S. 1-110.
Wätjen, Hermann: Aus bremischen Familienpapieren. Die Memoiren des Senators Dr. Theodor Berck (1784-1850). In: Bremisches Jahrbuch 23 (1911), S. 131-160.
Wellmann, Friedrich: Der bremische Domkantor Dr. Wilhelm Christian Müller. Ein Beitrag zur Musik- und Kulturgeschichte Bremens. In: Bremisches Jahrbuch 25 (1913), S. 1-137.

Register

Im Register werden die für Bremen relevanten Personen fortlaufend erfaßt. Bei den Übrigen sowie den ständig vorkommenden Angehörigen der Familien Gildemeister und Stolz wird lediglich auf die Fußnote der Ersterwähnung verwiesen. Die nur am Rande erwähnten Personen blieben unberücksichtigt.

M

N

O

P

R

S

T

U

V

W

Bildnachweis

S. 16 Staatsarchiv Bremen (StAB)
S. 19 aus: 150 Jahre Bremer Clubleben (1933)
S. 21 Focke Museum
S. 23 Privat
S. 26 Focke-Museum
S. 29 Focke-Museum
S. 103 Focke-Museum
S. 185 Focke-Museum
S. 197 Focke-Museum
S. 198 Focke-Museum
S. 200 Focke-Museum
S. 221 Focke-Museum
S. 239 Staats- und Universitätsbibliothek Bremen (SuUB)
S. 240 SuUB
S. 245 SuUB
S. 263 Focke-Museum
S. 290 Focke-Museum
S. 295 Focke-Museum

Danksagung

Mein Dank gilt Prof. Dr. Franklin Kopitzsch, der die Edition der Gildemeisterbriefe anregte und in vielfältiger Weise förderte. Dank schulde ich auch den Mitarbeitern des Staatsarchivs Bremen, der Staats- und Universitätsbibliothek Bremen, insbesondere Dr. Thomas Elsmann, Leiter der Handschriftenabteilung, und der Edition Temmen für die verlegerische Betreuung. Von Nicola Wurthmann erhielt ich in den zahlreichen anregenden Gesprächen über unsere benachbarten Arbeitsgebiete wertvolle Hinweise. Ich denke an Erika Bartoszek (†), die mir beim Korrekturlesen eine unermüdliche Helferin war.

Die Herausgeberin

Elisabeth Klatte studierte nach Beendigung ihres Berufslebens als Ärztin in Bremen Geschichte und Kulturwissenschaft. Durch ihre Abschlussarbeit über eine Bremer Schriftstellerin aus der ersten Hälfte des 19. Jahhunderts wuchs das Interesse an dieser für das bremische Bürgertum geistig und kulturell so bedeutsamen Zeit und sie forschte in der Handschriftenabteilung der Staats- und Universitätsbibliothek Bremen nach weiteren bisher unbekannten Schätzen. Dabei stieß sie auf die Briefe der Familie Gildemeister.

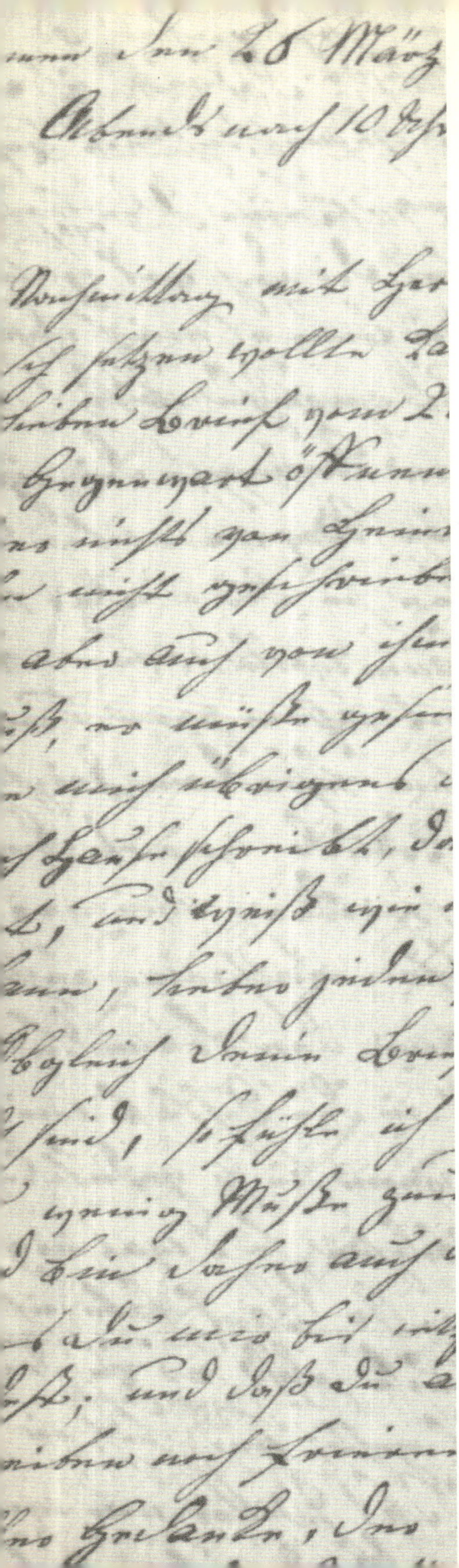
den 26 März
Abends nach 10 Uhr